Krieg
der Panzer

1939–1945

Janusz Piekalkiewicz

Krieg der Panzer
1939–1945

BECHTERMÜNZ
VERLAG

© 1981 by Südwest Verlag GmbH & Co. KG, München
Lizenzausgabe für den Bechtermünz Verlag GmbH,
Eltville am Rhein, 1989
Alle Rechte vorbehalten
ISBN 3 927117 26 9
Schutzumschlag: Design-Team, München
Karten und Zeichnungen: R. Natkiel und H. Limmer
Druck und Bindung: Ljudska pravica, Jugoslawien

Vorderes Vorsatz: 22. Juni 1941: Deutsche Panzer
auf dem Vormarsch über den Bug nach Osten

Seite 2: Sommer 1944, Ostfront: Deutscher Panzerkampfwagen IV im Sperrfeuer sowjetischer Artillerie

Seite 4/5: 8. April 1941, Balkanfeldzug:
Panzerspitze eines deutschen Verbandes vor Belgrad

Inhalt

Bibliographie

ANDRONIKOW, J. G., und MOSTOWENKO, W., *Die roten Panzer. Geschichte der sowjetischen Panzertruppen 1920–1960*, München 1963

ANTONOW, A. S., und ARTAMONOW, B. A., *Der Panzer*, Berlin 1959

BACH, H., *Die Tankwaffe Sowjetrußlands*, Wehrtechnische Monatshefte, No. 8, August 1936

BÉNOIST-MÉCHIN, I., *Geschichte der Deutschen Militärmacht 1918 bis 1946*, Oldenburg 1965

BERNHARD, K., *Panzer packen Polen*, Berlin 1940

BIRKENFELD, W., *Der synthetische Treibstoff 1933–1945*, Göttingen 1964

Boewoi Ustaw Konnitsy RKKA (BUK-38) (Kampfanweisungen für die Rote Armee, BUK-38), Woenizdat, Moskau 1941

BOERNER, H., *Mit Stukas und Panzern nach Frankreich hinein!*, Berlin, Leipzig 1943

BORCHERT, H. W., *Panzerkampf im Westen*, Berlin 1940

BOUCHER, J., *L'arme blindée dans la guerre*, Paris 1953

BREHM, W., *Mein Kriegstagebuch 1939–1945. Mit der 7. Panzerdivision fünf Jahre in West und Ost*, Kassel 1953

BUHR, M., *Entstehung und Einsatz der Sturmartillerie*, in: Wehrkunde, Heft 4 und 5/1953

CHALES DE BEAULIEU, W., *Der Vorstoß der Panzergruppe 4 auf Leningrad bis 1941*, Neckargemünd 1961

CHAMBERLAIN, P. und ELLIS, CH., *Britische und amerikanische Panzer des Zweiten Weltkrieges*, München 1972

CHURCHILL, W., *Der Zweite Weltkrieg, Bd. 1–6*, Hamburg-Stuttgart 1950–1954

COCHENHAUSEN, V., *Die Truppenführung. Ein Handbuch für den Truppenführer und seine Gehilfen*, Berlin 1924

DISNEY, P., *Tactical Problems for Armor Units*, Harrisburg 1952

DITTMAR, K., *The Red Army in the Finnish War*, New York 1956

DWINGER, E., *Panzerführer*, Jena 1941

EIMANNSBERGER, L. RITTER V., *Der Kampfwagenkrieg*, München 1934

EISGRUBER, H., *Achtung – Tanks!* Berlin 1939

Feldgrau – heereskundliche Mitteilungen, Burgdorf/Hann. 1960–1970

FEY, E., und REHKÄMPFER, J., *Stählerne Gemeinschaft*, Essen 1941

FOSS, C. F., *Armoured Fighting Vehicles of the World*, London 1971

FRENTAG, OBERLEUTNANT, *Taktische und operative Verwendung moderner Tanks in der Roten Armee*, Militär-Wochenblatt No. 2, 1932

FREYTAG-LORINGHOVEN, FREIHERR V. *Folgerungen aus dem Weltkrieg*, Berlin 1917

GALAKTINOW, N., *Panzer und Automobile*, Woina I Revolutsia, No. 4, Juli–August 1932

GAULLE, CH. DE, *Vers L'armée de Métier*, Paris 1934, Deutsche Ausgabe: *Frankreichs Stoßarmee*, Potsdam 1935

GEYR VON SCHWEPPENBURG, L. FREIHERR, *Gebrochenes Schwert*, Berlin 1952. *Elemente der operativen und taktischen Führung von schnellen Verbänden*, in: Wehrwissenschaftliche Rundschau, Heft 2/1962

GOEBBELS, J., *Tagebücher*, Zürich 1948

GÖRLITZ, W., *Der deutsche Generalstab*, Frankfurt 1955

GROMYCHENKO, A., *Ocherki Taktiki Tankowych Chastiey (Grundzüge der Taktik von Panzereinheiten)*, Woenizdat, Moskau 1935

GRUZDEW, N. I., *Tanki: Teoriia (Panzer-Theorie)*, NKTM, Moskau-Swerdlowsk, 1944

GUDERIAN, H., *Achtung Panzer!* Stuttgart 1937, *Die Panzerwaffe*, ibid.; *Erinnerungen eines Soldaten*, Heidelberg 1951, *Panzer – Marsch!* München 1956; *Kraftfahrkampftruppen* (Heft 1/1936); *Die Panzertruppe und ihr Zusammenwirken mit anderen Waffen*, in: Militärwissenschaftliche Rundschau, Berlin, Heft 5/1936; *Schnelle Truppen einst und jetzt*, in: Militärwissenschaftliche Rundschau 1939, Berlin 1939

HALDER, F., *Kriegstagebuch*, 3 Bde., Stuttgart 1964

HEIBER, H., *Lagebesprechungen im Führerhauptquartier*, München 1963

Heigl's Taschenbuch der Tanks, Teil III: *Der Panzerkampf*, Bearb. von G. P. Zezschwitz, Neuauflage München 1971

HERMANN, C., *Deutsche Militärgeschichte – Eine Einführung*. Frankfurt/M. 1966

HESSE, E., *Der sowjetrussische Partisanenkrieg 1941–1944 im Spiegel deutscher Kampfanweisungen und Befehle*, Göttingen 1969

HESSE, K., *Der Geist von Potsdam*, Mainz 1967

HILLGRUBER, A., *Hitlers Strategie, Politik und Kriegführung 1940–1941*, Frankfurt/M. 1965

HOOPER, MAJOR A., *The Soviet-Finnish Campaign*, London 1940

HOTH, H., *Panzer-Operationen. Die Panzergruppe 3 und der operative Gedanke der deutschen Führung, Sommer 1941*, Heidelberg 1956

HUBATSCH, W., *Hitlers Weisungen für die Kriegführung, 1939–1945*, Dokumente des OKW, Frankfurt/M. 1962

ICKS, R. J., *Tanks and Armored Vehicles*, New York 1945

IMHOFF, CH. V., *Sturm durch Frankreich*, Berlin 1941

JACOBSEN, H. A., *Motorisierungsprobleme im Winter 1939/40*, in: Wehrwissenschaftliche Rundschau, Heft 9/1956; *Hitlers Gedanken zur Kriegführung im Westen*, in: Wehrwissenschaftliche Rundschau, Oktober 1955

JACOBSEN, H. A. *Kriegstagebuch des OKW*, Bd 1, *vom 1. 8. 1940 bis 31. 12. 1941*, Frankfurt/M. 1965

JACOBSEN, H. A., *1939–1945, Der Zweite Weltkrieg in Chronik und Dokumenten*, Darmstadt 1961

JACUET, N., *Panzerangriff und Panzerabwehr*, Basel 1951; *Die deutsche Industrie im Kriege 1939/45*, Berlin 1954

JUNGENFELD, E., FRHR. V., *So kämpften Panzer!* Berlin 1941

JUSTROW, K., *Der technische Krieg*, Berlin 1938

KATUKOW, GENMAJ. D. PZ.-TR. M., *Boevye Deistwiia Tankow (Panzer-Kampfhandlungen)*, Woenizdat, Moskau 1942

KAUFFMANN, *Panzerkampfwagenbuch*, Berlin 1938/39

KIELMANSEGG, GRAF V., *Panzer zwischen Warschau und Atlantik*, Berlin 1941

KOCH, H. A., *Die organisatorische Entwicklung der deutschen Panzerwaffe*, in: Feldgrau, ab Juli-Heft 1954, Burgdorf/Hannover

KÖRTGE, K., *Panzernachschubdienste*, in: Deutsche Soldatenzeitung vom 4. 3. 1954

KOWALEW, GENERALLT. D. PZ.-TR. G., *Panzer- und mechanisierte Truppen der Roten Armee*, Woennyi Westnik, No. 18, September 1945

KRIWOSCHEIN, *Taktik schneller Verbände*, Potsdam 1934

KRUGER, R., *Tanks*, Berlin 1921

KURTZINSKI, M. J., *Taktik schneller Verbände*, Potsdam 1935

KUSNETZOW, T. P., *Taktik Tankogych Woysk (Panzertruppen-Taktik)* Woenizdat, Moskau 1940

LAWROW, E., *Tankowaia Razwedka (Panzeraufklärung)*, Woenizdat, Moskau 1940

LEWIN, R., *Rommel as military commander*, London 1968

LIDDELL HART, B. H., *Deutsche Generale des Zweiten Weltkrieges*, Düsseldorf 1964; *Lebenserinnerungen*, Düsseldorf 1966; *Das Buch vom Heer*, Berlin 1940; *Strategie*, Wiesbaden o. J.; *Geschichte des Zweiten Weltkrieges*, Düsseldorf/Wien 1972

MACKENSEN, E. V., *Vom Bug bis zum Kaukasus*, Neckargemünd 1967

MACKSEY, K., und BATCHELOR, J. H. TANK, *A History of the Armoured Fighting Vehicle*, London 1970

MACZEK, ST., *Avec mes blindés. Pologne–France–Belgique–Hollande–Allemagne*, Paris 1967

MANSTEIN, E. V., *Verlorene Siege*, Bonn 1955; *Aus einem Soldatenleben 1887/1939*, Bonn 1958

MANTEUFFEL, H. V., *Die 7. Panzer-Division im Zweiten Weltkrieg*, Uerdingen a. Rh., 1965

MAROT, J., *Abbéville 1940. Avec la division cuirassée de Gaulle*, Paris 1967

MELLENTHIN, F. W. V., *Panzerschlachten*, Neckargemünd 1962

MIDDELDORF, E., *Taktik im Rußlandfeldzug. Erfahrungen und Folgerungen*, Dortmund 1956

MIKSCHE, F. O., *Blitzkrieg*, Paris 1937

MOSTOWENKO, W. D., *Panzer gestern und heute*, Berlin 1961

MUELLER-HILLEBRAND, B., *Das Heer 1933–1945*, Bd. 2, Frankfurt/M. 1956

MUNZEL, O., *Panzertaktik*, Neckargemünd 1959; *Die deutschen gepanzerten Truppen bis 1945*, Herford 1965

NEHRING, W. K., *Kampfwagen an der Front!*, Leipzig 1933; *Heere von morgen*, Potsdam 1934; *Betrachtungen über Fragen der Heeresmotorisierung*, in: Allgemeine Schweizerische Militärzeitung, 1937, Nr. 4; *Panzervernichtung*, Berlin 1936/37; *Die Geschichte der deutschen Panzerwaffe 1916–1945*, Stuttgart 1974

OGORKIEWICZ, R. M., *Armour*, London und New York 1960

ORGILL, D., *The Tank. Studies in the Development and Use of a Weapon*, London 1970

PERRÉ, HAUPTMANN, *Chars de Combat (Kampfwagen)*, Paris 1937

PETTER, E., *Kampfwagenabwehr*, Sonderdruck, Berlin 1932

PHILIPPI, A. und HEIM, F., *Der Feldzug gegen Sowjetrußland 1941–1945*, Stuttgart 1962

PLETTENBERG, M., *Guderian*, Düsseldorf 1950

PODZUN, H. H., *Das deutsche Heer 1939 (Rangliste)*, Bad Nauheim 1953

Rangliste des Deutschen Heeres 1944/45, hrsg. von W. Keilig, Bad Nauheim 1953

Ranglisten des Reichsheeres 1924, 1929, 1930, 1932, Berlin 1935

REIBIG, W., *Schwarze Husaren, Panzer in Polen*, Berlin 1941

REINECKER, H., *Panzer nach vorn! Panzermänner erzählen vom Feldzug in Polen*, Berlin 1939

RÖHRICHT, E., *Probleme der Kesselschlacht*, Karlsruhe 1958

ROHDE, H., *Das deutsche Wehrmachttransportwesen im Zweiten Weltkrieg*, Stuttgart 1971

ROMMEL, E., *Krieg ohne Haß*, Heidenheim 1950

ROTMISTROW, MARSCHALL D. PZ.-TR. P., *Die Aufgabe und der Platz der Selbstfahrlafetten-Artillerie in der neuzeitlichen Kriegführung*, Woennaia Mysl, No. 5, Mai 1945

ROZEN-ZAWADSKI, HAUPTMANN, *Sowjetische Panzerfahrzeuge*, Przeglad Wojsk Pancernych, No. 2, März–April 1938

SAITZEW, OBERST, *Die Rote Armee*, Berlin 1934

SAKHNO, M., *Das Panzer-Korps beim Durchbruch*, Zhurnal Awto-Bronetankowykh i Mekhanizirowannykh Woisk, No. 6, Juni 1945

SCHAUFELBERGER, P., *Gedanken zum Problem Panzer und Panzerabwehr*, Sonderabdruck der A. S. M. Z., Genf, Nr. 20/1954

SCHEIBERT, H. und ELFRATH, U., *Panzer in Rußland. Die deutschen gepanzerten Verbände im Rußlandfeldzug 1941–1944*, Dorheim 1971

SCHRAMM, P. W., *Hitler als militärischer Führer*, Frankfurt/M. 1962

SCHUKOW, G. K., *Erinnerungen und Gedanken*, Stuttgart 1969

SEATON, A., *The Russo-German War 1941–1945*, London 1971

SEECKT, H. V., *Gedanken eines Soldaten*, Berlin 1929

SENFF, H., *Die Entwicklung der Panzerwaffe im deutschen Heer zwischen den beiden Weltkriegen*, Frankfurt/M. 1969

SENGER UND ETTERLIN, F. M. V., *Die deutschen Panzer 1926/45*, München 1959; *Panzergrenadiere*, München 1961

SHEPPARD, E. W., *Tanks im nächsten Kriege*, Berlin 1940 (Englische Originalausgabe 1938)

SHILIN, P. A., *Die wichtigsten Operationen des Großen Vaterländischen Krieges 1941–1945*, Berlin 1958

SIEGLER, F. FRHR. V., *Die höheren Dienststellen der deutschen Wehrmacht 1933–45*, München 1953

SPANNENKREBS, W., *Angriff mit Panzerkampfwagen*, Berlin 1939

STOVES, R., *Die 1. Panzerdivision 1935–1945*, Bad Nauheim 1962

STRAUB, *Die ersten Panzer fuhren Schritt*, in: Der deutsche Soldat, Nr. 7/1956

Taschenbuch für den Winterkrieg, vom 1. November 1942, Berlin 1942

TELTZ, H., *Versuchsschießen auf Panzerkampfwagen*, in: Wehrtechnische Hefte, Nr. 5/1954, Frankfurt/M.

TESSIN, G., *Formationsgeschichte der Wehrmacht 1933/39*, Boppard 1959

Tigerfibel D 656/27 vom 1. 8. 1943, Hrsg.: Generalinspekteur der Panzertruppen

THOMALE, W., *Eine Gedenkstunde für Generaloberst Guderian*, in: Kampftruppen Nr. 4/1963, Herford

THOMAS, L., *Documents sur la guerre de 1939–1940*, Paris 1941

THOMÉE, G., *Der Wiederaufstieg des deutschen Heeres*, Berlin 1939

TIPPELSKIRCH, K. V., *Geschichte des Zweiten Weltkrieges*, 2. Aufl. Bonn 1956

TONVIEILLE-ALQUIER, F., *Les Français dans la drôle du guerre*, Paris 1971

TSCHIMPKE, A., *Die Gespenster-Division. Mit der Panzerwaffe durch Belgien und Frankreich*, München 1940

Truppenführung (T. F.) H. Dv. 300/1 vom 17. 10.1933

TSCHUIKOW, W. J., *Anfang des Weges*, Berlin 1968

TUKHATSCHEWSKI, M., *Über die Neue Felddienstordnung der RKKA*, Bolshewik, No. 9, 1. Mai 1937

VOLCKHEIM, E., *Der Kampfwagen in der heutigen Kriegführung*, Berlin 1924

VOLKMANN, E. O., *Der Große Krieg*, Berlin 1922

VORMANN, N. V., *Der Feldzug 1939 in Polen*, Weißenburg 1958

WACKER, *Technisches Lehrbuch über Kettenfahrzeuge und Kettenfahrschule*, Darmstadt 1962

WARLIMONT, W., *Im Hauptquartier der deutschen Wehrmacht 1939–1945*, Frankfurt/M. 1962

The War in North Africa, Part 1/2, US Department of Military Art and Engineering, 1943/45

Archive

Britannic Majesty's Stationery Office, London – Bundesarchiv, Bern – Bundesarchiv, Koblenz – Institut für Zeitungsforschung, Dortmund – National Archives, Washington D.C. – Staatliches Zentralarchiv der Sowjetarmee, Moskau – Weltkriegsbücherei, Stuttgart – Zentralbibliothek der Bundeswehr, Düsseldorf – Service Historique de l'Armée, Château de Vincennes

Zeitungen und Zeitschriften

Die Kraftfahrtruppe – Wehrwissenschaftliche Rundschau – Pioniere – Der Schweizer Soldat – Allgemeine Schweizerische Militärzeitschrift – Wissen und Wehr – Die Kraftfahrkampftruppe – Militär-Wochenblatt – Militärwissenschaftliche Rundschau – Revue de Défense Nationale – Truppenpraxis – Zeitschrift für Militärgeschichte – Revue militaire soviétique – Armored Cavalry Journal – Kampftruppen – Die Panzertruppe – Wehrkunde – The Army Quarterly – Logistik, Technik und Versorgung – Military Review – Österreichische Militärische Zeitschrift – Revue Historique de l'Armée – Armor – Armee-Motor – Revue Militaire Suisse – Die Wehrmacht

Bildquellen

Bundesarchiv Koblenz – Etablissement Cinématographique et Photographique des Armées, Fort D'Ivry – Imperial War Museum, London – National Archives, Washington D. C. – US-Army, Washington D. C. – Sikorski-Institut, London – Archiv M. R. de Launay, Paris – Archiv J. S. Middleton, London – Archiv A. Stilles, New York – Herrn K. Kirchner, Verlag für zeitgenössische Dokumente und Curiosa, Erlangen – Archiv J. K. Piekalkiewicz

Ein Wort des Dankes

Ich möchte für ihre freundliche Hilfe meinen herzlichen Dank sagen:

Frau M. Loenartz und ihren Mitarbeitern, Bundesarchiv, Koblenz – Oberstleutnant i. G. Dr. H. Rohde, Militärgeschichtliches Forschungsamt, Freiburg – Frau Dr. M. Lindemann, Frau H. Rajkovic, Institut für Zeitungsforschung, Dortmund – Herrn H. Kürten, Stadtarchiv, Remagen – Herrn Dr. R. Breyer, Herder-Institut, Marburg – Herrn Professor Dr. J. Rohwer, Herrn W. Haupt und ihren Mitarbeitern, Weltkriegsbücherei, Stuttgart – Herrn Dr. Sack und seinen Mitarbeitern, Zentralbibliothek der Bundeswehr, Düsseldorf – Frau H. Stöhr, Bücherei der Bundesbahndirektion, München – Herrn Hofrat Dr. F. Wiener, Truppendienst, Wien – Herrn H. Reich, Kyffhäuser, Bonn – Herrn K. Kirchner, Verlag für zeitgenössische Dokumente und Curiosa, Erlangen – Oberst (Bw) a. D. Dr. phil. C. H. Hermann, Euskirchen – Mr. J. S. Lucas, Mr. F. M. Reed, Imperial War Museum, London – Allen Herren der Photographic Library, Imperial War Museum, London – Captain R. Dembinski, Präses des Sikorski-Instituts, London – Capt. W. Milewski, Capt. St. Zurakowski, Ing. K. Barbarski, Sikorski-Institut, London – Col. W. D. Kasprowicz, London – Lt.Col. Dousset, Mr. P. Rolland, Mr. Basques, E.C.E.P.D.A., Paris – Service Historique de l'Armée, Paris – Capt. C. L. Blische, Dep. of the Army, US-Army Audio-Visual Activity, Pentagon, Washington D. C. – W. H. Leary, National Archives, Washington D. C. – Col. B. J. Morden, Center of Military History, Dep. of the Army, Washington D. C. – Herrn U. Schefold, Südwest Verlag, München – Herrn H. Limmer, München

Mein besonderer Dank gilt den Herren:
Herrn Dr. phil. D. Bradley, Münster
Major R. L. Walton, O.B.E., London
Captain B. D. Samuelson, Washington D. C.
für ihre großzügige Bereitschaft, mir mit ihrem umfangreichen Wissen zur Seite zu stehen

Vorwort

»Krieg der Panzer 1939–1945« ist der dritte Band einer Trilogie von Janusz Piekalkiewicz über den Zweiten Weltkrieg; die vorausgegangenen »Luftkrieg 1939–1945« und »Seekrieg 1939–1945« fanden weiteste Verbreitung und das Lob der Kritiker.

Mehr als alle anderen Waffengattungen prägten Panzerverbände die Entscheidungsschlachten des Zweiten Weltkrieges. Dank ihrer Panzerdivisionen errangen die Deutschen dabei Erfolge, wie man sie in den Kriegsannalen nur selten findet. Und letzten Endes waren es die Panzertruppen der Alliierten in West und Ost, die Hitlers Macht zerschlugen. Die Männer der Panzerwaffe bildeten nicht nur in der deutschen Wehrmacht eine Elite, und ihre neue Waffe veränderte das Geschehen auf dem Schlachtfeld schneller als je eine andere zuvor.

Wie in den ersten beiden Bänden der Trilogie werden auch hier die Ereignisse in ihrer chronologischen Entwicklung mit den wichtigsten Vorgängen aus der Sicht der jeweiligen Gegner – diesmal auf den Schlachtfeldern – geschildert. Natürlich kann bei der Fülle von Geschehnissen und der zur Verfügung stehenden Seitenzahl keine lückenlose Darstellung gebracht werden. Dagegen sind die hauptsächlichen Entwicklungen mit besonderer Sorgfalt ausgearbeitet, und angesichts der Materialfülle hat es der Autor vermieden, das aus der umfangreichen Fachliteratur Bekannte noch einmal ausführlich zu beschreiben.

Offizielle Berichte, interne Weisungen, Statements Beteiligter, Presse- und Rundfunkmeldungen – auch des neutralen Auslands – vermitteln die eigenartige Atmosphäre der damaligen Zeit. Die strategischen und taktischen Zusammenhänge neben dem dokumentarischen Bildmaterial – hier zum Teil erstmalig veröffentlicht – runden das Gesamtbild ab. Diese Publikation wird gewiß – wie bereits »Luftkrieg 1939–1945« und »Seekrieg 1939–1945« – das Interesse eines breiten Leserkreises finden. Nicht zuletzt durch seine exakte und objektive Darstellung wird auch dieser Band einen wichtigen Platz in der zeitgeschichtlichen Forschung einnehmen und als brauchbares Nachschlagewerk dienen.

Der Verlag

Prolog

Kalter Wind läßt die Schneeflocken treiben, und dunkle Wolken bedecken den Himmel, als am 15. März 1939 gegen 8.45 Uhr vor der Prager Burg, dem Hradschin, Sitz des Staatspräsidenten der Tschechoslowakischen Republik Dr. Emil Hácha, deutsche Panzerspähwagen der Aufklärungsabteilung/4. Infanteriedivision anrollen. Um die Mittagsstunde sind trotz vereister Straßen der Kommandeur des IV. Korps (Dresden) Generalleutnant v. Schwedler und sein energischer Chef des Stabes Generalmajor Model zur Stelle. Gegen 16 Uhr erscheint Hitler, begleitet von einem SS-Kommando, mit seinem schweren Mercedes aus Dresden kommend, auf dem Hradschin.

Die Besetzung der Tschechoslowakei bringt Hitler neben strategischen Vorteilen für seinen Angriff auf Polen auch die entscheidende Verstärkung der deutschen Panzerwaffe: Mehrere Hundert robuste und gut bewaffnete, von Fachleuten hoch eingeschätzte tschechische Panzer ergänzen nun die bis dahin recht schwachen, vorwiegend mit Panzerkampfwagen I und II ausgerüsteten deutschen Panzerdivisionen.

Der Panzer, erstmals im Ersten Weltkrieg eingesetzt, soll helfen, die Erstarrung im Stellungskrieg ein für allemal auszuschalten: Er soll trotz des Feuers von Maschinengewehren und Geschützen vorstoßen und Stacheldrahtsperren im Niemandsland niederwalzen sowie Schützengräben überwinden. Diese Möglichkeit wird von den Strategen viel höher geschätzt als seine Feuerkraft.

Im Ersten Weltkrieg ist Deutschland nicht dazu gekommen, einen erfolgreichen Panzertyp zu bauen, und danach läßt der Versailler Vertrag von 1919 keine Betätigung auf diesem Gebiet zu. Die Siegermächte gestatten dem Deutschen Reich lediglich eine Armee von 100 000 Mann ohne Flugzeuge, Panzer und schwere Artillerie sowie eine Marine von 15 000 Mann – die Reichswehr. Ihre Aufgabe: Aufrechterhaltung der inneren Ordnung und Grenzsicherung. Es wird der Reichswehr bewilligt, 105 gepanzerte Mannschafts-Transportwagen zu beschaffen unter der Bedingung, daß sie nicht in Kampfwagen umgebaut werden können.

In der Kraftfahrtruppe der Reichswehr formiert sich nun in aller Stille eine Gruppe von jüngeren, für die Panzerwaffe begeisterten Offizieren, unter ihnen Guderian, Kempf, Lutz, Nehring u. a. Um mit der Entwicklung Schritt zu halten, bleibt ihnen zunächst – wegen der strengen internationalen Kontrollkommission – kaum mehr als das Studium ausländischer Militär-Fachzeitschriften und der Dienstvorschriften fremder Heere. Sie versuchen, den neuen militärischen Bedingungen entsprechend, eine Theorie zu entwickeln, wie und mit welchen Mitteln Bewegungen motorisierter Verbände geführt werden können. Die anfänglich stark an das französische Vorbild der »gepanzerten Infanterie« angelehnte Theorie der Panzerverwendung wird verworfen. Während man woanders im Banne des Stellungskrieges steht, erprobt die Reichswehr die bewegliche Kampfführung. Diese hat übrigens einen starken Befürworter in Generaloberst Hans v. Seeckt, dem ersten Chef der Heeresleitung.

Bereits 1921 werden bei einer Übung im Harz die Probleme der Motorisierung durchexerziert. Aus einzelnen Kompanien der sieben Kraftfahrabteilungen entstehen die Panzertruppen, anfangs »Kraftfahrkampftruppen«, später »schnelle Truppen« genannt.

Der am 16. April 1922 unterzeichnete Vertrag von Rapallo zwischen Deutschland und der Sowjetunion sieht eine Förderung der militärischen Zusammenarbeit vor, besonders bei Projekten moderner Waffentechnik wie Panzern, Flugzeugen und chemischen Kampfstoffen.

Im Winter 1923/24 leitet Oberstleutnant Walther v. Brauchitsch ein Manöver, bei dem die Möglichkeiten des Zusammenwirkens von motorisierten Truppen und Flugzeugen untersucht werden, und man gewinnt dabei wichtige organisatorische und taktische Erkenntnisse.

Um 1925 gibt die Reichswehrführung unter strengster Geheimhaltung den Auftrag, drei leichte und zwei mittlere Panzertypen zu entwickeln. Die leichten Typen – mit der Tarnbezeichnung »leichter Traktor« – sind etwa 9,5 Tonnen schwer. Der von Daimler-Benz hergestellte mittlere Typ ist der »Großtraktor 1« mit einer 7,5-cm-Kanone und mehreren Maschinengewehren. Rheinme-

Links: Winter 1929/30, nahe Potsdam: Geländeübung der Reichswehr mit dem 3/15-PS-Dixi als Panzerattrappe

Rechte Seite: Erste Seite des Artikels von A. Hitler, in dem er im Herbst 1929 seine Gedanken zur deutschen Panzerwaffe niederlegt

tall-Borsig baut den 21 Tonnen schweren »Großtraktor 2« mit einer 10,5-cm-Kanone und 18 km/h.

1926 hat die Reichswehr mit Hilfe der UdSSR eine geheime deutsche Flieger- und Kampfwagenschule in Kama – Tarnname für den Kurort Lipezk am Kama-Fluß bei Kasan, etwa 800 Kilometer östlich von Moskau – errichtet, in der man bis Ende 1933 deutsche Flieger- und Panzeroffizierskader, darunter z. B. Heinz Guderian, ausbildet. Die Sowjets stellen außer dem Übungsgelände auch Schulungspanzer zur Verfügung. Außerdem werden hier die von der Reichswehr in Zusammenarbeit mit der deutschen Industrie insgeheim entwickelten verschiedenen Panzertypen erprobt. Zu gleicher Zeit erhalten in Deutschland Hunderte von sowjetischen Stabsoffizieren, u. a. Giorgi Konstantinowitsch Schukow, ihre Spezialausbildung an Lehrinstituten der Reichswehr.

In Zusammenarbeit mit der Roten Armee werden auch Taktiken der Panzerwaffe entwickelt, die sich später im Zweiten Weltkrieg auf beiden Seiten bewähren. Schon 1927 erklärt Generaloberst v. Seeckt zuversichtlich: »Die Kampfwagen wachsen sich zu einer besonderen Truppe neben Infanterie, Kavallerie und Artillerie aus.« Und deutsche Militärtheoretiker sehen in den Panzerverbänden ein erfolgversprechendes Angriffsmittel für eine schnelle Kriegsentscheidung.

1928 wird Oberst Oswald Lutz Chef des Stabes der Inspektion der Verkehrstruppen, der sogenannten »In 6«. Einen nicht unwesentlichen Teil ihres Wissens über moderne und bewegliche Kampfführung haben die Obersten Lutz und v. Reichenau sowie die Majore Heinz Guderian und Wilhelm Ritter v. Thoma aus dem Ausland, vor allem Großbritannien, übernommen. Der entscheidende Unterschied zwischen den deutschen, britischen und französischen Panzertheorien: Die Deutschen wollen Materialschlachten des Stellungskrieges in einem künftigen Krieg vermeiden und sehen im Panzer die Möglichkeit dazu.

Im Sommer 1929 führt Guderian ein Kriegsspiel durch, das eine Kampfgruppe mit solchen Waffen zum Einsatz bringt, wie sie eine spätere Panzerdivision aufbietet, nach dem Muster des soeben stattfindenden britischen Experiments, wie es auch in den USA und der Sowjet-

union nachgeahmt wird. Guderian notiert darüber: »Meine eigenen geschichtlichen Studien, die Übungen in England und unsere Erfahrungen mit der Verwendung von Panzerattrappen haben mich zu der Überzeugung kommen lassen, daß Panzer erst dann wirkungsvoll zum Einsatz gelangen können, wenn die notwendigen Unterstützungswaffen den Panzerfahrzeugen in bezug auf Geschwindigkeit und Geländegängigkeit gleichwertig sind. In einer solchen Formation aus allen Waffen müssen die Panzer die wichtigste Rolle spielen und die anderen Waffen dieser Aufgabe untergeordnet sein.« Ein wichtiger Grundsatz der deutschen Theoretiker des Panzerkrieges: Der Panzerangriff soll die stärksten Teile der gegnerischen Verteidigung zunächst umgehen, damit sie von den erkämpften Einbrüchen her in den Flanken und im Rücken angegriffen werden.

Auch Adolf Hitler beschäftigt sich mit dem Problem des zukünftigen Panzerkrieges und veröffentlicht in der NS-Wochenzeitschrift »Illustrierter Beobachter« seine Gedanken zur Panzerwaffe. Dieser inzwischen in Vergessenheit geratene Aufsatz läßt die Bedeutung der Panzer im Arsenal von Hitlers Eroberungsplänen erkennen. Hier der Schlußabsatz, der seine wichtigsten Gedanken zu diesem Thema offenlegt:

Tankrüstung im Zeichen der Abrüstung
Wehrpolitische Betrachtung von A. Hitler
. . . . .

Die Bedeutung der Waffe erhellt sich am besten aus dem im Friedensvertrag von Versailles ausgesprochenen Verbot dieses Kampfmittels für Deutschland. Der Vorsprung, den unsere Gegner dadurch besitzen, ist ein nicht abzuleugnender. Dennoch könnte er jederzeit aufgeholt werden. Die moderne Waffentechnik ist so im Fluß, die Typen werden in so kurzen Fristen andauernd verbessert, daß kein Staat in Angriff- und Abwehrwaffen sich ein zu großes Material ansammeln darf, ohne Gefahr zu laufen, eines Tages mit veralteten Waffen kämpfen zu müssen. Der Tank von einst ist zu einem unendlich komplizierten Kriegswesen geworden, das ebenso auf Raupen wie auf Rädern läuft, wasser- und gasdicht ist, ja in einzelnen Konstruktionen sogar zu schwimmen vermag. Diese Entwicklung zwingt jeden

Tankrüstung ist Zeichen der Abrüstung

WEHRPOLITISCHE BETRACHTUNG VON ADOLF HITLER

Im Jahre 1911 reichte der österreichische Oberleutnant Burstyn beim Kriegsministerium in Wien die Pläne für einen neuartigen Panzerwagen ein, der sich von früheren Konstruktionen dadurch unterschied, daß die Fortbewegung nicht mehr durch Räder, sondern Raupenketten erfolgen sollte. Es war der erste Tank. Wohl existierten in Amerika schon vordem Raupenfahrzeuge, allein sie dienten nur friedlichen Zwecken (zum Transport von Holz!), und waren ebenso unvollendet wie vereinzelt. Der Entwurf von Burstyn stellte seiner Zeit weit voran. Er wurde deshalb, wie dies nun einmal noch immer so gewesen zu sein scheint, von den „Sachverständigen", in dem Falle von den militärischen, als eine vollkommen unsinnige und verrückte Idee abgelehnt.

zu können. Daß man nach modernen Flugzeugen nicht mit gewöhnlichen Haubitzen zu schießen vermag, war langsam klargeworden. Allein, daß man einen modernen Tank ebensowenig mit für ganz andere Aufgaben bestimmten Kampfwaffen vernichten kann, leider nicht. Es offenbart sich hier eine Mißachtung der Technik, die sich später entsetzlich gerächt hat. Es war dabei noch ein Glück, daß die Engländer die neue Kampfwaffe ungefähr genau so verzettelt und daher unzweckmäßig einsetzten, wie wir Deutsche es mit ähnlichen Waffen ebenfalls getan haben (z. B. Gas!). Dadurch konnte sich noch langsam mit den vorhandenen Waffen eine wenn auch unbefriedigende Abwehr einrichten lassen. Erst am 20. November 1917 erfolgte vor Cambrai der erste massierte Einsatz dieser neuen, beweglichen Angriffs-Waffe. Wenn es auch nun gelang, einen Durchbruch zu verhüten, so lag dies weniger an der Wirksamkeit der deutschen Abwehrwaffen als an der Unfähigkeit der Engländer, den errungenen Erfolg augenblicklich auszunützen und den Durchbruch zu einer großen Operation zu erweitern. Im Laufe dieser Kämpfe wurden zahlreiche englische Tanks „erlegt". Teils durch Artilleriefeuer vorgezogener Geschütze sowie durch

Bild oben:
Amerikanischer Panzerzug in der Nähe von Fort Ulig am Rio Grande. Der für den Grenzschutz bestgeeignete Schnelltank auf Schienen

Nebenstehend:
Bei den englischen Manövern in Aldershot konnte man sich überzeugen, daß die englische Armee bei den Tankwettrüsten nicht im Hintertreffen bleiben will

Es läßt sich kaum ausdenken, welchen Eindruck es im Jahre 1914 erzeugt hätte, wenn die Mittelmächte plötzlich mit einer so neuen Waffe auf den Kriegsschauplätzen erschienen wären. Was die militärischen „Sachverständigen" in Wien und Berlin als wertlos, ja verrückt ansahen, wurde von den Engländern im Weltkrieg angewendet. Die dort von 1915 auf 1916 gebauten Raupenpanzerfahrzeuge gleichen auf das Haar den von Burstyn seinerzeit vorgelegten Entwürfen. Um ihre Geheimhaltung zu ermöglichen, nannte man sie einfach „Tanks". In der Sommeschlacht traten sie zum erstenmal in Erscheinung. Der Eindruck, den die grauen, Gräben und Granattrichter überkletternden Ungetüme auf die durch Trommelfeuer bereits zermürbten Soldaten ausübten, war ein um so verhängnisvollerer, als diesem eine wirksame Abwehrwaffe nicht zur Verfügung stand. Nun wiederholt sich zum zweitenmal der in einem Mangel an technischen Fähigkeiten und technischer Einsicht begründete Standpunkt der militärischen „Autoritäten". Man glaubt einer vollständig neuen Angriffswaffe mit für ganz andere Zwecke beschaffenen und daher nur höchst bedingt wirksamen Abwehrwaffen entgegentreten

Der schnellste Tank der Welt (Stundengeschwindigkeit 52 Meilen) in Dienst gestellt bei der amerikanischen Armee

Staat, sich mit wenigen Exemplaren einer Type zu begnügen und das Hauptaugenmerk auf die dauernd mögliche Großfabrikation einer solchen Type zu richten. Dasselbe gilt natürlich auch für Abwehrwaffen. Es ist die Aufgabe der Heeresleitung eines unterdrückten Volkes, gerade auf diesem Wege den Schutz der Nation vor feindlichen Angriffen zu suchen und sicherzustellen. Allerdings gehört dazu eine innere politische Verfassung, die den Landesverrat und die Industriespionage grundsätzlich mit blutiger Strenge ausrottet. Der nationalsozialistische Staat wird dies einst tun!

Illustrierter Beobachter, 1929

Mit dem Ende der zwanziger Jahre gewinnen nunmehr eigene theoretische Überlegungen von Spezialisten der deutschen Panzerwaffe zunehmend an Gewicht. Am 1. April 1931 wird Oberst Lutz Generalmajor und Inspekteur, am 1. Oktober 1931 Guderian Chef seines Stabes. Nach seiner Machtübernahme im Januar 1933 stehen Hitler, sein Kriegsminister General Werner v. Blomberg und der Chef des Ministeramtes, General Walter v. Reichenau, der Panzerwaffe aufgeschlossen gegenüber. Und als im gleichen Jahr auf dem Übungsplatz in Kummersdorf Guderian dem Führer Züge von Kraftradschützen, Panzerabwehrkanonen, die Panzer I sowie andere leichte und schwere Panzerwagen vorstellt, ruft Hitler beeindruckt: »Das kann ich gebrauchen! Das will ich haben!« Militärhistoriker Oberst Dr. C. H. Hermann dazu: »An diesem Tag wurde die deutsche Panzertruppe geboren.«

1934 erscheint in dem Buch des österreichischen Generals Ludwig Ritter v. Eimannsberger unter dem Titel »Der Kampfwagenkrieg« die erste umfassende deutsche Panzertheorie. Neu ist dabei die Methode der Panzerkeile, die überraschend in die Tiefe vorstoßen und gegnerische Gruppierungen abschneiden oder einkreisen sollen, sowie das Prinzip, die Mehrzahl der Panzer und motorisierten Truppen zu einer entscheidenden Operation zusammenzufassen. Eimannsberger empfiehlt auch den Aufbau von schnellen Divisionen, welche allein den neuen Erfordernissen des mechanisierten Kampfes nachkommen könnten.

Ab 1934 werden in Deutschland Reiterregimenter in Panzer- und Schützenregimenter umgewandelt. Rund 40 Prozent der Offiziere der Panzertruppe sind ehemalige Kavalleristen. Das erste Panzerbataillon ist mit dem Panzer I ausgerüstet, den man bei Krupp nach einer englischen Konstruktion von Vickers gebaut und mit zwei MG bewaffnet hat.

Ende 1934, als der Überfall Italiens in Abessinien bevorsteht, wittert Hitler in dem kommenden Konflikt die passende Gelegenheit, aus der durch die Einschränkungen von Versailles entstandenen Isolierung auszubrechen. Der Führer beschließt, den Widerstandswillen des Kaisers von Äthiopien gegen Mussolini zu stärken und beordert im Januar 1935 den abessinischen Honorar-Generalkonsul in Berlin, Major a. D. Steffen, in geheimer Mission nach Adis Abeba. Um die italienische Nachrichtensperre in Abessinien zu durchbrechen, wird im Keller der deutschen Mission ein Funkgerät

Panzerkampfwagen II Ausführung A (Sd Kfz 121) während einer Geländeübung: Die ersten Serienfahrzeuge kamen 1935 heraus, die Auslieferung an die Truppe erfolgte erst 1937

aufgestellt, durch das Hitler über den neuesten Stand auf dem laufenden gehalten wird.

Als am 17. Juli 1935 der abessinische Staatsrat Hall nach Berlin kommt, gewährt ihm Hitler aus einem Sonderfond 3 Millionen Reichsmark zum Ankauf deutscher Waffen. Hall erhält außerdem dreißig 3,7-cm-Panzerabwehrkanonen, im persönlichen Auftrag Hitlers vom Heereswaffenamt für Abessinien bei Rheinmetall-Borsig eingekauft. Die Firmenzeichen werden entfernt, und der Transport nach Djibuti erfolgt durch einen englischen Frachter. Nach ihrem Einmarsch in Adis Abeba erbeuten die Italiener diese Geschütze.

Im März 1935 führt man in Deutschland die allgemeine Wehrpflicht wieder ein. Am 15. Oktober 1935 ist in Deutschland die erste von vorläufig drei Panzerdivisionen aufgestellt. Die Division hat zwei Panzerregimenter

und je zwei Bataillone. Das sind insgesamt 561 Panzer. Die dazugehörende Infanterie, die leichte Artillerie, Panzerjägereinheiten und Panzerpioniere sind voll motorisiert. Die Aufgaben der schweren Artillerie, über die die Panzerdivision nicht verfügt, sollen Sturzkampfflugzeuge übernehmen.

Die neue Division ist zwar mit den als Kampfpanzer nur bedingt geeigneten leichten Typen I und II ausgestattet, die Infanterie – noch ohne Schützenpanzer – und ihre Kradschützeneinheiten sind an die Straßen gebunden und im Gelände nur begrenzt beweglich. Die Division ist jedoch in der Lage, jede Operation ohne weitere Unterstützung, völlig auf sich selbst gestellt, zu bewältigen. Zur unmittelbaren Infanterieunterstützung wiederum dienen die Panzerbrigaden. Hitler, der bereits über zukünftige Eroberungspläne nachdenkt: »Die ersten

acht Tage sind die politisch entscheidenden, in ihnen muß ein weitläufiger Geländegewinn erzielt werden.« Die Panzerproduktion hat im Rahmen der deutschen Wiederaufrüstung entscheidende Priorität. Bald stellt sich heraus, daß die Panzermodelle technisch nicht ganz ausgereift sind, und in der ersten Zeit ist fast jeder dritte Panzer nicht einsatzbereit.

1937 veröffentlicht Guderian in dem Buch »Achtung Panzer« seine Theorie des mechanisierten Krieges. Er äußert darin die Auffassung, daß Deutschland sich nur einen kurzen Krieg leisten kann und dabei hoffen muß, ihn zu einem annehmbaren Ende zu bringen, bevor die Rüstungsindustrie durch Rohstoffknappheit lahmgelegt wird.

1938 wird das Kommando der Panzertruppen in ein Korps-Kommando umgewandelt. Schließlich werden

die motorisierten und gepanzerten Verbände unter dem Chef der schnellen Truppen, General der Panzertruppen Guderian, zusammengefaßt. Jetzt, bereits 20 Jahre nach dem Zusammenbruch des deutschen Kaiserreiches, hat das Deutsche Reich die beste Panzerwaffe der Welt, und Hitler prägt den Begriff »Blitzkrieg«, ein Blitzschlag von Luft- und Landstreitkräften gegen das betreffende Land. In der Tat, die Organisation der Panzertruppe in Panzerdivisionen, bestehend aus Panzer-, Artillerie-, Infanterie-, Pionier-, Nachrichten- und Versorgungseinheiten, macht den massierten Einsatz großer gepanzerter Verbände mit operativen Zielen möglich.

Besondere Bedeutung gewinnt das Zusammenwirken mit der Luftwaffe. Sie soll nach der Theorie von Guderian die gepanzerten Stoßkeile in allen Gefechtslagen unterstützen und, neben der Aufklärung in der taktischen und operativen Tiefe, das Heranführen gegnerischer Reserven unterbinden, die Luftsicherung und Versorgung der vorstoßenden schnellen Verbände gewährleisten.

Nach Hitlers Ansicht gehört zum Blitzkrieg neben der außenpolitischen Isolierung des Feindes vor allem die Ausnutzung des Überraschungsmoments durch den strategischen Überfall, das Streben nach maximaler Massierung der Hauptkräfte in Richtung des ersten Schlages. Der Gegner soll zweiseitig umfaßt, seine Hauptkräfte bereits in der Anfangsperiode des Krieges eingekreist und vernichtet werden. Hier gehört der massierte Einsatz von Panzer- und motorisierten Infanteriedivisionen in der Hauptrichtung zu den wichtigsten Prinzipien der Blitzkriegführung.

Der Nachteil dieser Blitzkrieg-Theorie: die Kosten. Um Panzerverbände zu unterhalten, müssen bei anderen Waffengattungen bedeutende Etatkürzungen vorgenommen werden. Im Lauf des Krieges erweist sich, daß nicht die zahlenmäßige Überlegenheit, sondern der Geist, der die deutschen Panzerdivisionen beseelt, bei ihren Siegen entscheidend ist. Und das Blitzkrieg-Rezept bedeutet in Wirklichkeit: Hohe Kampfkraft, vorzügliche Moral und Taktik, gepaart mit technischer Überlegenheit. Hitlers erfolgreichste Geheimwaffe ist lange Zeit vor allem der Mut seiner Soldaten.

Als 1936 der Bürgerkrieg in Spanien ausbrach, wurde er zu einem willkommenen Anlaß für die Panzertheoretiker. Deutsche und italienische Panzer werden auf der faschistischen Seite und sowjetische bei den Republikanern eingesetzt. Im Verband der deutschen Legion Condor befindet sich eine aus Freiwilligen zusammengestellte Panzerabteilung 88 (Maj. Wilhelm Ritter v. Thoma) mit den Panzern Pz I und Pz II. Hier werden die ersten Typen des Panzerkampfwagens I und II unter kriegsmäßigen Bedingungen erprobt. Obwohl ursprünglich nur zu Schulungszwecken vorgesehen, können sie ihre Aufgaben in einem Panzerkrieg einigermaßen erfüllen. Doch selbst gegen die leichten Panzerabwehrkanonen, die in Spanien zum Einsatz kommen, sind beide Panzerkampfwagentypen zu schwach gepanzert. Die große Ausdehnung der Fronten läßt keine tiefen Angriffsoperationen zu, und die Deutschen können ihre moderne Panzertaktik nicht ausreichend durchexerzieren. Erfolgreich geübt wird jedoch die Zusammenarbeit mit der Luftwaffe.

Die hauptsächlich eingesetzten Typen sind, neben den deutschen Pz I und Pz II sowie den italienischen Carro Veloce die veralteten französischen Renault M 17/18, die sowjetischen T-26, T-27 und T-28. Die Panzer werden auf beiden Seiten fast ausschließlich zur unmittelbaren Unterstützung der Infanterie eingesetzt. Nur zweimal im Laufe des Bürgerkrieges, im Herbst 1936, bei Sevena und im Frühjahr 1937 bei Guadalajara, stößt eine Gruppe von Panzern bis zu den gegnerischen Artilleriestellungen vor. Auch der Mangel an Begleitwaffen, wie motorisierte Infanterie und Artillerie, läßt den Panzer nicht die operativen Aufgaben erfüllen. In Spanien erprobt die Legion Condor auch die Verwendung der Flak im Erdkampfeinsatz gegen Bunker und zur Panzerabwehr mit Erfolg. Die deutsche 8,8-cm-Flak verschießt dabei mehr als 90 Prozent der Munition im Erdkampf. Die Erfahrungen des Bürgerkrieges werden

Linke Seite: Juli 1937.
Spanischer Bürgerkrieg, nach
der Schlacht bei Brunete: Im
Hintergrund sowjetische leichte
Panzer vom Typ T-26, die auf
Seiten der Republikaner
kämpfen

Spanien 1937, »Legion
Condor«: Panzer der deutschen
Panzerabteilung 88

am intensivsten von der Wehrmacht ausgewertet. Zum
Teil führen örtliche Erfahrungen allerdings zu schwerwiegenden Fehlentscheidungen: Vor allem wird der auf
beiden Seiten zahlenmäßig schwache Panzereinsatz
vielfach falsch beurteilt. Außerdem hat der deutsche
Generalstab die zu schwache Panzerung des Pz II ignoriert und die Serienproduktion dieses 1938/39 völlig
veralteten Panzerkampfwagens fortgesetzt. Wie General der Artillerie Walter v. Reichenau bemerkt, kann
man die Kämpfe in Spanien als Universität des Krieges
betrachten, die viel nützlicher ist als zehn Jahre Ausbildung in Friedenszeiten. Im allgemeinen bestätigen die
Erfahrungen des Spanischen Bürgerkrieges den Trend
nach Kampfwagen mit stärkerer Panzerung und lei-
stungsfähigeren Kanonen.
Am 15. März 1939 wird die Tschechoslowakei von den
Deutschen annektiert. Die Wehrmacht übernimmt alle
Panzer des tschechischen Heeres, auch jene, die sich
aufgrund von Exportaufträgen noch im Bau befinden.
Es sind insgesamt 469 Panzer, die sich besonders durch
große Robustheit, Verläßlichkeit und gute Bewaffnung
auszeichnen.
Im August 1939 hat die Wehrmacht fünf Panzerdivisionen und zwei selbständige Panzerbrigaden. Die insgeheim vorbereitete Mobilmachung ändert das Verhältnis
von motorisierten zu nicht motorisierten Teilen des
Heeres: Von den 106 Divisionen sind 15 voll motorisiert. Die jetzt neu aufgestellten Infanteriedivisionen
erreichen im Schnitt einen Motorisierungsgrad von etwa
25 Prozent, einzelne sogar nur von 15 Prozent. Im
allgemeinen beträgt der Motorisierungsgrad des Feldheeres etwa 40 Prozent.

15

Für den Überfall auf Polen stehen bereit: Bei der 10. Armee (Gen. d. Art. v. Reichenau) in der Oberpfalz eine Panzer- und eine leichte Division sowie drei motorisierte Infanteriedivisionen, bei der 14. Armee (Gen-Oberst List) im Raum Wien eine Panzer-, eine motorisierte Infanterie- und eine leichte Division. Die Wehrmacht verfügt nun über 2980 Kampf- und 215 Befehlspanzer. Die Ausbildung der deutschen Panzertruppe ist vorbildlich: Jeder Panzermann kann, wenn nötig, sowohl als Fahrer oder Funker wie auch als Maschinengewehr- oder Kanonenschütze eingesetzt werden.

Großbritannien:

Am Ende des Ersten Weltkrieges hat England neben Frankreich im Panzerbau einen erheblichen Vorsprung. Zwei britische Militärtheoretiker, General I. F. C. Fuller und B. H. Liddell Hart, entwerfen neue Regeln des Einsatzes von Panzerverbänden, um einen zermürbenden und opferreichen Stellungskrieg in Zukunft zu vermeiden. Kleine oder hochmechanisierte Heere, überwiegend aus Panzerverbänden bestehend, sollen unterstützt von Flugzeugen die gegnerischen rückwärtigen Verbindungen, Führungsstellungen und Verkehrsknotenpunkte blockieren, um dadurch den Zusammenbruch der Widerstandskraft herbeizuführen, noch bevor die Hauptstreitmacht des Feindes vernichtet ist. 1923 wird tatsächlich nach der Idee von General Fuller in Großbritannien ein Panzerkorps aufgestellt, das unabhängig von Infanterie, Kavallerie oder Artillerie eingesetzt werden soll.

Im Sommer 1927 wird in Großbritannien ein motorisierter Versuchsverband (Experimental Mechanized Force) aufgestellt. Auf dem Übungsgelände von Salisbury Plain führt man großangelegte Manöver durch, die den Wert eines solchen Verbandes bestätigen, obwohl die motorisierten Einheiten den konventionellen Truppen zahlenmäßig unterlegen sind und über keine lang-

erprobte Technik bzw. kaum über Funkgeräte verfügen. Und 1928 wird sogar der Versuchsverband offiziell Panzerverband (Armoured Force) genannt.

1931 entsteht in England als Ergebnis zahlreicher Übungen eine Panzerbrigade mit vier Panzerbataillonen. Ein anderer wichtiger Schritt bei der Entwicklung der Panzerwaffe: Man stattet noch im gleichen Jahr die Panzer mit Sprechfunk aus. Dies bedeutet eine Steigerung der Kampfkraft, denn die Führung eines Panzerverbandes per Funk ermöglicht wegen der sofortigen Ausnutzung der taktischen Möglichkeit das optimale schlagartige Zusammenwirken aller Waffen.

1934 macht die britische Panzerwaffe weitere Fortschritte: Neben den Übungen mit einer aus leichten und mittleren Kampfwagen bestehenden Panzerbrigade (Brigadier Gen. Hobarth) wird sie mit einer motorisierten Infanteriebrigade kombiniert. Dies wird den britischen Panzertruppen jedoch zum Verhängnis: Als in einer Übung das Zusammenwirken der Panzerbrigade mit motorisierter Infanterie und anderen Waffen angeblich fehlschlägt, nutzen dies die Gegner der Panzerwaffe in der obersten militärischen Führung aus, um die Entwicklung für mehrere Jahre zu stoppen. Das Hauptargument von Vertretern der alten Schule: Die Panzerabwehrgeschütze haben mittlerweile eine so starke Durchschlagskraft, daß der Panzer als Waffe bereits überholt ist.

Die einflußreiche Lobby der Panzergegner verfälscht sogar die Ergebnisse der Herbstmanöver des Jahres 1934, um die improvisierten Panzerverbände in Mißkredit zu bringen. Sie bewirken, daß General Fuller von seinem Posten als Berater des Kgl. Generalstabes abgelöst wird. Brigadier General Hobarth, den man beschuldigt, er habe eine nur aus Panzern bestehende Armee ohne konventionelle Waffen gefordert, wird abgesetzt, obwohl bekannt ist, daß er ausdrücklich für Artillerie und Infanterie in dafür geeigneten gepanzerten Fahrzeugen zur Unterstützung der Panzer plädiert hat.

Erst 1937, nach Auswertung der während des Herbstmanövers der Sowjetarmee 1936 gemachten Beobachtungen, veranlaßt das britische Kriegsministerium die Entwicklung von zwei Panzergrundtypen. Einer davon ist der sogenannte Infanteriepanzer, ein langsamer, schwergepanzerter und mit MG bewaffneter Kampfwagen. Diese Panzer sollen mit der Infanterie vorgehen und MG-Nester sowie befestigte Stellungen angreifen. Diese Fahrzeuge können wegen ihrer schwachen Bewaffnung kaum den Kampf mit anderen Panzern aufnehmen. Und die schwache, der Infanterie-Marschgeschwindigkeit entsprechende Motorisierung läßt ihnen bei einem Gefecht etwa mit den wendigen deutschen Panzern keine Chance. Der zweite Grundtyp: ein mittlerer Kampfpanzer (Cruiser), der schneller und beweglicher ist, soll die Aufklärung der Verfolgung des Gegners übernehmen. Er muß jedoch, um die entsprechende Geschwindigkeit zu erreichen, nur leicht gepanzert und bewaffnet sein. Die beiden Grundtypen erweisen sich bald als Fehlkonstruktionen, die den Engländern bei ihren Kämpfen in Frankreich, auf dem Balkan und in Nordafrika viel Kummer bereiten werden.

Eines der ersten Modelle des britischen mittleren Panzers vom Typ Vickers Medium Mark IA (T 33/ME 9939)

1936, hat das englische Heer 375 Panzer, davon sind 304 offiziell als veraltet bezeichnet. Selbst die Motoren, die man dabei verwendet, haben nur geringe Leistung. Die mittleren und schweren Panzer werden mit amerikanischen Liberty-Flugzeugmotoren Modell 1918, ausgerüstet: Sperrig, veraltet und kompliziert.

1937/38 entsteht in Großbritannien eine motorisierte mobile Division, die sich zusammensetzt aus zwei leichten Panzerbrigaden, einer Panzerbrigade, zwei motorisierten Infanteriebataillonen und zwei kleinen motorisierten Artillerieregimentern.

Obwohl die Panzerkriegsidee in Großbritannien bereits während des Ersten Weltkrieges geboren wurde, ist man selbst Ende der dreißiger Jahre noch immer auf einen Grabenkrieg eingestellt und nicht auf den Masseneinsatz von Panzern. Nach Überzeugung des britischen Generalstabs sollen Infanteriedivisionen, unterstützt durch Panzerbataillone, den Durchbruch durch die gegnerische Verteidigung erzwingen und erst dann mit den Panzerdivisionen den taktischen Erfolg in die Tiefe ausweiten. Man erkennt nicht, daß das irreal ist, da eine Panzerdivision zu wenig Unterstützungswaffen besitzt. Worin das britische Kriegsministerium keine Anstrengungen scheut, das sind die Aufträge für immer neue Panzermodelle: Insgesamt werden mehr als 75 (!) verschiedene Typen konstruiert, von denen sich die wenigsten als für die Truppe geeignet erweisen.

1939 wird die mobile Division in Panzerdivision umbenannt. Trotz der unzureichenden Ausstattung mit Panzern befindet sich die Motorisierung der britischen Truppen auf einem hohen Stand, was allerdings bei nur neun Divisionen, die das reguläre Heer im August 1939 zählt, nicht allzu schwer ist. Daneben gibt es zu dieser Zeit 16 Territorialdivisionen, 8 Infanterie-, 2 Kavallerie- und 9 Panzerbrigaden.

Frankreich:

Frankreich verfügt bei Ende des Ersten Weltkrieges über eine schlagkräftige Panzerstreitmacht von rund 4000 gepanzerten Fahrzeugen, und keine Armee der Welt kann auch nur annähernd eine solche Zahl aufweisen. Gerade die französischen leichten Panzer vom Typ Renault M-17 haben sich als sehr erfolgreich erwiesen, und in vielen Ländern dient dieser Panzer als Muster für eigene Entwürfe: 1921 empfiehlt der französische General Estienne, die Panzer zu einer selbständigen Truppe zusammenzufassen. Doch er kann sich gegenüber der vorherrschenden Meinung, die Panzer seien eine reine Unterstützungswaffe der Infanterie, nicht durchsetzen. Kurz nach Unterzeichnung des Versailler Vertrages plant man in Frankreich die Maginot-Linie, und noch mehr als anderswo stellt der französische Generalstab sich einen künftigen Krieg nach den Spielregeln von 1914 bis 1918 vor. Der defensive Charakter der französischen Militärdoktrin engt die moderne Entwicklungstendenz der Panzerwaffe ein, und der Bau der Maginot-Linie fordert riesige finanzielle Mittel, was sich besonders auf die Rüstung zu beweglicher Kampfführung auswirkt. Als einziger Ausweg aus diesem Dilemma wird die sogenannte Prototypen-Politik entwor-

fen: Eine Konstruktion von Prototypen, deren Produktion erst bei Bedarf aufgenommen werden soll.

Die Infanterie wird als die beherrschende Kraft auf dem Schlachtfeld betrachtet. Und weil sie nach diesen Vorstellungen die Unterstützung beweglicher Maschinengewehre und leichter Kanonen braucht, die ihr Marschtempo halten können, ist die Bekämpfung feindlicher Panzer durch eigene Panzer nicht vorgesehen. Da Geschwindigkeit nicht gefragt ist, konzentrieren sich die französischen Konstrukteure auf Panzerung und Feuerkraft. So dominiert in Frankreich die Entwicklung langsamer, stark gepanzerter und stark bewaffneter Typen. Ein solcher Standardkampfwagen ist bis 1940 der schwere Infanteriepanzer Char B. Um 1924 entwickelt, hat er hervorragende Panzerung, die sogar auf kurze Entfernung Direkttreffern der deutschen 50-mm-Pak widersteht. Seine 7,5-cm-Kanone ist in der Mitte der Wanne starr montiert und kann durch Schwenkung des

Oben: Geländeübung des britischen Regiments »Gloucester Hussars«: Die leichten Schützenpanzer vom Typ Bren Carrier waren sehr geschätzte Spezialfahrzeuge der Westalliierten. Über 83 000 Stück wurden gebaut

Unten: Französischer mittlerer Kampfpanzer Char Somua S-35 rollt auf einen Spezialtransporter: S-35 ist ein sehr wendiger, gut gepanzerter und bewaffneter Panzer, der Turm ist gegossen und hat eine Stärke von 56 mm

ganzen Fahrzeugs gerichtet werden. Diesen schweren Panzern, von denen etwa 320 gebaut werden, hat die deutsche Panzertruppe nichts Gleichwertiges entgegenzusetzen. 1940 stellt sich heraus, daß seine Vernichtung erst durch Einsatz der 8,8-cm-Flak möglich ist.

1930 gelingt es dem neuen Chef des französischen Generalstabs, General Louis Maxime Weygand, sich mit dem Programm durchzusetzen, fünf Infanteriedivisionen und fünf Kavalleriebrigaden zu motorisieren und dazu eine Kavalleriedivision in eine leichte mechanisierte Division (Division Légère Méchanique – kurz DLM) umzuwandeln. So zeitgemäß auch die Organisation und Zusammensetzung der DLM ist, so sind ihre Einsatzprinzipien jedoch bereits völlig veraltet: Die DLM soll nämlich ihre sämtlichen Kampfwagen nur zur Unterstützung der allein als schlachtentscheidend angesehenen Infanterie verwendet werden.

Gerade in Frankreich üben jüngere Offiziere harte Kritik an den gültigen konservativen und doktrinären Auffassungen des Generalstabs. 1934 fordert der damals noch unbekannte Lieutenant-Colonel Charles de Gaulle in seinem Buch »Vers l'armée de métier« aus allen Waffen bestehende Panzerdivisionen zu schaffen, diese zu großen Offensivverbänden zusammenzufassen und mit ihnen bewegliche operative Tiefenstöße zu führen. De Gaulle weist auf die Notwendigkeit der Organisierung eines Teils der Armee als eine ständig kampfbereite Berufstruppe hin, die für den Fall eines deutschen Angriffs auf Österreich, die Tschechoslowakei oder Polen für einen schnellen Einsatz bereit sein müßte.

De Gaulle, der nicht bei der Panzertruppe gedient hat, erhält zwar die Unterstützung durch den Abgeordneten Paul Reynaud, ein paar Generäle und Journalisten. Die Öffentlichkeit und die Militärs lehnen diesen Gedanken ab und bekämpfen ihn im Parlament und in der Presse. Die Ansichten von de Gaulle sind in der Tat reichlich verschwommen und seine geforderten gepanzerten Verbände von 100 000 Mann viel zu groß, um erfolgreich manövrieren zu können. Von der ersten Auflage seines Buches werden 750 Exemplare verkauft. Sowohl der französische Kriegsminister als auch die Stabschefs wollen keineswegs eine Änderung der Verwendung oder Organisation der Panzerwaffe. Für sie sind die Befestigungen der Maginot-Linie die beste Sicherheitsgarantie für Frankreich.

Bis 1935 werden in Frankreich als schnelle Verbände lediglich fünf teilmotorisierte Kavalleriedivisionen, die nur über wenige Panzer verfügen, aufgestellt. Erst unter dem Eindruck der deutschen Wiederbewaffnung und der Rheinland-Besetzung 1935 beginnt man in Paris mit dem Aufbau mechanisierter Divisionen und einer Modernisierung des Panzergeräts. 1935 stellen die Franzosen – wie sie selbst sagen – die erste Panzerdivision der Welt auf. Ihre Kavallerie, die schon Panzerspähwagen hat, erhält jetzt dazu auch Panzer und wird stolz »leichte mechanisierte Division« genannt. Die DLM verfügt über eine Panzerbrigade, eine Brigade motorisierter Infanterie, ein Artillerieregiment, ein Regiment Panzerspähwagen und einige Kradschützenkompanien, dazu über ein Pionierbataillon sowie Nachrichten- und Transporteinheiten.

Der entscheidende Nachteil der französischen Panzerwaffe zu dieser Zeit: die veraltete Einsatz- und Führungsdoktrin. So ist der größte Teil der Panzer in 31 Bataillonen zusammengefaßt und für die Infanterieunterstützung vorgesehen.

1937 erteilt Premierminister Édouard Daladier den Auftrag, die erste wirkliche Panzerdivision (Division Cuirassee) des französischen Heeres aufzustellen. Es vergehen aber über zwei Jahre, ehe sie einsatzfähig ist. Ihre Hauptaufgabe: den Durchbruch durch stark verteidigte Stellungen zu erringen.

1939 rühmt sich das französische Heer, die besten Panzerkampfwagen in Europa zu besitzen. Tatsächlich, die 4,7-cm-Kanone der mittleren und schweren französischen Panzer ist zur Zeit die beste der Welt. Jedoch werden die französischen Panzer in Bataillonsstärke weiterhin den Einheiten der Infanterie zugeteilt oder als

Reserve zurückgehalten. Völlig unzureichend ist auch die Panzerabwehr der französischen Armee. Die Rüstungsindustrie kann die Programme nicht verwirklichen, und statt der geplanten Pak, 88 Geschütze je Infanteriedivision, bleibt die Ausstattung der Verbände weit unter dieser Zahl.

Bis zum Kriegsausbruch ist die einzig vorhandene französische Panzerdivision (Division Cuirassee) noch nicht voll ausgerüstet, und die Verwendung der zwei leichten mechanisierten Divisionen bleibt weiterhin unklar.

Sowjetunion:

In der Sowjetunion wird in den ersten Jahren nach der Revolution die Panzertaktik noch stark durch die Erfahrungen des Ersten Weltkrieges beeinflußt, und die Panzer sind ausschließlich als Unterstützungswaffe der Infanterie vorgesehen.

Im Laufe der ersten beiden Fünfjahrespläne entsteht in der UdSSR eine leistungsfähige Panzerindustrie: 20 Werke mit mehr als 100 Zulieferbetrieben produzieren Kampfwagen und deren Ausrüstung.

Marschall M. M. Tuchatschewski (1893–1937) verfolgt Anfang der dreißiger Jahre die Idee, Panzer massiv und in enger Zusammenarbeit mit der Artillerie und den Luftstreitkräften einzusetzen. Die begleitende Infanterie soll völlig motorisiert sein, so daß der Feind auf seinem eigenen Boden in einem Bewegungskrieg vernichtet werden kann. Führung, Gliederung, Ausbildung sowie Ausrüstung werden darauf abgestimmt. Der Angriff gilt als einzige Kampfart, um die Entscheidung

herbeizuführen. Tuchatschewski rechnet damit, daß für eine solche Kriegführung an der Westgrenze der UdSSR etwa 5 000 Panzer erforderlich sind. Die selbständigen Panzerverbände sollen dabei die traditionelle strategische Rolle der Kavallerie übernehmen.

Die Rote Armee ist zu dieser Zeit mit ihrer Doktrin des operativen Panzereinsatzes weit voraus. Sie hat nicht nur die ersten mechanisierten Großverbände aufgestellt, sondern sie auch in Manövern erprobt. Den operativ verwendbaren Panzerkampfwagen vom Typ Bistrochodny Tank B I (Schnellpanzer) haben die Streitkräfte anderer Nationen nichts Gleichwertiges entgegenzusetzen. Und der Panzer-Dieselmotor W-2 kann bei gleicher Leistung den Treibstoffverbrauch verringern und den Fahrbereich erhöhen. Die Anwendung dieses leistungsfähigen und wenig störanfälligen Motors mit Aluminiumgehäuse erweist sich als bahnbrechend.

Bei dem Gedanken an die Kavallerie wird eine höhere Geschwindigkeit für die Panzer gefordert, und die Sowjets übernehmen das Laufwerk des US-Konstrukteurs Walther Christie, noch bevor woanders sein Wert erkannt wird. Der amerikanische Konstrukteur hat nämlich große Laufrollen und Laufräder mit unabhängiger Aufhängung verwendet, die höhere Geschwindigkeiten ermöglichen.

An den Kämpfen im Spanischen Bürgerkrieg beteiligen sich etwa 50 sowjetische Panzer, die nur bescheidene Erfolge erzielen. Ihr Einsatz wird jedoch der gesamten sowjetischen Panzerwaffe zum Verhängnis: Der sowjetische Berater in Spanien, General D. G. Pawlow, legt nach der Rückkehr in Moskau 1937 seinen Erfahrungsbericht Marschall K. J. Woroschilow vor, in dem er zugleich die Panzerkrieg-Doktrin von Marschall Tuchatschewski angreift. Die Folgen sind verheerend: Stalin glaubt plötzlich nicht mehr an die Möglichkeit großräumiger Panzeroperationen und läßt sofort die Panzerverbände vollständig auf eine reine Infanterie-Unterstützungswaffe umstellen. Die bisher bestehenden per-

Linke Seite: Leichter französischer Panzer vom Typ Hotchkiss H-35: Schneller Panzer (36 km/h) und zur direkten Infanterieunterstützung, seit 1936

Unten: Rotarmisten beim Anschauungsunterricht mit dem leichten sowjetischen Panzer vom Typ T-60: Dieser gut für Wintereinsatz geeignete Panzer erreicht bei einem Fahrbereich von 615 km etwa 45 km/h

fekt gedrillten sieben mechanisierten Korps verschwinden über Nacht, und ihre Kampfwagen werden auf alle Infanteriekorps verteilt. Jedes Infanteriekorps verfügt nun über ein Panzerregiment, das die Nummer des jeweiligen Korps übernimmt. Von nun an ist die selbständige Panzerbrigade der größte Panzerverband, und so wird es unmöglich sein, große Panzermassen straff zusammengefaßt einzusetzen. Dies trägt auch wesentlich zu den Niederlagen von 1941/42 bei.

In den Jahren 1937 bis 1939 läßt Stalin während der von ihm veranstalteten Säuberungswelle 75 Prozent der Mitglieder des Obersten Kriegsrates, drei von fünf Marschällen, 13 von 15 Armeegenerälen, 62 von 85 Korpskommandanten, 110 von 195 Divisionskommandeuren und 220 von 246 Brigadekommandeuren nach erzwungenem Schuldbekenntnis ermorden. Der unmenschliche sowjetische Diktator liquidiert neben seinen engsten Kampfgefährten insgesamt 35 000 Kommandeure – unter ihnen fast die gesamten Kader der Panzerwaffe.

1938 beginnt in der UdSSR erneut die Reorganisation der Panzer- und mechanisierten Truppen. Jetzt besteht ein mechanisiertes Korps nur aus zwei leichten Panzerbrigaden und einer motorisierten Schützen- bzw. Maschinengewehr-Brigade.

Im Frühjahr 1939 zählt die Rote Armee 4 mechanisierte Korps, 24 selbständige leichte Panzerbrigaden mit jeweils 295 Panzern vom Typ BT und T-26, dazu 4 schwere Panzerbrigaden mit jeweils 139 Panzern vom Typ T-28 und T-35 sowie 3 Flammenwerfer-Panzerbrigaden. Die Schützendivisionen haben nun statt des Panzerbataillons mit 54 Kampfwagen eine Panzerkompanie mit 17 Kampfwagen. Aus den mechanisierten Korps entstehen im Zweiten Weltkrieg die bewährten Panzerverbände. Im Herbst 1939 erreichen die sowjetischen Panzertruppen ihren Tiefstand: Es mangelt an erfahrenen Kadern, in der Führung und Taktik herrschen Verwirrung. Die Verbände sind uneinheitlich organisiert und haben veraltetes Gerät.

Vereinigte Staaten:

Das amerikanische Heer hat im Ersten Weltkrieg überwiegend Panzer französischer Bauart. Ihr Einsatz erfolgt auch nach den von den Franzosen übernommenen taktischen Grundsätzen.

1919 werden die Panzertruppen der US Army aufgelöst. Durch den National Defense Act (Gesetz über die nationale Verteidigung) von 1920 werden die Panzereinheiten der Infanterie unterstellt. Zu dieser Zeit sind in den USA – ähnlich wie in England – die leichten Panzerspähwagen für die Aufklärung, die stark gepanzerten schweren und langsamen Panzer für die direkte Infanterieunterstützung vorgesehen.

Ab 1928 stellt die US Army nach dem britischen Vorbild eine kleine mechanisierte Versuchsgruppe auf, die zwar der Infanterie Unterstützung geben soll, jedoch weitgehend selbständig bleibt. Sie wird aber bald wieder aufgelöst.

1933, nachdem General Douglas MacArthur zum Chef des Generalstabes der US Army ernannt wird, beginnt man, die Kavallerie zu mechanisieren und die Panzer-

entwicklung voranzutreiben. Die Kampfeigenschaften der Panzer Amerikas, einem Land, das auf dem Gebiet der Technik weltführend ist, sind von verblüffend schlechter Qualität, selbst im Vergleich zu den Panzerfahrzeugen so kleiner Staaten wie der Tschechoslowakei. Auch die Produktionszahlen sind überraschend niedrig: Man baut von den meisten Typen oft nur einzelne Stücke. Der geniale amerikanische Konstrukteur Walther Christie erntet in den USA für seine zukunftweisenden Projekte nur Mißachtung und findet erst in der UdSSR seine Anerkennung. Im Gegensatz zur Sowjetunion wird auch die Entwicklung leistungsstarker Panzermotoren vernachlässigt: Der meistbenutzte Motor ist der bereits veraltete luftgekühlte Flugzeug-Sternmotor Wright Continental W-670. Dieser Motor eignet sich lediglich für die leichteren Typen der mittleren Panzer.

Japan:

Die japanische Armee kauft kurz nach dem Ersten Weltkrieg einige Panzer in Frankreich und England. Man testet sie zugleich unter Auswertung der Erfahrungen, die der britische und französische Generalstab während des Krieges gemacht haben.

Die Japaner sehen von Anfang an in dem Panzer eine perfekte Unterstützungswaffe für die Infanterie und unternehmen auch keinen Versuch, die Panzereinheiten notfalls als unabhängige Kampfverbände einzusetzen. Die in den japanischen Rüstungswerken entstehenden Panzer sind für die Aufgabe entworfen, Infanteriestellungen zu bekämpfen, da Panzerduelle auf dem pazifischen Kriegsschauplatz kaum erwartet werden. Zudem muß sich auch der japanische Generalstab den Erfordernissen der Marine anpassen, denn die Panzer müssen erst mit Transportschiffen auf ihren zukünftigen Kriegsschauplatz gebracht werden, und dies erfordert gewisse Einschränkungen, was Größe und Gewicht der Kampfwagen anbelangt.

1927 entsteht der erste von japanischen Konstrukteuren

entworfene Panzer, der Experimental Tank No. 1. Die japanische Industrie ist zwar nicht auf eine Massenproduktion von Panzerfahrzeugen eingestellt, doch macht sie bei der Entwicklung von Panzermotoren gute Fortschritte. Die japanischen luftgekühlten Motoren sind für die extreme Temperaturunterschiede in der Mandschurei oder Nordchina, also in den vom japanischen Oberkommando zu erwartenden Kampfgebieten, geeignet. Generell sind die japanischen Panzer aber schwach gepanzert, ungenügend motorisiert und bewaffnet. Neben dem chronischen Rohstoffmangel wird die japanische Panzerproduktion durch die Konzentrierung der Rüstung auf Marine- und Flugzeugprogramme stark benachteiligt.

Um 1937 entwickeln japanische Konstrukteure den mittleren Panzer Typ 2597 (Chi-ha), ein bewegliches und kampfkräftiges Fahrzeug. Chi-ha und der leichte Panzer bilden den Kern der japanischen Panzerverbände, die weiterhin ihr Dasein im Schatten der Infanterie, diesem wichtigsten Bestandteil der japanischen Landstreitkräfte, führen müssen.

Italien:

Die Panzerkräfte Italiens sind das beste Beispiel für den Widerspruch zwischen der Militärdoktrin und den ökonomischen Möglichkeiten: Finanzielle Nöte bringen nämlich die italienischen Konstrukteure auf die Idee, leichtgepanzerte Kampfwagen zu bauen, die nur minimalen Schutz bieten.

Obwohl die italienische Militärdoktrin den Bewegungskrieg bevorzugt, wird die Schaffung von Panzertruppen vernachlässigt. Schuld daran ist vor allem die beschränkte industrielle Kapazität und eine knappe Rohstoffbasis. Die schwach gepanzerten leichten Kampfwagen haben sich im Kolonialkrieg bewährt, aber nur weil sie auf keinen ernsthaften Gegner gestoßen sind. Dies führt wiederum zu vielen falschen Entschlüssen, vor allem zur Unterschätzung der Möglichkeiten des Panzereinsatzes auf dem Balkan und in Afrika.

Um 1930 beginnt auch in Italien die Mechanisierung der Kavallerie. Dafür wird der Carro Veloce, Typ L 3/33 und L 3/35, entwickelt. Eine Besonderheit dieses in großer Anzahl produzierten leichten Panzers ist der turmlose Aufbau. Zu den wichtigsten italienischen Panzern gehören die von Fiat und Ansaldo entwickelten Typen der Baureihe Carro Armato M. Die Erfahrungen des Spanischen Bürgerkrieges zeigen den Italienern, daß ihre Kampfwagen mit leichter Panzerung und der schwachen Bewaffnung gegen zum Kampf entschlossene Truppen wenig ausrichten können.

Im Herbst 1939 verfügen die italienischen Streitkräfte über mehr als 1 400 Panzer. Die Kampfkraft der Panzerregimenter ist jedoch gering, denn mehr als 1 300 Panzer sind die leichten Panzer vom Typ L 3.

Tschechoslowakei:

Die Tschechoslowakei hat in den zwanziger Jahren eine leistungsfähige Panzerindustrie im Rahmen der Skoda-Werke entwickelt. Sie schafft einige bemerkenswert fortschrittliche und gelungene Panzertypen.

Oben: Tschechischer Panzer vom Typ Kw Danek Praga (LTL-H) im Dienst der Schweizer Armee beim Manöver in der Gegend von Thun

Linke Seite: Der Prototyp des japanischen leichten Panzers Ho-go M 2594 bei einer Hindernisübungsfahrt: Nachdem sein Konstrukteur bei einer Übungsfahrt tödlich verunglückt, wird die Weiterentwicklung eingestellt

Unten: Leichter italienischer Panzer vom Typ Fiat 3000 B, Modell 30: Dieser Panzer wird nach dem französischen Renault FT-17 entwickelt und bleibt bis 1943 in Dienst

Polnischer 7 TP-Panzer während einer Militärparade in Warschau 1938: Dieser leichte Kampfpanzer ist eine Version des Vickers-6T-Panzers, den man in Polen weiterentwickelt und gebaut hat

1935 bringen die Skoda-Werke einen hervorragenden 10,5 Tonnen schweren Panzer, Typ LT-35, heraus, der mit einer 3,72-cm-Kanone und zwei Maschinengewehren ausgerüstet ist. 1938 baut ein anderes tschechisches Werk, Českomoravska Kolben Danek (ČKD), den leichten Kampfpanzer LT-38 mit ähnlicher Bewaffnung wie der LT-35. Die tschechischen Panzer werden in die Schweiz, nach Schweden, Ungarn, Jugoslawien, Lettland und sogar nach Afghanistan und Peru exportiert. Die deutsche Wehrmacht übernimmt im März 1939 nach ihrem Einmarsch in die ČSR etwa 300 LT-35, benennt sie PzKpfw 35 (t) und formiert aus ihnen eine Panzerdivision. Mit den LT-38, jetzt PzKpfw 38 (t) benannt, werden zwei weitere Divisionen ausgerüstet.

Polen:

Mehrere Ursachen verzögern die Entwicklung der polnischen Panzerwaffe: die schwach entwickelte Motorisierung, die beschränkte Anzahl von Motorenherstellern, die Fehleinschätzung der Vorteile motorisierter Truppenteile und vor allem die geringen finanziellen Mittel.

Bereits um 1925 wertet man in Polen die britischen Versuche und deren Erfahrungen bei der Bildung von Panzerverbänden aus. 1926 werden in Frankreich Fahrgestelle Citroën-Kegresse-Kampfwagen eingekauft, die nach ihrem Umbau als gepanzerte Geländewagen mit der Kavallerie zusammenwirken sollen.

1928 kauft Polen in England die schnellen Carden-Lloyd-Panzer und 1932 die schnellen Panzer Vickers-Armstrong. Diese beiden Modelle bilden die Grundlage für die eigene Produktion vom Panzerspähwagen TK und den leichten Panzern 7 TP.

Mitte der dreißiger Jahre beginnen in Polen die Vorbereitungen zur Aufstellung der Panzerwaffe. Ihre Aufgabe: Die Panzerverbände in Brigadestärke sollen als Verteidigungstruppe feindliche Panzereinheiten aufhalten, selbständige Panzerbataillone die Gegenangriffe der Infanterie an entscheidenden Frontabschnitten unterstützen. Jede Infanteriedivision soll über eine Panzerkompanie für die Aufklärung verfügen mit Panzerspähwagen und leichten Panzern und jede Kavalleriebrigade über zwei Panzerkompanien.

1937 wird in Polen die 10. Brygada Kawalerii motorisiert und als erste Panzermotorbrigade (Kommandeur: Oberst A. Trzaska-Durski) aufgestellt. Ihre Gliederung: zwei motorisierte Kavallerieregimenter, eine Abteilung Panzerspähwagen, eine Abteilung Panzerabwehrkanonen, eine Kompanie leichter Vickers-Panzer (6 t), eine Kompanie Erkundungspanzer TKS, eine Abteilung motorisierte Artillerie (75 und 100 mm), eine Batterie Flugabwehrartillerie, ein Pionierbataillon, eine Nachrichtenschwadron, ein Zug Verkehrsregulierungsdienste und eine Transportkompanie. Nach polnischen Quellen beträgt die Stärke der Panzerformationen am 31. August 1939: 1515 Offiziere, 8949 Unteroffiziere, 18020 Mannschaften mit 169 Panzern Typ Vickers 7 TP (11 t), 52 Vickers (6 t), 67 Renault-Panzer M 17 FT aus dem Ersten Weltkrieg, 53 Panzer Renault R 35, 693 Kleinkampfwagen (Tanketten TK/TKS), 14 Panzerwagen Typ 29, 86 Panzerwagen Typ 34 und 11 Panzerzüge.

Am spätsommerlichen Abend des 31. August 1939, als sich der letzte Friedenstag seinem Ende neigt, befindet sich das deutsche Panzerregiment 23 dicht an der polnischen Grenze. Obergefreiter Stengel: »Die Zelte sind abgebrochen. Ringsherum ist es still. Da – leises Klappern von Geschirren – kurzes Aufleuchten einer Taschenlampe – mattes Glänzen von Stahlhelmen. Panzerwagen rasseln vorbei und sind in Sekunden verschluckt. In Garnsee stehen die Menschen noch auf der Straße. Von den Häusern hallt unser Schritt wider, und am Ende des Städtchens biegen wir ab und streben unserem Bereitstellungsplatz zu. Zäune werden zerschnitten, damit sie beim Morgengrauen den Angriff nicht aufhalten. Nun liegen wir auf der Wiese im feuchten Gras. Der Regen ist in einen schweren Nebel übergegangen, der tiefer und tiefer sinkt. Stunde um Stunde verrinnt. Im Osten graut der Tag. Minuten verrinnen! Näher rückt der Zeiger auf 4.30 Uhr. Noch 3 Minuten . . . 2 Minuten . . . noch 1 Minute . . . Sekunden . . . Vier Uhr dreißig! Kein Schuß fällt! Stille . . . Alle Konturen verschwinden im Nebel, da! plötzlich fällt ein Schuß! Noch einer . . . Noch einer . . . Sekunden später orgeln die Geschosse über unsere Köpfe. Hinein in Feindesland . . .«

1939

September – Dezember

Angriff auf Polen

Freitag, 1. September 1939, Berlin
Oberkommando des Heeres – Tagesbefehl:
Die Stunde der Bewährung ist gekommen. Nachdem alle anderen Mittel erschöpft sind, müssen die Waffen entscheiden. Im Bewußtsein unserer gerechten Sache ziehen wir in den Kampf für ein klares Ziel: die dauerhafte Sicherung deutschen Volkstums und deutschen Lebensraumes gegen fremde Übergriffe und Machtansprüche. Als Träger der stolzen Überlieferung der alten Armee wird das junge nationalsozialistische Heer das ihm geschenkte Vertrauen rechtfertigen. Unter dem Oberbefehl des Führers wollen wir kämpfen und siegen. Wir bauen auf die Entschlossenheit und Einigkeit des deutschen Volkes. Wir wissen um die Stärke und Kraft der deutschen Wehrbereitschaft. Wir glauben an den Führer. Vorwärts, mit Gott für Deutschland!

Ausbildungsvorschrift für die Panzertruppe

. . . . .

VIII. Der Kampf.

76. Wenn nichts anderes befohlen wird, ist der Panzerführer erst bei Einbruch in den Feind oder bei drohender Gefahr zur selbständigen Feuereröffnung berechtigt. Die Feuerwirkung im Zuge kann durch den Zugführer durch Sprechfunkbefehl zusammengefaßt werden. Die Zielwahl nimmt der Panzerführer entsprechend seinem Platz im Verbande und seinem Angriffsziel bzw. Auftrag selbständig vor, wenn nicht ausdrücklich durch Sprechfunkbefehl oder Richtungsschüsse ein besonderes Ziel befohlen ist.

77. Das Maschinengewehr ist als Waffe mit großer Schußfolge, guter Treffleistung und moralischer Wirkung der Hauptträger des Feuerkampfes. Es wird eingesetzt gegen lebende Ziele, wie Schützen, MG-Nester, Panzerabwehrwaffen, Artillerie u. a. Besonders gegen Massenziele (Kolonnen, Reserven, auffahrende Geschütze) hat es große Wirkung. Gegen eingegrabene Ziele hinter starken Deckungen und Schutzschilden (über 600 mm) ist die Wirkung des MG oft beschränkt. Flankierung ist gegen solche Ziele anzustreben. Kurze Feuerstöße sind die Hauptfeuerart auf dem Gefechtsfelde. Beim Schießen vom fahrenden Panzerkampfwagen ist eine ständige Folge gut gezielter Feuerstöße anzustreben, um bei dem kurzen Augenblick, wo sich die Visierlinie im Ziel befindet, möglichst große Wirkung im Ziel zu haben. Der Feuerkampf wird im Wechsel von Feuern im Halten und in der Bewegung geführt.

. . . . .

79. Die Kanone (2 cm Kw. K. 30) dient als Waffe mit hoher Durchschlagsleistung und Schußfolge in erster Linie zur Bekämpfung von Panzerzielen. Die Bekämpfung von feindlichen Panzerkampfwagen erfolgt in der Regel vom stehenden Wagen ab 600 m. Die Kanone dient außerdem zur Bekämpfung von Panzerabwehrwaffen auf Entfernung von über 500 m, wenn ein flankierendes MG-Feuer nicht möglich ist. Sie dient gleichzeitig, vom Zug- oder Gruppenführer angewandt, zur Zielanweisung für den Zug oder die Gruppe. Kurze Feuerstöße von 2 bis 3 Schuß bilden die Hauptfeuerart vom stehenden oder fahrenden Wagen. Befinden sich dicht neben den Schutzschilden von Panzerabwehrwaffen oder Batterien noch Ziele (z. B. Bedienungen oder Ansammlungen), so werden Kanone und MG zusammen angewandt.

. . . . .

83. Kein Panzerkampfwagen darf in Feindeshand fallen, ohne daß die Besatzung und die Besatzungen von Nachbar-Panzerkampfwagen ihr Äußerstes zur Bergung oder ausreichenden Zerstörung getan haben.
Die Besatzung darf einen bewegungsunfähigen Panzerkampfwagen nur aufgeben, wenn sie sich verschossen hat oder nicht mehr feuern kann und wenn Bergen durch andere Fahrzeuge nicht zu erwarten ist. Es kann zweckmäßig sein, mit MG und Pistole abzusitzen und den Wagen aus nächster Nähe zu verteidigen.

Statt durch die Turmluke kann die Besatzung im Notfalle die Notausgänge beim Panzerfahrer- und Panzerfunkersitz zum Absitzen benutzen.

Besteht Gefahr, daß der Panzerkampfwagen in Feindeshand fällt, so ist er zu zerstören. Hierzu werden im Innern des Fahrzeuges Putzwolle, brennbare Stoffe, Munition usw., gegebenenfalls durch Abreißen der Kraftstoffleitung, mit Kraftstoff getränkt und das Fahrzeug entzündet.

OKW 1939, Berlin

Tagesparole des Reichspressechefs
1. September 1939:
Der Begriff »Krieg« ist in Berichten und Überschriften auf jeden Fall zu vermeiden. Der gegenwärtige Zustand kann etwa dahingehend charakterisiert werden, daß wir auf polnische Angriffe lediglich zurückschlagen. Die Presse soll also über die Formulierungen nicht hinausgehen, die der Führer bei der Darlegung des gegenwärtigen Zustandes in seiner Rede anwandte. Zur persönlichen Information kann mitgeteilt werden, daß der polnische Botschafter sich gegenwärtig noch in Berlin befindet.

Sonnabend, 2. September 1939, Warschau
Die *Agentur PAT* meldet:
Von maßgebender Seite wird bestätigt, daß sich die Kämpfe zwischen polnischen und deutschen Truppen auf die Grenzgebiete beschränken und daß bisher größere polnische Verbände nicht in Aktion getreten sind.

Mokra III: Panzer gegen Pak

Von Oberleutnant W. Reibel

Es ist doch ein eigenartiges Gefühl, zu wissen, jetzt haben wir Deutschland verlassen und stehen auf polnischem Boden . . . Die Liswarta wird durchschritten. Brausend bricht sich die Bugwelle am Panzer, manchen Fahrer mit einer kühlen Dusche überschüttend, wenn er mit zu hoher Geschwindigkeit den Fluß durchfährt. Links von uns eine gesprengte Eisenbahnbrücke, am Wegrand ein polnischer toter Soldat. Schwach hören wir in der Ferne das Bellen eines MG. Dumpf rollt irgendwo Kanonendonner. Die ersten Zeichen vom Krieg. Vor uns eine Ortschaft, der Karte nach muß es Mokra III sein. Noch ist dieser Name für uns ohne Bedeutung, ein Dorf wie jedes andere auch; aber wenn wir gewußt hätten? Da! Wir sind an den letzten Häusern des Ortes angekommen, Gewehr- und MG-Feuer sind zu hören, da kommt der Befehl: »Gefechtsbereitschaft!« Das Schießen wird lebhafter . . . Der Angriff rollt. Rasch wird er vorwärtsgetragen. Infanteriegeschosse schlagen mit hellem Klang auf den Panzer. Gräben durchziehen das Angriffsgelände, sumpfige Wiesen erschweren uns das Vorwärtskommen; aber trotzdem geht es unaufhaltsam weiter . . . Langsam sind wir nun bis zum Rande des Waldes vorgedrungen und stoßen in eine Waldschneise hinein, vor mir mein Kompanieführer. Hier ist die Hölle los. Vor uns ein Bahndamm mit einer Unterführung. Es kracht und knallt wie toll . . . In der Schneise stehen jetzt allerhand Fahrzeuge von der 2. und unserer Kompanie. Da geht plötzlich ein Panzer, der schon durch die Unterführung gestoßen war, in Flammen auf. Verdammte Bande! Da steht Abwehr! . . . Doch als wir sammelten, fehlte mancher liebe Kamerad. Ihr Panzer wurde ihnen ein ehernes Grab. Auch unsere Kompanie hatte die ersten Toten . . . Kurze Zeit darauf trat auch unsere Kompanie den Marsch zum Rastplatz an . . . Die brennenden Dörfer tauchten den Horizont in einen roten Schein. Noch einmal griffen wir zu den Waffen, als plötzlich der Ruf erklang: »Von links anreitende polnische Kavallerie!« Doch es war nur ein blinder Alarm. Rudel herrenloser Pferde sehnten sich nach Menschen.

2. September 1939, London
Die *Agentur Havas* berichtet:
Die polnischen Kreise Londons erklären, daß die deutschen Truppen die Verteidigungsstellungen der polnischen Armee an keinem Punkte durchbrechen konnten.

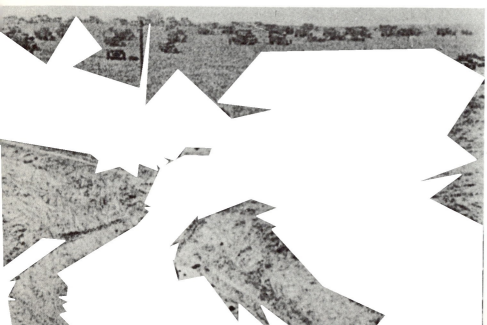

Rechte Seite: 1. 9. 1939, Danzig: Kampf um das polnische Postgebäude mit Unterstützung eines Achtrad-Panzerspähwagens Austro-Daimler

Links: 31. August 1939: Deutsche Panzerdivision rollt in ihren Bereitstellungsraum nahe der polnischen Grenze

Sonntag, 3. September 1939
Die *Agentur Havas* teilt mit:
Um 11 Uhr erklärte Premierminister Chamberlain in einer Ansprache im Rundfunk, daß keine Antwort der deutschen Regierung eingetroffen sei, bestehe zwischen Großbritannien und Deutschland der Kriegszustand.
Die britische Flotte trat sofort in Aktion.
Der französische Botschafter in Berlin teilte der deutschen Regierung mit, daß Frankreich sich von Sonntag 17 Uhr an im Kriegszustand mit Deutschland befindlich betrachte.

Tagesparole des Reichspressechefs
3. September 1939:
Mit dem Begriff Krieg ist in den nächsten Tagen noch sehr vorsichtig zu verfahren. Man kann wohl jetzt von einem Kriegszustand sprechen. Kriegserklärungen liegen aber noch von keiner Seite vor. Die Feindseligkeiten im Osten werden zweckmäßigerweise vorläufig als »Kampfhandlungen« bezeichnet.

Montag, 4. September 1939
Das *Oberkommando der Wehrmacht* gibt bekannt:
Von den aus Südschlesien und südlich davon vorgehenden Truppen drängen nördlich der Hohen Tatra und südlich des Industriegebietes starke Kräfte dem auf Krakau zurückweichenden Gegner nach. Ostwärts Pleß wurde der Weichselübergang erkämpft. Nördlich des Industriegebietes folgen unsere Truppen dem zurückgehenden Feind über die Linie Koniecpol-Kamiensk und über die Warthe nordöstlich Wielun. Im scharfen Vorgehen haben sie sich Sieradz auf 20 Kilometer genähert.
Die pommerische Kräftegruppe erreichte mit starken Kräften die Weichsel bei Kulm. Das Abschneiden der im nördlichen Korridor stehenden polnischen Kräfte ist damit vollendet.
Der deutsche Angriff gegen die Festung Graudenz ist im Nordosten in die Fortslinie eingedrungen.
Die aus Ostpreußen vorgehende Kräftegruppe nahm

Przasnytz. Polnische Kavallerie, die nördlich Treuberg versuchte, in deutsches Land einzudringen, wurde zurückgeworfen.

4. September 1939, Paris
Französischer Heeresbericht Nr. 1:
Die Kriegsoperationen der Land-, See- und Luftstreitkräfte haben begonnen.

Abwarten an der Westfront
4. September 1939, Berlin
Das *DNB* meldet:
Bis 22 Uhr ist an der Westfront noch kein Schuß abgegeben worden. Die deutschen Truppen haben Befehl erhalten, eventuelles französisches Feuer nur örtlich zu erwidern. Die deutsche Generalmobilmachung ist noch nicht erklärt.

Dienstag, 5. September 1939, Warschau
Der *Heeresbericht des Großen Hauptquartiers:*
. . . Operationen zu Land. Im Südwesten gehen erbitterte Kämpfe vor sich. Im Laufe der vergangenen Nacht gelang uns ein Angriff auf eine feindliche Panzerwagenabteilung. Wir mußten Bromberg und Graudenz aufgeben.
An der Front von Przasnytz-Ciechanow geht der Kampf weiter.

5. September 1939, Warschau
Die *Agentur PAT* teilt mit:
In Südpolen und in der Provinz Posen dauern die Kämpfe an. Infolge der raschen Bewegung der polnischen Truppen gegen die deutsche Grenze hin wurden deutsche Truppenabteilungen, die sich in der Defensive hielten, desorganisiert. Die polnischen Truppen machten bei der Verfolgung zahlreiche deutsche Gefangene. Man meldet einen erfolgreichen polnischen Gegenangriff gegen die motorisierten deutschen Abteilungen, die in Südpolen in der Richtung auf Bieradz vorgingen.

25

Der Feind ließ eine beträchtliche Anzahl Sturmwagen sowie Autos zurück, deren Insassen gefangengenommen wurden. Die Zahl der Gefangenen ist beträchtlich.

5. September 1939, Warschau
Die *Agentur Havas* berichtet:
Während des ganzen Dienstag vormittag war in Warschau ferner Kanonendonner zu hören.

Tagesparole des Reichspressechefs
5. September 1939:
Frankreich darf nach wie vor in der Presse nicht angegriffen werden. Ebenso ist nicht auf den merkwürdigen Umstand einzugehen, daß an der deutsch-französischen Front bisher kein Schuß gefallen ist, obwohl der französische Heeresbericht meldet, daß die Kampftätigkeiten zu Wasser, zu Lande und in der Luft bereits begonnen haben. Über den Einsatz von Lautsprechern o. ä. an der Westfront darf auf keinen Fall etwas gebracht werden.

So kämpfen unsere Panzer

Wie sehr die Polen die Kampfkraft unserer modernen Waffen unterschätzten, zeigte sich vor allem in den ersten Tagen des Kampfes. Eine unverantwortliche Propaganda hatte den polnischen Soldaten eingeredet, daß unsere Panzerkampfwagen bessere Blechattrappen seien. Es kam daher zu einem beinahe grotesken Angriff eines polnischen Ulanenregiments gegen einige unserer Panzer. Die vernichtenden Folgen dieses Angriffs kann man sich vorstellen. Auch die Panzerabwehrkanonen, mit denen die Polen den Vormarsch unserer Kampfwagen leicht aufhalten zu können glaubten, erwiesen sich bald als zu schwach. Ein einziger schwerer Kampfwagen vernichtete im Verlauf eines Gefechts mit einem einzigen Schuß die Bedienungsmannschaften zweier Geschütze, um darauf die Geschütze selbst unter seinen schweren Raupenketten zu zermalmen. Nebenbei sei erwähnt, daß der Führer des Kampfwagens, ein blutjunger Leutnant, wenig später einen mit polnischen Reservisten beladenen Eisenbahnzug anhielt, die Reservisten zum Aussteigen zwang und sie – 400 Mann hoch – vor sich hertrieb.

Die Wehrmacht, September 1939

Oben: Die beiden tschechischen leichten Kampfpanzer LT-35 und LT-38 wurden nach der Besetzung der Tschechoslowakei im März 1939 von der deutschen Wehrmacht übernommen. Mit den nunmehrigen PzKpfw 35 (t) und 38 (t) rüstet man drei Panzerdivisionen aus

Rechte Seite: Völkischer Beobachter: In der Ausgabe vom 9. September wird der schnelle Vormarsch deutscher Panzerverbände gemeldet. Die »Tschechenpanzer« spielen dabei eine wichtige Rolle

Aus dem *Tagebuch des Oberbefehlshabers der Heeresgruppe C,* Generaloberst Ritter v. Leeb
6. September 1939:
Die Propaganda am Oberrhein hat doch gute Erfolge. Selbst Offiziere winken herüber. Plakate auf französischer Seite etwa: »Bitte nicht schießen. Wir schießen nicht«, beantworten wir mit: »Wenn ihr nicht schießt, schießen wir auch nicht.«
Ich kann mir an der Westfront nur folgende weitere Entwicklungsmöglichkeiten denken:
1. Die Franzosen vollenden ihren Aufmarsch und greifen erst dann an.
2. Sie warten, bis die Masse der Engländer eingetroffen ist, damit nicht nur die Franzosen, sondern auch die Engländer Blutopfer bringen.
3. Sie wollen nicht ernstlich angreifen und hoffen noch auf die diplomatische Erledigung.
4. Sie führen einen Krieg auf lange Sicht. Sie schieben uns den Angriff zu, warten bis Polen erledigt ist und der Deutsche seine Kräfte an die Westfront verschoben hat. Dann mag er angreifen, mag die Neutralität Belgiens verletzen. Dann muß wohl auf diplomatischem Wege diesem Zustand ein Ende bereitet werden.

Nichts hemmt den Vormarsch der deutschen Panzer

Schnell hat die Spitze die Höhen des diesseitigen Flußufers erreicht. Die feindliche Artillerie feuert, aber unbeirrbar rollen unsere Panzer auf Umwegen, durch Bauernhöfe und Gebüsch verdeckt, ihrem Ziele zu. Als die Sonne sich gegen Westen neigt, sind die Panzerkampfwagen in das Innere der Stadt eingedrungen, und in ihrem Feuerschutz setzen Pioniere über den Fluß, um den sich noch immer in der Stadt wehrenden Gegner im

Rücken zu fassen und zu vernichten. – Während die Panzerspitze den Flußübergang sichert, rollt bereits die zweite Welle unserer Panzerkampfwagen heran. An ihrer Spitze fährt im Befehlswagen, der mit Fla-MG bestückt ist, ein General. Unaufhaltsam in einer langen Kette von über 20 Kilometer rollen Panzereinheiten und Schnelle Divisionen zur Verstärkung heran . . .

Die Wehrmacht, September 1939

Der Kampf um Warschau

Freitag, 8. September 1939
Das *Oberkommando der Wehrmacht* gibt bekannt:
(Sondermeldung) Deutsche Panzertruppen sind heute 17.15 Uhr in Warschau eingedrungen.

Die Weichsel bei Warschau erreicht
Sonnabend, 9. September 1939
Das *Oberkommando der Wehrmacht* gibt bekannt:
Auch gestern nahm der Rückzug des geschlagenen polnischen Heeres fast an allen Fronten seinen Fortgang. Die feindlichen Nachhuten vielfach durchstoßend, erreichten bewegliche Truppen mit vordersten Teilen zwischen Sandomierz und Warschau an verschiedenen Stellen die Weichsel und drangen am Nachmittag von Südwesten her in die polnische Hauptstadt ein.

9. September 1939, Berlin
United Press meldet:
Wie die deutsche Heeresleitung mitteilt, sind deutsche Truppen, aus südlicher Richtung kommend, bis in die Innenstadt von Warschau vorgedrungen. Warschau sei jedoch noch nicht besetzt und könne daher nicht als gefallen bezeichnet werden.
In dem Kampf um Warschau hat sich in der Nacht vom Freitag auf den Samstag eine merkwürdige Episode des modernen Krieges in den Ätherwellen abgespielt. Auf der Welle des polnischen Senders Warschau I war um 22 Uhr die Stimme des Ansagers des deutschen Senders Breslau zu hören, der meldete: »Hier ist der Reichssender Breslau mit den Sendern Warschau I, Posen und Lemberg.« Nach der kurzen Meldung vom Eindringen deutscher Panzertruppen in Warschau verbreitete der Sender Breslau auf der Welle des Warschauer Senders und der Sender Posen und Lemberg deutsche Berichte in polnischer Sprache, später auch in englischer und französischer Sprache. Der Vorgang findet seine Erklärung in einer Mitteilung der polnischen Gesandtschaft in Bern, welche feststellt, daß der deutsche Sender Breslau sich eine Sendeunterbrechung von Radio Warschau I zunutze gemacht und auf der gleichen Wellenlänge falsche Nachrichten verbreitet habe mit dem Zweck, eine Panik hervorzurufen.

Warschau-Süd

Von Feldwebel Ziegler

Bäume, Gartenhäuschen und Zäune werden niedergewalzt und die erste Straße überquert. Beim Näherkommen erst erkennt man, daß überall Schützengräben und Stellungen gebaut sind, die aber von den Polacken bereits verlassen wurden, weil ihre Angst vor Panzern zu groß ist . . . Es ist heiß geworden im Panzer. Schweiß rinnt uns von den Stirnen, und die Lungen atmen Pulverdampf von Kanone und MG . . . Ich sehe durch den hinteren Sehschlitz und entdecke dreißig Meter hinter mir meinen Kompaniechef. Andere Fahrzeuge folgen nicht. »Die werden schon kommen«, denke ich und gebe meinem Fahrer den Befehl zum schnellen Weiterfahren; denn noch 200 Meter vor uns verläuft eine Straße in Richtung zum Zentrum der Stadt . . . Da schreit mein Fahrer: »Treffer in der Luke!« Der Schuß eines Tankgewehrs hat die Fahrerluke zerschlagen und das Schutzglas zersplittert . . . Ich sehe kurz zurück, und nun ist auch mein Kompaniechef nicht mehr da.

Drei Fahrzeuge sehe ich in 300 Meter Entfernung stehen. »Warum sie bloß nicht vorkommen?« Fast ununterbrochen gibt mein Funker meinen Befehl zum Vorfahren durch . . . Schnell gucke ich nochmals durch die Optik und sehe einen Zivilisten auf uns zukommen. Eine kurze Armbewegung, und eine Eierhandgranate fliegt uns entgegen, ohne Schaden anzurichten. Die zweite hat er nicht geworfen, meine Kanone riß ihn in Stücke . . . Jetzt sind zwei leichte und ein mittlerer Panzer nach vorn gekommen. Ich befehle ihnen, mit mir nach rechts in die Straße und weiter der Stadtmitte zuzufahren . . . Alle verdächtigen Stellen mit Geschossen abstreuend, sehe ich halblinks in einem Garten plötzlich eine Flammengarbe und höre die Detonation von Granaten. Dort stand ein 7,5-cm-Geschütz bereit, uns abzuschießen. Ich habe seine Munition getroffen, und daraufhin sind die Polacken samt Geschütz verschwunden. Vor uns liegt eine Sperre, die wir durchbrechen müssen. Vorsichtig fährt das rechte Fahrzeug dagegen und kommt durch. Ich gebe Feuerschutz. Da geht die Hölle los! Vor uns schlagen rasch hintereinander Granaten ein. Das 7,5-cm-Geschütz muß wieder irgendwo in Stellung gegangen sein . . . Zwischen einem Magazinwechsel sehe ich mich um. Da weiten sich meine Augen. Beide leichten Panzer stehen in Flammen . . . Ich habe keine Zeit, lange zu überlegen. Dem Panzer neben mir gebe ich den Befehl, zu wenden und den alten Weg schnell zurückzufahren. Ich schieße weiter auf das Geschütz vor mir. Vor dem Wenden hat auch der schwere Panzer einen 3,7-cm-Treffer in den Motor bekommen, der aber nicht zündet. Ich beiße die Zähne fest zusammen und presse den Kopf an die Optik, krampfhaft den Gegner vor mir suchend. Unverständliches Glück ist es, daß von einem der brennenden Panzer eine Nebelkerze abreißt, die mich nach hinten deckt, und daß der Gegner vorn immer etwas zu kurz schießt. Eine Granate pfeift unter meinem Panzer durch, reißt ein Stück einer Laufwerkstütze ab und hebt uns beim Explodieren etwas aus den Federn. Mein Begleitpanzer ist inzwischen verschwunden, und nun wird es auch für uns höchste Zeit. Kehrt marsch und den alten Weg zurück! Kaum befohlen, reißt mein Fahrer den Panzer herum, jagt die Straße zurück, vorbei an den brennenden Panzern und durch die Nebel-

wolke. – Noch 50 Meter bis zur Einfahrt in die Gärten . . . Wir stehen auf der Hauptstraße. Da sind viele Panzer unserer Abteilung. Aus der Stadt heraus dröhnt fast ununterbrochen Artilleriefeuer, das in direktem Schuß verschiedene Panzer unseres Regiments außer Gefecht gesetzt hat. Hier stelle ich fest, daß sich mein Turm nicht mehr drehen läßt . . . Beim Zurückfahren sagt mir mein Kompaniechef, daß sein Panzer durchschossen und der Funker verletzt wurde . . . So kommen wir in unsere Ausgangsstellung. Hier sind schon einige Kameraden, die zu Fuß im Feuer zurück mußten, weil ihre Panzer zerschossen oder auf Minen gelaufen waren. Sie sagen uns, daß einer meiner Schützen tot sei, im Panzer 40 Meter hinter mir verbrannt. Sein Fahrer wurde verwundet zurückgeschleppt . . . Fünf Stunden hatte der Angriff gedauert. Doch er scheiterte an der zur Festung gemachten Stadt.

Aus: Panzer packen Polen! OKH Berlin 1940

Montag, 11. September 1939, Warschau
Die *Agentur PAT* berichtet:
Gegenangriffe polnischer Truppen haben die im Süden von Warschau operierenden deutschen Panzerformationen zurückgeworfen und etwa 18 Panzer niedergekämpft. Alle südlichen Vorstädte und weiteren Außenbezirke Warschaus sind wieder völlig in polnischer Hand. Der Widerstand der polnischen Streitkräfte hat sich durch das Eintreffen der aus dem Raum Posen zurückgezogenen Truppen wesentlich versteift.

Dienstag, 12. September 1939
Das *Oberkommando der Wehrmacht* gibt bekannt:
Die große Schlacht in Polen geht westlich der Weichsel ihrem Ende entgegen. Die Südtruppe dringt in Gewaltmärschen gegen und über den San vor. Gebirgstruppen haben im äußersten Südflügel Chyrow südlich von Przemysl erreicht. Im Raum zwischen Zwolen, Radom und der Gysa Gora streckt der Feind die Waffen. Geschütze und Kriegsgerät von wenigstens vier Divisionen stehen als Beute in Aussicht. Die Gefangenenzahl ist noch nicht zu übersehen.
Auf dem Ostufer der Weichsel südlich Warschau nahmen Panzertruppen eine Anzahl schwere Geschütze, darunter vier 21-cm-Mörser. Verzweifelte Versuche der um Kutno eingeschlossenen starken feindlichen Kräfte, nach Süden durchzubrechen, wurden vereitelt. Der Ring um diese feindlichen Gruppen ist geschlossen. Nördlich der Weichsel nähern sich die deutschen Truppen der Festung Modlin. Nach harten Kämpfen ist der Feind auch nordostwärts von Warschau geworfen. In der Verfolgung haben die deutschen Truppen mit der Masse die Bahnlinie Warschau-Bialystok überschritten und mit vorgeworfenen Abteilungen die Bahnlinie Warschau-Siedlec erreicht.

Französischer Heeresbericht
12. September 1939, Paris
Die *Agentur Havas* meldet:
Das heute früh herausgegebene Kommuniqué lautet:
Die Nacht ist an der ganzen Front ruhig verlaufen.

TK-3-Tankette, polnischer Kleinkampfwagen mit zwei Mann Besatzung und einem MG 9,92 mm, der gegen die deutschen Panzer kaum eine Chance hat

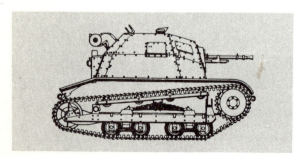

Warschauer Vorstadt Ochota: Am 9. September 1939
zerschossener deutscher Panzerkampfwagen II

Die Verteidigung Warschaus
Donnerstag, 14. September 1939, Warschau
Das Kommuniqué des *Warschauer Verteidigungskommandos:* In der Umgebung von Warschau fanden Scharmützel von Patrouillen statt. Größere Angriffe auf die Vorstadt Wola blieben erfolglos. Ein Panzer wurde in Brand gesteckt, mehrere Panzerwagen und Panzerabwehrkanonen erbeutet. Der Feind hatte beträchtliche Verluste.

Die Schlacht an der Bzura

Von Graf Kielmansegg

. . . Am Abend dieses schweren Kampftages stellt sich die Lage so dar, daß zwar ein tiefer Einbruch, aber noch nicht der Durchbruch gelungen ist. Wie ein Keil hat sich die Panzer-Division in den Feind hineingebohrt. Die Nachbarn sind gegenüber dem verzweifelten Widerstand der Polen nicht so weit gekommen. Auch wo die benachbarte Panzer-Division, mit der wir uns eigentlich hätten treffen müssen, steckt, wissen wir nicht. Vor allem aber wissen wir beim Divisionsstab nicht, wo die Panzer unseres linken Flügels geblieben sind. Um ihr Schicksal entsteht Sorge, denn sie müssen ja irgendwo hinter der wieder geschlossenen Feindfront sein. Dazu

kommt, daß kurz nach Einbruch der Dunkelheit noch einmal eine wenig angenehme Situation entsteht. Der Feind nimmt uns von allen Seiten unter heftigstes Artilleriefeuer und versucht zugleich nächtliche Gegenangriffe. Über eine Stunde lang hageln fast ununterbrochen die Einschläge vor allem um die Spitze unseres Keils, deutlich die typisch polnische Schießweise erkennen lassend – immer zwei Schuß ganz kurz nacheinander und fast auf denselben Fleck . . . Kurz vor Mitternacht auch haben wir endlich wieder Verbindung mit den Panzern bei Kiernozia durch Funk bekommen und wissen nun wenigstens, daß sie nicht etwa dem Feind in die Hände gefallen sind. Sie erhalten den Befehl, sich zur Division zurück durchzuschlagen.

Verbrannte deutsche Panzer im Stadtteil Ochota
14. September 1939
Express Poranny berichtet:
In den Straßen in Ochota liegen verbrannte deutsche Panzer. Über den Narutowicz-Platz rollen deutsche Panzerspitzen, die von der Artillerie unterstützt werden. Die Einschläge der Geschosse sind an den Wohnhäusern und der Kirchenmauer von St. Jakob zu sehen. Einige Geschosse haben das Kirchendach durchschlagen und die Orgel beschädigt. Neben der Kirche sind schon einige Holzkreuze aufgestellt, auf die irgend jemand Namen der Gefallenen mit Bleistift geschrieben hat, etwas weiter ein Grab ohne Kreuz. Hinter dem Narutowicz-Platz befindet sich die Grojecka-Straße, die ein Bild der Verwüstung zeigt; eine Häuserreihe ist völlig von Granaten zerfetzt. In der Radomska-Straße stoßen wir auf den ersten deutschen kaum beschädigten Panzerwagen, etwas weiter auf den zweiten, dessen

12 mm dicke Stahlplatten verrußt sind, drinnen die verkohlten Reste der Besatzung. Wenige Meter weiter zwei zerschossene Panzerwagen. In der Opaczewska-Straße sind die Häuser von Granaten durchlöchert. Aus einem halbzerstörten Haus hört man die Klänge eines Klaviers. Auf den umliegenden Feldern graben die Bewohner nach Kartoffeln, ohne auf die Schüsse zu achten. Als die Salven anschwellen, ducken sie sich für eine Weile in die Furchen. Brände gab es in Ochota kaum. Das Haus der Akademiker hatte durch den Artilleriebeschuß etwas gelitten. Die Staszic-Kolonie und die ganze Nachbarschaft hatte den Artilleriebeschuß ohne größere Schäden überstanden. Dieses ganze Stadtviertel wußte nicht einmal, daß auf dem nahen Narutowicz-Platz bereits die Deutschen waren.

Polnischer Frontbericht
Sonnabend, 16. September 1939, Warschau
Die *Agentur PAT* meldet:
Die polnischen Luftstreitkräfte bombardierten erfolgreich militärische Objekte der Deutschen. Im Abschnitt von Warschau geht die Verteidigung energisch weiter. Die vom Feind im Nordosten der Stadt unternommenen Angriffe wurden abgewehrt. Die deutsche Aktion in Richtung auf Bialystok und Brest-Litowsk stößt auf entschlossenen Widerstand der polnischen Truppen. In diesem Abschnitt hat sich die Lage seit zwei Tagen nicht verändert. Auch die Truppenteile in Gdingen und Hela leisten weiterhin erbitterten Widerstand. Heftige Kämpfe spielen sich in der Gegend von Lowicz-Skierniewice ab, wo die polnischen Truppen dem Gegner große Verluste beigebracht haben.

Einmarsch der Sowjets

Sonntag, 17. September 1939, Moskau
Der erste *Heeresbericht der Roten Armee* über die Operationen in Ostpolen:
Heute morgen haben die sowjetischen Truppen die polnische Grenze in deren gesamten Verlauf von der Dwina im Norden bis zum Dnjestr im Süden überschritten. Nach Überwältigung schwachen Widerstandes polnischer Vorposten wurden im Norden die Ortschaften Globokie, Molodeczno und andere besetzt. In Richtung auf Baranowitschi wurden der Njemen überschritten und die Ortschaften Mir und Snow erreicht. In der Westukraine sind bereits die Städte Rowno, Dubno, Tarnopol und Kolomea in russischer Hand. Durch den Vorstoß auf Kolomea ist die Grenze zwischen Polen und Rumänien bereits zum größten Teil abgeschnitten. Von den sowjetischen Streitkräften wurden ferner sieben polnische Jagdflieger und drei polnische Bombenflugzeuge abgeschossen. Die Truppen der Roten Armee wurden von der örtlichen weißrussischen und der ukrainischen Bevölkerung jubelnd begrüßt.

Polnischer Widerstand gegen die Rote Armee
17. September 1939, London
United Press berichtet:
Wie in hiesigen amtlichen polnischen Kreisen erklärt

wird, haben die Kämpfe zwischen den Polen einrückenden sowjetischen Truppen und polnischen Verbänden bereits begonnen. In der Gegend von Molodeczno, einem wichtigen Eisenbahnknotenpunkt an der Eisenbahnlinie Minsk-Wilna, leisteten polnische Truppen Widerstand.

Montag, 18. September 1939
Das *Oberkommando der Wehrmacht* gibt bekannt:
Der Feldzug in Polen geht seinem Ende entgegen. Nach der völligen Umschließung Lembergs und der Einnahme von Lublin steht ein Teil des deutschen Ostheeres in der allgemeinen Linie Lemberg–Wlodzimierz–Brest–Bialystok und hat damit den größten Teil Polens besetzt. Dahinter vollzieht sich noch an mehreren Stellen die Vernichtung und Gefangennahme einzelner versprengter Reste der ehemaligen polnischen Armee. Die stärkste dieser umschlossenen polnischen Kampfgruppen, etwa ein Viertel des polnischen Heeres, ist südwestlich Wyszogrod zwischen Bzura und Weichsel auf engstem Raume zusammengepreßt und geht seit gestern der Auflösung entgegen.
Aus dem umschlossenen Warschau wurde am 17. September durch den polnischen Sender die Bitte an das Oberkommando der deutschen Wehrmacht gerichtet, einen polnischen Parlamentär zu empfangen. Das Oberkommando der Wehrmacht hat seine Bereitwilligkeit dazu erklärt. Bis zum 17. September Mitternacht hat sich kein Parlamentär bei unseren Truppen eingefunden.

Verluste der Deutschen
18. September 1939, Lemberg
Die *Agentur Havas* berichtet:
Bei den Kämpfen in der Umgebung von Grodek bei Lemberg wurden die 2. Wiener Panzerdivision und die Linzer 45. Infanteriedivision vollständig aufgerieben. Der Kommandeur des Infanterieregiments 134, Oberst Göritz, wurde gefangengenommen. General Prittwitz-Gaffron ist bei diesen Kämpfen gefallen.

Begegnung bei Brest-Litowsk
18. September 1939, Moskau
Das *DNB* meldet:
Wie man erfährt, haben sich am Montag Abteilungen der deutschen und der sowjetischen Truppen bei Brest-Litowsk getroffen. Die Offiziere tauschten Begrüßungen aus.

Dienstag, 19. September 1939
Das *Oberkommando der Wehrmacht* gibt bekannt:
Die Auflösung und Kapitulation der versprengten oder eingeschlossenen Reste des polnischen Heeres schreitet rasch vorwärts. Die Schlacht an der Bzura ist zu Ende. Bisher wurden 50 000 Gefangene und eine unübersehbare Beute eingebracht. Das endgültige Ergebnis läßt sich noch nicht annähernd bestimmen. Eine kleinere feindliche Kampfgruppe wurde nordwestlich Lemberg vernichtet und dabei 10 000 Gefangene gemacht. Lemberg wurde zur Übergabe aufgefordert. Vor Warschau

hat nach Ausbleiben des polnischen Parlamentärs die Kampftätigkeit wieder begonnen. Die Stadt wird von den Polen ohne Rücksicht auf die Bevölkerung, die über eine Million beträgt, verteidigt.

Tagesparole des Reichspressechefs
19. September 1939:
Es wäre ungerecht den Leistungen der deutschen Truppen gegenüber, wenn unsere Zeitungen die militärische Tätigkeit der Sowjets noch über den roten Heeresbericht hinaus unterstreichen würden. Der Vormarsch der Roten Armeen stößt kaum noch auf erhebliche Hindernisse, da unsere Truppen dem feindlichen Widerstand das Rückgrat gebrochen haben.

Zäher Widerstand in Warschau
Donnerstag, 21. September 1939, Warschau
Die *Agentur Havas* meldet:
Der Warschauer Sender Nr. 2 gab am Donnerstag, 20.30 Uhr, bekannt, daß die deutsche Luftwaffe das Rotkreuzspital bombardiert habe, obschon es ein deutlich sichtbares Erkennungszeichen trug.
Oberstleutnant Lipinski erklärte: »Der Widerstand der Garnison von Warschau verstärkt sich von Stunde zu Stunde. Alle Angriffe, die seit zwei Tagen gegen die Hauptstadt unternommen wurden, sind abgewiesen worden. Die Tapferkeit unserer Soldaten kennt keine Grenzen. Sie stürzen sich gegen die feindlichen Panzer, springen auf die Panzerwagen und entwaffnen ihre Insassen. Die Solidarität und die Geschlossenheit der Warschauer Bevölkerung sind für die Soldaten eine kostbare Hilfe.«

Schweine als Minenräumer
Sonnabend, 23. September 1939, Schengen (an der luxemburgischen Grenze)
United Press berichtet:
Die neueste »Kriegswaffe« der französischen Truppen an der Westfront bilden Tausende von Schweinen, die in den letzten vier Tagen längs der luxemburgischen Grenze in einem bis zu drei Kilometer tiefen Gebiet über die von den deutschen Truppen vorbereiteten Minenfelder gejagt wurden, um sie auf diese Weise ohne Verlust an Menschenleben zur Explosion zu bringen. Es handelt sich hierbei um eine Aktion der im Moseltal, am sogenannten Dreiländereck, vorgehenden französischen Abteilungen, die auch Erfolg hatte. Die über die Minenfelder getriebenen Schweine verursachten zahlreiche Explosionen; Minuten später rückten die Truppen nach, besetzten das gesäuberte Gebiet und gruben sich in neuen Stellungen ein, von denen aus sie diese neue Taktik der Minenzerstörungen fortsetzten. Gegenwärtig werden immer neue Schweineherden herangebracht, um weitere Geländegewinne zu erzielen.

Die letzten Kämpfe

Mittwoch, 27. September 1939, Warschau
Das *Warschauer Verteidigungskommando* teilt mit:
Warschau und Modlin verteidigen sich weiter hartnäk-

kig gegen die deutschen Angreifer. Warschau hat am linken Ufer der Weichsel einen äußerst heftigen, dreistündigen Angriff erfahren. Es wurden 13 deutsche Flugzeuge abgeschossen, wodurch sich die Anzahl der in der Gegend von Warschau abgeschossenen deutschen Flugzeuge auf 106 erhöht.
Die Stadt ist völlig zusammengeschossen und wird weiterhin unter Feuer gehalten. Die Wasserwerke sind seit einigen Tagen beschädigt. Durch die ständige Bombardierung ist es äußerst schwer, der Zivilbevölkerung Hilfe zu bringen. Neun vollbesetzte Spitäler sind gleichfalls zerstört, die historischen Denkmäler und Kirchen zertrümmert. Über der ganzen Stadt liegen Rauch- und Staubwolken, die den Atem behindern.
Infolge der hoffnungslosen Lage der Zivilbevölkerung, wegen der enormen Schäden und des Wassermangels sowie der Gefahr von Epidemien hat das Verteidigungskommando dem Kommando der deutschen Belagerungstruppen einen 24stündigen Waffenstillstand angeboten. Die Antwort ist noch nicht eingetroffen.

Donnerstag, 28. September 1939
Das *Oberkommando der Wehrmacht* gibt bekannt:
Im Osten hat die Masse unserer Truppen die Demarkationslinie planmäßig erreicht. In den gestern gemeldeten Kämpfen am Südflügel ostwärts des San wurden im ganzen 500 Offiziere und 6000 Mann gefangengenommen. Neben der schon gemeldeten polnischen 41. Division fielen ein Armeeführer, der Führer eines Grenzschutzkorps sowie die Kommandanten der 7. und 39. Division mit ihren Stäben in unsere Hand.
Die Stadt Warschau, die sich gestern bedingungslos ergeben hat, wird nach Erledigung der notwendigen

Deutsche Panzer auf dem Marktplatz von Sochaczew, etwa 60 Kilometer westlich von Warschau

Vorbereitungen voraussichtlich am 29. September besetzt werden. Heute vormittag hat auch der Kommandant von Modlin die Übergabe der Festung angeboten.

Kredit für die Panzerwaffe
28. September 1939, Stockholm
Das *DNB* meldet:
Der Chef der schwedischen Armee, Generalleutnant Sylvan, hat in einem Schreiben an die Regierung die Bewilligung von 34 Millionen Kronen für den Ausbau der Panzerwaffe verlangt. Der Armeechef weist dabei ausdrücklich auf die Erfahrungen hin, die während des polnischen Feldzuges mit der Panzerwaffe gemacht worden seien.

28. September 1939, Moskau
Der *Heeresbericht der Roten Armee:*
Am 27. September setzte die Rote Armee ihren Vormarsch auf die Demarkationslinie fort und besetzte die Städte Grabowo, 15 Kilometer westlich von Augustow, Masowesk, Drogitschin, Krasnostow, den Bahnhof von Zawada, 10 Kilometer westlich von Zamostie, Krakowetz. Moscicka und den Bahnhof von Sianki an den Quellen des Sanflusses. Die sowjetischen Truppen setzten ihre Säuberungsaktion in den Gebieten Weißrußlands und der Westukraine fort.

W. Churchill in einer Rundfunkansprache
Sonntag, 1. Oktober 1939:
Abermals haben zwei der Großmächte Polen besiegt, die es 150 Jahre lang in Fesseln hielten und doch nicht imstande waren, den Geist der polnischen Nation zum Erlöschen zu bringen. Die heldenmütige Verteidigung Warschaus beweist, daß die Seele Polens unzerstörbar ist und daß sie sich wieder erheben wird wie ein Fels, der eine Weile lang wohl von einer Flutwelle überspült werden mag, aber ein Fels bleibt.
Rußland hat eine kalte Politik des Selbstinteresses eingeschlagen. Wir hätten wünschen mögen, daß die russischen Heere als Freunde und Verbündete der Polen auf ihrer jetzigen Linie ständen, statt als Eindringlinge.

Neue Panzer
Mittwoch, 4. Oktober 1939, Washington
United Press berichtet:
Wie vermutet, hat das Kriegsministerium der American Car and Foundry Company einen Auftrag in der Höhe von sechs Millionen Dollar für 329 neue Panzer erteilt. Wie erklärt wird, handelt es sich bei diesen Panzern, die eine sehr hohe Geschwindigkeit entwickeln können, um einen Typ neuester Konstruktion von zwölf Tonnen. Mit diesem Auftrag soll die gegenwärtige Stärke der amerikanischen Panzerwaffe verdoppelt werden.

Hitler in Warschau
Freitag, 6. Oktober 1939
Das *Oberkommando der Wehrmacht* gibt bekannt:
Der Führer besuchte am Donnerstag die Truppen der 8. Armee vor Warschau und ließ Teile der an der Einnahme der Festung beteiligten Divisionen an sich

vorbeimarschieren. Bei Kock ostwärts Deblin streckten am Freitag vormittag die letzten Reste des polnischen Heeres, etwa 8000 Mann unter dem polnischen General Kleber, die Waffen. Ostwärts der Weichsel begann gestern die Vorwärtsbewegung zur Besetzung des Gebietes bis zur deutsch-russischen Interessengrenze.
Im Westen schwache Artillerietätigkeit. Sonst ruhiger Verlauf des Tages.

Montag, 23. Oktober 1939, London
United Press berichtet:
Zu den Büchern, die Major General J. H. Beith, Leiter der Propagandaabteilung des britischen Kriegsministeriums, offiziell zum Versand für die Truppen an der Front empfiehlt, gehört Hitlers »Mein Kampf«.

Tagesparole des Reichspressechefs
Mittwoch, 8. November 1939:
Auf die Kundgebungen der Komintern zum Jahrestag der bolschewistischen Revolution in Rußland darf selbstverständlich in keiner Form eingegangen werden.

Freitag, 10. November 1939, Moskau
Das *DNB* meldet:
Die Sowjetregierung hat dem deutschen Botschafter ihr Bedauern und die Entrüstung über den Anschlag von München sowie ihre Freude über die glückliche Errettung des Führers aus Lebensgefahr und ihr Beileid über die Opfer des Attentats zum Ausdruck gebracht.

Benachrichtigung der Familienangehörigen bei Verlusten
Es liegt Veranlassung vor, darauf hinzuweisen, daß die Benachrichtigung der Familienangehörigen bei Verlusten (Tod, Vermißtsein oder schwere Verwundung) in angemessener Form zu erfolgen hat. Persönlich gehaltene Worte und die Anerkennung der Leistungen berühren hierbei besonders wohltuend.
OKH, 13. 11. 39

Bomben auf Helsinki

Donnerstag, 30. November 1939, Stockholm
Svenska Dagbladet berichtet:
Nachdem heute morgen kurz nach 9 Uhr etwa zehn sowjetische Bombenflugzeuge über Helsinki erschienen waren, wurde um 12.15 Uhr wiederum Flugalarm gegeben. Beim zweiten Anflug warfen die Sowjets hauptsächlich über dem Arbeiterviertel der Hauptstadt Flugblätter ab, in denen die Bevölkerung zum Aufstand gegen die Regierung aufgefordert wurde.

Brauchitsch am Oberrhein
Freitag, 1. Dezember 1939, Berlin
Das *DNB* meldet:
Der Oberbefehlshaber des Heeres, Generaloberst v. Brauchitsch, hat sich an die Oberrheinfront zur Besichtigung der dort eingesetzten Truppen begeben.

Tagesparole des Reichspressechefs
Sonntag, 3. Dezember 1939:
Zu der Behandlung des russisch-finnischen Konfliktes

Dezember 1939, Finnland; sowjetische leichte Kampfpanzer vom Typ T-26, die der finnischen Motti-Taktik zum Opfer gefallen sind: Schnelle, überraschende Überfälle von den mit Skiern ausgerüsteten und gut ausgebildeten finnischen Einzelkämpfern, die entlang der Waldwege mit Brandflaschen auf sowjetische motorisierte Kolonnen lauern

müssen wir von folgender Grundeinstellung ausgehen. Wir können es uns heute nicht leisten, eine Gefühlspolitik zu treiben. Die Erfahrung hat uns hinreichend gezeigt, daß man mit Sentimentalität politisch nicht arbeiten kann ... In der Nachrichtenpolitik geben wir selbstverständlich den russischen Meldungen den Vorzug. Wir nützen weder den Finnen noch uns, wenn wir etwa unserer gefühlsmäßigen Einstellung durch die Formulierung der Überschriften oder ähnlichem Ausdruck geben würden.

König Georg VI. in Frankreich
Montag, 4. Dezember 1939, London
United Press berichtet:
König Georg von England ist am Montag nachmittag an Bord eines britischen Zerstörers in Frankreich eingetroffen, um den Truppen einen Besuch abzustatten. Der König wird von seinem Bruder, dem Herzog von Gloucester, begleitet, der für einige Tage auf Urlaub in England weilte.

Veraltete sowjetische Panzer

Sonnabend, 9. Dezember 1939, Wiborg
Der Sonderkorrespondent der *Agentur Reuter* an der karelischen Front interviewt den Kommandanten des Militärbezirks Wiborg, Oberst Alexander Mellblom: Oberst Mellblom schätzt die Verluste der UdSSR in den letzten Tagen auf 100 Panzer. Die sowjetischen Panzer hätten eine veraltete, dünne Panzerung, und die Besatzungen der Panzer seien wenig diszipliniert. Die Panzer seien den finnischen Panzerhindernissen und den Panzerabwehrkanonen, die Finnland in Schweden gekauft habe, zum Opfer gefallen. Mellblom erklärte, die sowjetischen Truppen stünden jetzt der vordersten finnischen Verteidigungslinie gegenüber. Die finnischen Verluste würden in diesem Abschnitt erst ein Prozent der eingesetzten Truppen betragen.

Erweiterung der Maginot-Linie
Sonntag, 10. Dezember 1939, London
Radio BBC meldet:
Die Erweiterungsbauten an der Maginot-Linie sind inzwischen abgeschlossen. Die Atempause der ersten Kriegsmonate hat es ermöglicht, die Befestigungsanlagen bis zum Ärmelkanal fortzuführen.

Die Kampftaktik der Finnen
10. Dezember 1939, Helsinki
Die *Agentur Suomen Tietotoimisto (SST)* berichtet:
Die riesigen Wälder und die vielen Felsgebiete bedeu-

ten für die finnischen Truppen den besten Schutz gegen feindliche Panzer, den man sich nur wünschen kann. Die Panzer können diese Felsen nicht überwinden, und dort, wo sie durchkommen könnten, hat man mittels umgehauener Bäume sowie mit Steinen wirksame Panzerfallen erstellt. Wo keine andere Möglichkeit bestand, haben die finnischen Soldaten riesige Steine in den Boden getrieben, die ebenfalls als Panzersperren dienen. Dazu haben sie tiefe enge Löcher in den Boden gegraben, gerade groß genug für einen Mann. In diesen Löchern können sich die Soldaten verstecken, sowie ein Panzer auftaucht, und dann Handgranaten unter dessen Getriebe werfen, um ihn kampfunfähig zu machen.

Tagesparole des Reichspressechefs
Montag, 11. Dezember 1939:
Aus zahlreichen Meldungen der im Westen eingesetzten Truppenteile des Heeres ist bekannt geworden, daß die Truppe mit der Berichterstattung über ihren Einsatz nicht zufrieden ist. Zwar erscheinen die einzelnen Kampfberichte der Propaganda-Kompanien. Es entsteht aber durch andere Veröffentlichungen häufig der Eindruck, daß die Truppen im Westen eigentlich nichts zu tun hätten und in feudal eingerichteten Bunkern bei Wunschkonzerten und KdF-Vorführungen einen guten Tag lebten.

Das alliierte Befestigungssystem
Montag, 18. Dezember 1939, Paris
Die *Agentur Havas* meldet:
Neville Chamberlain hat dieser Tage bei seinem Besuch an der Westfront Befestigungen besichtigt. Diese Bollwerke umfassen die von französischer Seite bereits bekanntgegebene Verstärkung der Maginot-Linie einerseits, andererseits ihre Verlängerung nach den Ardennen, der Nordsee, und im Süden im Jura parallel der Schweizer Grenze. Auf diese Weise ist ein alliiertes Verteidigungssystem entstanden, das noch weit größere Sicherheit gegen eine Invasion bietet, als sie im September bestand, und die französische und britische Armeen für künftige Operationen frei macht.
Es können hier nach Ansicht militärischer Sachverständiger bis zum Frühjahr derartige Mengen von Kriegsmaterial und geschulten Truppen stationiert werden, daß sich bei der Unmöglichkeit eines erfolgreichen Durchbruchs die Schlacht am Rhein von selbst entscheidet.

Tagesparole des Reichspressechefs
Mittwoch, 20. Dezember 1939:
Berichte über das innere Leben der Sowjetunion dürfen nicht gebracht werden, auch Meldungen aus ausländischen Quellen dürfen nicht übernommen werden.

Tagesparole des Reichspressechefs
Donnerstag, 21. Dezember 1939:
Der Führer hat aus Anlaß des heutigen 60. Geburtstages Stalins ein Glückwunschtelegramm an Stalin gerichtet. Die entsprechende DNB-Meldung, die auf der ersten Seite einspaltig – auf keinen Fall aber sensationell – gebracht werden kann, ist mit etwa 30 Zeilen zu kommentieren. Dieser Kommentar muß inhaltlich vorsich-

Herbst 1939:
Französische
Panzereinheit mit
leichten Kampfpanzern
vom Typ Hotchkiss H-39.
Ihr größter Nachteil:
Der Kommandant ist
zugleich Richt- und
Ladeschütze

tig und zurückhaltend abgefaßt und weniger auf die Persönlichkeit Stalins als auf seine Außenpolitik abgestellt sein.

Französische Kriegspläne im Nahen Osten?

Freitag, 22. Dezember 1939, Damaskus
La Stampa berichtet:
General Weygand behauptet, daß der Krieg im Westen wie im Osten gewonnen werden kann. Weygands Plan bezweckt u. a., das sowjetische Erdölgebiet im Kaukasus zu besetzen, um den Deutschen und Sowjets die Fortsetzung des Krieges unmöglich zu machen. Eine Voraussetzung für diesen Plan ist die Kriegserklärung der Türkei an die UdSSR, die aber von den Engländern noch als fraglich betrachtet wird.

Besuch Hitlers bei den Truppen im Westen
Montag, 25. Dezember 1939, Berlin
Das *DNB* teilt mit:
Am 24. Dezember besuchte der Führer die vorderste Linie, die auf der Spicherner Höhe zwischen Forbach und Saarbrücken hart an der Grenze verläuft. Den Heiligen Abend verbrachte er in verschiedenen Bunkern südlich von Saarbrücken, wo er Geschenke an die Mannschaften verteilen ließ. Auch ohne besondere Absprache mit dem Gegner herrschte Waffenruhe, die so weit ging, daß an der ganzen Front kaum ein Schuß fiel.

Kriegsweihnacht
25. Dezember 1939, Paris
Die *Agentur Havas* meldet:
Dank der ständigen Einsatzbereitschaft französischer und britischer Armeen konnte Paris eine Kriegsweihnacht feiern, die sich nicht allzu sehr von der in Friedenszeiten unterschied.
Im Gegensatz zu anderen kriegführenden Ländern war das Weihnachtsmenü reichhaltig, und man hat zu Ehren der an der Front Stehenden beim Toast auf einen glücklichen Ausgang des Krieges nicht mit Champagner gespart.

Durchhalten und siegen!
25. Dezember 1939
General Gamelin hat in seinem Tagesbefehl an die Armee die Frontkämpfer zu ihren Einsätzen und Taten beglückwünscht:
Auf dem Schlachtfeld wie in der Wartestellung – welche Manöver der Feind auf militärischem und moralischem Gebiet auch unternehmen mag – werden wir durchhalten und siegen.

Die sowjetischen Verluste
Freitag, 29. Dezember 1939, Helsingfors
Die *Agentur Havas* berichtet:
Nach finnischen Informationen soll die Rote Armee seit Kriegsbeginn folgende Verluste erlitten haben: 25 000 Gefallene, 5 000 Gefangene, 271 zerstörte Panzerwagen.

Strategie und Taktik

SEPTEMBER BIS DEZEMBER 1939

Am Freitag, dem 1. September 1939, um 4.45 Uhr, eröffnet das deutsche Schulschiff »Schleswig Holstein« das Feuer auf die Westerplatte, die von einer Kompanie verteidigt wird. Es ist der Beginn des deutschen Angriffs auf Polen. Beteiligt sind: Die Heeresgruppe Nord (GenOberst v. Bock) mit der 3. Armee (Gen.d.Art. v. Küchler) und der 4. Armee (Gen.d.Art. v. Kluge) sowie der Heeresgruppe Süd (GenOberst v. Rundstedt) mit der 8. Armee (Gen.d.Inf. Blaskowitz), der 10. Armee (GenOberst v. Reichenau) und der 14. Armee (GenOberst List) mit insgesamt 6 Panzerdivisionen, 4 leichten Divisionen, 4 mot. Divisionen, 3 Gebirgsdivisionen und 37 Infanteriedivisionen mit insgesamt 3 195 Panzerkampfwagen, darunter nur 98 Panzer III und nur 211 Panzer IV, außerdem die Luftflotte 1 (Gen.d.Fl. Kesselring) und die Luftflotte 4 (Gen.d.Fl. Löhr) mit 1 538 einsatzbereiten Flugzeugen. Auf polnischer Seite: 38 Infanteriedivisionen, eine mot. Brigade (die zweite in der Aufstellung), 11 Kavalleriebrigaden und 745 meist veraltete Flugzeuge, dazu 1 134 leichte und kleine Panzerkampfwagen alter Bauart.
Gleichzeitig startet die Luftwaffe zu massiven Angriffen auf polnische Flugplätze, die jedoch ins Leere gehen, da man die polnischen Geschwader bereits am Tag zuvor auf Feldflugplätze verlegt hat. Die deutschen Kampfgeschwader, die die volle Luftherrschaft besitzen, unterstützen die Panzer- und Infanterieverbände und greifen die operativ und taktisch wichtigen Ziele im polnischen Hinterland an.
Die Wolynska Brygada Kawalerii (Oberst Filipowicz), die zwischen dem Städtchen Klobuck und der Liswarta liegt, hat den Auftrag, die südliche Flanke der Armee Lodz (Gen. Rómmel) sowie den Raum nordöstlich von Tschenstochau zu sichern.
8.00 Uhr. Einige Dutzend Schützenpanzerwagen der deutschen 4. Panzerdivision (GenLt. Reinhardt) tauchen plötzlich vor den Stellungen der Wolynska Brygada Kawalerii am Ortsrand von Rebielice auf. Nachdem sie von der Höhe 268 mit einer Pak, mehreren MG und einer Panzerbüchse unter Beschuß genommen werden, ziehen sie sich in das Dorf Wilkowiecko zurück. Die Kavallerie-Schwadron von Leutnant Berezowski sitzt sofort ab und verstärkt die Verteidigung. Mehrere Stukas beginnen nun, die Stellungen des Ulanenregiments 21 am westlichen Waldrand von Mokra zu bombardieren. Es gibt Verluste unter den Soldaten und Pferden. Ein Teil der Pferde reißt sich los und galoppiert quer über die Waldlichtung. Währenddessen greifen die Stukas wieder an, doch die polnische Brigade kann nichts unternehmen, da sie keine Flugabwehrwaffen besitzt. Von Wilkowiecko aus nähert sich ein Rudel deutscher Schützenpanzerwagen den Stellungen des Ulanenregiments 21, zieht sich jedoch nach heftigem Feuerwechsel wieder zurück. Im Vorfeld bleiben drei Schützenpanzerwagen brennend liegen, aus dem vierten, den eine

1. September 1939; deutsche Panzerdivision nach ersten Grenzkämpfen; vorn ein PzKfw I: Die Fahrzeuge tragen laut Anordnung des OKH vom 13. 7. 1939 ein weißes Balkenkreuz; das ist typisch für deutsche Panzerwagen im Polenfeldzug. Ab 30. 10. 1939 werden alle deutschen Panzerwagen mit schwarzem Balkenkreuz und weißer Umrandung versehen

Panzerbüchse von der Höhe 268 getroffen hat, schießt plötzlich eine Stichflamme.

9.00 Uhr. Über die Straßen von Krzepice nach Dankow rollen Panzerspähwagen und Kradfahrer. Nach einem kurzen Feuerwechsel werden die Ulanen und eine Fahrradschwadron zurückgedrängt. Inzwischen erreichen über 30 deutsche Panzerspähwagen Opatow.

10.00 Uhr. Jetzt greifen deutsche Stukas erneut an. Das Artilleriefeuer auf die Stellungen der polnischen 3. Schwadron, die sich auf der Höhe 268 und am westlichen Waldrand nahe Mokra III befinden, verstärkt sich. Die Dörfer Mokra I, II und III stehen in Flammen. Die polnische Brigade hat erhebliche Verluste an Menschen, Pferden und Material. Zwei ihrer Feldgeschütze sind durch Volltreffer vernichtet. Rittmeister Deszert liegt mit seiner Schwadron auf dem deckungslosen Hügel 268 seit einer Stunde unter feindlichem Feuerhagel und zieht sich, als zahlreiche aus Opatow anrollende Panzer beobachtet werden, verlustreich bis zum nördlichen Flügel des Ulanenregiments 21, Höhe 236, zurück. Leutnant Ostrowski muß mit einem Teil der 1. Schwadron – bedrängt durch eine aus Krzepice vorrückende Panzer- und Kradkolonne – die Höhe 258 räumen und auf die Höhe 229 am nördlichen Waldrand wechseln. Die Deutschen nehmen Rebielce Krolewskie ein, werden dort aber durch das Feuer des Ulanenregiments 19 aus dem Raum Kamien-Szczyzna-Leszczyna aufgehalten. Zahlreiche Panzerwagen versuchen nun mit Unterstützung von Artillerie und Stukas über Wilkowiecko die Stellungen des Ulanenregiments 21 anzugreifen. Heftiges Feuer aus der Pak, der Panzerbüchse und dem schweren MG schlägt ihnen entgegen. Trotz pausenloser Stukaangriffe werden die Ulanen von der 2. Batterie der bespannten Artillerie unterstützt. Einige getroffene Panzerwagen stehen in Flammen, die ausgebooteten

Besatzungen werden von den Ulanen gefangengenommen.

11.00 Uhr. Der deutsche Hauptstoß richtet sich jetzt gegen die von der 4. Schwadron des Ulanenregiments 21 verteidigte Waldschneise. Kurz bevor die Panzer die Stellungen der Ulanen erreichen, trifft von Norden her der polnische Panzerzug Nr. 53 (Hptm. S. Malinowski) ein und eröffnet vom Bahndamm östlich des Dorfes Mokra III, aus einer Entfernung von 2,5 Kilometern, mit seinen 10-cm-Haubitzen und 7,5-cm-Feldgeschützen das Feuer auf die feindlichen Panzer. Die überraschten Deutschen ziehen sich hinter das Dorf Wilkowiecko zurück. Die in Gefangenschaft geratenen Besatzungen der auf dem Kampffeld verbliebenen Panzerwracks gehören zur deutschen 4. Panzerdivision.

11.30 Uhr, Feuerpause. Am Himmel kreisen deutsche Aufklärer und erkunden weiterhin die Stellungen der Brigade. Die Ulanen und Kanoniere nutzen die Zeit, ihre Stellungen auszubessern, Munition zu ergänzen, zerrissene Telefonleitungen zu reparieren sowie Tote und Verwundete zu bergen.

So ist es der Wolynski Brygada Kawalerii gelungen, einen ganzen Tag lang den Vormarsch der 4. Panzerdivision zu behindern. Das Gefecht bei Mokra ist einer der wenigen Fälle während des Zweiten Weltkrieges, bei dem ein Kavallerieverband eine Panzerdivision aufgehalten hat.

Sofort nach Kriegsausbruch werden aus den einsatzbereiten polnischen Panzern und Panzerspähwagen neben der bestehenden 10. mot. Brygada Kawalerii (jetzt Gen. Maczek) zusätzlich aufgestellt: 15 selbständige Panzerkompanien (auf 15 Inf.Div. verteilt), elf Panzerschwadronen und elf Panzerspähwagen-Schwadronen (auf elf Kav.Brigaden verteilt), dazu drei Panzerabteilungen (Baon) und zwei Kompanien leichte Panzer

Ein Bataillon polnischer leichter 7 TP-Kampfpanzer mit 3,7-cm-Bofors-Kanone. Der 11-t-Panzer mit 3 Mann Besatzung hat einen Saurer-Dieselmotor von 110 PS und erreicht auf der Straße 32 km/h. Bei Ausbruch des Krieges verfügt das polnische Heer über 169 dieser Kampfpanzer

sowie drei Kompanien Infanteriepanzer. Diese Verteilung der polnischen Panzerwaffe auf die taktischen Verbände der Infanterie und Kavallerie schließt von vornherein einen sinnvollen Einsatz der schwach bewaffneten und gepanzerten Kampfwagen aus. Die Mehrzahl der schnellen Truppen sind in zwei Stoßgruppierungen zusammengefaßt. Ihre Aufgabe: Umfassung des Hauptteils der polnischen Streitkräfte westlich der Linie Wisla-Narew. Die bei der Heeresgruppe Süd in der Hauptrichtung Oberschlesien-Warschau angreifende 10. Armee mit ihren zwei Panzerdivisionen, zwei mot. Infanteriedivisionen, drei leichten und sechs Infanteriedivisionen macht fast die Hälfte aller schnellen Truppen aus. Noch ausgeprägter ist die Massierung der schnellen Truppen bei der Heeresgruppe Nord, die von Hinterpommern und Ostpreußen aus angreift. Von vier schnellen Truppenverbänden sind drei im XIX. Panzerkorps (Gen.d.Pz.Tr. Guderian) konzentriert. Sie sollen aus Ostpreußen nach Süden vorstoßen und östlich des Bug den nördlichen Zangenarm eines zweiten Einschließungsringes bilden, um allen über die Wisla entkommenen polnischen Verbänden und Truppenteilen den weiteren Rückzug zu verlegen und sie zu zerschlagen.

Der rechte Flügel der Armee Pomorze (Gruppe Ost unter BrigGen. Boltuc) wird nach zweitägigem Kampf an der Ursa und am Melno-See geschlagen und nach Süden zurückgeworfen. Am westlichen Weichselufer wird die polnische Verteidigung entlang der Brahe gleich am ersten Tage durch einen Vorstoß des XIX. Panzerkorps (Gen.d.Pz.Tr. Guderian) der 4. Armee (Gen.d.Art. v. Kluge) durchbrochen. Die deutschen Panzerspitzen erreichen die Weichsel und können im südlichen Teil der Tucheler Heide zwei polnischen Infanteriedivisionen sowie einer Kavalleriebrigade den

Rückzug durch den Korridor in Richtung Kulm und Graudenz abschneiden. Die Armee Pomorze ist nach dem Verlust beinahe der Hälfte ihrer Verbände gezwungen, sich nach Thorn und Bromberg zurückzuziehen. Damit gewinnen die deutschen Truppen eine Verbindung mit Ostpreußen.

Im Abschnitt der Armee Poznan (Gen. Kutrzeba) gibt es dagegen während der Grenzkämpfe in den ersten Tagen kaum beachtenswerte Feindberührung. Die Armee Lodz (Gen. Rómmel) verteidigt sich wiederum zwei Tage lang gegen die angreifenden Panzerverbände der 8. Armee (Gen.d.Inf. Blaskowitz) und gegen den linken Flügel der 14. Armee (GenOberst List).

Bereits am Sonnabend, dem 2. September 1939, wird die Lage der Armee Krakow (Gen. Szylling) zunehmend kritisch, und sie beginnt wegen der Bedrohung von Norden und Süden her den Rückzug entlang der Weichsel hinter den Dunajec und die Nida. Jetzt, nach dem Abschluß der Grenzkämpfe, stoßen deutsche Panzerverbände rasch vorwärts, und die polnischen Armeen gehen überall zurück – im Norden, Westen und Süden. Im mittleren Abschnitt entsteht eine gefährliche Lücke, die sich von Tschenstochau über Pietrkow, Kielce und Sandomierz verbreitert.

Erst am Abend dieses 2. September, nachdem ihre linke Flanke von vorstoßenden deutschen Panzerverbänden umgangen ist, erhält die Armee Lodz Befehl, sich auf die Verteidigungsstellungen an der Warthe und der Widawka zurückzuziehen. Der Rückzug erfolgt unter starkem Druck deutscher motorisierter Verbände, und die Armee wird immer mehr von Süden her bedroht: Das XV. Panzerkorps (Gen.d.Inf. Hoth) und das XVI. Panzerkorps (Gen.d.Kav. Hoepner) der 10. Armee stoßen in die Lücke zwischen den Armeen Lodz und Krakow und zerschlagen bei Tschenstochau die zur Armee Krakow gehörende 7. Infanteriedivision (Brig-Gen. Gasiorowski). Damit wird der 10. Armee der Weg in Richtung Pietrkow und Kielce geöffnet und die Armee Krakow durch Umgehung von Norden her bedroht, dazu erscheinen an der linken Flanke der Armee Krakow, in den Beskiden, überraschend starke Kräfte aus der Slowakei: das XVII. Armeekorps (Gen.d.Inf. Kienitz) und das XXII. Armeekorps (Gen.d.Kav. v. Kleist).

Der polnischen Panzerabwehr fehlt es an Geschützen und an entsprechenden Zugmitteln zur Führung einer beweglichen Verteidigung. Trotz ihrer zahlenmäßigen Überlegenheit versuchen die deutschen Panzer, starke Feldbefestigungen meist nur flankierend anzugreifen oder zu umgehen, um unnötige Verluste zu vermeiden. Läßt sich der Gegner weder überrollen noch umgehen, so bleiben die Panzer meistens stehen und warten auf die nachkommende Infanterie, die den Gegner dann möglichst mit Artillerieunterstützung bekämpft. Erst jetzt geht der Vormarsch der Panzer wieder weiter.

Trotz der kritischen Situation erkennt der Oberste Befehlshaber Marschall Rydz-Smigly die Bedrohung durch deutsche Panzerverbände nicht im vollen Umfang. Er ist der Meinung, daß es den Armeen gelingen wird, sich auf die eigentliche Verteidigungslinie zurückzuziehen und sich dort zu halten.

Bei der Heeresgruppe Süd liegt einer der Schwerpunkte der Panzerkriegführung: Es ist der kürzeste Weg nach Warschau.

Am Sonntag, dem 3. September 1939, erhält der Kriegsminister General Kasprzycki den Befehl, die Verteidigung in Warschau zu organisieren. Am gleichen Tag erklären Großbritannien und Frankreich Deutschland den Krieg.

Nördlich von Warschau verteidigt die Armee Modlin (General Przedrzymirski-Krukowiecki) die Befestigungen bei Mlawa erfolgreich gegen das I. Armeekorps (GenLt. Petzel); sie muß sich aber wegen drohender Einkreisung in der Nacht vom 3./4. September 1939 zurückziehen.

Am Montag, dem 4. September 1939, übernimmt General Piskor die Führung der am Weichsel-Mittellauf konzentrierten Verbände und stellt aus ihnen die Armee Lublin auf. Um den Rückzug der polnischen Streitkräfte bis hinter die Weichsel zu verhindern, beordert die Heeresgruppe Süd (GenOberst v. Rundstedt) die 14. Armee (GenOberst List) in Richtung San: Die 10. Armee soll mit ihrer rechten Flanke den Rückzug der polnischen Truppen aus dem Raum Kielce-Radom versperren, mit der linken Flanke die polnischen Kräfte im Raum Pietrkow-Tomaszow Maz schlagen und in Richtung Warschau vorstoßen, um dort den polnischen Verbänden den Rückzug aus dem Raum Lodz und Posen abzuschneiden.

Am gleichen Tag wird die Armee Modlin bei ihrem Rückzug durch rollende Luftangriffe desorganisiert und

überschreitet die Weichsel; so bleibt Warschau nach Norden hin ungeschützt. Inzwischen marschiert die 3. Armee (Gen.d.Art. v. Küchler) aus dem Raum Ciechanow nach Südosten zum Narew und bildet einen Brückenkopf auf dem linken Flußufer. Der Armee Pomorze (GenMaj. Bortnowski) gelingt es zwar, ohne Verfolgung durch den Feind die Hauptverteidigungslinie zu erreichen, doch wird sie jetzt von Süden her bedroht.

Am Mittwoch, dem 6. September 1939, schlagen das XVI. Panzerkorps (Gen.d.Kav. Hoepner) und das XV. Panzerkorps (Gen.d.Inf. Hoth) bei Tomaszow die Verbände der Armee Prusy und kämpfen sich den Weg nach Warschau frei. Am gleichen Tage erreicht das XXII. Armeekorps (Gen.d.Kav. v. Kleist) Tarnow. Damit ist die polnische Verteidigungslinie zwischen Tschenstochau und Warschau zerbrochen.

Ebenfalls am 6. September 1940 beginnt Frankreich – durch einen Bündnisvertrag mit Polen zur Offensive verpflichtet – mit vereinzelten schwachen Einheiten der 4. Armee (Gen. Réquin) eine symbolische Offensive im Raum Saarbrücken. Sie artet in zeitweilige Besetzung des von Deutschen geräumten Westwall-Vorfeldes aus. Frankreich und England verzichten jedoch bewußt auf die Chance, das Reich in diesem günstigen Augenblick anzugreifen und sehen tatenlos zu, wie Polen untergeht.

Am Donnerstag, dem 7. September 1939, verlegt Marschall Rydz-Smigly sein Hauptquartier von Warschau nach Brest-Litowsk.

Die deutsche Führung ist jetzt davon überzeugt, daß die Polen auf eine Verteidigung am westlichen Weichselufer verzichten, dagegen am Narew, an der Weichsel und am San Widerstand leisten sowie im Raum Lublin größere Kräfte, etwa sieben bis zehn Divisionen, zusammenziehen werden.

Das OKH befiehlt nun der Heeresgruppe Nord (GenOberst v. Bock) mit seiner 3. Armee (Gen. d. Art. v. Küchler), über den Narew in Richtung Siedlce-Warschau anzugreifen und der 4. Armee (Gen.d.Art. v. Kluge) an der Weichsel entlang vorzustoßen. Die Heeresgruppe Süd (GenOberst v. Rundstedt) soll dagegen die Armee Lodz einkreisen, um sie an der Besetzung der Weichsel-Linie zu hindern und so den Angriff der 14. Armee (GenOberst List) auf Lublin von Süden her zu erleichtern. Mit dieser Operation ist die Einkreisung der polnischen Armee östlich der Weichsel eingeleitet worden.

Nun entbrennt in den darauffolgenden drei Tagen ein Wettlauf zur Weichsel: Die deutschen Panzerverbände vereiteln den Versuch der polnischen Truppen, über die Weichsel nach Osten zu entkommen. Es gelingt ihnen, die polnischen Kampfgruppen auseinanderzureißen und tief in die polnische Verteidigung vorzustoßen.

Am Freitag, dem 8. September 1939, erreichen die deutschen Panzerspitzen den Mittellauf der Weichsel, die südwestlichen Vorstädte von Warschau und zerschneiden den Rückzugsweg der Armeen Pomorze und Poznan sowie der Armee Lodz, der Nord- und Südgruppe der Armee Prusy und der Armee Krakow. Die Hauptkräfte der 10. Armee kreisen bei Radom die Südgruppe der Armee Prusy ein und gelangen bis zur Weichsel, während die Spitzen der 4. Panzerdivision (GenLt. Reinhardt) jetzt vor Warschau stehen.

Am Sonnabend, dem 9. September 1939, erhält die deutsche 8. Armee (Gen.d.Inf. Blaskowitz) den Befehl, ihren Vormarsch in Richtung Warschau zu beschleunigen, um die vor der 4. Armee (Gen.d.Art. v. Kluge) zurückweichenden polnischen Armeen Pomorze und Poznan abzuschneiden. In Südpolen kann die Armee Karpaty (Gen. Fabrycy) die Linie am Dunajec nicht halten und wird in Richtung Przemysl zurückgedrängt. An diesem Tag befindet sich noch ein Großteil der polnischen Truppen westlich der Weichsel. Sie sind erheblich geschwächt, haben Teile ihrer schweren Waffen verloren, bekommen keinen Nachschub, und ihre Verbindung mit dem obersten Befehlshaber reißt immer wieder ab. Ein großer Teil der polnischen Truppen drängt in Richtung Warschau, wo der deutsche Versuch, die Stadt mit Panzerverbänden aus der Bewegung heraus zu nehmen, abgeschlagen wird.
Die 4. Panzerdivision stößt in den Warschauer Vororten auf erbitterten Widerstand und verliert innerhalb von drei Stunden 57 von insgesamt 120 angreifenden Panzern.
Der größte polnische Verband ist zur Zeit die Armee Pomorze (GenMaj. Bortnowski), die die Niederlagen in den Pomerellen überwunden hat, dazu die noch völlig intakte Armee Poznan (GenMaj. Kutrzeba). Beide Armeen weichen jetzt zur unteren Bzura zurück. General Kutrzeba plant, einen Vorstoß von der Bzura aus zu unternehmen, um den Feind zu schlagen, der ihn auf dem Marsch nach Warschau abgeschnitten hat. Das OKH – davon überzeugt, daß auf der westlichen Weichselseite keine stärkeren polnischen Kräfte mehr stehen – befiehlt am 9. September den Heeresgruppen,

Polnische Panzer vom Typ 7TP in Marschformation – kurz vor dem Einsatz

ihre Operationen fortzusetzen, um die Einkreisung der polnischen Kräfte im Raum Lublin zu beenden.
Der polnische oberste Befehlshaber in Brest-Litowsk beschließt inzwischen, alle zur Verfügung stehenden Kräfte in Südostpolen zu konzentrieren und hier auf wesentlich verkürzter Front Widerstand zu leisten.

Am Abend des 9. September 1939 dringt die Armee Poznan von der unteren Bzura in Richtung Struga vor und stößt auf den linken weit auseinandergezogenen Flügel der 8. Armee (Gen.d.Inf. Blaskowitz). General Kutrzeba gelingt es, die Verbände der 8. Armee, besonders die 30. Infanteriedivision (GenMaj. v. Briesen), abzuweisen. General Blaskowitz entschließt sich nun, statt in Richtung Warschau vorzugehen, die Angriffe der Armee Poznan zurückzuschlagen.

Der nächste Tag, 10. September 1939, bringt der Armee Poznan weitere Erfolge: Sie erreicht die günstigen Ausgangsstellungen zum geplanten Gegenangriff eher als die deutschen Divisionen. Noch während die 8. Armee mit großer Mühe die auseinandergezogene Frontlinie hält und ihre Aufmerksamkeit auf die Bzura konzentriert, kann die Armee Lodz (Gen. Rómmel) sich zur Weichsel durchschlagen und in den Raum westlich von Warschau gelangen.
Ebenfalls am 10. September 1939 erkennt der polnische oberste Befehlshaber, daß wegen des schnellen Vormarsches der Deutschen die Durchführung einer Umkehr nach Südosten bereits zu spät ist.

An diesem 10. September 1939 führt die Heeresgruppe Nord (GenOberst v. Bock) mit ihrem linken Flügel vom Mittellauf des Narew aus ihren Angriff nach Südosten und Süden und kann bei Zambrowo das Gros der Operationsgruppe Narew (Gen.Maj. Mlot-Fijalkowski) einkreisen. Währenddessen erreichen die Kämpfe bei Radom im Weichselbogen ihren Höhepunkt.
Am gleichen Tag überschreitet die 14. Armee (Gen.-Oberst List) den San beiderseits Przemysl. Unterdessen durchbricht das XIX. Panzerkorps (Gen.d.Pz.Tr. Gu-

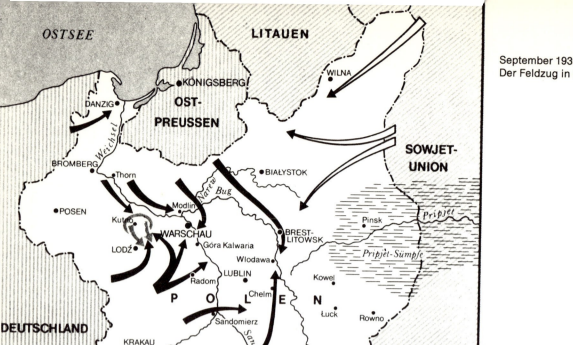

OSTSEE

LITAUEN

WILNA

KÖNIGSBERG

DANZIG

OST-
PREUSSEN

BROMBERG

Thorn

BIAŁYSTOK

SOWJET-
UNION

POSEN

Modlin

Narew

Bug

Kutno

WARSCHAU

Pinsk

Pripjet

Górg Kalwaria

BREST-
LITOWSK

LODŹ

Pripjet-Sümpfe

Włodawa

Radom

LUBLIN

Kowel

P O L E N

Chelm

Łuck

Rowno

DEUTSCHLAND

Sandomierz

San

KRAKAU

Przemyśl

LEMBERG

K A R P A T E N

RUMÄNIEN

Rechte Seite: Brest-
Litowsk, 19. September
1939: Sowjetische
schwere Panzerwagen
vom Typ Ba-10 in
Ostpolen werden bei
einem freundschaftlichen
Zusammentreffen von
deutschen Soldaten
besichtigt

derian) die polnische operative Gruppe Narew und vernichtet bei Lomza die polnische 18. Infanteriedivision (BrigGen. Podhorski). Das Eintreffen des XIX. Panzerkorps in Brest stellt die Möglichkeit in Frage, die Front hinter den Bug zu verlegen, denn zu dieser Zeit steht die Mittelfront noch am Mittellauf der Weichsel.

Am Montag, dem 11. September 1939, bricht der Widerstand der einzelnen polnischen Verbände zusammen: Das XV. Panzerkorps (Gen.d.Inf. Hoth) und das XVI. Panzerkorps (Gen.d.Kav. Hoepner) sowie das IV. Armeekorps (Gen.d.Inf. v. Schwedler) schließen die polnische Armee Prusy (GenLt. Dab-Biernacki) bei Radom ein und zwingen sie zur Kapitulation. 60 000 polnische Soldaten gehen in Gefangenschaft.
Am gleichen Tag schneidet das I. Armeekorps (GenLt. Petzel) die ostwärtigen Verbindungen Warschaus ab.
An diesem 11. September 1939 setzt die Armee Poznan von der Bzura her ihre Angriffe in Richtung Strykow fort. General Kutrzeba erkennt jedoch, daß ein weiterer Angriff in der bisherigen Richtung keinen Erfolg verspricht, und schiebt sich unter dem Schutz der Armee Pomorze an die untere Bzura heran und stößt von dort nach Osten vor, um einen Weg nach Warschau zu öffnen. General Kutrzeba rechnet damit, daß er durch die geänderte Angriffsrichtung den Gegner überraschen kann, der seine Aufmerksamkeit auf Lodz konzentriert.

Generaloberst v. Rundstedt will den geplanten Angriff auf Lublin nicht zurückstellen und beordert trotz der schweren Lage der 8. Armee nur einzelne Regimenter aus verschiedenen Divisionen in Richtung Bzura: Ein gewisser Erfolg nördlich von Lodz, den man wegen der Umgruppierung polnischer Einheiten erreichen kann, wird etwas voreilig als Zusammenbruch der polnischen Stoßkraft bewertet.

Am Donnerstag, dem 14. September 1939, beginnt nach Anfangserfolgen der deutschen Panzer und motorisierten Infanterie in einzelnen Abschnitten unerwartet ein Angriff der Armee Pomorze aus dem Raum Lowicz. Nun entbrennt die Schlacht an der Bzura, die größte des Feldzuges. Generaloberst v. Rundstedt übernimmt jetzt selbst das Oberkommando und befiehlt die sofortige Verstärkung der Front an der Bzura aus dem Raum Kielce und Warschau. Durch die fünftägigen hartnäckigen Kämpfe gelingt es zwar den Verbänden von General Kutrzeba, deutsche Kräfte an der Bzura zu binden, doch wirkt sich dies auf die inzwischen entstandene Situation kaum aus. Es wird lediglich die Gefahr eines deutschen Angriffs von zwei Seiten auf Warschau verzögert. Generaloberst v. Brauchitsch, Oberbefehlshaber des Heeres, der nicht mit größerem Widerstand in Warschau gerechnet hat, befiehlt nun der 3. Armee, die polnische Hauptstadt anzugreifen.

Am Donnerstag, dem 14. September 1939, bildet das IV. Armeekorps (Gen.d.Inf. v. Schwedler) bei Annapol und Solec am östlichen Weichselufer einen Brükkenkopf. Selbst diesen relativ geringen feindlichen Kräften war die improvisierte Armee Lublin nicht mehr gewachsen. Die größte Gefahr für die polnischen Verbände zeichnet sich jedoch im Süden ab: Dort erreicht die 14. Armee (GenOberst List) nach Überquerung des San mit ihrem rechten Flügel Lemberg und schneidet der Armee Karpaty (Gen. Fabrycy) den Rückweg ab. Durch das Auftauchen des XXII. Armeekorps (Gen.d. Kav. v. Kleist) bei Hrubieszow gelingt es ihr nicht nur, die Armee Krakow von Süden her zu umgehen, sondern sie bedroht zugleich die polnischen Verbände, die sich aus dem Lubliner Hügelland zurückziehen. Und mit Ende der zweiten Woche des Feldzuges schwindet die Möglichkeit, einen einigermaßen geordneten Rückzug wenigstens eines Teils der polnischen Truppen nach dem Südosten Polens durchzuführen. Inzwischen hat selbst der polnische Oberste Befehlshaber jeglichen Kontakt mit den noch kämpfenden Verbänden verloren.

Am frühen Morgen des 15. September 1939 erhält die 14. Armee den Befehl, mit den schnellen Truppen in Richtung Tarnopol und Stanislawow vorzugehen, um den polnischen Verbänden den Weg nach Rumänien abzuschneiden.

Am Sonnabend, dem 16. September 1939, beginnt v. Rundstedt die endgültige Einkreisung der Armeen Poznan und Pomorze. Den dezimierten Divisionen der Armee Poznan gelingt es noch, einen Übergang durch die untere Bzura zu erkämpfen. Die Armee Pomorze wird jedoch abgeschnitten und in die Gabelung der Weichsel und Bzura gedrängt.

Am Sonntag, dem 17. September 1939, nimmt das auf der rechten Weichselseite vorgehende XIX. Panzerkorps (Gen.d.Pz.Tr. Guderian) Wlodawa ein und bildet am linken Bug-Ufer einen Brückenkopf. Seine Panzerspitzen erreichen die Bahnlinie Lublin-Kowel und schneiden den polnischen Verbänden der Nordfront den Weg für einen Rückzug hinter den Bug ab. Unterdessen führt das IV. Armeekorps aus dem Raum Annapol über Krasnik einen Vorstoß bis Krasnystaw und Lublin durch. Damit wird die Armee Lublin in zwei Teile zerschnitten, die keine Verbindung untereinander haben und denen die 14. Armee den Weg nach Süden versperrt.

Die 14. Armee bildet nun eine Front nach Westen auf der Linie Zamosc-Tomaszow–Lubelski. Die Mitte der 14. Armee rückt auf Lemberg vor, wo sie auf heftigen Widerstand stößt. Sie wird im Rücken von den Verbänden der früheren Armee Karpathy angegriffen, die nach der Räumung von Przemysl eingeschlossen sind und jetzt den Versuch unternehmen, sich durch die deutsche Einkreisung nach Lemberg durchzuschlagen.

Ebenfalls am Sonntag, dem 17. September 1939, marschieren morgens in Ostpolen zwei sowjetische Heeresgruppen ein, die Weißrussische Front (Armeegen. Kowalew) mit der 3., 4., 10. und 11. Armee sowie die Ukrainische Front (Armeegen. Timoschenko) mit der

5., 6. und 12. Armee, um aufgrund des deutsch-sowjetischen Vertrages vom 23. 8. 1939 mit Hitler die Beute zu teilen. Am gleichen Abend treten die polnische Regierung und die Heeresleitung auf rumänisches Gebiet über und werden dort interniert.

Am 18. und 19. September 1939 erlischt der Widerstand der Armee Pomorze (GenMaj. Kutrzeba) im Kessel an der Bzura. Reste der Armee Poznan (GenMaj. Bortnowski) können sich nach Warschau durchschlagen. In der Hauptstadt befinden sich jetzt zwar 180 000 Soldaten, aber nur wenige Einheiten sind genügend ausgerüstet. Die deutsche Führung verlegt ihre Verbände gleich nach Beendigung der Kämpfe an der Bzura vor Warschau. Massierte Luftangriffe und schweres Artilleriefeuer sollen die Hauptstadt sturmreif machen.

Am Dienstag, dem 19. September 1939, kapitulieren, nachdem weitere Ausbruchsversuche gescheitert sind, die polnischen Armeen Poznan und Pomorze mit 170 000 Mann im Raum Kutno.
Am gleichen Tag überschreitet der einzige polnische Panzerverband, die 10. mot. Brygada Kawalerii (Gen. Maczek), die Grenze nach Ungarn und wird interniert. Die zur Armee Krakow (Gen. Szylling) gehörende 10. mot. Brygada Kawalerii hatte während des ganzen Feldzuges kaum Feindberührung. General Maczek ist es gelungen, mit seinen Soldaten nach Frankreich zu kommen und später wieder eine Panzerbrigade zu führen.

Am Mittwoch, dem 20. September 1939, haben Teile der 10. Armee (GenOberst v. Reichenau) und der 14. Armee (GenOberst List) die polnische Armee Lublin (Gen. Piskor) eingeschlossen, die sich am gleichen Tag mit 60 000 Mann ergibt.

Am 22. September 1939 unterzeichnet General Langner, Befehlshaber der polnischen Truppen in Lemberg, die Kapitulation vor der Roten Armee.

Am Sonntag, dem 24. September 1939, beginnt die Luftwaffe ihre Angriffe auf die seit dem 19. September eingeschlossene polnische Hauptstadt mit dem Ziel, den am 25. 9. angesetzten Sturm von Teilen der 3. Armee (Gen.d.Art. v. Küchler) und der 10. Armee (GenOberst v. Reichenau) auf Warschau vorzubereiten.

Noch am Nachmittag des 27. Septembers 1939 gibt Hitler den Befehl an das Oberkommando des Heeres (OKH) zur Ausarbeitung eines Operationsplanes gegen Frankreich. Der Stab des Generalobersten v. Rundstedt, der den erfolgreichen Angriffsplan gegen Polen entworfen hat, wird zur Mitarbeit nicht hinzugezogen.

Am Donnerstag, dem 28. September 1939, nachdem Munition und Verpflegung zu Ende gehen, kapituliert der polnische Verteidiger von Warschau, General Rómmel, mit 120 000 Mann.

Am gleichen Tag, an dem die polnische Hauptstadt den Kampf eingestellt hat, wird in Moskau der deutsch-sowjetische Freundschaftsvertrag durch v. Ribbentrop und den Außenminister Molotow unterzeichnet.

Am nächsten Tag, dem 29. September 1939, streckt die Besatzung von Modlin unter General Thomée die Waffen. Noch kämpfen bei Tomaszow Lubelski Teile der Armee Krakow und Lublin sowie vereinzelte Reste der Verbände der Nordfront. Und die operative Kampfgruppe Polesie (GenMaj. Kleeberg) verteidigt sich erfolgreich bei Kock.

Am Sonntag, dem 1. Oktober 1939, kapitulieren auf der Halbinsel Hela 4 000 Mann der polnischen Marineverbände unter Konteradmiral Unrug.

Am Freitag, dem 6. Oktober 1939, legen die letzten polnischen Feldtruppen, 16 800 Mann, unter Generalmajor Kleeberg bei Kock und Lublin die Waffen nieder. Etwa 120 000 polnische Soldaten können zum größten Teil über die ungarische und rumänische Grenze entkommen und stellen sich später den Alliierten zur Verfügung. Die Zahl der polnischen Soldaten, die in deutsche Kriegsgefangenschaft geraten ist, beträgt über 700 000. Die UdSSR meldet 217 000 polnische Gefangene. Die deutschen Verluste im Polenfeldzug betragen 10 572 Tote, 3 404 Vermißte und 30 322 Verwundete sowie 217 Panzer und 282 Flugzeuge. Die UdSSR hat insgesamt 737 Tote und 1 859 Verwundete.

Die Panzertruppen konnten im Polenfeldzug ihre entscheidende Rolle beweisen, und das System »der Führung von vorne« hatte sich bewährt. Jedoch mußten sich, nach Meinung von General Heinz Guderian, die Panzerdivisionen viel zu oft nach Belangen der langsameren Infanterie richten. Und die Infanteristen stellten wiederum fest, daß erst nach dem weiteren Vormarsch der Panzer für sie der eigentliche verlustreiche Kampf gegen Befestigungen und Widerstandsnester begann. Ein weiteres Problem waren die Schützeneinheiten der Panzerdivisionen: Die Lastwagen der Schützenregimenter konnten nicht wie die Panzer im freien Gelände operieren und waren als nichtgepanzerte Fahrzeuge selbst gegen Infanteriefeuer recht empfindlich. Die große Überlegenheit, vor allem aber die Luftherrschaft, hat die Aufgaben der Panzerverbände wesentlich erleichtert. Der Feldzug bestätigte zugleich die Bedeutung überraschender massierter Vorstöße rechtzeitig geschaffener Panzerverbände und bewies die großen operativ-strategischen Möglichkeiten starker Panzer- und motorisierter Truppen, die von der Luftwaffe unterstützt werden. Und die Überraschung des Gegners durch Panzerverbände zählte nun zu den wesentlichen taktischen Elementen der neuen Kriegführung.
Nach dem Polenfeldzug hat man jeder Panzerdivision eine Luftwaffeneinheit zugeordnet, deren Verbindungsoffiziere künftig in ständigem Funkkontakt mit den vorstoßenden Panzerverbänden stehen sollen.
Auch technisch haben sich die deutschen Panzer in

Herbst 1939: Französische Panzer im Vorfeld der Maginot-Linie

Polen bewährt: In der Regel waren nicht mehr als 25 Prozent der Fahrzeuge gleichzeitig aus technischen Gründen ausgefallen. Am Ende des Feldzuges waren jedoch fast alle Panzerkampfwagen überholungsbedürftig. Am wenigsten hatten sich die leichten Divisionen bewährt: Sie waren zu schwach mit Panzern ausgestattet und konnten weder die Aufgabe einer Infanteriedivision noch vollmotorisierter Schützendivisionen übernehmen.

Auf jeden Fall hat der Bewegungskrieg auf beiden Seiten geringere Verluste verursacht als ein Stellungskrieg: Die Deutschen verloren 44 000 Mann, darunter 10 000 Tote. Die polnischen Verluste konnte man nicht mehr genau feststellen. Sie werden auf etwa 200 000 Mann (25 Prozent der an den Kämpfen beteiligten), davon 66 000 Tote, geschätzt.

Zu den Legenden des Septemberfeldzuges gehören die Reiterattacken polnischer Kavallerie mit Säbeln und Lanzen gegen deutsche Panzer. Von der NS-Propaganda verbreitet, geistert sie bis heute durch die Geschichtsschreibung des deutsch-polnischen Krieges vom September 1939. Nun, die polnischen Ulanen waren keine Selbstmörder, und es ist kein Fall einer bewußt gerittenen Attacke der polnischen Kavallerie gegen Panzer bekannt. Es gab natürlich mehrfach Reiterangriffe gegen deutsche Infanterie, der gepanzerte Fahrzeuge zu Hilfe kamen, oder auch Situationen, in denen die polnische Kavallerie von Panzern angegriffen wurde. Die einzige Überlebenschance für sie bestand nur darin, in einem halsbrecherischen Manöver zu versuchen, an den Panzern vorbeizukommen.

Am 19. Oktober 1939 ist der erste Offensiv-Aufmarschplan des OKH für einen Angriff im Westen fertiggestellt.

Im Oktober 1939 gelingt es deutschen Geheimschrift-Experten, die französischen Militärcodes zu entschlüsseln. Der französische Funkverkehr bestätigt, daß sich bei Sedan eine Nahtstelle von zweitrangigen Divisionen befindet. Gegen diese weiche Nahtstelle wird der Heeresgruppe A (GenOberst v. Rundstedt) die Panzergruppe Kleist, die Panzergruppe Guderian und das Panzerkorps Reinhardt bereitgestellt: Insgesamt fünf Panzerdivisionen.

Am 7. November 1939 wird der Angriffstermin für die Westoffensive zum erstenmal auf den 15. November 1939 verlegt. Dieser Termin wird bis zum Angriff am 10. Mai 1940 noch 29mal verschoben.

In Frankreich nimmt man die Erfahrungen des Polenfeldzuges kaum zur Kenntnis. Es wird weder etwas in der Organisation noch in der Führung vorhandener motorisierter Verbände geändert. Einer der wenigen, der die Warnung versteht, ist Colonel de Gaulle. Im November 1939 weist er in einer Denkschrift an die obersten Militärbehörden auf die Erfahrungen in Polen hin, auf die Fehler der passiven Verteidigungsdoktrin, auf die Möglichkeit eines Durchbruchs durch die Maginot-Linie und auf die Notwendigkeit der Bildung starker Panzer- und motorisierter Verbände. Alle diese Warnungen bleiben jedoch ohne Wirkung.

Die Sowjetunion fordert nach der Besetzung Ostpolens für ihre Ostseeflotte Stützpunkte in den baltischen Staaten. Aufgrund erzwungener Beistandspakte rückt die Rote Armee am 18. Oktober 1939 in Estland (1 Million Einwohner), Ende Oktober in Lettland (2 Millionen) und Anfang November in Litauen (2,7 Millionen) ein. Finnland mit seinen 4 Millionen Einwohnern lehnt gleichartige sowjetische Forderungen trotz angebotener Gebietsentschädigungen und trotz Truppendemonstrationen ab.

Am Sonntag, dem 26. November 1939, behauptet nun Molotow, finnische Artillerie habe angeblich auf sowjetisches Territorium geschossen, verlangt die Zurücknahme aller finnischen Truppen 25 Kilometer hinter die Grenze und kündigt einen seit 1932 bestehenden Nichtangriffspakt.

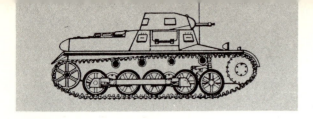

Deutscher leichter Panzer Pzkpfw I Modell B (ab 1934)

Am Mittwoch, dem 29. November 1939, beginnt ohne Kriegserklärung der sowjetische Überfall auf das Gebiet von Petsamo und am 30. November an allen anderen Fronten. Sowjetische Kriegsschiffe beschießen die südfinnische Küste, Helsinki wird von der sowjetischen Luftflotte bombardiert.

Finnland hat ein Friedensheer von knapp 30 000 Mann und kann dem ersten sowjetischen Ansturm nur 9 Divisionen zu je 3 Infanterieregimentern entgegenstellen, dazu 60 größtenteils veraltete Panzer, 150 Flugzeuge und 22 Flugabwehrgeschütze. Panzerabwehrkanonen fehlen fast völlig. Die Munitionsvorräte reichen höchstens für einen Monat.

Auf der anderen Seite sind fast 30 sowjetische Divisionen mit starken Panzerkräften und 800 Flugzeugen aufmarschiert. Die sowjetischen Divisionen zählen jeweils 3 500 Mann mehr als die finnischen und sind an Maschinenwaffen und Granatwerfern doppelt, an Artillerie dreifach überlegen. Außerdem verfügt jede sowjetische Division über 40 bis 50 Panzerwagen sowie unbegrenzte Mengen an Munition. Die Sowjets sind sich ihres Erfolges so sicher, daß sie bereits im Grenzort Terijoki eine Volksregierung unter dem finnischen Kommunistenführer Kusinen bilden. Der Schwerpunkt der finnischen Verteidigung liegt auf der Karelischen Landenge in der Mannerheim-Linie. Auf sowjetischer Seite stehen auf der Karelischen Landenge die 7. Armee (Gen. Merezkow) und die 13. Armee (Gen. Grendal), nördlich des Ladogasees die 8. Armee, die 9. Armee und die 14. Armee.

Am Donnerstag, dem 30. November 1939, überschreiten die Sowjets mit je einer Infanteriedivision, verstärkt durch Panzer, bei Lonkha und Raate die finnische Grenze und stoßen gegen Oulu am Bottnischen Meerbusen vor. Die nur schwachen und mangelhaft ausgerüsteten finnischen Grenztruppen müssen sich auf eine Verteidigungsstellung am Westufer des Niskanselkä zurückziehen. Die Sowjets haben zwar keine Winterausrüstung, führen aber starke Artillerie und eine große Anzahl von Panzern mit. Die finnischen Truppen dagegen haben keine Panzerabwehrgeschütze und kaum Flak gegen die schlagkräftige sowjetische Luftflotte. Trotzdem werden die sowjetischen Truppen zum Rückzug gezwungen: Finnische Ski-Jagdkommandos verfolgen den im tiefen Schnee steckengebliebenen Feind und bringen ihm schwere Verluste bei.

Am Weihnachtstag treffen weitere fünf finnische Bataillone ein, die am 27. Dezember 1939 die eingeschlossene sowjetische 163. Schützendivision aus allen Richtungen angreifen und innerhalb von drei Tagen vernichten. Dabei erbeuten sie 27 Geschütze, 11 Panzerwagen, 150

Lastwagen und große Mengen Infanteriewaffen mit Munition. Mit diesen Beutewaffen bekämpfen sie nun die 44. mech. Division, die auf einem Waldweg von 8 Kilometern Länge festliegt und ihre schweren Waffen und Panzer wegen des hohen Schnees nicht einsetzen kann.

Am Donnerstag, dem 28. Dezember 1939, vernichtet die finnische 9. Division (Col. Siilasuo) bei Suomussalmi die zur sowjetischen 9. Armee gehörende 163. Schützendivision und wendet dabei die Motti-Taktik an.

Der grundlegende Fehler der sowjetischen Führung: Das Vorgehen der beiden Divisionen war zeitlich nicht abgestimmt, so daß sie nacheinander bekämpft werden konnten und es den Finnen gelang, die Verbände in kleinere Gruppen aufzusplittern, ihre Versorgungen zu unterbinden und das Heranführen von Verstärkungen zu verhindern. Die Sowjets waren mit ihren schweren Waffen in den tiefen Waldgebieten auf die wenigen Straßen angewiesen, konnten sich abseits davon nicht entwickeln, und ihre Bewegungsrichtung bot den Finnen höchst verwundbare Flanken.

Der finnische Oberkommandierende, Marschall Freiherr v. Mannerheim, sah allein in dem schnellen Wechsel der Kampfarten und einer beweglichen Verteidigung die Möglichkeit, die feindlichen Kräfte abzuwehren. Auch die zur Verstärkung herangeführte sowjetische 44. mech. Division wurde in der Waldenge von Juivasjärvi von zwei finnischen Batterien und zwei Panzerabwehrgeschützen (!) aufgehalten.

Währenddessen herrschte am Rhein entlang der Maginotlinie und dem Westwall ein »Drôle de Guerre«, der »drollige« Krieg. Die französische Armee verlor in den Wochen, als Polen verblutete, etwa 50 Mann. Frankreich hatte zwar Millionen unter Waffen, aber es war eher ein Urlaub unter der Trikolore. Der drollige Krieg beschränkte sich auf wenige Patrouillen gegen den Westwall, aus dem kaum ein Schuß fiel, da es eine deutsche Westfront eigentlich gar nicht gab. Der Winter 1939/40 war für die französischen Soldaten ein Kampf gegen die Langeweile, und die meistbeschäftigte Abteilung des Generalstabs war jene, die das Fronttheater arrangierte.

Das Deuxième Bureau, der französische Geheimdienst, hatte zwar eine Studie erarbeitet, aus dem klar hervorging, daß der deutsche Sieg in Polen ausschließlich der Zusammenarbeit zwischen Panzern und Luftwaffe zu verdanken sei, aber bis die verschiedenen Stäbe diese Information erhielten, war es Mitte Mai 1940 und schon mancher von ihnen in Gefangenschaft geraten. Statt nun die Ruhepause, die sich die Franzosen durch den Verrat an Polen bei Hitler erkauft hatten, für die Verstärkung ihrer Truppen zu nutzen, war das Gegenteil der Fall.

»Polen ist Polen! Hier sind wir in Frankreich!« – erwiderte General Huntziger auf die Bemerkung, die Maas sei kein Hindernis für Panzerverbände, die ohne Schwierigkeiten den Bug und die Weichsel überschritten haben.

1940

Januar – Juni

Belgischer Protest in Berlin
Donnerstag, 11. Januar 1940, Brüssel
Die *Agentur Reuter* teilt mit:
Die belgische Regierung protestierte bei der deutschen Regierung gegen die Verletzung der belgischen Neutralität durch ein deutsches Militärflugzeug, das in der Nähe von Mecheln notgelandet ist.

Deserteure
Sonnabend, 13. Januar 1940, Moskau
Die *Agentur Havas* berichtet:
In einem Tagesbefehl des Oberkommandos des Leningrader Militärbezirks wird darauf hingewiesen, daß einige Teile der Roten Armee an der finnischen Front anstatt zu kämpfen die Gefangenschaft vorziehen. Solche Erscheinungen entsprechen nicht der Tradition der Sowjetarmee. Die Kommandeure werden für die Desertionen verantwortlich gemacht. Unter den Kommandeuren gibt es einige, die ihre Ergebenheit dem Sozialismus zwar bekunden, in Wirklichkeit aber konterrevolutionär und reaktionär eingestellt sind.

Die Ausrüstung der Roten Armee

Montag, 15. Januar 1940, Kajani
Die *Agentur Suomen Tietotoimisto (SST)* meldet:
Unter dem von finnischen Truppen am Kjantasee erbeuteten Kriegsmaterial hat man Tausende von Lehrbüchern über das Skilaufen gefunden, die noch in Kisten verpackt waren. Immerhin konnte man auf sowjetischer Seite sehr gute Skiläufer beobachten. Es handelt sich um sowjetische Karelier, die in der Roten Armee dienen. Im übrigen ist aus der fehlenden sowjetischen Winterausrüstung zu schließen, daß Stalin die erfolgreiche Beendigung des finnischen Feldzuges noch vor Beginn des Winterkrieges erwartet. Bis vor kurzem hatte das sowjetische Kriegsmaterial keine Wintertarnung. Erst nach der Schlacht bei Raate sah man die ersten mit weißer Tarnfarbe gestrichenen sowjetischen Panzer

und mit weißen Tüchern überzogene Panzerabwehrgeschütze.
Nach Meldung finnischer Patrouillen treffen die Sowjets jetzt Vorsichtsmaßnahmen, um ihre Transportstrecke vom Stützpunkt Kandalatschka am Weißen Meer bis zur finnischen Grenze zu schützen, die gut befahrbar ist, solange Frost herrscht. Tausende von Bäumen sind an beiden Seiten der rund 100 Kilometer langen Straße gefällt worden, um finnische Patrouillen fernzuhalten. Das Roden der Bäume wird meist von polnischen Kriegsgefangenen durchgeführt.

Tagesparole des Reichspressechefs
15. Januar 1940:
Zur Rückberufung der Urlauber in Belgien und Holland kommt heute eine DNB-Meldung heraus. Sie soll nur verzeichnet und darf nicht kommentiert werden.

Der verirrte Generalstabsoffizier

Donnerstag, 18. Januar 1940, London
Die *Agentur Exchange* teilt mit:
Ein Sonderberichterstatter des »Daily Telegraph« in Lüttich schildert, wie der deutsche Plan gegen Belgien in die Hände der belgischen Behörden gefallen sein soll. Ein deutscher Generalstabsoffizier war beauftragt worden, wichtige Dokumente vom Oberkommando in Berlin nach Köln zu bringen. Der größeren Sicherheit wegen sollte er mit der Eisenbahn reisen. Dieser Offizier hatte aber erst vor kurzem eine Kölnerin geheiratet. Als er hörte, daß einer seiner Freunde von der Luftwaffe gerade nach Köln fliegen wollte, entschloß er sich, mitzufliegen, um auf diese Weise schneller nach Köln zu gelangen und den Abend mit seiner Gattin verbringen zu können. Der Pilot verflog sich aber und landete – es war am Mittwoch vergangener Woche – bei Mecheln in Belgien. Das erste, was der Stabsoffizier nach seiner Landung tat, war, einen Bauern um Streichhölzer zu bitten und zu versuchen, seine Dokumente zu verbrennen. Belgische Soldaten eilten herbei und hin-

derten ihn mit Gewalt daran. Bei der Untersuchung in dem nächstgelegenen belgischen militärischen Posten gelang es dem deutschen Offizier, die Dokumente an sich zu reißen und sie in den Kamin zu werfen. Ein belgischer Offizier konnte sie jedoch retten, bevor sie Feuer fingen. Laut »Daily Telegraph« bezogen sich die Dokumente auf die Überführung von 22 neugebildeten Divisionen aus der Umgebung von Berlin in linksrheinisches Gebiet. Diese Überführung war bereits im Gang, die meisten Divisionen sind für die belgische Grenze bestimmt. Der belgische Geheimdienst konnte sich schnell davon überzeugen, daß diese Truppenbewegungen tatsächlich stattfinden.

Kaufangebote für sowjetische Panzerwagen
18. Januar 1940, Stockholm
Svenska Dagbladet berichtet:
Die finnische Regierung hat von mehreren ausländischen Regierungen Anfragen wegen der Möglichkeiten erhalten, erbeutete sowjetische Panzerwagen in Finnland zu kaufen. Es handelt sich dabei um Angebote für brauchbare Exemplare jedes Typs sowjetischer Panzer.

Die Mannerheim-Linie
18. Januar 1940, Brüssel
Die *Agentur Havas* meldet:
Der belgische General Badoux, Erbauer der Mannerheim-Linie, machte detaillierte Angaben über das finnische Verteidigungssystem. Er ist der Ansicht, daß die Karelische Landenge zum Hauptkriegsschauplatz wird. Dort hat man riesige Felsbrocken, Kivi genannt, zum Bau von Panzerhindernissen verwendet. Diese Steine können selbst schwere Panzer nicht überwinden und werden so leicht ein Opfer der Panzerabwehr. Dank dem Überfluß an Holz haben die Finnen ein besonderes

Verfahren ausgebaut, um sogar bei einer Temperatur von minus 20 Grad Beton zu mischen. Dadurch konnte die Stärke der Mannerheim-Linie seit Ausbruch der Feindseligkeiten an verschiedenen Stellen verdoppelt und verdreifacht werden.
Badoux ist überzeugt, daß die finnische Armee die Mannerheim-Linie halten wird.

Spannung in Belgien
Sonnabend, 20. Januar 1940, Brüssel
Die *Agentur Belga* berichtet:
Nach den alarmierenden Meldungen vom Wochenende ist im Land wieder Ruhe eingekehrt. An den getroffenen Sicherheitsmaßnahmen hat sich jedoch nichts geändert. Ohne Zweifel wird die Regierung ihre Gründe dafür haben. Die Urlaubssperre für die Soldaten soll allerdings in Kürze wieder aufgehoben werden.

Holländische Verteidigungsanlagen
Mittwoch, 24. Januar 1940, Amsterdam
Das *Algemeen Nederlandsch Persbureau (ANP)* teilt mit:
Die holländischen Verteidigungsanlagen sind modern ausgebaut und stark befestigt worden. Die Armee ist dadurch in der Lage, bei einem Angriff nicht in offenem Feld kämpfen zu müssen, sondern in Verteidigungslinien, die den Feind abfangen können. Beide Fronten werden durch Wasserläufe sowie durch Überschwemmungen geschützt. Als Panzerhindernis sind bis zu 500 Meter breite Gräben ausgehoben und mit Wasser gefüllt worden. Außerdem ist das Gelände mit zahlreichen Minenfeldern, Maschinengewehrnestern und dergleichen gespickt. Wichtig ist dabei besonders, daß die Verteidigungsanlagen von außen überhaupt nicht wahrnehmbar sind.

Rechte Seite: Colonel de Gaulle, im Gespräch mit Staatspräsident Lebrun, fordert noch im Winter 1939/40 vergeblich eine moderne Panzerwaffen-Konzeption

Februar 1940, Finnland: Eine von finnischen Soldaten erbeutete sowjetische gepanzerte Zugmaschine vom Typ STZ-Komsomolet, hier mit einer Abdeckplane als Mannschaftstransporter eingesetzt

Zeitalter der
mechanisierten Streitkräfte

Freitag, 26. Januar 1940
Memorandum von *Colonel Charles de Gaulle:*
Bei der heutigen Kriegführung ist kein aktives Vorhaben denkbar ohne den Einsatz motorisierter Streitkräfte . . . Wir haben den Krieg mit 5 Millionen Soldaten begonnen, allerdings mit Luftstreitkräften, die erst ausgerüstet werden und mit Panzern, die zahlenmäßig nicht ausreichen und zu schwach sind . . . Die Panzerwaffe verfügt praktisch nur über moderne leichte Panzer, wobei der Grundsatz vorherrscht, diese nur verstreut und in kleinen Gruppen zur Unterstützung der Infanterie einzusetzen . . .
Die verblüffenden Erfolge in Polen, die die motorisierten Verbände erzielt haben, konnten die Deutschen um so mehr dazu ermutigen, im größeren Stil neue Aktivitäten ihrer Panzerverbände zu entwickeln. In diesem Zusammenhang muß man wissen, daß die Maginot-Linie trotz aller Befestigungen, die sie hat und noch erhalten wird, ohne Rücksicht darauf, welche Kräfte der Infanterie oder Artillerie sie besetzen oder unterstützen, überschritten werden kann. Dies ist übrigens auf Sicht gesehen das Los, das alle Fortifikationen erwartet . . . Technik und Industrie sind gegenwärtig imstande, Panzerwagen zu bauen, die, in großer Massierung eingesetzt, ohne weiteres unsere Befestigungen überrollen können, gleichgültig ob es sich um aktive oder passive handelt . . . Den motorisierten Kräften kann man nur mit Panzerverbänden erfolgreich begegnen! Massierte Angriffe von Luftgeschwadern und Panzerkräften gegen den Feind, der mehr oder weniger nach dem Durchbruch der Verteidigungslinie desorganisiert ist, sind unverzichtbare Mittel einer neuzeitlichen Defensive . . .
Im gegenwärtigen Konflikt, wie auch in jedem vorangegangenen, trifft das Gesetz zu – der Untätige ist der Geschlagene. Die erzwungene Untätigkeit übt einen gefährlichen Einfluß auf die Moral der Armee und der Nation aus. Fünf Millionen junger und aktiver Franzosen befinden sich seit vielen Monaten – und wie viele Monate noch? – unter den Waffen, ohne bisher für ein Kriegsziel eingesetzt zu werden. Das undeutliche Gefühl der Ohnmacht, wie zu beobachten ist, das durch das gegenwärtige System von den Befehlshabern ausgeht und das sie weder auf der einen noch auf der anderen Seite der Front zu Handlungen veranlaßt, beginnt sich in der Nation und unter den Truppen auszubreiten . . . Wir erreichen nicht Entscheidendes, solange unsere Panzerverbände nicht geschlossen eingesetzt werden . . . Gewiß, wir haben oder können über eine Anzahl mot. Divisionen verfügen, aber nur sog. »leichte«, die anderen Panzerdivisionen sind ausschließlich dazu bestimmt, die örtlichen Einheiten alten Typs zu unterstützen. Es geht jedoch nicht nur darum, diese Panzerdivisionen zu verstärken, sondern ihnen durch Umorganisierung die selbständige Handlungsfähigkeit zu geben, sie von dem alten Verwendungsstil, der ungenügenden Reichweite und allen Nachteilen zu befreien,

die sich zwangsläufig aus den Aktionen mit anderen Einsatzmitteln ergeben . . .
Diese Panzerverbände müssen mit allem Notwendigen für den Vorstoß und das Überwinden von Hindernissen ausgestattet sein. Dazu gehören auch besondere Fahrzeuge, die unabhängig von Straßen- oder Geländeverhältnissen die Versorgung mit Nachschub sicherstellen . . . Das französische Volk darf sich keinesfalls dem hingeben, daß die Bewegungslosigkeit unseres Militärs im gegenwärtigen Krieg richtig sei. Das Gegenteil ist der Fall. Die Mechanisierung verleiht den Vernichtungsmitteln größere Macht und Reichweite der Handlungsfähigkeit, so daß früher oder später das wichtigste im jetzigen Krieg, die Bewegung, Überraschung, Durchbruch und Geschwindigkeit sein werden, die alle früheren blitzartigen Ereignisse übertreffen . . . Geben wir uns keiner Täuschung hin. Die Kriegshandlungen, die begonnen haben, können sich wesentlich weiter ausbreiten und alle bisherigen Verwüstungen übertreffen. Die Krise im politischen, wirtschaftlichen, sozialen und moralischen Bereich, deren Folge der jetzige Konflikt ist, öffnet einen Abgrund und ist überall gegenwärtig. Sie führt zwangsläufig zu einer vollständigen Umkehr der nationalen Situation und der staatlichen Struktur . . . Es ist höchste Zeit, daß Frankreich die Konsequenzen daraus zieht!

Keine Furcht vor der Zukunft
Montag, 29. Januar 1940, Paris
Die *Agentur Havas* meldet:
Ministerpräsident Daladier hielt am Montag abend eine Ansprache an das französische Volk:
. . . Frankreich hat unter dem Schutz seiner Armee alle seine Güter bewahrt, die andere Völker bereits verloren haben oder um die weitere Nationen zittern. Wie das verbündete England, so empfindet auch Frankreich

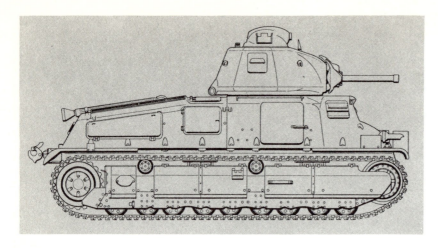

Links: Französischer mittlerer Kampfpanzer Char Somna S-35 (ab 1936)

Unten Mitte: Abzeichen der deutschen Panzertruppe

Unten links: Französischer Panzerspähwagen A. M. D. Panhard et Levassor Type 178 (ab 1935)

keine Furcht, wenn es an die Zukunft denkt. Es ist sich seines Sieges gewiß. Die große Angst, von der Europa heimgesucht wird, macht an unseren Grenzen halt, vor unseren Stacheldrahtverhauen und Kasematten, wo unsere Jugend wacht und kämpft. Wenn der totale Krieg noch zögert, sich zu entfesseln, so deshalb, weil unsere Soldaten der Entfesselung von Gewalt die Mauer unserer Kraft entgegensetzen, weil sie tagtäglich vor unseren Festungslinien in schweren Vorpostengefechten den feindlichen Patrouillen das Gesetz des Handelns vorschreiben.

. . . Es ist gut, wenn Frankreich gelassen ist; es ist nur recht und billig, wenn es absolutes Vertrauen in sein Schicksal hat.

Tagesparole des Reichspressechefs
Donnerstag, 1. Februar 1940:
Bei der Aufmachung des Wehrmachtsberichtes ist über den durch die Sache bedingten Rahmen nicht hinauszugehen. Beispiel: Spähtrupptätigkeit ist nicht als Schlacht aufzumachen.

Bekleidung und Ausrüstung der Panzertruppen
a) Schwarze Bekleidung der Panzertruppen (Schutzmütze, Feldjacke, Feldhose, Trikothemd – dunkelgrau –, Schlips – schwarz –) tragen nur die in Panzerfahrzeugen befindlichen Soldaten einschl. der Wechselbesatzungen (ausgenommen Sd. Kfz. 250/251).
Alle übrigen Angehörigen der Panzertruppen (Schützen, Kradschützen, Pi.-, Nachr.- und Flakzüge, Trosse, Pz. Werkstattzüge und 1. Kolonnen) sind feldgrau einzukleiden.

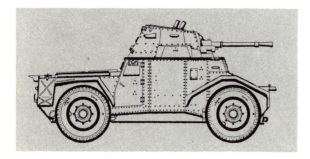

Zur feldgrauen Bekleidung der Fahrer und Begleiter der gp. Mannsch. Trsp. Kw. (Sd. Kfz. 250/51) tritt zur Verwendung im Fahrzeug die Schutzmütze.
b) Stahlhelme erhalten alle feldgrau eingekleideten Soldaten der Panzertruppe und zusätzlich neben der Schutzmütze die Führer und Richtschützen der Sd. Kfz. 221, 222, 223 sowie die Wechselbesatzungen der Panzerkampfwagen, Panzerbefehlswagen und Panzerfunkwagen.

c) Wollene gestrickte Schlupfjacken und Überstrümpfe sind neben der schwarzen Bekleidung als Sonderbekleidung für die Besatzungen und Wechselbesatzungen aller Panzerfahrzeuge (mit Ausnahme der Mannschaften auf gp. Mannsch. Trsp. Kw.) zuständig.
. . . . .

OKH (Ch H Rüst u. BdE), 2. 2. 40

Der Ausbau der Maginot-Linie
Montag, 5. Februar 1940, Paris
Die *Agentur Havas* meldet:
Dank der seit vier Monaten geleisteten täglichen Schanzarbeiten der Armeen bietet so die französische Nordostgrenze alle Sicherheiten gegen eine Überra-

schung. Man bleibt auf dem »Quivive«, aber das zunehmende Sicherheitsgefühl in Paris spiegelt sich nicht zuletzt in der Normalisierung des Nachtlebens wider.

Einbruch in die Mannerheim-Linie
Donnerstag, 8. Februar 1940
Aus dem *finnischen Hauptquartier:*
Die sowjetischen Sturmdivisionen sind während der Offensive gegen die Mannerheim-Linie stets nach Mitternacht gegen eine frische Division ausgewechselt worden, ein Verfahren, das den schwachen finnischen Kräften nicht möglich ist. Ein Durchbruch der Sowjets ist bisher nicht geglückt, doch ist es ihnen immerhin gelungen, etwa drei Kilometer in unsere vordersten Linien einzubrechen und einen Keil in die Stellungen bei Summa zu treiben. Die Kämpfe spielen sich bei etwa 30 Grad Kälte ab, und dies erklärt auch die hohen sowjetischen Verluste und die ganz unerheblichen Einbußen an Gefangenen. Nicht unverzüglich in Lazarette übergeführte Verwundete sind erbarmungslos dem weißen Tod ausgesetzt, und immer wieder zeigt es sich, daß der Angreifer seine verletzten Kameraden einfach dem Schicksal überläßt.
Am frühen Morgen haben heute die Kämpfe mit gleicher Erbitterung wieder begonnen. Die Sowjets haben für die Kämpfe des heutigen Tages offenbar eine sibirische Division eingesetzt. Die Materialverluste spielen anscheinend eine untergeordnete Rolle.

Die sowjetischen Panzerwagen

Dienstag, 13. Februar 1940, Rovaniemi
United Press berichtet:
Die große Zahl der erbeuteten und zerstörten sowjetischen Panzerwagen, die in den finnischen Kommuniqués dieser Woche angeführt wird, überrascht nicht, wenn man beobachten konnte, wie rasch die finnischen Truppen über den ersten Eindruck hinweggekommen sind, den diese gepanzerten Ungeheuer verursachen, und wie schnell sie neue Abwehrmethoden fanden. Abgesehen von den Panzerabwehrgeschützen, von denen die Finnen heute dank ihrer Siege bei Kemijärvi, Kianta und Raate eine weit größere Zahl als zu Kriegsbeginn besitzen, spielen die Minen bei der Panzerabwehr eine wichtige Rolle; sie werden auch durch sechs oder sieben mit Draht zusammengebundene Handgranaten wirksam ersetzt. Solche »Trauben«, wie sie die Finnen nennen, werden aus nächster Nähe gegen die Seite oder die Rückwand eines Panzers geschleudert, oft zusammen mit Flaschen voll Benzin, das durch die Explosion der Handgranaten entzündet wird und brennend in den Panzer hineinfließt, dessen Besatzung sich ergeben muß, wenn sie nicht lebendig verbrennen will. Eine andere Methode zur Niederkämpfung eines Panzers besteht darin, daß man den Wagen von rückwärts erklettert, die Einstiegklappe mit einem Brecheisen aufstemmt und eine Handgranate hineinwirft; dazu gehört großer Mut, ebenso wie zu dem höchst einfachen Verfahren, nach dem ein Baumstamm oder ein Pfahl

März 1940, Le Havre: Leichter Infanteriepanzer Renault FT-17. Der bereits 1918 erstmals eingesetzte Panzer wurde nach dem Ersten Weltkrieg ein Exportschlager, so daß die Ausfuhr gestoppt werden mußte. Sein größter Vorteil ist die geringe Größe und daß man ihn mit dem Lkw transportieren kann

zwischen die Raupenketten und die Antriebsräder gestoßen wird; sogar die schwersten Panzer können auf diese Weise zum Stillstand gebracht und dann beschossen werden, bis die Besatzungen sich ergeben. Die Schwierigkeit bei dieser Methode besteht darin, nahe genug heranzukommen, ohne von den Maschinengewehren des Panzers abgeschossen zu werden.

Auf dem Schlachtfeld der 18. Division
Sonnabend, 24. Februar 1940, bei den finnischen Truppen nordöstlich des Ladogasees
Ein Korrespondent von *United Press* berichtet:
Wie man mir mitteilte, lief bei Syskyjärvi der erste Verband einer sowjetischen Division den Finnen in die Falle und wurde restlos aufgerieben. Von diesen Kämpfen sah ich nicht mehr viele Spuren, sondern lediglich eine Anzahl noch brauchbarer Panzer und ein paar Lastwagen, die mit Kriegsmaterial beladen waren. Als wir auf dieser Straße weitergingen, begegnete uns ein Beutetransport. Eine ganze Menge von Traktoren und Kanonen brachten die Finnen zurück. – Ein Teil dieses

Materials kann gleich wieder verwendet werden, ein anderer Teil muß erst in Reparaturwerkstätten. Die sowjetische 18. Division war einer der am stärksten motorisierten Verbände, die im finnisch-sowjetischen Krieg gekämpft haben, daher ist es auch leicht verständlich, daß die Beute, die die Finnen hier machten, alles frühere übertrifft.

Verluste an Kriegsmaterial
Sonntag, 3. März 1940, Paris
Die *Agentur Havas* meldet:
Die im sowjetischen Heeresbericht vom Sonnabend veröffentlichten Zahlen über die Materialverluste der Finnen haben beim finnischen Generalstab große Heiterkeit ausgelöst, da der Stab gar nicht gewußt habe, daß die finnische Armee über so viel Material verfüge.

Die letzten Kämpfe
Mittwoch, 13. März 1940
Aus dem *finnischen Hauptquartier:*
Die Verteidiger Wiborgs haben bis zur letzten Stunde gekämpft. Die Sowjets konnten trotz eines gewaltigen Einsatzes an Infanterie und Artillerie die Stadt nicht umfassen, ebensowenig den Widerstand im Zentrum, nahe dem Hauptbahnhof und in zwei westlichen Vorstädten brechen. Gegen 5 Uhr morgens erfolgte noch einmal ein heftiger Ansturm, nachdem zwei Stunden lang mit Minenwerfern und Geschützpanzern Barrikaden und befestigte Stützpunkte beschossen worden waren. Das sowjetische Kommando hat es nicht durchsetzen können, vor dem Waffenstillstand einen Sieg zu erreichen.

April 1940: Schwere Kampfpanzer Char B 1 werden verladen. Diese am stärksten gepanzerten französischen Panzer können nur von der deutschen 8,8-cm-Flak bekämpft werden

Tagesparole des Reichspressechefs
13. März 1940:
Der Friedensschluß Finnland-Rußland ist wie folgt zu behandeln: Es ist zunächst einmal zu betonen, daß es England bei Finnland diesmal nicht gelungen ist, wie vorher bei den Polen, einen Dummen zu finden, den es bis jetzt für seine Interessen ins Feuer geführt hat, ohne auch nur im geringsten seine Hilfsversprechungen zu realisieren. Es muß unterstrichen werden, daß Deutschland bei dieser Auseinandersetzung eine strikte Neutralität bewiesen hat. Die korrekte Haltung Deutschlands hat sich – wie die gestrige Entwicklung zeigt – als richtig erwiesen.

Tagesparole des Reichspressechefs
13. März 1940:
Im übrigen ist von entscheidender Wichtigkeit, daß bei der Behandlung dieses Themas der Kampfeswille des deutschen Volkes nicht leidet. Es darf keine frühzeitige Friedensstimmung erzeugt werden angesichts des Kampfes, den das deutsche Volk zu führen hat.

Ablieferung von Glocken aus Bronze
Dienstag, 19. März 1940, Berlin
Das *DNB* meldet:
In einer Anordnung des Beauftragten für den Vierjah-

resplan, Hermann Göring, im Reichsgesetzblatt heißt es u. a.: »Um die für eine Kriegführung auf lange Sicht erforderlichen Metallreserven zu schaffen, sind die Glocken aus Bronze anzumelden und abzuliefern. Gebäudeteile aus Kupfer sind zunächst nur anzumelden. Die Festsetzung des Zeitpunktes der Ablieferung bleibt vorbehalten. Ausbau und Abtransport der Glocken erfolgen auf Kosten des Reichs.«

Deutscher Einmarsch in Skandinavien

Dienstag, 9. April 1940
Das *Oberkommando der Wehrmacht* gibt bekannt:
(Sondermeldung) Um dem im Gang befindlichen britischen Angriff auf die Neutralität Dänemarks und Norwegens entgegenzutreten, hat die Deutsche Wehrmacht den bewaffneten Schutz dieser Staaten übernommen.

Tagesparole des Reichspressechefs
9. April 1940:
Zu den über DNB verbreiteten Meldungen über die deutschen Maßnahmen im Norden ist folgendes zu sagen: a) dem Wehrmachtsbericht ist ein eigener Kommentar voranzustellen, der sich aus der über DNB verbreiteten Präambel ergibt; b) im Anschluß an den Wehrmachtsbericht ist das Memorandum im Wortlaut abzudrucken. In den Überschriften ist größte Aufmachung am Platze, auch Sonderausgaben können gemacht werden. Der Tenor der Überschriften ist durch folgenden Satz zu kennzeichnen: Blitzartige deutsche Antwort auf die britischen Versuche, Skandinavien zum Kriegsschauplatz gegen Deutschland zu machen.

Tagesparole des Reichspressechefs
Freitag, 12. April 1940:
Die von Sowjetrußland geäußerte Auffassung zur deutschen Besetzungsaktion im Norden vertritt in ausgezeichneter Weise den deutschen Standpunkt. Da diesen sowjetischen Stimmen noch nicht genügend Beachtung gewidmet wurde, wird über DNB eine zusammenstellende Meldung über die russische Auffassung kommen, die gut zu bringen ist.

Donnerstag, 9. Mai 1940, Amsterdam
Das *ANP* meldet:
Im Haag wird die auswärtige Lage als unverändert angesehen; spezielle Anzeichen für eine Bedrohung der holländischen Neutralität seien zur Zeit nicht vorhanden.

9. Mai 1940, Paris
Der *französische Heeresbericht* lautet:
Im Gebiet östlich der Mosel wurden mehrere feindliche Patrouillen durch das Feuer französischer Artillerie und französischer Infanterie zurückgeschlagen.

9. Mai 1940
Das *Oberkommando der Wehrmacht* gibt bekannt:
An der Westfront verlief der Tag ruhig.

Angriff im Westen!

Freitag, 10. Mai 1940
Das *Oberkommando der Wehrmacht* gibt bekannt:
. . . Die deutschen Truppen haben heute um 5.30 Uhr die holländische, luxemburgische und belgische Grenze überschritten. Feindlicher Widerstand in Grenznähe wurde überall in scharfem Zugriff, vielfach in engstem Zusammenwirken mit der Luftwaffe, gebrochen . . .

Tagesparole des Reichspressechefs
10. Mai 1940:
Aus der Kenntnis der militärischen Lage sind für die Berichterstattung folgende Folgerungen zu ziehen: a) ein Aufbauschen von gewissen Anfangserfolgen im Vorfeld des Gegners muß unbedingt vermieden werden; b) von entscheidenden Operationen kann erst dann gesprochen werden, wenn der deutsche Angriff auf die Masse des französisch-englischen Heeres stößt; c) jeder Raumgewinn in Holland und Belgien bedeutet, daß die Basis unserer Luftwaffe näher an den Hauptfeind England heranrückt und daß das Vorfeld des westdeutschen Industriegebietes erweitert und damit die Grundlage seiner Luftverteidigung verbessert wird.

Deutsche Truppen vor Rotterdam
10. Mai 1940
Das *DNB* meldet:
Während in Nordost-Holland nach der schnellen Besetzung des Gebietes bis zur Zuidersee durch deutsche Truppen das Leben wieder in geordnete Bahnen kommt, bedrängen die vorrückenden deutschen Kolonnen die bisher noch nicht genommenen holländischen Stellungen. Besonders bedeutsam für die weitere Entwicklung ist, daß durch stärkere schnelle Truppen nunmehr auf dem Landweg die Verbindung mit den am ersten Tag der Kampfhandlungen um Rotterdam aus der Luft gelandeten Truppen hergestellt ist. Damit ist die sog. Festung Holland von der Flanke umgangen. Außerdem haben die auf dem Luftweg dort abgesetzten

Unten: Die strategisch wichtige Moerdijk-Straßenbrücke wurde vom II. Bataillon (Hpt. Prager) des Fallschirmjägerregiments 1 in den Morgenstunden des 10. 5. 1940 im Handstreich genommen. Straßen- und Eisenbahnbrücke (ca. 1400 m) sind die beiden längsten in Europa; über sie soll die 9. Panzerdivision nach Rotterdam vorstoßen

Truppen inzwischen von sich aus Raum gewonnen. Das Gebiet Moerdijk-Haag wird damit von deutschen Waffen beherrscht.

Tagesparole des Reichspressechefs
Sonnabend, 11. Mai 1940:
Aus dem äußeren Fortschritt der militärischen Ereignisse darf keine Sensationsmache werden. Im übrigen dürfen Meldungen über von deutschen Truppen erreichte Orte und Punkte sowie über militärische Ereignisse nur gegeben werden, wie sie amtlich vom OKW mitgeteilt werden.

Dienstag, 14. Mai 1940, Paris
Der *französische Heeresbericht* lautet:
Der deutsche Angriff nimmt an Heftigkeit zu. Aus Mittel-Belgien ist nichts Wichtiges zu melden. Der Feind hat die Maas erreicht, und zwar im Raum zwischen Lüttich und Namur sowie bei Sedan. Die letztgenannte Stadt wurde evakuiert. Besonders erbitterte Kämpfe fanden in der näheren Umgebung und im Gebiet nördlich von Dinant statt.
Im Raum südlich von Longwy bis zur Mosel wird weiter gekämpft. In der Gegend von Weißenburg wurden die vom Feind unternommenen Angriffe abgewehrt.
Unsere Truppen und die Truppen unserer Verbündeten kämpfen tapfer gegen den Feind, der große Anstrengungen macht, wobei er seine Panzer und Luftstreitkräfte einsetzt.

14. Mai 1940
Das *Oberkommando der Wehrmacht* gibt bekannt:
In Holland ist es gelungen, den Einbruch in die Grebbe-Linie südostwärts Amersfoort zu erweitern und in Richtung Utrecht Raum zu gewinnen. Weitere Kräfte werden von Süden her in die Festung Holland hineingeführt, in der unsere Truppen nach Vernichtung einer feindlichen Kräftegruppe bei Dortrecht bis Rotterdam durchgestoßen sind. Weiter südlich drangen unsere Truppen über Breda gegen die Scheldemündung vor. Rosendaal wurde genommen. In Belgien wurde am Montag auch der Turnhout-Kanal südostwärts der gleichnamigen Stadt überschritten und weiter südlich die Große Gette erreicht. Nördlich Namur stoßen unsere Panzerkräfte den auf die befestigte Dyle-Stellung zurückgehenden feindlichen Panzern nach, die durch vorausgegangenen Angriffe aus der Luft und auf der Erde stark erschüttert sind.

Die Stadt Lüttich ist in deutscher Hand. Im Raume südlich der Linie Namur–Lüttich haben unsere Truppen die Ardennen hinter sich gelassen und mit Anfängen die Maas zwischen Namur und Givet erreicht. Auch in Süd-Belgien verlaufen unsere Bewegungen rasch und planmäßig.

Erste große Panzerschlacht

14. Mai 1940, Berlin
Das *DNB* meldet:
Wie von zuständiger Stelle mitgeteilt wird, kam es nordostwärts Namur erstmals in diesem Kriege zu einem Großkampf zwischen Panzerverbänden. Französische Panzergeschwader waren deutschen Panzerkräften entgegengeschickt worden, um ihr weiteres Vordringen in Richtung auf die Dyle-Stellung zu verhindern. Im engen Zusammenwirken mit Kampfverbänden der Luftwaffe nahmen die deutschen Panzerkräfte unverzüglich den Kampf auf. Die Franzosen wurden geschlagen und fluteten zurück.

Tagesparole des Reichspressechefs
14. Mai 1940:
Durch den Einbruch in die Festung Holland ist ein wesentlicher Erfolg erzielt worden. Die darin liegende Gefährdung Englands muß besonders unterstrichen werden. Ähnlich wie s. Zt. bei der Inbesitznahme von Südnorwegen muß zum Ausdruck kommen, daß wir auch an dieser Stelle England sozusagen näher auf den Pelz rücken.

Tagesparole des Reichspressechefs
14. Mai 1940:
Bei aller Würdigung der bereits errungenen Erfolge ist der Zusammenstoß mit der Masse des englisch-französischen Heeres noch nicht erfolgt. Sobald sich in dieser Hinsicht größere Kampfhandlungen entwickeln, wird sich das Tempo des deutschen Vormarsches natürlich verlangsamen; damit ist in den nächsten Tagen zu rechnen.

Kapitulation der holländischen Armee

Mittwoch, 15. Mai 1940, Berlin
Das *DNB* teilt mit:
Der Oberbefehlshaber der holländischen Truppen hat, wie bereits gemeldet, unter dem Eindruck der Kapitulation von Rotterdam sowie der bevorstehenden Einnahme von Utrecht und dem Haag für die gesamte holländische Armee die Niederlegung der Waffen befohlen.

Oben: Paris-soir vom 11. 5. 1940:
Deutscher Angriff im Westen

Rechte Seite: Am Morgen des 10. 5. 1940 in den ersten Stunden des Westfeldzuges: Eine deutsche Panzerdivision stößt vor

15. Mai 1940, Paris
Der *französische Heeresbericht* lautet:
An mehreren Stellen kam es zu heftigen feindlichen Angriffen, unterstützt von Panzern, auf belgische, britische und französische Truppen von Antwerpen bis nordwestlich Namur. Alle Angriffe wurden abgeschlagen. An der Maas zwischen Mezières und Namur gelang es dem Feind, den Fluß an mehreren Stellen zu überschreiten. Die Kämpfe dauern an. In der Gegend von Sedan, wo der Feind einige Fortschritte erzielt hatte, sind Gegenangriffe im Gange mit Kampfwagen und Bombenflugzeugen.

Tagesparole des Reichspressechefs
15. Mai 1940:
Die soldatische Haltung des einzelnen Engländers darf nicht abfällig beurteilt werden. Dagegen ist das Versagen der englischen Führung und die sich daraus ergebenden überstürzten, fluchtartigen Rückzüge der Truppen herauszustellen.

Flugzeuge gegen Panzer
Donnerstag, 16. Mai 1940, Berlin
Das *DNB* meldet:
An mehreren Punkten haben die Franzosen den Versuch unternommen, in die deutsche Linie einzubrechen. Dabei wurden erstmalig allerschwerste französische Panzerwagen eingesetzt. Bodentruppen und Luftwaffe zusammen haben diesen Stoß abgefangen und die fahrbaren französischen Festungen abgewiesen. Es hat sich gezeigt, daß die großen französischen Panzerwagen für die Luftwaffe ein sehr gutes Ziel bilden. Zahlreiche feindliche Panzerwagen wurden in der Tat durch Volltreffer erledigt.

16. Mai 1940, Moskau
Die *Agentur TASS* berichtet:
England und Frankreich hatten einen Angriff auf Deutschland durch holländisches und belgisches Territorium beabsichtigt. Deutschland ist ihnen auch diesmal wieder zuvorgekommen.
. . . Die Einbeziehung von Belgien und Holland in den Krieg hat schon seit langem zu den Plänen der Alliierten gehört. Deutschland hat aber ebenso wie vor einigen Monaten Gegenmaßnahmen ergriffen, und da sich die Überlegenheit immer auf der Seite befindet, die die Initiative hat, ist auch jetzt Deutschlands Überlegenheit bereits klar und deutlich. Die Ereignisse in Norwegen, Holland und Belgien sind eine Lehre für alle Regierungen, die »nach der Pfeife ihrer Garanten tanzen«. Die Ereignisse dürfen ihre Wirkungen auf die Völker der Balkanländer nicht verfehlen, und es ist jetzt für alle deutlich, welche Verantwortung England und Frankreich auf sich genommen haben, als sie im vorigen Jahr Deutschlands Friedensvorschläge ablehnten.

Rechte Seite: General der Panzertruppe Guderian in seinem Befehlspanzerwagen während des Frankreichfeldzuges

Unten: Sensationelle Aufnahme: Stuka-Angriff auf eine französische Panzereinheit; durch Volltreffer wird ein Panzer in die Luft geschleudert

I. Allgemeines: Der von der gesamten Bevölkerung mit
Spannung verfolgte schnelle Vormarsch der deutschen
Truppen in Belgien und Holland hat in erster Linie die
Zuversicht auf ein baldiges Kriegsende wesentlich verstärkt. Durch die unerwarteten großen Erfolge glaubt
man wieder vielfach an ein siegreiches Kriegsende noch
in diesem Herbst. Geradezu dramatisch wurden von der
Bevölkerung die zahlreichen Sondermeldungen am
Abend des 14. Mai aufgenommen und begrüßt. Während zu Beginn der Offensive in der Bevölkerung überwiegend die Meinung vertreten wurde, daß es dieses
Mal nicht so schnell wie in Polen oder Norwegen vorwärts gehen werde, meinen jetzt weitere Bevölkerungs-
kreise, daß es auch im Westen einen »Blitzfeldzug«
gibt.

Die Regierung bleibt in Paris!
Freitag, 17. Mai 1940, Paris
Ministerpräsident Paul Reynaud an die französische Nation:
. . . Man hat behauptet, die Regierung wolle Paris verlassen. Das ist nicht wahr. Die Regierung ist und bleibt
in Paris. Man hat behauptet, der Feind benütze neue
und unwiderstehliche Waffen, während unsere Flieger
sich doch mit Ruhm bedecken und unsere schweren
Panzer den deutschen Panzern der gleichen Kategorie
überlegen sind. Es wurde gesagt, der Feind stehe in
Reims, ja sogar in Meaux. Es ist ihm aber nur gelungen,
die Maas zu überschreiten und eine breite Tasche zu
öffnen, die unsere tapferen Truppen sich zu schließen
anschicken . . .
Seit dreißig Generationen haben die Franzosen Frankreich geschaffen, und Frankreichs Stärke stützt sich auf
seine glorreiche Vergangenheit.

W. Churchill an P. Reynaud
17. Mai 1940:
Die besten Glückwünsche zur Ernennung von General
Weygand, zu dem wir hier vollstes Vertrauen haben.
Es ist unmöglich, die Panzerkolonnen daran zu hindern,
dünne Frontlinien zu durchstoßen und tief ins Hinterland einzudringen. Wir müssen vom Gedanken abkom-
men, die Lücken schließen und die Eindringlinge aufhalten zu können. Der Grundsatz sollte im Gegenteil
sein, selbst Breschen in die feindlichen Linien zu schlagen. Man sollte dem Eintreffen einiger Panzer an irgendeinem bestimmten Ort keine übertriebene Bedeutung beimessen. Was können sie tun, wenn sie in eine
Stadt eindringen? Die Städte sollten von Schützen gehalten und die Besatzung der Panzer unter Feuer genommen werden, sobald sie versucht, ihre Wege zu
verlassen. Wenn sie weder Proviant noch Benzin bekommen, können sie nur Verwüstungen anrichten und
wieder abfahren. Wo es möglich ist, sollten Gebäude
über ihnen zum Einsturz gebracht werden. Jede Stadt
mit wichtigen Straßenkreuzungen sollte auf diese Art
gehalten werden. Zweitens müßten die Panzerkolonnen

im offenen Gelände verfolgt und auf freiem Land von
zahlreichen kleinen mobilen, mit einigen Geschützen
ausgestatteten Kolonnen angegriffen werden. Ihre Raupenketten müssen sich abnützen und ihre Stoßkraft sich
erschöpfen.

17. Mai 1940, Berlin
Das *DNB* meldet:
Aufsehenerregend sind die Erfolge der deutschen Truppen in Frankreich. Nach Überschreiten der Maas haben
sie mit ihrem unaufhaltsamen Vormarsch die Maginot-
Linie durchbrochen. Damit ist der Verteidigungsring
aus Stahl und Beton, mit dem Frankreich seine Ostgrenze eingefaßt hat, gesprengt. Die Angriffsrichtung
der durch die Ardennen vorgerückten deutschen Armee kam der französischen Führung augenscheinlich
überraschend. Die Kampfhandlungen gingen westlich
der Maas sehr schnell in scharfe Verfolgung über. Auch
im Südosten von Sedan wurde der Maasübergang trotz
der französischen Gegenwehr erzwungen. Entlastungsangriffe der Franzosen auf dem Südflügel wurden durch
deutsche starke Kräfte abgewiesen. Die anrollenden
französischen Panzerkräfte wurden unter Beteiligung
deutscher Kampfflieger geschlagen und diese Erfolge in
einem breit angelegten Gegenstoß ausgebaut.

Tagesparole des Reichspressechefs
Sonnabend, 18. Mai 1940:
Es ist darauf zu achten, daß in allen Kommentaren zu
Sieges- und Erfolgsmeldungen auch auf den Ernst und
die Härte des Kampfes sowie auf die Größe der Aufga-
ben, die noch zu lösen sind, hingewiesen wird.

Montag, 20. Mai 1940
Das Oberkommando der Wehrmacht gibt bekannt:
In Belgien wird die Verfolgung im Kampf gegen feindliche Nachhuten fortgesetzt. Die Lendre ist überschritten und in der Verfolgung die obere Schelde erreicht. Englische Truppen streben in Eilmärschen den Kanalhäfen zu, während bei Maubeuge und südlich von Valenciennes Angriffe einer nach Süden einen Ausweg suchenden französisch-belgischen Armee abgewiesen wurden. Der Feind hatte dabei schwerste Verluste, besonders auch an Panzern, und geht nach einem vergeblichen Durchbruchsversuch nunmehr stark geschwächt nach Westen zurück. Südlich davon gewannen unsere Panzer- und motorisierten Truppenverbände das Schlachtfeld der Sommeschlacht von 1916 an der Straße Cambrai–Péronne.

Marschall Pétain
20. Mai 1940, Madrid
Die *Agentur Havas* berichtet:
Das Madrider Publikum vernahm von der Abreise des französischen Botschafters Marschall Pétain erst durch die Meldungen über seine Ernennung zum Vizepräsidenten des Ministerrats. Seine Reise nach Paris war streng geheimgehalten worden.

Tagesparole des Reichspressechefs
20. Mai 1940:
Es liegen Kabelmeldungen aus Spanien vor, nach denen Pétain erklärt hat, daß ein weiterer Einsatz Frankreichs ein sinnloses Blutvergießen bedeute. Diese Meldung darf nicht vermerkt werden.

Tagesparole des Reichspressechefs
20. Mai 1940:
In der Presse muß gut zum Ausdruck kommen, daß nach den vorliegenden Nachrichten die Belgier sich bei den Verfolgungskämpfen in Westbelgien gut geschlagen haben. Die Franzosen haben sich ebenfalls sowohl in der Abwehr wie im Gegenangriff, besonders bei dem verzweifelten Durchbruchsversuch südlich Valenciennes und Maubeuge, stark eingesetzt. Die Engländer dagegen, das ist hervorzuheben, sind in den letzten beiden Tagen nicht mehr in Erscheinung getreten. Die Luftaufklärung hat ergeben, daß ihre Marschkolonnen eilig den Kanalhäfen zustreben. Die Ansammlung von Transportschiffen in den Kanalhäfen weist darauf hin, daß die Einschiffung der Engländer in Aussicht genommen ist, wenn sie nicht schon begonnen hat.

Sender Beromünster (Schweiz)

Dienstag, 21. Mai 1940:
Am 10. Mai hat eine überaus bewegte, vielleicht die entscheidende Phase des europäischen Krieges begonnen. Die Ereignisse, die sich seit den deutschen Angriffen auf Holland, Belgien und Luxemburg abgespielt haben, geben denjenigen recht, die die große militärische Entscheidung an der Westfront erwarteten . . . Es

kann infolgedessen gesagt werden, daß der deutsche Großangriff im Westen für das alliierte Oberkommando keine Überraschung war. Dennoch hat dieser Großangriff in den zehn Tagen, die seit seinem Beginn vergangen sind, gewaltige Erfolge erzielt, und zur Stunde deutet nichts darauf hin, daß er von den alliierten Streitkräften zum Stehen gebracht wurde . . . Vor allem muß aber erwähnt werden, daß die raschen Erfolge der Deutschen einer Kampfesweise zu verdanken sind, die vor dem polnischen Feldzug vom letzten September nie angewendet wurde. Es ist eine vollständig mechanisierte Kampfesweise. Die Technik hat vom Krieg Besitz ergriffen. Die Offensive erfolgt nicht auf einer kontinuierlichen Front, sondern in Form von zahlreichen Vorstößen der Panzerdivisionen.

Mittwoch, 22. Mai 1940
Der *Reichspressechef* (Dr. Dietrich) teilt mit:
Der Wehrmachtsbericht wird in Zukunft erst um 14 oder zwischen 14 und 15 Uhr herausgebracht werden, um nicht mit fremdsprachlichen Sendungen zu kollidieren.

Panzerschlacht bei Cambrai

Von Oberstleutnant Dr. Hesse

Schlachtfeld von Cambrai, 10. Tag der großen Operation.
Gestern nachmittag bin ich Zeuge einer Kampfhandlung gewesen, wie sie in dieser Form die Geschichte bisher nicht gekannt hat. Sie spielte sich auf klassischem Schlachtfeld der Panzerschlacht von Cambrai aus dem Jahre 1917 ab.
Man stelle sich vor, daß auf einer Strecke von etwa 20 km alle 10 oder 20 m ein Pkw, ein Kampfwagen, ein Lastwagen, ein Omnibus oder ein anderes Kraftfahrzeug in den Straßengraben gefahren, hier entweder umgestürzt oder ausgebrannt ist, daß in vielen Fällen diese Fahrzeuge Schüsse aufweisen und daß daneben hin und wieder auch Tote liegen.
Es sind sicherlich mehr als 1 000 Fahrzeuge, die, von ihrer Besatzung verlassen, das Chaos bezeichnen, das sich am 9. Tage der großen Operation auf der Straße von Avesnes über Le Chateau in Richtung Cambrai entwickelte.
Ein starker deutscher Panzerverband unter einem kühnen Kommandeur stieß hier überraschend vor, fuhr mitten zwischen fahrende und parkende Kolonnen, kämpfte auf nächste Entfernung mit den sich dagegen wendenden feindlichen Kampfwagen, kämpfte sie nieder und warf in unerhörter Schnelligkeit und Wucht den sich hier stellenden Gegner.
Während ich diese Zeilen schreibe, rollt die Schlacht weiter. Hunderte gepanzerter Fahrzeuge rollen in einer Geschwindigkeit von 30, 40 oder 50 Kilometer querfeldein vorwärts, nachdem Aufklärungsabteilungen oder Flieger die notwendigen Unterlagen für das Eingreifen gebracht haben. An der Spitze oder in der vorderen

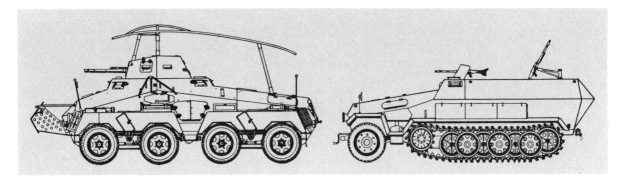

Gruppe dieser modernen Kavallerie befindet sich der
Divisionsgeneral, ein Seydlitz neuer Art, der nicht anders als dieser mit dem »Coup d'aeuil« ausgestattet sei,
der blitzschnell erkennen und handeln muß, wenn sich
eine Gelegenheit zum Zuschlagen bietet. Wie er, so
sind seine Regiments- und Abteilungskommandeure am
Kampf persönlich beteiligt.

Zu Dutzenden habe ich die schwersten französischen
Panzer zerschossen, verbrannt und verlassen auf diesem
Schlachtfeld gefunden, von den leichteren Panzern gar
nicht zu reden, die vielfach den Kampf gar nicht aufnahmen.

Es ist aber auch der Geist der jungen Panzertruppe, der
einen überwältigenden Erfolg errungen hat.

Völkischer Beobachter, 22. Mai 1940

Tagesparole des Reichspressechefs
Donnerstag, 23. Mai 1940
Presse und Rundfunk haben dem deutschen Volke klar-
zumachen, daß es sich bei den Kämpfen in Belgien um
die bisher größte Schlacht der Weltgeschichte handelt
und daß unsere Truppen außerordentliche Schwierigkeiten zu überwinden haben.

W. Churchill an P. Reynaud
Donnerstag, 23. Mai 1940:
Starke feindliche Panzerkräfte haben Verbindungen der
Nordarmeen unterbrochen. Rettung dieser Armeen nur
durch unverzügliche Durchführung von Weygands Plan
möglich. Ich bitte dringend, daß die französischen
Kommandanten im Norden und Süden und das belgische Kommando nachdrücklichsten Befehl erhalten,
sich an ihre Weisungen zu halten und Niederlage in Sieg
zu verwandeln. Zeit drängt, da Versorgung knapp.

Flammenwerfende Panzer
Freitag, 24. Mai 1940, Paris
United Press berichtet:
Gestern wurde zum erstenmal ein neues deutsches
Kampfmittel eingesetzt, flammenwerfende Panzer, de-
ren Mannschaften mit Asbestanzügen ausgerüstet sind.
Solche Panzer sollen angeblich durch Flandern bis zum
Kanal transportiert worden sein. Sie kamen den motori-
sierten Einheiten zu Hilfe, deren Vorstoß in Richtung
Meer aufgehalten wurde.
Von französischer Seite wird erklärt, die Deutschen
hätten in den letzten zehn Tagen über 1 400 Panzerwa-

Oben links: Deutscher schwerer Panzerspähwagen (Sd
Kfz 232) (Fu) (ab 1939)

Oben rechts: Deutscher mittlerer Schützenpanzerwagen
(Sd Kfz 251/1) (ab 1939)

Unten:
(1): Britischer leichter Panzer Mark I (1939–40)
(2): Britischer Infanteriepanzer Matilda Mark I (1938–40)
(3): Britischer Infanteriepanzer Valentine Mark III (ab Mai
1940)

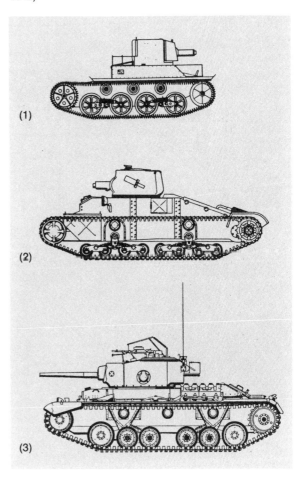

(1)

(2)

(3)

gen und andere motorisierte Fahrzeuge verloren, deshalb habe man die flammenwerfenden Panzer eingesetzt, um der Schwierigkeiten Herr zu werden.

Lied der Panzermänner

Ob's stürmt oder schneit, ob die Sonne uns lacht,
der Tag glühend heiß oder finster die Nacht.
Bestaubt sind die Gesichter, doch froh ist unser Sinn:
Es braust unser Panzer im Sturmwind dahin.

Mit donnerndem Motor, so schnell wie der Blitz,
dem Feinde entgegen, im Panzer geschützt.
Voraus den Kameraden im Kampf ganz allein.
So stoßen wir tief in die feindlichen Reih'n.

Wenn vor uns ein feindlicher Panzer erscheint,
dann Vollgas gegeben und 'ran an den Feind.
Was gilt denn unser Leben für unsers Reiches Heer?
Für Deutschland zu sterben ist uns höchste Ehr.

Mit Sperren und Tanks hält der Gegner uns auf,
wir lachen darüber und fahren nicht drauf.
Und schüttelt er grimmig und wütend seine Hand,
wir suchen uns Wege, die keiner sonst fand.

Und läßt uns im Stich einst das treulose Glück,
und kehren wir nicht mehr zur Heimat zurück,
trifft uns die Todeskugel, ruft uns das Schicksal ab,
dann ist unser Panzer ein ehernes Grab.
Von Oberleutnant Wiehle

W. Churchill an den Chef des Generalstabs
Sonnabend, 25. Mai 1940:
Ich muß so rasch als möglich erfahren, warum Gort Arras aufgegeben hat und was er jetzt mit dem Rest seiner Armee tut. Bemüht er sich noch immer, den Weygand-Plan durchzuführen, oder bleibt er in der Hauptsache stehen, wo er ist? Wenn letzteres der Fall ist, was wird, Ihrer Meinung nach, der wahrscheinlichste Verlauf der Ereignisse in den allernächsten Tagen sein, und welches Vorgehen empfehlen Sie? Ganz gewiß darf er sich nicht einschließen lassen, ohne eine Schlacht zu liefern. Sollte er das nicht tun, indem er sich seinen Weg an die Küste erkämpft und die Panzertruppen, die zwischen ihm und der See stehen, mit überwältigenden Artilleriekräften vernichtet, während er sich und die belgische Front, die gleichfalls zurückweichen würde, durch starke Nachhuten schützt? Morgen spätestens muß diese Entscheidung getroffen werden.

Oben: Französischer leichter Kampfwagen Renault R-35 in Erwartung des Angriffsbefehls

Linke Seite: Irgendwo in Frankreich: Panzerkampfwagen 38 (t) tschechischer Bauart nach einem französischen Bombenangriff, im Hintergrund das Grab eines der Besatzungsmitglieder

Rollende Festungen

»Auf Höhe 402 feindliche Panzer gesichtet.« Dieser Funkspruch trifft beim Kommandeur der Panzereinheiten gerade ein, als die Panzerkampfwagen den Feind aus der Stadt geworfen haben und die letzten Häuser hinter ihnen liegen. Sofort werden alle Vorkehrungen getroffen. Noch ist nicht bekannt, wieviel Panzerkampfwagen vom Feind eingesetzt wurden. Funksprüche jagen hin und her. Als die feindlichen Panzerkampfwagen über die Höhe rasseln, erfolgt der deutsche Angriff blitzschnell, so schnell, wie der Vormarsch und der Durchbruch vonstatten gehen. Gewaltige Stahlkolosse feuern, was aus den Rohren herausgeht. Die Franzosen erwidern das Feuer heftig, doch ihr Angriff wird langsamer, stirbt ab, und ihre Panzerabwehr wird vernichtet. Mehrere französische Panzerkampfwagen liegen brennend und qualmend im Gelände. Der französische Gegenstoß ist abgewehrt. Der deutsche Vormarsch wird schnell und stetig nach vorn getragen.

Die Wehrmacht, Juni 1940

Geheimer Bericht des *Sicherheitsdienstes der SS* zur innenpolitischen Lage:
Nr. 91 vom 27. Mai 1940 (Auszug)
I. Allgemeines: Mit unermüdlicher Anteilnahme und Spannung verfolgt das ganze deutsche Volk die Entwicklung der großen Einkreisungsschlacht in Flandern und Artois. Die Hinweise der Presse und des Rundfunks, daß sich notwendigerweise in einem so ungeheuren Raum und bei einer derartigen Masse eingeschlossener Truppen zeitweilig das Tempo der Entwicklung verlangsamen müsse, wurden von dem überwiegenden Teil der Bevölkerung mit vollem Verständnis aufgenommen, ohne zu irgendwelchen negativen Gerüchten Anlaß zu geben. Besonders Weltkriegsteilnehmer unter der Bevölkerung weisen darauf hin, daß die Franzosen keine Polen seien und daß man eine Kapitulation wohl kaum erwarten könne. Es müsse dort sicher wieder um jeden Schritt Boden und um jede Stellung gekämpft werden.

Nun rüsten wir zu neuen Taten!

Soldaten des XIX. Armeekorps!

Siebzehn Kampftage in Belgien und Frankreich liegen hinter uns. Ein Weg von rund 600 km trennt uns von der Grenze des Reiches. Die Kanalküste und der Atlantische Ozean sind erreicht. Ihr habt auf diesem Wege die belgischen Befestigungen durchstoßen, den Maas-Übergang und den Durchbruch durch die Maginot-Linie auf dem denkwürdigen Schlachtfeld von Sedan erzwungen, das wichtige Höhenmassiv von Stonne genommen und alsdann in schnellem Zufassen über St. Quentin und Péronne die untere Somme bei Amiens und Abbéville erkämpft. Durch die Eroberung der Kanalküste mit den Seefestungen Boulogne und Calais habt ihr euren Taten die Krone aufgesetzt. Ich hatte euch aufgefordert, 48 Stunden nicht zu schlafen. Ihr

habt 17 Tage durchgehalten. Ich hatte euch gezwungen, Flanken und Rückenbedrohungen auf euch zu nehmen. Ihr habt nie geschwankt. In vorbildlichem Selbstvertrauen und im Glauben an die Erfüllbarkeit eures Auftrages seid ihr jedem Befehl mit Hingabe nachgekommen. Deutschland ist stolz auf seine Panzerdivisionen, und ich bin glücklich, euch zu führen. Wir gedenken in Ehrfurcht unserer gefallenen Kameraden und sind gewiß, daß ihr Opfer nicht umsonst gebracht wurde. Nun rüsten wir zu neuen Taten.   *gez. Guderian*

Dienstag, 28. Mai 1940, Berlin
Das *DNB* meldet:
Unter dem Eindruck der vernichtenden Wirkung der deutschen Waffen hat der König der Belgier den Entschluß gefaßt, dem weiteren sinnlosen Widerstand ein Ende zu bereiten und um Waffenstillstand zu bitten.

Sender Beromünster (Schweiz)

28. Mai 1940:
. . . Nachdem die Schlacht in Flandern und Artois sich zuungunsten der Alliierten zu entwickeln scheint, muß man sich den neuen Frontverlauf vorzustellen versuchen. Einerseits gibt es eine deutsche Seefront gegenüber den Britischen Inseln, die von Norwegen bis Nord-

frankreich die gesamte Nordseeküste umfaßt . . . Die zweite deutsche Front verläuft quer durch Nordfrankreich. Die Frontlinie, auf der seit acht Tagen nur vereinzelte und keine größeren Kämpfe stattgefunden haben, schließt sich an die Maginot-Linie an und verläuft westwärts der Aisne entlang, erreicht den Oberlauf der Oise am Chemin des Dames und erreicht die Somme, auf deren beiden Ufern sie bis zur Mündung dieses Stroms in den Ärmelkanal reicht. Südlich dieser Linie befinden sich die zur Verteidigung geeigneten französischen Stellungen im Norden von Verdun, von Reims, von Soissons und von Noyon.

Sicherungsmaßnahmen in den Ölfeldern
Mittwoch, 29. Mai 1940, Bukarest
United Press berichtet:
Alle Erlaubnisscheine, die den Besuch oder das Bewohnen der Ölfelder sowie der Gebiete der Ölraffinerien und Exportzentren gestatteten, sind für ungültig erklärt worden. Diese Maßnahmen werden im Hinblick auf die vermehrte Aktivität von fremden Agenten getroffen, die sich in letzter Zeit wiederum bemerkbar machte.

Donnerstag, 30. Mai 1940
Das *Oberkommando der Wehrmacht* gibt bekannt:
Die große Schlacht in Flandern und im Artois geht mit

Links: Abgeschossener französischer schwerer Kampfpanzer vom Typ Char B, rechts eine deutsche 8,8-cm-Flak in Feuerstellung

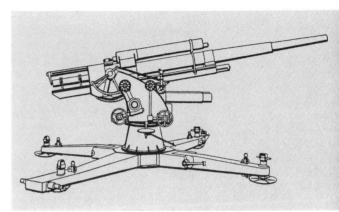

Oben: Deutsche Fliegerabwehrkanone 8,8-cm-Flak/18, gleichzeitig das gefürchtetste Panzerabwehrgeschütz des Krieges (ab 1937)

Unten: Französische leichte Kampfwagen R-35 rollen in die Bereitstellung

der Vernichtung der dort im Kampfe gestandenen englischen und französischen Armeen ihrem Ende entgegen. Seit gestern ist auch das englische Expeditionsheer in völliger Auflösung. Sein gesamtes unübersehbares Kriegsmaterial zurücklassend, flüchtete es zum Meer. Schwimmend und auf kleinen Booten versucht der Feind, die auf Reede liegenden englischen Schiffe zu erreichen, auf die sich unsere Luftwaffe mit verheerender Wirkung stürzte.

Französischer Erfolg bei Abbeville
Sonnabend, 1. Juni 1940, Paris
Die *Agentur Havas* teilt mit:
An der Flußmündung der Somme sind die Franzosen auf das Nordufer übergegangen und haben nach günstig verlaufenen Kämpfen die unmittelbare Umgebung der Stadt Abbeville besetzt. Es kam zu einem heftigen Zusammenstoß, der durch das Eintreffen französischer Panzer entschieden wurde. Die Deutschen haben verhältnismäßig schwere Verluste erlitten, und zwar an Mannschaften und Material. Es wurden mehrere hundert Gefangene gemacht. Unter der Beute befinden sich zahlreiche Panzerabwehrgeschütze.

Tagesparole des Reichspressechefs
Montag, 3. Juni 1940:
Die englischen Versuche, die schwere Niederlage in Belgien und Nordfrankreich zu verkleinern und zu verbrämen, müssen auch weiterhin eingehend aufgegriffen und in ihrer ganzen Lächerlichkeit, Unsinnigkeit und in ihrem Widerspruch aufgezeigt werden.

Die Deutschen in Dünkirchen
Dienstag, 4. Juni 1940
Das *Oberkommando der Wehrmacht* gibt bekannt:
Die Festung Dünkirchen wurde nach schwerem Kampf genommen. 40 000 Gefangene und unübersehbare Beute blieben in unserer Hand. Damit ist die gesamte belgische und die französische Kanalküste bis zur Sommemündung restlos von deutschen Truppen besetzt.

Mittwoch, 5. Juni 1940, Paris
Der *französische Heeresbericht* lautet:
Alle Meldungen von der Front seit den ersten Tagesstunden künden den Beginn einer neuen Schlacht an. Die heftigen Anstrengungen des Feindes erstreckten sich bisher auf die Front zwischen dem Meer und der Straße von Laon nach Soissons.

5. Juni 1940
Das *Oberkommando der Wehrmacht* gibt bekannt:
In den frühen Morgenstunden des heutigen Tages haben neue Angriffsoperationen an der bisherigen Abwehrfront in Frankreich begonnen.

Montag, 10. Juni 1940
Das *Oberkommando der Wehrmacht* gibt bekannt:
Unsere auf einer Breite von 350 Kilometern eingeleiteten Operationen nehmen in Richtung auf die untere Seine und Marne sowie in der Champagne den geplanten und erwarteten Verlauf. Große Erfolge sind schon errungen, größere bahnen sich an. Alle feindlichen Gegenstöße, auch dort, wo sie mit Panzerkampfwagen unternommen wurden, sind gescheitert. An mehreren Stellen ist der Kampf in Verfolgung übergegangen.

Italiens Kriegseintritt
Dienstag, 11. Juni 1940, Rom
Proklamation von *König Viktor Emanuel III.:*
An die Soldaten zu Lande, zu Wasser und in der Luft! In meiner Eigenschaft als oberster Befehlshaber aller Land-, See- und Luftstreitkräfte und entsprechend den Gefühlen und den Traditionen meines Hauses weile ich wiederum wie vor 25 Jahren unter euch. Das Frontkommando übergebe ich Benito Mussolini, Duce des Faschismus, erstem Marschall Italiens, Chef der italienischen Streitkräfte.
Soldaten zu Lande, zu Wasser und in der Luft! Enger mit euch vereint als je, sind wir überzeugt, daß eure Tapferkeit und der Patriotismus des italienischen Volkes unserer glorreichen Armee wiederum den Sieg sichern werden.

Tagesparole des Reichspressechefs
11. Juni 1940:
Die englischen Versuche, die Franzosen dazu aufzustacheln, Paris zu verteidigen und damit der Zerstörung preiszugeben, müssen als typisch britische Methode angeprangert werden.

Einmarsch in Paris

Freitag, 14. Juni 1940
Das *Oberkommando der Wehrmacht* gibt bekannt:
Der völlige Zusammenbruch der ganzen französischen Front zwischen dem Ärmelkanal und der Maginot-Linie bei Montmédy hat die ursprüngliche Absicht der französischen Führung, die Hauptstadt Frankreichs zu verteidigen, zunichte gemacht. Paris ist infolgedessen zur offenen Stadt erklärt worden.
Soeben findet der Einmarsch der siegreichen deutschen Truppen in Paris statt.

Der Krieg im Mittelmeer
Sonnabend, 15. Juni 1940, Rom
Das *Comando Supremo* teilt mit:
In Italienisch-Nordafrika erneuerte der Feind seine Angriffe mit zahlreichen Panzerkräften gegen unsere Grenzpunkte an der ägyptischen Grenze. Die Angriffe wurden aufgehalten. Durch die wirksame Aktion unsere Luftwaffe mit Maschinengewehrfeuer und durch den Anwurf von kleinen Bomben im Tiefflug wurden beträchtliche Ergebnisse erzielt.

Britische Offensive in Libyen
Sonntag, 16. Juni 1940, London
Das *britische Kriegsministerium* gibt bekannt:
Am 14. Juni haben britische Truppen in enger Zusammenarbeit mit der Royal Air Force die Forts von Ca-

Aufklärungsabteilung eines deutschen
Luftwaffenverbandes auf dem Vormarsch in Frankreich

puzzo und Maddalena, die sich in der Nähe der ägyptisch-libyschen Grenze befinden, angegriffen. Das Fort Capuzzo wurde erobert und vier Offiziere sowie 100 italienische Soldaten gefangengenommen. Das Fort Maddalena hat kapituliert.

Dementi
16. Juni 1940, Bordeaux
Die *Agentur Havas* berichtet:
In den amtlichen französischen Kreisen wird die von einer amerikanischen Presseagentur verbreitete Meldung, wonach Frankreich Deutschland ersucht haben soll, ihm seine Waffenstillstandsbedingungen bekanntzugeben, dementiert.
Auch in London werden die Gerüchte, wonach Frankreich beabsichtige, einen Separatfrieden abzuschließen, als unbegründet bezeichnet.

Deutsche Truppen bei Pontarlier
Sonntag, 17. Juni 1940
Das *Oberkommando der Wehrmacht* gibt bekannt:
Schnelle Truppen haben heute bei Pontarlier südöstlich

Besançon die Schweizer Grenze erreicht. Damit ist der Ring um die feindlichen Kräfte in Lothringen und im Elsaß geschlossen.

Die Siegesnachricht in Berlin

17. Juni 1940, Berlin
Das *DNB* meldet:
Die Nachricht, daß Frankreich infolge der unvorstellbaren deutschen militärischen Erfolge die Waffen niederlegen mußte, verbreitete sich in den Nachmittagsstunden in der Reichshauptstadt wie ein Lauffeuer.

Tagesparole des Reichspressechefs
17. Juni 1940:
In Anlehnung an die heutige Meldung vom militärischen Zusammenbruch Frankreichs muß in den nächsten Tagen dem deutschen Volk in Kommentaren klar gemacht werden, welche Bedeutung dieser Schritt Frankreichs im Verlaufe des Krieges hat. Auf einen Punkt wird noch besonders aufmerksam gemacht: Es ist in Kommentaren und Überschriften nicht von der Kapitulation Frankreichs zu sprechen, denn noch hat Frankreich nicht kapituliert, sondern lediglich – wie es ja auch

63

die Sondermeldung sagt – eine Anfrage an die Reichsregierung gerichtet, welche Bedingungen diese stellen würde.

Britische Aktion in Libyen
Montag, 18. Juni 1940, Kairo
Die *Agentur Exchange* berichtet:
An der libyschen Grenze ist es während der letzten 24 Stunden zu größeren Gefechten gekommen, nachdem zwei britische Panzerformationen auf libysches Gebiet vordrangen und Vorpostenstellungen des Gegners vom Hinterland abriegeln konnten.
Der italienische Flotten- und Luftstützpunkt Tobruk wurde neuerdings angegriffen.

Französisches Waffenstillstandsersuchen
18. Juni 1940, Bordeaux:
Aus halbamtlicher Quelle verlautet, daß der Ernst der militärischen Lage es war, die den neuen französischen Ministerpräsidenten Marschall Pétain veranlaßte, sich an den Gegner zu wenden, um den Feindseligkeiten in Ehren ein Ende zu setzen.

Äußerster Widerstand!
Dienstag, 19. Juni 1940, London
Die *Agentur Reuter* teilt mit:
Ministerpräsident Churchill sprach heute zur britischen Nation und führte in ähnlicher Weise wie im Unterhaus aus, daß das britische Reich den Kampf nicht aufgeben, sondern den äußersten Widerstand leisten werde. Er erklärte, es seien gute und vernünftige Gründe zur Hoffnung vorhanden, daß Deutschland schließlich unterliegen werde.

Die Politik Stalins
19. Juni 1940, Moskau
Die *Agentur Havas* berichtet:
Die militärischen Schutzmaßnahmen der Sowjetunion gehen weiter. Starke sowjetische Truppenbewegungen wurden in der Gegend von Lemberg, Tarnopol und Przemysl festgestellt. In Bialystok, Lida und Luck sind zahlreiche Luftgeschwader eingetroffen.

Tagesparole des Reichspressechefs
Donnerstag, 20. Juni 1940:
Die große politische Linie der Zeitungen ist nach wie vor die gleiche wie bisher: Herausstellen der Schuld Frankreichs und scharfe Polemik gegen England. Diese Linie ist einzuhalten, bis der Waffenstillstandsabschluß mit Frankreich von uns amtlich gemeldet wird.

Sturmfahrt bis zur Schweizer Grenze

Von Kriegsberichter Kettlein

An der schweizerischen Grenze, im Juni 1940. Seit drei Tagen rollen die Panzer, die Artillerie, die Flak, die Nachschubkolonnen nach Süden. Ohne Unterbrechung geht es vorwärts. Auch nachts tasten wir uns über die Landstraße. Niemand denkt an den Schlaf. Ein Stückchen Schokolade ersetzt das Mittagessen, ein Schluck Wein den Kaffee. Es geht vorwärts!
Drei Tage sind verflossen, seitdem wir den Marsch mit den Panzern nach Süden angetreten haben. Die Stationen des Marsches: Tagnon, Betheiville, St. Dizier, Joinville, Chaumont. Diese Städte liegen an einer Strecke, die 300 Kilometer lang ist. Was das heißt, diese 300 Kilometer in der Kolonne zu fahren, teilweise über Kornfelder, Wiesen und Äcker, das können nur die sagen, die hinter dem Steuer sitzen. Wahrlich, unsere Fahrer haben Großes in den vergangenen Tagen geleistet.
Und nicht zu vergessen die Panzerschützen, denn sie sind es in der Hauptsache gewesen, die den Widerstand des Feindes, der oftmals sehr hartnäckig war, gebrochen haben. Sie haben uns den Weg gebahnt, 300 Kilometer lang. Das spricht für sich. Da braucht über Mut und Tapferkeit nicht mehr gesprochen zu werden.
Wir sind durch das herrliche Tal der Marne gefahren. Dörfer und Städte waren noch von Zivil besetzt. Die Franzosen hatten keine Zeit mehr, zu fliehen. »Ihr Deutschen braust ja wie der Wirbelwind über das Land«, meinte einer der Franzosen, »vor einigen Tagen noch in Calais und jetzt schon im Süden Frankreichs.« Er konnte nur mit dem Kopf schütteln.
Wir sind nun vom Norden nach dem Süden Frankreichs gefahren, und zwar im Rücken der Maginot-Linie.
Weiter geht es, weiter der Schweiz entgegen.
Berliner Lokal-Anzeiger, 20. Juni 1940

Gefecht in Libyen
Freitag, 21. Juni 1940, Kairo
Die *Agentur Reuter* meldet:
Gestern unternahmen britische Verbände unter der Führung von vier Panzerwagen eine gewagte Operation, die tief in libysches Gebiet hineinführte. An der Straße, die von Tobruk nach Bardia führt, stellten sie einen starken italienischen Militärverband, den sie in einem scharfen Gefecht vernichteten.

Der glorreichste Sieg aller Zeiten
Montag, 24. Juni 1940, Führerhauptquartier
Aufruf des Führers:
Deutsches Volk! Deine Soldaten haben in knapp sechs Wochen nach einem heldenmütigen Kampf den Krieg im Westen gegen einen tapferen Feind beendet. Ihre Taten werden in die Geschichte eingehen als der glorreichste Sieg aller Zeiten. In Demut danken wir dem Herrgott für seinen Segen. Ich befehle die Beflaggung des Reiches für zehn, das Läuten der Glocken für sieben Tage.
gez. Adolf Hitler

Geheimer Bericht des *Sicherheitsdienstes der SS*
zur innenpolitischen Lage:
Nr. 99 vom 24. Juni 1940 (Auszug)
VI. Gegner
Kriegserfolge und Gegnertätigkeit
Nach übereinstimmenden Meldungen aus dem gesamten Reichsgebiet ergibt sich zur Zeit zu dieser Frage folgendes Bild:

Unter dem Eindruck der großen politischen Ereignisse und im Banne der militärischen Erfolge hat sich im gesamten deutschen Volke eine bisher noch nicht erreichte innere Geschlossenheit und enge Verbundenheit von Front zu Heimat herausgebildet. Der Tätigkeit der Gegnergruppen ist überall der aufnahmefähige Boden entzogen. Alles schaut dankbar und mit Vertrauen auf den Führer und seine von Sieg zu Sieg eilende Wehrmacht.

Verfehlte Hoffnungen . . .
Donnerstag, 27. Juni 1940, London
Die *Agentur Reuter* teilt mit:
Französische Generäle haben ihre Strategie und das französische Volk seine Hoffnung auf die angebliche Unbezwinglichkeit der Maginot-Linie gestützt. Aber nach einigen Wochen wirklichen Krieges sind die Forts der Maginot-Linie Betoninseln im Meer der Deutschen geworden. Das »Maginot-Denken« hat Frankreich gezeigt, daß man mehr der Verteidigung als dem Angriff den Vorzug gegeben hat. Großbritannien muß die Idee fallenlassen, so komfortabel als möglich hinter der traditionellen Verteidigung zu leben.

Aufruf von de Gaulle

27. Juni 1940, London
United Press berichtet:
General de Gaulle hat über den englischen Rundfunk eine Antwort an Marschall Pétain gerichtet, in der er erklärte: »Frankreich wurde nicht durch die Zahl der deutschen Truppen oder durch ihren überlegenen Mut geschlagen, sondern allein durch die mechanisierten Streitkräfte des Feindes mit ihrer Offensivkraft. Wenn Frankreich keine solchen mechanisierten Streitkräfte

erhielt, wessen Fehler war dies? Ich frage Sie, Herr Marschall, der Sie unserer militärischen Organisation nach dem Kriege vorstanden, der Sie bis 1932 Generalissimus und 1935 Kriegsminister waren, der Sie die höchste militärische Persönlichkeit unseres Landes sind, haben Sie eine Reform dieses veralteten Systems unterstützt und gefordert, haben Sie darauf bestanden? Sie glaubten, daß die Anstrengungen, die gegenwärtig unternommen werden, die das Britische Reich unternehmen wird, vernachlässigt werden könnten. Sie spielten die Rolle des Verlierers und warfen die Karten auf den Tisch. Sie leerten unsere Taschen, obwohl wir noch Trümpfe hatten.« Zum Schluß erklärte der General: »Der Tag wird kommen, an dem unsere Waffen, in fremden Ländern neu geschmiedet, so stark sein werden wie die unserer Alliierten. Wir werden Frankreich wiedererstehen lassen!«

Geheimer Bericht des *Sicherheitsdienstes der SS* zur innenpolitischen Lage:
Nr. 100 vom 27. Juni 1940 (Auszug)
I. Allgemeines: Die stürmische Begeisterung der letzten Wochen hat sich angesichts der Waffenstillstandsverhandlungen und der jetzt eingetretenen Waffenruhe in eine mit stiller, stolzer Freude und Dankbarkeit für Führer und Wehrmacht gezeichnete Feierstimmung gewandelt.
. . . Die kritischen Stimmen gegen Italien wollen nicht verstummen, und es wird erneut dazu gemeldet, daß die Aufklärung über die bisher notwendige mittelbare militärische Unterstützung durch Italien noch viel umfassender werden müsse. Besonders kritische Beobachtung fand die Meldung vom »Großangriff an der Alpenfront«, der ausgerechnet während der Waffenstillstandsverhandlungen durchgeführt werden sollte.

Einheit französischer Panzer während eines deutschen Stuka-Angriffs

Strategie und Taktik

JANUAR BIS JUNI 1940

Am Montag, dem 8. Januar 1940, vernichtet die finnische 9. Division (Oberst Siilasvuo) östlich von Suomussalmi die zur sowjetischen 9. Armee gehörende 44. Schützendivision. Die Sowjets verlieren bei Suomussalmi insgesamt 1 300 Gefangene und 27 500 Tote, dazu über 50 Panzer. Die Verluste der finnischen Armee betragen insgesamt: 900 Tote und 1 770 Verwundete.

Am Mittwoch, dem 10. Januar 1940, muß ein deutsches Flugzeug, durch schlechtes Wetter vom Kurs abgedrängt, bei Mecheln (Belgien) notlanden. Die an Bord befindlichen Luftwaffenoffiziere, Major Hönmanns und Major Reinberger, können einen Teil der mitgeführten Geheimunterlagen über die bevorstehende Offensive rechtzeitig vernichten. Jedoch ist aus den restlichen Akten, die den belgischen Behörden in die Hände fallen, erkennbar, daß ein deutscher Angriff auf Holland und Belgien bevorsteht.

Am Donnerstag, dem 11. Januar 1940, wird von Hitler der »Grundsätzliche Befehl Nr. 1« erlassen. Er besagt unter anderem: »Niemand . . . darf von einer geheimzuhaltenden Sache mehr erfahren, als er aus dienstlichen Gründen unbedingt davon Kenntnis erhalten muß.« Nicht zuletzt will man dadurch verhindern, daß höhere militärische Führer sich ein umfassendes selbständiges Urteil bilden können.

Zu Beginn des Jahres 1940 verfügt Frankreich nach der Sowjetunion über die stärkste Panzerwaffe der Welt. Sie hat mehr und vor allem bessere Kampfwagen als das deutsche Heer. Der militärischen Führung fehlt aber die Vorstellung, wie man diese moderne Panzerwaffe wirksam einsetzen soll. Einer der wenigen französischen Offiziere, der sich darüber Gedanken macht, ist Colonel de Gaulle. Im Januar 1940 ist er davon überzeugt, daß es nun zu spät sei: »Trotzdem unternahm ich am 26. Januar 1940 den letzten Versuch.« Er verfaßt eine Denkschrift und verschickt sie an Persönlichkeiten der Regierung sowie der militärischen Führung und des politischen Lebens. Wie schon seine vorherigen Denkschriften, findet auch diese kein Interesse. Spätestens jedoch nach den Erfolgen der deutschen Panzerwaffe in Polen hätte das französische Oberkommando einsehen müssen, daß man Panzer nicht nur zur Unterstützung der Infanterie einsetzt. Trotz ihrer guten Bewaffnung haben die französischen Panzer eine ungeschickte Konstruktion: Der Kommandant sitzt allein im Turm und muß neben seiner taktischen Führungsaufgabe noch als Lade- und Richtschütze für das Turmgeschütz fungieren.

Am Sonnabend, dem 3. Februar 1940, beginnt die sowjetische Offensive der Nordwestfront (Armeegen. Timoschenko) mit der 7. Armee (Armeegen. Merezkow) und der 13. Armee (Armeegen. Grendal) gegen die »Mannerheim-Linie« auf der Karelischen Landenge, die die finnische 6. Division abwehren kann. Die Rote Luftflotte fliegt zur Unterstützung dieser Offensive 8 532 Einsätze mit Bomben- und Jagdflugzeugen.

Am Dienstag, dem 13. Februar 1940, setzt die sowjetische 7. Armee zwischen dem Muola-Kuolema-See zur zweiten Offensive an und durchbricht bei Summa die finnischen Verteidigungslinien. So muß die finnische Armee ihren Südflügel in den Raum ostwärts Wiborg zurücknehmen.

Am Freitag, dem 23. Februar 1940, gelingt es der finnischen Gruppe Talvela, nördlich des Ladogasees die sowjetische 18. Schützendivision zu vernichten.

Am Sonntag, dem 3. März 1940, beginnt die sowjetische 7. Armee eine neue Offensive auf der Karelischen Landenge gegen Wiborg. Zu gleicher Zeit wird der Oberbefehlshaber der sowjetischen 13. Armee, Armeegeneral Grendal, wegen seiner Mißerfolge von Korpsgeneral Parusinow abgelöst.

Am Donnerstag, dem 7. März 1940, empfiehlt Marschall Freiherr v. Mannerheim Verhandlungen mit den Sowjets, da er den aussichtslosen Kampf nicht mehr verantworten kann. Bisherige Verluste: über 60 000 Tote, Verwundete und Vermißte – 20 Prozent der finnischen Streitkräfte.

Am Dienstag, dem 12. März 1940, wird mit Unterzeichnung des Friedensvertrages in Moskau der sowjetisch-finnische Winterkrieg beendet. Finnland muß an die UdSSR die Karelische Landenge mit Wiborg, weitere karelische Gebietsstreifen und im Norden den finnischen Teil der Fischerhalbinsel abtreten. Die finnischen

Januar 1940, Finnland: Sowjetischer Flammenwerfer-Panzer vom Typ OT-130 mit einem Flammrohr im Turm, erbeutet durch finnische Truppen

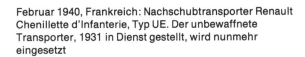

Februar 1940, Frankreich: Nachschubtransporter Renault Chenillette d'Infanterie, Typ UE. Der unbewaffnete Transporter, 1931 in Dienst gestellt, wird nunmehr eingesetzt

Verluste betragen: 24 923 Tote und 43 577 Verwundete. Nach sowjetischen Angaben belaufen sich die Verluste der Roten Armee auf 48 745 Tote und 158 863 Verwundete. Nach finnischen Schätzungen müssen jedoch die Verluste der Sowjets viel höher gewesen sein.

Mit ihrem beispielhaften, erfolgreichen Verteidigungskampf sollte das finnische Heer die unvermeidliche Niederlage so lange hinauszögern, bis es der Regierung gelungen war, einen erträglichen Friedensschluß herbeizuführen. Die Ursache der sowjetischen Mißerfolge: Der Mangel an geeigneten Befehlshabern – eine Folge der Säuberungswelle von 1936 bis 1939 –, die schwerfällige, dilettantische Taktik, schlechte untere Führung, dazu ungeeignete Ausrüstung für den Winter- und Waldkampf. Der finnische Soldat, ein geborener Einzelkämpfer, verstand es hervorragend, sich nicht nur dem Gelände und Klima anzupassen, sondern auch dem Angreifer seine Taktik aufzuzwingen.
Der geschickt geführte hinhaltende Widerstand der Finnen gegen die schwerfälligen, mit schweren Waffen auf der einzigen Straße vorgehenden sowjetischen Verbände bot sich für eine Einkreisung durch Skiverbände an. So konnten die Finnen ihre berüchtigte Motti-Taktik entfalten: Aufspalten des eingekesselten Gegners und seine Vernichtung durch Aushungern und gezieltes Feuer von Scharfschützen, unter gleichzeitiger beweglicher Abwehr der von außen geführten verzweifelten sowjetischen Entsatzversuche. Trotz der zahlenmäßig erheblichen Unterlegenheit und der ungleichen Bewaffnung und Ausrüstung gingen die Finnen zum Angriff über, wo immer sie auf den Gegner trafen.
Diese ständigen, jede Möglichkeit der Geländedeckung und Tarnung ausnutzenden Überfälle verursachten bei den moralisch unterlegenen Sowjets eine zunehmende Unsicherheit, was zum zeitweiligen Zusammenbruch ihrer Front führte. Die ungewöhnlichen Leistungen der finnischen Truppen sind um so mehr anzuerkennen, da sie ausschließlich aus Reservisten bestanden. Sie hatten eine hervorragende Ausbildung als Einzelkämpfer für Waldgefechte, Kleinkrieg und Kampf im Winter. Es waren in der Regel kleinere Verbände, Kompanien, Züge oder Jagdkommandos, die unter intelligenter und

verantwortungsfreudiger Führung durch ihre Einzelleistungen den Gesamterfolg möglich machten. Auch die vielgepriesene moralische Wirkung der Panzerangriffe konnte die Finnen nicht beeindrucken. Mit Brandsätzen und Sprengladungen vernichteten sie eine große Zahl sowjetischer Kampfwagen.
Der entscheidende Umschwung in der militärischen Lage und der Durchbruch durch die befestigte Mannerheim-Linie gelang den Sowjets erst dann, als eine Anzahl schwerer Panzer KW I mit 15,2-cm-Geschützen eingesetzt wurde. Diese schweren Panzer bekämpften mit ihrem Feuer die finnischen Bunker und ermöglichten es den Pionieren, sie zu blockieren oder zu sprengen. War dies einmal gelungen, verlegte die sowjetische Artillerie das Feuer in die Tiefe der finnischen Linien, um Gegenangriffe aufzufangen. Erst so wurde die finnische Front durchbrochen, und die Rote Armee konnte ihren Vormarsch auf Wiborg beginnen.
Nachdem die Sowjets so viele Niederlagen im Kampf gegen das 50mal (!) kleinere Volk einstecken mußten, blieb es nicht aus, daß die Führung der Roten Armee daraus ihre Lehre zog: Zahlreiche Verbesserungen und tiefgehende Neuerungen in der Ausrüstung beruhten auf den Erfahrungen in Finnland, selbst die endgültige Form des Panzers T-34 mit den für die Bewegung im Schnee und auf weichem Boden geeigneten breiten Ketten. Auch die Aufstellung von Skiverbänden sowie Winterausrüstung und Tarnmittel werden intensiv aufgenommen. Dazu wurde die Ausbildung in Nacht- und Waldgefechten, die die Finnen so meisterhaft beherrschten, jetzt bei der Roten Armee mit Nachdruck geübt. Beachtlich war dabei das Tempo, mit dem die sowjetische Führung auf erkannte Unzulänglichkeiten reagierte, sowie die Energie der Roten Armee, sich die Erfahrungen zu eigen zu machen. Diese Tatsache hätte eine ernst zu nehmende Warnung sein sollen.
Im März 1940 werden in Moskau auf dem Plenum des Zentralkomitees der KPdSU und auf der Sitzung des Obersten Kriegsrates die Erfahrungen aus dem Winterfeldzug gegen Finnland eingehend diskutiert. Aufgrund der Beschlüsse werden erneut mechanisierte Korps aufgestellt und neue Panzertypen, Geschütze und automatische Infanteriewaffen in Produktion gegeben. Es erscheint eine verbesserte Dienstvorschrift für die Panzerwaffe. Eine neue Disziplinarverordnung und Schwächung der Rolle politischer Kommissare soll die Autorität der Offiziere stärken.

Am Freitag, dem 5. April 1940, gelingt es der deutschen Abwehr, einen britischen Sabotage- und Sprengstoffversuch in der Nähe des Eisernen Tores zu vereiteln. In der Donauenge sollten mit Zement gefüllte Barken versenkt werden, um die Donauschiffahrt und vor allem die für die Deutschen strategisch wichtigen Öllieferungen aus Rumänien auf diesem Haupttransportweg zu blockieren.

Am Dienstag, dem 9. April 1940, um 5 Uhr, beginnt das Unternehmen »Weserübung«, die Besetzung Norwegens und Dänemarks durch deutsche Truppen. Oberbefehlshaber der deutschen Kräfte in Norwegen, der Gruppe XXI mit fünf Infanteriedivisionen und zwei Gebirgsdivisionen, ist General der Infanterie v. Falkenhorst, und in Dänemark steht das höhere Kommando XXXI mit zwei Infanteriedivisionen und einer mot. Schützenbrigade, die mit Panzerkampfwagen I B ausgestattet ist, unter dem Befehl von General der Flieger Kaupisch.

Beim Unternehmen »Weserübung«, das unter Beteiligung starker Kräfte der Kriegsmarine und Luftwaffe durchgeführt wird, nehmen nur wenige Panzereinheiten teil, und es kommt kaum zu Panzergefechten. Um jedoch eine Panzermacht, die jetzt entlang der französischen Grenze steht, vorzutäuschen, werden fünf von sechs schweren Panzerkampfwagen V, über die das deutsche Heer verfügt, nach Oslo verschifft. Diese, aus dem Fahrgestell eines zivilen Traktors von den Firmen Krupp, Rheinmetall-Borsig und MAN nach britischen, französischen und sowjetischen Entwürfen gebauten Panzer werden nun auf den Straßen in Oslo von PK-Berichtern ausgiebig fotografiert und gefilmt. Diese Kampfwagen sind tatsächlich die einzigen schweren Panzer, über die Deutschland zur Zeit verfügt. Sie erreichen niemals die Serienreife und sind – wie die meisten Prototypen – nicht gepanzert, sondern aus einfachem Stahlblech. Nach dem Norwegenfeldzug wieder in Richtung Heimat abtransportiert, werden sie 1941 verschrottet.

An der 400 Kilometer langen Front am Rhein zwischen Basel und Luxemburg herrscht sieben Monate lang beinahe Waffenruhe.

Am Vormittag des 9. Mai 1940 legt Hitler den Termin für die deutsche Offensive im Westen – von der Nordsee bis zur Südgrenze Luxemburgs – endgültig auf Freitag, den 10. Mai 1940, fest.

Ohne Kriegserklärung und unter Verletzung ihrer Neutralität sollen die Niederlande, Belgien und Luxemburg angegriffen werden. Nach dem Operationsplan wird der Hauptstoß durch das schwierige Gelände der Ardennen an die Maas, in die Gegend von Sedan, führen und weiter im großen Bogen in Richtung Nordwesten nach Amiens, Boulogne und zur Meeresküste.

Entsprechend sind auch die deutschen Verbände in drei Heeresgruppen eingeteilt: Im Norden die Heeresgruppe B (GenOberst v. Bock) mit der 18. Armee (Gen. d.Art. v. Küchler), bestehend aus 9 Infanteriedivisionen, 1 Panzerdivision und 1 Kavalleriedivision, und der 6. Armee (GenOberst v. Reichenau) mit 14 Infanteriedivisionen und 2 Panzerdivisionen.

Ihre Aufgabe: Die feindlichen Kräfte im Norden zu binden und ihnen die Handlungsfreiheit nehmen. Die holländischen und belgischen Verteidigungslinien sollen durchbrochen, Holland und Belgien besetzt und der Kampf mit den Alliierten aufgenommen werden, die – womit man rechnet – den Belgiern zur Hilfe kommen. Im mittleren Frontabschnitt steht die Heeresgruppe A (GenOberst v. Rundstedt), der die entscheidendste Aufgabe zufällt: Ihre 4. Armee (GenOberst v. Kluge) auf dem rechten Flügel, zu der 12 Infanteriedivisionen

und 2 Panzerdivisionen gehören, soll nach dem Durchbruch der belgischen Grenzbefestigungen mit Flankenschutz in Richtung Lüttich zur Maas vordringen und die Gegend von Dinant und Givet erreichen. Hier wird das XV. Panzerkorps (Gen.d.Inf. Hoth) mit der 5. und 7. Panzerdivision über die Maas setzen. Weiter im Süden soll die 12. Armee (GenOberst List) mit 11 Infanteriedivisionen und die Panzergruppe Kleist mit 5 Panzerdivisionen und 3 mot. Divisionen zur Maas im Raum Givet-Sedan vorstoßen.

Nach der Überquerung der Maas werden die Panzerdivisionen am Flügel und im Rücken der französischen Abwehrfront angreifen. Der für die Operation entblößte Südflügel der 12. Armee (GenOberst List) wird anfangs von mot. Infanteriedivisionen gesichert, die hinter den Panzerdivisionen nachstoßen, und später von den nachkommenden Infanteriedivisionen der 12. Armee.

Die im Südabschnitt der Heeresgruppe A liegende 16. Armee (Gen.d.Inf. Busch) mit 15 Infanteriedivisionen sichert die Heeresgruppe A von Süden her entlang der Westwallfront von der Südgrenze Luxemburgs bis zur Schweiz.

Gegenüber der Maginot-Linie befindet sich die Heeresgruppe C (GenOberst Ritter v. Leeb) mit der 1. Armee (GenOberst v. Witzleben) und der 7. Armee (Gen. d.Art. Dollmann). Sie soll möglichst viele Feindkräfte binden, hat nur Infanteriedivisionen und keine Panzer. Die Heeresgruppe B wird durch die Luftflotte 2 (Gen.d.Fl. Kesselring) und die Heeresgruppe A durch die Luftflotte 3 (Gen.d.Fl. Sperrle) unterstützt.

Die Heeresgruppe A hat 7 Panzerdivisionen, die Panzergruppe Kleist und das XV. Panzerkorps (Gen.d.Inf.

März 1940, Frankreich: Leichte Kampfpanzer vom Typ Hotchkiss H-35 mit kurzer 3,7-cm-Kanone

Linke Seite: Mit Glühbirnen zum Sieg: Britischer Panzerspähwagen Daimler Mark I auf einer Werbung für Osram-Glühbirnen

Hoth), das XIX. (Gen.d.Pz.Tr. Guderian) und das XXXXI. Panzerkorps (Gen.d.Pz.Tr. Reinhardt) sowie dreieindrittel mot. Infanteriedivisionen. Die Heeresgruppe B hat drei Panzerdivisionen, das XVI. Panzerkorps (Gen.d.Kav. Hoepner) und die 9. Panzerdivision (GenMaj. Ritter v. Hubicki) sowie zweieindrittel mot. Infanteriedivisionen. Insgesamt verfügen diese 10 Panzerdivisionen über 2574 einsatzbereite Panzer.

Der französische Generalstab ist davon überzeugt, daß die Deutschen eine Variante des Schlieffen-Plans aus dem Jahr 1914 anwenden und den Hauptstoß mit dem rechten Flügel durch Belgien führen werden, um so die französische Armee von Norden und Westen einzukreisen. Der französische Plan sieht eine passive Verteidigung und keine Angriffsoperationen vor. Man rechnet damit, daß die belgische Armee ihre Ostgrenze lange genug halten wird, bis neue Verteidigungslinien an Maas und Dyle errichtet sind.

Erst nach dem deutschen Einmarsch in Holland und Belgien soll die französische Armee zusammen mit dem britischen Expeditionskorps den Belgiern zu Hilfe kommen. Der Plan mißt einem Bewegungskrieg mit Panzern und Luftstreitkräften keine Bedeutung zu.

Das französische Oberkommando konzentriert seine Hauptmacht auf dem linken Flügel, dem Nordostabschnitt. Sie besteht aus zwei Heeresgruppen: Die Heeresgruppe 2 (Gen. Prételat) hat die Aufgabe, die Maginot-Linie zu verteidigen und zu halten. Zu dieser Heeresgruppe gehören die 8. Armee (Gen. Garchery) mit 7 Infanteriedivisionen, die 5. Armee (Gen. Bourret) mit 9 Infanteriedivisionen und die 3. Armee (Gen. Condé) mit 4 Infanteriedivisionen und zweieindrittel Kavalleriebrigaden. Außerdem befinden sich an der Maginot-Linie 13 Festungsdivisionen. Die Heeresgruppe 1 (Gen. Billotte) soll im Fall eines deutschen Einmarsches in Holland und Belgien Richtung Nordosten vorgehen, die belgische Grenze überschreiten und die Linie an Maas

und Dyle besetzen. Lediglich die 2. Armee (Gen. Huntzinger) auf dem rechten Flügel mit fünf Infanteriedivisionen und zweieinhalb Kavalleriedivisionen wird in ihrer Linie bleiben, um die Verlängerng der Maginot-Linie zwischen Mosel und Sedan zu verteidigen.

Die benachbarte 9. Armee (Gen. Corap) mit 5 Infanteriedivisionen und zweieinhalb Kavalleriedivisionen soll an die Maas vorgehen und sich auf der Linie Sedan-Namur verteidigen. Für die weiter nach links stehende 1. Armee (Gen. Blanchard) mit 4 Infanteriedivisionen, 2 leichten mot. Divisionen ist geplant, daß sie sich nach Norden nördlich der Sambre vorschiebt, um die Linie entlang des Lys-Flußlaufs zwischen Namur und Wavre zu verteidigen.

Das englische Expeditionskorps (Gen. Lord Gort) mit 9 Divisionen, das zur Zeit an die französische 1. Armee anschließt, soll den Dyle-Flußlauf im Abschnitt Wavre-Louvain besetzen. Die auf dem linken Flügel stehende 7. Armee (Gen. Giraud) mit 4 Infanteriedivisionen, 2 mot. Infanteriedivisionen und 1 leichten mot. Division hat den Auftrag, die Schelde im Raum Antwerpen zu überschreiten und die Linie Tilburg-Breda zu besetzen, um so eine Verbindung zur holländischen Armee herzustellen. Die Eingreifreserven des französischen Oberbefehlshabers in Stärke von 14 Divisionen liegen im Raum Chalons-sur-Marne und St. Quentin.

Unter den 10 Divisionen des britischen Expeditionskorps befindet sich keine einzige Panzerdivision, sie verfügen lediglich über 7 mechanisierte Kavallerieregimenter und eine Panzerbrigade. Insgesamt hat das Expeditionskorps 310 Panzer, davon jedoch nur 23 vom neuen Typ Matilda. Weitere 174 leichte Panzer und 156 Cruizers (Kreuzerpanzer) einer englischen Panzerdivision warten bei Beginn der deutschen Offensive darauf, über den Kanal gebracht zu werden.

Die deutsche Offensive beginnt am Freitag, dem 10. Mai 1940, um 5.30 Uhr.

Am Montag, dem 13. Mai 1940, kommt es zu den ersten schweren Panzerkämpfen. Im Raum von Tirlemont stoßen die 3. und 4. Panzerdivision des XVI. Panzerkorps (Gen.d.Kav. Hoepner) auf starke Panzereinheiten des französischen Kavalleriekorps. Die französischen Kampfwagen, die das Gelände nur zu sichern haben, erleiden bei diesem Gefecht mit den beiden deutschen Panzerdivisionen, die von Stukas unterstützt werden, schwere Verluste trotz ihrer stärkeren Panzerung und besseren Bewaffnung.

An diesem Tag erreicht die 9. Panzerdivision (Gen. Maj. Ritter v. Hubicki) nach Überwindung der holländischen Grenzstellungen zwischen Venlo und Nimwegen die Brücken von Moerdijk. Die beiden strategisch wichtigen Eisenbahn- und Straßenbrücken, etwa 25 Kilometer südlich von Rotterdam, wurden bereits in den Morgenstunden des 10. Mai von deutschen Fallschirmjägern genommen. Diese Europas längsten Brücken sind die einzigen, über die deutsche Panzer nach Rotterdam vorstoßen können, um Hollands Verteidigung in zwei Teile zu zerschneiden. Die motorisierten Verbände der französischen 7. Armee (Gen. Giraud), die sich auf ihrem Vormarsch nach Norden befinden, um mit den Holländern Verbindung aufzunehmen, versuchen jetzt, die beiden Brücken zu nehmen. Nach dem energischen Vorstoß der 9. Panzerdivision ziehen sich die Franzosen nach Antwerpen zurück; damit entschwindet die letzte Hoffnung der Alliierten, die Position Hollands zu stärken. Am Abend dieses 13. Mai 1940 erreicht die erste Vorausabteilung der 9. Panzerdivision Rotterdam.

Am Mittwoch, dem 15. Mai 1940, überschreitet das XV. Panzerkorps (Gen.d.Inf. Hoth) bei Dinant die Maas, während die Panzergruppe Kleist bei Sedan mehrere Brückenköpfe über die Maas bildet. Die Franzosen verkennen jedoch das Schwergewicht bei Sedan und setzen nun ihre Panzerreserven gegen die 6. Armee (GenOberst v. Reichenau) an. Die französische 1. Panzerdivision kommt zwar geschlossen zum Einsatz, sie wird aber vom XV. Panzerkorps zerschlagen. Die französische 2. Panzerdivision gerät in schwere Luftangriffe und in den Flüchtlingsstrom auf den Straßen, tritt zersplittert ins Gefecht und erleidet schwere Verluste.
Bereits an diesem 15. Mai 1940, einen Tag nachdem die in Westbelgien eingerückten Verbände der französischen Heeresgruppe 1 (Gen. Billotte) ihren Aufmarsch an der Dyle-Linie beenden, unterzeichnet der Oberbefehlshaber der niederländischen Streitkräfte, General Winkelman, die Kapitulation seiner Truppen.

In der Nacht vom 15./16. Mai 1940 versuchen 99 RAF-Flugzeuge Ölraffinerien im Ruhrgebiet zu bombardieren. Eine Maschine geht verloren. Der verursachte Schaden ist gering. Die »strategische Bombenoffensive« wird fast genau fünf Jahre dauern.

Am Freitag, dem 17. Mai 1940, während die Panzerverbände der Heeresgruppe A (GenOberst v. Rundstedt) die Oise östlich St. Quentin erreichen, wird Brüssel, zur offenen Stadt erklärt, kampflos von deutschen Truppen besetzt.
Am gleichen Tag unternehmen französische Panzer nordöstlich von Laon bei Montcornet einen Gegenangriff. Der in aller Eile zusammengestellte Verband gepanzerter Fahrzeuge, etwa drei Bataillone unter dem Befehl von Colonel Charles de Gaulle, wird durch Stuka-Angriffe gestoppt, noch bevor er mit den deutschen Panzern ins Gefecht kommt. Die französischen Panzer ziehen sich zurück und versuchen noch einen weiteren Angriff, jedoch ohne Erfolg.

Am Sonntag, dem 19. Mai 1940, erlebt die alliierte Führung eine Krise: General Gamelin, Oberbefehlshaber der alliierten Streitkräfte, wird abgelöst, und General Weygand, Oberbefehlshaber der »Orient-Armee« in Syrien, tritt an seine Stelle.
Zu gleicher Stunde erreichen die Panzerspitzen der 6. Armee (GenOberst v. Reichenau) die Schelde, und die Panzergruppe Kleist besetzt Abbeville. Dem XIX. Panzerkorps (Gen.d.Pz.Tr. Guderian) gelingt damit sein weiträumigster Vorstoß innerhalb eines Tages, der längste überhaupt, den ein Panzerverband im Westfeldzug innerhalb von 24 Stunden zurücklegt: 90 Kilometer vom Canal du Nord bis nach Abbeville an der Kanalküste.

Am Mittwoch, dem 22. Mai 1940, versucht der neue alliierte Oberbefehlshaber General Weygand, die im Pas de Calais abgeschnittenen Verbände zu retten. Er

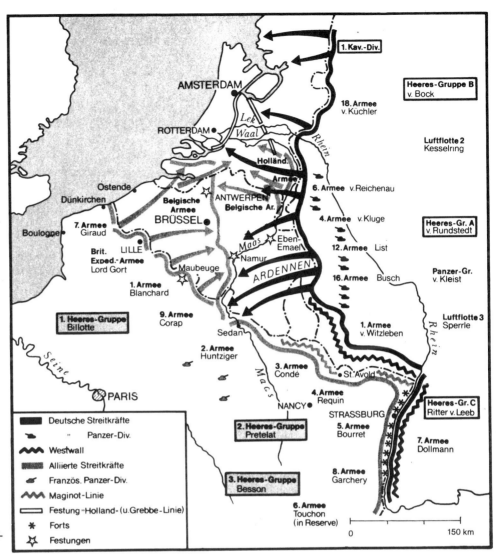

Mai 1941:
Der Frankreichfeldzug

1. Kav.-Div.

AMSTERDAM

ROTTERDAM

Heeres-Gruppe B
v. Bock

18. Armee
v. Küchler

Luftflotte 2
Kesselring

Lek
Waal

Rhein

**Holländ.
Armee**

Ostende

Dünkirchen

**Belgische
Armee**

ANTWERPEN

Belgische Ar.

BRÜSSEL

6. Armee   v. Reichenau

Boulogne

7. Armee
Giraud

Maas

Eben-
Emael

4. Armee   v. Kluge

Heeres-Gr. A
v. Rundstedt

**Brit.
Exped.-Armee**
Lord Gort

LILLE

Maubeuge

Namur

12. Armee   List

ARDENNEN

Panzer-Gr.
v. Kleist

1. Armee
Blanchard

16. Armee   Busch

9. Armee
Corap

1. Heeres-Gruppe
Billotte

Sedan

1. Armee
v. Witzleben

Luftflotte 3
Sperrle

2. Armee
Huntziger

Maas

Rhein

Seine

3. Armee
Condé

St. Avold

PARIS

NANCY

4. Armee
Requin

STRASSBURG

Heeres-Gr. C
Ritter v. Leeb

2. Heeres-Gruppe
Pretelat

5. Armee
Bourret

7. Armee
Dollmann

	Deutsche Streitkräfte
	" Panzer-Div.
	Westwall
	Alliierte Streitkräfte
	Französ. Panzer-Div.
	Maginot-Linie
	Festung "Holland" (u. Grebbe-Linie)
*	Forts
☆	Festungen

3. Heeres-Gruppe
Besson

8. Armee
Garchery

6. Armee
Touchon
(in Reserve)

0   150 km

Linke Seite: Mai 1940,
Frankreich: Ein
französischer
Panzerfahrer überprüft
vor dem Einsatz die
Ketten des Renault-R-35-
Panzers

gibt einen Operationsbefehl für den Angriff nach Norden über die Somme, um den Einschließungsraum freizukämpfen und die Verbindung mit den abgeschnittenen Truppen wiederherzustellen. In der Nähe von Arras entbrennt zwischen deutschen, französischen und britischen Panzereinheiten eine erbitterte Schlacht. Hier stoßen die deutschen Panzer zum erstenmal auf harten Widerstand. Sie haben starke Verluste durch die überlegene Kanonenbewaffnung der britischen Panzer, und die deutsche Panzerabwehr erweist sich gegen die Panzerung der schweren britischen Kampfwagen als wirkungslos. Zweieinhalb Tage werden die deutschen Panzer bei Arras von den französischen und britischen Panzern aufgehalten, lange genug, um vier englischen Divisionen und einem großen Teil der französischen 1. Armee (Gen. Blanchard) die Zeit zu geben, sich auf die Kanalküste zurückzuziehen und Dünkirchen zu erreichen.

Am Freitag, dem 24. Mai 1940, gibt Hitler auf Vorschlag des OB der Heeresgruppe A, Generaloberst v. Rundstedt, den »Halt-Befehl« für die bis in das Vorfeld von Dünkirchen vorgedrungene Panzergruppe Kleist. Hitler behauptet, daß nach seiner Erfahrung aus dem

Ersten Weltkrieg das Polderland in Flandern für Panzerbewegungen völlig ungeeignet sei und die Panzer für die nächste Phase des Feldzuges geschont werden müssen. Generaloberst Guderian: ». . .Wir waren sprachlos.« Dieser Präzedenzfall läßt die Zukunft vorausahnen: Hitler greift entscheidend in die Führung einer Schlacht ein und übergeht dabei den Chef des Generalstabs.

Zwei Tage später, am 26. Mai 1940, wird zwar von der Heeresgruppe A das Wiederantreten der Panzerverbände über die Kanallinie freigegeben, aber Dünkirchen selbst soll weiterhin nicht angegriffen, sondern mit Artillerie unter Beschuß genommen und von der Luftwaffe bombardiert werden. In der von britischen und französischen Truppen vollgestopften Stadt und dem Hafen laufen die letzten Vorbereitungen für die am nächsten Tag beginnende Operation »Dynamo«, die Einschiffung des britischen Expeditionskorps nach England.

Am Dienstag, dem 28. Mai 1940, unterzeichnet König Leopold III. die Kapitulation der belgischen Armee. Er weigert sich, das Land zu verlassen und begibt sich in deutsche Kriegsgefangenschaft.

Am Dienstag, dem 4. Juni 1940, findet die Operation »Dynamo« ihr Ende. Insgesamt 338 226 alliierte Soldaten werden aus Dünkirchen abtransportiert, darunter 123 000 Franzosen. Fast die ganze Ausrüstung des englischen Expeditionskorps muß zurückgelassen werden.

Am Mittwoch, dem 5. Juni 1940 um 5 Uhr, beginnt der »Fall Rot«, die Schlacht um Frankreich. Der Heeresgruppe B (GenOberst v. Bock) stehen zur Verfügung: die 4. Armee (GenOberst v. Kluge), die 6. Armee (Gen-Oberst v. Reichenau) und die 9. Armee (Gen.d.Inf. Strauß), dazu die Panzergruppe Kleist. Der französischen Heeresgruppe 3 (Gen. Besson) unterstehen die 6. Armee (Gen. Touchon), die 7. Armee (Gen. Giraud) und die 10. Armee (Gen. Altmeyer). Die Heeresgruppe B durchbricht die mit 49 französischen Divisionen besetzte »Weygand-Linie« an der Somme und der unteren Aisne und marschiert mit Unterstützung der Luftflotte 2 (Gen.d.Fl. Kesselring) in Richtung untere Seine.

Am Sonntag, dem 9. Juni 1940, erreicht die Heeresgruppe B nach vier Tagen dieses Ziel. Unterdessen steht die Heeresgruppe A (GenOberst v. Rundstedt) mit der 2. Armee (Gen.d.Kav. v. Weichs), der 12. Armee (Gen Oberst List), der 16. Armee (Gen.d.Inf. Busch) und der Panzergruppe Guderian an der oberen Aisne und der Maas. Sie geht jetzt mit Unterstützung der Luftflotte 3 (Gen.d.Fl. Sperrle) in Richtung Südosten zur Offensive über.

Am Montag, dem 10. Juni 1940, ist das Unternehmen »Weserübung« abgeschlossen, nachdem die norwegischen Truppen unter Generalmajor Ruge kapituliert haben.
Am gleichen Tag tritt Italien in den Krieg ein. Seine Stärke: 59 Divisionen auf dem Festland, auf Sizilien und Sardinien mit rund 1 200 000 Mann; in Eritrea, Äthiopien und Somaliland (Ostafrika) insgesamt 350 000 Mann, davon 50 Prozent Eingeborenen-Verbände; in Libyen 12 Divisionen und zwei Eingeborenen-Divisionen mit insgesamt 250 000 Mann.
Bereits am 10. Juni 1940 besetzen italienische Truppen Nizza und Cannes und greifen französische Stellungen in den Alpen an. Da sie jedoch nicht vorankommen, müssen deutsche Panzerkräfte von Lyon aus in den Rücken vorstoßen und die Alpenpässe öffnen.

Am Dienstag, dem 11. Juni 1940, verläßt die französische Regierung Paris und begibt sich nach Tours.

Am Freitag, dem 14. Juni 1940, marschiert die deutsche 87. Infanteriedivision (GenMajor v. Studnitz) der 18. Armee (Gen.d.Art. v. Küchler) in Paris ein, nachdem die französische 7. Armee (Gen. Frère) die Hauptstadt am Tag zuvor kampflos geräumt hat.

Am Sonnabend, dem 15. Juni 1940, wird Verdun von der 71. Infanteriedivision (GenLt. Weisenberger) und der 76. Infanteriedivision (GenLt. Angelis) der 16. Armee (Gen.d.Inf. Busch) erobert.

Am gleichen Tag werden die Städte Kowno und Wilna von der Roten Armee besetzt. So gerät Litauen unter die Herrschaft der UdSSR.

Am Sonntag, dem 16. Juni 1940, setzt die deutsche 1. Armee (GenOberst v. Witzleben) bei Colmar über den Rhein.

Am Montag, dem 17. Juni 1940, dem 52. Geburtstag von Generaloberst Guderian, erreicht das zu seiner Panzergruppe gehörende XXXIX. Panzerkorps (Gen.d.Pz.Tr. Schmidt) Pontarlier an der Schweizer Grenze. Zwei Tage zuvor haben zwei Panzerdivisionen des XXXIX. Panzerkorps eine 90-Grad-Drehung in nordöstlicher Richtung gemacht. Der durch die Panzergruppe Guderian an breiter Front erzielte Vorstoß ins Elsaß endet mit der größten Einkesselung des gesamten Feldzuges. Im Zusammenwirken mit der 7. Armee (Gen.d.Art. Dollmann), die von Osten her anrückt, werden daraufhin über 400 000 französische Soldaten gefangengenommen, darunter die gesamte Besatzung der Maginot-Linie.

Am Dienstag, dem 18. Juni 1940, erobert das XXXVIII. Armeekorps (Gen.d.Inf. v. Manstein) Le Mans und die 7. Panzerdivision (GenMaj. Rommel) den wichtigen Hafen Cherbourg auf der Halbinsel Cotentin (Normandie). Am gleichen Tag ernennt sich General de Gaulle zum »Führer der Freien Franzosen« und beschwört von London aus seine Landsleute, weiterhin Widerstand zu leisten.

Am Dienstag, dem 18. Juni 1940, werden die Städte Nantes und St. Nazaire an der Loiremündung von den Alliierten geräumt und 57 235 alliierte Soldaten nach Großbritannien zurückgenommen.

Am Mittwoch, dem 19. Juni 1940, erreicht das XV. Panzerkorps (Gen.d.Inf. Hoth) Brest und besetzt diesen Atlantikhafen an der Nordwestküste Frankreichs. Zu gleicher Zeit erreicht das II. Armeekorps (Gen. d.Inf. v. Stülpnagel) die Stadt Nantes.

Am Donnerstag, dem 20. Juni 1940, erhält Japan von Frankreich die Erlaubnis, an der Grenze zwischen Indochina und China japanische Grenztruppen zu stationieren. Damit ist der Nachschubweg für China gesperrt. Ebenfalls am 20. Juni 1940 erreicht das XVI. Panzerkorps (Gen.d.Kav. Hoepner) das Rhône-Tal und besetzt Lyon.

Am Freitag, dem 21. Juni 1940, greift die italienische Heeresgruppe an der Alpenfront unter Kronprinz Umberto mit der 1. Armee und der 4. Armee (GenOberst Vercellino) die französische Alpenarmee (Gen. Olry) an. Nachdem die italienischen Truppen das Fort Col Traversette eingenommen haben, rücken sie bis Mentone vor.

Am Sonnabend, dem 22. Juni 1940, wird in Compiègne

April 1940, Frankreich: Leichte Kampfpanzer
vom Typ Renault R-35 mit einer 3,7-cm-Kanone und
einem 7,5-mm-MG

der deutsch-französische Waffenstillstandsvertrag unterzeichnet. Er sieht die Besetzung Frankreichs bis zur
Linie westlich und nördlich von Genf–Dôle–Tours–
Mont de Marsan bis zur spanischen Grenze vor. Nun
verfügt Deutschland über alle französischen Häfen an
der Kanal- und Atlantikküste. Das unbesetzte Frankreich darf eine kleine Streitmacht bis 100 000 Mann
halten. Der größte Teil der französischen Flotte muß
abgerüstet, aber nicht ausgeliefert werden. Im unbesetzten Teil Frankreichs etabliert sich eine Regierung
unter Marschall Pétain; leitender Minister ist Pierre
Laval. Die Reste der 3. Armee (Gen. Condé), der 5.
Armee (Gen. Réquin) und der 8. Armee (Gen. Garchery) kapitulieren mit rund 500 000 Mann im Raum Nan-
cy-Belfort. 25 000 Franzosen und 13 022 Polen (Gen-
Maj. Prugar) vom XXXXV. Armeekorps (Gen. Daille)
überschreiten bei St. Ursanne die Grenze zur Schweiz
und werden dort interniert.
Am Dienstag, dem 25. Juni 1940 um 1.35 Uhr, tritt in
Frankreich Waffenruhe ein. Etwa 1,9 Millionen Franzosen gehen in deutsche Kriegsgefangenschaft. Die deutschen Verluste betragen: 27 074 Tote, 111 034 Verwundete, 18 384 Vermißte. Die Franzosen zählen rund
92 000 Tote und 200 000 Verwundete. Das britische
Expeditionskorps hat 68 111 Mann verloren.

Am Freitag, dem 28. Juni 1940, wird Bessarabien und
die Nordbukowina – seit Ende des Ersten Weltkrieges
rumänisch – von sowjetischen Truppen besetzt.

Am Sonntag, dem 30. Juni 1940, verabschiedet sich
Generaloberst Guderian von seiner auseinandergehen-
den Gruppe: »Ich danke euch für diese Tat, die die
schönste Erfüllung meines über ein Jahrzehnt währen-
den Kampfes und Strebens war . . .«

Im Westfeldzug konnte das OKH zahlreiche Erfahrungen in der Panzerkriegführung gewinnen:
Das Überqueren der Ardennen mit Panzerverbänden
war nicht einfach, denn die Straßen in diesem Grenzgebiet waren stark vernachlässigt und hatten erhebliche
Steigungen, es fehlte auch an Ausweichmöglichkeiten.
Dazu hatten die belgischen Truppen an zahlreichen
Stellen geschickte Straßenzerstörungen durchgeführt.
Sie verursachten Verzögerungen und Verkehrsstauun-
gen, die selbst Pioniere nicht schnell beseitigen
konnten. Man hatte sogar Wegweiser und Ortsschilder
entfernt, was dank ausreichendem Kartenmaterial ohne
Folgen blieb. Ein großes Hindernis bildeten für das
schnelle Vorwärtskommen die Flüchtlingskolonnen auf
allen Straßen, die die Panzerverbände oft wirksamer
aufhielten als der feindliche Widerstand.
Die ersten Operationen der Panzerwaffe entwickelten
sich unerwartet schnell und mit großem Erfolg. Die
Gründe: Der Beginn des Vorstoßes an entscheidend
günstigster Stelle, die Neuartigkeit dieser Operation in
Verbindung mit Sturzkampfflugzeugen, die gelungene

strategische Überraschung und die eigene Luftherrschaft. Als Novum hatten die Panzerverbände für die Luftaufklärung mehrere ihnen operativ und taktisch unterstellte Aufklärungsstaffeln, die sich außerordentlich bewährten.

Die neuartigen Systeme der Logistik und Nachrichtenverbindung – von Generaloberst Guderian entwickelt – gestatteten es wiederum seinen motorisierten Truppen, bis fünf Tage unabhängig zu operieren und flexibel auf Befehle der Führung zu reagieren. Daneben konnten die deutschen Befehlshaber neue Erkenntnisse gewin-

daß die französische Führung und Truppe erheblich gelernt hatten: Sie konzentrierten jetzt ihre Panzerabwehr an den Dorfausgängen und hielten sie auch dann noch, wenn die deutschen Panzer im offenen Gelände durchgebrochen waren. So gelang es ihnen oft, die Nachschubstraßen der Panzer zu blockieren.
Der Munitionsverbrauch im Westfeldzug lag weiter hinter den Mengen, die aufgrund einer Planübung vorgesehen waren. Fast alle Panzerkorps kamen mit ihrer ersten Munitionsausstattung aus. Während des ganzen Westfeldzuges entstand bei den Panzerverbänden niemals ein Mangel an Infanterie- und Panzermunition,

15. 5. 1940, bei Le Havre: Eine Kolonne von Panzern R-35 auf dem Weg zur Front. Die Luke im Turmheck dient geöffnet als Sitz für den Kommandanten

Rechte Seite oben: Deutsche Panzermänner in einer Gefechtspause

Rechte Seite unten: General Erwin Rommel während des Frankreichfeldzuges: Zu neuem Einsatz bereit

nen. General Rommel hat zum Beispiel in der Schlacht von Arras die Bedeutung der engen Zusammenarbeit zwischen Panzern und der Panzerabwehr dokumentiert: Die britischen schweren Kampfwagen, die bis dahin als unbesiegbar galten, waren per Zufall auf einige deutsche 8,8-Flak gestoßen und hatten starke Verluste erlitten. Man konnte also trotz feindlicher Panzerüberlegenheit die Panzerschlacht zu eigenen Gunsten beeinflussen, man brauchte dazu nicht primär Panzer, sondern geeignete Panzerabwehrgeschütze. Rommel hat diese Erkenntnis später in Nordafrika gegen die Engländer mit Erfolg angewendet.
Bei Beginn des zweiten Teils des Westfeldzuges, der sogenannten Schlacht um Frankreich (5. 6. – 22. 6. 1941), bemerkten die deutschen Panzerkommandanten,

wohl aber bei der Artillerie, der des öfteren die 10,5-cm-Granaten knapp wurden.
Im zweiten Teil des Westfeldzuges entstand eine schwere Treibstoffkrise bei der Panzergruppe v. Kleist: Sie mußte entgegen ihrem Willen die eigene Kraftfahr-Transportabteilung an die 6. Armee übergeben und wurde nun von ihr versorgt. Die Krise hätte sicher die Operationen beeinträchtigt, wenn nicht im rechten Moment ein großes Betriebsstofflager erbeutet worden wäre.
Im Westfeldzug war die Panzerbrigade mit zwei Regimentern Kern der Panzerdivision und Träger der Kampfentscheidung. In Frankreich hatte die deutsche Führung gelernt, Panzertruppen geschlossen einzusetzen und frei fahren zu lassen. Es hatte sich erwiesen,

daß dort, wo die Infanterie ohne Panzerunterstützung angriff, sie oft zurückgeschlagen wurde, aber sobald Panzer zum Einsatz kamen, liefen die Operationen flüssig weiter. In der Regel bildeten drei Panzer die vorstoßende Panzerspitze, und in einem dieser Panzer befand sich der Artilleriebeobachter, der über Sprechfunk das den Vorstoß unterstützende Deckungsfeuer lenkte. Kradfahrer der Aufklärungsabteilung fuhren vor und erkundeten die Umgebung. Erst auf diese Meldung hin gingen Pioniere vor, um Minen zu räumen, Pak, um feindliche Panzer zu bekämpfen, und Flammenwerfer, um Stellungen auszuräuchern. Die vorstoßenden Panzer versuchten, jeden feindlichen Widerstand zu umgehen, und mieden nach Möglichkeit den Kampf, um in den vom Feind beherrschten Raum einzusickern. Nur dort, wo es sich überhaupt nicht vermeiden ließ, erwiderten sie das Feuer.

Die Panzer wurden konzentriert nur gegen besonders stark befestigte Stellungen eingesetzt. Sie stießen in Abständen von etwa 50 Metern – in zeitlich abgestimmten Wellen gestaffelt – vor und nutzten die Geländedeckung aus. Nach dem erzielten Durchbruch wurde zwar das Tempo des Vorstoßes erhöht, doch selten mehr als fünf Kilometer in der Stunde. Da die Geschwindigkeit des Angriffs den Erfolg bestimmte, rollten die Panzereinheiten gewöhnlich über die Straßen und erst wenn nötig quer durchs Gelände. Das setzte die völlige Luftherrschaft voraus, denn der Vormarsch eines Panzerverbandes, bei dem die Straßen mit Fahrzeugen voll oder gar verstopft waren, bot feindlichen Tiefffliegern die besten Ziele.

Das Flugzeug hat sich im Westfeldzug als beste Waffe für und gegen den Panzer erwiesen, und das enge Zusammenwirken zwischen Panzer- und Fliegerkräften war eine Voraussetzung der operativen Erfolge.

Der zweite Teil des Westfeldzuges war zugleich der größte Triumph der Panzerführungskunst von Generaloberst Guderian. Das Vorwärtsstürmen seiner Verbände, verbunden mit zweimaligem Linksschwenken, hatte keine Parallele in der Kriegsgeschichte. Der Westfeldzug bewies – genauso wie im September 1939 der Krieg in Polen – die Bedeutung der Panzerverbände im operativen Einsatz zum Erreichen strategischer Ziele: In knapp sechs Wochen manövrierten zehn deutsche Panzerdivisionen mit Unterstützung der Luftwaffe gegen zahlenmäßig überlegene feindliche Kräfte, verhinderten jeden organisierten Widerstand, nahmen gegnerische Truppen gefangen und zwangen Frankreich zur Kapitulation.

Den Erfolg des Westfeldzuges bestätigte die Theorie von Generaloberst Guderian, Panzer seien in Massen einzusetzen. Seine großräumige operative Panzerführung sparte auch Blut. Die feindlichen Truppen wurden durch Gefangennahme zerschlagen, und Guderians Panzergruppe zählte an Toten nur ein halbes Prozent von 104 000 Mann.

Das Verblüffendste am Ruf der Unbesiegbarkeit deutscher Panzerverbände war die Qualität ihrer Ausrüstung: Die meisten der Panzer waren die leichten, kaum für den Fronteinsatz geeigneten veralteten Vorkriegs-

modelle. Dagegen hatten sich die Panzer III und IV gut bewährt. Dennoch war der deutschen Führung klar, daß man sowohl die Bewaffnung als auch Panzerung der Kampfwagen umgehend verstärken müsse. Es wurde deutlicher als im Polenfeldzug, daß die Schützenregimenter der Panzerdivisionen eigene gepanzerte und voll geländegängige Kampf- und Transportfahrzeuge brauchten, da sie in ihren üblichen Lastkraftwagen den Panzern im Gelände nicht folgen konnten und empfindliche Verluste erlitten.

Der unerwartet schnelle Fall Frankreichs schockierte die ganze Welt, und sein militärisches Ausscheiden veränderte grundlegend die strategischen Voraussetzungen des Krieges. Die Niederlage der französischen Panzerwaffe war das Ergebnis mangelnder Inspiration: Politische und militärische Führung hatten den neuen,· dynamischen Charakter des Krieges nicht erkannt.

Die herausragende Überlegenheit der deutschen Panzerwaffe gegenüber der alliierten war das Ergebnis ihrer gut zusammenwirkenden massierten und aus allen Truppengattungen bestehenden Panzerverbände. Die französischen Truppen dagegen waren nicht für den modernen Panzerkrieg ausgebildet. Sobald sie deutsche Panzer in den Flanken oder im Rücken vermuteten, kam es zu einer regelrechten Panzerpanik. Das französische Oberkommando hatte die Panzerwaffe vernachlässigt: Selbst die Funksprechausrüstung der Panzer war

1940, Warschau: Erbeutete polnische Kleinkampfwagen vom Typ TK-3-Tankette bei einer deutschen Militärparade vor dem Generalgouverneur H. Frank

nicht erprobt und versagte oft. Damit war eine Führung innerhalb der Verbände auf dem Gefechtsfeld kaum möglich.

Die eigentlichen Panzerdivisionen (DCR) hat man nicht für einen selbständigen Einsatz in der Tiefe des Operationsraumes bestimmt, und sie sollten nur als Hilfswaffe im Rahmen des Armeekorps, eines Verbandes aller Waffen, kämpfen. So hatte man die gepanzerten motorisierten Verbände zersplittert eingesetzt. Immer wieder wurden die Panzerdivisionen und das Kavalleriekorps auseinandergerissen und ihre Teile zwischen oder hinter die Infanterie gestellt. Die deutsche Taktik, der Durchbruch schmaler Panzerkeile, ihr Vorstoß ohne Rücksicht auf offene Flanken, überraschte die französische Führung, und sie fand kein Gegenmittel.

Auch in der Führung der Panzerverbände gab es wesentliche Unterschiede: Die Deutschen führten grundsätzlich »vorn«. Sowohl die Einheitsführer als auch die Divisionskommandanten fuhren mit ihren Befehlsfahrzeugen die Angriffe mit. Das stärkte die Moral der Truppe, und es gab neben der Möglichkeit einer schnellen Entscheidung auch die Ausnützung der sich im Gefecht gerade bietenden taktischen Varianten. Die Alliierten dagegen hatten die antiquierte Methode, von den rückwärtigen Divisions-Gefechtsständen aus zu führen. Das Ergebnis: Irrtümer und Verspätungen bei der Befehlsvermittlung. Hinzu kam eine strategische Fehleinschätzung der Absichten des deutschen OKH, vor allem, was die Hauptrichtung betraf: So marschierten die alliierten Hauptkräfte bei Beginn des deutschen Überfalls nach Belgien ein, um an der Dyle-Linie Stellung zu beziehen, während in der Hauptrichtung der deutschen Offensive nur schwächere Kräfte standen. Im französischen Oberkommando galten nämlich aufgrund von Erfahrungen aus dem Ersten Weltkrieg die Ardennen als unwegsames Gelände, keineswegs geeignet für den Durchbruch großer Armeen und schon gar nicht für Panzerverbände.

Der Westfeldzug forderte von der Wehrmacht relativ wenige Opfer: Nach deutschen Angaben fielen vom 10. Mai 1940 bis zum Waffenstillstand 27 074 Mann, vermißt wurden 18 384, verwundet 111 034. Die Verluste betrugen weniger als an manchem einzelnen Tag im Ersten Weltkrieg. Fast zwei Millionen Franzosen, Niederländer, Belgier und Engländer gerieten in deutsche Kriegsgefangenschaft.

1940

Juli – Dezember

General de Gaulle zum Tode verurteilt
Freitag, 2. August 1940, Clermont-Ferrand
Die *Agentur Havas* teilt mit:
Das Militärgericht des 13. Bezirks unter Vorsitz von General Frère hat am Freitag General de Gaulle in contumaciam zum Tod, zur militärischen Degradierung und zur Konfiskation seines Vermögens verurteilt. Die Anklage lautete auf Verrat, Gefährdung der Sicherheit des Staates und Desertion ins Ausland in Kriegsjahren.

W. Churchill an General Ismay
2. August 1940:
Lassen Sie mir einen Bericht über die Fortschritte und den künftigen Aufbau der Panzerdivision zukommen. Bis zum 31. März 1940 hätten wir fünf Panzerdivisionen aufstellen sollen und weitere zwei bis Ende Mai. Geben Sie mir bekannt, inwieweit deren Bedarf an Mannschaften und Material nach heutiger Voraussicht gedeckt sein wird. Teilen Sie mir auch mit, welches die neuesten Richtlinien für die Zusammensetzung und die Organisation einer Panzerdivision sind.

England bestellt 4000 Panzer

Montag, 12. August 1940, Washington
Associated Press berichtet:
Die britische Einkaufskommission hat soeben einen ersten Auftrag für rund 4000 Panzer an verschiedene Herstellerfirmen vergeben. Diese Panzer bestehen aus zwei verschiedenen Typen von je 25 und 30 Tonnen und sind auf Grund der letzten Erfahrungen konstruiert worden. Sie sind mit neuartigen Schnellfeuergeschützen ausgerüstet, tragen eine Flugabwehrkanone und zeichnen sich durch große Schnelligkeit aus.

B. Mussolini an A. Hitler
Dienstag, 20. August 1940, Rom
Auf das Telegramm Hitlers antwortete Mussolini folgendermaßen: Ich danke Ihnen im Namen der Truppen und in meinem eigenen für die Glückwünsche, die Sie mir anläßlich des Sieges über die Engländer im östlichen Somaliland übermittelt haben. Mit kameradschaftlichem Gruß.

(gez.) *Mussolini.*

Erfahrungsbericht
Beim Kampf zwischen den Panzerverbänden waren die eigenen Panzer bereits nach kurzem Feuergefecht überlegen. Gründe:
1. Große Treffsicherheit der eigenen Waffen.
2. Hohe Feuergeschwindigkeit, die die mangelnde Durchschlagskraft zum Teil ersetzte.
3. Die Treffer aus den Panzern III und IV hatten selbst bei Feindpanzern, die nicht durchschlagen wurden, solche moralische Wirkung, daß die Besatzungen erschüttert häufig die weiße Flagge setzten.
4. Größere Geschwindigkeit und Wendigkeit der eigenen Panzer.
5. Überlegenheit der Führung, Ausbildung und Kampfmoral der eigenen Besatzungen.
6. Funkverbindung, damit gute Führungsmöglichkeit und größere Wendigkeit.
Pz.Gr. Guderian, Abt. Ia, Nr. 502/40 geh. vom 22. 8. 1940.

Tagesparole des Reichspressechefs
Montag, 26. August, 1940:
Meldungen über militärische Sondermaßnahmen, die Italien gegen Griechenland ergreift, sind nicht aufzunehmen.

Harte Kämpfe an der libyschen Küste
Dienstag, 17. September 1940, Rom
Das *Comando Supremo* teilt mit:
Im Laufe des Montags fanden in der Gegend von Sidi Barrani zwischen unseren vorrückenden Truppen und englischen Panzertruppen harte Kämpfe statt. Die Schlacht nimmt ihren Fortgang inmitten eines Wüstensturms. Es wurden Anzeichen einer Krise in den feindlichen Reihen festgestellt.

Mittwoch, 18. September 1940, Kario
Aus dem *britischen Hauptquartier:*
Es wird bestätigt, daß Sidi Barrani von den Italienern besetzt wurde.

Die Panzerwaffe im modernen Krieg

18. September 1940, London
Die *Agentur Reuter* berichtet:
Ein englischer Militärsachverständiger vertritt die Auffassung, daß die deutschen Truppen eine Invasion Großbritanniens ohne Unterstützung schwerer Panzer keinesfalls versuchen können. Da diese aber nur mit Schiffen zu transportieren sind, setzt ihre Landung in England die vorherige Eroberung eines Hafens voraus. Durch Flugzeuge ließen sich lediglich kleinere Panzertypen befördern, die von Panzerabwehrgeschützen leicht bekämpft werden könnten. Zu der Frage der »amphibischen« Panzer vertritt der Sachverständige die Auffassung, daß diese wohl Flüsse überqueren können, nicht aber den Ärmelkanal.

Die italienische Offensive in Ägypten

Donnerstag, 26. September 1940, Rom
Der Sonderberichterstatter von *Regime Fascista* meldet von der ägyptischen Front:
Wir kämpfen gegen Husarenregimenter, die aus Kavallerietruppen zu motorisierten und Panzereinheiten umgewandelt wurden. Diese Gegner gehen mit der typischen Taktik der Kavallerie vor und werden von der Wüste außerordentlich begünstigt. Am Widerstand des Feindes ist die Flugwaffe heftig beteiligt.

Mittwoch, 9. Oktober 1940, Kairo
Das *britische Hauptquartier* teilt mit:
Gestern morgen drang eine feindliche motorisierte Ko-

lonne mit leichten Panzerwagen im Gebiet von Bir Enba im Süden von Sidi Barrani gegen Osten vor. Bei Einbruch der Nacht zog sie sich auf ihre ursprüngliche Stellung zurück. Unsere Panzer schossen einen feindlichen Bomber ab. Von den anderen Fronten ist nichts zu melden.

Die deutsche Brennstoffversorgung

Dienstag, 15. Oktober 1940, Berlin
United Press berichtet:
Ein Sprecher der Wirtschaftsabteilung des deutschen Oberkommandos erklärte heute gegenüber der ausländischen Presse, die deutschen Reserven an Brennstoff und Öl seien heute um eine Million Tonnen größer als bei Kriegsausbruch. Die Hoffnungen Englands, Deutschland durch die Ölblockade auf die Knie zu zwingen, sei mit dem Zusammenbruch Frankreichs und dadurch, daß Deutschlands Einfluß auf dem Balkan ständig zugenommen habe, zunichte gemacht worden.

Krieg auf dem Balkan

Montag, 28. Oktober 1940, Athen
Das *griechische Oberkommando* teilt mit:
Die italienischen Streitkräfte griffen heute um 5.30 Uhr unsere Grenzschutzabteilungen an der griechisch-albanischen Grenze an. Unsere Truppen verteidigen den heimatlichen Boden.

Italienischer Angriff auf Griechenland

28. Oktober 1940, Athen
Die *Agentur Athinaiko Praktoreio* meldet:
Ministerpräsident Metaxas hat an alle Griechen eine Proklamation gerichtet, in der es heißt: »Die Zeit ist für alle Griechen gekommen, da sie bis zum Tode kämpfen müssen.«
Um 7 Uhr früh gab es in Athen Fliegeralarm.

Linke Seite: Die britische 7th Royal Dragoon Guards bei einer Übung. Rechts: Leichter Kampfpanzer Vickers Mark VI, links: Schützenpanzer vom Typ Scout Carrier (Bren)

Rechts: Panzereinheit der australischen 6. Kavalleriedivision an der ägyptisch-libyschen Grenze: vorn der britische leichte Panzer Mark IIA

28. Oktober 1940, Rom
United Press berichtet:
Von zuverlässiger Seite verlautet, daß die italienischen Truppen zur Überschreitung der albanisch-griechischen Grenze bereit seien und daß sie möglicherweise nach 6 Uhr morgens die Grenze schon überschritten hätten.

Kämpfe in den Grenzgebieten
Dienstag, 29. Oktober 1940, Athen
Die *Agentur Athinaiko Praktoreio* meldet:
Die griechischen Truppen leisten harten Widerstand und stellen sich mit Mut dem materiell überlegenen Gegner entgegen. Besondere Sturmtrupps sind zur Bekämpfung der Panzerwagen eingesetzt worden. Andere Sturmtrupps hat man zur Vernichtung der italienischen Motorradkolonnen gebildet, und die bisherigen Verluste lassen erkennen, daß diese besonders schwere Einbußen erlitten haben.

Tagesparole des Reichspressechefs
29. Oktober 1940:
Das Auswärtige Amt und das Propagandaministerium bitten dringend, in der Kommentierung des italienisch-griechischen Konfliktes nicht schärfer zu werden als in der heutigen Abendpresse schon geschehen ist. Streng vertraulich wurde erklärt, daß man es in Italien noch für möglich hält, daß man zu einem Arrangement mit Griechenland kommt. Auf keinen Fall darf von Kriegszustand gesprochen werden.

Die Wetterlage im Kriegsgebiet
Mittwoch, 30. Oktober 1940, Budapest
Die *Agentur Reuter* teilt mit:
In Südserbien, Mazedonien und dem äußeren Albanien herrschen Kälte, Stürme, Regen, Nebel und schlechte Sicht. Belgrad meldet Schneefälle in den albanischen Bergen. Auf dem Balkan wird angenommen, daß die Wetterlage und der frühe Einbruch des Winters die militärischen Operationen Italiens und Griechenlands an der albanischen Südgrenze erschweren dürfte.

Sender Beromünster (Schweiz)

Donnerstag, 31. Oktober 1940:
Wie wichtig das Mittelmeer im gegenwärtigen Krieg geworden ist, zeigen neuerdings die Vorfälle in Griechenland. Italien klagte die griechische Regierung einer unneutralen Haltung an und verlangte von ihr die Besetzung wichtiger strategischer Punkte durch italienische Streitkräfte. Die Ablehnung dieser ultimativen Forderungen durch die griechische Regierung hatte die Eröffnung der Feindseligkeiten an der albanisch-griechischen Grenze zwischen italienischen und griechischen Truppen zur Folge. Da England bekanntlich vor etwas mehr als einem Jahr ein Garantieversprechen an Griechenland abgegeben hat, erklärte es sich zur sofortigen Hilfeleistung bereit. Diese Ereignisse sind noch so neu, daß weder über die Entwicklung der militärischen Operationen noch über die politischen Folgen des italienisch-griechischen Konfliktes bereits etwas gesagt werden kann.

Freitag, 1. November 1940, Rom
Ein Sonderkorrespondent der *Agentur Stefani* an der griechischen Front meldet:
Eine der Überraschungen für die in Epirus operierenden italienischen Truppen war die Feststellung des völligen Fehlens von Straßen in diesem Gebiet. Es ist für Truppen, die gewöhnt sind, sich auf den von Italien in Albanien gebauten modernen Straßen zu bewegen, hart, auf unbequemen ausgewaschenen Fußwegen zu marschieren. Die italienischen Gebirgstruppen waren

gezwungen, ohne Unterbrechung zu arbeiten, um Brükken zu erstellen und Straßen zu verbessern, auf denen die motorisierten italienischen Kolonnen vorrücken konnten. Obwohl die Panzer Wasser und Sumpfgelände überwinden mußten, unterstützen sie jetzt die vorgehende Infanterie.

Tagesparole des Reichspressechefs
1. November 1940:
Es wird noch einmal gebeten, die italienischen Ereignisse in Griechenland nicht zu groß herauszustellen. Die Italiener haben mit sehr schlechtem Wetter zu kämpfen und operieren in einem sehr unwegsamen Gelände. Wenn wir die italienischen Kriegsberichte jetzt zu groß herausstellen, dann müssen wir mit einer Pause rechnen, die propagandistisch schwer zu überbrücken ist, als wenn wir von vorneherein etwas kürzertreten.

Sonnabend, 2. November 1940, Athen
Das *griechische Oberkommando* teilt mit:
An der Front in Epirus starkes Artilleriefeuer. Im Abschnitt von Florin drangen unsere Truppen trotz starkem feindlichen Widerstand fünf Kilometer tief in albanisches Territorium ein und nahmen im Sturmangriff mehrere befestigte feindliche Stützpunkte.

2. November 1940, Rom
Das *Comando Supremo* gibt bekannt:
In Ostafrika griffen feindliche Patrouillen unter dem Schutz von Panzerwagen einen italienischen Grenzposten im Gebiet von Tennenei an. Sie wurden durch rasches Eingreifen unserer Truppen zum Rückzug gezwungen. Eine italienische Kolonne besetzte nach Überwindung des feindlichen Widerstandes bei Kassala die Höhen des Scisceib-Gebirges, von denen aus die Sudan-Ebene beherrscht wird.

Die Verwertung von Alteisen
Sonnabend, 9. November 1940, London
Die *Agentur Reuter* teilt mit:
Der Kontrolldienst des Ministeriums für Kriegslieferungen hat mit der Bestandsaufnahme von Alteisen aus alten Brücken und Eisenbahnen begonnen. Es wird hier mit einem Ertrag von einer halben Million Tonnen gerechnet; diese Menge würde für den Bau von 300 Zerstörern oder 7 000 Panzerwagen ausreichen.

Britische Brigade im Wüstensturm verloren
Dienstag, 12. November 1940, Mailand
Die *Agentur Stefani* meldet:
Italienische Kriegsberichterstatter schildern das Ende einer britischen Brigade in der libyschen Wüste. Die aus Elitetruppen gebildete und von Panzerwagen eskortierte Brigade, die vor einiger Zeit im Marsa Matruh aufbrach, um in Eilmärschen die 300 Kilometer entfernte Oase Siwa zu erreichen, ist vermutlich von einem außergewöhnlich heftigen Sandsturm überrascht worden. Auf die Funk-Hilferufe hin haben britische Aufklärungsflugzeuge die Wüste tagelang abgesucht, aber von den Vermißten nicht die geringste Spur entdecken können. Da der vermißte Truppenverband seither kein Lebenszeichen mehr gegeben hat, besteht für ihn kaum mehr Aussicht auf Rettung.

Invasion im Nebel?

Mittwoch, 20. November 1940, London
Die *Agentur Reuter* berichtet:
Der Luftsachverständige des »Daily Telegraph« befürchtet, daß die Deutschen den Nebel für eine Landung in England benützen könnten. Während des Winters käme es oft vor, daß ein undurchdringlicher Nebel drei bis vier Tage lang die Luftoperationen verhindert. Der englische Experte befürchtet, daß die Deutschen unter dem Schutz des Nebels genügend Besatzungen und Material landen könnten, um einen oder mehrere Brückenköpfe an strategisch wichtigen Punkten zu errichten. Gewiß wird man die Einfallenden entdecken, sobald sich der Nebel verzieht, aber die deutschen Truppen könnten inzwischen Zeit gehabt haben, um sich auch gegen die heftigsten Bombardierungen zu schützen.

Italienischer Rückzug
Freitag, 22. November 1940, Rom
Das *Comando Supremo* teilt mit:
Unsere aus zwei Divisionen bestehenden Deckungstruppen, die bei Beginn der Feindseligkeiten in Defensivstellung an der griechisch-albanischen Grenze bei Konitsa standen, haben sich nach elf Tagen Kampf auf eine Linie westlich der Stadt zurückgezogen, die evakuiert worden ist. Unsere Verluste sind beträchtlich, doch ebenso bedeutend und vielleicht noch schwerer sind die des Feindes. Auf der neuen Linie werden unsere Verstärkungen konzentriert.

Das rumänische Erdöl
22. November 1940, Bukarest
Die *Agentur Stefani* meldet:
Von amtlichen Stellen ist heute erklärt worden, daß besondere Anstrengungen unternommen werden, um

Linke Seite: Eine der deutschen Treibstoff-Versorgungsquellen: die rumänischen Ölfelder von Ploesti

Rechts: Dezember 1940: Britische Schützenpanzer vom Typ Bren Gun Carrier vor dem italienischen Fort Capuzzo an der libysch-ägyptischen Grenze

große Mengen von Öl, die zum größten Teil für Deutschland bestimmt sind, noch abzutransportieren, bevor die Donau zufriert.

Griechische Zuversicht
Montag, 25. November 1940, Athen
Die *Agentur Athinaiko Praktoreio* berichtet:
Die ganze griechische Bevölkerung ist fest davon überzeugt, daß Griechenland im Kampf gegen Italien auf übernatürliche Hilfe zählen könne. Dieser Glaube, der auch in den Kirchen offen zum Ausdruck gebracht wird, verleiht den Truppen einen nicht zu unterschätzenden moralischen Rückhalt.

Die Schlacht bei Sidi Barrani
Mittwoch, 11. Dezember 1940, Rom
Das *Comando Supremo* teilt mit:
Im Morgengrauen des 9. Dezember griffen englische Panzerdivisionen unsere von Verbänden libyscher Truppen besetzten Stellungen südöstlich von Sidi Barrani an. Diese Truppen haben zunächst heldenhaften Widerstand geleistet, wurden aber nach einigen Stunden überwältigt und zogen sich auf Sidi Barrani zurück.

Im Abschnitt von Pogradec
11. Dezember 1940
Die *Agentur Reuter* meldet:
Die griechischen Abteilungen, die die Gipfel der Mokrakette angreifen, sind jetzt wegen des Schneefalls in weiße mantelartige Tücher gehüllt. Die Griechen und Italiener stehen hier einem gemeinsamen Feind gegenüber – dem ständig schlechter werdenden Wetter. Es ist viel Schnee gefallen, und die Bäche in den niederen Lagen, wo es regnet und gleichzeitig schneit, sind zu wilden Strömen geworden. Schnelle militärische Operationen sind unmöglich. Die Kälte fordert schon viele Opfer.

Britisches Vordringen in Libyen
Freitag, 13. Dezember 1940, Kairo
Das *Hauptquartier von General Wavell* gibt bekannt:

Die Operationen gehen planmäßig und mit schnellem Erfolg in Richtung Sollum weiter. Britische motorisierte Truppen haben im Gebiet von Bukbuk beträchtliche italienische Einheiten eingeschlossen und entwaffnet.

W. Churchill an General Wavell
Montag, 16. Dezember 1940:
Die Nil-Armee hat dem Commonwealth und unserer Sache ruhmreiche Dienste geleistet, und wir ernten bereits überall den Lohn. Wir sind Ihnen, Wilson und den anderen Kommandeuren tief zu Dank verpflichtet, deren hervorragende soldatische Tüchtigkeit und kühne Führung uns den unvergeßlichen Sieg in der Libyschen Wüste errungen haben. Euer erstes Ziel muß es jetzt sein, die italienische Armee zu vernichten und sie so weit wie möglich von der afrikanischen Küste zu verjagen.

Sender Beromünster (Schweiz)

16. Dezember 1940:
. . . Die augenblickliche Kriegslage sieht danach aus, als ob Deutschland eine Entscheidung direkt gegen England suchen würde, während die Engländer ihrerseits ihre ganze militärische Macht einsetzen, um im Mittelmeer einen entscheidenden Schlag gegen Italien zu führen. Die Schlacht, die sich in der Wüste an der Grenze zwischen Ägypten und Italienisch-Libyen abspielte, hat verständlicherweise auf das englische Volk ebenso ermutigend und hoffnungsvoll gewirkt, wie sie in Italien zu ernsten Betrachtungen und Ermahnungen Anlaß gab.

Die Lage in Mazedonien
Mittwoch, 18. Dezember 1940
United Press berichtet:
Der in den letzten Wochen gefrorene Schlamm ist jetzt mit einer Schneeschicht von ein bis zwei Metern bedeckt und erschwert die militärischen Operationen beträchtlich.

Die Militärärzte melden zahlreiche Fälle von Erfrierungen bei den Truppen.

Die griechischen und italienischen Einheiten, die in den Bergen kämpfen, stehen sich, wie hier erklärt wird, plötzlich einem neuen gemeinsamen Feind gegenüber, den Lawinen. Den Frontberichten ist zu entnehmen, daß durch das heftige Feuer der schweren Artillerie der Schnee an den Hängen in Bewegung geriet und daß oft Soldaten, Maultiere und Geschütze von den herabstürzenden Schneemassen mitgerissen werden.

Kämpfe um Bardia
Sonnabend, 21. Dezember 1940, Kairo
Die *Agentur Reuter* meldet:
Der Kampf um Bardia nimmt seinen Fortgang. Die Engländer ziehen den Ring ständig enger zusammen. Die italienische Verteidigung, die sich hinter die das Hafengebiet umgebende Kette von Forts zurückgezogen hat, leistet zähen Widerstand. In militärischen Kreisen rechnet man aber damit, daß der Widerstand doch zusammenbrechen muß, wenn der britische Oberbefehlshaber den Befehl zum entscheidenden Angriff geben wird.

Britische Verstärkungen in Singapur
Montag, 23. Dezember 1940, Singapur
Die *Agentur Reuter* berichtet:
In einem Kommuniqué des britischen Oberbefehlshabers im Fernen Osten, Air Marshal Brooke Popham, heißt es, daß in den malaiischen Staaten in letzter Zeit beträchtliche Truppentransporte aller Waffengattungen eingetroffen sind. Dadurch wurde nicht nur die jetzt schon gewaltige Verteidigungskraft von Singapur verstärkt, sondern auch die Streitmacht der übrigen Gebiete, die dem Kommando für den Fernen Osten unterstellt sind.

Hitler im Westen
Mittwoch, 25. Dezember 1940, Berlin
Das *DNB* meldet:
Der Führer und oberste Befehlshaber der Wehrmacht verbringt wie im Vorjahre die zweite Kriegsweihnachten unter seinen Soldaten und Frontarbeitern im Westen.

Gerüchte über deutsche Truppenbewegungen
Freitag, 27. Dezember 1940, Berlin
United Press berichtet:
An zuständiger deutscher Stelle verhält man sich auch weiterhin stillschweigend gegenüber den in den Feiertagen aus Budapest und Belgrad verbreiteten Meldungen über angebliche deutsche Truppenbewegungen. Den ausländischen Korrespondenten, die um Kommentare zu den Nachrichten ersuchten, daß deutsche Truppen durch Ungarn durchmarschierten, um nach Rumänien zu gelangen, über den Brenner nach Italien transportiert und ferner zur sowjetischen Grenze gebracht würden, wurde lediglich geantwortet: »Ich kann und will nichts sagen. Es handelt sich hier um militärische Fragen, und auch wenn ich die Antwort wüßte, könnte ich sie Ihnen nicht mitteilen.«

Strategie und Taktik

JULI BIS DEZEMBER 1940

Am Dienstag, dem 16. Juli 1940, erteilt Hitler an das Heer, die Kriegsmarine und Luftwaffe seine Weisung Nr. 16. Damit sollen die Vorbereitungen für eine Landungsoperation in Großbritannien (Unternehmen »Seelöwe«) beginnen. Was den Termin der Durchführung betrifft, so heißt es »wenn nötig«. Für die deutsche Panzerwaffe bedeutet diese Weisung die Schaffung eines für Unterwasserfahrten geeigneten Kampfwagens. Die Tauchpanzer sollen vor Englands Südküste in etwa 8 Meter Wassertiefe aus den Landungsfähren auf den Meeresboden gelassen werden, unter Wasser bis zur flachen Küste fahren und die britische Küstensicherung niederkämpfen.

Aus acht Panzerregimentern werden vier Tauchpanzerabteilungen aufgestellt. Unter stärkster Geheimhaltung beginnen sie bei Hornum auf Sylt sofort mit ihren Übungen. Die Panzerkampfwagen III und IV werden mit einer Spezialklebemasse wasserdicht gemacht; die Abdichtung zwischen Turm und Panzerkasten am Oberteil wird mit einer Art Fahrradschlauch erreicht, den der Ladeschütze um den Drehkranz befestigt und vom Panzerinneren her aufpumpt. Eine Gummihaube an der Kanonenmündung wird nach dem Auftauchen vom Turm aus abgesprengt. Der fünf Meter lange Schlauch, an einer Schwimmboje mit Ansaugvorrichtungen nach Art der späteren U-Boot-Schnorchel – er trägt zugleich die Antenne – versorgt die Besatzung und den Motor mit Frischluft. Unter Wasser sind sowohl der Kommandant als auch sein Fahrer praktisch blind; ein Kurs-Kreiselkompaß sorgt jedoch für die Orientierung. Die Auspuffrohre haben ein Rückschlagventil.

Auch ein anderes amphibisches Fahrzeug nimmt an den Übungen auf Sylt teil: Ein Land-Wasser-Schlepper (LWS), der die ersten 8,8-cm-Flak-Batterien sicher an die britische Küste schaffen soll, ist mit einem 100-PS-Maybach-V-12-Motor ausgestattet und erreicht die Geschwindigkeit von 12,5 km/h. Einsatzgewicht: 13 Tonnen. 21 Stück dieser Kettenfahrzeuge, die wie eine Kreuzung zwischen Panzer und Motorboot aussehen, wurden bereits 1939 in Boizenburg von der Binnenwerft Gebr. Sachsenberg und von der Firma Alkett gebaut.

Am Mittwoch, dem 31. Juli 1940, bespricht Hitler fast den ganzen Tag über seine Kriegspläne: Zuerst mit dem Oberbefehlshaber der Kriegsmarine, Admiral Raeder, den vorgesehenen Termin der Landung in England; es soll der 15. September 1940 sein. Dem Oberbefehlshaber des Heeres Generalfeldmarschall v. Brauchitsch gegenüber bekräftigt der Führer seinen Entschluß, bereits ab Frühjahr 1941 in einem etwa fünf Monate dauernden Feldzug die Sowjetunion zu zerschlagen.

Am Freitag, dem 2. August 1940, wird der Chef des Wirtschafts- und Rüstungsamtes im OKW, General der Infanterie Thomas, von Generalfeldmarschall Keitel beauftragt, ein neues Rüstungsprogramm mit Erhöhung der Heeresstärke auf 180 Divisionen, darunter mehrere neue Panzerdivisionen, aufzustellen.

Drei Tage später, am 5. August 1940, legt Generalmajor Marcks, Chef des Generalstabs der 18. Armee des OKH, die erste »Aufmarschstudie Ost« für einen Feldzug gegen die Sowjetunion vor. Die 18. Armee (Gen. d.Art. v.Küchler) steht bereits mit 16 Divisionen im Generalgouvernement entlang der deutsch-sowjetischen Interessengrenze.

Noch am Freitag, dem 9. August 1940, gibt das OKW die Weisung über »Aufbau Ost«. Im Generalgouvernement soll eine gewaltige Operationsbasis für den Feldzug gegen die UdSSR entstehen, vor allem Luftstützpunkte, Depots und ein Netz von Panzer-Instandsetzungswerkstätten.

Am Freitag, dem 13. September 1940, eröffnet Marschall Graziani – drei Monate nach Kriegsbeginn – die erste italienische Offensive in Nordafrika: Die 10. Armee (Gen. Berti) mit sechs Infanteriedivisionen und acht Panzerbataillonen stößt über die libysch-ägyptische Grenze bei Fort Capuzzo nach Westägypten vor. Die schwachen britischen Kräfte mit drei Infanteriebataillonen, einem Panzerbataillon, zwei Schwadronen Panzerspähwagen und drei Batterien müssen den Rückzug antreten. In Ägypten befindet sich zur Zeit nur eine 36 000 Mann starke britische Armee. In Erwartung einer italienischen Offensive plant General Wavell, Oberbefehlshaber der britischen Truppen in Ägypten, den Italienern erst in der Nähe des befestigten Gebietes von Marsa Matruh Widerstand zu leisten, also viel weiter östlich, als die Italiener in der ersten Phase überhaupt vorstoßen wollen.
Nahe der Grenze befindet sich nur eine Verteidigungslinie mit schwachen britischen Panzerabteilungen. Unter diesen Bedingungen erfolgt die italienische Offensive ohne größere Kämpfe. So kommt es nur zu vereinzelten Gefechten mit Patrouillen. Die komplizierten Manöver der Einkreisung und Umgehung erschöpfen die italienischen Truppen beträchtlich. Und die sogenannte »Offensive« zeigt, daß die italienische Armee für Operationen in der Wüste nicht vorbereitet ist, da vor allem die notwendigen Transportmittel fehlen.

Bis zum Montag, dem 16. September 1940, rücken die italienischen Truppen 100 Kilometer bis Sidi Barrani vor, erobern die Stadt und graben sich in befestigten Stützpunkten ein, um den »Nachschub zu organisieren«.

Am Dienstag, dem 17. September 1940, entschließt sich Hitler, nachdem der verschärfte Luftkrieg gegen England der Luftwaffe immer schwerere Verluste bringt, das Unternehmen Seelöwe »bis auf weiteres« zu verschieben. Die Vorbereitungen für eine Landungsoperation sollen jedoch nicht abgebrochen und die Täuschungsmanöver sogar verstärkt werden.

Oben: Sylt, Juli 1940: Amphibisches Schleppfahrzeug während der Übungen für eine Landungsoperation in England: Mit ihm sollen 8,8-Flak an die britischen Strände geschafft werden

Unten: Panzereinheiten üben für die Landung

Am Freitag, dem 20. September 1940, übernimmt Generalfeldmarschall v.Bock als Oberbefehlshaber der Heeresgruppe B anstelle des Armee-Oberkommandos (AOK) 18 den Befehl über die deutschen Truppen an der Ostgrenze.

Ende September 1940 stehen im Generalgouvernement, in Ostpreußen und entlang der deutsch-sowjetischen Interessengrenze bereits 30 Divisionen, darunter drei Panzerdivisionen, eine mot. Division und eine Kavalleriedivision.

Am Montag, dem 28. Oktober 1940 um 5.30 Uhr, beginnt der italienische Angriff aus Albanien gegen Griechenland. Dem Oberbefehlshaber der italienischen Truppen, General Visconti-Prasca, unterstehen sechs Infanteriedivisionen, eine Gebirgsdivision und eine Panzerdivision mit insgesamt 155 000 Mann. Eine Infanteriedivision sichert gegen Jugoslawien. Die Landung einer Division im Golf von Arta hinter den griechischen Grenzstellungen muß wegen Sturm unterbleiben. Fünf Divisionen, verstärkt durch albanische Einheiten und Freischärler, rücken in breiter Front in Epirus ein, um

die dort ansässigen Albaner »zu befreien«, und zwei Divisionen gehen südlich des Prespa-Sees in Richtung Florina vor. Das griechische Heer unter dem Oberbefehl von General Papagos hat zur Zeit 14 Infanteriedivisionen und eine Kavalleriedivision. Nach durchgeführter Mobilmachung zählt es etwa 430 000 Mann.

Tags darauf, am 29. Oktober 1940, besetzt England die Insel Kreta und vermint die griechischen Gewässer. Der italienische Vormarsch in Epirus kommt nach 30 Kilometern im Vijosa-Tal, vor Janina und am Kalamas zum Stehen, ebenso der Angriff in Richtung Florina.

Am Sonntag, dem 3. November 1940, zwingt ein Gegenstoß des griechischen II. Korps (Oberst Papadopoulos) den am weitesten auf griechisches Gebiet vorgedrungenen linken Flügel der italienischen 11. Armee (Gen. Geloso) zum Rückzug aus dem Raum Vovuza-Kerasovon.
An diesem Tag hält im Führerhauptquartier der von einer Erkundungsreise in Libyen zurückgekehrte Generalmajor Ritter v. Thoma Vortrag über die Möglichkeit der Entsendung eines deutschen Panzerverbandes nach Nordafrika. Thoma, Befehlshaber der Legion-Condor-Heeresverbände während des Spanischen Bürgerkrieges, ist der Meinung, daß vier Panzerdivisionen das Minimum für einen Erfolg, zugleich aber das Maximum für laufende Versorgung in der Wüste seien. Ein Kommando über schwächere Kräfte lehnt Generalmajor v. Thoma übrigens ab. Hitler will vorläufig keine deutschen Verbände nach Afrika schicken.

Am Montag, dem 4. November 1940, beschließt Hitler, Mussolini in seiner schwierigen Lage in Griechenland durch einen Entlastungsangriff gegen Griechenland von Ungarn, Bulgarien und Rumänien aus zu unterstützen. Inzwischen verstärkt das griechische Oberkommando die Truppen in Epirus, und die Armee Westmazedonien tritt zu neuen Aktionen an. Der italienische Eliteverband, die Gebirgsdivision Julia, wird geschlagen, und die Griechen erobern die Grenzlinie im Abschnitt von der jugoslawischen Grenze bis zur Gebirgskette Pindos wieder zurück. In Epirus wird der Feind am Flußlauf des Kalamas gestoppt. Der Plan Mussolinis von einem Blitzkrieg deutscher Manier und der Beherrschung Griechenlands findet sein Ende.
Die griechische Verteidigung erfüllt trotz der mangelnden Ausrüstung, vor allem an Panzerabwehrkanonen und Flak, ihre Aufgabe: Sie schlägt die Offensive des Generals Visconti-Prasca zurück und gewinnt Zeit, um die Hauptkräfte zu konzentrieren. Die Griechen haben jetzt an der albanischen Front elf Infanteriedivisionen, eine Kavalleriedivision und drei Infanteriebrigaden zusammengezogen. In Epirus steht das I. Armeekorps (GenOberst Kosmas) mit der 2., 3. und 8. Infanteriedivision, der 1. Kavalleriedivision und einer Kavalleriebrigade. Im mazedonischen Abschnitt befindet sich die Armee Westmazedonien jetzt mit dem II. und III. Armeekorps. Das II. Armeekorps besteht aus der 1. Infanteriedivision, der 5. Infanteriebrigade und einer

Kavalleriebrigade, das III. Armeekorps setzt sich aus der 9., 10., 13. und 15. Infanteriedivision zusammen. Außerdem stehen dem Obersten Befehlshaber zur Verfügung: drei Infanteriedivisionen und eine Infanteriebrigade.
Die Italiener versuchen ebenfalls, ihre Verbände zu reorganisieren, und stellen die Armeegruppe Albania (Gen. Soddu) auf. Sie besteht aus der 9. Armee mit vier Infanteriedivisionen, die den Abschnitt von der jugoslawischen Grenze bis zum Osum-Flußlauf hält, sowie der 11. Armee mit fünf Divisionen, die Epirus verteidigen soll. Den Italienern stehen zwar im Mutterland noch zahlreiche Truppen zur Verfügung, aber die Nachschubschwierigkeiten erlauben nur eine langsame Verlegung der Verbände an die Front in Griechenland.
In Nordafrika herrscht völlige Ruhe, und während auf dem Balkan die Italiener und Griechen in schweren Kämpfen stehen, bereiten die Engländer in Ägypten eine Gegenoffensive vor. Nach Erhalt von Verstärkungen – zwei australische, eine indische, eine neuseeländische Infanteriedivision, dazu eine polnische Brigade und die im Seetransport rund um Afrika aus England herangeschaffte, neuausgerüstete britische 7. Panzerdivision – plant General Wavell eine auf fünf Tage begrenzte Operation mit dem Ziel, die italienischen Truppen aus dem Gebiet Sidi Barrani zurückzuwerfen und damit Zeit zu gewinnen, stärkere Kräfte in Ägypten zu konzentrieren.

Am Donnerstag, dem 14. November 1940, beginnen die griechischen I., II. und III. Armeekorps ihre Gegenoffensive. Auf dem rechten Flügel schlagen die drei Armeekorps sowie die Gruppe K die Hauptkräfte der italienischen 9. Armee und werfen sie nach Albanien zurück.

Bereits am Donnerstag, dem 21. November 1940, nehmen griechische Verbände den wichtigen Straßenknotenpunkt Konitsa und die beherrschende Bergkette Morina Planina. In der Frontmitte, in den Bergen Grammos und Smolikas, wirft das II. Armeekorps die italienischen Truppen vom griechischen Territorium, überschreitet danach die Grenze und erreicht an diesem Tag die Linie Erseka-Leskovik. Auf dem linken Flügel durchbricht das griechische I. Armeekorps den feindlichen Widerstand am Kalamas-Fluß und drängt den Gegner über die Grenze. Die Italiener müssen weiter ausweichen, um nicht eingeschlossen zu werden.

Am Abend des 22. November 1940 beginnt die zweite Phase der Offensive. Die griechischen Verbände stoßen in drei Gruppen vor: Die Angriffsgruppe auf dem rechten Flügel, das III. Armeekorps und die Gruppe K erobern trotz harten italienischen Widerstandes Ohrida und sichern so das Gebiet um Konitsa. Der Operativgruppe des I. Armeekorps auf dem linken Flügel gelingt es, in die starke italienische Grenzverteidigungslinie einzubrechen.

Am Donnerstag, dem 5. Dezember 1940, erobert die

griechische mittlere Operativgruppe des II. Armeekorps nach erbitterten Kämpfen Permelti und Frasher.

Am nächsten Tag, dem 6. Dezember 1940, nimmt die Operativgruppe des I. Armeekorps bei der Verfolgung italienischer Truppen in Albanien die Stadt Saranda und zwei Tage später, am 8. Dezember 1940, Argyrokastron. Die Italiener führen zwar mehrere Gegenangriffe mit Panzereinheiten durch und verstärken ihre Verbände mit einigen neuen Divisionen, jedoch ohne Erfolg. Das griechische Oberkommando entschließt sich daher, die Offensive fortzusetzen, jetzt in Richtung Vlona.

Am Montag, dem 9. Dezember 1940, marschiert nach dem Zusammenbruch des italienischen Widerstandes die Angriffsgruppe auf dem rechten Flügel mit dem III. Armeekorps und der Gruppe K durch die Täler der Devoli und Tomori.
Ebenfalls am 9. Dezember 1940 greift General Wavell mit der britischen 7. Panzerdivision, der 16. mot. Infanteriebrigade, der indischen 4. Infanteriedivision und der australischen 6. Division mit gesamt 31 000 Mann, 225 Panzern und 120 Geschützen die italienische 10. Armee (Gen. Gariboldi) in Westägypten die befestigten Stellungen von Sofafi, Nibciwa, Ost-Tummar, West-Tummar, Maktila und Sidi Barrani an. Die britische 7. Panzerdivision und eine indische Division stoßen zwischen Nibeiwa und Sofafi durch. Die Royal Navy nimmt Maktila, Sidi Barrani und die Küstenstraße unter Beschuß, Luftstreitkräfte fliegen Angriffe gegen Flugplätze.

Am zweiten Tag, dem 11. Dezember 1940, wird Sidi Barrani genommen. Teile der 7. Panzerdivision drehen nach Süden ab und verhindern ein Entweichen der Italiener aus Sofafi. Vier italienische Divisionen werden vernichtet, 38 300 Soldaten darunter 4 Generäle gefangengenommen, 400 Geschütze und 50 Kampfwagen erbeutet. Die britischen Verluste betragen 133 Gefallene, 8 Vermißte und 387 Verwundete. Der italienische Versuch, eine Verteidigung im Grenzgebiet Libyen/Ägypten aufzubauen, bringt keinen Erfolg.

Am Freitag, dem 13. Dezember 1940, unterschreibt Hitler die Weisung Nr. 20, einen Operationsplan für das Unternehmen »Marita«, den Angriff gegen Griechenland. Die starke deutsche 12. Armee (GFM List) soll von Bulgarien aus die griechische Ägäisküste besetzen.

Am Sonntag, dem 15. Dezember 1940, nehmen die Engländer im Handstreich den Grenzpaß Halfaja. Damit steht den britischen Panzern der Weg in das Innere der Cyrenaika offen. Die geretteten Reste der italienischen 10. Armee ziehen sich in die Festung Bardia zurück. In der Tiefe wird nun die Verteidigung von Tobruk sowie die Linie El Mekili-Derna verstärkt, auf der man drei Divisionen entfalten will, die man aus dem Landesinneren herangezogen hat.

Am Dienstag, dem 17. Dezember 1940, erobern die britischen Truppen das stark befestigte Sollum.

Britische Schützenpanzer (Bren Carrier) auf dem Marsch in Ägypten

Am Mittwoch, dem 18. Dezember 1940, nach Abschluß der seit Ende August dauernden Ausarbeitung des OKW, unterzeichnet Hitler die Weisung Nr. 21 für den Fall »Barbarossa«, den Angriff auf die UdSSR. Es soll wieder ein Blitzkrieg sein. Voraussichtliche Dauer: drei bis vier Monate. Die Vorbereitungen »sind bis 15. 5. 1941 abzuschließen«.

Am Donnerstag, dem 19. Dezember 1940, wendet sich das italienische Comando Supremo an das OKW mit der Bitte, baldmöglich eine deutsche Panzerdivision nach Nordafrika zu überführen.

Am Dienstag, dem 24. Dezember 1940, steht das griechische III. Armeekorps, das auf dem rechten Flügel durch die Täler von Devoli und Tomori vorstößt, 20 Kilometer östlich von Berat. Die mittlere Angriffsgruppe des II. Armeekorps bleibt, durch starken italienischen Widerstand gefesselt, beinahe in ihren Ausgangsstellungen nahe Kelcyre. Und das I. Armeekorps auf dem linken Flügel erreicht Tepelena, wo es auf erheblichen Widerstand stößt. Einem Teil dieses Verbandes gelingt es jedoch, entlang der Küste vorzudringen und Himare einzunehmen. Die griechischen Truppen können jedoch ihr Operationsziel nicht erreichen: In der Frontmitte halten die Italiener den Bezirk Kelcyre und Tepelena fest. Die griechischen Truppen erweisen sich als zu schwach, um eine breite Umschließung durchzuführen. Es ist das Ergebnis der weiterhin anwachsenden Zahl der italienischen Verbände, die in Eiltransporten aus dem Mutterland einströmen.

Am Sonnabend, dem 28. Dezember 1940, wendet sich Mussolini an Hitler mit der Bitte um deutsche Unterstützung in Albanien. Der Führer ist zunächst bereit, eine seiner kampferfahrenen Gebirgsdivisionen zu entsenden, überlegt es sich aber anders und nimmt davon Abstand.

Am Montag, dem 30. Dezember 1940, beschließt das griechische Oberkommando, den Vormarsch nur mit der mittleren Operationsgruppe des II. Armeekorps fortzusetzen, um Kelcyre zu erobern. Sofort nach Angriffsbeginn kommt es zu erbitterten Gefechten. Gegen die dreieinhalb griechischen Divisionen des II. Armeekorps werfen die Italiener fünf ihrer Divisionen in den Kampf, und beide Seiten erleiden schwere Verluste. Durch die äußerst geschickte Taktik der vorrückenden Griechen gelingt es jedoch, Kelcyre zu erobern und den italienischen Frontvorsprung zu bereinigen.

Am gleichen Tag scheidet wegen Krankheit General Soddu als Oberbefehlshaber der italienischen Verbände in Albanien aus. An seine Stelle tritt General Graf Cavallero.

Ende Dezember 1940 hatten die Griechen an der albanischen Front 13 Divisionen und drei Brigaden, die Italiener elf Infanteriedivisionen, vier Gebirgsdivisionen und eine Panzerdivision sowie eine größere Anzahl kleinerer Einheiten. So waren die Kräfte der beiden Gegner etwa gleich. Auf griechischer Seite traten allerdings immer größere Versorgungs- und Transportschwierigkeiten auf.

Die Produktion und Entwicklung der Panzer war ebenso von Hitlers Launen und pseudofachmännischen Erkenntnissen abhängig wie Strategie und Taktik. Von der Idee seines Feldzugs gegen die Sowjetunion besessen, forderte er inzwischen eine Erhöhung der Panzerproduktion von bisher 125 pro Monat auf 800 bis 1000, die es ihm gestatten würde, die Zahl der Panzerdivisionen zu verdoppeln. Dr. Todt, Minister für Rüstung und Kriegsproduktion, erklärte, daß ein Programm dieser Größenordnung nur durch Reduzierung des U-Boot- und Flugzeugbaus zu erreichen wäre. Um auf seine Idee nicht verzichten zu müssen, befahl Hitler eine Verdopplung der Panzerdivisionen unter gleichzeitiger Halbierung ihrer Kampfwagenstärke auf etwa 150 bis 210 Panzer.

Hitler ignorierte dabei aber, daß die neuentstandenen Panzerdivisionen verhältnismäßig mehr zusätzliches Material und vor allem mehr Fahrzeuge als die bisherigen Großverbände benötigten. Weil er aber zugleich befohlen hatte, den Bestand an motorisierten Infanteriedivisionen zu vergrößern, geriet die Rüstungswirtschaft prompt in Schwierigkeiten. Das OKH teilte nun, um die Situation zu entschärfen, den motorisierten Verbänden das erbeutete französische und englische Material zu.

Die Ausrüstung mit Beutepanzern erwies sich bald als verhängnisvoll: Es fehlten Ersatzteile, die Waffenkaliber stimmten mit den deutschen nicht überein, und die französischen Panzer verfügten durch ihre relativ kleinen Treibstoffbehälter über wesentlich beschränktere Reichweiten als die deutschen Panzer.

In der zweiten Jahreshälfte 1940 wurden im Deutschen Reich insgesamt etwas mehr als 1000 neue Panzer gebaut. Dazu kamen Panzerjäger und Artillerie-Selbstfahrlafetten, die man auf Chassis der veralteten Panzer I und der tschechischen Skoda 38 (t) montiert hatte. Nach den im Westfeldzug gemachten Erfahrungen begann man nun auch den Panzer III mit einer kurzen 5-cm-Kampfwagenkanone (KwK) auszustatten, da sich

die 3,7-cm-Kanone als völlig unzureichend erwiesen hatte. Neu eingeführt wurden die Sturmgeschütze: Gepanzerte Vollkettenfahrzeuge mit einem Geschütz, meist vom Kaliber 7,5 cm, als Hauptbewaffnung. Dabei war die Kanone nicht wie im Panzer in einem Drehturm, sondern direkt in die Vorderfront des Fahrzeuges mit nur geringem Seitenrichtfeld eingebaut. Die Sturmgeschütze gehörten organisatorisch zur Artillerie und entstanden auf Wunsch der Infanterie nach einer gepanzerten schweren Unterstützungswaffe.

Durch die bisherigen Kriegserfahrungen wurden auch Führung und Einsatz der deutschen Panzerdivisionen geändert: Sie sollten jetzt in der Regel im größeren Rahmen eines Panzerkorps kämpfen. Erhielt eine Panzerdivision selbständige Aufgaben, sollte sie möglichst durch motorisierte Infanterie und Artillerie verstärkt werden. Als Hauptaufgabe der Panzerdivisionen und -korps bezeichnete die neue Heeres-Dienstvorschrift »die Entscheidung in der Schlacht herbeizuführen«. Während des Zusammenwirkens zwischen Schützen und Panzern sollen die Schützen auf dem Gefechtsfeld absitzen und nur in Ausnahmefällen das Gefecht vom Fahrzeug aus führen.

Ende 1940 erfolgte auch in England eine bedeutende Umformierung der Panzerdivision. Statt wie bisher zwei Panzerregimenter (Brigaden) zu je drei Bataillonen und einer Unterstützungsgruppe (Artilleriebataillon, Infanteriebataillon, Pionierkompanie) wurde nun jedem der beiden Panzerregimenter ein motorisiertes Infanteriebataillon (Motor-Bataillon) zugegeben. Zehn solcher Panzerdivisionen sollten aufgestellt werden. Nach dem Rückzug aus Dünkirchen besaß England nur noch etwa 200 einsatzbereite Panzer.

Um die Panzerproduktion zu erhöhen, wurden langfristige Entwicklungsarbeiten eingestellt oder stark reduziert. Sowohl technische Verbesserungen als auch die Einführung neuer Typen beschränkte man auf ein Minimum. Als einer der stärksten englischen Panzer galt zur Zeit der Mark II »Matilda«. Seine 80-mm-Panzerung reichte zwar aus, doch hatte er eine zu geringe Geschwindigkeit, zu schwache Kanonen, und er war mechanisch anfällig.

Auch in der Sowjetunion machte man sich die Erfahrungen des Frankreichfeldzuges zunutze: Die Panzer wurden nicht mehr ausschließlich als Unterstützungswaffe für die Infanterie betrachtet. Und man begann mit dem beschleunigten Aufbau von Panzer- und mechanisierten Verbänden nach deutschem Vorbild.

In den USA gab es bis jetzt keine geschlossenen Panzerverbände. Aufgrund der Ereignisse in Europa fing man nun eiligst mit dem Aufbau einer modernen Panzerwaffe an. Bis dahin besaßen die USA etwa 400 veraltete Kampfwagen, und es lagen keine Erfahrungen in der Serienproduktion von Panzern vor. Als Ende 1940 der Panzerbau forciert wurde, konnten bereits die ersten Kriegserfahrungen ausgewertet werden, und mit Hilfe britischer Experten entstanden in kurzer Zeit einige Standardmodelle. Die enorme Produktionskapazität der US-Industrie ermöglichte es, die Fertigungszahlen von einem Tag zum anderen in die Höhe zu treiben.

1941

Januar – Juni

Montag, 6. Januar 1941, Kairo
Das *britische Hauptquartier* gibt bekannt:
Britische Vorposteneinheiten nähern sich nun dem Gebiet von Tobruk. Die Zahl der Gefangenen im Raum Bardia überschreitet bereits 30000. Große Mengen an Panzerwagen, Geschützen, Kriegsmaterial und Vorräten aller Art sind in die Hände der britischen Truppen gefallen.

Auflösung des Somali-Kamelkorps
Mittwoch, 8. Januar 1941, Nairobi
Die *Agentur Reuter* teilt mit:
Am 7. Januar ist in der Militärgeschichte Kenias ein radikaler Wechsel vollzogen worden. Das Somali-Kamelkorps wurde aufgelöst und mit Panzerwagen, die inzwischen aus Südafrika eingetroffen sind, neu organisiert. Die Panzerwagen sind besonders für Einsätze in der Wüste vorgesehen.

Sender Beromünster (Schweiz)

Donnerstag, 9. Januar 1941:
... Auf den Kriegsschauplätzen hat sich in der Berichtswoche die Offensive der britischen Armee des Generals Wavell in Libyen weiterentwickelt. Der Fall der Festung Bardia an der Cyrenaika-Küste hat den Vormarsch der Engländer in Richtung Tobruk gegen das Gros der Armee Graziani wieder in Gang gebracht. Nach den Angaben der Engländer sollen seit dem Beginn der Offensive Wavells vor einem Monat mehr als 90000 Mann italienischer Truppen aus dem Kampf ausgeschieden sein, wovon die Mehrzahl als Gefangene in die Hände der Sieger fielen. Ebenso haben die Engländer in Bardia große Mengen Kriegsmaterial und Vorräte aller Art erbeutet. Vor allem kommt den Engländern zugute, daß sie nunmehr den Hafen von Bardia für den Nachschub benützen können, nachdem sie bisher den Nachschub auf den mühsamen Wüstenwegen bewerkstelligen mußten.
Stationär ist die Lage auf dem albanischen Kriegsschau-platz. Zwar sind die Griechen nur einen guten Tagesmarsch von der Hafenstadt Valona entfernt, deren Besitz ihr strategisches Ziel sein muß. Bei Tepeleni, Klisura und in der Gegend des Ochridasees ist der griechische Vormarsch offenbar auch noch nicht zu jenen Stellungen vorgedrungen, die eine strategische Ausweitung der bisher errungenen taktischen Positionen erlauben würden. Diese Feststellung mindert die außerordentliche Leistung der griechischen Armee und ihrer Führung nicht im mindesten herab.

Der Kampf um Tobruk
Montag, 13. Januar 1941, Kairo
Die *Agentur Reuter* meldet:
Im Gebiet von Tobruk gehen die Operationen gut voran. Die Artillerie ist in beträchtlicher Stärke in Stellung gebracht worden, und die Truppen konnten mit Trinkwasserdepots versorgt werden. Die italienische Garnison ist nun eingeschlossen.

Abbruch der Maginot-Linie
Dienstag, 14. Januar 1941, Berlin
United Press berichtet:
Von zuverlässiger Stelle haben wir soeben erfahren, daß die Deutschen mit dem Abbau der Maginot-Linie begonnen haben. Es besteht der Plan, das durch die Beseitigung der Befestigungswerke frei werdende Land in Erbhöfe aufzuteilen.

Der Krieg in Nordafrika

Dienstag, 21. Januar 1941, Kairo
Das *britische Hauptquartier* gibt bekannt:
Der Angriff auf Tobruk hat heute morgen begonnen.

Tobruk gefallen
Mittwoch, 22. Januar 1941, Kairo
Die *Agentur Reuter* teilt mit:
Australische und britische Truppen haben nunmehr den innersten Verteidigungsring der Stadt Tobruk gestürmt

und sind in die Stadt eingezogen. Das gesamte Verteidigungsnetz ist fest in britischer Hand.

Die Operationen in Eritrea
Donnerstag, 23. Januar 1941, Kairo
Die *Agentur Exchange* berichtet:
Motorisierte Einheiten haben in scharfer Verfolgung des zurückweichenden Gegners eine Strecke von etwa 70 Kilometern im Inneren Eritreas zurückgelegt . . . Der Nachschub an Brennstoff und Proviant klappt gut und ermöglicht die Fortsetzung motorisierter Operationen.

Derna erobert
Donnerstag, 30. Januar 1941, Kairo
Das *britische Hauptquartier* gibt bekannt:
In Libyen ist am Donnerstag morgen die Besetzung von Derna beendet worden.

Deutsches Dementi
Freitag, 31. Januar 1941, Berlin
Das *DNB* meldet:
In gut unterrichteten Kreisen wird zu einer gestern aus London verbreiteten Meldung Stellung genommen, wonach Deutschland im September einen Landungsversuch an der britischen Küste versucht habe. Man erklärt dazu, daß diese Nachricht frei erfunden sei. Ein deutscher Landungsversuch in England, so wird ausdrücklich festgestellt, hat im vergangenen Jahre niemals stattgefunden. Das Gerücht über den angeblich gescheiterten Landungsversuch wird auch dadurch nicht glaubwürdiger, daß es ständig von einem feindlichen oder einem dem Großdeutschen Reich verständnislos gegenüberstehenden neutralen Ausland wiederholt wird.

Einsatz deutscher Flieger in Libyen?
Sonntag, 2. Februar 1941, London
Die *Agentur Reuter* teilt mit:
Die deutsche Luftwaffe ist jetzt an der libyschen Front in Erscheinung getreten. Bei einem Angriff gegen eine vorgeschobene britische Stellung in Libyen waren die angreifenden Flugzeuge nicht mit Sicherheit festzustellen, aber die Beobachter waren überzeugt, daß es sich

um deutsche Flieger handelte; das ging aus der Art des Angriffs hervor. Zudem schienen die Flugzeuge nicht die üblichen italienischen Kennzeichen aufzuweisen.

Die Panzerwaffe, ein Schwerpunkt der US-Rüstung

4. Februar 1941
United Press berichtet:
Die Panzerwaffe der US-Armee ist jetzt an die Durchführung ihres gewaltigen Ausbauprogramms gegangen nach Plänen, die seit 1928 ausgearbeitet, fortlaufend verbessert sowie modernisiert wurden. Die Armee ist sich stets der Schlagkraft schneller Panzerwagen bewußt gewesen, hat es jedoch, wie die Offiziere dieser Waffengattung erklären, für richtiger gehalten, keine Milliarden an Dollars für die Produktion von Panzern auszugeben, die man bis zum Tag einer Mobilmachung in riesigen Depots hätte lagern müssen und die womöglich inzwischen veraltet wären. Man verließ sich auf die geographische Lage der USA, die der Armee Zeit zur Aufstellung geben würde, während die europäischen Staaten ihre Armeen und Ausrüstungen stets in Einsatzbereitschaft halten müssen.

Mittwoch, 5. Februar 1941, Kairo
Das *britische Hauptquartier* gibt bekannt:
In Libyen dauert unser Vormarsch in westlicher Richtung an. Am Montag sind vorgerückte britische Einheiten in Cyrene eingezogen. In Eritrea haben die italienischen Truppen ihren Rückzug über Agordat hinaus fortgesetzt. Unsere Einheiten nähern sich Keren. Die britischen Truppen haben Barentu verlassen und verfolgen den Gegner in südlicher Richtung. Die genaue Zahl der Gefangenen konnte noch nicht ermittelt werden. In Abessinien wurde der Vormarsch östlich von Gallabat auf der Straße Metemma-Gondar fortgesetzt. In Italienisch-Somaliland dauert die Patrouillentätigkeit an.

Vorstoß gegen die Kufra-Oasen
Mittwoch, 12. Februar 1941, London
Das *Hauptquartier der Freien Franzosen* teilt mit:
Unsere Streitkräfte in der Tschad-Kolonie haben mit

Unterstützung unserer Flugzeuge ihre Operationen im Süden Libyens fortgesetzt. Eine motorisierte Kolonne unter dem Kommando von Oberst Leclerc gewann Gelände und besetzte Oasen im Gebiet von Kufra.
Zwischen Kufra und der Grenze der Tschad-Kolonie liegen 960 Kilometer Wüste, und die Sahara stellt in diesem Wüstenteil den militärischen Operationen erhebliche Hindernisse in den Weg.

Neue griechische Offensive
Sonntag, 16. Februar 1941, Athen
Die *Agentur Athinaiko Praktoreio* berichtet:
Nach Meldungen des griechischen Generalstabs geht die Offensive der griechischen Truppen, die am Freitag begann, mit unverminderter Heftigkeit weiter. Im Verlauf des gestrigen Tages konnten die Griechen wieder einige wichtige Erfolge erzielen, bei denen ihnen Gefangene und große Bestände an Kriegsmaterial aller Art in die Hände fielen. An verschiedenen Punkten der Front, die in ihrer ganzen Länge zwischen dem Ochridasee und der Küste in Bewegung gekommen ist, konnten griechische Stoßtrupps in stark befestigte Stellungen der Italiener eindringen.

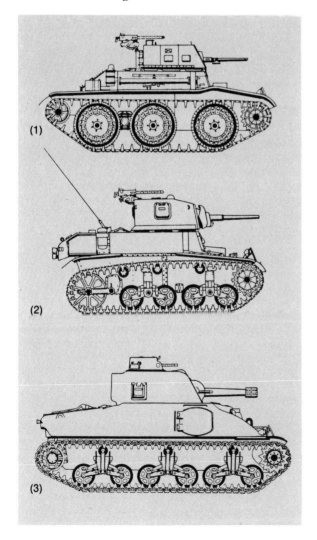

(1)

(2)

(3)

Mittwoch, 26. Februar 1941
Das *Oberkommando der Wehrmacht* gibt bekannt:
An der libyschen Küste südöstlich Agedabia stießen in den Morgenstunden des 24. Februar ein deutscher und ein englischer motorisierter Spähtrupp zusammen. Eine Anzahl englische Motorfahrzeuge, darunter mehrere Panzerwagen, wurden vernichtet und einige Gefangene eingebracht. Auf deutscher Seite entstanden keine Verluste.

Donnerstag, 27. Februar 1941, Kairo
Das *britische Hauptquartier* teilt mit:
In Libyen stießen unsere motorisierten Vorposten westlich von Agheila auf eine Panzereinheit, die allem Anschein nach deutsch war, und warf sie zurück.

Deutsche Warnung an Griechenland?
Sonntag, 2. März 1941, Sofia
United Press berichtet:
Wie dem Vertreter der United Press von zuverlässiger Stelle erklärt wurde, hat Deutschland in dem Augenblick, da Bulgarien dem Dreierpakt beigetreten ist und der Einmarsch deutscher Truppen in Bulgarien unmittelbar bevorstehen soll, den Griechen auf diplomatischem Wege zu verstehen gegeben, sie hätten entweder Frieden zu schließen oder innerhalb von zwei Wochen »die Folgen zu tragen«.

Deutsche Truppen in Afrika

2. März 1941, Tripolis
Die *Agentur Stefani* meldet:
Die kürzlich in Libyen angekommenen neuen Truppen hielten unter dem Beifall der Volksmenge vor hohen Militärs und zivilen Staatsbeamten eine Parade ab. Anwesend waren der Oberkommandierende der nordafrikanischen Truppen, der Generalstabschef und der Kommandeur des deutschen Korps in Nordafrika.

Kapitulation der Kufra-Oasen
Montag, 3. März 1941, Kairo
Das *Hauptquartier der Freien Franzosen* an General de Gaulle:
Erfreut teile ich Ihnen mit, daß nach dreiwöchentlicher Belagerung die Garnisonen der Kufra-Oasen am 1. März, um 9 Uhr die Kapitulation beschlossen. Die Eroberung dieser feindlichen Positionen durch Freie Französische Streitkräfte ist ein weiterer Schritt zum Endsieg. Lang lebe Frankreich.

Gez. de Larminat

Prognose für Griechenland
Mittwoch, 5. März 1941, Budapest
Die *Agentur Exchange* berichtet:
In einem telefonischen Bericht des Belgrader Korrespondenten vom »Pester Lloyd« heißt es:
Immer mehr tritt die Wahrscheinlichkeit in den Vordergrund, daß Deutschland an Griechenland ein Ultimatum richten wird, das die Lage in kürzester Zeit ent-

scheiden müßte. Es ist anzunehmen, daß dieser Schritt um den 15. März herum, also zu dem Zeitpunkt, an dem die deutschen Streitkräfte in Bulgarien ihre volle Schlagkraft erreicht haben, erfolgen wird.

5. März 1941
Das *Oberkommando der Wehrmacht* gibt bekannt:
Die Bewegungen der deutschen Truppen in Bulgarien verlaufen weiterhin planmäßig.

Die Kämpfe in Abessinien
Donnerstag, 6. März 1941, Khartum
United Press berichtet:
Der ostafrikanische Krieg ist zu einem Wettlauf auf Addis Abeba geworden, an dem sich das Heer der abessinischen Freischärler und die mechanischen südafrikanischen Truppen beteiligen . . . Die südafrikanischen Panzereinheiten, die einen merkwürdigen Kontrast zu den abessinischen Kriegern bilden, rollen von Mogadischo aus gegen Harar, das etwa 50 Kilometer von der Eisenbahnlinie Djibuti–Addis Abeba liegt.

Der italienisch-griechische Krieg
Montag, 10. März 1941, Athen
Das *griechische Kriegsministerium* gibt bekannt:
Wir haben unsere Offensivoperationen fortgesetzt und neue feindliche Stellungen erobert. Der Feind unternahm heftige Gegenangriffe, die alle unter schweren Verlusten abgewiesen wurden.

W. Churchill an den Marinegeräteverwalter
Sonnabend, 15. März 1941:
Machen Sie mir bitte einen Rapport, wie weit der Bau der Panzer-Landungsschiffe gediehen ist. Um wie viele handelt es sich? Welches ist ihre Tonnage? Wie viele Panzer können auf einmal befördert werden? Wann werden die einzelnen Bauten fertig sein? Wo werden sie gebaut? Für welche Panzertypen sind sie geeignet?

Sender Beromünster (Schweiz)

Donnerstag, 20. März 1941:
Seit der Besetzung Bulgariens durch die deutsche Wehrmacht, also seit drei Wochen, herrscht Ungewiß-

heit darüber, ob der Balkan in vollem Umfang zum Kriegsschauplatz verwandelt werden wird oder ob im Gegenteil die militärische Vorherrschaft Deutschlands in Südosteuropa eine gewisse Stabilität herbeiführen wird. Was Griechenland betrifft, so sind bis heute die diplomatischen Beziehungen zwischen Athen und Berlin nicht abgebrochen, obschon Athen sich seit nahezu fünf Monaten mit dem Verbündeten Deutschlands, mit Italien, im Kriege befindet. Allerdings stehen nun seit drei Wochen deutsche Truppen an der Grenze Nordgriechenlands, auf einer langen Front, die im Westen von jugoslawischem Gebiet, im Osten von der europäischen Türkei begrenzt wird . . . Eine letzte Frage ist die der aktiven Beteiligung britischer Truppen an der Verteidigung Griechenlands. Die Meldungen über britische Truppenlandungen in einem Hafen Südgriechenlands werden immer häufiger, die Dementierung dieser Meldungen immer schwächer. Es ist also nicht ausgeschlossen, daß seit der Besetzung Bulgariens durch die deutsche Wehrmacht und seit dem Abschluß der britischen Operationen in Nordafrika britische Truppenteile nach Griechenland entsandt wurden.

Aufstellung von acht Panzerdivisionen
Sonnabend, 22. März 1941, Washington
United Press berichtet:
Die Kreditkommission veröffentlicht ein Referat von General Marshall, das dieser am 5. März in einer geheimen Sitzung gehalten hatte. Darin erklärte Marshall, die USA hätten Ende Februar weitere genaue Angaben über die deutschen Panzerdivisionen erhalten, die letztes Jahr bei dem Vorstoß gegen den Kanal eingesetzt worden waren. Die amerikanische Armee werde acht solcher Panzerdivisionen bilden. Gegenwärtig verfüge sie allerdings erst über zwei Panzerdivisionen.

Vergebliche italienische Angriffe
Sonntag, 23. März 1941, Athen
Die *Agentur Athinaiko Praktoreio* meldet:
Ein Regierungssprecher erklärte, die Italiener hätten unter Einsatz ihrer Panzereinheiten an der Zentralfront an drei Tagen Angriffe durchgeführt, doch seien sie durch mörderisches griechisches Artilleriefeuer zum Rückzug gezwungen worden.

Links: Januar 1941, britische motorisierte Verbände stoßen nach der Einnahme von Tobruk weiter nach Westen vor: Schützenpanzer vom Typ Bren Carrier

Rechte Seite: Der griechisch-orthodoxe Bischof von Kanea (Kreta) segnet britische Truppen: vorn ein Schützenpanzer vom Typ Bren Carrier

Tagesparole des Reichspressechefs
Dienstag, 25. März 1941:
Der Beitritt Jugoslawiens zum Dreimächtepakt ist heute die Großaufmachung der ersten Seite. Das Ereignis ist neben der meldungsmäßigen Berichterstattung in Kommentaren und Aufsätzen als ein weiterer bedeutender Sieg der neuen europäischen Ordnungs-Ideen über die destruktiven Kräfte der angelsächsischen Welt herauszuarbeiten.

W. Churchill an General Wavell
Mittwoch, 26. März 1941:
1. Der rapide Vormarsch der Deutschen in Richtung El Agheila bereitet uns selbstverständlich Sorge. Es entspricht ihrem Wesen, vorwärtszugehen, wenn sie auf keinen Widerstand stoßen. Ich nehme an, Sie warten nur darauf, daß die Schildkröte ihren Kopf weit genug vorstreckt, um ihn abzuhauen. Es scheint mir äußerst wichtig, den Deutschen unsere Kampfkraft so bald als möglich zu zeigen. Wie ist der Zustand der 7. Panzerdivision, und wo steht sie? Ich bitte Sie um eine Lageübersicht.

Tagesparole des Reichspressechefs
26. März 1941:
Das Weltecho zum Beitritt Jugoslawiens zum Dreimächtepakt ist sorgfältig zu verzeichnen. Dabei sind die englischen und amerikanischen Stimmen hervorzuheben, die einerseits die Enttäuschung nicht verbergen, andererseits immer noch Unruhe in Jugoslawien stiften möchten.

Umschwung in Jugoslawien
Donnerstag, 27. März 1941, Belgrad
Die *Agentur Reuter* teilt mit:
Prinz Paul von Jugoslawien hat die Flucht ergriffen. Der frühere Ministerpräsident Zwetkowitsch, der den Beitritt Jugoslawiens zum Dreimächtepakt unterzeichnet hatte, ist verhaftet worden, ebenso andere Mitglieder der früheren Regierung.

Tagesparole des Reichspressechefs
27. März 1941:
Die sensationellen Nachrichten aus Belgrad, wonach König Peter durch einen Militärputsch auf den Thron gesetzt worden sei, sind bis zur Klärung der Lage zurückzustellen.

Vereidigung von König Peter II.
Freitag, 28. März 1941, Belgrad
Die *Agentur Stefani* meldet:
Heute vormittag um 10 Uhr wurden sämtliche Mitglieder der neuen Regierung von Ministerpräsident Simowitsch dem König vorgestellt. Kurz darauf leistete König Peter den Eid auf die Verfassung in Anwesenheit des Patriarchen und hoher Würdenträger der serbisch-orthodoxen Kirche.
Die Autofahrt König Peters vom königlichen Palast zur Kathedrale gestaltete sich, wie auch nachher die Rückfahrt, zu einem wahren Triumphzug.

Tagesparole des Reichspressechefs
28. März 1941:
Die Ereignisse in Jugoslawien, die einen für Deutschland unfreundlichen Charakter tragen, sind heute in der Überschrift der Nachrichten etwas deutlicher als bisher zu nuancieren, ohne jedoch die Form einer Drohung anzunehmen. Nach wie vor keine Kommentare.

Tagesparole des Reichspressechefs
Sonnabend, 29. März 1941:
Die heute vorliegenden DNB-Meldungen über die zunehmende deutsch-feindliche Tendenz in den jugoslawischen Vorgängen sollen in der gleichen Art wie bisher erscheinen, können aber etwas stärker in den Vordergrund treten.

Sender Beromünster (Schweiz)

Donnerstag, 3. April 1941:
Im Mittelpunkt der politischen Ereignisse steht Jugoslawien. . . . Die Nachricht vom Umsturz und die Proklamation des jungen Königs löste in Belgrad und in ganz Serbien eine ungeheure Begeisterung aus. Diese Kundgebungen wiederholten sich am nächsten Tag nach der Eidesleistung Peters II. in der Kathedrale von Belgrad, wobei die Menge ebenfalls den diplomatischen Vertretern Englands, Griechenlands und Sowjetrußlands Ovationen darbrachte. . . . Für die neue jugoslawische Regierung wäre es wünschenswert, wenn sie nach außen den Frieden und die Unabhängigkeit dem Lande erhalten könnte und wenn im Innern Ruhe und Einigkeit herrschen würden. Bis heute hat es aber keineswegs den Anschein, daß sich die äußere und die innere Lage Jugoslawiens konsolidiert hat. Es war zweifellos eine große Enttäuschung für die neuen Männer in Belgrad,

Deutsche Panzer
auf dem Vormarsch in
Libyen

daß sich der Kroatenführer und Vizeministerpräsident Matschek nicht zur Eidesleistung des neuen Königs in die Hauptstadt begeben hatte.

Der Krieg in Afrika
Freitag, 4. April 1941
Das *Oberkommando der Wehrmacht* gibt bekannt:
Wie bereits durch Sondermeldung bekanntgegeben, wurde die Verfolgung der in Nordafrika bei Marsa-el-Brega durch deutsche und italienische Verbände geworfenen Engländer am 2. April fortgesetzt. Agedabia ist genommen und Zuctina erreicht. Der Gegner befindet sich im eiligen Rückzug nach Norden.

4. April 1941, Kairo
Die *Agentur Reuter* teilt mit:
Der offizielle Sprecher der britischen Regierung hat erklärt, daß Großbritannien den Feind in der Cyrenaika weiter nach Osten vordringen läßt, und zwar bis zu einem Punkt, wo er mit größtmöglichster Aussicht auf Erfolg im Kampf gestellt werden kann.

Der Balkankrieg weitet sich aus

Sonntag, 6. April 1941, Berlin
Das *DNB* meldet:
Heute morgen, um 5.30 Uhr, hat die deutsche Reichsregierung bekanntgegeben, daß sie sich genötigt gesehen habe, die Wehrmacht in der vergangenen Nacht in Griechenland und Jugoslawien einmarschieren zu lassen. Der Zweck sei, England ein für allemal aus Europa zu vertreiben.

Tagesparole des Reichspressechefs
6. April 1941:
Bei der Berichterstattung über die militärischen Ereignisse ist strikt darauf zu achten, daß im deutschen Volke nicht etwa der Gedanke aufkommt, es handle sich um einen neuen »Blitzkrieg«. Es ist auf dem Balkan ein sehr schwerer Kampf gegen einen verbissenen und von den Engländern seit Jahren verhetzten Gegner. Hervorzuheben sind auch die außerordentlichen großen Geländeschwierigkeiten . . .

6. April 1941, Berlin
Das *DNB* meldet:
Mit der Bekanntgabe des deutschen Vorgehens gegen Jugoslawien und Griechenland im deutschen Rundfunk wurde gleichzeitig eine neue Fanfare für die Bekanntgabe von Sondermeldungen bekannt. Die neue Fanfare ist der Melodie des alten Liedes »Prinz Eugen, der edle Ritter« entnommen.

Montag, 7. April 1941, Athen
Das *griechische Oberkommando* gibt bekannt:
Starke deutsche Streitkräfte mit modernster Ausrüstung, Panzerwagen, viel schwerer Artillerie und zahlreichen Flugzeugen haben seit gestern morgen plötzlich unsere Stellungen angegriffen, in denen nur schwache griechische Einheiten stationiert waren. Während des ganzen Tages spielten sich erbitterte Kämpfe nahe der griechisch-bulgarischen Grenze ab, vor allem in der Gegend des Beles-Gebirges (Belasica) und im Tal der Struma.

Dienstag, 8. April 1941, Athen
Das *griechische Oberkommando* teilt mit:
Die jugoslawische Armee in Südserbien zieht sich unter dem Druck des Gegners zurück und entblößt damit den linken Flügel unserer heldenmütigen Armee. Trotzdem kämpfen unsere Soldaten mit unvergleichlichem Opfermut um jeden Fußbreit Boden unserer Vorväter.

Derna von den Achsentruppen wieder besetzt
8. April 1941, Rom
Die *Agentur Stefani* meldet:
Motorisierte deutsche und italienische Truppen haben die Stadt Derna, 250 Kilometer östlich von Bengasi, wieder zurückerobert.

Mittwoch, 9. April 1941
Das *Oberkommando der Wehrmacht* gibt bekannt:
Schnelle Truppen und Infanteriedivisionen unter dem Befehl des Generalfeldmarschalls List haben, aus Bulgarien heraus vorgehend, die jugoslawische Grenzverteidigung durchbrochen, sind trotz schwierigem Berggelände über 100 Kilometer tief in das Becken Ueskub

(Skopje) vorgestoßen und haben den Vardar überschritten. Damit ist die Trennung zwischen den jugoslawischen und griechisch-englischen Streitkräften vollzogen.

Alle Angriffe zurückgeschlagen
9. April 1941, Belgrad
Der *jugoslawische Generalstab* gibt bekannt:
Nach den Berichten der Truppenkommandos, die bisher den Generalstab erreichten, entwickelte sich die Lage an den Fronten günstig. Alle Angriffe konnten aufgehalten und zum Teil zurückgeschlagen werden. Unsere Truppen kämpfen mit größter Entschlossenheit und haben dem Gegner sehr schwere Verluste zugefügt.

Geheimer Bericht des *Sicherheitsdienstes der SS* zur innenpolitischen Lage:
Nr. 178 vom 10. April 1941 (Auszug)
I. Allgemeines: Die großen Erfolge der Offensive in Griechenland, Jugoslawien und Nordafrika, gegen die englische Insel und englische Schiffe haben die Erwartungen bei weitem übertroffen. Die Sondermeldungen des 9. April lösten immer neue Wellen der Begeisterung aus. Überall wurde unseren siegreichen Soldaten Dank und Bewunderung gezollt. Die Bevölkerung hatte durch die vorausgegangene Aufklärung über die schwierigen Verhältnisse im Südosten für die erste Woche noch nicht mit solchen Erfolgen gerechnet.
In allen Gesprächen befaßte man sich bei Beginn der Operationen in Jugoslawien und Griechenland mit der vermutlichen Dauer dieser Unternehmen. Dabei gingen die meisten Meinungen, trotz der bekannten schwierigen Verhältnisse, dahin, daß auch dieser Feldzug, genau wie in Norwegen, in spätestens zwei Wochen beendet sei. Nur eine Minderzahl von Volksgenossen rechnete mit einer längeren Kriegsdauer, aber auch nur von höchstens 6–8 Wochen, und nur ganz wenige Meldungen enthielten Befürchtungen über eine Ausdehnung des Krieges auf nicht absehbare Zeit.

Mit Panzern in das Herz Serbiens
Von Dr. Feitl

Längst ist X Uhr, die Stunde des Einmarsches in Jugoslawien, vorbei. Panzerverbände und Infanteriedivisionen des Generaloberst v. Kleist haben die jugoslawisch-bulgarische Grenze bereits weit hinter sich gelassen und den ersten Widerstand des Feindes gebrochen. Hin und wieder hämmern vereinzelte Maschinengewehre den der Spitze folgenden Panzerkampfwagen in die Flanke. Es wird Halt gemacht, die Geschütztürme der Panzerkampfwagen machen eine Schwenkung, und mit ein paar Schüssen werden die Widerstandsnester unschädlich gemacht. Dann geht es weiter. Die jugoslawische Artillerie rührt sich zunächst noch sehr selten. Unter geringer Splitterwirkung krepieren hier und da unter den vorgehenden Einheiten Granaten des Feindes, aber die serbische Artillerie schießt auffallend langsam. Gleichzeitig mit den Verbänden des Generaloberst v. Kleist sind Pioniere, Artillerie, Sturmartillerie, Panzerjäger vorgegangen, alles klappt mit der Präzision eines Uhrwerks. So geht es hinein mitten in das Herz des Feindes. Noch ahnen wir nicht, daß die Spitze unserer Verbände schon am Abend vor Ostern die serbische Hauptstadt Belgrad erreicht haben wird.
Die Wehrmacht, April 1941

Warnung vor Panzergefahr
Entsprechend der Panzerwarnung durch die Luftwaffe mit blauen oder violetten Abwurfzeichen wird für die Panzerwarnung der Verbände des Heeres als Warnsignal das
Leucht- bzw. Rauchzeichen blau oder violett
befohlen.
Entgegenstehende Bestimmungen in den Vorschriften sind damit aufgehoben. *OKH, 10. 4. 41*

Deutsche Truppen bei Florina
Sonnabend, 12. April 1941, Athen
Kommuniqué des *Oberkommandos der griechischen Streitkräfte:*
Motorisierte deutsche Verbände, die aus der Gegend von Monastir (Bitoli) vorrücken, sind im Gebiet von Florina auf unsere Truppen gestoßen.

Zagreb in deutscher Hand
12. April 1941
Das *jugoslawische Hauptquartier* teilt mit:
Im nördlichen Abschnitt hat der überlegene Feind über Daruvar die Save erreicht, Kragujevatz ist ebenfalls besetzt. Die deutschen Truppen sind in Zagreb einmarschiert, ohne auf Widerstand unserer Truppen zu stoßen.

Dienstag, 15. April 1941, Kairo
Das *Hauptquartier von General Wavell* gibt bekannt:
Die deutsche Offensive in der Cyrenaika wird von schweren und mittleren Panzerwagen durchgeführt, die von einer großen Anzahl schneller motorisierter Batterien begleitet sind. Tobruk haben die deutschen Einheiten umgangen, später auch Sollum, das vom Osten her angegriffen wurde.

Britisches Dementi
15. April 1941, London
United Press berichtet:
In offiziellen Londoner Kreisen werden die in Berlin kursierenden Gerüchte, wonach die Engländer sich mit dem Gedanken tragen sollen, ihre Truppen aus Griechenland zurückzuziehen, kategorisch dementiert.

Sarajewo besetzt
Mittwoch, 16. April 1941
Das *Oberkommando der Wehrmacht* gibt bekannt:
Die Reste des serbischen Heeres gehen der Auflösung entgegen. Deutsche motorisierte Truppen stießen bei Sarajewo vor und besetzten die Stadt. Tausende von Serben streckten die Waffen. Gefangenen- und Beutezahlen wachsen stündlich.

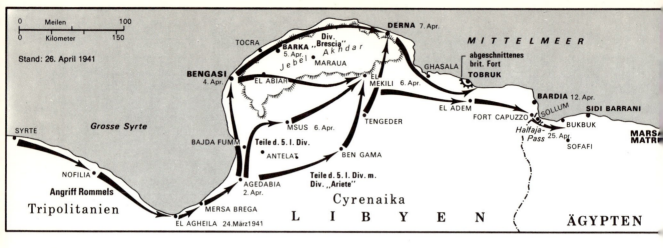

Stand: 26. April 1941

MITTELMEER

DERNA 7. Apr.

Div. "Brescia"
BARKA 5. Apr. *Akhdar*
Jebel MARAUA

TOCRA

BENGASI 4. Apr.

EL ABIAR

abgeschnittenes brit. Fort
TOBRUK

GHASALA

EL MEKILI 6. Apr.

BARDIA 12. Apr.

SIDI BARRANI

EL ADEM

FORT CAPUZZO

SOLLUM

Grosse Syrte

SYRTE

NOFILIA

Angriff Rommels

MSUS 6. Apr.

BAJDA FUMM

Teile d. 5. I. Div.

ANTELAT

TENGEDER

BUKBUK

Halfaja-Pass 25. Apr.

SOFAFI

MARSA MATR

Tripolitanien

AGEDABIA 2. Apr.

BEN GAMA

Teile d. 5. I. Div. m.
Div. "Ariete"

Cyrenaika

MERSA BREGA

EL AGHEILA 24. März 1941

L I B Y E N

ÄGYPTEN

16. April 1941, Rom

Das *Comando Supremo* teilt mit:

In Jugoslawien haben motorisierte Kolonnen der 2. Armee nach Überwindung des feindlichen Widerstandes Spalato (Split), 400 Kilometer von ihren Ausgangsstellungen entfernt, besetzt.

An der griechischen Front stoßen unsere Truppen vom Gebiet der Seen bis zur Vijosa vor. Nach heftigen Kämpfen wurde Ersekle besetzt und überrollt.

In Nordafrika gehen die Operationen bei Sollum und die Einschließung der Festung Tobruk weiter, wo sich der Feind, von Seestreitkräften unterstützt, hartnäckig verteidigt.

Donnerstag, 17. April 1941, London

Das *Kriegsministerium* teilt mit:

Vom griechischen oder britischen Oberkommando in Griechenland liegt keine Bestätigung des aus deutscher Quelle stammenden Gerüchts vor, daß die Linien der Alliierten im Frontabschnitt des Olymp durchbrochen worden seien und deutsche Truppen bereits in die Ebene von Larissa vorstoßen.

Der Kampf um Tobruk

17. April 1941, Tobruk

United Press berichtet:

Der erste deutsche Infanterieangriff auf den äußeren Verteidigungsgürtel von Tobruk wurde am Freitag nachmittag im Schutz eines Sandsturms unternommen, jedoch unter schweren deutschen Verlusten von den Engländern zurückgeschlagen. Der Sturm hatte eine Heftigkeit erreicht, daß es schwerfiel, auch nur weiter als einen Meter zu sehen. Um 17 Uhr aber legte sich der Sturm plötzlich, und man konnte ungefähr 800 deutsche Infanteristen beobachten, die von etwa 30 Lastwagen absprangen und in geschlossener Formation gegen den äußeren Verteidigungsgürtel vorgingen. Daraufhin wurden die Lastwagen, auf denen die Infanterie herangebracht worden war und die auch von Panzerwagen begleitet waren, angegriffen.

Kapitulation der jugoslawischen Armee

Freitag, 18. April 1941, Berlin

Das *DNB* meldet:

Am 17. April um 21 Uhr haben alle jugoslawischen Einheiten, soweit sie noch nicht entwaffnet waren, bedingungslos die Waffen gestreckt. Die Kapitulation tritt heute, am 18. April um 12 Uhr, in Kraft.

18. April 1941, Athen

Das *griechische Oberkommando* teilt mit:

In Westmazedonien hat sich die Lage nicht wesentlich verändert. An der albanischen Front führten unsere Truppen geordnet einige Rückzugsbewegungen aus.

Rückzug der Engländer und Griechen

18. April 1941, Kairo

Das *britische Hauptquartier* gibt bekannt:

Vor dem wachsenden Druck der deutschen Streitkräfte, die jeden Tag Verstärkungen erhalten, ziehen sich die griechischen und britischen Truppen an der griechischen Nordfront nach und nach auf eine kürzere Verteidigungslinie zurück.

W. Churchill an den Chef des Generalstabs

18. April 1941:

1. Nach der Eroberung von Bengasi am 6. Februar wurde die 7. Panzerdivision, die einen so harten, erfolg-

reichen Dienst geleistet hat, zur Überholung nach Kairo zurückbefohlen. Dazu bedurfte es eines Marsches von über 650 Kilometern, den die Raupenketten vieler Panzer nicht überstanden haben. Angesichts der Tatsache, daß bereits Meldungen über deutsche Einheiten in Tripolis vorlagen, war es höchst unklug, die ganze Division so weit nach hinten zu beordern. Die Gesamtheit der Kampfwagen dieser Division kann keinesfalls gleichzeitig in einem Zustand gewesen sein, der langdauernde größere Reparaturen nötig machte. Für leichtere Reparaturen hätte man an der Front Werkstätten improvisieren und Mechaniker hinsenden müssen. So hätte man außer der 3. Panzerbrigade einen beträchtlichen Teil der Panzerbrigaden der 7. Division zur Verfügung gehabt. General Wavell und sein Stab scheinen allerdings geglaubt zu haben, daß vor Ende Mai keine Feindaktion erfolgen werde. Das war eine sehr böse Fehlprognose, aus der sehr ärgerliche Konsequenzen entstanden sind.

Sonnabend, 19. April 1941, Kairo
Das *britische Hauptquartier* gibt bekannt:
Griechenland: Heftige Angriffe deutscher Panzerformationen und Infanterieabteilungen, die sich auf die ganze Front richteten, wurden zurückgewiesen. Der Feind hat schwere Verluste erlitten. Wir haben zahlreiche Gefangene gemacht. Ungeachtet der schweren Angriffe wurden unsere Linien nirgends durchbrochen.
Libyen: In der Gegend von Tobruk haben unsere Patrouillen mehrere kühne Angriffe unternommen.

Ein neuer US-Panzer
Sonntag, 20. April 1941, New York
Die *Agentur Reuter* teilt mit:
Der erste für die US-Armee gebaute 28-Tonnen-Panzer wurde gestern Unterstaatssekretär Patterson vom Kriegsministerium und anderen amerikanischen sowie kanadischen Persönlichkeiten vorgeführt. Diese Panzerwagen besitzen einen 400-PS-Flugzeugmotor, eine Höchstgeschwindigkeit von 40 km/h und sind mit mehreren schweren MG und einer 37-mm-Kanone ausgestattet.

Montag, 21. April 1941, Athen
Die *Agentur Athinaiko Praktoreio* meldet:
Die alliierten Frontlinien sind auf Initiative der Verteidiger an einigen Stellen verändert worden, bleiben aber intakt. Die Deutschen greifen weiterhin die griechisch-britische Front auf ihrer ganzen Länge stark an, jedoch sind alle ihre Anstrengungen, eine endgültige Entscheidung zu erzwingen, bisher gescheitert.

Kapitulation der griechischen Armee im Epirus
Mittwoch, 23. April 1941, Rom
Das *Comando Supremo* gibt in einer Sondermeldung bekannt:
Die feindliche Armee im Epirus und in Mazedonien hat die Waffen niedergelegt.

23. April 1941
Das *Oberkommando der Wehrmacht* gibt bekannt:
Die Bewegungen des deutschen Heeres in Griechen-

Linke Seite oben:
Rommels erster Angriff auf Ägypten (26. 4. 1941)

Linke Seite unten:
Zutreffend beschreibt diese Karikatur das Hin und Zurück in Nordafrika

Rechts: Deutsche Panzerdivision auf dem Vormarsch im Raum Belgrad

land verlaufen planmäßig. Über Lamia weiter nach Süden vorstoßende Kräfte stellten in der historischen Enge der Thermopylen englische Nachhuten zum Kampf.

W. Churchill an den Kriegsminister
Mittwoch, 23. April 1941:
Alle Erfahrungen dieses Krieges unterstreichen das Bedürfnis nach vielen und guten Panzerabwehrwaffen. Man kann natürlich nur eine beschränkte Zahl von Panzerabwehrgeschützen herstellen; um so mehr muß alles darangesetzt werden, um Ersatzmittel zu schaffen, die den gleichen Erfolg gewährleisten . . .
Es erhärten sich die Gerüchte, wonach die Deutschen Kampfwagen mit sehr starker Panzerung bauen – man spricht von 10 bis 15 Zentimetern. Eine solche Panzerung wäre gegen jedes bestehende Panzerabwehrgeschütz gefeit, ja sogar gegen jedes fahrbare Feldgeschütz; die Raupenketten und andere leicht verletzliche Teile bieten nur sehr kleine Ziele.
Versuche haben ergeben, daß Haftminen gegen Panzerplatten angewendet, wie zum Beispiel die von den Obersten Blacker und Jefferis konstruierte Panzermine, große Durchschlagskraft besitzen, und dies mag das Problem lösen. Auf alle Fälle dürfen wir nicht schlafen.

Sender Beromünster (Schweiz)

Donnerstag, 24. April 1941:
Nachdem vor acht Tagen die letzten jugoslawischen Heeresteile vor den von allen Seiten her in das Land eindringenden Deutschen, Italienern und Ungarn kapituliert hatten, beschränkten sich die Operationen in Jugoslawien bloß noch auf Säuberungs- und Besetzungsaktionen. Die Regierung Jugoslawiens und der junge König Peter II. sind entkommen und konnten sich auf britischem Hoheitsgebiet in Sicherheit bringen . . . Mit unverminderter Wucht nahm der deutsch-italienische Vormarsch in Griechenland seinen Verlauf. Vor acht Tagen befanden sich die Verteidigungsstellungen der verbündeten Griechen und Briten noch auf den Gebirgszügen nördlich der thessalischen Ebene . . . Inzwischen kämpften die Nachhuten der griechisch-

australischen Ostarmee gegen die überwältigende Übermacht des Gegners, der auch die neuen Stellungen rasch erstürmte und in das ebene Gebiet der Umgebung von Lamia eindrang . . . Zwischen Lamia und Athen befindet sich der berühmte Engpaß der Thermopylen, der im Jahre 480 v. Chr. von Leonidas und seinen Spartanern gegen die Perser verteidigt wurde. Gestern stellten dort die Deutschen englische Nachhuten zum Kampf. . . . Natürlich ist es zu früh, um Urteile über den griechischen Feldzug zu fällen. Für Griechenland machen sich aber die politischen Folgen des Krieges in ähnlicher Weise geltend wie für die anderen im Verlauf dieses Krieges in den Kampf verwickelten Staaten.

General Wavell an W. Churchill
Freitag, 25. April 1941:
Die an die Panzerdivision ausgegebenen Befehle lauteten, sie solle sich im Falle eines Angriffs durch überlegene Kräfte langsam zurückziehen und ihre Kampfkraft bewahren, bis Nachschubschwierigkeiten den Feind schwächten und Gelegenheit zum Gegenangriff böten. Das war meine Weisung.
Wie sich herausstellte, war diese Taktik falsch. Sofortiger Gegenangriff hätte dem Feind zumindest schwere Verluste zugefügt und ihn beträchtlich aufgehalten. Vielleicht hätte er ihn überhaupt zum Stehen gebracht. So ist die 3. Panzerbrigade durch technische und befehlstechnische Zusammenbrüche während des Rückzugs praktisch weggeschmolzen, ohne eigentlich zu kämpfen, während der unerfahrene Stab der 2. Division die Dinge anscheinend aus der Hand gleiten ließ. Teilweise hat das zu wenig geübte Funkpersonal dazu beigetragen . . .
Als ich am ersten Tag nach Beginn der Kampfhandlungen die Front aufsuchte, sah ich die Notwendigkeit ein, einen im Wüstenkrieg erprobten Befehlshaber heranzuziehen und rief telegraphisch O'Connor zur Unterstützung Neames herbei. Beide Generäle wurden während des Rückzugs von einer Patrouille gefangengenommen, die der auf Derna vorstoßenden feindlichen Kolonne voranging. So, in grobem Umriß, hat sich die katastrophale Episode abgespielt, für die ich die Hauptverantwortung trage.

April 1941: Deutsche Kampfpanzer III überschreiten die bulgarisch-jugoslawische Grenze, begleitet von einem Nahaufklärer Henschel 123

Deutsche mittlere
Kampfpanzer IV, Ausführung D
mit 7,5-cm-Langrohr-
geschütz L/48, vor der
Akropolis in Athen

Britische Truppen in den Ölfeldern von Mossul
25. April 1941, Basra
Die *Agentur Reuter* teilt mit:
Starke britische und Empire-Streitkräfte sind im Gebiet
der Ölfelder von Mossul eingetroffen und haben in
Übereinstimmung mit den Militärbehörden des Irak
strategisch wichtige Positionen besetzt. Die Vorsichtsmaßnahmen gegen mögliche militärische Überraschungen sind sowohl zu Lande wie auch zur Luft wesentlich
verstärkt worden. Die Truppenbewegungen werden
noch fortgesetzt.

Athen in deutscher Hand

Sonntag, 27. April 1941
Das *Oberkommando der Wehrmacht* gibt bekannt:
Nach rastlosen Angriffs- und Verfolgungskämpfen sind
die Spitzen einer deutschen Panzerdivision, den flie-
henden Engländern nachstoßend, am Sonntag morgen
9.25 Uhr in Athen eingedrungen.
Auf der Akropolis wurde die Hakenkreuzfahne gehißt.
Die Leibstandarte Adolf Hitler erreichte in ungestü-
mem Vormarsch westlich des Pindusgebirges den Golf
von Patras, erzwang den Übergang über den Golf und
drang auf dem Peloponnes vor.

Deutsche Panzer vor der Akropolis
27. April 1941
Im Morgengrauen geht es weiter. Auf versteckten,
schmalen Felswegen nähern wir uns Athen. Endlich
kommen immer breitere Straßen, die durch malerische
Vororte bis an den Stadtrand von Athen führen. Hier,
vor einem kleinen Gasthaus, übergibt der griechische
Stadtkommandant Athen dem Vertreter der deutschen
Wehrmacht. Dann marschieren Panzerspähwagen und
Kradschützen in die griechische Hauptstadt ein. Ihnen
bietet sich ein unvergeßlicher Anblick: hoch über der
Stadt glänzen in heller Morgensonne die Marmorsäulen
des Parthenon.   *Die Wehrmacht, Mai 1941*

Rückzug des britischen Expeditionskorps
Montag, 28. April 1941, Kairo
Die *Agentur Reuter* teilt mit:
Die Rückzugsbewegungen des britischen Expeditionskorps in Griechenland gemeinsam mit starken Kräften
der griechischen Armee halten an. Sie werden unter
dem Schutz von Flotteneinheiten und einiger Flugzeug-
staffeln durchgeführt und sind zur Zeit in vollem
Gange. Die direkte Berichterstattung aus Griechenland
muß, solange diese strategischen Operationen anhalten,
unterbrochen werden, da sich notwendigerweise selbst
aus den Funksprüchen wertvolle Hinweise für die gegnerischen Operationen ergeben könnten. Auf dem griechischen Festland haben australische und neuseeländische Truppen bis zum letzten Augenblick befehlsgemäß
ihre Stellungen verteidigt, und sich in guter Ordnung
dann in den Positionen versammelt, von denen aus der
Rücktransport erfolgte.

Heftige Kämpfe um Tobruk
Donnerstag, 1. Mai 1941, im Hauptquartier General
Wavells
Die *Agentur Reuter* berichtet:
Seit Mittwoch nacht ist im Abschnitt von Tobruk eine
äußerst heftige Schlacht entbrannt. Deutsche und italienische Infanterieverbände griffen mit dem gleichzeitigen Einsatz von schweren Panzern und Flammenwerfern
die Verteidigungsstellungen von Tobruk an, nachdem
diese einige Stunden lang sehr heftigem Artilleriefeuer
ausgesetzt waren. Heute, am frühen Morgen, erfolgte
der Einsatz einer großen Anzahl von Sturzkampfbombern, die Bomben schweren Kalibers auf die Verteidigungsanlagen abwarfen. Bis gegen 10 Uhr gelang es der
Garnison, den Einbruch in das Verteidigungsnetz von
Tobruk abzuwehren. Danach konnte eine stärkere Abteilung von Panzertruppen auf drei Kilometer breiter
Front in den äußeren Ring einbrechen. Britische und
australische Truppen stehen zur Zeit in Kämpfen von
Mann zu Mann in den Verteidigungsanlagen außerhalb
der Stadt.

Konflikt zwischen Großbritannien und dem Irak
Sonnabend, 3. Mai 1941, London
United Press berichtet:
Von zuverlässiger Stelle in London wurde heute nacht bestätigt, daß Raschid Alih Hitler um Hilfe gegen die britischen Truppen ersucht habe; doch nimmt man an, er habe die Feindseligkeiten zu früh eröffnet, um in den weiteren deutschen Kriegsplänen eine Rolle zu spielen. Die militärische Bedeutung des Irak liegt besonders in seinen Ölquellen, die die englische Mittelmeerflotte und die im Mittelmeerraum stationierten Einheiten der Royal Air Force zu einem beträchtlichen Teil mit Treibstoff versorgen.

US-Waffentransporte nach Suez
Montag, 5. Mai 1941, Washington
Das *Weiße Haus* teilt mit:
Eine ausdrückliche Bestätigung vom Eintreffen 26 amerikanischer Handelsschiffe mit Panzern, Panzerabwehrgeschützen, Fliegerabwehrkanonen und mit anderem Kriegsmaterial im Suezkanal kann nicht gegeben werden, lediglich, daß es möglich sei.

Mexikanisches Öl für England
5. Mai 1941, Mexiko
Die *Agentur OFJ* berichtet:
Aus Tampico wird berichtet, daß das staatliche Petrolamt die gesamte Ölproduktion der unabhängigen amerikanischen und mexikanischen Ölfelder aufgekauft hat. Die gesamten Ölmengen wurden an England weiterverkauft und werden in nächster Zeit auf Tanker verladen.

Churchills Erklärung vor dem Unterhaus
Mittwoch, 7. Mai 1941, London
Die *Agentur Reuter* teilt mit:
. . . Im letzten Krieg waren die Panzerwagen so konstruiert, daß sie in der Stunde drei bis vier Meilen vorrücken und denen Gewehr- und Maschinengewehrgeschosse nichts anhaben konnten. Seitdem hat sich die Technik so weit entwickelt, daß es möglich ist, Panzerwagen herzustellen, die imstande sind, 25 Meilen in der Stunde zurückzulegen und Artilleriefeuer zu widerstehen. Das ist eine besondere Revolution, von der Hitler Nutzen zu ziehen verstanden hat. Diese Tatsache war in technischen und militärischen Kreisen ganz genau bekannt. Diese technische Revolution ist nicht in deutschen Köpfen entstanden, sondern beruht auf britischen Auffassungen und Ideen oder z. B. auf denen von de Gaulle. Diese technische Neuerung wurde von den Deutschen, die nicht über Erfindergabe, aber über eine hoch entwickelte Nachahmungsgabe verfügen, zu unserem Nachteil ausgenützt.

Unbegrenzte deutsche Ölvorräte
Montag, 12. Mai 1941, New York
United Press berichtet:
Das amerikanische Petroleuminstitut hat eine Untersuchung abgeschlossen und ist dabei zu der Erkenntnis gekommen, daß Deutschland über genügend Öl verfü-

gen muß, um seine Land- und Luftstreitkräfte auf unbegrenzte Zeit versorgen zu können.

W. Churchill an den Chef des Generalstabs
Freitag, 16. Mai 1941:
Ihr Memorandum vom 15. Mai. Der Bestand an schweren Panzern einer Brigade der 7. Panzerdivision beläuft sich nach Ihren Angaben auf 210 (einschließlich 20 Prozent Reserven) und der Bestand der Infanteriepanzerbrigade auf 200 Panzer, also rund 400 schwere Kampfwagen in der 7. Panzerdivision. Wir müssen versuchen, Vergleiche anzustellen: Man sagt mir, die Deutschen bevorzugen ein Verhältnis von zwei leichten Panzern auf einen schweren; demnach besäße eine deutsche Panzerdivision etwa 135 schwere Panzerkampfwagen. Mit anderen Worten hätte sie nicht einmal so viele schwere Panzer wie eine einzige unserer Brigaden.

Die Kämpfe an der ägyptisch-libyschen Grenze
Sonnabend, 17. Mai 1941, Berlin
Das *DNB* meldet:
Sollum, Capuzzo und Sidi Azeiz sind wieder in der Hand der deutschen und italienischen Truppen.

Deutsche Aktion gegen Kreta
Einsatz von Fallschirmtruppen?

Dienstag, 20. Mai 1941, London
Die *Agentur Reuter* teilt mit:
Nach einer in London eingetroffenen, jedoch noch nicht bestätigten Meldung haben feindliche Fallschirmtruppen einen Angriff auf die Insel Kreta eingeleitet.

Tagesparole des Reichspressechefs
Freitag, 23. Mai 1941:
Das Interesse des Lesers kann in allgemeiner Form z. B. durch Bilder, Karten, historische Ausführungen usw. auf die Insel Kreta hingelenkt werden. Die Ereignisse selbst, die günstig vorwärts schreiten, können aus den bekannten Gründen noch keinerlei Erwähnung finden und dürfen auch nicht angedeutet werden.

Tagesparole des Reichspressechefs
Sonnabend, 24. Mai 1941:
Die Sondermeldung über Kreta bildet die Großaufmachung der Blätter. Das Ereignis, das eine der kühnsten Waffentaten der Weltgeschichte darstellt und das den Stolz der ganzen Nation erweckt, bietet Anlaß zu nachdrücklichen politischen Kommentaren. Hierbei sind vor allem die ersten prahlerischen Auslassungen Churchills in Gegensatz zu stellen zur deutschen Berichterstattung, die erst dann das Wort ergreift, wenn tatsächliche Kampfergebnisse wahrheitsgetreu gemeldet werden können.

Neue britische Offensive: Operation »Battleaxe«?
General Wavell an den Chef des Generalstabs
Mittwoch, 28. Mai 1941:
Punkt 1. Wir werden unsere sämtlichen verfügbaren Panzer, als das ausschlaggebende Kampfmittel, für die

Operation »Battleaxe« in Nordafrika einsetzen. Die Neuformierung der 7. Panzerdivision wird durch verschiedene Umstände verzögert. Das früheste Datum für den Vormarsch von Marsa Matruh aus ist der 7. Juni, es kann aber auch noch später werden.

Punkt 2. Ich halte es für richtig, Sie darüber zu informieren, daß die Erfolgsaussichten für diese Operation meiner Meinung nach zweifelhaft sind. Ich hoffe, daß es uns gelingen wird, den Feind bis in den Westen von Tobruk zurückzuwerfen und den Landweg dorthin wieder zu öffnen. Soweit möglich, werden wir einen Erfolg ausnützen. Doch die letzten Gefechte haben einige beunruhigende Tatsachen enthüllt: Unsere Panzerspähwagen sind zu schwach gepanzert, um dem Feuer der feindlichen Kampfflieger standzuhalten, und mangels Geschützen sind sie auch den achträdrigen deutschen Panzerspähwagen, die schneller und mit Kanonen ausgerüstet sind, nicht gewachsen. Das erschwert die Aufklärung . . .

Die Lage im Irak
Freitag, 30. Mai 1941, Jerusalem
Associated Press berichtet:
Der Vormarsch britischer und indischer Truppen auf Bagdad geht ununterbrochen weiter und stößt nirgends auf größeren Widerstand. Wie jetzt bekannt, wird die Operation von zwei motorisierten Kolonnen durchgeführt. Andere britische Streitkräfte operieren, unterstützt von Panzerwagen, gegen die Stellungen der irakischen Truppen bei Ramadi, rund 19 Kilometer nordwestlich von Habbaniya.

Die Briten räumen Kreta
Sonntag, 1. Juni 1941, London
Das *Kriegsministerium* teilt mit:
Nach zwölf Tagen einer Schlacht, die unzweifelhaft die erbittertste dieses Krieges war, ist beschlossen worden, unsere Streitkräfte aus Kreta zurückzuziehen.

Sender Beromünster (Schweiz)

Freitag, 13. Juni 1941:
Die letzten acht Tage haben den seit einiger Zeit erwarteten Kampf um den Besitz Syriens gebracht. Nachdem die Engländer bereits Syrien und Libanon zur Kriegszone erklärt hatten und die französischen Militärbehörden unter dem Hochkommissar in Syrien, General Dentz, in erhöhter Wachbereitschaft standen, erfolgte in den ersten Morgenstunden des letzten Sonntags der Einmarsch britischer Truppen, unterstützt von französischen Verbänden de Gaulles, in syrisches Gebiet . . .

Geheimer Bericht des *Sicherheitsdienstes der SS* zur innenpolitischen Lage:
Nr. 194 vom 16. Juni 1941 (Auszug)
In einer ganzen Anzahl von Einzelberichten wird neuerdings darauf hingewiesen, daß alle Meldungen der Presse und des Rundfunks von den Volksgenossen in erster Linie unter dem Gesichtspunkt betrachtet würden, ob sie sich für die Dauer des Krieges verkürzend oder verlängernd auswirken könnten.
Das Fehlen von Meldungen über Rußland wirkt sich nach übereinstimmenden Berichten aus allen Reichsteilen noch immer in einer starken Gerüchtbildung aus. Es werde fest geglaubt, daß deutsche Truppen bereits seit einiger Zeit durch Rußland marschieren. Man halte es für möglich, daß Stalin demnächst nach Berlin kommt u. ä. Die Möglichkeit eines Konflikts mit Rußland liege z. Z. mit Ausnahme eines Teils der Berliner Volksgenossen und der Bevölkerung der Ostgaue ganz außerhalb der politischen Kombinationen.

Schwere britische Panzerverluste bei Sollum
Donnerstag, 19. Juni 1941, Berlin
Das *DNB* meldet:
Die Verluste der britischen Panzerwaffe sind nach den neuesten Meldungen noch erheblich höher als sich nach

Deutsche Panzer im Vorstoß auf Ägypten: Eine Hauptstärke des Panzers liegt im Psychologischen. Der Anblick des lärmenden, feuerspeienden und alles niederwalzenden Kolosses, der Geruch von Pulvergasen und Benzin suggeriert dem Mann, der mit Karabiner, MG und Handgranate verhältnismäßig leicht bewaffnet im Erdloch hockt, die Unbesiegbarkeit des Panzers

den bisherigen Feststellungen ergeben hat. So wurden bei der Aufräumung des Schlachtfeldes 200 britische Panzerkampfwagen vorgefunden, die durch deutsche und italienische Waffenwirkung teils vernichtet, teils bewegungsunfähig geschossen waren und von den Briten auf dem Rückzug zurückgelassen werden mußten.

Französisch-britische Kämpfe in Syrien
Freitag, 20. Juni 1941, Vichy
Das *Office Français d'Information (OFI)* teilt mit:
Die Anstrengungen der Briten richteten sich gestern ohne Erfolg gegen Damaskus und Merdjayum. Indische und britische Truppen sind in der Gegend südlich und südöstlich von Damaskus vorgegangen; sie konnten aber durch Gegenangriffe unserer Panzereinheiten zurückgedrängt werden, dabei wurden 400 Gefangene gemacht. In der Gebirgsgegend des südlichen Libanon ist ein feindlicher Angriff durch unsere Truppen gestern nachmittag abgewehrt worden. Bei dieser Operation machten wir 80 Gefangene. An der Küste setzte die britische Flotte die Beschießung unserer Stellungen fort.

Krieg mit der Sowjetunion

Sonntag, 22. Juni 1941
Das *Oberkommando der Wehrmacht* gibt bekannt:
An der sowjetischen Grenze ist es seit den frühen Morgenstunden des Sonntags zu Kampfhandlungen gekommen. Ein Versuch des Feindes, nach Ostpreußen einzufallen, wurde mit schweren Verlusten abgewiesen. Deutsche Jäger schossen zahlreiche sowjetische Kampfflugzeuge ab.

22. Juni 1941, Berlin
Das *DNB* meldet:
Heute morgen, nach halb sechs Uhr, wurde eine Proklamation des Führers bekanntgegeben, in der das Deutsche Reich der UdSSR den Krieg erklärt.

Montag, 23. Juni 1941
Das *Oberkommando der Roten Armee* gibt bekannt:
Am frühen Morgen des 22. Juni griffen die Truppen der deutsch-faschistischen Wehrmacht unsere Grenzstreitkräfte auf der ganzen Front von der Ostsee bis zum Schwarzen Meer an . . . Die feindliche Luftwaffe bombardierte mehrere unserer Flugplätze und Ortschaften. Überall stieß sie auf energischen Widerstand unserer Jagdmaschinen und der Bodenabwehr, wobei dem Feind schwere Verluste zugefügt wurden, 65 deutsche Flugzeuge wurden vernichtet.

Dienstag, 24. Juni 1941, Berlin
Das *DNB* meldet:
Deutsche Einheiten stießen am 23. Juni nach dem Durchbruch durch feindliche Grenzstellungen auf eine Sowjetdivision. Noch bevor sie sich den deutschen Truppen richtig zum Kampfe stellen konnte, brach sie im deutschen Feuer zusammen und wurde aufgerieben. Bereitgestellte sowjetische Panzerkräfte wurden von der deutschen Luftwaffe zersprengt.

Donnerstag, 26. Juni 1941
Das *Oberkommando der Roten Armee* gibt bekannt:
Gestern entwickelten feindliche Truppen eine Offensive in Richtung Wilna und Baranowitschi. Beträchtliche sowjetische Luftgeschwader griffen im Laufe des Tages diese Verbände an. Es gelang jedoch mehreren feindlichen Panzerrudeln, in das Gebiet Wilna und Oschmiany vorzudringen. Dank dem erbitterten Widerstand unserer Truppen sind Infanterieeinheiten des Gegners von ihren Panzerspitzen abgeschnitten worden.

26. Juni 1941, Berlin
United Press meldet:
In den Berichten der deutschen Propagandakompanien wird geschildert, daß der deutsche Vorstoß bei glühender Hitze vor sich gehe. Auch heute wird der verbissene Widerstand der sowjetischen Truppen, die oft bis zum letzten Mann kämpfen, hervorgehoben. Die sowjetischen Soldaten, die die Bunker oder die in aller Eile aufgeworfenen Verteidigungsstellungen besetzt haben, sollen sich, wie erklärt wird, in der Regel nicht ergeben, sondern bis zur letzten Patrone kämpfen.

Panzerschlacht bei Minsk
Freitag, 27. Juni 1941, Moskau
Das *Sowinformbüro* teilt mit:
In der Gegend von Minsk führen unsere Truppen erbit-

22. Juni 1941: Am Rande einer Grenzschlacht im Raum Brest-Litowsk

Straßenbrücke bei Dünaburg: Diese strategisch wichtige Brücke, über die die Fernstraße Kowno – Leningrad verläuft, sowie die ebenso wichtige Eisenbahnbrücke über die Düna werden am 26. 6. 1941 im Handstreich vom Kommando der Brandenburger (OberstLt. Knaak), einer Sondertruppe des OKW-Amtes Ausland/Abwehr (Adm. Canaris), genommen. Der Einsatz wird in sowjetischen Uniformen durchgeführt. Erst die Einnahme der unbeschädigten Brücken ermöglicht dem deutschen LVI. Panzerkorps einen schnellen Vorstoß auf Leningrad

terte Kämpfe gegen große faschistische Panzereinheiten. Die Schlacht dauert an. In Richtung Luck haben heftige Panzergefechte den ganzen Tag über angedauert. Die Operationen sind für uns günstig verlaufen.

W. Churchill an den Kriegsminister und den Chef des Generalstabs
27. Juni 1941:
Vor einiger Zeit kam ich schon zur Ansicht, daß es weit besser wäre, den verschiedenen Panzertypen Namen beizugeben. Diese könnte man sich leicht merken, und Verwechslungen von Typen und Typennummern würden vermieden. Der Vorschlag fand damals keine Gegenliebe, aber es ist ganz augenscheinlich, daß ein echtes Bedürfnis hierfür besteht, denn der Schützenpanzer Typ II läuft weithin unter der Bezeichnung »Matilda«, und ein anderer Schützenpanzer wird »Valentine« genannt. Dazu kommt, daß die bestehenden Bezeichnungen abgeändert und variiert werden. »A. 22« besitzt, glaube ich, einen Doppelgänger. Bitte lassen Sie eine Aufstellung über die offiziellen Bezeichnungen aller Panzer nach Typen und Typennummern anfertigen. Auch Panzer in Konstruktion oder im Entwurf, sowohl hier wie in der amerikanischen Armee, sind zu berücksichtigen und Namensvorschläge dafür zu unterbreiten, damit sie diskutiert werden können.

Panzerschlacht nördlich von Kowno
Sonntag, 29. Juni 1941
Das *Oberkommando der Wehrmacht* gibt bekannt:
Nach zweitägiger Dauer führte die deutsche Panzerwaffe am 26. Juni eine gewaltige Panzerschlacht nördlich von Kowno siegreich zu Ende. Mehrere Divisionen wurden eingeschlossen und vernichtet. Über 200 sowjetische Panzerwagen, darunter 29 schwerster Art, mehr als 150 Geschütze sowie Hunderte von Kraftfahrzeugen fielen in unsere Hand.

An dem Kessel von Bialystok beiderseits vorbeistoßend, haben unsere Panzerverbände und motorisierten Divisionen den Raum um Minsk erreicht. Ein neuer großer Erfolg bahnt sich an.

Montag, 30. Juni 1941, Moskau
Das *Sowinformbüro* teilt mit:
Im Gebiet von Luck geht der Kampf gegen starke feindliche motorisierte Kräfte weiter. Trotz Verstärkungen durch frische Panzereinheiten blieben alle Versuche des Gegners, unsere Linien in Richtung Nowograd-Walynsk und Schepetowka zu durchbrechen, erfolglos und wurden abgeschlagen. Es gelang sogar unseren Panzereinheiten und der Roten Luftflotte, einen großen Teil der feindlichen Panzereinheiten und motorisierten Truppen zu vernichten.

W. Churchill an den Rüstungsminister
30. Juni 1941:
In der Geheimsitzung über die Anfrage von Sir Andrew Duncan wurden von Shinwell (und anderen) Fragen über unsere Haltung in bezug auf »schwere Panzer« gestellt. Bisher haben wir den »A. 22« als den schwersten in Serienbau zu nehmenden Typ angesehen, obwohl für einen noch größeren Typ bereits viel Vorarbeit geleistet worden ist – wie ich glaube von Mr. Stern. Mir scheint, es gibt sogar ein Modell. Unser Problem liegt natürlich anders als das der Russen und der großen Kontinentalmächte; bei uns dreht es sich um die Verschiffung, doch braucht das keine unüberwindliche Schranke zu sein.
Nach einwandfreien Quellen scheinen die Russen einen sehr schweren Panzer entwickelt zu haben; man spricht von über 70 Tonnen, gegen den sich der deutsche »A/T 6-Pfünder« (Panzer IV) als machtlos erwiesen habe. Es scheint mir, daß die Frage eines viel schwereren Panzers plötzlich in den Vordergrund rückt. Unsere ganze Einstellung zum Panzerbau muß überprüft werden; wir müssen wissen, woran wir sind – und das nämlich bald!

Strategie und Taktik

Zu Beginn des Jahres 1941 wird die Lage der Italiener immer bedrohlicher: Längst geht es ihnen nicht mehr darum, Griechenland zu besetzen und Athen zu erobern, sondern um das nackte Überleben in Albanien. Und in Nordafrika stehen sie am Rand des Zusammenbruchs. Ihre Ausrüstung erweist sich für den Wüstenkrieg als völlig ungeeignet, und die kleinen Fiat-Panzer (2 t) sind richtige Särge für die Besatzungen.

Am Sonnabend, dem 4. Januar 1941, befiehlt General Wavell, um den unerwartet großen Erfolg auszunutzen, in die Cyrenaika vorzustoßen. Während die britische 7. Panzerdivision (Maj.Gen. Creagh) Bardia umgeht und in Richtung Tobruk marschiert, drängt die australische 6. Infanteriedivision gegen Bardia vor. Am nächsten Tag streckt die italienische Garnison die Waffen. Den Engländern fallen 40 000 Gefangene und 462 Geschütze in die Hände. Jetzt hat die italienische Heeresgruppe Libyen (Marschall Graziani) lediglich in der Cyrenaika noch fünf Divisionen.

Am Donnerstag, dem 9. Januar 1941, entschließt sich Hitler nach den Berichten über die ernste Lage der italienischen Truppen in Nordafrika, zur Unterstützung einen Panzer-Sperrverband nach Libyen zu entsenden.

Am Dienstag, dem 21. Januar 1941, beginnt die zum britischen XIII. Korps (Lt.Gen. O'Connor) gehörende australische 6. Infanteriedivision den Sturm auf die wichtige italienisch-libysche Hafenstadt und Festung Tobruk, die am nächsten Tag fällt. Es werden 27 000 Mann gefangengenommen, 208 Geschütze und 87 Panzer erbeutet. Die Reste der italienischen 10. Armee ziehen sich in die befestigte Linie El Mekili–Derna zurück. Als jetzt nach dem Fall von Tobruk die australische 6. Infanteriedivision entlang der Küste auf diese Linie zurollt und die britische 7. Panzerdivision beginnt, die italienische 10. Armee von Süden her zu umgehen, gibt Marschall Graziani den Befehl zum Rückzug. Es ist aber zu spät: Die 7. Panzerdivision steht bereits bei Beda Fumm an der Küste der Großen Syrte und schneidet der 10. Armee den Rückzug ab, die nach kurzem Gefecht kapituliert. 20 000 Mann gehen in Gefangenschaft.

Am Donnerstag, dem 30. Januar 1941, erobert die britische Nil-Armee (Gen. Wavell) Derna.

Am Sonnabend, dem 1. Februar 1941, hält im Führerhauptquartier der soeben aus Libyen zurückgekehrte Generalmajor v. Funck Vortrag über die kritische Lage der italienischen Verbände in Nordafrika. Und einige Tage später, am Donnerstag, dem 6. Februar 1941, ergeht die Weisung des Oberkommandos der Wehrmacht an das OKH und das OKL für den Einsatz in Nordafrika (Unternehmen »Sonnenblume«).

Am Donnerstag, dem 6. Februar 1941, marschieren britische Verbände in die Hauptstadt der Cyrenaika, Bengasi, ein.

Am Tag darauf, dem 7. Februar 1941, nehmen die Engländer Agedabia und rücken nach El Agheila vor, wo sie eine Ruhepause einlegen. Innerhalb von zwei Monaten haben die schwachen Commonwealth-Truppen der Nil-Armee 900 Kilometer zurückgelegt, Westägypten gesäubert, die ganze Cyrenaika besetzt und zehn italienische Divisionen zerschlagen. Die Engländer nehmen 130 000 Mann gefangen und erbeuten 1 290 Geschütze, rund 400 Panzerwagen sowie eine große Menge Kriegsmaterial. Die Verluste der Nil-Armee: 475 Tote, 1 225 Verwundete und 43 Vermißte.
Während jetzt das Deutsche Afrika-Korps über eine leichte Division und eine Panzerdivision verfügt und die Italiener nach Tripolis eine Panzerdivision und eine

Rechte Seite:
Nachtgefecht in der Wüste: Aufklärungseinheit des Deutschen Afrika-Korps im Feuerwechsel mit britischen Panzern

Links: Der leichte Kampfpanzer General Grant M3, Standardpanzer der US-Army, hier im Einsatz bei der britischen 8. Armee in Nordafrika

mot. Division entsenden, beordern die Engländer ihre besten Verbände der Nil-Armee nach Griechenland. In der Cyrenaika bleibt nur das britische XII. Korps (GenLt. O'Connor), das aus zwei Divisionen nicht voll ausgebildeter Truppen besteht. Die Front gegen Tripolis ist nun kaum besetzt.

Am Sonnabend, dem 8. Februar 1941, werden in Neapel die ersten deutschen Truppen und Material für einen deutschen Verband in Nordafrika verladen.

Am Dienstag, dem 11. Februar 1941, gehen in Tripolis die ersten deutschen Truppen der 5. leichten Division an Land. Am Tag darauf trifft Generalleutnant Rommel in Libyen ein.

Am Dienstag, dem 18. Februar 1941, erhalten die deutschen Verbände in Libyen offiziell die Bezeichnung »Deutsches Afrika-Korps« (DAK).

Am Donnerstag, dem 20. Februar 1941, kommt ein Geleitzug von vier Handelsschiffen mit Nachschub und der Flakabteilung I/33 in Tripolis an. Einen Tag später entdeckt ein britisches Aufklärungsflugzeug in der Wüste ein achträdriges Fahrzeug, das nicht italienischer Herkunft ist. Folglich muß es ein deutsches Fahrzeug sein. Wenig später erfahren die Engländer, daß eine Panzereinheit, vermutlich ein Regiment, in Tripolis ausgeladen wurde.
Am selben Tag geraten die Deutschen erstmals mit den Engländern in Berührung. Ein Trupp der Dragoon Guards unter Leutnant E. T. Williams tauscht mit Truppenteilen der Aufklärungsabteilung 3 Feuer aus, ohne jedoch irgendwelche Wirkung zu beobachten.

Am Montag, dem 24. Februar 1941, kommt es in Nordafrika zu den ersten Kämpfen zwischen Engländern und Deutschen. Nachdem Rommels Truppen im Gebiet von El Agheila eine Woche lang patrouillieren und ab und zu Schüsse aus großer Entfernung wechseln, treffen sie auf zwei Trupps Dragoon-Guards-Panzerkampfwagen und eine Einheit australischer Pak. Die englisch-deut-

schen Kampfhandlungen beginnen. Die Eigenart des afrikanischen Kampfraumes bestimmt die Taktik: Die Wüste bietet wenig Deckung und erlaubt auch durch die Staubentwicklung kaum eine unbemerkte Annäherung. Die Panzergefechte müssen in der Regel auf mehrere Kilometer Entfernung eröffnet werden. Dabei leidet aber die Zielgenauigkeit des Feuers, da die vom Boden aufsteigende Hitze ein so starkes Flimmern erzeugt, daß die Panzerschützen die Entfernungen nur selten richtig einschätzen.

Am Dienstag, dem 4. März 1941, landen im Rahmen der Operation »Lustre« im Piräus die ersten britischen Truppen des Expeditionskorps (Gen. Wilson) in Griechenland.

Am Sonntag, dem 9. März 1941, beginnt an der Front in Albanien im Raum Bubesh die italienische Offensive. Aus diesem Anlaß kommt Mussolini persönlich aus Rom, um der Truppe Mut zuzusprechen. Trotz der Überlegenheit an Menschen und Material bricht der Angriff gleich zu Beginn an der harten griechischen Verteidigung zusammen.

Am Sonntag, dem 16. März 1941, ist die italienische Offensive trotz wiederholter Angriffsversuche endgültig gescheitert: Wegen der hohen Verluste gehen die Italiener zur Verteidigung über, die Front stabilisiert sich für eine gewisse Zeit.

Am Mittwoch, dem 19. März 1941, erhält Generalleutnant Rommel zum letzten Mal strikte Weisung des OKH, lediglich die ausweichenden italienischen Verbände zu stützen und keinesfalls vor Einsatzbereitschaft der 15. Panzerdivision, die für Ende Mai vorgesehen ist, anzugreifen. Selbst dann – so erfährt Rommel – plant das OKH nur beschränkte Operationen des DAK im Raum Agedabia.

Am Montag, dem 24. März 1941, unternimmt Rommel trotz der Weisung des OKH den ersten Aufklärungsvorstoß. In der Nähe des Wüstenforts El Agheila hat das

DAK die ersten Gefallenen: Einer der Panzer ist auf eine Mine gefahren. Dieser Aufklärungsvorstoß bestätigt, daß die britische Verteidigung durch den Truppenabzug nach Griechenland erheblich geschwächt ist.

Am Dienstag, dem 25. März 1941, unterzeichnen die Vertreter der jugoslawischen Regierung in Wien den Beitritt zum Dreimächtepakt. Auf diese Nachricht hin kommt es in Jugoslawien zu antideutschen Demonstrationen. Hitler entschließt sich nun, Jugoslawien zu besetzen. Der deutsche Plan sieht vor, einen konzentrischen Panzervorstoß von Sofia, vom Banat und Österreich aus auf Belgrad zu unternehmen. Zuerst wird die 12. Armee (GFM List) aus Bulgarien vorgehen, einige Tage später die Verbände der 2. Armee (GenOberst v. Weichs), die gerade in Österreich aufgestellt worden ist. Griechenland soll von Teilen der 12. Armee von bulgarischem und jugoslawischem Gebiet aus angegriffen werden. Das italienische Oberkommando sieht vor, aus Istrien mit Kräften der 2. Armee (Gen. Ambrosio) auf Lubljana und entlang der adriatischen Küste gegen Griechenland vorzustoßen und gleichzeitig die Verteidigung Albaniens zu stützen. Insgesamt werden gegen Jugoslawien und Griechenland ca. 85 Divisionen eingesetzt (35 deutsche, 45 italienische und 5 ungarische), davon 52 Divisionen gegen Jugoslawien (24 deutsche, 23 italienische und ca. 5 ungarische) sowie 27 Divisionen gegen Griechenland (1 Division zur Sicherung gegen die Türkei und 5 Divisionen als Reserven des OKH).
Der jugoslawische Operationsplan »R-41« sieht einen defensiven Einsatz beinahe der gesamten Streitkräfte entlang der Grenze (27 Divisionen oder 7/8 aller Kräfte) und nur minimale Reserven vor. Eine Offensive ist nur an der albanischen Front zusammen mit den Griechen geplant. Die Zersplitterung der Verbände an der ausgedehnten Front entlang den Grenzen schränkt die operativen Möglichkeiten erheblich ein.

Am Donnerstag, dem 27. März 1941, kommt es in Belgrad zum Staatsstreich. Der Regent Prinz Paul geht nach Griechenland, und der 17jährige König Peter II. besteigt den Thron. Der ehemalige Chef des Generalstabs General Simovic bildet eine neue Regierung und annulliert den von den Deutschen erzwungenen und zwei Tage zuvor in Wien unterzeichneten Beitritt Jugoslawiens zum Dreimächtepakt. Noch am Abend befiehlt Hitler mit seiner Weisung Nr. 25 einen Blitzfeldzug gegen Jugoslawien und Griechenland. Der Angriff auf die Sowjetunion wird um vier Wochen verschoben.
In Washington beschließen währenddessen die Vertreter des britischen und US-Generalstabs, eine grundlegende strategische Konzeption festzulegen, das sogenannte ABC-1 Staff Agreement, für den Fall eines Kriegseintritts der USA. Danach soll Deutschland zuerst niedergezwungen werden (Germany first).

Am Sonntag, dem 30. März 1941, führt das Deutsche Afrika-Korps einen Aufklärungsvorstoß gegen Agedabia durch. Zur Verblüffung der Engländer und selbst

8. April 1941, 5.30 Uhr, nordwestlich von Sofia: Die Panzergruppe Kleist rollt in Richtung Belgrad

gegen die Absichten des OKH artet er in eine deutsch-italienische Gegenoffensive aus: Die Deutschen erbeuten außer Panzern auch Lastkraftwagen und fahren weiter. Bereits am nächsten Tag sind die Einheiten der Nil-Armee in ihren Stellungen zwischen der Mittelmeerküste und einigen Salzsümpfen im Süden überrannt. Generalleutnant Rommel teilt nun seine Einheiten in drei Gruppen auf und verfolgt den Feind entlang der Küstenstraße und flankierend weiter im Süden.

Am Montag, dem 31. März 1941, landet im Hafen von Tripolis die 15. Panzerdivision, die jetzt das Deutsche Afrika-Korps verstärkt. Rommel wartet jedoch das Eintreffen dieser Division nicht ab und greift mit dem Panzerregiment 5 Mersa Brega, das Tor zur Cyrenaika, an.

Am Mittwoch, dem 2. April 1941, räumen die überraschten Engländer Agedabia. Und zwei Tage später erreichen in schnellem Vormarsch deutsche und italienische Panzerspitzen Bengasi und nehmen die Stadt. Die Verbände der deutschen 5. leichten Division stoßen in vier Kolonnen durch die Wüste weiter in Richtung El

Mekili vor. Die dezimierten Einheiten der Nil-Armee treten unter hohen Verlusten den Rückzug nach Ägypten an.

Am Freitag, dem 4. April 1941, steigert sich die Verwirrung der Engländer bis zur Panik: Die 2. Panzerdivision bleibt bei Msus ohne Nachschub liegen, da die britische Besatzung aus Angst vor deutschen Panzern alle Treibstofflager gesprengt hat.

Am Sonnabend, dem 5. April 1941, geraten die britischen Generäle Neame und O'Connor in deutsche Gefangenschaft.

Am Sonntag, dem 6. April 1941, um 5.10 Uhr beginnt die deutsche Luftflotte 4 (Gen.d.Fl. Löhr) die jugoslawischen Flugplätze zu bombardieren. Im Laufe des Tages führt die Luftwaffe mit 484 Bombern und Stukas sowie 250 Jagdflugzeugen in fünf Wellen einen Terror-Luftangriff auf Belgrad durch. In der Hauptstadt entstehen erhebliche Schäden.
Am gleichen Tag beginnt der deutsche Angriff auf Griechenland mit einem Sturm des deutschen XVIII. Armeekorps auf den linken Flügel und anschließend des deutschen XXX. Armeekorps auf den rechten Flügel der Armee Ost-Mazedonien (Gen. Bakopoulos).

Am Montag, dem 7. April 1941, wird El Mekili von deutschen Truppen eingeschlossen. Die Besatzung, verstärkt durch eine indische mot. Brigade aus Tobruk, lehnt deutsche Kapitulationsaufforderungen ab. Nachdem ein Ausbruchsversuch scheitert, werden 2 000 Mann mit General Gambier-Parry und Brigadier Vaugham gefangengenommen.
Am gleichen Tag fallen Derna und Tmimi mit riesigen britischen Versorgungslagern in deutsche Hände. Die erbeuteten Vorräte an Lebensmitteln, Benzin, Munition und Waffen ermöglichen den Deutschen weiteres Vorgehen in Richtung Ägypten.

Am Dienstag, dem 8. April 1941, um 5.30 Uhr stößt die Panzergruppe 1 (GenOberst v. Kleist) aus dem Raum nordwestlich von Sofia in Richtung Belgrad vor. Nach kurzem Kampf zerschlägt sie den rechten Flügel der jugoslawischen 5. Armee.

Am Mittwoch, dem 9. April 1941, nimmt die Panzergruppe 1 Nisch ein und geht durch das Morava-Tal zum Angriff auf Belgrad über, das durch Verbände der jugoslawischen 6. Armee verteidigt wird.
Am gleichen Tag marschiert die 2. Panzerdivision (GenLt. Veiel) in Saloniki ein.
Ebenfalls am 9. April 1941 durchbricht das XVIII.

Armeekorps (Gen.d.Inf. Böhme), mit starker Unterstützung durch Stukas, die von den Griechen hart verteidigten Gebirgsbefestigungen der Metaxas-Linie und schneidet der Armee Ost-Mazedonien von den griechischen Hauptkräften ab. Am Abend kapituliert diese Armee.

Am Donnerstag, dem 10. April 1941, überschreiten die deutschen Verbände den Fluß Vardar, stellen die Verbindung mit den Italienern am Ochridasee her und erreichen günstige Ausgangsstellungen für einen Vorstoß auf Griechenland von Norden her. Am gleichen Tag marschieren deutsche Truppen in Zagreb ein.
Ebenfalls am 10. April 1941 erreichen die Panzer des Deutschen Afrika-Korps Tobruk, die wichtigste Nachschubbasis für einen Angriff auf Ägypten. Der australischen Division gelingt es, über die Küstenstraße zu entkommen. Die britische 2. Panzerdivision und die indische Brigade werden aufgerieben und gefangengenommen. General Wavell verlegt Teile der 7. Panzerdivision in die Stadt, um sie zusammen mit der australischen Division und kleinen örtlichen Verbänden einschließen zu lassen.

Am Freitag, dem 11. April 1941, schlägt der erste Versuch von Rommel, die Festung Tobruk im Handstreich zu nehmen, fehl. Er beordert danach zwei schnelle Kampftruppen nach Bardia.

Am Sonnabend, dem 12. April 1941, fallen Fort Capuzzo und Sollum. Deutsche Vorausabteilungen besetzen den wichtigen Halfaja-Paß und bleiben vor den britischen Verteidigungslinien im Hügelgelände liegen.
Am gleichen Tag nehmen die von drei Seiten heranstürmenden Verbände der Panzergruppe 1 Belgrad ein.

Am Sonntag, dem 13. April 1941, sowie am darauffolgenden Tag werden die deutschen Angriffe auf Tobruk ebenfalls abgeschlagen.
Am gleichen Tag wird in Moskau durch den japanischen Außenminister Matsuoka und für die UdSSR durch Molotow ein japanisch-sowjetisches Neutralitätsabkommen unterzeichnet.

Am Dienstag, dem 15. April 1941, beschließt General Wilson, mit den Verbänden des britischen Expeditionskorps nach den Thermopylen zurückzuweichen, um von hier aus die Evakuierung der Truppen zu überwachen.

Am Mittwoch, dem 16. April 1941, erreichen die deutschen Truppen den Metsowon-Paß und versperren der griechischen Epirus-Armee den Rückweg. Die beiden Armeen West-Mazedonien und Epirus werden nun im ausweglosen Gebirgsmassiv eingeschlossen und von Westen her durch die Italiener, von Osten durch die Deutschen angegriffen.
Am Abend des 16. April 1941 haben die Zerstörer »Janus«, »Jervis«, »Mohawk« und »Nubian« der 14. Zerstörerflottille (Capt. Mack), Force K, nahe der Kerkenna-Inseln in der Kleinen Syrte einen aus vier Dampfern der deutschen 20. Transportstaffel und dem italienischen Frachter »Sabaudia« (1590 BRT) bestehenden Geleitzug mit Nachschub für das Deutsche Afrikakorps abgefangen und restlos vernichtet. Dem italienischen Sicherungs-Zerstörer »Tarigo« (Freg.Kpt. Cristofaro) gelingt es, auf der »Mohawk« einen Torpedovolltreffer zu erzielen. Im weiteren Verlauf des Gefechtes werden jedoch die »Tarigo« und zwei andere italienische Sicherungs-Zerstörer versenkt oder schwer beschädigt. Es ist das erste Zerstörer-Gefecht im Mittelmeer. Von 3 000 eingeschifften Soldaten überleben nur 1 248. Dieses Debakel läßt die zukünftigen Nachschubprobleme des Deutschen Afrika-Korps erahnen.

Am Donnerstag, dem 17. April 1941, um 21 Uhr, unterschreibt General Kalafatovic als Vertreter des jugoslawischen Obersten Befehlsstabes in Belgrad die bedingungslose Kapitulation der jugoslawischen Streitkräfte. Insgesamt nehmen die Deutschen 6 298 Offiziere, 337 864 Unteroffiziere und Mannschaften serbischer Abstammung gefangen. Die slowenischen, kroatischen und mazedonischen Soldaten werden freigelassen.

Rechts: April/Mai 1941: Der Balkanfeldzug

»... nur noch örtlichen Widerstand« – meldet vom Balkan die deutsche Presse am 15. 4. 1941

SOFIA

JUGOSLAWIEN

12. Armee
(List)

KJUSTENDIL

XL. Pz.-Korps

KRIVA PALANKA

PLOVDIV   Maritza

DELČEVO

SKOPJE
8. Apr.

KOČANI

BULGARIEN

Vardar

VELES
6. Apr.

STRUMICA

XVIII. Korps

NEVROKOP

Struma

Rupel
Pass

XXX. Korps

ALBANIEN

TIRANA

PRILEP

Beles- Geb.

Nestos

ECHINOS

XANTHI

Thrakien

RES

Ochridasee

Pforte von
Monastir

DOJRAN

SERRE

DRAMA

KOMOTINI

ELBASAN
Shkumbin

MONASTIR
9. Apr.

Prespa-
See

KILKIS

KAVALLA

ital.
9. Armee

Vegorritis-
See

EDESSA

a z

e

d

o

n

i

e

n

griech.
2. Armee

ALEXANDRUPOLIS

ital.
11. Armee

FLORINA
AMINDAION

M

Axios

THESSALONIKI
9. Apr.

THASOS
16. Apr.

SAMOTHRAKI
19. Apr.

ONA

KORITZA

KLISURA

Vermion-
Geb.

VERRIA

TEPELENA

Vijosa

PTOLEMAÏS

KOZÁNI

Aliakmon

Pieria Óri

KATERÍNI

LEMNOS

23. April

GJIROKASTER

P
I
N
D
O
S

Venetikos

SERVIA
16. April

Olymp

Verb. „W"
(Wilson)

LESBOS
4. Mai

SARANDA

griech.
1. Armee

TRIKKALA

Ossa

Kapitulation
9.April

ÄGÄISCHES

KORFU

JOANNINA
20. Apr.

Pinios

LÁRISA
19. Apr.

Kapitulation
23. April

PARAMYTHIÁ

THESSALIEN

VÓLOS

SKYROS

MEER

ARTA

GRIECHENLAND

LAMIA

LEFKAS

THERMOPYLEN
BRALLOS

MOLOS

EUBÖA

CHIOS
4. Mai

KAPHALLENIA

20. April

MESOLÓNGION
26. Apr.

THEBEN

ÁNDROS

IONISCHES

Golf von Korinth

PATRAI

ATHEN
26. Apr.

RAFINA

TÍNOS

ZAKYNTHOS

KORINTH
26. Apr.

PIRAEUS

PORTO RAFTI

MEER

PYRGOS

Peloponnes

TRÍPOLIS

NÁUPLIA

NÁXOS

KALAMATA
28. Apr.

MONEMVASÍA

MILOS

K. Matapan

KYTHIRA

Evakuierungs-Routen
der Briten

KANEA

Bucht v.
Suda

HERÁKLION

Kreta

stabilisierte Front in Albanien, 6. April 1941

Metaxas-Linie

Aliakmon-Linie

Frontverlauf zu den angegebenen Daten

0   Meilen   100

0   Kilometer   160

Am Sonnabend, dem 19. April 1941, übernehmen die britischen Verbände nach Rückzugsgefechten in Thessalien die Verteidigung der Thermopylen.

Am Montag, dem 21. April 1941, nimmt Generalfeldmarschall List die Kapitulation der griechischen Streitkräfte entgegen. Etwa 223 000 griechische Offiziere und Soldaten gehen in Gefangenschaft.

Am Donnerstag, dem 24. April 1941, durchbricht das deutsche XVIII. Armeekorps (Gen.d.Inf. Böhme) die vom britischen Expeditionskorps verteidigte Thermopylen-Stellung. Die Operation »Demon«, die Rückführung des britischen Expeditionskorps aus Griechenland auf dem Seeweg, läuft an.

Am Sonnabend, dem 26. April 1941, besetzen die Deutschen Korinth, und am nächsten Tag rücken die Vorausabteilungen der 5. Panzerdivision in Athen ein.

Am Dienstag, dem 29. April 1941, erobern deutsche Truppen Kalamata an der Südküste des Peloponnes. Der griechische Feldzug ist beendet. Das Gros des britischen Expeditionskorps, 50 672 Mann, ist evakuiert. Die britischen Verluste betragen ca. 12 000 Mann sowie das gesamte schwere Kriegsgerät. Die deutschen Verluste: 2 559 Tote, 5 820 Verwundete und 3 169 Vermißte.

Während der sechs Monate dauernden Kämpfe band die griechische Armee beachtliche italienische Kräfte und fügte ihnen große Verluste bei. Damit wurde der italienische Widerstand in Nordafrika geschwächt. Als Italien sich unfähig zeigte, Griechenland niederzuwerfen, war Hitler gezwungen, Mussolini zu Hilfe zu kommen. Churchill seinerseits bereitete vier britische Divi-

sionen mit 62 000 Mann für das Griechenland-Expeditionskorps (Gen. Wilson) vor. Davon befanden sich drei Divisionen bereits Ende März 1941 im Land und wurden an die Grenze zu Bulgarien und Jugoslawien verlegt. Die Planungen führte ein gemeinsames griechisch-britisches Oberkommando durch. Die Landung der Engländer in Griechenland und der antideutsche Militärputsch in Jugoslawien haben schließlich Hitler zum militärischen Eingreifen veranlaßt.

Die jugoslawischen Streitkräfte waren nicht nur unzureichend ausgerüstet, sondern auch durch den Jahrhunderte dauernden nationalen Konflikt zwischen Kroaten und Serben im Kampfgeist stark beeinträchtigt. Selbst die günstigsten natürlichen Verteidigungslinien, schwer zugängliche Berge oder winklige Täler, wurden von den Jugoslawen nur unzureichend für die Verteidigung ausgenutzt. Der deutsche Aufwand an Panzern und motorisierten Verbänden für den Krieg gegen Jugoslawien war überraschend hoch. Obwohl die starke Beanspruchung der Panzer auf den schlechten Straßen und im steinigen Berggelände zu vielen Ausfällen führte, bewiesen die Panzerdivisionen wieder, daß sie selbst in schwierigem Gelände mit allen Hindernissen und mit jedem Gegner fertig wurden.

Die schwerwiegendste Auswirkung des Balkanfeldzuges: Er verzögerte den Überfall auf die UdSSR, und der Termin mußte vom 15. 5. auf den 22. 6. verschoben werden. Dadurch verlor die deutsche Wehrmacht vier kostbare Wochen mit sommerlichem Wetter, und als sie im Oktober zu der entscheidenden Operation, dem Angriff gegen Moskau, antreten mußte, geriet sie zuerst in die Schlammperiode und anschließend in den harten russischen Winter, was ihre Bewegungen entscheidend behinderte. Die Fahrzeuge der Panzergruppe 1 (Gen Oberst v. Kleist) mußten sogar ohne Wartung und

Überholung direkt vom Balkanfeldzug zum Einsatz an die Ostfront gehen.

Auch am Donnerstag, dem 2. Mai 1941, als bereits die ersten Teile der deutschen 15. Panzerdivision eingetroffen sind, wehren die Engländer alle Bestrebungen der Deutschen, sich der Festung Tobruk zu bemächtigen, ab.

Zwei Tage später, am 4. Mai 1941, gibt Generalleutnant Rommel die Versuche auf, Tobruk einzunehmen.

Am Donnerstag, dem 15. Mai 1941, stoßen nun die Verbände von General Wavell vor, um die deutsche Frontlinie bei Sollum zu durchbrechen. In den frühen Morgenstunden, als die Schlacht beginnt, herrschen bereits 50 bis 60 Grad Hitze; die Luft flimmert, die Sicht ist auf beiden Seiten schlecht. Der Halfaja-Paß, Sollum und Fort Capuzzo werden zwar kurzfristig von der britischen 22. Gardebrigade erobert, die aber durch einen Gegenstoß der Kampfgruppe Herff wieder zurückgeworfen wird.

Eine der englischen Kolonnen geht, unterstützt von leichten Seestreitkräften des Alexandria-Geschwaders, über die Piste der Küstenebene vor. Der mittlere Stoßkeil – die 7. englische Panzerdivision – zielt auf Fort Capuzzo. Am linken Flügel umfaßt eine dritte Kampfgruppe die Deutschen und Italiener mit weitausholender Bewegung.

Bei dem wechselvollen Kampf um Capuzzo werden viele der neuen britischen Panzer aus kurzer Entfernung durch 8,8-cm-Flak zusammengeschossen, ebenso vor dem Stützpunkt 208. Das Panzerregiment 8 (Oberstlt. Cramer) stößt von Sollum aus südlich in die Wüste, dreht dann nach Norden und greift die britischen Paßverteidiger von rückwärts an.

Aus dem Raum westlich Capuzzo macht das Panzerregiment 5 mit einer Batterie Artillerie und fünf 8,8-Geschützen sowie Teilen einer italienischen Artillerieabteilung einen Scheinangriff in Richtung Südsüdost, um die Engländer vom Hauptstoß auf den Halfaja-Paß abzulenken. Elf Panzer des Typs Mark II bleiben bei diesem Angriff getroffen von den rasanten Geschossen der 8,8-cm-Flak dicht vor dem Stützpunkt liegen. Die anderen drehen ab.

Unter entscheidender Mitwirkung der Flak mißlingen

(1)

(2)

alle Durchbruchversuche. Die Verluste für die Engländer betragen rund 270 Panzer. Die große Panzerschlacht von Sollum, die vor allem die Sprengung des Ringes von Tobruk zum Ziel hat, erreicht ihren Höhepunkt.

Rommels Sieg ist zu einem großen Teil dem Einsatz der 8,8-cm-Flak zu verdanken, die hier als panzerbrechende Waffe gegen die starkgepanzerten Mark-II-Tanks verwendet worden ist. Rommel hat die 8,8-Geschütze mit allem Vorbedacht an sämtlichen in Frage kommenden Punkten der Sollum-Front einsetzen lassen. Die außerordentlichen Erfolge der »Acht-Acht« in der Panzerabwehr sind eine böse Überraschung für die Engländer. In den britischen Kriegsberichten wird immer wieder die überlegene Feuerkraft der »eight-eight« hervorgehoben und manchmal der Erdeinsatz dieser Flak-Waffe als unfair bezeichnet.

Am Dienstag, dem 17. Juni 1941, legt Hitler den endgültigen Termin für den Beginn des Unternehmens »Barbarossa« fest: 03.00 Uhr am 22. Juni 1941.
Hitler plant nun, die deutschen Panzerverbände in drei strategischen Richtungen – Leningrad, Smolensk und

Linke Seite: Deutsche Panzer arbeiten sich über die letzten Hügel vor Belgrad

Oben: (1) Italienischer leichter Panzer Carro Armato M 11/39 (1939–41), (2) Carro Armato L6 (ab 1941)

»Große Panzerschlacht in der Wüste« – berichtet die britische Presse aus Nordafrika am 18. 6. 1941

Kiew – anzusetzen, die sowjetischen Hauptkräfte in Grenzschlachten zu zerschlagen und die Linie Archangelsk – Wolga zu erreichen, und das alles in drei bis vier Monaten.

Es werden bereitgestellt: 153 Divisionen, davon 19 Panzer- und 10 mot. Divisionen sowie 4 Divisionen und eine SS-Brigade, insgesamt 33 gepanzerte oder motorisierte Verbände. Davon verfügen 6 Panzerdivisionen über nur 2 Panzerbataillone im Panzerregiment, 6 Divisionen verfügen über je 3 Panzerbataillone pro Regiment.

Alle Panzerdivisionen haben jetzt ein zweites Schützenregiment und sind damit in der Lage, noch stärker in verschiedenen Gefechtsarten zu kämpfen und schwierige Geländeverhältnisse zu überwinden. Anstelle der Panzerbrigade tritt ein Panzerregiment mit drei Abteilungen. Die Schützen werden auf 5 Bataillone verstärkt und die Artillerie um eine schwere Abteilung. So können die von der Artillerie unterstützten Schützen neben den Panzern als ebenbürtige Waffe antreten.

Nach der Reorganisierung im Winter 1940/41 haben nun 12 Panzerdivisionen nur noch je 2 Panzerabteilungen, und die neuen Divisionen verfügen über 3 statt bisher 4 Panzerabteilungen. So ist die Anzahl der Panzer in den Divisionen unterschiedlich und variiert zwischen 147 und 299. Die Panzerdivisionen bilden die sogenannte Kampfgruppe: In der Regel besteht eine »gepanzerte Gruppe« aus zwei Panzerabteilungen, einem Panzergrenadierbataillon auf Schützenpanzerwagen, dazu nicht selten ein Schützenregimentsstab mit Regimentseinheiten und einem motorisierten Bataillon; die »motorisierte Gruppe« hat ein Schützenregiment und eine Panzerabteilung sowie eine »schnelle Gruppe« und verfügt über Kradschützen und Panzerspähwagen. Wie bisher sind die Panzerdivisionen in Panzerkorps gegliedert. Jedes Panzerkorps besteht aus zwei Panzer- und einer motorisierten bzw. Infanteriedivision. Zwei solcher Panzerkorps bilden eine Panzergruppe.

Den Panzergruppen wird auch ein bedeutender Teil der sogenannten Heerestruppen, vor allem schwere Artillerie, Pioniere und Heeresflak sowie die Heeresfliegerkräfte unterstellt und damit die Feuer- und Stoßkraft der Panzergruppe stark erhöht.

Für den Fall »Barbarossa« stehen vier dieser Panzergruppen bereit, je eine bei den Heeresgruppen Süd und Nord und zwei bei der Heeresgruppe Mitte. Das OKH zählt nun 3 508 Panzerkampfwagen, kaum mehr als im

Frankreichfeldzug, davon nur 2 176 mit Geschützen vom Kaliber ab 3,7 cm bewaffnet, und es sind noch immer 1 949 Panzer vom veralteten Typ P I und P II im Einsatz.

Die taktisch-technischen Eigenschaften der mittleren Panzer sind erheblich verbessert, und der Anteil der bewährten mittleren Kampfpanzer III und IV am Gesamtbestand hat sich stark erhöht. In der Ausstattung der Panzerdivisionen überwiegt zwar der mittlere Panzer, jedoch macht der bereits veraltete tschechische Skoda-Panzer P 38 (t) ein Viertel der gesamten Panzerstärke des Ostheeres aus.

Nach den Erfahrungen im Polen- und Frankreichfeldzug wird der größte Teil der 1940/41 produzierten Panzer P III mit einer Kanone vom Kaliber 50 mm ausgerüstet. Beim Panzer P IV verstärkt man die Frontpanzerung auf 60 mm sowie die Seitenpanzerung auf 40 mm und verringert damit die Verwundbarkeit, dabei erhöht sich aber auch das Gewicht auf 22 t.

Die Feuerkraft der Panzertruppe ist im Vergleich zu 1940 beträchtlich gestiegen und durch etwa 250 Sturmgeschütze in 11 Sturmgeschützabteilungen und 5 Sturmgeschützbatterien ergänzt.

Die Heeresgruppe Mitte (GFM v. Bock) der 4. Armee (GFM v. Kluge), der 9. Armee (GenOberst Strauss), der Panzergruppe 2 (GenOberst Guderian) und der Panzergruppe 3 (GenOberst Hoth) soll die sowjetischen Armeen in Weißrußland vernichten und dann zusammen mit der Heeresgruppe Nord (GFM Ritter v. Leeb) mit der 18. Armee (GenOberst v. Küchler); der 16. Armee (GenOberst Busch) und der Panzergruppe 4 (GenOberst Hoepner), die von Ostpreußen in Richtung Leningrad vordringen soll, die Rote Armee in den baltischen Ländern schlagen. Nach der Einnahme von Leningrad ist der Angriff auf Moskau geplant.

Die Heeresgruppe Süd (GFM v. Rundstedt) mit der 11. Armee (GenOberst Ritter v. Schobert), der 17. Armee (Gen.d.Inf. v. Stülpnagel), der 6. Armee (GFM v. Reichenau) und der Panzergruppe 1 (GenOberst v. Kleist) wird aus der Gegend Lublin in Richtung Kiew und Dnjeprbogen vorstoßen.

Der Stand der deutschen Wehrmacht am 20. 6. 1941: 7 234 000 Mann (Frontverbände 3 800 000, Reserven 1 200 000, Luftwaffe 1 680 000, Kriegsmarine 404 000 und SS-Verbände 150 000). Finnland beteiligt sich mit 16 Divisionen und 3 Brigaden, Rumänien mit 13 Divisionen und 9 Brigaden und Ungarn mit 4 Brigaden, insgesamt 181 Divisionen und 18 Brigaden. Die Luftwaffe zählt 3 800 Flugzeuge, und die Verbündeten haben über 1 000 Flugzeuge.

Die sowjetischen Truppen sind nicht mobilisiert, sogar die Verbände an der Westgrenze haben nur erhöhte Friedensstärke.

Die Grenzverteidigung obliegt den Verbänden der Grenzbezirke. Sie sind in Armeen gegliedert und diese wiederum in Fronten (Heeresgruppen). Die Zusammensetzung der sowjetischen Armeen: 2 Infanteriekorps mit je 3 Infanteriedivisionen sowie einem mot. Korps mit je 2 Panzerdivisionen und 1 mot. Division). Dabei entsprechen 2½ Divisionen der Roten Armee

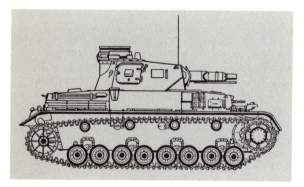

nach Tobruk 104 Kilometer

Via Ba'bia

BARDIA

Briten
4. indische Div.
4. Pz.-Brig.
7. Pz.-Brig.

DEUTSCHE
Stellungen v. 15. Juni
5.lt.Div.
8. Pz.-Rgt.

L I B Y E N

Trigh Capuzzo

SIDI AZEIZ

15. Juni   16. Juni

15. Juni

16. Juni

C y r e n a i k a

FORT CAPUZZO

Hafid-Rücken
Pt 208

16. Juni

16. Juni   16. Juni   15. Juni

16. Juni
Juni

16. Juni
Juni

17. Juni

16. Juni
Juni

17. Juni

SIDI OMAR

17. Juni   17. Juni

17. Juni
Juni

17. Juni

17. Juni

Kaserne
SOLLUM

Bucht von Sollum

16. Juni

15. Juni
Juni

Pt 206   17. Juni
Juni

Halfaja Pass

17. Juni

SIDI SULEIMAN

17. Juni

Meilen   10
Kilometer   16

15. Juni

17. Juni

15. Juni   17. Juni

17. Juni
Juni

nach Sidi Barrani

Trigh el Abd

Ä G Y P T E N

einer deutschen Division. Alles in allem: rund 4,7 Millionen Soldaten, 20 000 Panzer, 10 000 Flugzeuge.

Die sowjetischen Einheiten in den Grenzgebieten befinden sich noch in ihren Friedensgarnisonen und haben nicht die vorgeschriebene Mobilisierungsstärke. Den Befehl zur Kampfbereitschaft erhalten die Befehlshaber der Militärbezirke erst gegen Mitternacht des 22. Juni 1941 und die der untersten Verbände meistens erst gegen Mittag des 22. 6. 1941.

Am Sonntag, dem 22. Juni 1941, um 3.15 Uhr beginnt der Angriff auf die UdSSR, das Unternehmen »Barbarossa«. Ohne Kriegserklärung, unter Ausnutzung der Überraschung und völliger Luftherrschaft, stoßen die deutschen Panzerverbände schnell bis zu 60 Kilometer vor. Die sowjetischen Truppen leisten stellenweise erbitterten Widerstand, in anderen Grenzabschnitten wieder ziehen sie sich panikartig zurück.

Schon am Montag, dem 23. Juni 1941, setzen sowjetische mechanisierte Korps zum ersten Gegenschlag an. Und bereits am Dienstag, dem 24. Juni 1941, meldet die Heeresgruppe Nord von einem außerordentlich wirkungsvollen schweren sowjetischen Panzer, der stundenlang dem Feuer der Pak standhält und erst durch Einsatz von 8,8-cm-Flak abgeschossen wird. Es ist der Panzer KW 1 mit seiner neuen 76-mm-Kanone.

Trotz örtlichen Widerstandes kommen die Panzerverbände schnell voran: Die Panzergruppe 4 (GenOberst Hoepner) im Bereich der Heeresgruppe Nord legt in nur vier Tagen eine Strecke von 320 Kilometer zurück. Am gleichen Tag entbrennt im Raum Luzk-Dubno eine mehrere Tage (bis 29. 6. 41) dauernde Panzerschlacht, an der auf beiden Seiten zusammen rund 4 000 Panzer teilnehmen: das III. Panzerkorps (Gen.d.Kav. v. Makkensen) und das XXXXVIII. Panzerkorps (Gen. d.Pz.Tr. Kempf) prallen auf mehrere sowjetische mechanisierte Verbände. Die Deutschen müssen zwar erhebliche Verluste hinnehmen, doch kann ihr Angriff in Richtung Schitomir nicht aufgehalten werden. Der sowjetischen 6. Armee (GenLt. Muzytschenko), der 26. Armee (GenLt. Kostjenko) und der 12. Armee (Gen. Maj. Poniedielin), die sich zur Zeit westlich von Lemberg befinden, droht die Einkreisung.

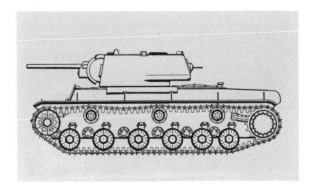

Am Montag, dem 30. Juni 1941, ernennt W. Churchill General Auchinleck zum Nachfolger von General Wavell als OB im Mittleren Osten, dem auch die Commonwealth-Truppen in Nordafrika unterstellt sind.

23. Juni 1941, Raum Brest-Litowsk: Vorausabteilung einer deutschen Panzerdivision während einer kurzen Marschpause

Im Sommer 1941 stand die deutsche Panzerwaffe auf dem Höhepunkt ihrer Entwicklung. Wo deutsche und sowjetische Panzer aufeinanderstießen, entschieden meist die überlegene deutsche Taktik und das Führungssystem den Ausgang der Kämpfe. Außerdem war in dieser Zeit das sowjetische Material – von Ausnahmen abgesehen – dem deutschen noch weit unterlegen. In der Kampfgruppentaktik der deutschen Panzerdivisionen fiel die Entscheidung nicht mehr allein durch den massierten Stoß der Panzer, sondern im Zusammenwirken von gepanzerten und motorisierten Gruppen. Der Erfolg lag im zweckmäßigen Einsatz der Kampfgruppen und hing von wendiger Führung ab.

Bei Beginn der Operationen drängten die meisten Divisionskommandeure auf den Einsatz ihrer Panzer in der ersten taktischen Staffel, um schnellstens Bewegungsfreiheit zu erlangen und nicht durch Infanteriedivisionen behindert zu werden. Und das nicht zu unrecht: Die Kolonnenlänge einer Panzerdivision mit ihren 3 500 Fahrzeugen betrug etwa 130 Kilometer.

Eine Panzerdivision ist die kleinste Einheit, mit eigenem Nachschub- und Versorgungswesen, unter einem Kommandierenden General und in der Lage, unabhängig zu kämpfen. Sie ist auch in ihrer Gliederung bedeutend komplizierter als jede andere Division. Sie zählt um 14 000 Mann – davon gehört nur jeder dritte zur kämpfenden Truppe – etwa 3 500 Fahrzeuge aller Art, vom Panzer bis zum Krad. Im Hauptquartier einer Panzerdivision sind wie in der Verwaltung eines Großbetriebes verschiedene Dienste wie Transport, Verpflegung, Instandhaltung, Munition- und Treibstoffnachschub, ärztliche Versorgung, religiöse und Freizeitbetreuung, Hygiene der Truppe, Zahlmeister, Marketender-Lager und Feldpost untergebracht.

Den Panzerverbänden kam bei der Vernichtung der sowjetischen Truppen die entscheidende Rolle zu. Man war sich aber nicht einig, wie sie eingesetzt werden sollten: Die Generäle Guderian und v. Manstein empfahlen, die Panzerverbände möglichst selbständig und raumgreifend in die Tiefe des feindlichen Hinterlandes operieren zu lassen. Sie wollten damit den Feind verwirren und demoralisieren. Die nachkommende Infanterie würde dann den Gegner einschließen und völlig ausschalten.

Nicht wenigen im OKH war dies jedoch zu riskant: Panzerverbände, die zu weit vorstießen, konnten leicht von den langsamer nachkommenden eigenen Hauptkräften abgeschnitten und vom Gegner vernichtet werden. Nach ihrer Meinung müßten die Panzer gemeinsam mit den anderen Heeresverbänden für die Vernichtung des Gegners sorgen. Und es war klar, daß Panzerverbände ohne Unterstützung der anderen Waffen eingekesselte Feindkräfte nicht lange halten konnten.

Die Luftwaffe wiederum soll, nachdem sie die Luftüberlegenheit erkämpft hatte, vorwiegend in den Angriffsstreifen der Panzerverbände eingesetzt werden.

Auf sowjetischer Seite fehlte die gründliche Ausbildung und erfahrene Führung im Rahmen der Panzerverbände. So gab es kein Zusammenwirken der Panzerbrigaden: Die Brigaden traten einzeln in den Kampf, konnten sich aber mit ihren 90 bis 100 Panzern gegen eine gepanzerte Gruppe oder auch nur gegen eine deutsche Panzerdivision nicht durchsetzen. Abgesehen davon marschierten die deutschen Panzerdivisionen nie einzeln, sondern immer im Rahmen eines Panzerkorps oder einer Panzergruppe. Die Deutschen hatten bereits im Frankreichfeldzug erkannt, daß erstens die Wirksamkeit des operativen Panzereinsatzes proportional mit der Zusammenballung der Panzerkräfte ansteigt. Zweitens, daß die einzelne Panzerdivision für eine selbständige Verwendung zu schwach war, und der kleinste Verband nur das geschlossene Panzerkorps sein konnte.

1941

Juli – Dezember

Mittwoch, 2. Juli 1941
Das *Oberkommando der Wehrmacht* gibt bekannt:
Im Osten sind die Operationen gegen die Sowjetwehr-macht in zügigem Fortschreiten. Südlich der Pripjet-sümpfe kam es bei Zloczow zu einer Panzerschlacht, bei der 100 Sowjetpanzer vernichtet wurden. In der Gegend von Dubno gerieten sowjetische Panzerkräfte zwischen unsere als Reserve folgenden rückwärtigen Divisionen und wurden nach zweitägigem Kampf aufgerieben. 120 Panzerkampfwagen fielen in unsere Hand. Ein großer Teil der ostwärts Bialystok eingeschlossenen Sowjetarmeen wurde im Laufe des gestrigen Tages endgültig vernichtet. Von der unermeßlichen Beute konnten bis jetzt etwa 100 000 Gefangene, 400 Panzer-kampfwagen und 300 Geschütze gezählt werden.

Der Krieg in Syrien
Donnerstag, 3. Juli 1941, Vichy
Das *Office Français d'Information (OFI)* meldet:
Palmyra ist am 3. Juli nach einem heftigen Angriff britischer Panzer gefallen. Dieser Posten wurde 13 Tage lang von einer französischen Besatzung, etwa 300 Mann, verteidigt.

W. Churchill an J. W. Stalin
Montag, 7. Juli 1941:
Wir alle hier sind sehr erfreut, daß sich die sowjetischen Armeen diesem so unprovozierten und unbarmherzigen Einfall der Nazis mit solcher Energie und Hingabe widersetzen. Die Bewunderung für Ihre mutig und zäh kämpfenden Soldaten und Ihr Volk teilen bei uns alle. Wir werden Ihnen, entsprechend unseren Möglichkeiten, so viel Beistand zukommen lassen, als Zeit und geographische Lage dies erlauben. Je länger der Krieg dauern wird, desto mehr Hilfe können wir gewähren . . .
Wir begrüßen die Entsendung einer sowjetischen Militärmission zur Koordinierung unserer beiderseitigen Pläne.

Größte Materialschlacht der Weltgeschichte

Freitag, 11. Juli 1941
Das *Oberkommando der Wehrmacht* gibt bekannt:
Wie bereits durch Sondermeldung bekanntgegeben, ist mit der Doppelschlacht um Bialystok und Minsk nunmehr die größte Material- und Umfassungsschlacht der Weltgeschichte abgeschlossen. 323 898 Gefangene, darunter mehrere kommandierende Generäle und Divisionskommandeure, fielen in unsere Hand. 3 332 Panzerkampfwagen, 1 809 Geschütze und zahlreiche Mengen an sonstigen Waffen wurden erbeutet oder vernichtet. Damit hat sich die Gesamtzahl der bisher an der Ostfront eingebrachten Gefangenen auf über 400 000 erhöht. Das erbeutete oder vernichtete feindliche Material ist auf 7 615 Panzerkampfwagen und 4 423 Geschütze angewachsen. Die sowjetische Luftwaffe verlor bisher insgesamt 6 233 Flugzeuge.

Panzerschlacht in Wolhynien

Von Kriegsberichter Kiekheben-Schmidt

Bereits am 23. Juni früh trafen deutsche und sowjetische Kampfwagen bei R. . . . . aufeinander. In den Vormittagsstunden entwickelte sich ein außerordentlich heftiges Gefecht von schlachtengleichen Ausmaßen, das um die Mittagszeit mit einem vollen deutschen Erfolg beendet wurde. Obgleich der Feind zäh und erbittert kämpfte, bewies schon dieses erste Panzertreffen eine eindeutige Überlegenheit auf deutscher Seite. Nach Norden und Süden durch Sicherungen gedeckt, stießen die Panzer trotz der durch unvorstellbar schlechten Straßenzustand herabgeminderten Vormarschgeschwindigkeit unaufhaltsam nach Osten vor. Am dritten Tag des Feldzuges war der Styr überschritten. Mit diesem Augenblick jedoch verstärkte sich auch wieder der feindliche Widerstand.

Mit dem Mut der Verzweiflung unternahm der Gegner noch in den nächsten Tagen erneute Angriffe.

Nach acht Tagen eines mörderischen Ringens war die »Panzerschlacht in Wolhynien«, die sich aus den zahlreichen, an und für sich schon das Ausmaß von Schlachten tragenden Einzelgefechten zusammensetzt, gewonnen. Die bolschewistische Armee hat in diesem Kampf eine der größten Niederlagen erlitten. 1 210 Panzer wurden vernichtet bzw. erbeutet.

Der größte Erfolg dieser Panzerschlacht ist jedoch darin zu erblicken, daß dem Gegner seine Absicht, den deutschen Vormarsch aufzuhalten, um sich selbst zu einer Gegenoffensive bereitstellen zu können, nicht geglückt ist.

Völkischer Beobachter, 15. Juli 1941

Zäher Kampf um Tobruk

Freitag, 18. Juli 1941, Mailand
Die *Agentur Stefani* berichtet:
Mit unfairen Kampfmethoden haben die Briten während der Nacht das Kampfgelände vor Tobruk mit zahlreichen, hochexplosive Sprengstoffe enthaltenden Schachteln, Thermosflaschen, Zahnpastatuben, Marmeladenbüchsen, Tintenfässern und anderen ähnlichen Gegenständen bestreut. Italienische und deutsche Soldaten, die aus Neugier solche bei ihrer Berührung explodierende Gegenstände auflasen, seien schwer, in einigen Fällen tödlich verletzt worden.

Sender Beromünster (Schweiz)

18. Juli 1941:
. . . Wenn auf der einen Seite der Angreifer die moderne Taktik der rasch und heftig vorstoßenden Panzerabteilungen voll ausnützt, so hat es auf der anderen Seite

auch der Verteidiger mit Geschick und Kaltblütigkeit verstanden, sein eigenes Verhalten auf die neue Kriegführung einzustellen. Die russische Verteidigungstaktik besteht darin, daß sie die durchgebrochenen deutschen Panzerabteilungen durch ihre Luftstreitkräfte bombardieren und mit Reserveeinheiten die Flanken angreifen, während die russischen Fronttruppen – selbst auf die Gefahr hin, abgeschnitten und umzingelt zu werden – nicht zurückgezogen, sondern mit der Aufgabe betraut werden, die nachstürmenden deutschen Infanterie- und Pioniertruppen aufzuhalten. Solche Kämpfe spielen sich dann oft weit hinter den motorisierten deutschen Vorhuten ab. Sie sind für den Verteidiger zwar gefährlich, da er riskiert, dabei aufgerieben zu werden oder samt einer beträchtlichen Beute an Material als Gefangener in die Hände des Angreifers zu fallen; aber sie erschweren auch die Aufgabe der Offensivarmee beträchtlich. Aus Rußland vernimmt man, daß in den Hauptquartieren der russischen Armeen die Meinung vorherrsche, es komme nicht so sehr darauf an, wie weit die deutschen Panzerspitzen vorstoßen, als vielmehr darauf, mit welchen Verlusten an Menschen und Material die Deutschen den Geländegewinn erkaufen müssen . . . Eine andere Frage gilt der russischen Luftflotte, die am Anfang offensichtlich von der deutschen Offensive überrascht worden war und starke Verluste an Flugzeugen erlitten hat. Britische Beobachter wissen zu melden, daß die Berichte über die Zerschlagung der Roten Luftflottenverbände nicht zutreffen und daß sich diese in den letzten acht Tagen mit sehr starkem Einsatz gut behauptet hätten.

Neue britische Panzer

Montag, 21. Juli 1941, London
Die *Agentur Reuter* teilt mit:
Die militärischen Zensurbehörden haben nun die Berichterstattung über den neuen schweren britischen Panzerwagen freigegeben, der sich unter dem Namen »Churchill« in Serienproduktion befindet. Dieser neue britische Panzerwagen dürfte der stärkste Kampfpanzer der Welt sein.

W. Churchill an F. D. Roosevelt

Freitag, 25. Juli 1941:
Für Ihre Mitteilung über das Panzerbauprogramm bin ich Ihnen sehr dankbar. Dieser Zuwachs an Panzerreserven in den uns bevorstehenden kritischen Monaten ist großartig. Was die Planung auf längere Sicht anbetrifft, geht aus unserer Erfahrung hervor, daß für moderne Schlachten noch schwerer bewaffnete und stärker gepanzerte Fahrzeuge nötig sind; wir sollten daher den Bau mittelschwerer Panzer auf Kosten leichter beschleunigen, aber keinesfalls auf Kosten Ihres Flugzeugbauprogramms.

Links: Eine harte Nuß für die deutsche Panzerzange – meint die Londoner Zeitung

Rechte Seite: Panzerschlacht in Wolhynien: Sowjetische Panzer während eines Stuka-Bombenangriffs

Ihre Anregung, Leute für unser Panzerkorps in den Vereinigten Staaten auszubilden, findet mein lebhaftes Interesse. Sie wird jetzt geprüft, und wir werden Ihnen so schnell wie möglich unsere Stellungnahme mitteilen.

Die sowjetischen Panzerverluste

Sonntag, 27. Juli 1941, Berlin
Das *DNB* meldet:
Unter geringen eigenen Verlusten hat in den Kämpfen zwischen Bug und Dnjestr ein deutsches Panzerkorps 1 086 sowjetische Panzerwagen vernichtet, eine einzige Division dieses Korps davon 502 Panzerwagen. Eine andere Panzerdivision stieß seitlich von der Vormarschstraße des Korps über 50 Kilometer tief in sowjetische Stellungen und rieb zwei ganze Panzerbrigaden der Sowjets vollständig auf. Die mit dem genannten Panzerkorps zusammen kämpfende Infanteriedivision machte mit ihren leichten Infanteriewaffen im gleichen Zeitraum 239 sowjetische Panzerwagen kampfunfähig. Die Gesamtverluste der Sowjets an Panzerwagen aller Größen waren bereits in der dritten Woche des Krieges so groß, daß es ihnen nicht mehr möglich war, so massierte Panzerangriffe, wie in der ersten Woche des Krieges, durchzuführen.

Ein Schuß – zwei Sowjetpanzer brennen

Von Kriegsberichter Siegfried M. Pistorius

Wellende Kornfelder. Durch Senken und über Hügel breitet sich der Teppich reifender Ähren. Horizontweit stehen die Milliarden schwankender Halme, dazwischen strohgedeckte Häuser, unter denen sich kalkigweiße Mauern ziehen. Das ist die Ukraine.
Viele Tage und Nächte liegen hinter uns. Irgendwo läuten Glocken in den sommerheißen Morgen. Ob heute Sonntag ist? Wir pennen, wo wir gerade sitzen, wir schlafen, wenn irgendwo ein Halt befohlen wird. Wir ruhen auf stahlharten Panzerplatten, unter verdreckten Raupenketten, in Hängematten, auf staubigen Decken und Zeltbahnen, die nach Öl und Benzin riechen.
Heute fahren wir Aufklärung. Die Division liegt hinter uns. Weit stoßen wir vor. Hier war noch kein deutscher Soldat. Es ist ein seltsames Gefühl, so ins Unbekannte hineinzufahren. Nur die Karten zeigen den Weg. Kompaß und Sonne geben die Himmelsrichtung. Über uns ziehen deutsche Bomber ruhig ihre Bahn. Vor uns brennt ein Dorf. Wir klappern schon über zwei Stunden durch unbekanntes Land. Da, plötzlich erscheinen hinter der vor uns liegenden Höhe graue Punkte. Sowjetpanzer! Wir wissen nicht, wie viele es sind. Wir sind nur zehn, aber wir greifen an, sofort, ohne zu überlegen. 15 stählerne Festungen zählen wir, darunter drei 52-Tonner. Mit dumpfem Schlag hauen unsere Luken zu. Die Sowjetarmisten schießen aus allen Rohren. Granaten zischen und heulen über uns und schlagen irgendwo weit hinten kreisrunde Löcher. Wir schweigen noch, rollen weiter nach vorn.

Juli 1941, Raum Smolensk: Deutsche Panzerdivision in der Kesselschlacht

Jetzt kommt der Funkbefehl, jetzt wird gehalten, jetzt wird in aller Ruhe gerichtet, erst dann wird geschossen. R-u-m-s haut es zischend und krachend aus unserer Siebenfünfer. Drüben steigen Rauchwolken auf, züngeln gelbrote Flammen. Die schießen nicht mehr. Aber dicht vor uns, kaum 30 oder 40 Meter entfernt, rollt ein leichter Sowjetpanzer auf uns zu. Hinten taucht ein Mammutpanzer, ein 52-Tonner, auf. Wie ein riesiger grauer Elefantenbulle schaukelt er in unsere Richtung. »Den nehmen wir«, brüllt der Richtschütze. Ruhig wird gezielt, ganz ruhig, ohne Aufregung. Und dann »Feuer!«
Das gewaltige Dröhnen läßt das Trommelfell erzittern. Ich presse meine Augen gegen den Sehschlitz. Dem kleinen vor uns haut es den Turm auseinander. Aber die schwere Granate krepiert nicht, rast weiter, schlägt dem Mammut in die Kette. Schon brennt bei dem überdimensionierten Sowjet das Gummi der Laufräder. Mit einem Schuß zwei Panzer erledigt!
Völkischer Beobachter, 27. 7. 1941

Dienstag, 29. Juli 1941
Das *Oberkommando der Wehrmacht* gibt bekannt:
Die im Zug des Durchbruchs durch die »Stalinlinie« in der Richtung auf Smolensk überrannten Kräftegruppen des Feindes sind nunmehr im wesentlichen aufgerieben. Der letzte Kessel ostwärts Smolensk geht seiner Vernichtung entgegen. Große Zahlen an Gefangenen und Beute können als Ergebnisse dieser gewaltigen Vernichtungsschlacht in wenigen Tagen gemeldet werden.

29. Juli 1941:
Es wird erneut darauf hingewiesen, daß der Erfolg des gewaltigen Kampfes im Osten nicht geografisch durch einzelne Ortsangaben erfaßt werden kann, sondern daß sein Ziel in der Vernichtung der gegnerischen Streitkräfte liegt, wie es z. B. bei der Einkreisungsschlacht von Smolensk der Fall ist. Die Tendenz zu Überschriften, die die sowjetischen Hauptstädte (Leningrad und Moskau) bereits in den Bereich der Erdoperationen zieht, erzeugt beim Leser falsche Vorstellungen, die der wahren Bedeutung der gegenwärtigen großen Schlachten nicht gerecht wird.

Mittwoch, 30. Juli 1941
Das *Oberkommando der Roten Armee* gibt bekannt:
In der vergangenen Nacht setzten unsere Streitkräfte die hartnäckigen Kämpfe gegen den Feind in den Abschnitten Newel, Smolensk und Shitomir fort.

Geheimer Bericht des *Sicherheitsdienstes der SS* zur innenpolitischen Lage:
Nr. 208 vom 4. August 1941 (Auszug)
I. Allgemeines: Das Warten auf Sondermeldungen von neuen größeren Erfolgen an der Ostfront, die bisher noch in keinem Feldzug so lange ausgeblieben seien, bewirkt allmählich ein Absinken der erwartungsvollen Stimmung der Bevölkerung.
Dabei sind es in erster Linie die Gerüchte über angeblich sehr hohe Verluste unserer Truppen, die alle Kreise der Bevölkerung anhaltend beschäftigen.
Stark verbreitet sind auch Gerüchte, daß es der Roten Armee gelungen sei, den deutschen Vormarsch weit-gehendst zum Stehen zu bringen. Aus dem meist negativen Inhalt der umlaufenden Gerüchte muß geschlossen werden, daß viele Volksgenossen wieder annehmen, durch Abhören ausländischer Sender Einzelheiten und genauere Nachrichten erfahren zu können.

Dienstag, 5. August 1941, Berlin
Das *DNB* berichtet:
Im Verlauf des 4. August brachen deutsche Truppen in ausgebaute Feldstellungen der Sowjets südlich Kiew ein. Dabei wurden in heftigen Kämpfen 43 sowjetische Bunker genommen und die sowjetische Besatzung niedergekämpft. Tausende von sowjetischen Gefangenen und reiche Beute an Kriegsgeräten aller Art wurden gemacht. Die Verluste der Sowjets sind sehr hoch, die Zahl ihrer Gefallenen beträgt das Doppelte der Zahl der Gefangenen.

Einsatz des italienischen Expeditionskorps
Donnerstag, 7. August 1941, Rom
Die *Agentur Stefani* meldet:
Seit heute morgen sind italienische Streitkräfte an der ukrainischen Front im Einsatz.

Lieferungen der UdSSR an Deutschland
Freitag, 8. August 1941, London
Die *Agentur Reuter* teilt mit:
Die britische Regierung besitzt nun Dokumente darüber, in welchem Ausmaß die Sowjetunion Deutschland vor Kriegsausbruch mit wichtigen strategischen Gütern versorgt hat. In den letzten 18 Monaten vor dem deutsch-sowjetischen Krieg wurden von der UdSSR beträchtliche Mengen wichtiger Rohstoffe an Hitler-

Deutschland geliefert, vor allem Öl, Getreide, Holz, Mangan, Chrom und Baumwolle. Die Ölimporte Deutschlands aus der Sowjetunion betrugen etwas mehr als eine Million Tonnen, einschließlich hochwertiger Schmierfette und Flugzeugbenzin. Ferner wurden über die sibirische Eisenbahn – die einzige Verbindung Deutschlands mit dem Fernen Osten – allein in den letzten zwölf Monaten trotz der beschränkten Leistungsfähigkeit dieser Bahnlinie über 500 000 Tonnen kriegswichtiger Güter nach Deutschland befördert.

Lebensmittelration in der Westentasche
Montag, 11. August 1941
United Press berichtet:
Die amerikanischen Armeebehörden haben eine neue Lebensmittelration für die Truppen zusammengestellt, die so klein ist, daß sie in eine Westentasche paßt.

Sandstürme in der westlichen Wüste
Sonnabend, 16. August 1941, bei den britischen Truppen in Tobruk
Die *Agentur Reuter* teilt mit:
Seit mehreren Tagen halten in der westlichen Wüste schwere Sandstürme an, die jede Kampfhandlung erschweren. Die Temperaturen sind ungewöhnlich hoch.

Donnerstag, 21. August 1941
Das *Oberkommando der Wehrmacht* gibt bekannt:
Im Raum um und nördlich Gomel hat eine Schlacht stattgefunden, die mit einer schweren Niederlage der Sowjetwehrmacht endete.
Teile von 17 Schützendivisionen, einer motorisierten, zwei Panzer-, fünf Kavalleriedivisionen sowie zwei Luftlandebrigaden wurden geschlagen, vernichtet oder gefangengenommen. 78 000 Gefangene und unübersehbares Kriegsmaterial fielen in deutsche Hand.

Winteroffensive in Libyen?
21. August 1941
Aus dem *Hauptquartier von General Auchinleck*:
Auf Grund sorgfältiger Beobachtung wird angenommen, daß das deutsch-italienische Oberkommando zur Zeit Anstrengungen unternimmt, um in Nordafrika einen Winterfeldzug großen Stils vorzubereiten. So wurde festgestellt, daß neue, ausgezeichnet getarnte Flugplätze im Bau sind, die es ermöglichen dürften, die Zahl der bisher eingesetzten Staffeln wesentlich zu erhöhen. Bemerkenswert sind auch die Versuche, Truppen und vor allem schweres Kriegsmaterial nach Libyen zu bringen.

Britisch-sowjetischer Einmarsch in den Iran

Montag, 25. August 1941, London
United Press berichtet:
Wie wir über Radio Moskau erfahren haben, sind sowjetische Truppen in den Iran einmarschiert.
Heute morgen haben ebenfalls britische Einheiten die Grenze zum Iran überschritten.

25. August 1941
Aus dem *Hauptquartier von General Wavell*:
Im Grenzgebiet wurde der Widerstand schnell überwunden, und indische Schützenregimenter haben in raschem Vorstoß die befohlenen Ziele erreicht; sie sichern den Anmarsch der britischen Verbände. Die Truppen werden von Panzerwagen begleitet. Verbände der Royal Air Force sichern den Luftraum, und eine Staffel von Armeeflugzeugen hat die Fühlung mit den sowjetischen Verbänden aufgenommen, die zur gleichen Stunde vom Kaukasus her in den Iran einmarschierten. Das sowjetische Oberkommando des Verbandes Südkaukasien meldet nur geringen Widerstand und schnelle Fortschritte.

W. Churchill an den Rüstungsminister und den Chef des Generalstabs
Mittwoch, 27. August 1941:
1. Ab und zu sollten wir wirklich versuchen, in die Zukunft zu schauen. In Libyen haben wir uns durch die deutschen 6-Pfünder-Panzer Typ IV überraschen lassen – dabei lag es meiner Meinung nach klar auf der Hand, daß sie etwas unternehmen würden, um unsere mittleren Panzer zu zerschlagen. In Bardia usw. haben wir den Italienern noch mit ihnen imponiert. Die Deutschen haben bei Dünkirchen genügend mittlere und schwere Panzer erbeutet; sie konnten also leicht Waffen vorbereiten, die unseren Panzern überlegen sind. Wir sollten es doch fertigbringen, spätestens im Januar oder Februar wenigstens 100 für den Wüstenkrieg geeignete »A 22« einzusetzen. Doch dazu ist es nötig, sie mit kleinen Veränderungen für den Wüstenkrieg auszustatten. Warum macht man das nicht gleichzeitig mit den neuesten Verbesserungen am Panzer selbst? Die Leute unten in Ägypten werden nie an die Wüstengängigkeit des Panzers glauben, ehe sie ihn an Ort und Stelle ausprobiert haben.

Sender Beromünster (Schweiz)

Freitag, 29. August 1941:
. . . Montag früh überschritten von Norden kommend russische, von Westen und Südwesten kommend britische Truppen die Grenzen Irans, nachdem die diplomatischen Vorstellungen der Alliierten in Teheran zu keiner Einigung mit der iranischen Regierung geführt hatten. Der Konflikt war von sehr kurzer Dauer und der Widerstand iranischer Streitkräfte gering. Bereits am Donnerstag erfuhr man, daß Iran den Widerstand eingestellt habe. Tags zuvor hatte in Teheran ein Regierungswechsel stattgefunden, durch den die bisherigen, unnachgiebigen Minister durch verständigungsbereite Politiker ersetzt wurden. Übrigens hat der dreitägige Konflikt kaum den Charakter des Kriegszustandes angenommen, da die diplomatischen Beziehungen zwischen den Alliierten und Iran nicht abgebrochen waren und der Schah persönlich mit den Gesandten Großbritanniens und der Sowjetunion in Verhandlungen stand.
. . . Daher geht die Besetzung strategisch wichtiger Punkte durch die alliierten Truppen weiter, wobei die

Russen entlang der Straße, die von Täbris nach dem unter englischem Schutz stehenden Mossulgebiet führt, vorrücken, während die Engländer vom Persischen Golf her die Kontrolle über die Ölgebiete und die Transiranische Eisenbahn übernehmen.

Das iranische Erdöl in britischer Hand
Sonnabend, 30. August 1941
Aus dem *Hauptquartier von General Wavell:*
Der Vormarsch britischer und sowjetischer Truppen im Iran geht reibungslos vor sich. Das gesamte Erdölgebiet befindet sich jetzt in britischer Hand.

Engländer und Sowjets in Iran
Montag, 1. September 1941, Teheran
Die *Agentur Reuter* meldet:
Als ein »historischer Augenblick« wird wohl das gestern in Kaswin erfolgte erste Zusammentreffen britischer und sowjetischer Truppen zu betrachten sein. Eine Abteilung britischer Empire-Streitkräfte hat von Hamadan aus Kaswin erreicht.
Schah Reza Pahlevi ist heute morgen mit einer Polizeieskorte durch die Straßen von Teheran gefahren, um die Bevölkerung von seiner Anwesenheit in der Hauptstadt zu überzeugen.

Geheimer Bericht des *Sicherheitsdienstes der SS* zur innenpolitischen Lage:
Nr. 218 vom 8. September 1941 (Auszug)
II. Kulturelle Gebiete: Von den Volksgenossen wird stark beachtet, daß in den Berichten über die Kämpfe im Osten ständig dieselben Wendungen wiederkehren wie: »In dreitägigem heißen Ringen . . .«, oder »In harten Kämpfen . . .«, »Nach starkem Widerstand . . .«, »Stark ausgerüstete Panzerverbände des Feindes«, »Unter Einsatz starker Panzerkräfte und zahlreicher schwerer Waffen neue feindliche Angriffe« u. ä. Die Bevölkerung werde mehr und mehr bedrückt davon, daß der Widerstand der Sowjets augenscheinlich nicht nachläßt und der Feind offenbar noch immer über große Materialreserven verfügt. Es wird nun häufiger davon gesprochen, daß wir den Gegner unterschätzt hätten. Die Volksgenossen zeigten sich bei weitem nicht mehr so selbstsicher wie in den ersten Wochen des Krieges.
Alle Hinweise auf Schwierigkeiten, mit denen unsere Wehrmacht in außerordentlichem Maße zu kämpfen hat, wirkten z. Z. nicht mehr aufklärend und beruhigend, sondern bestärkten die Masse der Bevölkerung darin, daß der Feldzug im Osten in diesem Jahr nicht

Oben: Nordafrika, britische 8. Armee: Probefahrt mit einem Schützenpanzer

Unten: (1) Britischer Cruizer Tank Mark III (1939/40) – (2) Infanteriepanzer A 22 Churchill Mark V (ab 1941)

mehr abgeschlossen werde. Der Winter mit seinen Erschwerungen für die kämpfende Front wie für die Heimat beherrsche immer mehr Denken und Fühlen.

Appell an die Rüstungsarbeiter
Dienstag, 16. September 1941, London
Die *Agentur Reuter* teilt mit:
Lord Beaverbrook erließ einen Aufruf an die britische Arbeiterschaft, in dem es heißt: »Arbeiter aller britischen Panzerwagenfabriken! Es ergeht der Ruf an euch zur äußersten Anstrengung. Von nun an müssen unsere Panzerwagenfabriken nicht nur die britischen Heere, sondern auch die Armeen der Sowjetunion versorgen. Die Soldaten der Roten Armee stehen mit uns im Kampf für eine gemeinsame Sache: die Freiheit.«

Tagesparole des Reichspressechefs
Freitag, 19. September 1941:
Die heutige große Sondermeldung über die Einschließung von mehreren sowjetischen Armeen im Raume ostwärts Kiew steht völlig im Vordergrund der Blätter und ihrer Kommentare. Das große Ereignis, das den feindlichen Lügenmeldungen mitten ins Gesicht schlägt und den unaufhaltsamen Siegesmarsch unserer Truppen

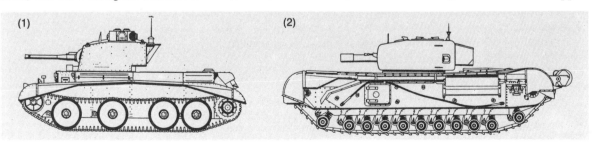

(1)   (2)

in so einzigartiger Weise dokumentiert, ist entsprechend zu würdigen.

Umfassungsschlacht ostwärts Kiew
Sonntag, 21. September 1941
Das *Oberkommando der Wehrmacht* gibt bekannt:
Im Verlauf der ostwärts Kiew im Gang befindlichen Umfassungsschlacht haben die Armee des Generalfeldmarschalls v. Reichenau und die Panzerarmeen der Generalobersten v. Kleist und Guderian starke Teile des umzingelten Feindes vernichtet und jetzt schon über 150 000 Gefangene eingebracht, sowie 151 Panzerkampfwagen, 602 Geschütze und unabsehbares sonstiges Kriegsmaterial erbeutet. Die Zerschlagung der restlichen Truppen des eingeschlossenen Feindes ist in vollem Gange. Weitere große Zahlen an Gefangenen und Beute sind zu erwarten.

Donnerstag, 25. September 1941
Das *Oberkommando der Wehrmacht* gibt bekannt:
Verzweifelte Ausbruchsversuche der letzten noch im Raume ostwärts Kiew eingeschlossenen feindlichen Kräfte wurden unter blutigen Verlusten für den Gegner abgeschlagen. Bei der Säuberung des Schlachtfeldes wurde die Leiche des im Kampf gefallenen Oberbefehlshabers der sowjetischen Südwestfront, Generaloberst Kirponos, aufgefunden. Sein Stab, sowie die Stäbe der 5. und 21. Sowjetarmee wurden aufgerieben.

Im Panzer 900 ist Siedehitze
Von Günther Heysing

. . . Hinter einer Windmühlenhöhe seitlich des Dorfes wird gehalten. Die beiden Panzerbegleitgeschütze gehen in Stellung, und die Kampfwagen fahren in breiter Front aus der Marschkolonne auf. Tief brummend wälzen sich die Stahlkolosse vor. Sie überklettern die Windmühlenhöhe, und da liegt vor ihnen im Grunde des Dorfes, das sich an einem Bach entlangzieht, durch ein weites Stoppelfeld getrennt . . . Die Maschinengewehre der Panzer und Schützen rasseln los. Drüben

galoppieren Pferde ohne Reiter querfeldein. Dann blitzt es am Dorfrand auf. Die feindliche Artillerie hat das Feuer aufgenommen und hält im direkten Schuß auf die anrollenden Panzer . . . Im Augenblick lohen die Holzhäuser des Dorfes auf, zwischen denen der Feind Stellung bezogen hat. Geschützbedienungen brechen zusammen oder fliehen in den Grund. Andere schießen unentwegt. An den Panzern vorbei sausen die schweren Granaten des Gegners . . .
Unten im Wagen ist eine Siedehitze. Der Schweiß rinnt der Besatzung aus allen Poren. Alle Glieder beben vor Erregung. Dennoch sitzt jeder Handgriff. Schwankend wälzt sich der Kampfwagen vorwärts. Die Maschine brüllt ohrenbetäubend, mit harten Schlägen und einem kreischenden Rauschen werden die verschiedenen Gänge geschaltet. Wieder Befehle, und wieder Motorenrauschen und Abschuß der Kanone . . . Die heiße Luft im Kampfwagen kann man beinahe greifen, und der Schweiß rinnt in immer tolleren Strömen . . .
Dicke Öltropfen kleckern von den arbeitenden Waffen zu Boden . . . Aus dem Turm zischt eine weiße Leuchtkugel, um den von der anderen Seite angreifenden Kradschützen zu zeigen, wo die eigenen Panzer sind. Ein Schrei: »Mensch, die Protze drüben ist in die Luft gegangen.« Donnernd wälzt sich der Wagen weiter vor. »Kanone hat Hemmung.« – »Mit MG weiterschießen.« – »Laufwechsel.« – »Paß auf, der Lauf glüht!« Klirrend fällt das heiße Eisenrohr zu Boden. Der Wagen schwankt wieder, und die Besatzung des 900 fällt ein wenig durcheinander. Dann rasseln wieder beide Maschinengewehre . . .
Die feindliche Artillerie ist niedergekämpft, die bolschewistischen Geschütze geben keinen Schuß mehr ab. Der erste Teil des Auftrages ist erfüllt. Es bleibt nur noch der Einbruch in die Stellung der sowjetischen Infanterie am vorderen Teil des Dorfes.
Die Panzer wälzen sich in den Bachgrund hinunter, der Kampfwagen 900 wieder an der Spitze . . .
Angstschlotternd laufen einige Russen zwischen den deutschen Panzern, in wehenden Mänteln, auf dem Kopf den moosgrünen Topfhelm, mit erhobenen Hän-

Rechte Seite:
Sowjetischer schwerer Kampfpanzer KW-2: Erstmalig im finnisch-sowjetischen Krieg 1940 eingesetzt, wird seine Produktion wegen zu geringer Beweglichkeit eingestellt

Links: Über 570 sowjetische Panzerkampfwagen bei Kiew erbeutet – meldet die deutsche Presse am 24. 9. 1941

den. Die Finger sind weit auseinandergespreizt, als könnten sie so das Unheil, das über sie gekommen ist und noch kommen wird, erfühlen und erwehren. Andere schießen noch hinter ihren Deckungen hervor oder werfen Handgranaten . . .

Es ist ein grausiges Spiel. Maschinengewehre, die eben noch schossen, werden zu Schrott zermalmt, Stahlhelme zu einem Blechklumpen verbogen, Gewehre zerknacken wie dürre Äste . . .

Völkischer Beobachter, 25. 9. 1941

Abschluß der Schlacht bei Kiew
Sonnabend, 27. September 1941
Das *Oberkommando der Wehrmacht* gibt bekannt:
Die große Schlacht bei Kiew ist beendet. In doppelseitiger Umfassung auf gewaltigem Raum ist es gelungen, die Dnjepr-Verteidigung aus den Angeln zu heben und fünf sowjetische Armeen zu vernichten, ohne daß auch nur schwache Teile sich der Umklammerung entziehen konnten.

Im Verlaufe der in engstem Zusammenwirken von Heer und Luftwaffe durchgeführten Operationen wurden insgesamt 665 000 Gefangene eingebracht, 884 Panzerkampfwagen, 3 718 Geschütze und ungezählte Mengen sonstigen Kriegsmaterials erbeutet oder vernichtet. Die blutigen Verluste des Gegners sind wiederum sehr hoch. Ein Schlachtensieg ist damit errungen, wie ihn die Geschichte bisher nicht gekannt hat. Die Ausnützung dieses Erfolges ist in vollem Gange.

Schneefälle

Donnerstag, 2. Oktober 1941, Moskau
Die *Agentur TASS* meldet:
Am Mittwoch haben bei Leningrad und in der Ostukraine stärkere Schneefälle eingesetzt. Seit dem Mittag haben die deutschen Angriffe auf Leningrad an Heftigkeit erheblich nachgelassen.

Austausch von Verwundeten
Montag, 6. Oktober 1941, London
Die *Agentur Reuter* meldet:
Die Verhandlungen über den Austausch der Schwerverletzten spielten sich am späten Montagnachmittag zum Teil über BBC London und den Reichssender Berlin ab. Am frühen Nachmittag hörte London ein Signal, das auf der Wellenlänge 514,6 Meter fortlaufend gegeben wurde. Darauf rief eine Stimme in englischer Sprache: »Hallo England! Die deutsche Regierung an die britische Regierung.« Die auf den Anruf folgende Meldung wurde sofort an das Kriegsministerium weitergegeben, und kurze Zeit später antwortete die britische Regierung in deutscher Sprache. Die beiden britischen Spitalschiffe werden nun morgen New Haven um 5.30 Uhr verlassen und Dieppe um 10.30 Uhr erreichen.

Schwerste Sowjetpanzer griffen an
Von Kriegsberichter H. W. Block

Die Nacht war naß und kalt . . . Die Bolschewisten

hatten die Stellungen heute unter heftigeres Artilleriefeuer genommen als gewöhnlich in den letzten Tagen . . . Vom Dorf aus zieht sich eine Straße zu den sowjetischen Stellungen . . . Drüben die Straße ist mit mindestens 20 Panzern dicht besetzt. Wahre Ungetüme sind es, von denen jetzt die ersten den Hang zu unserer Infanterie emporklettern. Diese 52-Tonner hat man wohl schon einmal einzeln gesehen, aber in solchen Mengen haben sie noch nie angegriffen . . . In den Löchern machen sich die Infanteristen fertig zur Abwehr des Angriffes. Es sind ja einige Züge Pak auf das Bataillon verteilt, und was die Panzerjäger leisten, das weiß jeder von denen, die hier in den Löchern liegen. Kurz vor der Höhe machen die angreifenden Panzer noch einmal halt und überschütten die Schützenlöcher mit einem Hagel von Granaten. Immer noch warten die Soldaten an ihren kleinen Kanonen. Sie wissen genau, daß gegen diese Ungetüme nur der Schuß aus nächster Entfernung Wirkung haben kann. Bis auf 100 Meter lassen sie die Panzer anrollen. Dann bellt eine Pak los, andere folgen. Klirrend springt das Geschoß von der schweren Panzerung ab. Bis auf 50 Meter, auf 30, ja noch auf nächste Entfernung lassen sie die Riesen auflaufen und schießen dann erst. Es ist ein ungleicher Kampf. Da nimmt einer der 52-Tonner eine Pak an. Die Soldaten springen in die nächsten Deckungslöcher und entgehen so dem Schicksal ihrer Kanone, die von der rechten Raupe in den Boden eingemahlen wird . . . Jetzt gibt es für die Schützen nur eins: Ruhe bewahren und auf die geringe Sicht, die die Besatzung des Panzers hat, zu vertrauen. In ihren Löchern sind sie für die Panzer beinahe unsichtbar. Ihre Aufgabe wird es sein, die den Panzern folgende Infanterie aufzuhalten, wenn die Panzer durchgebrochen sind. Tief in die Löcher geduckt, den Stahlhelm weit nach hinten ins Genick geschoben, warten sie, bis die Panzer vorüber sind. Vorsichtig lugen sie über den Rand ihres Loches. Das Wunder ist geschehen, die Panzer haben keine Infanteristen hinter sich . . . Ein Geschütz des Pakzuges feuert noch hinter den Panzern her, während das eine Geschütz eingewalzt und das andere durch Volltreffer vernichtet ist. Offen steht der Oberfeldwebel im Gelände und gibt der Bedienung die Korrekturen, bis auch sein Geschütz, das letzte seines Zuges, außer Gefecht gesetzt wird. Zermalmt von dem Gewicht des 52-Tonners, der die Höhe hinaufkommt, fällt die Pak aus. Ohnmächtig ist die Wut des Infanteristen, der diesen Kolossen nicht zu Leibe rücken kann, besonders, da immer einer den anderen deckt, so daß auch mit Anspringen dieser Ungetüme und geballten Ladungen nichts zu machen ist . . . Es ist ein Katz- und Mausspiel härtester Art. Mit Hechtsätzen verschwinden die Soldaten im nächsten Loch, kurz bevor die Raupe des Panzers über ihr Loch hinweggeht. Den meisten gelingt es, sich von Loch zu Loch zu retten und doch noch in der Stellung zu bleiben. Hinter einzelnen laufenden Soldaten machen die Panzer Jagd, mit Kanone und MG schießend. An anderen Deckungslöchern machen sie halt. Der Turm öffnet sich, ein Mann mit einer Maschinenpistole zeigt sich und hält auf das Loch neben dem Panzer. Das Bataillon harrt aber dennoch in seiner Stellung aus. Die Schützen wissen ganz genau, daß nur sie in der Lage sind, einen etwaigen Infanterieangriff zu stoppen, daß von ihnen das Bestehen des Brückenkopfes und der Brücke abhängt. Gegen Mittag zieht sich ein Teil der Panzer in diesem Abschnitt wieder zurück. Man hat den Eindruck, daß hier kaum noch Leben sein kann. Aber die Front hält.

Deutsche Allgemeine Zeitung, 3. 10. 1941

Sender Beromünster (Schweiz)

Freitag, 10. Oktober 1941:
. . . Gestern gab der Reichspressechef Dr. Dietrich eine Erklärung ab, in der er ausführte, daß die Aktion im Osten mit der Einkesselung der Armeen Marschall Timoschenkos praktisch ihr Ende gefunden hätte. Die Russen verfügten, sagte er, nicht mehr über kampferprobte Heereseinheiten von entscheidender Größe, während Deutschland seinerseits nicht alle ihm zur Verfügung stehenden Reserven in den Kampf geworfen habe. »Der Feldzug im Osten«, sagte der offizielle deutsche Sprecher wörtlich, »ist militärisch entschieden, die russische Front an ihren wesentlichen Punkten zersägt und zerschmettert.« Der Angriff der Heeresgruppe des Feldmarschalls von Bock gegen die russische Zentralarmee erfolgte beidseitig der historischen Straße von Smolensk nach Moskau. Nach dem gestrigen Wehrmachtsbericht zu schließen, sind am Zentralabschnitt der Ostfront drei russische Armeen in Raum von Brjansk eingeschlossen, während bereits im Raume von Wjasma andere Heeresteile Timoschenkos von den Deutschen umfaßt wurden . . . Die aus Moskau vorliegenden Darstellungen der Ereignisse verhehlen nicht den Ernst der Lage, die durch die neue deutsche Offensive eingetreten ist . . . Die Hauptstadt Moskau erscheint aus westlicher und südwestlicher Richtung bedroht, sofern es der Roten Armee nicht gelingt, die deutsche Offensive zu bremsen und durch rasche Um- und Neugruppierung ihrer Streitkräfte eine neue Verteidigungsfront vor Moskau aufzubauen. Gegenwärtig dürften sich deutsche Truppenteile 200 Kilometer vor Moskau befinden. . . . Die Luftstreitkräfte entwickeln auf beiden Seiten eine gewaltige Tätigkeit, nachdem die Schneestürme,

die einige Tage lang im Gebiet von Moskau niedergingen, nachgelassen haben. Der Einsatz von Menschen und Material muß nach übereinstimmenden Andeutungen beider kriegführenden Lager gigantische Ausmaße angenommen haben.

Krieg im Osten bereits entschieden!

Tagesparole des Reichspressechefs
Montag, 13. Oktober 1941:
Die militärische Entscheidung dieses Krieges ist gefallen. Was nun noch zu tun bleibt, trägt vorwiegend politischen Charakter nach innen und außen. An irgendeinem Punkte werden die deutschen Heere im Osten stehenbleiben, und es wird dann eine von uns gezogene Grenze errichtet, die das große Europa und den unter deutscher Leitung stehenden europäischen Interessenblock abschirmt gegen Osten.

Geheimer Bericht des *Sicherheitsdienstes der SS* zur innenpolitischen Lage:
Nr. 228 vom 13. Oktober 1941 (Auszug)
II. Kulturelle Gebiete: Aus allen Teilen des Reiches wird übereinstimmend berichtet, daß die auf dem Tagesbefehl des Führers und auf den Ausführungen des Reichspressechefs aufbauende Berichterstattung und Gestaltung der Presse größte Überraschung hervorgerufen und ein befreiendes Aufatmen bewirkt habe. Die Schlagzeilen wie »Ostfeldzug entschieden – Der Bolschewismus militärisch erledigt« hätten mehr ausgesagt, als die Bevölkerung je zu hoffen gewagt habe. Es sei für die Volksgenossen einfach unfaßlich, daß der Krieg gegen den Bolschewismus schon endgültig entschieden sein solle.

Neue Panzer für Rommel
Vielfältiges Kriegsgerät, Geschütze, Kräder und Zugmaschinen, aber auch Verpflegung und Treibstoff stehen am Kai eines italienischen Mittelmeer-Hafens zur Verladung bereit. Die Bordwand des Transportschiffes, das im Geleit Nachschub für die kämpfende Truppe nach Nordafrika bringt, wird noch mit dem notwendigen Tarnanstrich versehen. Vorsichtig wird der Panzerkampfwagen über die Bordwand gehievt. Auf seinem Turm ist eine Reihe von Benzinkanistern verstaut, und sein Heck ist bedeckt von Reservematerial, wie Werkzeug und Laufrollen für die Gleitketten, denn Ausfälle in der Wüste müssen unter allen Umständen vermieden werden.

Die Wehrmacht, Oktober 1941

Tagesparole des Reichspressechefs
Donnerstag, 16. Oktober 1941:
Die aus sowjetischer Quelle endlich vorliegenden Eingeständnisse über die siegreichen deutschen Operationen vor Moskau können gut hervorgehoben werden, doch ist in Aufmachung und Kommentar der Eindruck zu vermeiden, als ob Moskau das Hauptziel der Operationen sei und diese Stadt etwa demnächst fallen würde.

Sie knackten 52-Tonner

Von Kriegsberichter Bruno Waske

In der Nacht zum 23. Oktober wird in der weit vorgeschobenen Unterkunft eines Kavallerie-Pionier-Zuges Alarm gegeben. Schwerste feindliche Panzer, Ungetüme von 52 t sind auf der von einem Leningrader Vorort herausführenden Straße im Anrollen, um die deutschen Stellungen zu durchbrechen. Durch blitzschnelles Zupacken, konzentriertes Feuer und mit Hilfe von Minensperren werden allein in dieser Nacht 15 der überschweren Panzerkampfwagen des Gegners zur Strecke gebracht.

Nach einigen Stunden der Ruhe, der neue Tag bricht eben an, wird die Front an demselben Abschnitt noch einmal alarmiert. Die Kommissare haben also erneute Panzerkolonnen in den Kampf getrieben.

In der Morgenhelle hat der angreifende Feind gute Sicht, aber unsere Reiterpioniere und Panzerabwehrmänner sind auf der Höhe. Die Pioniere werfen Nebelkerzen vor die heranrollenden stählernen Ungetüme. Gleichzeitig werden die Minensperren auf der Straße durch Auslegen von Tellerminen ergänzt. Dann ist der Ablauf des Kampfgeschehens fast programmartig immer derselbe.

Entgeht einer der stählernen Kolosse der Vernichtung durch Flak- und Pakfeuer, dann läuft solch eine rollende Festung todsicher auf eine Straßenmine. Es gibt einen scharfen Knall, und der Panzer bleibt mit zerfetzten Ketten stehen. Da die Besatzungen nicht zur Aufgabe des Kampfes zu bewegen sind, fegen Pioniere im undurchdringlichen Qualm der Nebelkerzen mit geballten Ladungen und Handgranaten heran, Sprung auf den Panzer, Luke hoch, Ladung hinein, Absprung vom Panzer, volle Deckung im Straßengraben, Detonation, Feuer und haushoher Qualm.

Die Wehrmacht, Oktober 1941

Mit Hunden gegen Panzer

Gefechtsstand, östlich von Brjansk, im Oktober
Von Kriegsberichterstatter Fritz Lucke

Auch der vorgesetzte Stab unserer Division wollte die Meldung nicht glauben. Er klingelte in aller Herrgottsfrühe den diensthabenden Ordonnanzoffizier vom Stroh und fragte ihn, ob bei uns plötzlich der 1. April ausgebrochen sei. Man hätte ja für manchen Soldatenscherz Verständnis, aber schließlich handele es sich hier doch um eine militärische Meldung.

Die ungeheuerliche Nachricht ist Wort für Wort wahr: Auf dem schmalen Feldweg kommen den vordersten Fahrzeugen plötzlich mehrere Hunde entgegengelaufen. Einige Meter vorher drehen sie ab, rennen schweifwedelnd zurück, kommen wieder. Auf dem Rücken tragen sie auffällige Kästen in Tragegestellen. Es ist eine sonderbare, verdächtige Angelegenheit, aus der die Soldaten nicht recht klug werden. Der Kompanieführer entschließt sich zu der einzigen Möglichkeit. Mit Maschinenpistolen, Karabinern und Pistolen werden die Tiere abgeschossen. Als die Kadaver untersucht werden – es sind graue Schäferhunde und braune Dobermanns – stellt sich heraus, daß in den Tragekästen zwei Sprengladungen sind. Aber die Minen sind nicht geschärft, der Hebel ist nicht herausgezogen . . .

Kein Zweifel, die Sowjets glaubten, mit den dressierten Minenhunden tatsächlich eine Waffe gegen die deutschen Panzer gefunden zu haben! Hochtrabend nannten sie die Hunde-Kommandos »Zerstörer«. Die Gefangenen waren Ende Juli nach Wischnjaki, 15 Kilometer vor Moskau, einberufen. Sie wurden der II. Armee-Zerstörer-Abteilung zugeteilt. Ihre Stärke betrug rund 235 Mann. Jeder Mann wurde mit einem Hund und einem Karabiner ausgerüstet. Zwei Abteilungen wurden zu einem »Zerstörer-Bataillon« von insgesamt etwa 500 Mann zusammengefaßt.

Die Dressur begann zunächst an Traktoren. Die Hunde wurden mit Fleisch unter die Fahrzeuge gelockt. In der

Auch er muß für Stalin
kämpfen: Sowjetischer
Minenhund

nächsten »Klasse« wurden die Tiere durch Vorhalten von Fleischstücken veranlaßt, unter einem stehenden Traktor von vorn nach hinten durchzukriechen. Diese Übungen dauerten ungefähr fünf Tage. Sie wurden dann am langsam fahrenden Traktor wiederholt. Im Laufe der 40 Tage dauernden Ausbildung wurde der Traktor dann durch einen Panzerwagen ersetzt. Zur Gewöhnung der Hunde an den Gefechtslärm wurden vom Panzer aus Knallkörper geworfen und aus Karabinern mit Platzpatronen geschossen . . .
Nur haben sie die Rechnung ohne die brave Hundeseele gemacht, die im Ernst des Kampfes vor einem Panzer genau so das Hasenpanier ergreift wie jedes Tier. Die Minenhunde von S. beweisen es. Auch die Gefangenen bestätigen es. Zwei von den drei Kompanien ihrer Abteilung sollten hier am Flußabschnitt zum ersten Male eingesetzt werden. Die meisten Hunde waren aber nicht sicher in der Abrichtung, nur in seltenen Fällen krochen sie unter den fahrenden Panzer. Viele Hunde waren zudem schußscheu und rissen vor den Knallkörpern aus. Verwendet wurden alle Rassen, die auf dem Wege der zwangsweisen Einziehung beschafft wurden.
Es sind drei schöne Hundeexemplare, die friedlich zu unseren Füßen liegen und schweifwedelnd jedes Stückchen Brot quittieren. Sie haben ja keine Ahnung, was ihre »lieben Herrchen« mit ihnen vorhatten. Wer denn der gelehrigste Schüler von den dreien gewesen sei, wollen wir wissen. Ein Gefangener zeigt auf den mittelsten Schäferhund, einen hellgrauen Rüden. Den nehmen wir mit und haben einen schönen Divisionshund.

Berliner Lokalanzeiger, 1. 11. 1941

Sonntag, 2. November 1941
Radio Moskau berichtet:
Stalin hat den Truppen der Roten Armee, die in Richtung Moshaisk, Malo-Jaroslawez und Tula kämpfen, den Befehl erteilt, »nicht einen Schritt rückwärts« zu tun.

Ausstattung der für Afrika vorgesehenen Truppen
In Italien ist auf fast allen Versorgungsgebieten die Zwangsbewirtschaftung eingeführt. Sie erstreckt sich auf Stoffe und Bekleidung jeder Art, Fußbekleidung aller Art, Lederwaren bzw. Waren aus gegerbten Häuten, Seifen und sonst. Reinigungsmitteln, Kunst- und Schmuckgegenstände aller Art, Maschinen- und Metallgegenstände, Möbel, Lebensmittel usw.
Ankauf dieser Gegenstände ohne Bezugsschein oder besonderen Ausweis ist nicht möglich. Ihre Beschaffung ist daher Truppenteilen sowie Einzelpersonen verboten.
Alle durch Italien nach Afrika gehenden Truppentransporte sind über diese Bestimmung genau zu unterrichten. Die Ausstattung der für Afrika vorgesehenen Truppen gem. K. A. R. und Sonderausstattung für Tropen muß in Deutschland voll durchgeführt sein, da keinerlei Möglichkeit besteht, in Italien die Ausstattung der Truppe durch Ankäufe zu verbessern.

OKH (Ch H Rüst u. BdE), 5. 11. 1941

Geheimer Bericht des *Sicherheitsdienstes der SS* zur innenpolitischen Lage:
Nr. 237 vom 13. November 1941 (Auszug)
I. Allgemeines: In den Städten steht im Vordergrund

November 1941, Raum Leningrad:
Die Besatzung des sowjetischen schweren KW-1A beim Bergen der Munition aus dem zerschossenen Panzer

des allgemeinen Interesses die Führerrede vom Vorabend des 9. November. Nach übereinstimmenden Meldungen aus allen Teilen des Reiches hat ihre Nichtübertragung im Rundfunk vielfach große Enttäuschung hervorgerufen, da viele Volksgenossen, nachdem sie sich in den letzten Wochen in ihren Erwartungen hinsichtlich des weiteren Verlaufs des Ostfeldzuges enttäuscht sahen, geradezu das Bedürfnis empfunden hatten, wieder einmal die Stimme des Führers zu hören und aus seinen Worten neue Kraft zu schöpfen.

Durch die Versicherung im Zusammenhang mit der Einnahme Leningrads, daß kein deutscher Soldat unnötigerweise geopfert und in diesem Kriege auf Prestige-Erfolge verzichtet werde, hat der Führer der Bevölkerung und insbesondere den Angehörigen der im Osten eingesetzten Soldaten aus dem Herzen gesprochen. Gleichzeitig haben diese Worte erreicht, schlagartig alle Erörterungen der letzten Tage über die immer noch nicht erfolgte Einnahme Leningrads oder Moskaus verstummen zu lassen.

Winterbekleidung

Tagesparole des Reichspressechefs
Dienstag, 18. November 1941
Über die Versorgung der Truppen im Osten mit Winterausrüstung wird mitgeteilt: Die für die Truppe notwendige Winterbekleidung (Pelze, Fahrmäntel, warme Unterkleidung usw.) ist bereits im Laufe des Sommers vorsorglich beschafft worden. Sie liegt an den Endpunkten der Eisenbahn zur Ausgabe an die Truppe bereit. Zum Teil ist mit der Ausgabe auch bereits begonnen worden. Die Ausgabe wird erschwert durch die Transportlage, so daß eine gewisse Verzögerung unvermeidlich ist. Es ist daher unzweckmäßig, auf die Winterausrüstung der Truppe, wie es an sich zur Beruhigung der Bevölkerung erwünscht wäre, bereits jetzt zu sprechen zu kommen. Die Folge würde sein, daß aufgrund von Nachrichten in der Presse die Soldaten an ihre Angehörigen schreiben würden, daß sie die Winterbekleidung noch nicht erhalten haben. Damit würde das Vertrauen in die deutsche Nachrichtengebung in einem wichtigen Punkt erschüttert. Bei der Auswahl von PK-Bildern muß daher besonders darauf geachtet werden, daß nicht Bilder erscheinen, die den Schluß zulassen, daß die Truppe noch keine Winterkleidung erhalten hat. (Unerwünscht sind z. B. Bilder, die einen Zug Kriegsgefangener mit Mänteln zeigen, während die deutsche Begleitmannschaft ohne Mäntel marschiert; besonders bei älteren Bildern besteht die Gefahr.)

Mittwoch, 19. November 1941
Das Oberkommando der Roten Armee gibt bekannt:
Im Verlauf des Dienstags standen unsere Truppen an allen Fronten im Einsatz. Besonders heftige Kämpfe fanden in den Abschnitten von Twer und Wolokolamsk und in einem Abschnitt der Südwestfront statt. Unsere Truppen wiesen die feindlichen Angriffe ab und fügten dem Gegner schwere Verluste an Menschen und Material zu.

». . . den Deutschen nicht gewachsen.«
Sonnabend, 22. November 1941
Bericht von *General Auchinleck:*
. . . Am nächsten Tage waren dann alle drei Panzerbrigaden zur Verteidigung dieses Raumes zur Stelle. Aber unsere Panzer und Panzerabwehrgeschütze erwiesen sich den Deutschen nicht gewachsen; mit wie großer Bravour auch gefochten wurde, sah sich das XXX. Korps am Abend des 22. November dennoch zum Rückzug gezwungen, nachdem es zwei Drittel seiner Panzer verloren hatte; die Tobruker Garnison aber fand sich unerwarteterweise vor die Aufgabe gestellt, eine mächtige Frontausbuchtung verteidigen zu müssen. Der Feind verfolgte seinen Vorteil in glänzender Manier. In einem Nachtangriff überraschte er unsere 4. Panzerbrigade und warf sie völlig über den Haufen; ihre 100 Panzer repräsentierten zwei Drittel der uns noch verbliebenen Panzerkräfte. Am 23. vernichtete er die südafrikanische 5. Infanteriebrigade sozusagen gänzlich; es war eine von zwei Infanteriebrigaden, die dem Befehl General Norries unterstellt waren – für weitere fehlten die Transportmittel – und am 24. unternahmen feindliche Panzerdivisionen einen mächtigen Gegenangriff in Richtung Grenze. Ehe es soweit war, ahnten wir bereits, daß die ersten Berichte über feindliche Panzerverluste bös übertrieben waren und der Gegner mindestens über ebenso viele und bessere Panzer verfügte wie wir und daß er, da er das Schlachtfeld behauptete, in der Lage war, eine größere Zahl unserer Panzerfahrzeuge zu erbeuten.

An der Front vor Moskau

Von Chefredakteur Schäfer

Das Kampfgelände ist durch ausgedehnte und mit dichtem Unterholz durchsetzte Wälder und sogenannte Besenwälder gekennzeichnet. Es ist zum Teil sumpfig und insgesamt sehr unübersichtlich. Bei der besonderen Eignung der feindlichen Soldaten und insbesondere der frischen sibirischen Divisionen für nächtliche Waldgefechte kann man sich vorstellen, welche geistigen und körperlichen Anstrengungen an die deutschen Soldaten gestellt wurden. Sie waren in den wegearmen Wäldern vor keiner Überraschung sicher. Auch in den Gefechtspausen und während der kalten Nächte mußten sie ständig mit Überfällen und Nahkämpfen rechnen. War ein Angriff abgeschlagen, so blieb oft kaum Zeit, die eigenen Verwundeten zu versorgen, die Waffen wieder in Ordnung zu bringen und genügend Munition bereitzustellen; denn schon kam eine neue Welle heran. Schlaf, Essen und Müdigkeit waren vergessen, galt es doch, durch tatkräftigste Abwehr das eigene Leben und die Stellung zu verteidigen. Man muß die Soldaten der vorderen Linie gesehen haben, um zu ermessen, was sie in diesem Gelände und bei kalter Witterung geleistet haben. Dort standen an einem schmalen Bahndamm, den die feindlichen Panzerwagen im waldigen Gelände mit Vorliebe zur Annäherung benützen, dicht hinter der in Erdlöchern oder kleinen Deckungen aller Art liegenden Infanterie einige von unseren Panzern und

hielten Wache, während die kalte Nacht sich herniedersenkte. Dort war eine Batterie auf freiem Felde aufgefahren. Hinter den Geschützen brannten kleine Holzfeuer, an denen sich die Bedienung in den Feuerpausen wärmte.

Kölnische Zeitung, 22. 11. 1941

Montag, 24. November 1941, Kairo
Aus dem *Hauptquartier der britischen 8. Armee:*
Die große Panzerschlacht in der westlichen Wüste hat im Gebiet zwischen Sidi Rezegh und Tobruk weiter an Intensität zugenommen.

Mittwoch, 26. November 1941
Das *Oberkommando der Wehrmacht* gibt bekannt:
Im mittleren Abschnitt der Ostfront brachten unsere Angriffe vom Dienstag erhebliche Raumgewinne.

Donnerstag, 27. November 1941
Aus dem *Hauptquartier der britischen 8. Armee:*
Die erste Phase der neu entbrannten Panzerschlacht in Libyen zeichnet sich ein Ringen auf Leben und Tod zwischen den britischen und deutschen Panzertruppen ab.

Sender Beromünster (Schweiz)

Freitag, 28. November 1941:
Am 18. November kam die Front in Nordafrika infolge der britischen Offensive gegen Libyen von neuem in Bewegung. Seit zehn Tagen befinden sich die Streitkräfte des durch seine Erfolge in Abessinien bekannt gewordenen Generals Cunningham, der von dem Mittelmeergeschwader seines Bruders, des Admirals Cunningham, unterstützt wird, in außerordentlich heftigen Kämpfen mit den deutsch-italienischen Streitkräften des Generals Rommel, dem letztes Frühjahr die rasche Verdrängung der Briten aus der Cyrenaika gelungen war. Die britische Offensive begann mit einigen großen Umfassungsbewegungen, die an verschiedenen Punkten der ägyptisch-libyschen Grenze ihren Ausgangspunkt nahmen und von Süden her gegen die Meeresküste vorstießen.

Sonnabend, 29. November 1941
Das *Oberkommando der Wehrmacht* gibt bekannt:

Im Angriff auf Moskau wurden weitere Fortschritte erzielt. Bei Rostow und im Donezbecken erlitt der Feind bei erneuten, unter starker Zusammenfassung und rücksichtslosem Einsatz seiner Kräfte geführten Angriffen schwere blutige Verluste. Die Besatzungstruppe von Rostow räumt befehlsgemäß das engere Stadtgebiet, um die erforderlichen Vergeltungsmaßnahmen gegen die Bevölkerung nunmehr rücksichtslos in die Wege zu leiten, die sich völkerrechtswidrig im Rücken der deutschen Truppen am Kampf beteiligt hat.

29. November 1941, Berlin
Das *DNB* meldet:
Der Ort Wolokolamsk, der in den letzten Wochen in den Nachrichten der Sowjets immer wieder als Zentrum des russischen Widerstandes erwähnt wurde, ist jetzt in deutscher Hand. Die militärische Bedeutung dieses Ortes liegt darin, daß sich hier nicht nur wichtige Straßen schneiden, sondern daß auch die Bahnstrecke Moskau–Riga durch diese Stadt führt.

Montag, 1. Dezember 1941
Das *Oberkommando der Wehrmacht* gibt bekannt:
Im Raum von Moskau sind angreifende Infanterie- und Panzerverbände in weiterem Vordringen gegen die sowjetrussische Hauptstadt. In Nordafrika dauern die Kämpfe südostwärts Tobruk noch an. Von Süden her geführte britische Gegenangriffe wurden erfolgreich abgewiesen.

1. Dezember 1941, Chicago
Associated Press meldet:
Zum erstenmal ist es gelungen, aus einem Stück gegossene Kampfwagen im Serienbau herzustellen, die nicht nur schneller zu produzieren, sondern auch widerstandsfähiger sind als genietete. Aus Detroit wird die Patentierung eines neuen Schweiß- statt Nietverfahrens für Panzerwagen gemeldet.

Krieg im Pazifik

Sonntag, 7. Dezember 1941, Washington
Das *Weiße Haus* gibt bekannt:
Japanische Flugzeuge haben Pearl Harbor und sämt-

liche militärischen und Marine-Stützpunkte auf der Insel Oahu (Hawaii-Inseln) angegriffen.

Sowjetische Gegenangriffe bei grimmiger Kälte
7. Dezember 1941, Berlin
Das *DNB* gibt bekannt:
An der Ostfront bestimmt gegenwärtig das Wetter in hohem Maße die Entwicklung der Operationen. Im Gebiet von Moskau ist die Temperatur bis auf 35 Grad unter Null gefallen; dazu herrscht Schneesturm, so daß praktisch Truppenbewegungen und Kampfhandlungen ausgeschlossen bleiben. Man kann sich kaum vorstellen, daß Motorfahrzeuge bei dieser Temperatur noch benutzt oder Geschütze und Maschinengewehre bedient werden können.

Die Kämpfe in Libyen
Montag, 8. Dezember 1941, Kairo
Das *britische Hauptquartier* gibt bekannt:
Die zweite große Panzerschlacht hat nun im Gebiet zwischen el Adem und el Gobi (südlich von Tobruk) begonnen, und es kann angenommen werden, daß die Generäle Rommel und Cunningham bedeutende Bestände an Truppen und Panzerformationen eingesetzt haben.

Tagesparole des Reichspressechefs
8. Dezember 1941:
Der Kampf im Osten steht von jetzt ab im Zeichen des dort frühzeitig eingetretenen harten Winters. Die von unseren heldenhaften Truppen dort in Eis und Schnee unter größten Strapazen tagtäglich vollzogenen Leistungen sind entsprechend zu würdigen.

Japaner auf den Philippinen gelandet
Dienstag, 9. Dezember 1941, Manila
United Press meldet:
Wie von verläßlicher Seite mitgeteilt wird, ist auf den Philippinen die erste Abteilung japanischer Truppen gelandet.

Mittwoch, 10. Dezember 1941, Kairo
Das *britische Hauptquartier* gibt bekannt:
General Rommel befindet sich im Rückzug westlich von Tobruk. Die britischen Panzerstreitkräfte sind bereits in die südliche Flanke des Gegners eingebrochen. Die Verluste des deutschen Afrikakorps sind schwer, und eine größere Anzahl von Panzern und Flugzeugen wurde unbeschädigt erbeutet. Es wird angenommen, daß sie infolge Brennstoffmangels aufgegeben werden mußten.

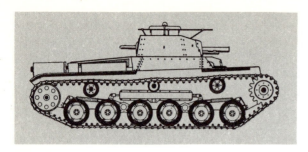

Wende vor Moskau

Sonnabend, 13. Dezember 1941, Moskau
Das *Oberkommando der Roten Armee* gibt in einem von Marschall Timoschenko und General Schukow gezeichneten Sonderkommuniqué bekannt:
Die sechste deutsche Offensive gegen Moskau ist nun entscheidend zusammengebrochen. An der gesamten Front von Moskau sind die deutschen Angriffspositionen und Verteidigungslinien durchbrochen worden, und in vielen Abschnitten stehen sowjetische Verbände gegen eingeschlossene zersplitterte deutsche Truppenteile im Kampf.

Britischer Vormarsch in Libyen
Montag, 15. Dezember 1941, Kairo
Das *britische Hauptquartier* gibt bekannt:
Trotz ungünstigem Wetter mit tiefhängenden Wolken und Regen erzielte das Gros der britischen Truppen weitere Fortschritte im Gebiet südwestlich von Ghasala. – General Rommel hat, wie Luftaufklärung bestätigt, im Gebiet des Dschebels Akhdar starke Stellungen bezogen. Es ist General Rommel gelungen, einen geordneten Rückzug zu organisieren.

Dienstag, 16. Dezember 1941
Das *Oberkommando der Wehrmacht* gibt bekannt:
Bei örtlichen Kampfhandlungen an mehreren Abschnit-

ten der Ostfront erlitt der Feind auch am Montag hohe Verluste. – In Nordafrika kam es im Raum westlich Tobruk erneut zu schweren Abwehrkämpfen. Im Gegenangriff zerschlugen die deutsch-italienischen Truppen starke Teile des Gegners.

Mittwoch, 17. Dezember 1941
Das *Oberkommando der Wehrmacht* gibt bekannt:
Im Zuge des Übergangs aus den Angriffsoperationen zum Stellungskrieg der Wintermonate werden zur Zeit an verschiedenen Abschnitten der Ostfront die erforderlichen Frontverbesserungen und Frontverkürzungen planmäßig vorgenommen. – In Nordafrika nahmen die schweren Kämpfe westlich Tobruk auch gestern ihren Fortgang. Starke feindliche Angriffe auf Bardia wurden unter erheblichen Verlusten für den Gegner abgewiesen.

Singapur darf nicht fallen!
17. Dezember 1941, Singapur
Die *Agentur Reuter* meldet:
Gouverneur Shenton Thomas hielt vor dem Gesetzgebenden Rat eine Ansprache, in der er ausführte, daß das Schicksal von Penang von den Ereignissen in Kedah abhänge. Weitere unangenehme Überraschungen könnten noch eintreten; aber es stehe fest, daß Singapur nicht fallen werde.

Freitag, 19. Dezember 1941
Das *DNB* meldet:
Bei 15 Grad Kälte und leichtem Schneefall entwickelten sich am 18. Dezember im mittleren Abschnitt der Ostfront ziemlich heftige Kämpfe. Der Feind setzte an vielen Abschnitten seinen Druck fort und versuchte in aufeinanderfolgenden Wellen in die deutschen Linien einzubrechen. Die Sowjets unterstützten ihre Angriffe durch Einsatz starker Artillerie- und Panzerkräfte. Wo es ihnen gelang, kleine örtliche Einbrüche zu erzielen,

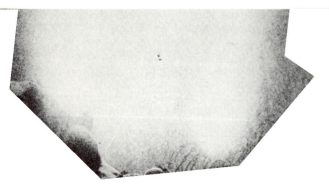

Oben: Japanischer mittlerer Kampfpanzer Typ 97 CHI-HA (ab 1937)

Rechte Seite: 15. 12. 1941 südwestlich von Ghasala: Ausgebrannte deutsche und italienische Panzerwracks

Links: Dezembernacht 1941 in einer deutschen Stellung vor Moskau

wurden sie abgeriegelt. Die Lage wurde durch Gegenangriffe der eigenen Infanterie bereinigt.

Sender Beromünster (Schweiz)

19. Dezember 1941:
. . . Die augenblickliche militärische Lage läßt sich kurz dahin kennzeichnen, daß in Rußland und in Libyen die Initiative an die Alliierten übergegangen ist, während auf den fernöstlichen und pazifischen Kriegsschauplätzen die Japaner das Gesetz des Handelns diktieren.

Dienstag, 23. Dezember 1941
Das *Oberkommando der Wehrmacht* gibt bekannt:
Die schweren Kämpfe im mittleren Abschnitt der Ostfront dauern fort. An mehreren Stellen wehrten unsere Truppen starke Angriffe des Feindes erfolgreich ab und vernichteten hierbei 19 russische Panzer.

General Auchinleck an W. Churchill
Donnerstag, 25. Dezember 1941
Betrifft: Panzer für die britische Armee in Libyen. Die Panzer waren unverschlossen und ohne Schutz auf dem Vorschiff untergebracht. So waren sie dem Seewasser ausgesetzt; im Boden der Kampfwagen stand bei der Ankunft Wasser, und die Wände waren bis zu 25 cm Höhe angerostet.
Elektrische und Funkinstallationen sind stark beschädigt und bedürfen einer mindestens 14tägigen Reparatur, bevor sie in Betrieb genommen werden können.

Versand und Verladung sind höchst mangelhaft durchgeführt worden. An amerikanischen Panzern sind für den Seetransport alle Öffnungen und Deckel mit Schutzhüllen verklebt . . .

Sonnabend, 27. Dezember 1941, Kairo
Das *britische Hauptquartier* gibt bekannt:
Die Panzerstreitkräfte von General Ritchie haben nach der Eroberung von Bengasi ihren Vormarsch in südlicher Richtung bereits wieder aufgenommen.

Montag, 29. Dezember 1941, Rom
Das *Comando Supremo* gibt bekannt:
Der Feind versuchte mit starken Panzerkräften eine Umklammerungsaktion in der Gegend von Agedabia. Der Versuch wurde durch unser Artilleriefeuer zum Stehen gebracht, der Feind in der Flanke von deutschen und italienischen motorisierten Einheiten angegriffen und schwer geschlagen. 58 englische Panzerwagen sowie eine erhebliche Zahl von Panzerspäh- und Lastwagen wurden vernichtet und zum Teil erbeutet.

29. Dezember 1941, Singapur
Die *Agentur Reuter* meldet:
Die japanische Offensive gegen Singapur verläuft in drei Stoßrichtungen längs der Ost- und der Westküste sowie in Mittelmalaya in Richtung Ipoh. Die japanischen Truppen haben alle eine Spezialausbildung für den Dschungelkampf erhalten und operieren, wo immer es möglich ist, mit leichten Panzern.

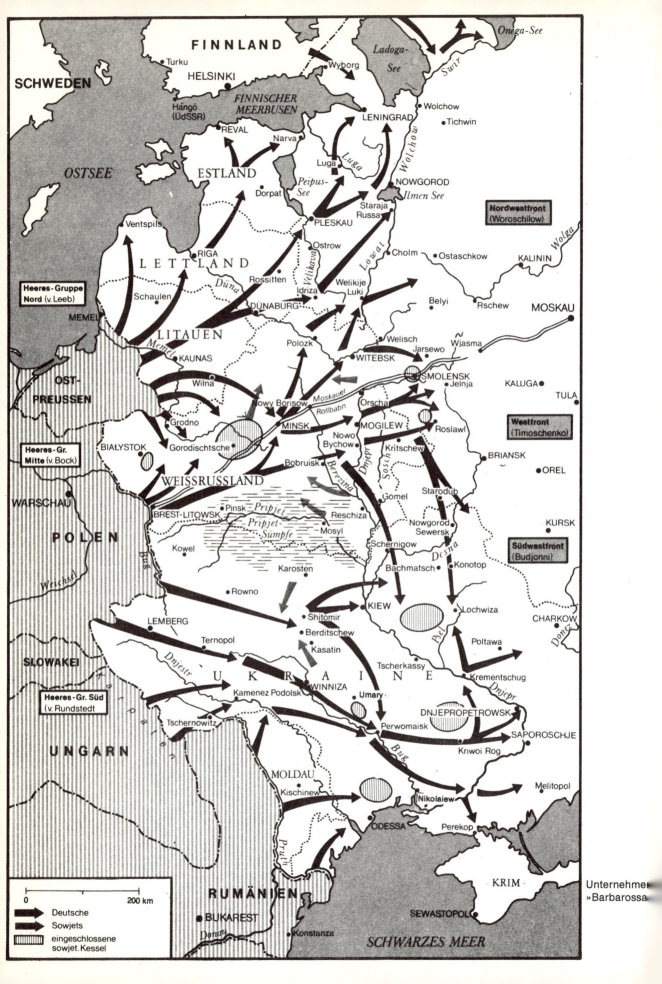

Unternehmen
»Barbarossa«

Strategie und Taktik

An der Ostfront müssen die Panzerkommandanten zu ihrer Verblüffung immer wieder feststellen, daß nicht nur die Rote Armee, sondern auch das Land selbst, seine Natur und das Wetter, manche Überraschungen bereithalten: Man hat sich zum Beispiel bisher kaum vorstellen können, daß ein Platzregen imstande ist, einen Panzervorstoß für mehrere Stunden zu blokkieren:

So meldet am Mittwoch, dem 2. Juli 1941, die Panzeraufklärungsabteilung der 7. Panzerdivision (GenMaj. Frhr. v. Funck), daß sie den Weitermarsch einstellen muß, »da die vorgeschriebenen Wege durch einen starken Regen völlig versumpft und unbefahrbar geworden sind«.

Tags darauf, am 3. Juli 1941, berichtet wiederum die 18. Panzerdivision (GenMaj. Nehring) nach einem heftigen Gefecht mit sowjetischen Panzern von einem neuen sowjetischen Kampfwagen. Sein Aussehen weiche völlig von den bekannten Typen ab; er sehe sehr modern aus und sei durch Pak nicht zu vernichten.

Am Sonnabend, dem 5. Juli 1941, setzt der Nordflügel der Heeresgruppe Süd (GFM v. Rundstedt) zum Durchbruch durch die Stalin-Linie an, eine durch zahlreiche Bunker verstärkte Verteidigungslinie, die sich etwa 70 bis 100 Kilometer hinter der polnischen Grenze von 1939 erstreckt.

Am Montag, dem 7. Juli 1941, durchbricht das XXXXVIII. Panzerkorps (GenLt. Kempf) die Stalin-Linie südlich Nowogrodek Wolynski.

Am Mittwoch, dem 9. Juli 1941, fällt Berditschew. Die deutschen Panzerverbände nähern sich Kiew und bedrohen den linken Flügel der sowjetischen Südwestfront (GenOberst Kirponos). Erst die Gegenangriffe der sowjetischen motorisierten Korps bringen die Panzergruppe 1 (GenOberst v. Kleist) zum Stehen. Dadurch können sich nun die sowjetische 6. Armee (GenLt. Musytschenko), die 26. Armee (GenLt. Kostenko) und die 12. Armee (GenMaj. Ponedelin) auf die Linie Berditschew – Chmielnik zurückziehen. Die sowjetische 37. Armee (GenMaj. Wlassow) bezieht Stellung vor Kiew, um die Hauptstadt der Ukraine zu sichern.

Als die Kämpfe im ehemaligen Ostpolen zu Ende gehen, sind die sowjetischen Verbände 350 bis 600 Kilometer in das Landesinnere zurückgedrängt. Jetzt nähern sich die deutschen Truppen Lettland, Litauen, Estland, Weißrußland und einem Teil der Ukraine sowie Bessarabien. Die Panzerverbände erreichen unter Ausnutzung des Überraschungsmoments und dank ihrer Schnelligkeit beachtliche Erfolge. Abgesehen vom

Raum um Minsk gelingt es den Deutschen zur Zeit nirgendwo, bedeutsame sowjetische Kräfte einzukreisen.

Am Dienstag, dem 8. Juli 1941, entschließt sich Hitler – davon überzeugt, die sowjetischen Verbände seien bereits zerschlagen –, den Vormarsch der Heeresgruppe Nord (GFM Ritter v. Leeb) mit starken Kräften fortzusetzen und Leningrad einzuschließen. Die sowjetischen Verbände der Nordfront (GenLt. Popow), zwar nicht zerschlagen, aber durch die erlittenen Verluste und ohne Möglichkeit der Verstärkung erheblich geschwächt, erhalten jetzt den Befehl, Leningrad und Reval (Tallinn) zu sichern. An der Luga gelingt es ihnen, die Panzergruppe 4 (GenOberst Hoepner) aufzuhalten, die aus dem Raum Pleskau in Richtung Luga und Nowgorod vordringt, und die sowjetische 8. Armee (GenMaj. Sobiennikow) leistet in Estland erbitterten Widerstand.

Am Mittwoch, dem 9. Juli 1941, endet die Doppelschlacht von Bialystok und Minsk. In dem riesigen Kessel zerschlägt die Panzergruppe 3 (GenOberst Hoth) die Masse der sowjetischen Westfront (Marschall Timoschenko); die 3. Armee (GenLt. W. I. Kusnetzow) und die 10. Armee (GenMaj. Golubjew) werden völlig vernichtet, von der 13. Armee (GenLt. Filatow) gelingt es nur einem Drittel der Verbände zu entkommen. Die Rote Armee verliert dabei neben einer nicht feststellbaren Zahl an Toten und Verwundeten 323 898 Gefangene, 1 809 Geschütze und 3 332 Panzer.

Am Donnerstag, dem 10. Juli 1941, beginnen die deutschen Panzerverbände einen Vorstoß, um die Hauptkräfte der Westfront einzukreisen und zu vernichten: Die Panzergruppe 2 (GenOberst Guderian) setzt nördlich und südlich von Mogilew über den Dnjepr, wo sie einen Teil der sowjetischen 13. Armee (GenLt. Filatow) einkreist. Danach erreicht sie den Flußlauf des Sosh und schwenkt dann nach Norden. Die Panzergruppe 3 stößt mit dem XXXIX. Panzerkorps (Gen.d.Pz.Tr. Schmidt) von Witebsk aus in Richtung Jelnja und bedroht die sowjetische 20. Armee (Gen. Kurotschkin) und die 16. Armee (GenLt. Lukin). Auf dem äußersten rechten Flügel der Westfront befindet sich die sowjetische 22. Armee (GenLt. Jerschakow) unter dem Druck der Panzergruppe 3 und der 9. Armee (GenOberst Strauß) von Süden her, sowie der 16. Armee (Gen Oberst Busch) von Westen her. In dieser Lage muß sich die 22. Armee auf Welikije-Luki zurückziehen.

Am Freitag, dem 11. Juli 1941, erzwingt die Panzergruppe 2 (GenOberst Guderian) trotz harten Widerstandes der sowjetischen 19. Armee (GenLt. Konjew) den Dnjepr-Übergang bei Mogilew.

Am Sonntag, dem 13. Juli 1941, müssen Slobin und Rogatschew von den deutschen Truppen geräumt werden: Eine sowjetische Kavalleriegruppe der 21. Armee (GenLt. Jefremow), die den Dnjepr überquert und

Juli 1941, Raum Welikije Luki: Sowjetischer
Gegenangriff mit Panzerunterstützung

Gegenangriffe in Richtung Bobruisk führt, kann hier
nicht aufgehalten werden.

Am Dienstag, dem 15. Juli 1941, werden im Kampfraum von Smolensk-Orscha gegen die 12. Panzerdivision (GenOberst Harpe) erstmalig Raketenwerfer-Bat-
terien M-8 »Katjuscha« eingesetzt. Ihr Vorhandensein
unterliegt größter Geheimhaltung und Abschirmung.
Die Bedienung sind ausgesuchte Soldaten des berüchtigten Sicherheitsdienstes NKWD, die einen Eid able-
gen mußten, im Falle drohender Feindgefahr die Ab-
schußgeräte zu zerstören und sich selbst mit allen
Mitteln – notfalls durch Freitod – der Gefangennahme
zu entziehen. Die Abschirmung der Raketenbatterien
erstreckt sich selbst auf Angehörige der obersten Kom-
mandobehörden. Ein Zutritt zu ihren Stellungen ist nur
dem Armeebefehlshaber und den Mitgliedern des
Kriegsrates gestattet, eine Vorsichtsmaßnahme, die den
sinnvollen Einsatz der Raketenbatterien erheblich erschwert. Und selbst noch 1944, als die Deutschen schon
längst etliche Batterien der »Katjuscha« erobert haben,
dürfen sie den Militärattachés der westlichen Alliierten
und ihren Militärmissionen nicht vorgeführt werden.
Die enorme Flächenwirkung der Salvengeschütze bestimmt die Verwendung der Raketenartillerie in erster
Linie bei der Artillerievorbereitung in den Schwerpunkt-
abschnitten der Angriffsoperationen. Der Artillerie-
führer der sowjetischen Westfront, Generalmajor der
Artillerie I. P. Kramer, berichtet nach dem ersten Einsatz der M-8 an den Befehlshaber der Artillerie der
Roten Armee (ArmeeGen. Woronow): »Nach den Berichten von Kommandeuren der Schützenverbände und
nach Beobachtungen von Artilleristen hat die Schlag-
artigkeit eines derart massierten Feuers dem Gegner
hohe Verluste zugefügt und so stark moralisch gewirkt,

daß ganze Einheiten in Panik gerieten und davon-
liefen . . .«
Die taktische Manövrierfähigkeit der feuerbereiten
Werfer-Batterien durch ihre hohe Marschgeschwindig-
keit auf den Straßen (15 bis 40 km/h), der schnelle
Aufbau einer Werfer-Batterie in der Feuerstellung, die
schnelle Feuerbereitschaft aus dem Marsch und die
beachtlich hohe Feuerleistung mit 320 Raketen in 26
Sekunden bedeuten für die deutschen Truppen eine
arge Überraschung.
Eine der ersten deutschen Meldungen über den Einsatz
dieser sowjetischen Geheimwaffe gegen Panzerverbände lautet: » . . . dunkle Wolke über der Stelle des Ab-
schusses, den Wurfgranaten der eigenen Nebelwerfer
ähnelnde Wurfkörper, dumpfes Rauschen der fliegenden Geschosse, gleichzeitiger Einschlag von 30 bis 40
Geschossen, starker Detonationsknall, große Flammen-
wirkung, kleine, 30 bis 40 cm tiefe Einschlagtrichter.
Trotz geringer Splitterwirkung empfand die Truppe den
Beschuß mit diesen Wurfgranaten, auch wegen ihrer
großen Streuung, als besonders unangenehm. Aufge-
fundene Teilstücke der Wurfkörper und Gefangenen-
aussagen ergänzten die Beobachtungen, bis bald erbeutete Werfer endgültigen Aufschluß gaben . . .«
Am gleichen Tag, dem 15. Juli 1941, faßt das sowjetische Oberkommando (STAWKA) einen wichtigen Entschluß: Da es keine Möglichkeit gibt, die riesigen Verluste an Panzern aufzufüllen, sollen die mechanisierten
Korps aufgelöst werden. Aus den motorisierten Schützendivisionen, die jetzt kaum über Kampfwagen verfügen, werden Schützendivisionen. Aus den Panzerdivisionen entstehen jetzt selbständige Panzerbrigaden und

Sowjetischer mittlerer Kampfpanzer T-34/76A: Der Dieselmotor vermindert das Brandrisiko und erhöht den Fahrbereich, das Christie-Laufwerk gibt höhere Geschwindigkeit in schwerem Gelände, und die breiten Ketten ermöglichen den Einsatz bei Schlamm und Schnee.

Das neuartige verstellbare Periskop des T-34/76A: erbaut nach dem erbeuteten Patent des polnischen Ingenieurs J. Gundlach (Zeichnung aus sowjetischer Dienstvorschrift für Panzer T-34)

Unten: Innenaufnahme vom Turm eines T-34/76A: Der Stahlturm aus einem Guß hat eine hohe Widerstandstähigkeit gegen die Durchschlagskraft der deutschen Panzergranate. Rechts ein mit Panzerglas versehener Sehschlitz, daneben Teile der Funkausrüstung und ein Sturzhelm

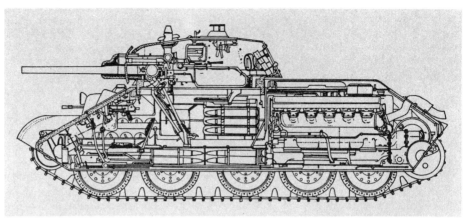

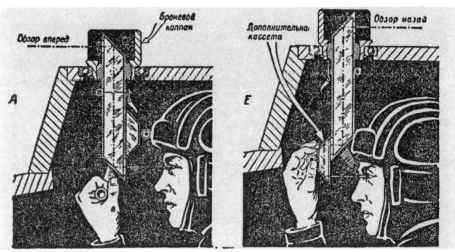

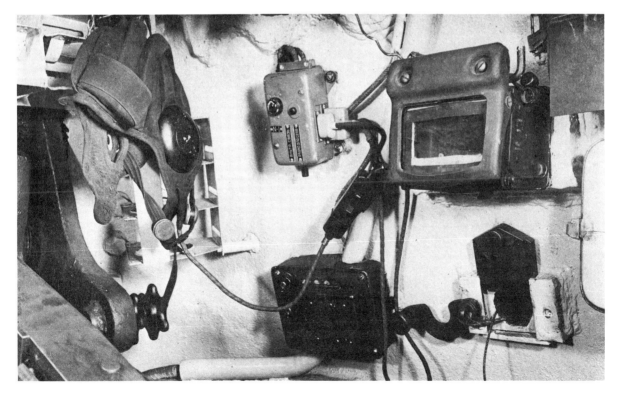

Panzerbataillone, die den Armeebefehlshabern unterstellt sind. Man hat sie vor allem für das enge Zusammenwirken mit den Infanterieverbänden bestimmt, um die Verteidigung gegen Feindpanzer zu erhöhen und ihre Stoßkraft bei Gegenangriffen zu steigern.

Mitte Juli 1941 macht sich eine speziell den Erfordernissen angepaßte sowjetische Panzertaktik der Verteidigung bemerkbar. Kommt es zu einem Durchbruch deutscher Panzerkeile, so erfolgt kein Befehl für einen allgemeinen Rückzug. Zuerst greifen die Truppen an den beiden Flanken der durchgebrochenen feindlichen Panzerverbände an und versuchen sie zu stoppen. Unterdessen beziehen andere sowjetische Verbände Verteidigungsstellungen in der Tiefe.

Erst wenn diese Bewegungen erfolgreich beendet sind, beginnen größere sowjetische Panzerverbände, die als Reserven bereitstehen, ihren Gegenangriff gegen die Flanken der vorstoßenden deutschen Panzerkeile und zwar, was interessant ist, gerade dort, wo sie durchgebrochen sind. Jede Verteidigungslinie wird durch einzelne in der Infanteriestellung als gepanzerte Pakstellung oder MG-Nest eingegrabene Panzer verstärkt. Bei den Verteidigungsstellungen im tiefen rückwärtigen Gebiet sind gut getarnte Panzer flankierend im rechten Winkel zu der erwarteten deutschen Angriffsrichtung postiert.

In der Regel läßt sich die sowjetische Infanterie von den angreifenden Panzern überrollen und kämpft nun mit der nachfolgenden Infanterie, um diese von den Panzern zu trennen. Die durchbrechenden deutschen Panzer stoßen nun bei ihrem weiteren Vormarsch auf die getarnten, in Reserve gehaltenen sowjetischen Panzerverbände. Diese in der Verteidigung stehenden Panzer haben genau festgelegte Beobachtungsräume und Feuerbereiche.

Falls sich die sowjetische Infanterie bei Tag auf einer Verteidigungslinie absetzen muß, so decken die Panzer ihren Rückzug und ziehen sich dann erst selbst zurück.

Die Panzerabwehrgeschütze (Pak) sind immer noch die wirkungsvollste Waffe zur Bekämpfung von Panzern. Wegen der breiten Frontabschnitte, die von den Infanterieverbänden verteidigt werden müssen, befindet sich die Pak der Regimenter, Divisionen und der Korps bei den Kampfgruppen der Infanterie, wo sie in Abteilungs- oder Batteriestärke eingesetzt werden. Allerdings hat man im Sommer 1941 in den Abschnitten, die sich für einen schnellen Vorstoß deutscher Panzer eignen, zu wenig Pak konzentriert.

Ab Mitte Juli jedoch haben die Sowjets ihre Pak dort aufgestellt, wo deutsche Panzer zu erwarten sind, um sie im direkten Schuß zu bekämpfen. Als sehr erfolgreich bei der Panzerbekämpfung erweisen sich Minensperren. Es stellt sich auch heraus, daß es viel wirkungsvoller ist, unmittelbar vor dem Näherkommen der Panzer in aller Eile einige Dutzend Minen zu verlegen, als vorher schon mit Hunderten von Minen ganze Felder anzulegen.

Trotz all dieser Maßnahmen bleibt die Empfindlichkeit gegen Panzerangriffe ein schwacher Punkt der sowjetischen Verteidigung. Daher gibt STAWKA am 11. und 28. Juli 1941 zwei Direktiven, in denen von den Befehlshabern der Fronten ein massierter Einsatz von Artillerie und von Fliegerkräften besonders in die Richtungen, aus denen Panzerkeile zu erwarten sind, gefordert wird. Bei den Armeen sowie Divisionen sollen besondere Panzerbekämpfungsabteilungen und in den Einheiten Panzervernichtungstrupps entstehen. Doch mehr als sowjetische Minensperren und Pak führt bei den deutschen Panzern, die seit dem 22. Juni 1941 fast ununterbrochen Kämpfe und ungeheure Marschleistungen vollbringen müssen, die ungewöhnliche Staubentwicklung an trockenen Tagen, das Festsitzen im Schlamm bei jedem Regen, zu zahlreichen Ausfällen.

So meldet am 16. Juli 1941 die 10. Panzerdivision (GenMaj. Fischer) an das XXXXVI. Panzerkorps: Während der letzten 100 Kilometer sind auf Grund von bisher in solchem Maß noch nirgends beobachteter Staubbildung allein 24 Panzer mit Motortotalschaden ausgefallen. Der durch keine Luftfilter abzuhaltende Staub wirkt in Verbindung mit dem Motorenöl derart schmirgelnd, daß die Leistung schnell herabsinkt und die Motoren nicht mehr in der Lage sind, den Panzer vorwärtszubewegen.

Am Mittwoch, dem 16. Juli 1941, erobert die 29. mot. Division (GenMaj. v. Boltenstern) Smolensk.

Am Freitag, dem 18. Juli 1941, nimmt das der Panzergruppe 2 unterstellte XXXXVI. Panzerkorps (Gen.d.Pz.Tr. v. Vietinghoff-Scheel) den wichtigen Verkehrsknotenpunkt Jelnja südöstlich von Smolensk, der jetzt eine weit nach Südosten vorgeschobene Ausbuchtung der Mittelfront bildet.

Am nächsten Tag, dem 19. Juli 1941, erläßt Hitler seine verhängnisvolle Weisung Nr. 33: Den Vormarsch in Richtung Moskau sollen nun die Infanteriedivisionen fortsetzen. Die Panzer- und motorisierten Verbände drehen zur Unterstützung der Heeresgruppe Nord (GFM Ritter v. Leeb) und der Heeresgruppe Süd (GFM v. Rundstedt) ab.

Am Montag, dem 21. Juli 1941, versuchen die Engländer im Raum Sollum mit einer Serie von Panzervorstößen zur Generaloffensive überzugehen. Sie werden jedoch vom Deutschen Afrika-Korps zurückgeschlagen, und die Lage beruhigt sich wieder.

An diesem Tag erobert an der Ostfront die sowjetische 22. Armee (GenLtn. Jerschakow) im Gegenangriff Welikije-Luki und wirft die Verbände der Panzergruppe 3 zurück.

Zwei Tage später, am 23. Juli 1941, führt die 24. sowjetische Armee (GenMaj. Rakutin) heftige Gegenangriffe im Raum Jelnja, jedoch gelingt es ihr nicht, das XXXXVI. Panzerkorps zurückzudrängen.

Bis zum Freitag, dem 25. Juli 1941, ist die Stalin-Linie von deutschen Panzerverbänden überall durchbrochen.

Der Versuch der Roten Armee, sich vor allem im Südabschnitt entlang einer Befestigungslinie zu verteidigen und zum Stellungskrieg überzugehen, ist damit gescheitert.

An diesem Tag wird aus dem Deutschen Afrika-Korps und italienischen Verbänden die Panzergruppe Afrika (Gen.d.Pz.Tr. Rommel) gebildet.

Am Sonntag, dem 27. Juli 1941, drängen die Verbände der sowjetischen Westfront nach starken Gegenangriffen die deutschen Truppen nordöstlich von Smolensk auf Jarzewo ab.

Am Mittwoch, dem 30. Juli 1941, durch den starken sowjetischen Widerstand nördlich und südlich von Smolensk veranlaßt, befiehlt Hitler in seiner Weisung Nr. 34 der Heeresgruppe Mitte, die Angriffe einzustellen und zur Verteidigung überzugehen.

Am Sonntag, dem 3. August 1941, vernichtet die Panzergruppe 2 in dreitägiger Schlacht im Raum Roslawl mehrere Divisionen der sowjetischen 28. Armee (GenLt. Katschalow). Die Verbände von Marschall Timoschenko greifen zwar bei Rogatschew und Bobruisk mit neu herangeführten Kräften heftig an, jedoch werden die Entsatzversuche im Gegenangriff der Panzergruppe 2 zerschlagen. Die sowjetischen Verluste u.a.: 38 000 Gefangene, 300 Geschütze, 250 Panzer.

Als die Panzergruppe Guderian anschließend zunächst mit schwachen Kräften weiter nach Osten vorfühlt, reagieren die Sowjets im Raum zwischen Roslawl-Smolensk mit einer Reihe von starken, aber wenig koordinierten Gegenangriffen.

Am Dienstag, dem 5. August 1941, ist die Kesselschlacht von Smolensk zu Ende. Die Verbände der Heeresgruppe Mitte zerschlagen dabei die sowjetische

16. Armee (GenLt. Lukin), Teile der 19. Armee (GenLt. Konjew) und die 20. Armee (GenLt. Kurotschkin), sowie das XXIII. mech. Korps. Die Sowjets verlieren u.a. 310 000 Gefangene, 3 120 Geschütze und 3 205 Panzer.

Noch bis zum Mittwoch, dem 6. August 1941, kommen vereinzelte eingeschlossene sowjetische Einheiten aus dem Kessel heraus. Das deutsche Vormarschtempo verlangsamt sich erstmals seit Beginn des Feldzuges. Die Möglichkeiten der Heeresgruppe Mitte, Angriffsoperationen großen Stils durchzuführen, sind zur Zeit erschöpft, und der entscheidende Erfolg, mit dem man bis August 1941 gerechnet hat, steht noch aus.

Am Freitag, dem 8. August 1941, wird die Kesselschlacht bei Uman beendet. Die Verbände der Panzergruppe 1 (GenOberst v. Kleist) zerschlagen die Masse der sowjetischen 6. Armee (GenLt. Musytschenko), sowie die 12. Armee (GenMaj. Ponedelin) und nehmen die beiden Befehlshaber gefangen. Vernichtet werden auch die meisten Teile der sowjetischen 18. Armee (GenLt. Smirnow). Die Kesselschlacht von Uman, aus der Bewegung heraus geschlagen, drückt 25 sowjetische Divisionen gegen die Infanterieverbände der Heeresgruppe Süd (GFM v. Rundstedt). Einen Ausbruchsversuch nach Südosten verhindern schnell vorgehende Panzer. Feststellbare sowjetische Verluste: 103 000 Gefangene, 858 Geschütze, 242 Pak und Flak sowie 317 Panzer.

Am gleichen Tag stößt ein Teil der Panzergruppe 2 aus dem Raum Roslawl in südlicher Richtung nach Klincy vor und die 2. Armee (GenOberst Frhr. v. Weichs) von der Linie Bobruisk-Kritschew nach Gomel. Die sowjetischen Verbände können dem Angriff nicht standhalten und werden zum Teil eingeschlossen oder müssen sich zurückziehen: Die 13. Armee (GenLt. Filatow) nach

Raum Desna: Sturmgeschütz StuG III (Sd Kfz 142) mit kurzer 7,5-cm-Kanone auf dem Fahrgestell des PzKpfw III, Ausführung F, eine der besten deutschen Selbstfahrlafetten. Sie wird gerade von einem Bergepanzer in die Instandsetzungswerkstatt abgeschleppt

Unetscha und die 21. Armee (GenLt. Jefremow) nach Süden. Die Panzergruppe 2 erreicht die Desna.

Nun, nach sechswöchigem Feldzug zeigen sich bei den Panzerdivisionen an den Fahrzeugen zunehmende Verschleißerscheinungen, und die Panzerverluste gegen die verbissen kämpfenden Sowjets sind seit Beginn des Unternehmens »Barbarossa« unerwartet hoch.

Die Rote Armee ist noch lange nicht geschlagen, und der deutsche Vormarsch geht ständig weiter ins Landesinnere hinein. Die Panzer müssen möglichst dicht hinter der Front repariert und überholt werden. Bringt man sie zu diesem Zweck ins Reich zurück, fallen sie wochenlang für den Einsatz aus. Um diesem Problem Herr zu werden, muß man Feld-Instandsetzungswerkstätten errichten, die hinter der Frontlinie die beschädigten Fahrzeuge möglichst sofort wieder einsatzbereit machen können. Es fehlt aber immer mehr an den erforderlichen Fahrzeugen, Ausrüstung und vor allem an Personal.

Mitte August 1941 muß sich Hitler entscheiden, ob er, wie ihm der Oberbefehlshaber des Heeres, Generalfeldmarschall v. Brauchitsch, und Generaloberst Halder vorgeschlagen haben, den Angriff auf Moskau fortsetzen will, oder ob zunächst – wozu er neigt – die vor der Heeresgruppe Nord und der Heeresgruppe Süd stehenden starken Feindkräfte geschlagen werden sollen. Hitler entscheidet sich für die Einnahme von Leningrad und die Eroberung des Kaukasus, um die Sowjetunion dort von ihrer Ölzufuhr abzuschneiden.

Am Donnerstag, dem 21. August 1941, befiehlt Hitler ausdrücklich die Fortführung der Angriffsoperationen im Nord- und Südteil der Front, und die Heeresgruppe Mitte soll weiterhin in der Verteidigung bleiben. Als Hauptziel ist vorgesehen: vor Wintereinbruch nicht Moskau zu erobern, sondern im Süden die Krim und das Donezbecken sowie im Norden Leningrad zu besetzen. Aus diesem Grund erhält die Heeresgruppe Mitte den Befehl, einen Teil ihrer Kräfte, die 2. Armee (GenOberst Frh. v. Weichs) und die Panzergruppe 2 (GenOberst Guderian) der Heeresgruppe Süd zu unterstellen, um die sowjetischen Verbände am unteren Dnjepr zu vernichten.

Am Montag, dem 25. August 1941, marschieren sowjetische und britische Truppen im Iran ein, um den Versuch der Achsenmächte zu vereiteln, sich des Irans und seines Öls zu bemächtigen. Die britischen motorisierten Verbände, unterstützt durch leichte Panzer, stoßen vom Irak und aus Belutschistan auf Teheran vor, die Rote Armee von Transkaukasien und aus dem Gebiet östlich des Kaspischen Meeres. Schwacher persischer Widerstand kommt den feindlichen motorisierten Kolonnen nur auf einigen Paßstraßen und Bergübergängen aus dem Hinterhalt entgegen.

Ebenfalls am 25. August 1941 beginnen die deutsche 2. Armee und die Panzergruppe 2 ihren Vormarsch nach Süden. Sie werfen die sowjetischen Verbände bei Brjansk nach Osten zurück und erscheinen an der Des-

na, die sie nördlich von Konotop überqueren. Ein Versuch der Brjansker Front (GenLt. Jeremenko, seit 16. 8. 41), der man die restlichen Truppen der Zentralfront unterstellt hat, die deutschen Verbände aufzuhalten, endet mit einer Niederlage.

Am Dienstag, dem 26. August 1941, zerschneidet das deutsche XXXX. Panzerkorps (Gen.d.Pz.Tr. Stumme) östlich von Welikije-Luki fast alle Verbindungen der sowjetischen 22. Armee (GenLt. Jerschakow), des LI. Schützenkorps (GenMaj. Markow) und seines LXII. Schützenkorps (GenMaj. Karmanow).

An diesem Tag legt das OKW Hitler eine Denkschrift vor, in der es feststellt, daß der Feldzug gegen die Sowjetunion im Jahr 1941 nicht mehr zu beenden ist und daß die geplante Operation gegen England in Frankreich auf 1942 verschoben werden muß. Hitler billigt nach längerem Lagevortrag die Denkschrift.

Am Sonnabend, dem 6. September 1941, muß der Frontbogen südöstlich von Jelnja, nahe Smolensk, von deutschen Truppen geräumt werden, und die sowjetische 24. Armee (GenMaj. Rakutin) erobert Jelnja zurück. Es ist der erste operative Rückzug deutscher Verbände seit Kriegsausbruch.

Am gleichen Tag erteilt Hitler im Führerhauptquartier die Weisung Nr. 35: Der Heeresgruppe Mitte wird befohlen, sich »möglichst bald« für den Angriff auf Moskau vorzubereiten. Hitler will diesen Angriff – Tarnname Unternehmen »Taifun« – bereits Ende September beginnen.

Am Donnerstag, dem 11. September 1941, wird in Moskau ein Volkskommissariat für die Panzerindustrie unter Leitung von W. A. Malychew gebildet.

Bei seinem Vorstoß nach Süden nutzt Generaloberst Guderian die technischen Möglichkeiten seiner Panzerverbände: Als die Panzergruppe 2 im Raum östlich Kiew voll ins Rollen kommt, führt Guderian von seinen siebeneinhalb Divisionen frontal vier nebeneinander, trotz einer riesigen offenen, 200 Kilometer langen Ostflanke. Es besteht zwar die Gefahr, daß die Sowjets den äußerst schwachen Flankenschutz durchstoßen und die Panzergruppe 2 einkreisen, aber Guderian vertraut auf die Schnelligkeit und Beweglichkeit seiner Verbände.

Bereits am Sonntag, dem 14. September 1941, treffen die Spitzen der Panzergruppe 1 (GenOberst v. Kleist) mit der 9. Panzerdivision (GenLt. v. Hubicki) und der Panzergruppe 2 bei Lochwitza zusammen und schließen den Kessel um die Verbände der sowjetischen Südwestfront (GenOberst Kirponos) östlich von Kiew. Das Oberkommando des Heeres ist davon überzeugt, daß die Rote Armee nach der Niederlage bei Kiew entscheidend geschwächt ist und gibt der Heeresgruppe Süd den Befehl, Donbas, Charkow und Rostow zu erobern, um so die Krim und Odessa einzunehmen und den Weg nach dem Kaukasus zu öffnen.

Am Mittwoch, dem 24. September 1941, tritt die deut-

Marschkurs einer Vorausabteilung; links ein mittlerer
Schützenpanzer Sd KfZ 251, rechts ein leichter
Schützenpanzer Sd Kfz 250

sche 11. Armee (Gen.d.Inf. v. Manstein) zum Angriff auf die Landenge von Perekop an, der nördlichen Landverbindung zur Krim, die von der sowjetischen 51. Armee (GenOberst F. I. Kusnetzow) verteidigt wird. Zu gleicher Zeit stößt die Panzergruppe 1 aus der Gegend von Nowo-Moskowsk nahe Dnjepropetrowsk gegen den rechten Flügel der 12. Armee (GenMaj. Korotijew), durchbricht ihren Widerstand und rollt weiter in Richtung Mariupol im Rücken der sowjetischen 18. Armee (GenLt. Smirnow) und der 9. Armee (GenLt. Charitonow) der Südwestfront (GenOberst Kirponos).

Die Kesselschlachten von Sommer und Herbst 1941 stellen den Höhepunkt des deutschen operativen Panzereinsatzes mit Luftunterstützung zur Erringung schneller Entscheidungen dar: Niemals mehr in den späteren Kriegsjahren werden die deutschen Panzerverbände derartige Erfolge erringen.

Am Freitag, dem 26. September 1941, ist die Schlacht östlich von Kiew beendet. Die 2. Armee (GenOberst Frhr. v. Weichs), 6. Armee (GenOberst v. Reichenau) und die 17. Armee (GenOberst Hoth) sowie die Panzergruppe 1 und Panzergruppe 2 zerschlagen die sowjetische Südwestfront (GenOberst Kirponos) mit der 5. Armee (GenMaj. Potapow), der 21. Armee (GenLt. W. I. Kusnezow), der 26. Armee (GenLt. Kostenko), der 37. Armee (GenMaj. Wlassow) und Teilen der 38. Armee (GenMaj. Zyganow). Nur einer Kavalleriebrigade mit etwa 4000 Mann unter Generalmajor Borisow gelingt der Ausbruch aus dem Kessel. Die sowjetischen Verluste u.a.: 665000 Gefangene, 3718 Geschütze, 884 Panzer.
Der Erfolg dieser größten Vernichtungsschlacht des Sommers 1941 läßt Hitler hoffen, die Operationsziele »Barbarossa«, die Einnahme von Leningrad, Moskau und dem Kaukasus, doch noch vor dem Winter zu

erreichen. Die Rote Armee scheint zumindest im Süden entscheidend geschlagen zu sein.
Nun wird die Heeresgruppe Mitte zum Angriff auf Moskau (Unternehmen »Taifun«) erheblich verstärkt: Die Panzergruppe 2 (GenOberst Guderian) soll zurückkehren, Panzergruppe 3 (GenOberst Hoth) und die von Leningrad abgezogene Panzergruppe 4 (GenOberst Hoepner) bilden mit drei Infanteriearmeen, der 2. Armee (GenOberst Frhr. v. Weichs), der 4. Armee (GFM v. Kluge), der 9. Armee (GenOberst Strauß), unterstützt von der Luftflotte 2 (GFM Kesselring) und Teilen der Luftflotte 4 (GenOberst Löhr), die Hauptstoßkraft. Die insgesamt 14 Panzerdivisionen und 8½ motorisierte Divisionen werden weitgehend aufgefüllt und überholt. Die Infanterieverbände sind zwar personell geschwächt, bekommen aber mehrere schwere Artillerie- und Sturmgeschützbataillone. Ihnen gegenüber stehen 62 Schützen-, 9 Kavalleriedivisionen und 11 Panzerverbände, dazu mindestens 17 Schützendivisionen in Reserve. So wird zum Beispiel die Zahl der Panzer durch Reparatur und Neuzuführung bei der Panzergruppe 2 auf 50 Prozent erhöht, bei den anderen Panzergruppen der Heeresgruppe Mitte auf 70–80 Prozent des Solls und bei der 4. Panzerdivision (GenMaj. Frhr. v. Langermann) sind es sogar 100 Prozent. Die Verluste der Wehrmacht vom Beginn des Ostfeldzuges bis zum 26. 9. 1941: an Toten, Verwundeten und Vermißten 534 086 Mann (15 Prozent der Anfangsstärke).

Am Dienstag, dem 30. September 1941, beginnt am Südflügel der Heeresgruppe Mitte für die Panzergruppe 2 mit ihrem Vorstoß aus dem Raum Putiwl-Gluchow in Richtung Orel die erste Phase der Schlacht um Moskau. Nach geglücktem Durchbruch drehen die 17. Panzerdivision (GenLt. v. Arnem) und die 18. Panzerdivision (GenMaj. Nehring) nach Norden in den Rücken der Brjansk verteidigenden sowjetischen Verbände ein.

Am Donnerstag, dem 2. Oktober 1941 um 5 Uhr morgens, beginnt das Unternehmen »Taifun« die Offensive der Heeresgruppe Mitte in Richtung Moskau aus dem Raum nordöstlich Smolensk bis westlich Orel. Die Pan-

zergruppe 4 (GenOberst Hoepner) und die Panzergruppe 3 (GenOberst Hoth) brechen beiderseits Roslawl und nördlich Smolensk durch und schließen die sowjetische 6. Armee ein. Zugleich treten die Verbände der Heeresgruppe Süd (GFM v. Rundstedt) zum Angriff auf Donez, Charkow und Kursk an.
Am nächsten Tag, dem 3. Oktober 1941, erobert die 3. Panzerdivision (GenLt. Model) Orel.

Am Montag, dem 6. Oktober 1941, wird die von Generaloberst Guderian geführte Panzergruppe 2 in 2. Panzerarmee und die Panzergruppe 3 (GenOberst Hoth) in 3. Panzerarmee, jetzt unter Generaloberst Reinhardt, umbenannt.

Am Dienstag, dem 7. Oktober 1941, fällt an der Ostfront zum erstenmal Schnee. Durch andauernde Regenfälle und das Einsetzen der Schlammperiode kann die Heeresgruppe Mitte nur mit äußerster Kraftanstrengung dem Befehl des OKH zur Fortsetzung der Operationen in Richtung Moskau folgen. Westlich von Wjasma kesseln die Verbände der Heeresgruppe Mitte den linken Flügel der sowjetischen Westfront (Marschall Timoschenko) und der Eingreifreserve ein, sowie im Raum Brjansk die Sturmtruppen der Brjansker Front (GenLt. Jeremenko).

Am Freitag, dem 10. Oktober 1941, zerschlägt die Heeresgruppe Süd in einer fünf Tage dauernden Schlacht im Raum Tschernigowka am Asowschen Meer die sowjetische 18. Armee (GenLt. Smirnow, † 6. 10. 1941). Die feststellbaren sowjetischen Verluste: 100 000 Gefangene, 672 Geschütze und 212 Panzer.

Anfang Oktober 1941 beginnen sowjetische Truppen die Verteidigungsstellungen auf der Linie Moschaisk aufzubauen. Sie bestehen aus drei Hauptstellungen und mehreren Sperriegeln vor allem gegen Panzerangriffe: Fallgruben, Panzergräben, breite Minengürtel, elektrisch gesteuerte Flammenwerfer und Pak-Stellungen.

Am Sonnabend, dem 11. Oktober 1941, erreicht die 3. Panzerarmee (GenOberst Reinhardt) bei Pogoreloje-Gorodischtsche die Wolga, und am Tag darauf nimmt das XIII. Armeekorps (Gen.d.Inf. Felber) Kaluga.

Am Montag, dem 13. Oktober 1941, erobert die 3. Panzerarmee nach schweren Kämpfen mit der sowjetischen 31. Armee (GenLt. Juschkewitsch) Kalinin. Und am nächsten Tag besetzt die 9. Armee (GenOberst Strauß) Rshew.

In der zweiten Oktoberhälfte 1941 werden die Tage merklich kürzer. Der Herbstregen setzt ein und verwandelt die russische Landschaft in ein einziges Schlammmeer, das jede Bewegung erstickt. Und wieder werden die Panzer- und motorisierten Divisionen auf ihrem Marsch nach Moskau aufgehalten. Nur am Südflügel gelangt die 2. Panzerarmee noch bis vor Tula, wo sie steckenbleibt.

Am Donnerstag, dem 16. Oktober 1941, werden die Sowjetregierung und diplomatische Korps aus Moskau nach Kujbyschew an der Wolga evakuiert.

Am Sonntag, dem 19. Oktober 1941, wird in Moskau auf Stalins Befehl der Belagerungszustand ausgerufen.

Am Tag darauf, dem 20. Oktober 1941, endet die Doppelschlacht bei Wjasma und Brjansk, die am 2. Oktober zusammen mit dem Unternehmen »Taifun« begonnen hat. Im Raum Wjasma werden die eingekesselten Teile der sowjetischen 30. Armee (GenMaj. Chomenko), der 19. Armee (GenLt. Lukin), der 20. Armee (GenLt. Jerschakow), der 24. Armee (GenMaj. Rakutin), der 32. Armee (GenMaj. Wischnewskij) und der 43. Armee (GenLt. Akimow) zerschlagen. Die Generäle Lukin, Jerschakow und Wischnewskij geraten in deutsche Gefangenschaft. Im Raum Brjansk sind es die sowjetische 3. Armee (GenMaj. Kreiser), die 13. Armee (GenMaj. Gorodnjanskij) und die 50. Armee (GenMaj. Petrow), die aufgerieben werden.
Sowjetische Verluste u.a.: 673 000 Gefangene, 5 412 Geschütze und 1 242 Panzer. Ein Teil der sowjetischen Verbände kann sich aus der Umklammerung befreien und zieht sich auf die Linie Moshaisk zurück.
Die Doppelschlacht von Wjasma und Brjansk ist eine perfekte Zangenoperation. Drei Infanteriearmeen binden die sowjetischen Verbände, und die 2. und 3. Panzerarmee sowie die Panzergruppe 4 brechen durch und schließen sie ein. Durch die breite Lücke in der sowjetischen Front erreichen schnelle deutsche Verbände die Linie Mzensk, Kaluga, Borodino und Kalinin. Sie stehen jetzt rund 100 Kilometer vor Moskau.
Am Freitag, dem 24. Oktober 1941, erobert die zur Heeresgruppe Süd gehörende 6. Armee (GenOberst v. Reichenau) Belgorod und Charkow.

Anfang November 1941 haben die Engländer nach dem Mitte Mai 1941 gescheiterten Vorstoß gegen das von den Achsenmächten besetzte Sollum und Fort Capuzzo ihre Kräfte in Nordafrika aufgefrischt: General Wavell wird von General Auchinleck ersetzt, die 8. Armee (Gen. Cunningham) auf 5 Divisionen und 3 Brigaden verstärkt, jetzt insgesamt 1 Panzerdivision, 2 Panzerbrigaden, 3 mot. Infanteriedivisionen bei Sollum, 1 Panzerbrigade und 1 Division in Tobruk.
Die Achsenkräfte zählen derzeit: die deutsche 15. und 21. Panzerdivision, die deutsche 90. leichte Division, die italienische Panzerdivision »Ariete« und 6 italienische Infanteriedivisionen.
An der Ostfront wartet die Heeresgruppe Mitte immer noch auf das Ende der Schlammperiode, um beim ersten Frost, wenn der Boden gefroren ist, ihren Vorstoß in Richtung Moskau weiterzuführen.

Am Montag, dem 3. November 1941, erobert das zur Heeresgruppe Süd gehörende XXXXVIII. Panzerkorps (Gen.d.Pz.Tr. Kempf) Kursk.
Ende der ersten Novemberwoche meldet das OKH 16 500 abgeschossene oder erbeutete sowjetische Pan-

zer, die Rote Armee gibt immerhin bis zum 6. November 1941 7 000 Panzerverluste zu.

Erst am Sonnabend, dem 15. November 1941, endet die Schlammperiode durch den seit etwa 7. November anhaltenden Frost (minus 3 Grad am Tag und bis minus 7 Grad in der Nacht), der den Boden erhärtet und die Wege wieder befahrbar macht. So beginnt die zweite Phase des Unternehmens »Taifun«, der Schlacht um Moskau.

An diesem Tag geht die am Nordflügel der Heeresgruppe Mitte stehende Panzergruppe 4 zum Angriff auf die sowjetische Hauptstadt über. Die 2. Panzerarmee (bisher Panzergruppe 2) soll Moskau im Südosten und die Panzergruppe 3, jetzt in 3. Panzerarmee (GenOberst Reinhardt) umbenannt, zusammen mit der Panzergruppe 4 von Nordosten abschließen, während die 4. Armee (GFM v. Kluge) frontal angreift, wird die 2. Armee (GenOberst Frhr. v. Weichs) die Südflanke und die 9. Armee (GenOberst Strauß) die Nordflanke decken.

Den Frontalangriff der 4. Armee stoppen beinahe sofort einsetzende sowjetische Gegenangriffe. Die 2. Panzerarmee dringt in harten Kämpfen bis Gorlowo-Michailow und mit einer Division bis Kaschira vor, während es den Sowjets gelingt, Tula zu halten.

Im Verlauf der Schlacht um Moskau wird die Taktik der sowjetischen Panzereinheiten im Kampf gegen die zur Zeit noch überlegenen deutschen Panzerkräfte weiterentwickelt und vervollkommnet. Dabei sind die wichtigsten Verteidigungsmaßnahmen die raffiniert angelegten Panzerhinterhalte: Im Verteidigungsabschnitt einer Panzerbrigade baut als erstes ihr verstärktes mot. Schützenbataillon – unter dem Schutz von Gefechtsposten – den Verteidigungsraum aus, zu dem in der Regel eine etwas locker getarnte Schein-VRV, vorgeschobene Rundverteidigungsstellung, mit Pak- und MG-Attrappen gehört. Die tatsächlichen VRV mit den echten Feuerstellungen werden sorgfältig und kunstvoll getarnt.

Gleichzeitig wählt man Stellungen für Panzerhinterhalte aus, die in die Tiefe gestaffelt sind und die wahrscheinlichsten Angriffsrichtungen der deutschen Panzer flankieren. Im Hinterhalt befinden sich gewöhnlich fünf bis sechs Panzer, aber im Notfall auch nur zwei oder sogar nur einer. Zusätzlich verfügen die Bataillons- und Brigadekommandeure über Panzerreserven, um unvorhergesehenen Angriffen begegnen zu können. Gefährliche Stoßrichtungen werden durch Minensperren gesichert. Division und Korps verteidigen gewöhnlich einen Verteidigungsraum, Brigade und Regiment einen Verteidigungsabschnitt und das Bataillon einen Verteidigungsstreifen. Alle Panzer, die einem Verteidigungskommando zur Verfügung stehen – hier weicht die sowjetische Taktik der Panzerführung entschieden von der deutschen ab –, werden der Infanterie unterstellt und kämpfen entweder im unmittelbaren Zusammenwirken zu ihrer Unterstützung oder im taktischen Zusammenwirken mit ihr als Vorausabteilung, bewegliche Gruppe oder auch als Verfolgungsabteilung.

Oktober 1941, Raum Wjasma-Brjansk: Deutsche Panzerspitze schließt den Kessel; links ein deutscher Panzer IV

Die Dichte der Panzer zur unmittelbaren Unterstützung der Infanterie in der Verteidigung ist nicht groß und überschreitet selbst an Schwerpunkten kaum sechs bis acht Panzer auf einen Kilometer Frontbreite, im Schnitt ist es aber nur ein Panzer auf einen Kilometer. Soll jedoch eine Schützendivision in einer wichtigen Richtung von der Verteidigung zum Angriff übergehen, wird sie gewöhnlich durch ein selbständiges Panzerbataillon oder auch eine selbständige Panzerbrigade verstärkt, die etwa Mitte November 1941 im Schnitt 10 bis 15 einsatzbereite Panzer hat.

Am Montag, dem 17. November 1941, nachdem sich auch am Südflügel der Heeresgruppe Mitte der Boden durch den Frost gefestigt hat, beginnt in der Ukraine die 2. Panzerarmee im Rahmen des Unternehmens »Taifun« ihren Vorstoß nach Norden.
Am gleichen Tag wird die auf Rostow vorgehende Panzergruppe 1 (GenOberst v. Kleist) an den Flanken von der sowjetischen 9. Armee (GenLt. Charitonow) und der 37. Armee (GenMaj. Lopatin) heftig angegriffen.

Unmittelbar vor einer neuen Gegenoffensive in Nordafrika werden die britischen Commandos aktiv: In der Nacht von 17./18. November 1941 führt eines dieser Commandos, die Long Range Desert Group (Col. Laycock), einen wenn auch mißlungenen Anschlag auf das vermeintliche Hauptquartier Rommels in Beda Littoria durch. Ebenfalls schlagen Überfälle auf Feldflugplätze bis 500 Kilometer hinter der deutschen Front fehl.

Am Dienstag, dem 18. November 1941, stößt am Abend – während Rommel einen Angriff auf Tobruk vorbereitet – die britische 8. Armee (Lt.Gen. Cunningham) mit dem XIII. Armeekorps aus ihren in der Wüste um Fort Maddalena liegenden Ausgangsstellungen in Richtung Tobruk vor. Diese britische Gegenoffensive (Operation »Crusader«) soll die bedrängte Festung Tobruk entsetzen und der Panzergruppe Afrika eine entscheidende Niederlage bereiten. Die britischen Verbände haben 724 Panzer, die deutschen und italienischen dagegen 558.
Trotzdem ist die Lage für die Panzergruppe Afrika nicht ungünstig: Bei Angriffsbeginn stehen beide deutsche Panzerdivisionen östlich von Tobruk. Von dort aus können sie sofort in den Kampf eingreifen. Zuerst gelingt den Engländern die Überflügelung der deutschen Südgruppe durch die Wüste sowie Umfassung der Achsenkräfte bei Sollum. Obwohl die Engländer den Einkreisungsring im Raum Sidi-Rezegh schließen können, verzetteln sich die britischen Panzerverbände derart in Einzelkämpfen, daß es zu keiner koordinierten Aktion kommt.
Die Ausbruchsversuche der alliierten Besatzung von Tobruk werden vereitelt. Danach greifen die beiden deutschen Panzerdivisionen die von Südosten auf Tobruk vorgehenden zwei britischen Divisionen an den Flanken und im Rücken an und fügen ihnen schwere Verluste zu. Ein deutscher Gegenstoß nach Osten verwirrt die britische Führung derart, daß Lieutenant General Cunningham bereits den Rückzug der ganzen Armee befehlen will, als General Auchinleck in seinem Gefechtsstand erscheint und Cunningham durch General Ritchie ablöst.

Bereits Anfang November 1941 treffen die neuen britischen Infanterie- und »Cruiser«-Panzer in Nordafrika ein und nehmen zusammen mit den leichten US-Panzern »Stuart« sofort an der Operation »Crusader« teil. Sie haben jedoch kaum Erfolge. Die Zuverlässigkeit der älteren deutschen Panzertypen, dazu die Kampferfahrung ihrer Besatzungen, sind ihnen überlegen.

Am Freitag, dem 21. November 1941, nimmt die 3. Panzerarmee (GenOberst Reinhardt) nach blutigen Straßenkämpfen mit Einheiten der sowjetischen 30. Armee (GenMaj. Leljuschenko) die Stadt Klin an der Bahnlinie Leningrad–Moskau.

Am Montag, dem 24. November 1941, bricht die Panzergruppe Afrika im Raum südlich von Tobruk den Kampf gegen die dezimierten britischen Panzerbrigaden ab und stößt nach Osten in Richtung Ägypten vor. Rommel macht jedoch einen entscheidenden Fehler, indem er zu schnell und zu großräumig vorgeht. Die deutschen Panzerverbände verlieren während ihrer eiligen Bewegungen zum Teil den Zusammenhalt und erleiden empfindliche Verluste, ohne die britischen Truppen wesentlich zu treffen.

Am Mittwoch, dem 26. November 1941, wird das süd-

TOBRUK
70. Div.
90. lt. Div.
ital. XXI. Korps
15. Pz.-Div.
Via Balbia
SIDI REZEGH
GAMBUT
19. Nov.
Trigh Capuzzo
BARDIA
SIDI AZEIZ
21.Pz.-Div.
FORT CAPUZZO
SOLLUM
Div. »Ariete«
BIR EL GUBI
Trigh el Abd
19. Nov.
GABR SALEH
19. Nov.
Grenz-Drahtverhau
Halfaja-Pass
1. südafr.Div.
18. Nov.
SIDI OMAR
Div. »Trieste« in Bir Hacheim (40 Kilometer)
7. Pz.-Brig.
4. ind. Div.
XIII. Korps
BIR SCHEFERZEN
neuseel. Div.
Cyrenaika
4. Pz.-Brig.
XXX.Korps
7. Pz.-Brig.
7. Unterst.-Gr.
22. Pz.-Brig.
1. südafrikan. Div.
FORT MADDALENA

8. Armee
deutsch-italienische Frontbefestigungen
Deutsche/Italiener

0   Meilen   30
0   Kilometer   50

LIBYEN ÄGYPTEN

Ende November 1941, Raum Tobruk: Deutsche Panzer während der Operation »Crusader«; links ein Panzer III, rechts ein leichter Schützenpanzerwagen Sd Kfz 250

Linke Seite: November 1941 – die Kämpfe um Tobruk

lich von Moskau liegende Stalinogorsk bis zur Abenddämmerung von sowjetischen Truppen gesäubert. Die 3. Panzerarmee und die Panzergruppe 4, die in Richtung Klin und Soletschnogorsk vorgehen, erreichen trotz hartnäckiger Verteidigung der Sowjets den Wolga-Moskwa-Kanal, Krasnaja Poljana sowie Kriukow und stehen nun 30 Kilometer vor Moskau.

Im Süden umgeht die 2. Panzerarmee Tula von Osten her und erreicht Kaschira. So entstehen gewaltige Zangen von drei Seiten, die den Raum Moskau und damit die Verbände der Westfront umklammern. Die aus Sibirien und Fernost in Eiltransporten herangeholte, für den Winterkrieg vorzüglich ausgebildete und ausgerüstete Eliteverbände verstärken Tag für Tag die sowjetischen Reserven vor Moskau.

Am Mittwoch, dem 26. November 1941, greift die britische 8. Armee (Gen. Ritchie) nochmals das von Achsentruppen belagerte Tobruk an, dessen Besatzung ausbrechen kann und bei Sidi-Rezegh Verbindung mit den vorstoßenden britischen Panzern aufnimmt. Rommels Versuch, mit konzentrierten Kräften zum Gegenschlag anzutreten, bringt keinen Erfolg, vor allem durch die britische Luftherrschaft.

Am Freitag, dem 28. November 1941, muß die Panzergruppe 1 (GenOberst v. Kleist) das unter großen Verlusten eroberte Rostow wieder räumen, da die Gefahr besteht, daß sie durch die sowjetische 37. Armee (GenMaj. Lopatin) abgeschnitten wird.

Am gleichen Tag wird nach einer Auseinandersetzung mit Hitler der Oberbefehlshaber der Heeresgruppe Süd, Generalfeldmarschall v. Rundstedt, abgelöst und durch den bisherigen OB der 6. Armee, Generalfeldmarschall v. Reichenau ersetzt.

Ebenfalls am 28. November 1941 bilden die Spitzen der Panzergruppe 4 einen Brückenkopf am östlichen Ufer des Wolga-Moskwa-Kanals. So erreicht die am 2. 10. 1941 begonnene Offensive die Moskauer Außenbezirke mit ihren Bus-Endstationen bei Chimki. Von hier aus sind es nur noch knapp 20 Kilometer bis zum Kreml,

dessen Umrisse sich durch die Panzerspäher-Scherenfernrohre der 2. Panzerdivision (GenLt. Veiel) gegen den Himmel abzeichnen.

Ende November 1941 fallen die Temperaturen unter minus 25 Grad. Die Rote Armee führt ständig neue Kräfte zu, und ihre Flieger können von den Friedenshorsten aus angreifen; die deutschen Flugzeuge dagegen können von den tief verschneiten Feldflugplätzen nicht starten. Den deutschen Panzern frieren die Motoren ein, den Maschinenwaffen die Schmierfette in den Schlössern, und die Batterien der Funkstellen platzen. Der Nachschub ist jetzt nur noch mit Panjewagen möglich. Die Rote Armee hat zwar ungeheuere Verluste erlitten, wird aber an keiner Front entscheidend geschlagen. Ihre 4,7 Millionen Mann auf dem europäischen Kriegsschauplatz, bei einer Gesamtstärke von 9 Millionen, werden vom 22. Juni bis Ende November 1941 auf 2,3 Millionen dezimiert.

Am Montag, dem 1. Dezember 1941, meldet Generalfeldmarschall v. Bock, Oberbefehlshaber der Heeresgruppe Mitte, an das OKH, daß seine Armeen nur noch imstande sind, kleine örtliche Erfolge zu erzielen, und der Zeitpunkt sei »sehr nahe gerückt, in dem die Kraft der Truppe völlig erschöpft ist . . .«

Währenddessen laufen im sowjetischen Oberkommando die letzten Vorbereitungen für eine großangelegte Offensive, die in den nächsten Tagen beginnen soll. Ihr Ziel: mit den Kräften der Westfront in Abstimmung mit der Kalinin- und der Südwestfront die Armeen der Heeresgruppe Mitte, die Moskau von Nordwesten und Süden her bedrohen, zu zerschlagen.

In Nordafrika hat General der Panzertruppen Rommel zwar bis zum 1. Dezember 1941 das von den Engländern bereits freigekämpfte Tobruk wiederum eingeschlossen, doch muß Rommel jetzt einsehen, daß er seine Kräfte überschätzt hat. An Ort und Stelle weiterzukämpfen, ist für die geschwächte Panzergruppe Afrika sinnlos geworden. Und so erwägt Rommel einen

Rückzug. Der Erfolg von Rommels Verbänden oder ihre Niederlage wird immer mehr zu einem Nachschubproblem. Den britischen Bombern und Kriegsschiffen entgeht kaum ein Nachschubgeleitzug aus Italien.

Am Dienstag, dem 2. Dezember 1941, erreichen von sechs Transportern, die Treibstoff für die Panzer, Munition und Versorgung für Rommels Truppen an Bord haben und auf See stark gesichert sind, nur ein einziges Schiff den Hafen von Bengasi; drei Transportschiffe mit insgesamt 15 992 BRT werden versenkt. Zwei schwerbeschädigte Transporter können sich nur durch schnelles Umkehren retten. Bald wird die Blockade der Nordafrikaküste so dicht, daß man neben Transportflugzeugen auch U-Boote für die Versorgung der Panzerverbände einsetzen muß.

Am Donnerstag, dem 4. Dezember 1941, scheitert auch der letzte Versuch, der Panzergruppe 4 (GenOberst Hoepner), den Angriff wieder in Gang zu bringen. So müssen die in die Moskauer Schutzstellung eingedrungenen Panzerspitzen zurückgenommen werden.
An diesem Tag gelingt es noch der 2. Armee (Gen.d.Pz.Tr. Schmidt), die fast östlich von Orel liegende Stadt Jelez zu erobern.

Am Freitag, dem 5. Dezember 1941, beginnt die sowjetische Kalininfront (GenOberst Konjew) mit der 22. Armee (GenMaj. Wostruchow), der 29. Armee (GenMaj. Schwezow) und der 31. Armee (GenLt. Juschkewitsch) eine Offensive gegen die Heeresgruppe Mitte. Daraufhin befiehlt Generalfeldmarschall v. Bock der 3.

Panzerarmee und der Panzergruppe 4, ihren Angriff auf die Moskauer Vorstädte einzustellen und auf die sich von Istra bis ostwärts Klin ziehende Verteidigungslinie zurückzugehen. Das Unternehmen »Barbarossa« ist nun gescheitert, der deutsche Angriff vor Leningrad, Moskau und Rostow zum Stehen gebracht.

Am Sonnabend, dem 6. Dezember 1941, tritt auch die sowjetische Westfront (Armeegen. Schukow) zur Offensive gegen die Heeresgruppe Mitte an. Der Westfront sind unterstellt: die 30. Armee (GenMaj. Leljuschenko), die 1. Stoßarmee (GenLt. Kusnetzow), die 20. Armee (GenMaj. Wlassow), die 16. Armee (GenLt. Rokossowski), die 5. Armee (GenMaj. Goworow), die 33. Armee (GenLt. Jefremow), die 43. Armee (GenMaj. Golubjew), die 49. Armee (GenLt. Sacharkin), die 50. Armee (GenLt. Boldin), das I. Gardekavalleriekorps (GenMaj. Below) und die 10. Armee (GenLt. Golikow) mit insgesamt: 15 Panzerbrigaden, 47 Schützendivisionen, 36 Schützenbrigaden, 10 NKWD-Brigaden und 3 Kavalleriedivisionen.

Am Sonntag, dem 7. Dezember 1941, führen die Bomber des japanischen Trägerverbandes, der zu diesem Zweck die Heimathäfen bereits am 10. November 1941 verlassen hat, völlig überraschend einen Großangriff auf den Hauptstützpunkt der US-Pazifikflotte Pearl Harbor durch. Gleichzeitig marschiert die japanische 15. Armee von Indochina aus in Thailand ein. Die japanische Heeresgruppe Süd (Gen. Terauchi) mit Hauptquartier in Saigon, deren Aufgabe es ist, durch Landungsoperationen den südasiatischen Raum zu er-

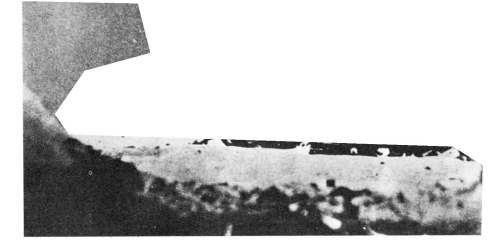

obern, stehen unter anderem 9 Panzerregimenter zur Verfügung.

An diesem Tag entschließt sich Rommel, die Angriffe auf Tobruk abzubrechen und seine Truppen auf die Ghasala-Linie zurückzunehmen. Trotz der von der britischen 8. Armee (Gen. Ritchie) sofort aufgenommenen Verfolgung, setzt sich die Panzergruppe Afrika in voller Ordnung ab und führt sogar über 9 000 Gefangene mit.

Am Montag, dem 8. Dezember 1941, befiehlt Hitler in seiner Weisung Nr. 39 den Truppen an der Ostfront, in kräftesparenden Linien zur Verteidigung überzugehen mit der Maßgabe, im Laufe des Winters 1941/42 auch Angriffsoperationen durchzuführen.

Am gleichen Tag gelingt es in Nordafrika der britischen 8. Armee, die Verbindungen zu der seit April 1941 eingeschlossenen Festung Tobruk wiederherzustellen.

Am Dienstag, dem 9. Dezember 1941, muß im Nordabschnitt der Ostfront die deutsche 16. Armee (Gen Oberst Busch) durch heftige Angriffe der sowjetischen 4. Armee (GenMaj. Iwanow) Tichwin räumen und sich über den Wolchow zurückziehen. Im Südabschnitt erobert die sowjetische 13. Armee (GenMaj. Gorodnjanski) Jelez sowie Chomutowo zurück und liquidiert den deutschen Keil, der Moskau von Süden her bedroht.

Am Sonntag, dem 14. Dezember 1941, wird die 9. Armee (GenOberst Strauß) von der sowjetischen 29. Armee (GenMaj. Schwezow) und der 31. Armee (GenMaj. Juschkewitsch) bedrängt und muß Kalinin räumen.

Mit der Frontlage ändert sich auch die Kampfführung der deutschen Panzerwaffe: Waren die Panzerdivisionen früher beim Angriff immer vorn, so müssen sie jetzt den Rückzug der langsameren Verbände decken, bis sie sich schließlich als letzte von den nachdrängenden So-

Oben: Wie ein Phantom wirkt bei Mondschein die Silhouette eines abgeschossenen sowjetischen Panzers vor den deutschen Schützengräben bei Krasnaja Poljana nahe Moskau

Linke Seite: Dezember 1941: Sowjetische Infanterie bei einer bewaffneten Aufklärung im Frontabschnitt nordwestlich von Moskau

Rechts: Die Schlacht um Moskau

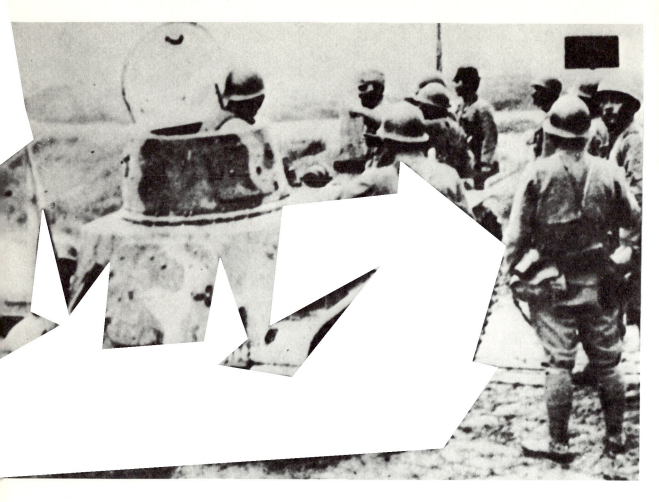

wjets lösen. Die Rote Armee versucht nun, das nachzu-
ahmen, was die Deutschen bis vor kurzem demonstriert
haben: Sie stoßen an zwei Hauptschwerpunkten vor,
um die Heeresgruppe Mitte einzukesseln.

Am Dienstag, dem 16. Dezember 1941, fordert Hitler
in seinem Tagesbefehl die Truppen der Ostfront zu
»fanatischem Widerstand« auf. Das OKH beschließt
zwar, die Frontlinie unter allen Umständen zu halten,
doch bleibt nichts anderes als der Rückzug, und daran
kann selbst Hitlers härtester Befehl nichts ändern.
Unterdessen zwingt in Nordafrika die britische 8. Armee durch eine neue Umfassungsoperation der Ghasala-Stellung die Panzergruppe Afrika bis Agedabia zurückzuweichen. Erst hier kann durch Abschuß von 100
britischen Panzern die Verfolgung gestoppt werden.
Am Freitag, dem 19. Dezember 1941, spitzt sich die
deutsche Führungskrise zu: Der schwer erkrankte
Oberbefehlshaber des Heeres, Generalfeldmarschall v.
Brauchitsch, legt den Oberbefehl des Heeres (OKH)
nieder. Jetzt wird Hitler zugleich Oberbefehlshaber des
Heeres. Er empfiehlt auch Generalfeldmarschall
v. Bock, aus Erholungsgründen einen unbefristeten
Krankenurlaub anzutreten, und Generalfeldmarschall
v. Kluge, der bisherige OB der 4. Armee, übernimmt
nun die Heeresgruppe Mitte.

Tags darauf, am 20. Dezember 1941, muß die 2. Panzerarmee (GenOberst Guderian) ebenso wie die 2. Armee
(Gen.d.Pz.Tr. Schmidt) unter starkem Druck sowjetischer Verbände ihre bisherige Frontlinie aufgeben und
sich auf die Winterstellung, eine Linie westlich Mzensk
und südlich Belew zurückziehen.

In der zweiten Dezemberhälfte 1941 setzt der linke
Flügel der sowjetischen Westfront seine Angriffe fort
und erreicht nach der Befreiung von Kaluga die Linie
Malojaroslawez-Belew. Die Truppen der Brjansker
Front gewinnen die Linie Belew-Mzensk-Liwny.

Am Donnerstag, dem 25. Dezember 1941, wird der
Gründer der deutschen Panzerwaffe, Generaloberst
Guderian, nach einer scharfen Auseinandersetzung mit
Generalfeldmarschall v. Kluge über die Frontlage von
Hitler abgelöst und in die Reserve ins Reich geschickt.
Seine 2. Panzerarmee übernimmt der bisherige OB der
2. Armee, General der Panzertruppen Schmidt.
Bis zu diesem Tag fügen die Verbände des rechten
Flügels der Westfront im Raum Klin-Soletschnogorsk
der deutschen 3. Panzerarmee und der Panzergruppe 4
hohe Verluste zu und erreichen die Linie Lama-Fluß
und Ruza. Damit wird der deutsche Frontvorsprung
nordwestlich Moskau von den Sowjets begradigt.

Am Sonntag, dem 28. Dezember 1941, fordert Hitler in einem Befehl an das Ostheer die Verteidigung bis zum letzten Einsatz, das heißt bis zum Tod, und gibt seine berüchtigten »Richtlinien für die Kampfführung«.

Ende Dezember 1941 geht die Panzergruppe Afrika in die taktisch günstige Marsa-Brega-Stellung an der Großen Syrte, westlich von El Agheila, zurück, wo Rommel im Frühjahr 1941 seine erste Offensive gestartet hat. Es ist zwar ein harter Rückschlag, aber Geländegewinn und -verlust sind im Wüstenkrieg kaum von Bedeutung. Entscheidend ist allein, daß die Verbände keine hohen Verluste erleiden und die Lage sich stabilisiert. So kommt die Cyrenaika mit dem Hafen Bengasi vorerst wieder in britische Hand.

In Nordafrika waren die Engländer mit ihren Panzern zahlenmäßig überlegen. Was jedoch die Qualität betraf, so führten die Deutschen. Während des gesamten Afrikafeldzuges waren die Truppen von General Rommel zu einem beträchtlichen Teil mit erbeutetem Material, Waffen sowie Transportfahrzeugen ausgerüstet, und manche Operation kam nur zustande, weil der Panzergruppe Afrika gerade ein britisches Treibstoff- oder Versorgungslager in die Hände gefallen war. Eines der ungelösten aber desto schwereren Probleme für Rommel war das des Nachschubs. Auch der Motorverschleiß war hier noch schlimmer als in Rußland, und der Wüstensand zerstörte gleichermaßen Optiken, Geschütze, Federungen und mechanische Teile. Blieb ein Fahrzeug mit einer Panne auf dem Schlachtfeld liegen, war es meistens endgültig verloren.

Bei den sowjetischen Verteidigungsoperationen vor Moskau im Spätherbst 1941 erfolgten die Panzereinsätze hauptsächlich in Gegenangriffen oder Nachhutgefechten. Eine planmäßige Vorbereitung des Angriffs mit zusammengefaßtem Feuer schwerer Waffen oder

durch eine konzentrierte Verwendung von Panzern kannte die sowjetische Führung zur Zeit noch nicht. Und als die Angriffe unter hohen Verlusten immer wieder scheiterten, gingen die Sowjets zum Sickerverfahren über.

Viele sowjetische Divisionskommandeure waren mit den spezifischen Anforderungen, die der Einsatz von Panzern im Zusammenwirken mit anderen Waffen stellte, noch zu wenig vertraut. Das machte sich besonders bemerkbar, wenn die Schützendivisionen Panzer zur Verstärkung bekamen: Sie neigten in der Regel dazu, die Panzer gleichmäßig auf alle Schützeneinheiten zu verteilen, was im Effekt einer Zersplitterung ihrer Kampfkraft gleichkam.

Auch das Zusammenwirken zwischen Panzern und Infanterie, Artillerie sowie Pionieren war meistens unzureichend organisiert: Oft durchstießen Panzer die deut-

Linke Seite: Ende Dezember 1941, Mittel-Malaya: Japanische Tankette Typ 94 Ishikawajima auf dem Vorstoß in Richtung Singapur

Oben: Dezember 1941, Raum Moskau: Deutsche Infanterie stößt mit Unterstützung eines Sturmgeschützes StuG III vor

Rechts: Dezember 1941, Raum Sidi Rezegh: Leichte US-Panzer M 3 Honey der britischen 8. Armee während der Operation »Crusader«

sche Hauptkampflinie, doch die Infanterie war ihnen nicht zügig genug gefolgt, so daß sie umkehren und den Angriff unter erheblichen Verlusten wiederholen mußten. Später forderte das sowjetische Oberkommando, daß Panzer zur unmittelbaren Unterstützung sich nicht weiter als 400 Meter von der Infanterie entfernen dürften.

Gestattete das Gelände den Einsatz von Panzern, so wurden diese bevorzugt in den Kampf geschickt. Nach dem Heranziehen von Reserven gingen die Sowjets im Dezember 1941 zu massierten Panzerangriffen über, die oft mit lebhafter, wenn auch planloser Feuerunterstützung der Artillerie improvisiert waren. Als besonders gefährlich erwiesen sich solche Angriffe jedoch an den Nahtstellen deutscher Divisionen.

Ende 1941 verfügte die Rote Armee über 7 Panzerdivisionen, 76 selbständige Panzerbrigaden und 100 selbständige Panzerbataillone. Zu diesem Zeitpunkt stellte man auch noch Panzerregimenter auf. Sie besaßen zwei Kompanien mit 23 mittleren Panzern T-34 und eine Kompanie mit 16 leichten Panzern T-70. Trotzdem besaß die Rote Armee im Dezember 1941 noch keine operativen Panzerverbände.

Die Artillerie blieb Ende 1941 für die Sowjets das wichtigste Mittel zur Panzerbekämpfung. Anstelle der wenig beweglichen Pak-Brigaden mit 120 Geschützen traten Panzerabwehr-Regimenter, anfangs mit 68 Geschützen, später mit 16 bis 18 Geschützen. Allerdings herrschte nach wie vor akuter Mangel an Pak. Zur Zeit waren 72 dieser Regimenter aufgestellt, teilweise mit leistungsstarken 3,7-cm-Flak und 8,5-cm-Flak ausgestattet.

Die Rote Armee entwickelte eine neue eigene Methode der Panzerabwehr, vor allem die pioniermäßig ausgebauten Panzerabwehrräume, die man hauptsächlich in gefährdeten Richtungen angelegt hatte.

Eine bereits in Friedenszeiten sorgfältig vorbereitete und ab Ende Juni 1941 energisch durchgeführte Evakuierung der Rüstungsindustrie durchkreuzte Hitlers Hoffnungen: Nur die Industriegebiete um Riga und Minsk gingen verloren, dagegen wurden die wichtigsten Zentren in der Ukraine rechtzeitig verlegt. Zwischen Juli und Dezember 1941 schafften es die Sowjets, 1 523 bedeutende Unternehmen zu evakuieren: darunter 1 360 große Werke der Kriegsindustrie, 226 ins Wolgagebiet, 667 in den Ural, 244 nach Westsibirien, 78 nach Ostsibirien, 308 nach Kasachstan und Zentralasien.

Die Frachtgüter betrugen eineinhalb Millionen Waggonladungen. An dieser Evakuierungsaktion nahmen 10 Millionen Menschen teil. Obwohl während des Rückzugs 1941 riesige Materialwerte verlorengingen und die evakuierten Betriebe oft monatelang nicht produzieren konnten, stieg der Ausstoß bis Ende Dezember 1941 im Vergleich zum ersten Halbjahr sogar noch an: bei Panzern von 1 800 auf 4 750, obwohl die Verluste damit noch nicht abgefangen wurden. Jedoch machte sich die Hilfe der Westalliierten, USA und Großbritannien, von Monat zu Monat immer mehr bemerkbar.

Eine andere wichtige Tatsache: Die riesigen sowjetischen Industriezentren lagen außerhalb der Reichweite der Luftwaffe und konnten ungestört arbeiten, wogegen die deutsche Industrie zunehmend bombardiert wurde.

Die Hoffnungen, die das OKH bei Beginn des Unternehmens »Barbarossa« auf die Panzerverbände gesetzt hatte, gingen in der Weite Rußlands nicht in Erfüllung. Sie büßten durch die großen Verluste schnell ihre Stoßkraft ein. Bis Ende 1941 wandelte man aufgrund der in den vergangenen Monaten gemachten Erfahrungen bereits einige Panzergruppen in Panzerarmeen um, die den Heeresgruppen unterstanden.

Die fast endlose Tiefe des russischen Raumes, die stark verminten Vormarschstraßen, verschlammte Nachschubwege, Geländehindernisse von bisher unbekannten Ausmaßen, die weit zurückliegende eigene Infanterie und fehlende Luftunterstützung sowie ungenügende Treibstoffversorgung bestimmten in der zweiten Hälfte des Jahres 1941 die Taktik der deutschen Panzerverbände.

Das Auftreten des sowjetischen Panzers T-34 war für die deutschen Panzerkommandanten und die Bedienungen der Panzerabwehrgeschütze eine böse Überaschung: Der T-34 war den deutschen Panzern und der Pak überlegen und durch seine Panzerung, Geschwindigkeit und Reichweite kaum verwundbar.

Wichtig für die Beurteilung des Unternehmens »Barbarossa« ist die Tatsache, daß nicht die Panzerverbände, sondern die bespannten Divisionen das Tempo bestimmt haben. Bei dem Angriff auf die Sowjetunion waren neben 3 800 Panzern auch 750 000 Pferde beteiligt und von 153 deutschen Divisionen im Juni 1941 noch 119 bespannt.

Immerhin: Napoleon Bonaparte, der 1812 seinen Angriff auch am 22. Juni begann, marschierte bereits am 14. September, nach 85 Operationstagen, in Moskau ein. Das Tempo der Offensive Napoleons bis Moskau betrug pro Tag etwa 11 Kilometer (920 km in 85 Tagen). Das Tempo der deutschen Offensive, vorwiegend durch die Panzerverbände getragen, bis 30 Kilometer vor Moskau (Fluglinie etwa 880 km), die 180 Tage dauerte: 7 Kilometer (!) pro Tag.

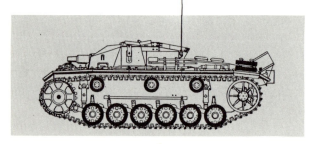

Deutsches Sturmgeschütz;
7,5-cm-Kanone auf PzKpfw III,
Ausführung D (ab 1941)

1942

Januar – Juni

Sender Beromünster (Schweiz)

Freitag, 2. Januar 1942:
Es ist das erste Mal in diesem Krieg, daß auch in der
Weihnachts- und Neujahrszeit die militärischen Operationen in vollem Umfang und in unverminderter Heftigkeit fortgeführt wurden . . . Dieser Kontrast zu den
beiden letzten Kriegswintern zeigt wohl besser als alles
andere, welch ungeheure Steigerung seit einigen Monaten, ja seit einigen Wochen in dem allgemeinen Kriegsgeschehen eingetreten ist.

Verkaufsverbot für Kraftwagen
Sonnabend, 3. Januar 1942, Washington
United Press meldet:
Die Regierung hat den Verkauf von Privatkraftwagen
mit sofortiger Wirkung auf unbestimmte Zeit verboten.
Damit wird die Automobilindustrie für die Herstellung
von Rüstungsmaterial frei. Die amerikanische Automo-
bilindustrie wird jetzt vor allem auf die Produktion von
Panzerwagen umgestellt.

Mittwoch, 7. Januar 1942
Das *Oberkommando der Wehrmacht* gibt bekannt:
Auf der Krim wurden feindliche Kräfte, die unter dem
Schutz von Kriegsschiffen in Eupatoria gelandet waren,
durch raschen Zugriff in zähem Häuserkampf vernichtet. Eine südwestlich Feodosia gelandete kleinere feindliche Gruppe wurde von rumänischen Verbänden aufgerieben.

Rückzug Rommels in Libyen
Donnerstag, 8. Januar 1942, London
United Press berichtet:
Die Meldung, daß die deutsch-italienischen Streitkräfte
General Rommels Agedabia verlassen und trotz heftigem Sandsturm ihren Marsch in südwestlicher Richtung
angetreten haben, ist von London mit größter Aufmerksamkeit vernommen worden. Rommel ist es also
gelungen, so betont man hier mit Nachdruck, der Umklammerung durch die britischen Streitkräfte zu entgehen.

W. Churchill an den Außenminister
8. Januar 1942:
Wir haben die russischen Grenzen von 1941 nie anders
als de facto anerkannt. Sie sind die Folge von Gewaltak-
ten, die das schändliche Einverständnis mit Hitler ermöglicht hat. Die Überlassung der baltischen Länder
gegen den Willen ihrer Völker an Sowjetrußland wider-
spräche allen Grundsätzen, für die wir uns in diesem
Krieg schlagen, und würde unserer Sache nicht nur
Ehre gereichen.

Sender Beromünster (Schweiz)

Freitag, 9. Januar 1942:
. . . An der Ostfront dauert die russische Offensive an.
Über die Vorgänge am nördlichsten Frontabschnitt, wo
die finnischen Truppen den Russen gegenüberstehen,
sind die Nachrichten auf beiden Seiten spärlich. Einzelheiten über den Umfang dieser Operationen fehlen.
Am Leningrader Sektor, wo sich die Russen der Armee
von Leeb gegenüber befinden, ist seit der Einnahme
von Tichwin durch die Russen eine Bewegung im Gange, die einerseits die Vereinigung dieser von Tichwin
kommenden Einheiten mit der Garnison von Leningrad
anstrebt und andererseits am Wolchowfluß südlich das
Gebiet des Ilmensees zu erreichen sucht. Viel bedeutender als die erwähnten, offenbar rein lokalen Gefechte im Norden sind die Kämpfe am Zentralabschnitt
westlich von Moskau . . .
Nun die nordafrikanische Front: Die britischen Reichstruppen haben innerhalb von 37 Tagen die Cyrenaika
besetzt, wobei an der libysch-ägyptischen Grenze
deutsch-italienische Garnisonen weiterhin den Briten
am Halfajapaß, in Sollum und in Bardia standhiel-
ten . . . Nach der Besetzung der Cyrenaika wurde der
britische Vormarsch bei Agedabia an der Großen Syrte
von den Streitkräften des Generals Rommel, die dort
günstige Positionen bezogen hatten, aufgehalten, und
es trat eine Kampfpause ein; für beide Gegner stellte
sich, nach den außerordentlich raschen Bewegungen,
die sie bis nach Agedabia geführt hatten, das im Wü-

stengebiet besonders heikle Nachschubproblem; ferner haben die Heeresberichte der beiden Gegner übereinstimmend gemeldet, daß außerordentlich ungünstige Wetterverhältnisse – starker Regen und Sandstürme – die Operationen behinderten.

Im Pazifik setzen auf der philippinischen Hauptinsel Luzon die amerikanischen und philippinischen Truppen unter General MacArthur gegen die japanische Übermacht den Kampf fort, nachdem sie die Hauptstadt Manila räumen mußten. . . . Der zweite wichtige Kriegsschauplatz im Fernen Osten befindet sich auf der Halbinsel Malakka, wo die Japaner seit der Eröffnung des Krieges am 7. Dezember mit überlegenen Kräften teils an der Ostküste Truppen an Land gesetzt, teils eine Offensive von Norden her, aus dem Gebiet von Thailand, gegen die britischen Reichstruppen unternommen haben. Der japanische Vormarsch ist seither nirgends zum Stillstand gekommen, und die vordersten Linien der Japaner dürften sich gegenwärtig rund 340 Kilometer nördlich von Singapur befinden. Über Singapur ist vom britischen Kommandanten der Belagerungszustand verhängt worden.

Sonntag, 18. Januar 1942, Rom
Die *Agentur Stefani* berichtet:
Zur Übergabe der Stellungen von Sollum und Halfaja wird berichtet: Am 2. Dezember war nach einem Monat zähen Widerstandes Bardia gezwungen zu kapitulieren.

Durchbruch japanischer Panzertruppen
Dienstag, 20. Januar 1942, Singapur
Die *Agentur Reuter* meldet:
Die japanische Offensive hat weitere Erfolge zu verzeichnen. Die Japaner, die die Überlegenheit in der Luft besitzen, sind an der Westküste von Johore durchgebrochen, und ihre Panzervorhuten haben Stellungen 60 Kilometer vor Singapur erreicht.

Mittwoch, 21. Januar 1942
Das *Oberkommando der Roten Armee* gibt bekannt:
Am 20. Januar wurden die deutschen Truppen von unseren Streitkräften weiter in westlicher Richtung zurückgedrängt. Der Feind hat schwere Verluste erlitten. Unsere Verbände haben die Stadt Moshaisk besetzt. Es wurden Gefangene gemacht.

Donnerstag, 22. Januar 1942, Rom
Das *Comando Supremo* teilt mit:
Seit gestern sind in der Cyrenaika Kämpfe zwischen italienisch-deutschen Panzerverbänden, die zu einem Angriff vorgestoßen sind, und feindlichen Einheiten im Gange.

Geheimer Bericht des *Sicherheitsdienstes der SS* zur innenpolitischen Lage:
Nr. 253 vom 22. Januar 1942 (Auszug)
II. Kulturelle Gebiete: Im Zusammenhang mit den Berichten vor, während und nach der Winter- und Wollsachensammlung spielen nach vielfältigen Feststellungen die Feldpostbriefe und Berichte der Soldaten eine große Rolle. Von vielen Soldaten wurden ohne Hemmung geradezu haarsträubende Geschichten über auszustehende Strapazen, Kälte, schlechte Verpflegung, Bekleidung usw. in die Heimat berichtet.

Freitag, 23. Januar 1942, Singapur
United Press meldet:
Die japanischen Berichte, daß sich die Japaner in der unmittelbaren Nähe von Singapur befänden und die von der Stadt ausgehende Eisenbahnlinie besetzt hätten, haben sich als falsch erwiesen.

W. Churchill an General Auchinleck
Sonntag, 25. Januar 1942:
Die Meldung der 8. Armee, in der von der Räumung Bengasis und Dernas die Rede ist, beunruhigt mich

Rechte Seite:
(1) Japanischer leichter Kampfpanzer Typ 95 HA-GO (ab 1935) und (2) Kleinkampfwagen (Tankette) Typ 97 TE-EK (ab 1938)

Januar 1942, Manila/ Philippinen: Japanische mittlere Panzer vom Typ CHI-RO auf dem Vormarsch

sehr. Man hat mir bestimmt keine Veranlassung gegeben, mit dem Entstehen einer solchen Situation zu rechnen. Sind unsere neuen Kampfwagentypen nicht in der Lage gewesen, sich mit den neu eingesetzten deutschen Panzern zu messen? Mir scheint, wir befinden uns in einer ernsten Krise, mit der ich keineswegs gerechnet habe. Warum ziehen sich alle so schleunigst zurück?

Dienstag, 27. Januar 1942
Das *Oberkommando der Wehrmacht* gibt bekannt:
Im Osten fügten die deutschen Truppen in andauernden Kämpfen dem Feinde erneut schwere Verluste an Menschen und Material zu.

Umfassungsoperation Rommels
Donnerstag, 29. Januar 1942, Rom
Das *Comando Supremo* teilt mit:
Am Donnerstag früh zogen italienische und deutsche Truppen in Bengasi ein.

Die Japaner vor Singapur
Sonntag, 1. Februar 1942, Tokio
Das *Kaiserliche Hauptquartier* gibt bekannt:
Unsere Verbände, die die Halbinsel Malaya von Norden nach Süden durchquerten, haben am Abend des 31. Januar schließlich das Ufer der Meerenge von Johore gegenüber der Insel Singapur erreicht. Die japanischen Truppen bewältigten von der thailändischen Grenze an innerhalb von 55 Tagen eine Strecke von 1 600 Kilometern. Im Verlaufe der ausgedehnten Operationen erbeuteten unsere Streitkräfte insgesamt 250 Panzer und Panzerspähwagen sowie riesige Mengen von Kriegsmaterial und Proviant.

Der Vorstoß der »Panzerarmee Afrika«
Montag, 2. Februar 1942
Das *Oberkommando der Wehrmacht* gibt bekannt:
Im Südabschnitt der Ostfront kam es trotz heftiger Schneestürme wiederum zu starker Kampftätigkeit.
In der Cyrenaika besetzten Verbände der »Panzerarmee Afrika« Baree und Al Abiar.

Geheimer Bericht des *Sicherheitsdienstes der SS* zur innenpolitischen Lage:
Nr. 256 vom 2. Februar 1942 (Auszug)
I. Allgemeines: Schon die Ankündigung, daß der Führer auch in diesem Jahre am 30. Januar zum deutschen Volk sprechen werde, wurde von der gesamten Bevölkerung mit größter Anteilnahme und freudiger Bewegung aufgenommen, um so mehr, als auf Grund der schweren Kämpfe der letzten Wochen und der vielfach noch immer vorherrschenden unklaren Vorstellungen über die tatsächliche Lage im Osten viele Volksgenossen geradezu das Bedürfnis hatten, wieder die Stimme des Führers zu hören, um aus seinen Worten neue Kraft und Zuversicht zu schöpfen.

Mittwoch, 4. Februar 1942
Das *Oberkommando der Roten Armee* gibt bekannt:
Der Feind hat frische Reserven in den Kampf geworfen.

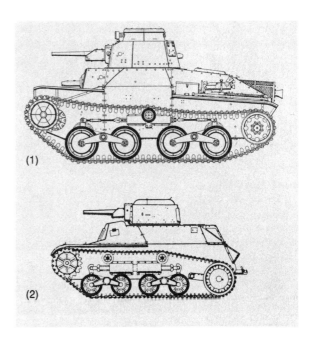

Er ging an verschiedenen Frontabschnitten zum Gegenangriff über, wurde aber mit schweren Verlusten zurückgeworfen.

Donnerstag, 5. Februar 1942, Moskau
Die *Agentur TASS* teilt mit:
In einer Erklärung nimmt das Oberkommando der Roten Armee zu den deutschen Behauptungen über einen »planmäßigen und ordnungsgemäßen Rückzug der deutschen Streitkräfte« Stellung:
Die deutsche Propaganda hat die Behauptung aufgestellt, daß es sich bei dem jetzigen deutschen Rückzug um eine »organisierte Rückverlegung der Linien« handelt. Die Tatsachen widersprechen dieser Behauptung. Keine Armee, die einen Rückzug planmäßig durchführt, läßt solche riesigen Vorräte unzerstört in die Hände des Gegners fallen.

60 Kilometer vor Tobruk
Freitag, 6. Februar 1942, Kairo
Aus dem *Hauptquartier der britischen 8. Armee:*
Die Panzerstreitkräfte Rommels, die in den letzten 24 Stunden weitere Verstärkungen erhielten, sind im Küstenabschnitt in scharfem Angriff weiter vorgerückt.

Sender Beromünster (Schweiz)

6. Februar 1942:
In Rußland hat der nunmehr eingebrochene harte Winter mit seinen tiefen Kältegraden und seinen Schneestürmen nicht vermocht, den Gegnern eine Kampfpause aufzuzwingen. Im Gegenteil, fast die ganze Ostfront ist in Bewegung – mit Ausnahme des Sektors bei Leningrad und der finnischen Front, wo nur geringe Tätigkeit zu herrschen scheint . . .
In Nordafrika befinden sich die britischen Truppen in der Lage des Verteidigers, dem der Gegner einen Be-

wegungskrieg aufzwingt. Der kräftige Vorstoß des deutsch-italienischen Afrikakorps, der vor acht Tagen zur Besetzung von Bengasi führte, hat inzwischen weitere Fortschritte gemacht.

Singapur kapituliert
Sonntag, 15. Februar 1942, Tokio
Die *Agentur Domei* meldet:
Nach Mitteilung aus dem japanischen Hauptquartier hat Singapur bedingungslos kapituliert.

Kämpfe in Burma
Mittwoch, 18. Februar 1942, Rangun
Die *Agentur Reuter* teilt mit:
Seit den frühen Morgenstunden greifen starke japanische Streitkräfte die alliierten Stellungen am Fluß Bilin an.

Freitag, 20. Februar 1942, Berlin
Das *DNB* berichtet:
Auf Veranlassung des neuen Reichsministers für Bewaffnung und Munition, Prof. Speer, sind zwei Betriebsführer eines Rüstungsbetriebes in ein Konzentrationslager eingeliefert worden, weil sie Arbeitskräfte, die in ihrem Betrieb für die Rüstung bestimmt waren, in ihrem Haushalt verwendeten.

Reiche Beute
Sonnabend, 21. Februar 1942, Tokio
Die *Agentur Domei* teilt mit:
In einem Bericht des japanischen Hauptquartiers über den siebentägigen Feldzug, der am 15. Februar 1942 mit der Besetzung von Singapur endete, heißt es, daß die Beute etwa 200 Panzer und 10 000 Kraftfahrzeuge beträgt.

Wintersachen für die Ostfront
Sonntag, 22. Februar 1942, Rom
Die *Agentur Stefani* meldet:
Die Militärkommandos, die Faschistische Partei und verschiedene italienische Organisationen hatten Vorkehrungen getroffen, um den in der Sowjetunion kämpfenden italienischen Soldaten wollene Kleidung, Pelze usw. zu verschaffen.

Freitag, 27. Februar 1942, Rangun
Die *Agentur Reuter* berichtet:
Die Schlacht am Sittang hält mit größter Erbitterung an. Die Japaner haben Verstärkung erhalten und greifen mit Todesverachtung selbst unter heftigen Verlusten an. Ihre Panzer sind jetzt etwa 50 Kilometer von der Eisenbahn, die nach Mandalay führt, entfernt.

Tagesparole des Reichspressechefs
27. Februar 1942:
Um die russischen Partisanen nicht unnötig populär zu machen und um ihnen nicht den Schein des Heldentums zu geben, ordnet der Minister an, daß immer neue Worte für die Partisanen in der Presse und im Rundfunk verwandt werden.

Geheimer Bericht des *Sicherheitsdienstes der SS* zur innenpolitischen Lage:
Nr. 264 vom 2. März 1942 (Auszug)
I. Allgemeines: Die vermutlichen deutschen Verluste in den Abwehrschlachten des Winters bilden gleichfalls immer noch ein Gesprächsthema, das sich sehr oft auf Feldpostbriefe stützt, in denen starke Verluste der Kompanie des Briefschreibers verallgemeinert werden. In einigen Gebieten Mitteldeutschlands wird in den umlaufenden Gerüchten die Zahl der deutschen Verluste in den Winterschlachten mit 400 000 bis 600 000 Mann angegeben.

Keine sowjetischen Machtansprüche?
Sonnabend, 7. März 1942, London
Die *Agentur Reuter* teilt mit:
Stalins Tagesbefehl zerstreute erneut die Zweifel derer, die fürchten, ein sowjetischer Sieg werde eine neue Art des Sowjetimperialismus zur Folge haben, und bestätigte, was Stalin bereits im vergangenen Dezember Außenminister Eden über die Absichten der Sowjetregierung gesagt hat: »Wir werden nirgends über Gebiete hinausgehen, die der Sowjetunion einverleibt waren, bevor Hitler im letzten Juni gegen uns marschierte.«

Die Kämpfe in Burma
Sonntag, 8. März 1942, Mandalay
United Press berichtet:
Die Kämpfe dauern mit unverminderter Heftigkeit an, wobei die Japaner ständig neue Verstärkungen heranziehen.
Im Osten von Pegu haben britische Panzereinheiten einen energischen Vorstoß unternommen und in einem Abschnitt die Angreifer bis in die unmittelbare Nähe von Sittang zurückgedrängt.

Dienstag, 10. März 1942, Tokio
Die *Agentur Domei* meldet:
Nach Angaben des japanischen Hauptquartiers sind seit Beginn der Feindseligkeiten bis zum 7. März 1942 insgesamt 1959 Panzer erbeutet worden.

Neuer Kälteeinbruch an der Ostfront
Montag, 16. März 1942, Berlin
Ergänzend zum Wehrmachtsbericht teilt das *DNB* mit:
Während auf der Halbinsel Kertsch die Sowjets vergeblich in Masseneinsätzen in den Tod gejagt werden, hat sich der neue Kälteeinbruch im mittleren und nördlichen Abschnitt der Ostfront weiter verschärft. Schneestürme wehen seit Tagen. Die Temperaturen sind bis auf minus 30 Grad gesunken. Dennoch gehen auch dort die Kämpfe weiter, ohne den Sowjets etwas anderes als hohe Verluste einzubringen.

Schwere Sandstürme in Libyen
Montag, 13. April 1942, Kairo
Aus dem *Hauptquartier der britischen 8. Armee*:
Seit 24 Stunden haben Sandstürme von einer solchen Heftigkeit eingesetzt, daß die Sicht nur wenige Meter beträgt.

Nach einem Panzergefecht in Nordafrika: Zerstörte deutsche Fahrzeuge; rechts ein Panzerkampfwagen III Ausführung H (Sd Kfz 141)

Die Schlammperiode

13. April 1942, Moskau
Das *Sowinformbüro* berichtet:
Das Frühjahrswetter hat in der Ukraine eingesetzt und damit die gefürchtete Weglosigkeit. Operationen großen Stils dürften für die nächsten Wochen nicht erwartet werden. Es hält zwar schweres Artilleriefeuer auf beiden Seiten an, aber Panzeraktionen folgten weder von sowjetischer noch von deutscher Seite.

Aus der Aktennotiz über den Lagevortrag des *Oberbefehlshabers der Heeresgruppe Nord* am 13. April 1942 im Führerhauptquartier:
Oberbefehlshaber Heeresgruppe Nord trägt die Lage vor. Er schildert hierbei eingehend den Zustand der eigenen Truppe, deren Kampfkraft infolge der hohen blutigen Verluste, durch Erfrierungen und Krankheit ständig absinkt; Bataillone in Stärke von 40 bis 50 Mann sind keine Seltenheit. Die Stimmung der Truppe und ihr Kampfgeist ist gut; sie fühlt sich dem Russen an Kampfwert des einzelnen überlegen. Die Erfolge des Russen beruhen in seiner zahlenmäßigen Überlegenheit, die er trotz enormer Verluste durch sofortiges Auffüllen mit Ersatz zu erhalten weiß, und in der Überlegenheit seiner Panzer, denen wir eine wirkungsvolle Abwehrwaffe nicht entgegenstellen können.
Oberbefehlshaber Heeresgruppe Nord schildert Einzelheiten über Verwendung und Kampfweise der russischen Panzer in buschreichem Gelände und die Schwierigkeiten für unsere Abwehr. Er geht ferner ein auf den Zustand des Geländes, das sich infolge des Tauwetters für Bewegungen von Tag zu Tag verschlechtert. Die Anstrengungen und Strapazen für unsere Infanterie sind hierdurch außergewöhnlich groß, der Nachschub auf den fast grundlosen Wegen erschwert, unsere Panzer sind abseits der Wege unverwendbar. Der Russe ist gegen diese Schwierigkeiten unempfindlicher, besonders seine Panzer können auch noch außerhalb der Wege fahren.

Sonnabend, 18. April 1942, Rom
Das *Comando Supremo* meldet:
In der Cyrenaika wurde die Aufklärungstätigkeit weiterhin durch starke Sandstürme behindert.

18. April 1942, Tokio
Die *Agentur Domei* teilt mit:
Über die Ergebnisse der militärischen Operationen in Burma ist aus dem japanischen Hauptquartier zu erfahren, daß der Gegner in der Zeit vom 10. März bis zum 14. April 1942 zahlreiches Kriegsmaterial, darunter 62 Panzer, verloren hat.

Keine Offensive Rommels?
Dienstag, 21. April 1942, London
Die *Agentur Reuter* berichtet:
Die militärischen Kreise in London betrachten die Jahreszeit für ausgedehntere Operationen in Nordafrika bereits als sehr weit vorgeschritten. Mitte oder Ende Mai werde es zu heiß, um noch großangelegte Offensiven durchzuführen. Auch betrachten sie die bisherigen Feldzüge als Beweis dafür, daß von Mitte Mai bis zum Herbst – ja viele sagen bis zum Winter – eine durch die Hitze erzwungene Ruhepause eintreten müßte.

Vormarsch der Japaner in Burma
Donnerstag, 30. April 1942, Mandalay
Die *Agentur Reuter* meldet:
Die japanischen Streitkräfte haben die von chinesischen Truppen gehaltene Ostzone der Front umgangen und sind im raschen Vordringen in nördlicher Richtung begriffen. Die Panzervorhuten des Gegners erreichten das Vorgelände von Hsipaw und sind damit in bedrohliche Nähe der Eisenbahnlinie Lashio–Mandalay gekommen.

Steigende Rüstungsproduktion
Sonntag, 3. Mai 1942, Washington
United Press teilt mit:
Kürzlich sind folgende Einzelheiten über die Rüstungsproduktion in den USA veröffentlicht worden:

Frühjahr 1942, Ostfront, Ukraine: Sowjetische mittlere Kampfpanzer T-34/85 während eines Angriffs. Schwung und Beweglichkeit kennzeichnen einen Panzerangriff. Hohe Dauergeschwindigkeit, großer Aktionsradius und Wendigkeit auf dem Gefechtsfeld bilden die Grundlagen zur Erfüllung operativer und taktischer Aufgaben

Das Programm zur Herstellung von Panzern, das in diesem Jahre 45 000 Stück vorsieht, läuft besser als geplant. General Motors Company ist im Bau von 30-Tonnen-Panzern dem Programm bereits um sieben Monate voraus, während eine andere Fabrik jetzt sogar jeden Tag einen ganzen Güterzug voll Panzer ausliefert.

Gefechte in Schlamm und Morast

Montag, 4. Mai 1942, Berlin
Das *DNB* berichtet:
Wie das Oberkommando der Wehrmacht mitteilt, wurde im nördlichen Abschnitt der Ostfront am 2. Mai eine lebhafte Kampftätigkeit durch erfolgreiche deutsche Angriffe und durch sowjetische Vorstöße ausgelöst. Die Kampfhandlungen waren durch Schlamm und Morast in kaum vorstellbarer Weise erschwert.
Auf den zerfahrenen Wegen und Straßen flossen von den Böschungen und aus überfluteten Gräben Wasser und Schlamm. Sie verwandelten die Fahrbahn auf Metertiefe in zähflüssigen Morast, in dem Steinaufschüttungen und Knüppeldämme versanken. Menschen und Material waren im Kampf gegen diese Schlammfluten bis zur Grenze der Leistungsfähigkeit angestrengt. Schritt um Schritt mußte die Bewegung nach vorn gegen das grundlose Erdreich erzwungen werden, und ganze Berge von Baumstämmen versanken als Straßenbelag im Morast und verschwanden. Das offene Gelände war nicht anders. Oft mußten sich die deutschen Soldaten durch Waldgebiete vorarbeiten, und häufig versanken sie dabei, wenn sie die trügerische Grasnarbe nicht trug, bis zur Brust im nassen Moor. Unter solchen Verhältnissen kämpften die deutschen Truppen bei der Säuberung eines Waldgebietes gleichzeitig gegen das Gelände und gegen die Sowjets. Weitere Unternehmen führten zu Stellungsverbesserungen, und örtliche deutsche Vorstöße wurden bis tief in die feindlichen Stellungen hineingetragen.
Im nördlichen Abschnitt wurden, wie verlautet, bei der Abwehr örtlicher Angriffe der Sowjets am 2. und 3. Mai

insgesamt 28 sowjetische Panzer vernichtet und acht weitere schwer beschädigt.

Falschmeldung
Dienstag, 5. Mai 1942, Rom
Die *Agentur Stefani* meldet:
Die italienische öffentliche Meinung steht noch immer unter dem Eindruck, den die Falschmeldung über einen angeblichen Kronrat und einen von diesem in Betracht gezogenen Regierungswechsel auslöste, zumal außerdem die Behauptung aufgestellt worden war, daß das italienische Volk des Krieges müde sei und sich nach einem Sonderfrieden sehne.

Mittwoch, 13. Mai 1942
Das *Oberkommando der Wehrmacht* gibt bekannt:
Die Durchbruchsschlacht auf der Landenge von Kertsch ist entschieden. Sie endete mit der Vernichtung der dort überrannten und eingeschlossenen Kräfte des Gegners. Bisher hat der Feind über 40 000 Gefangene, 197 Panzerkampfwagen, 598 Geschütze und 260 Flugzeuge verloren. Zahlloses anderes Kriegsmaterial wurde erbeutet oder vernichtet. Die Verfolgung der geschlagenen Reste des Gegners in Richtung Kertsch wird rastlos fortgesetzt.

Sender Beromünster (Schweiz)

Freitag, 15. Mai 1942:
Im Fernen Osten haben die Japaner in letzter Zeit ihre Erfolge ausgeweitet und konsolidiert. Seitdem vor zehn Tagen die Inselfestung Corregidor auf den Philippinen kapitulieren mußte, ist der Widerstand auf den Philippineninseln so gut wie gebrochen. Ähnliches läßt sich vom Kriegsschauplatz in Burma sagen. Die Japaner haben sich in diesem Land, dessen geographische Lage zwischen Thailand, China und Indien wichtig genug ist, nordöstlich bis an und stellenweise über die Grenze Chinas herangearbeitet und nordwestlich bis nahe an die Grenze Indiens . . . Die Japaner haben nun nach

etwas mehr als fünf Monaten fast alle Inseln und Gebiete besetzt, die als Vorfeld der wichtigsten und stärksten Stellungen der Alliierten, nämlich Australiens und Indiens, zu gelten haben. Japanische Sprecher haben kein Hehl daraus gemacht, daß für Japan der Krieg erst in seine wichtigste und schwierigste Phase eintreten wird.

Sonnabend, 16. Mai 1942
Das *Oberkommando der Wehrmacht* gibt bekannt:
Im Raum von Charkow setzte der Feind seine Angriffe fort. Sie wurden in hartem Kampf erfolgreich abgeschlagen. Eigene Gegenangriffe waren erfolgreich. Der Feind verlor bisher 180 Panzer.

Die Ostfront
Von Reichsminister Dr. Goebbels

Eine neuerliche Lektüre der Memoirenliteratur über den Zusammenbruch der napoleonischen Armeen im Winterfeldzug 1812 gegen Rußland gibt uns Veranlassung, noch einmal auf den Kampf der deutschen Wehrmacht gegen die Sowjetunion in den vergangenen Monaten zurückzukommen.

Wenn jeder große Krieg durch die besonders markant hervorstechenden Leistungen von Truppe und Führung in das Gedächtnis der Menschen übergeht und solche Leistungen meistens mit Namen von Männern oder Städten oder Landschaften in Verbindung gebracht werden – wer denkt nicht, wenn vom Weltkrieg die Rede ist, an die Champagne oder Verdun oder die Somme oder Flandern! –, so kann es keinem Zweifel unterliegen, daß unser Krieg in der geschichtlichen Würdigung wahrscheinlich später einmal in dem Sammelbegriff Ostfront seinen prägnantesten Ausdruck finden wird, und zwar wird man darunter vor allem den harten und heroischen Kampf verstehen, den deutsche Soldaten von Mitte November bis Ende April in den weiten Schneefeldern Rußlands gegen die asiatische Überflutung gekämpft haben.

Es ist heute noch nicht an der Zeit, diese fast sagenhafte Leistung deutschen Mannestums in ihren Einzelheiten darzustellen . . .
Auch der Vergleich mit dem Rußlandfeldzug Napoleons hinkt. Wenn unser schlimmster Feind im Winterkrieg im Osten die Kälte war, so hat der Führer in seiner letzten Reichstagsrede schon mit Recht darauf hingewiesen, daß Napoleon als härteste Kältegrade etwa 25 Grad zu verzeichnen hatte, während unsere Soldaten im vergangenen Winter zeitweilig gegen eine Kälte von 50 Grad und mehr anzukämpfen hatten.

Das Reich, 17. 5. 1942

Die Schlacht bei Charkow
Mittwoch, 20. Mai 1942, Berlin
Das *DNB* meldet:
Wie das Oberkommando der Wehrmacht mitteilt, hielten im Raume von Charkow am 18. Mai die Kämpfe mit unverminderter Heftigkeit an, wobei die Sowjets wieder Massen von Menschen und Material einsetzten. Das besondere Kennzeichen der Kämpfe im Gebiet von Charkow ist der für die Sowjets so überaus verlustreiche Einsatz von Panzern.

Freitag, 22. Mai 1942
Das *Oberkommando der Wehrmacht* gibt bekannt:
Nachdem in der Schlacht von Charkow sämtliche sowjetischen Angriffe unter schweren Verlusten des Gegners abgewiesen worden waren, ist das Gesetz des Handelns nunmehr auf unsere Seite übergegangen.

Sonnabend, 23. Mai 1942
Das *Oberkommando der Wehrmacht* gibt bekannt:
Im Raum von Charkow ist der am 12. Mai begonnene sowjetische Großangriff, der von 20 Schützendivisionen, drei Kavalleriedivisionen und 15 Panzerbrigaden geführt wurde, unter schwersten blutigen und Materialverlusten des Feindes restlos zusammengebrochen. Der deutsche Gegenangriff hat am 17. Mai begonnen. Er

China, Frühjahr 1942: Japanische leichte Panzer vom Typ M 2595 überschreiten einen Fluß in der Provinz Hunan. Jede technische Mehrleistung eines Panzers im Überwinden von Gelände erleichtert die Überraschung beim Feind und zwingt ihn, seine Abwehrmaßnahmen auch auf einen Raum zu verteilen, der ihm vorher als panzersicher galt.

führte in den Rücken der stärksten feindlichen Angriffs-gruppe und hat ihre Versorgungslinien durchschnitten. Seit zwei Tagen sind nunmehr die deutschen, rumänischen und ungarischen Truppen, von starken Kräften der Luftwaffe unterstützt, auf der ganzen Front der bisherigen Abwehrschlacht zum konzentrischen Gegenangriff angetreten.

Dienstag, 26. Mai 1942
Das *Oberkommando der Roten Armee* gibt bekannt:
In der Nacht zum Dienstag bauten unsere Truppen ihre Stellungen an der Front von Charkow weiter aus. Im Frontabschnitt von Isjum–Barwenkowo führten Streitkräfte der Roten Armee Defensivkämpfe gegen die Panzerwagen und Infanterieabteilungen des Gegners.

Offensive Rommels in Nordafrika
Mittwoch, 27. Mai 1942, Kairo
United Press berichtet:
Das britische Hauptquartier gibt in einem Kommuniqué bekannt, daß die Truppen von General Rommel gestern ihren Vorstoß begonnen haben. Es ist im Augenblick noch zu früh, um mit Sicherheit festzustellen, ob General Rommel die langerwartete Offensive nun tatsächlich aufgenommen hat, es gilt jedoch als wahrscheinlich, daß Kampfhandlungen von großer Bedeutung unmittelbar bevorstehen.

Heftige Kämpfe südlich von Tobruk
Freitag, 29. Mai 1942, Kairo
Aus dem *Hauptquartier der britischen 8. Armee:*
Es ist unmöglich, sich ein zuverlässiges Bild vom Kampfverlauf zu machen, da dichter Staub die Panzer und Truppen einhüllt und in dem weiten Gebiet der Wüste zahlreiche kleine Panzergruppen im Gefecht miteinander stehen. General Ritchie erklärte gestern abend: »Es liegt kein Grund vor, unzufrieden zu sein. Wir müssen aber berücksichtigen, daß entscheidende Kämpfe erst bevorstehen und daß unser Gegner geschickt und tapfer ist.«

»Britansky Tankograd«
Sonnabend, 30. Mai 1942, Moskau
Die *Agentur Exchange* meldet:
Ein Sonderberichterstatter der »Exchange« ist soeben aus dem Militärlager, das die Sowjets »Britansky Tankograd« nennen, zurückgekehrt. Das Lager ist ein Sammelpunkt für britische Panzer. Eine fast unübersehbare Menge an Kampfwagen vom Typ »Matilda« und »Valentine« seien dort. Die Sowjets hätten Maschinenhal-

Mai 1942, Raum Charkow: Aufgesessene deutsche Infanterie auf dem Weg in die Bereitstellung; Panzerkampfwagen III

len gebaut, in denen alle gelieferten Panzer sofort nach dem Transport gereinigt und auf ihre Verwendungsfähigkeit überprüft werden.

Sonntag, 31. Mai 1942, Berlin
Das *DNB* teilt mit:
Der Wehrmachtsbericht meldete gestern die Beendigung der Schlacht von Charkow. Die sowjetische 6., 9. und 57. Armee mit rund 20 Schützendivisionen, 7 Kavalleriedivisionen und 14 Panzerbrigaden sind vernichtet worden. Die Zahl des erbeuteten oder im Kampfe zerstörten Kriegsmaterials beträgt unter anderem 1 249 Panzerkampfwagen.

Montag, 1. Juni 1942, Kairo
Aus dem *Hauptquartier der britischen 8. Armee:*
Die Schlacht in der westlichen Wüste hat ihren Höhepunkt erreicht. General Rommel hat das gesamte Deutsche Afrika-Korps eingesetzt, und mit Ausnahme einiger weniger Einheiten der 90. leichten Panzerdivision stehen alle Eliteverbände Rommels im Angriff unter dem Befehl von General Nehring, der sich im Frontgebiet befindet. Die Schlacht in der Wüste dürfte sich innerhalb 48 Stunden entscheiden. Die Hitze ist wesentlich gestiegen, und die Truppen auf beiden Seiten vollbringen in der Wüstenglut und einer alles einhüllenden Staubschicht übermenschliche Leistungen. Es kann sich niemand vorstellen, daß die Truppen die Bedingungen dieser Kämpfe mehr als zwei Tage lang ertragen können.
Die Bedeutung der Angriffsaktion Rommels geht aus einem erbeuteten Tagesbefehl hervor. Es heißt darin: »Truppen unter meinem Kommando! Ihr seid zu einem entscheidenden Angriff gegen die britischen Truppen eingesetzt.« Es ist Rommel gelungen, einen Durchgang durch das britische Minenfeld, etwa 25 Kilometer nördlich von Bir Hacheim, zu schaffen und damit seine Nachschubroute zu verkürzen. Die Verluste Rommels an Panzern und Fahrzeugen aller Art sind enorm. Überall in der Wüste steigen Rauchsäulen auf, ein Zeichen dafür, daß Panzer oder Tanker in Brand stehen. Ausgezeichnet haben sich die Franzosen gehalten, vor deren Stellungen von Bir Hacheim Hunderte von Auto- und Panzerwracks liegen.
Die Zahl der Gefangenen steigt von Stunde zu Stunde, und sie sind alle völlig erschöpft, mit stark entzündeten Augen, zerrissenen oder verbrannten Uniformen. Auch die deutschen Offiziere bestätigen, daß niemand es für möglich gehalten hätte, daß die Panzerschlacht fünf Tage lang zu ertragen sei.

Geheimer Bericht des *Sicherheitsdienstes der SS* zur innenpolitischen Lage:
Nr. 289 vom 4. Juni 1942 (Auszug)
I. Allgemeines: Die abwartende Haltung vieler Volksgenossen gegenüber dem militärischen Geschehen im Osten hält nach wie vor an. Noch immer läßt ein großer Teil der Bevölkerung die der tatsächlichen Größe der letzten Erfolgsmeldungen angemessene Aufgeschlossenheit vermissen. Wenn auch die verschiedenen Sonder-

Mai 1942, Raum Charkow: Bereitstellung einer sowjetischen Panzerbrigade mit schweren Kampfpanzern KW-1A. Auf den Türmen die Parolen: Für Stalin! Für das Vaterland!

meldungen unmittelbar nach ihrer Bekanntgabe eifrig besprochen wurden, so kann noch immer nicht von einer anhaltenden günstigen Beeinflussung der Stimmung der Bevölkerung gesprochen werden.
Immer mehr dränge sich vielen Volksgenossen im Hinblick auf die bereits vorgeschrittene Jahreszeit die Frage auf, wann die Offensive im Großen beginne und ob es in den zur Verfügung stehenden Sommermonaten gelingen werde, die Sowjets vernichtend zu schlagen. Stärkere Beachtung findet der Kampf der Achsenstreitkräfte auf dem nordafrikanischen Kriegsschauplatz. Nachdem die erste Meldung von einem günstigen Verlauf der Angriffsoperationen sprach, war allgemein ein zügiges Vorgehen der deutschen und italienischen Truppen und die baldige Bekanntgabe von Sondermeldungen erwartet worden . . . Im Zusammenhang mit der Bekanntgabe der Gefangennahme des Generals der Panzertruppen Cruewell wurde vielfach die Befürchtung laut, daß der wegen seines Schneides und Draufgängertums bekannte Generaloberst Rommel in eine ähnliche Situation geraten und für die weitere Kriegführung der Achsenmächte in Nordafrika ausfallen könnte.

11. Juni 1942
Das *Oberkommando der Wehrmacht* gibt bekannt:
In Nordafrika wurde das Fort Bir Hacheim, der südliche Pfeiler des britischen Verteidigungssystems, in den heutigen Vormittagsstunden nach tagelangem erbitter-

tem Widerstand der dort eingeschlossenen starken feindlichen Kräfte erstürmt.

Offensive gegen Rostow
Donnerstag, 11. Juni 1942, Moskau
Das *Sowinformbüro* teilt mit:
Die Heeresgruppe v. Bock hat mit 10 bis 12 Divisionen die Offensive südöstlich von Charkow begonnen. Nach den ersten Operationen zu urteilen richtet sich der Hauptstoß gegen Rostow. Die Heeresgruppe hat den Angriff mit 4 Panzerdivisionen eingeleitet, die von vielen hundert motorisierten Batterien begleitet werden. Neben der deutschen Armee kämpfen rumänische, ungarische, italienische und slowakische Verbände in beträchtlicher Stärke.

Sonnabend, 13. Juni 1942
Das *Oberkommando der Wehrmacht* gibt bekannt:
Im Raum ostwärts Charkow führten eigene Angriffe zum Erfolg. Der feindliche Brückenkopf auf dem Westufer des Donez wurde genommen, auf dem Ostufer eine sowjetische Kräftegruppe zum Kampf gestellt und eingeschlossen.
In Nordafrika trat die Panzerarmee nach der Einnahme von Bir Hacheim nach Norden an. Sie steht im erfolgreichen Kampf mit den Resten der feindlichen Panzerkräfte westlich el Adem.

W. Churchill an General Auchinleck
Montag, 15. Juni 1942:
Ihre Zusicherung, daß Sie Tobruk nicht zu räumen beabsichtigen, erleichtert uns. Das Kriegskabinett interpretiert Ihr Telegramm dahin, daß General Ritchie notfalls so viele Truppen in Tobruk behalten wird wie zur sicheren Verteidigung des Platzes nötig sind.

Dienstag, 16. Juni 1942, Kairo
Aus dem *Hauptquartier der britischen 8. Armee:*
Unsere Truppen stehen in erbitterten Kämpfen um Acroma. Etwa 300 schwere und mittlere Panzer der Achsenmächte greifen aus drei Richtungen unsere Stellungen an. Eine Panzerkolonne ist in Richtung Tobruk durchgebrochen.

Flankenstoß bei Charkow
Von Walter Koch

. . ., 30. Mai. (P. K.) Wir fahren in einer Wagenkolonne nach Süden. Bei jedem Halt hört man von dorther das Wummern der Geschütze. Die große Schlacht um Charkow ist auf dem Höhepunkt. Schützenkompanien, in aller Eile auf Lastkraftwagen verladen und verstärkt durch schwere Waffen verschiedener Verbände, sind zu einer neuen Einheit zusammengefaßt worden . . . Dichte Staubwolken hüllen die Kolonne ein. Der Mund ist bei der brütenden Hitze wie ausgedörrt. Verwundert denkt man daran zurück, daß wir uns vor sechs Wochen bei minus 25 Grad noch gegen die Kälte geschützt hatten . . .

Das Artilleriefeuer verstärkt sich, wir müssen die Dämmerung abwarten. Mit geringen Verlusten wird die Stellung erreicht. Dort erklärt Oberleutnant B., der das Kommando übernommen hat, die Lage: er und Leutnant S., beide leicht verwundet, sind die einzigen noch vorhandenen kampffähigen Offiziere des Bataillons. Fast die Hälfte der Unteroffiziere und Mannschaften sind ausgefallen. Viermal hatte der Bolschewist an diesem Tage mit Schützenregimentern, Artillerieunterstützung und vierzehn Panzern angegriffen, um das am Vortag verlorene Gelände wiederzugewinnen und der Umklammerung zu entgehen. Jedesmal ist er mit fürchterlichen Verlusten abgeschlagen worden. Sieben der angreifenden Panzer wurden vernichtet . . .
Ganz hervorragend hielten sich die dem Bataillon zugeteilten Geschütze einer Panzerjäger-Abteilung. Sie brachten durch Beschuß auf nächste Entfernung drei der Ungetüme zur Strecke, obwohl zwei ihrer Geschütze mit den Bedienungen durch Volltreffer aus den Panzern schon vernichtet waren und die übrigen Geschütze unter dem Artilleriefeuer der Bolschewisten lagen. Drei weitere Feindpanzer, die durchgestoßen waren, wurden durch eine weiter rückwärts aufgestellte Flakbatterie vernichtet . . .

Frankfurter Zeitung, 18. Juni 1942

Tobruk und Bardia genommen
Sonntag, 21. Juni 1942
Das *Oberkommando der Wehrmacht* gibt bekannt:
(Sondermeldung) Deutsche und italienische Truppen erstürmten unter dem Befehl des Generalobersten Rommel gestern den größten Teil der stark ausgebauten Festung Tobruk. Darauf hat heute früh ein englischer Parlamentär bei einem italienischen Korpsstab die Übergabe der Festung angeboten. Stadt und Hafen sind besetzt. Bisher wurden über 25 000 Gefangene, darunter mehrere Generäle, eingebracht und unübersehbare Mengen von Waffen, Kriegsmaterial und Vorräten erbeutet. In zäher Verfolgung der geschlagenen Briten nach Osten wurden Bardia und Bir el Gobi genommen.

Admiral Harwood an W. Churchill
Juni 1942:
Tobruk ist gefallen; Situation hat sich dermaßen verschlechtert, daß Möglichkeit baldiger schwerer Fliegerangriffe gegen Alexandria besteht. Angesichts der bevorstehenden Vollmondphase verlege ich die gesamte Flotte aus dem östlichen Mittelmeer in den Süden des Kanals, um dort die Entwicklung abzuwarten.

Bericht von Rommels Stabschef Oberst F. Bayerlein
21. Juni 1942:
Die Beute ist riesig. Sie besteht aus Vorräten für 30 000 Mann für drei Monate und über 10 000 Kubikmeter Benzin. Ohne diese Beute hätten wir die Panzerdivisionen in den nächsten Monaten weder angemessen verpflegen noch bekleiden können. Der uns auf dem Seeweg erreichende Nachschub hat nur einmal – im April 1942 – ausgereicht, um die Armee einen vollen Monat zu versorgen.

21. Juni 1942

Das *Oberkommando der Wehrmacht* gibt bekannt:

Im Nordteil der Festung Sewastopol fiel am gestrigen Tage auch das Befestigungswerk »Stalin«. Damit sind sämtliche Forts der Nordfront von Sewastopol mit Ausnahme des Küstenforts in deutscher Hand, darunter die starken Werke »Stalin«, »Maxim Gorki«, die »Bastion Molotow«, zahlreiche alte Forts und mehrere Artilleriewerke. In das vom Feind noch zäh verteidigte Küstenfort sind deutsche Truppen eingedrungen und stehen in harten Nahkämpfen um die vom Gegner noch gehaltenen Bunker. Im Südteil der Festungsfront schlugen deutsche und rumänische Truppen mehrere Angriffe ab und brachen im Gegenangriff das feindliche Festungssystem weiter auf.

Montag, 22. Juni 1942, London

Die *Agentur Reuter* teilt mit:

Anläßlich des Jahrestages des deutschen Angriffs auf die Sowjetunion richtete Churchill eine Botschaft an Stalin: . . . »Sie können auf unsere Hilfe im Rahmen des Möglichen rechnen . . . Wir haben nicht nur an die Gegenwart, sondern auch an die Zukunft gedacht, und der von uns unterzeichnete Pakt der gegenseitigen Hilfe in der Kriegs- und Nachkriegszeit ist von der sowjetischen Bevölkerung freudig aufgenommen worden. In diesem Vertrag haben wir uns verpflichtet, den Gegner niederzuringen und nach Kriegsende einen sicheren Frieden für alle friedliebenden Völker aufzubauen.«

Kritik an der britischen Kriegführung
22. Juni 1942, Kairo

Ein Sonderkorrespondent der *United Press* berichtet:

»Wie ist es geschehen?« fragen sich heute die hiesigen Beobachter nach dem Fall von Tobruk. Ich habe alle Phasen der Schlacht genau verfolgt und mich selbst oft an die Front begeben, und ich beantworte die Frage wie folgt: »Zu wenig Angriffsgeist.« Das ist nicht ein Werturteil über die kämpfenden Truppen selber. Keine Sol-

daten hätten sich entschlossener und mutiger eingesetzt. Aber im allgemeinen schien der gesamte britische Kriegsapparat nach dem Grundsatz zu handeln: »Warten und zusehen.«

Tagesparole des Reichspressechefs
22. Juni 1942:

Der Minister erklärt nach seinem Zusammentreffen mit dem Führer, daß man in der Auslandspropaganda gegenüber England alle Schuld an dem Verlust von Tobruk auf Churchill werfen solle. Im übrigen könne darauf hingewiesen werden, daß Churchill sich in kritischen Lagen stets auf Reisen begebe, beispielsweise sei während seiner letzten Reise nach Amerika Singapur gefallen. Die Tatsache, daß 25 000 Gefangene in der Festung waren, soll auf militärischen Wunsch nicht als Zeichen für eine mangelnde englische Widerstandskraft ausgelegt werden. Im Inland soll Ägypten in keiner Form, auch nicht durch Zitate der ausländischen Presse, behandelt werden. Der Minister gibt das Stichwort aus: »Die Rache für Köln heißt Tobruk«, und ordnet an, darauf hinzuweisen, daß der Dilettant an der Spitze der englischen Regierung auf militärisch wertlose Ziele in Deutschland Flugzeuge einsetze, während militärisch entscheidende Schlachten durch den Mangel dieser Flugzeuge für England verloren gehen.

23. Juni 1942, Berlin

Das *DNB* meldet:

Der Führer hat den Oberbefehlshaber der Panzerarmee in Afrika, Generaloberst Rommel, zum Generalfeldmarschall befördert.

Tagesparole des Reichspressechefs
Mittwoch, 24. Juni 1942:

Der Minister ordnet an, daß die Waffenleistung der Italiener in unserer Presse betont wird. Wenn bei der Eroberung von Tobruk diejenigen englischen Stimmen zitiert werden, die die Waffentaten der deutschen Truppen hervorheben, dann sollen in den Kommentaren und Leitartikeln die Italiener herausgestrichen werden. Wir können mit gutem Gewissen die italienischen Truppen herausstellen, da die Welt ohnehin weiß, wer den Sieg errungen hat.

Freitag, 26. Juni 1942, London
United Press berichtet:
General Eisenhower ist von Präsident Roosevelt zum Oberkommandieren der amerikanischen Truppen auf dem europäischen Kriegsschauplatz ernannt worden. General Eisenhower ist 51 Jahre alt. Er nahm im Weltkrieg 1914/18 als Offizier in einem Panzerkorps teil. Eisenhower hat sich seither hauptsächlich mit den Problemen des Panzerkrieges beschäftigt und gilt als einer der erfahrensten Panzerexperten der amerikanischen Armee. Eine Zeitlang war Eisenhower Stabschef bei General MacArthur.

Sender Beromünster (Schweiz)

26. Juni 1942
. . . Am Sonntag, dem 21. Juni, war der Widerstand der Garnison von Tobruk bereits gebrochen, nachdem massierte Panzerangriffe Rommels den Verteidigungsring rasch durchstoßen und das Feuer der deutschen Artillerie und Luftwaffe die Befestigungen dieser afrikanischen Küstenstadt zerschlagen hatten. Eine Garnison von rund 25 000 Mann britischer, indischer und afrikanischer Truppen fiel als Gefangene in die Hände des Siegers. Die übrigen Verbände der britischen 8. Armee hatten sich mittlerweile auf die von früher her bekannten Grenzgebiete von Sollum und Halfaja zurückgezogen, während Bardia nicht verteidigt wurde. Dieser Ausgang der Schlacht in Libyen, die dem siegreichen General Rommel die Beförderung zum Generalfeldmarschall eintrug, bedeutet für die britische Kriegführung einen schweren und offensichtlich nicht vorhergesehenen Schlag.

Montag, 29. Juni 1942
Zum Sieg der deutsch-italienischen Truppen bei Marsa Matruh teilt das *Oberkommando der Wehrmacht* ergänzend mit:
Dem Sturm auf die Festung gingen für die Briten verlustreiche Kämpfe voraus. Nachdem britische Vorhuten zurückgeworfen waren, durchbrach die deutsch-italienische Panzerarmee die feindlichen Hauptstellungen im Raum südostwärts Marsa Matruh und stieß bis zur großen Küstenstraße vor. In diesen harten Gefechten erlitten die britischen Verbände schwere Verluste an Menschen, Panzern und Geschützen. Der schwer geschlagene Feind wurde in mehrere Teilgruppen aufgespalten, die teils südostwärts Marsa Matruh eingekesselt und aufgerieben wurden, teils auf Marsa Matruh zurückgeworfen wurden.

Rechts: 25. Juni 1942, Raum Marsa Matruh: Britische Panzerspähwagen werden von deutschen Stukas mit Bomben belegt

Strategie und Taktik

JANUAR BIS JUNI 1942

Jetzt ist die wichtigste Aufgabe für die deutschen Truppen, die sowjetische Winteroffensive zu stoppen. Die Winterstellungen existieren eigentlich nur auf den Stabskarten. Wenn man nicht gerade vorhandene sowjetische Befestigungen beziehen kann, gibt es keine andere schützende Stellung. Der hartgefrorene Boden läßt keine Erdarbeiten zu, und bei den dezimierten Divisionen ist nicht an eine durchgehende Front zu denken.

Am Donnerstag, dem 1. Januar 1942, wird die unter dem Befehl von Generaloberst Hoepner stehende Panzergruppe 4 in 4. Panzerarmee umbenannt.

Am Freitag, dem 2. Januar 1942, besetzen Einheiten der japanischen 48. Division die philippinische Hauptstadt Manila. Währenddessen ziehen sich die US-Truppen und philippinischen Verbände auf die Halbinsel Bataan und die schwer befestigte Insel Corregidor zurück.
An diesem Tag gelingt es der sowjetischen 39. Armee (GenLt. Maslennikow), die deutsche Front zwischen Rshew und Wjasma zu durchbrechen.
Zu gleicher Zeit legen die in Bardia eingeschlossenen deutsch-italienischen Truppen (GenMaj. Schmitt) die Waffen nieder.

Am Donnerstag, dem 8. Januar 1942, gerät das XX. Armeekorps (Gen.d.Inf. Materna) bei Borowsk, nordwestlich von Moskau, in eine aussichtslose Lage und steht vor der völligen Vernichtung durch sowjetische Verbände. Bei minus 40 Grad harren die Soldaten mit letzten Kräften in ihren Stellungen aus, und die Munition geht zu Ende. Daraufhin gibt der Oberbefehlshaber der 4. Panzerarmee, Generaloberst Hoepner, den Befehl zum Rückzug.

Januar 1942, Raum Toropez: Deutsche 7,5-cm-Pak 40 in einer Feuerstellung

Nachdem der Oberbefehlshaber der Heeresgruppe Mitte, v. Kluge, davon erfährt, erhebt er heftige Vorwürfe. Hoepner durfe in keinem Fall den Führerbetehl, der jede Rücknahme der Truppe verbietet, mißachten. Darauf Generaloberst Hoepner: »Herr Generalfeldmarschall, ich habe Pflichten, die höher stehen als die Pflichten Ihnen gegenüber und die Pflichten gegenüber dem Führer. Das sind die Pflichten gegenüber der mir anvertrauten Truppe.« Für diese Art beispielloser Zivilcourage wird Generaloberst Hoepner, der bewährte Panzertruppenführer, von Hitler mit sofortiger Wirkung aus der Wehrmacht ausgestoßen.

Am Freitag, dem 9. Januar 1942, beginnt aus dem Raum Ostaschkow über das Seengebiet der Waldai-Höhen die Offensive der sowjetischen Nordwestfront (GenLt. Kurotschkin) mit der 3. Stoßarmee (GenLt. Purkajew) und der 4. Stoßarmee (GenOberst Jeremenko). Den sowjetischen Verbänden gelingt es, die deutsche Front an der Nahtstelle zwischen der Heeresgruppe Nord und der Heeresgruppe Mitte zu durchbrechen. Die sowjetischen Panzerverbände stoßen bis in den Raum Toropez vor, überschreiten den Fluß Lowat und bedrohen Cholm.

Am Sonntag, dem 10. Januar 1942, wird die deutsche 3. Panzerarmee (GenOberst Reinhardt) bei Wolokolamsk durch starke Angriffe von Panzerverbänden der sowjetischen 16. Armee (GenLt. Rokossowski) in die Verteidigung gedrängt.

Am Donnerstag, dem 15. Januar 1942, gibt Hitler endlich nach tagelangen Bemühungen des OKH und Generalfeldmarschalls v. Kluge seine Zustimmung zur Rücknahme der deutschen Front im Raum westlich Moskau auf die Winterstellung. Anschließend erteilt die Heeresgruppe Mitte den Befehl, die vorspringenden Frontbogen von Kaluga bis Wolokolamsk zu räumen und innerhalb der nächsten zehn Tage auf allen anderen Frontabschnitten in die Winterstellung zurückzugehen.

Am Freitag, dem 16. Januar 1942, beginnt die japanische 16. Armee von Thailand aus ihre Offensive gegen Burma.

Am Sonnabend, dem 17. Januar 1942, kapitulieren in Nordafrika im Raum Sollum-Halfaja-Paß die von britischen Verbänden eingeschlossenen deutsch-italienischen Truppen (GenLt. de Georgis).

Am Sonntag, dem 18. Januar 1942, schließen die Panzerverbände der sowjetischen Nordwestfront südöstlich des Ilmensees im Raum Demjansk das II. Armeekorps (Gen.d.Inf. v. Brockdorff-Ahlefeld) und die Truppen des X. Armeekorps (Gen.d.Art. Hansen) ein. Im Kessel – eine Fläche wie Groß-Berlin – verteidigen sich etwa 95 000 Mann, die durch die Luftwaffe versorgt werden.

Am Mittwoch, dem 21. Januar 1942, besetzen die Verbände der Panzergruppe Afrika (Gen.d.Pz.Tr. Rommel) aus den Stellungen zwischen Marada und Mersa-Brega zur Gegenoffensive an. Dank dem verbesserten Nachschub gelingt es, die Kampfkraft der Achsentruppe in kürzester Zeit wiederherzustellen. Die britischen Verbände dagegen müssen ihren Nachschub größtenteils auf dem Landweg aus Ägypten heranführen. Das Ziel der Gegenoffensive: die Rückgewinnung der Cyrenaika und Vorstoß nach Ägypten. Die im Raum Agedabia–Sollum stehenden Teile der britischen 7. Panzerdivision (Maj.Gen. Gott) und der südafrikanischen 1. Division (Maj.Gen. Brink) werden überrollt.
Diesmal haben die Deutschen kürzere Nachschubwege als der Feind, und die massiven Bombenangriffe der Luftwaffe, mit denen man seit Dezember 1941 die Insel Malta mit großem Erfolg niederhält, zeigen ihre Wirkung. Die Aktivitäten der britischen Navy und Royal Air Force nehmen zur Jahreswende deutlich ab, und die Nachschubgeleitzüge aus Italien treffen zum erstenmal seit vielen Monaten beinahe ungehindert in den nord-

afrikanischen Häfen ein. Die neue deutsche Offensive zeigt von Anfang an einen durchschlagenden Erfolg.

Am Donnerstag, dem 22. Januar 1942, befiehlt nach Auswertung der Erfahrungen aus der Schlacht um Moskau das sowjetische Oberkommando, die Panzerbrigaden und Panzerbataillone massiert in den Hauptangriffsrichtungen einzusetzen sowie ein optimales Zusammenwirken mit der Infanterie, der Artillerie und den Fliegerkräften zu organisieren. Ohne sorgfältige Erkundung des Geländes und der Feindkräfte darf ab jetzt kein Panzereinsatz mehr erfolgen.
Der Befehl vom 22. Januar 1942 kündigt den Beginn des massierten Einsatzes der Panzertruppen an.

Inzwischen haben in Nordafrika die deutschen Panzerkeile bereits die vordersten britischen Stellungen überrannt, stoßen nach Agedabia durch, versuchen der südafrikanischen 1. Panzerdivision den Rückweg zu verlegen und gehen frontal gegen Bengasi vor.

Am Mittwoch, dem 28. Januar 1942, nimmt die Panzergruppe Afrika Bengasi und stößt weiter über die Küstenstraße in Richtung Derna vor. Rommel drängt die britischen Truppen auf die Linie El Ghasala, westlich von Tobruk, zurück. Dann ruhen die Kriegshandlungen wieder für einige Monate. Die sogenannte Ghasala-Stellung ist eine von der Mittelmeerküste bis tief nach Süden, nahe Bir-Hacheim, reichende Kette von gut ausgebauten und miteinander in Verbindung stehenden Feldstellungen und Wüstenforts, vor denen, so hofft das britische Oberkommando, man die Deutschen aufhalten kann.

Am Dienstag, dem 3. Februar 1942, werden die Verbände der sowjetischen 33. Armee (GenLt. Jefremow),

des I. Gardekavalleriekorps (GenMaj. Below) und des IV. Luftlandekorps im Raum südöstlich Wjasma und nördlich Juchnow von den Panzerverbänden der deutschen 4. Armee (GenOberst Kübler) und der 4. Panzerarmee (GenOberst Hoth) eingekesselt. Die eingeschlossenen sowjetischen Truppen können aus der Luft nur unzureichend mit Nahrung und Munition versorgt werden.

Am Sonntag, dem 8. Februar 1942, wird nach dem plötzlichen Tod des bei einem Flugzeugabsturz verunglückten Reichsministers Fritz Todt der 37jährige Architekt Albert Speer zum Reichsminister für Bewaffnung und Munition ernannt. Speer, ein Vertrauter von Hitler und auserwählter Architekt für den Wiederaufbau europäischer Städte, erweitert geschickt den Machtspielraum, den der Führer Todt gewährt hatte, und verwandelt das Reichsministerium für Bewaffnung und Munition in einen präzis funktionierenden zentralen Apparat der deutschen Kriegswirtschaft.

Bis zum Jahr 1942 kommt es bei den deutschen Frontverbänden nicht zur Einführung eines ausgesprochen neuen Panzertyps, obwohl man bereits in den Jahren 1937 und 1939 mit Projektstudien für einen neuen mittleren und einen schwereren Kampfpanzer begonnen hat. Man erkennt außerdem schon nach dem Frankreichfeldzug die Bedeutung des Schützenpanzers als gepanzertes Transport- und Kampffahrzeug für die Infanterieverbände der Panzerdivisionen. Jetzt, seitdem die Panzerproduktion Reichsminister Speer unterstellt ist, wird mit Hochdruck an neuen Entwicklungen gearbeitet.

In der Nacht von 11./12. Februar 1942 setzen vom Festland zur Insel Singapur, der wichtigsten britischen

MITTELMEER

BENGASI 29. Jan.
BARKA
CYRENE
DERNA
BERTA
MARTUBA
Via Balbia
Akhdar
Jebel
MARAUA 1. Febr.
EL MEKILI
TMIMI
Golf von Bomba
GHASALA
TOBRUK
BENINA
ER RADJIMA 28. Jan.
DJARRUBA
GHEMINES
Via Balbia
SOLUK
5./6. Febr. 1942 Rommels Stellungen am Ende seines Vormarschs
BIR GERRARI
BIR HACHEIM
90. l. div. u. italien. XX. Korps
MSUS 25. Jan.
ANTELAT
CYRENAIKA
Grosse Syrte
SAUNNU 22. Jan.
AGEDABIA 22. Jan.
MERSA BREGA
italien. XXI. Korps
EL AGHEILA
italien. XX. Korps
DAK 21. Jan.
Wadi Faregh
LIBYEN
90. lt. Div.
italien. X. Korps
MARADA

0   Meilen   100
0   Kilometer   150
Djalo-Oasen, 16 Kilometer

Rechte Seite: Januar 1942, zwischen Tobruk und Ghasala: Ein Soldat des Deutschen Afrika-Korps erteilt einem Besatzungsmitglied des zerschossenen britischen Crusader-Panzers Erste Hilfe

Links: Rommels neuer Vorstoß durch die Cyrenaika

Festung in Südostasien, Teile der japanischen Gardedivision und des 2. Panzerregiments über. Damit beginnt der Endkampf um die Stadt und Festung Singapur.

Am Sonnabend, dem 21. Februar 1942, wird die von
Generaloberst Rommel geführte Panzergruppe Afrika
in Panzerarmee Afrika umbenannt. Rommel verfügt
zur Zeit über 2 deutsche Panzerdivisionen, 1 deutsche
leichte Division, 1 italienische Panzerdivision, 1 italienische mot. Infanteriedivision und 4 italienische Infanteriedivisionen.

Die Alliierten nutzen die Ruhe, um Gerät heranzuführen, das die schwerwiegenden Mängel ausgleichen soll,
die bei den vorangegangenen Kämpfen aufgetreten
sind. Dazu gehört vor allem, einen panzerbrechenden
Gefechtskopf für die Panzerabwehrgeschütze zu entwickeln, um die neueren, stärkeren deutschen Panze-
rungen auf große Entfernungen durchschlagen zu
können.

Die britische 8. Armee mit ihren zwei Panzerdivisionen,
drei mot. Infanteriedivisionen sowie mehreren verstärkten Brigaden, ist zwar den Achsenkräften personell
unterlegen, an Panzern jedoch um die Hälfte und bei
der Artillerie fast um das Doppelte überlegen.

Am Montag, dem 2. März 1942, muß nach harten und
verlustreichen Kämpfen der deutschen 4. Armee gegen
die sowjetische 50. Armee (GenLt. Boldin) Juchnow
von den Deutschen geräumt werden. Die Sowjets haben versucht, eine Verbindung zu den am 3. 2. 1941
eingekesselten Truppen der sowjetischen 33. Armee,
des I. Gardekavalleriekorps und des IV. Luftlandekorps wiederherzustellen.

Die Erfahrungen aus den Angriffsoperationen der vergangenen Monate bestätigen dem sowjetischen Oberkommando, daß es kaum möglich ist, ohne große taktische und operative Panzerverbände den operativen Er-

folg in die Tiefe auszudehnen. Jetzt, ab März 1942,
beginnt die Rote Armee Panzerkorps aus drei Panzerbrigaden und einer motorisierten Schützenbrigade aufzustellen. Auch das OKH hat einiges aus den Ereignissen der letzten Monate gelernt: Die Panzer zeigen sich
den Anforderungen der Front nicht mehr gewachsen.
Nach einer ganzen Reihe sowjetischer Angriffserfolge
beginnt sich die Lage langsam wieder zu stabilisieren, so
daß etwa Mitte März 1942 an der Ostfront ein Stillstand
eintritt.

Am Sonntag, dem 15. März 1942, kündigt Hitler in
seiner Rede zum Heldengedenktag die endgültige Vernichtung der Roten Armee im Sommer 1942 an.

Am Sonntag, dem 5. April 1942, erteilt Hitler die
Führerweisung Nr. 41 für die deutsche Sommeroffensive 1942 im Südabschnitt der Ostfront. Nach seiner
Vorstellung soll die Operation in vier Phasen verlaufen
mit dem Endziel: bis zum Kaukasus vorstoßen, das
Erdölgebiet von Baku-Batum erobern und die iranische
Grenze erreichen. Der Führer denkt allen Ernstes daran, daß sich die deutschen und japanischen Truppen auf
halbem Wege irgendwo in Indien treffen werden.

Am Mittwoch, dem 15. April 1942, findet eine von
derzeitig wenigen Aktionen an der Ostfront ihr Ende:
Die Reste der seit dem 3. 2. 1941 im Raum südöstlich
Wjasma eingeschlossenen sowjetischen 33. Armee, des
I. Gardekavalleriekorps und des IV. Luftlandekorps
werden aufgerieben.
Die sowjetischen Verluste u. a.: 6000 Gefangene, 170
Geschütze, 128 Panzer. Der Oberbefehlshaber der 33.
Armee, Generalleutnant Jefremow, wählt den Freitod.

Am Sonnabend, dem 18. April 1942, gehen die Winterkämpfe an der gesamten Ostfront zu Ende. Die Früh-
jahrs-Schlammperiode setzt ein, und alle Bewegungen

der Panzertruppen bei Freund und Feind bleiben im Morast stecken. Es gibt nur Artillerie- und Patrouillentätigkeit.

Zu dieser Zeit bekommen die deutschen Panzerdivisionen den neuen Panzer IV, Ausführung F 2., erstmals mit einer langen leistungsstarken, mit einfacher Mündungsbremse ausgerüsteten 7,5-cm-Kampfwagenkanone (KwK). Beim Panzer III und Panzer IV wird jetzt die Panzerung verstärkt. Die Sturmgeschütze, bisher vor allem als Unterstützungswaffe der Infanterie eingesetzt, bewähren sich nun bei der Panzerabwehr. Zum Problem wird nur die Wartung und Reparatur der bereits im Einsatz befindlichen Panzer, daher wird im Mai 1942 die Neuproduktion von Fahrzeugen zugunsten der Ersatzteilfertigung eingeschränkt.

Bei der Roten Armee beginnt man ab Mai 1942 mit der Aufstellung von Panzerarmeen, die zuerst aus Panzer- und Schützenverbänden bestehen. Weil die Befehlshaber der Armeen immer mehr Schwierigkeiten bei der Führung der großen Anzahl von Schützendivisionen und Verstärkungstruppenteilen haben, ist es auch notwendig, als Führungsebene wieder Korps zu bilden, die man im Sommer 1941 abgeschafft hat. Die Artilleriereserve des sowjetischen Oberkommandos wird wesentlich verstärkt, vor allem mit den modernisierten 45-mm-Panzerabwehrkanonen und den 7,6-cm-Divisionskanonen 1942 (SIS-3), den berüchtigten Ratsch-Bum-Pak.

Am Sonnabend, dem 5. Mai 1942, geht die sowjetische Südwestfront (Marschall Timoschenko) aus dem Donez-Brückenkopf bei Isjum zu einer Großoffensive über. Ihr Ziel: die Rückeroberung von Charkow.

Am Freitag, dem 8. Mai 1942, beginnt das Unternehmen »Trappenjagd«, die Offensive der deutschen 11. Armee (GenOberst v. Manstein) auf Kertsch. Ihr Ziel: die Zerschlagung der sowjetischen Krimfront (GenLt. Koslow) mit der 44. Armee (GenLt. Tschernjak), der 47. Armee (GenMaj. Kolganow) und der 51. Armee. Zur 11. Armee gehören fünf deutsche Infanteriedivisionen, eine Panzerdivision und drei rumänische Divisionen; sie werden unterstützt vom VIII. Fliegerkorps (GenOberst v. Richthofen).

Das sowjetische Oberkommando (STAWKA) plant im Frühjahr 1942 eine Offensive bei Leningrad, Demjansk, Charkow, Donbas und der Krim, um die dort stehenden deutschen Truppen zu vernichten und den Feind zu hindern, eine Sommeroffensive zu beginnen.

Das Oberkommando des Heeres – nicht mehr in der Lage, eine Offensive an der ganzen Ostfront zu unternehmen – beschränkt sich auf eine Operation im Südabschnitt.

Anfang dieses Monats haben die Sowjets an der Westfront sieben Front-Gruppen und zwei selbständige Armeen. In der Reserve von STAWKA befinden sich einige Armeen, die Stalin als dem Obersten Befehlshaber der sowjetischen Streitkräfte zur Verfügung stehen. Die Deutschen und ihre Verbündeten haben an der Ostfront 178 Infanteriedivisionen, 14 mot. Divisionen, 20 Panzerdivisionen, 4 Kavalleriedivisionen, 15 Infante-

riebrigaden, 2 mot. Brigaden und 3 Kavalleriebrigaden. Die Hauptkräfte beider Gegner stehen nun im Mittelabschnitt, die deutschen Verbände haben die vorgesehenen Umgruppierungen noch nicht beendet.

Am Freitag, dem 15. Mai 1942, werden in frontalem Vorstoß an der Küste hinter der Front tiefgegliederte sowjetische Stellungen durchstoßen, danach wird Kertsch von den Deutschen eingenommen. Die feststellbaren sowjetischen Verluste: 170 000 Gefangene, 3 800 Kraftfahrzeuge, 1 100 Geschütze, 320 Flugzeuge und 250 Panzer. Die Reste der Krim-Front werden von den Sowjets auf die Halbinsel Taman evakuiert. Jetzt kann die deutsche 11. Armee ihre gesamten Kräfte auf Sewastopol konzentrieren.

Für die Verteidigung von Sewastopol stehen der sowjetischen selbständigen Küstenarmee insgesamt sieben Infanteriedivisionen und vier Brigaden zur Verfügung. Ihr gegenüber stehen zehn deutsche Divisionen, unterstützt durch starke Belagerungsartillerie. Einheiten der deutschen Kriegsmarine sollen die Seeverbindung des Hafens Sewastopol abschneiden.

Zwei Tage später, am 17. Mai 1942, beginnt die 1. Panzerarmee (GenOberst v. Kleist) mit der 17. Armee (GenOberst Hoth) ihren Gegenangriff auf die in Richtung Charkow vordringenden Verbände von Marschall Timoschenko.

Am Montag, dem 18. Mai 1942, ist das Unternehmen »Trappenjagd« beendet. Die Masse der sowjetischen Heeresgruppe Krim-Front wird von den Verbänden der deutschen 11. Armee vernichtet. Die sowjetischen Verluste u. a.: 169 198 Gefangene, 1 397 Geschütze und 284 Panzer.

Am Freitag, dem 22. Mai 1942, treffen die von Süden vorstoßenden Panzerspitzen der 1. Panzerarmee im Raum Balakleja die Vorhuten der deutschen 6. Armee (Gen.d.Pz.Tr. Paulus) und schneiden die Angriffsarmeen der sowjetischen Südwestfront ab. Der Befehl zum Rückzug kommt zu spät, und so wird der Kessel am nächsten Tag, dem 23. Mai 1942, geschlossen. Es können sich nur noch einige sowjetische Einheiten zu den eigenen Linien durchschlagen.

In Nordafrika gelingt es den Engländern während der Kampfpause, eine beträchtliche Zahl amerikanischer mittlerer Kampfpanzer M 3 (Grant und Lee), als Lastkraftwagen getarnt und von der deutschen Aufklärung unbemerkt, in die Ghasala-Stellung zu bringen. Ihre langen 7,5-cm-Panzerkanonen sollen neben neuen britischen 5,7-cm-Pak für die Deutschen schon bald eine arge Überraschung bedeuten.

Am Dienstag, dem 26. Mai 1942, beginnt die deutsch-italienische Offensive, das Unternehmen »Theseus«, der Panzerarmee Afrika (GenOberst Rommel) an der Ghasala-Front. Rommels Streitmacht: die Panzerarmee Afrika mit zwei Panzerdivisionen und einer leichten Division zählt 333 Panzer, das italienische XX. Korps mit einer Panzerdivision und einer mot. Division hat 228 Panzer, dazu das italienische X. Korps und das XXI. Korps mit zwei Panzerdivisionen und einer mot. Brigade, sowie das XIII. Korps mit drei mot. Divisionen. Rommel beabsichtigt Tobruk zu nehmen, um über dessen Hafenanlagen die Versorgung seiner Panzerarmee zu erleichtern. Außerdem hofft er noch auf reiche Beute in den riesigen Versorgungsdepots.

Um die Engländer in der Ghasala-Linie zu binden und zum Heranziehen von Verstärkungen zu veranlassen, befiehlt Rommel, dort mit italienischer Infanterie anzugreifen. Herumfahrende Panzer und Lkw wirbeln unterdessen Staub auf, um starke Panzerbereitstellungen vorzutäuschen. Und während italienische Infanterie die Kräfte der Engländer mit Frontalangriffen an der Hauptfront bindet, umfahren Panzer und mot. Verbände in weitem Bogen die Ghasala-Linie an ihrer südlichen, in der offenen Wüste endenden Flanke.

Als am Nachmittag Panzerspähwagen der britischen 7. mot. Brigade die deutschen Marschbewegungen nach Südosten erfassen, zieht die britische Führung die indische 3. mot. Brigade und die 4. Panzerbrigade vor und stellt dahinter die 7. mot. Brigade als Reserve bereit. Nachdem die Umgehung im Süden reibungslos gelungen ist, stoßen die Deutschen beim Eindrehen nach Norden überraschend auf einen Verband neuer US-Panzer. Mit ihren 7,5-cm-Kanonen sind sie selbst dem deutschen Panzer IV gewachsen.

Die Grant-Panzer fügen den im Rücken der Ghasala-Linie angreifenden deutschen Panzerverbänden empfindliche Verluste zu, und als der Kampf beendet ist, gerät die Panzerarmee Afrika an einen britischen Pak-

Die berüchtigte sowjetische Ratsch-Bum:
Divisionskanone 1942 (SIS-3), als Pak bestens bewährt

Sperriegel. Die neu eingeführte britische 6-Pfünder-Pak, die der deutschen 5-cm-Pak etwa gleichwertig ist, verursacht erneut schwere Verluste unter den deutschen Panzern. Rommels Truppen werfen die Engländer zwar bis in den Raum El Adem zurück, doch hier hält sich die britische 4. Panzerbrigade so lange, bis die herbeieilenden britischen Panzerverbände ins Gefecht eingreifen können.

Am Abend des 26. Mai 1942 stößt die deutsch-italienische motorisierte Angriffsgruppe unter Führung von Generaloberst Rommel mit rund 10 000 Fahrzeugen nach Südosten auf das stark befestigte Wüstenfort Bir Hacheim zu. In der Nacht gelingt es zwar einem britischen Aufklärungsflugzeug, die deutschen Marschkolonnen zu entdecken, die Maschine wird aber noch vor dem Absetzen einer Meldung abgeschossen.

Bei Tagesanbruch des 27. Mai 1942 ist Bir Hacheim im Süden umfahren. Nach einer kurzen Versammlung rollen die Verbände ins britische Hinterland. Gegen elf Uhr stoßen Teile der Panzerarmee Afrika am alten Karawanenweg, Trigh el Abd nordostwärts Bir Hacheim auf die britische 4. Panzerbrigade und die indische 3. mot. Brigade mit ihren neuen Grant-Panzern. Es beginnt nun eine für beide Seiten verlustreiche Panzerschlacht.

Am Donnerstag, dem 28. Mai 1942, geht die Kesselschlacht südlich Charkow zu Ende. Der sowjetische Großverband mit der 6. Armee (GenLt. Gorodnjanski), der 57. Armee (GenLt. Podlas) und mit der Masse der 9. Armee (GenMaj. Charitonow), dessen Ziel es ist, Charkow zu befreien, wird vernichtet. Die sowjetischen Verluste: 239 306 Gefangene, 2 026 Geschütze und 1 249 Panzer.

An diesem und am darauffolgenden Tag ist in Nordafrika die Lage für die deutsch-italienische Angriffsgruppe äußerst kritisch: Die Engländer haben die drohende Gefahr erkannt und ziehen nun alle vorhandenen Kräfte zusammen, um die getrennt kämpfenden Teile der Armee Rommels zu vernichten.

Am Sonnabend, dem 30. Mai 1942, tritt die Schlacht an der Ghasala-Linie in eine entscheidende Phase: Mitten zwischen den Minenfeldern der britischen Verteidigungslinie geraten die Deutschen an die bis dahin von der Aufklärung nicht erkannte »Box« (Verteidigungsstellung) der britischen 150. Brigade, die den weiteren Vorstoß der Verbände Rommels aufhält. Die zwischen den Minenfeldern und der Box der 150. Brigade eingeklemmten deutschen Panzer sind fast ohne Treibstoff, Munition und Verpflegung.

Am Montag, dem 1. Juni 1942, fällt nach heftigen Stuka-Angriffen die den Vormarsch sperrende britische Verteidigungsstellung »Box«. Die britischen Verluste: 3 000 Gefangene, 101 zerstörte oder erbeutete Panzer sowie Panzerspähwagen, 124 Geschütze, darunter neue Panzerabwehrkanonen, Kaliber 5,7 cm. Eine Nachschubkolonne mit Verpflegung, Treibstoff und Munition erreicht nun die kämpfenden deutschen Verbände. So ändert sich schlagartig die Lage auf dem Schlachtfeld: Die nach Meinung der Engländer kurz vor dem Zusammenbruch stehenden Angriffsverbände Rommels stoßen jetzt nach Osten in Richtung Ägypten vor.

In der Nacht vom 1./2. Juni 1942 drängt die 90. leichte Infanteriedivision sowie die italienische Division »Trieste« gegen Bir Hacheim, den südlichsten Eckpfeiler der britischen Front, und schließt das Wüstenfort von Osten her ein. Die Aufforderung zur Übergabe wird von dem Kommandeur der französischen 1. Brigade, General König, abgelehnt.

Am Mittag des 2. Juni 1942 treten nun die italienische Division »Trieste« von Norden, die deutsche 90. leichte Infanteriedivision von Süden her gegen das Wüstenfort Bir Hacheim zum Angriff an. Die eingeschlossenen Truppen, vor allem Franzosen und Polen, verteidigen sich hartnäckig. Rommel: »Ich selbst übernahm während dieser Zeit oftmals persönlich die Führung der Angriffsgruppen. Nur selten wurde mir auf dem afrikanischen Kriegsschauplatz ein derart hartes Gefecht geliefert.«

Am Sonntag, dem 7. Juni 1942, beginnt auf der Halbinsel Krim das Unternehmen »Störfang«, der Angriff der 11. Armee (GenOberst v. Manstein) gegen Sewastopol, die stärkste Festung der Welt. Siebeneinhalb deutsche Divisionen und anderthalb rumänische Divisionen, unterstützt durch 24 Werferbatterien, 86 leichte Batterien, 81 schwere und schwerste Batterien, darunter der Mörser Thor, Kaliber 60 cm, sowie das weltgrößte Riesengeschütz Dora (erster und einziger Einsatz), Kaliber 80 cm, Granatengewicht: 7,1 Tonnen. Insgesamt stehen

600 Geschütze an einer 35 Kilometer breiten Front. Sieben Kampfflugzeug-Gruppen, drei Stuka-Gruppen und vier Jagd-Gruppen des VIII. Fliegerkorps (Gen Oberst v. Richthofen) greifen die einzelnen Forts der Festung an.

Am Nachmittag des 10. Juni 1942 gelingt es dem Darmstädter Schützenregiment 115 (Oberst Baade), von Norden her tief in die Verteidigungsanlagen von Bir Hacheim einzudringen. Trotz deutscher Sicherungsmaßnahmen bricht im Schutz der Dunkelheit ein Teil der Besatzung des Forts unter Führung ihres Kommandanten General König nach Westen aus und wird von der britischen 7. mot. Brigade aufgenommen.

Am Morgen des 11. Juni 1942 besetzt die deutsche 90. leichte Infanteriedivision Bir Hacheim und nimmt die zurückgelassenen 500 verwundeten Franzosen und Polen gefangen.
Die Kämpfe in der Wüste verlagern sich nun weiter östlich in den Raum El Adem. Um die »Knightsbridge« genannte Gegend entwickelt sich eine mehrere Tage dauernde Panzerschlacht. Die amerikanischen Grant-Panzer und die britischen 5,7-cm-Pak fügen den Deutschen hohe Verluste zu. Und die Deutschen wiederum schießen mit ihren 8,8-cm-Flak zahlreiche britische Panzer ab. Die zwei britischen Panzerdivisionen werden zerschlagen. Die Entscheidung fällt durch Abnützung und Erschöpfung. Am 13. Juni 1942 räumen die britischen Truppen das Gefechtsfeld.

Am Dienstag, dem 16. Juni 1942, verursachen – obwohl der italienisch-deutsche Vorstoß zum Stehen gebracht ist – erbitterte Kämpfe in der Tiefe der britischen Ghasala-Stellung so schwere Verluste unter den Engländern, daß General Ritchie seiner 8. Armee den Befehl zum Rückzug erteilt. In dieser schweren Situation entschließt sich die britische Führung, den Raum Tobruk zu verteidigen und die Stadt mit Festung durch 30 000 Mann besetzen zu lassen.
Bevor jedoch die Engländer die neue Lage richtig erfassen, wendet Rommel eine List an: Er stoppt plötzlich seine Verbände und läßt sie nach Westen umkehren. Im Eiltempo rollen nun die deutschen motorisierten Verbände zurück, direkt auf das sich in Ruhe wiegende Tobruk. Die verblüfften, vom Kampf an der Ghasala-Linie erschöpften englischen Truppen haben keine Zeit mehr, Verteidigungsmaßnahmen zu treffen.

Am Sonntag, dem 21. Juni 1942, erobern die deutsch-italienischen Truppen aus der Bewegung heraus die Festung Tobruk. Die südafrikanische 2. Division und andere Commonwealth-Einheiten mit insgesamt 32 220 Mann, darunter der Kommandant von Tobruk, Major General Klopper, werden gefangengenommen.

Am Tag darauf, dem 22. Juni 1942, befördert Hitler Erwin Rommel zum Generalfeldmarschall. Inzwischen verfolgt die 90. leichte Infanteriedivision die geschlagenen britischen Verbände über die ägyptische Grenze.

28. Juni 1942, Raum Kursk, erste Stunde der deutschen Sommeroffensive. Deutsche Infanteristen räumen sowjetische Panzerminen. Im Angriff müssen schnell Panzerkräfte herangeführt und an entscheidender Stelle eingesetzt werden. Elastische und wendige Kampfführung basiert auf der Schnelligkeit, mit der Panzerkampfwagen ihre Aufgabe erfüllen können

Nach dem Fall von Tobruk schließt sich ihnen die Masse der freigewordenen deutschen Einheiten an.

Am Dienstag, dem 23. Juni 1942, überschreitet die Panzerarmee Afrika die libysch-ägyptische Grenze. Rommels nächstes Ziel: Innerhalb einer Woche, bis zum 30. 6. 1942, soll Alexandria genommen und das Nildelta sowie Kairo erreicht werden.

Am Donnerstag, dem 25. Juni 1942, wird General Ritchie abgelöst. Wegen der ernsten Lage übernimmt der alliierte Oberste Befehlshaber im Mittleren Osten, General Auchinleck, die Führung der im Kampf gegen die Verbände des Generalfeldmarschalls Rommel stehenden britischen 8. Armee. General Auchinleck entschließt sich für den weiteren Rückzug in den Raum El Alamein, der letzten Verteidigungsstellung vor Alexandria. Die auf 75 Kilometer stark ausgebauten englischen Stellungen bei El Alamein gehen mit ihrem rechten Flügel bis zum Mittelmeer und mit dem linken bis zur ausgedehnten Talsenke El Kattara, für Panzer unpassierbar. Sie zu umgehen ist durch das Fehlen von Verbindungswegen und durch die enormen Entfernungen kaum möglich. Ein anderer Nachteil für die Angreifer:

Die englischen Versorgungslinien sind sehr kurz, während die deutschen Nachschubwege sich ständig verlängern. Die britischen Verbände haben zwar hohe Verluste, sind aber kampfkräftig geblieben, besonders da laufend Verstärkungen eintreffen.

Am Sonntag, dem 28. Juni 1942, um 2.15 Uhr, beginnt an der Ostfront die deutsche Sommeroffensive, Unternehmen »Blau«. Aus dem Raum Kursk tritt die »Armeegruppe v. Weichs« mit der 2. Armee (GenOberst v. Weichs), der 4. Panzerarmee (GenOberst Hoth) und der ungarischen 2. Armee (GenOberst Jany), insgesamt 11 Infanteriedivisionen, 3 Panzerdivisionen, 3 mot. Divisionen und 10 ungarische Divisionen, unterstützt durch das VIII. Fliegerkorps (GenLt. Fiebig) zum Angriff gegen die Brjansker Front (GenLt. Golikow) an. Bereits am Nachmittag werden tiefe Einbrüche in die Stellungen der sowjetischen 13. Armee (GenMaj. Puchow) sowie der 40. Armee (GenLt. Parsegow) erreicht.

Am Montag, dem 29. Juni 1942, erobert in Nordafrika die deutsche 90. leichte Infanteriedivision (Gen. Sümmermann) Marsa Matruh (Ägypten) und nimmt 5 000 Gefangene.

Am Dienstag, dem 30. Juni 1942, greift aus dem Raum südöstlich Belgorod die 6. Armee (Gen.d.Pz.Tr. Paulus) mit 16 Infanteriedivisionen, 2 Panzerdivisionen und 1 mot. Division den Südflügel der Südwestfront (Marschall Timoschenko) an. Mit Unterstützung des IV. Fliegerkorps (Gen.d.Fl. Pflugbeil) werfen die Verbän-

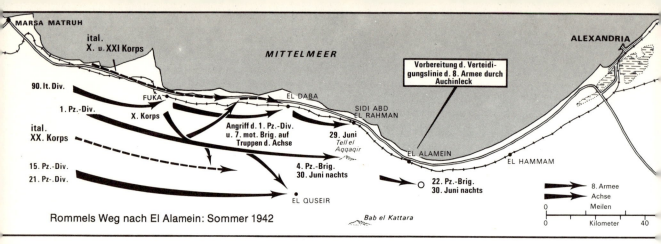

MARSA MATRUH

ital.
X. u. XXI Korps

MITTELMEER

ALEXANDRIA

90. lt. Div.

1. Pz.-Div.

FUKA

X. Korps

EL DABA

SIDI ABD
EL RAHMAN

Vorbereitung d. Verteidi-
gungslinie d. 8. Armee durch
Auchinleck

ital.
XX. Korps

Angriff d. 1. Pz.-Div.
u. 7. mot. Brig. auf
Truppen d. Achse

29. Juni
Tell el
Aqqaqir

EL ALAMEIN

EL HAMMAM

15. Pz.-Div.
21. Pz.-Div.

4. Pz.-Brig.
30. Juni nachts

22. Pz.-Brig.
30. Juni nachts

8. Armee
Achse
Meilen

EL QUSEIR

Rommels Weg nach El Alamein: Sommer 1942

Bab el Kattara

0
0   Kilometer   40

de von General Paulus die sowjetische 21. Armee (Gen-
Maj. Gordow) und die 28. Armee (GenLt. Rjaby-
schew) zurück.

Am gleichen Tag erreicht die Panzerarmee Afrika El
Alamein, etwa 95 Kilometer westlich von Alexandria.
Ein sofortiger Durchbruchsversuch bleibt bei dem sich
versteifenden britischen Widerstand stecken.

Nachdem das Oberkommando des Heeres – um die
Erfahrungen der Schlacht um Moskau reicher – sah,
daß die Zeiten des Blitzkrieges vorbei waren, betrach-
tete es als eine seiner vordringlichsten Aufgaben, die
schnellen Verbände aufzufüllen und kampffähig zu machen. Die zurückgewonnene Schlagkraft der 9 Panzer-
und 7 mot. Infanteriedivisionen, die an der Sommeroffensive 1942 teilnahmen, ermöglichte die Vorstöße in
den Kaukasus und bis zum Wolga-Knie bei Stalingrad.
Diese 9 Panzerdivisionen hatten jetzt weitere Grena-
dier-, Artillerie- und Pioniereinheiten mechanisiert. Sie
wurden mit Schützenpanzern, Selbstfahrlafetten und
Sturmgeschützen ausgerüstet. Und die 7 mot. Infanteriedivisionen bekamen eine Panzerabteilung sowie
Selbstfahrlafetten und Sturmgeschütze. Mit rund 50
Panzern erreichten sie eine Stärke von etwa einem
Drittel des Panzerbestandes einer aufgefrischten normalen Panzerdivision. Die motorisierte Infanteriedivision zählte nun fast ebenso viele Panzer wie eine nicht
an der Sommeroffensive 1942 teilnehmende Panzerdivision, die zur Zeit in der Regel nur noch eine Panzerabteilung besaß.

Weil Hitler der irrigen Annahme war, die Rote Armee
sei in kurzer Zeit zu schlagen, hielt er es bis zum
Frühjahr 1942 nicht für notwendig, sich um neue Modelle zu interessieren. Und so blieb außer ständigen
Veränderungen an den Panzern P III und P IV – meistens
an ihrer Panzerung und Bewaffnung – alles beim alten.
Da die Prioritäten ständig wechselten, geriet die deutsche Panzerfertigung in eine gefährliche Krise. Es gab
keine klaren Richtlinien, ob der Panzer- oder Sturmge-
schützproduktion Vorrang gegeben werden sollte. Die
Panzerdivisionen verlangten zwar ständig nach stärkerer Panzerung und besseren Geschützen, aber selbst das
gewünschte Produktionsverhältnis zwischen der Panzer-
Neuproduktion und der Fertigung von Ersatzteilen hatte man immer noch nicht geklärt. Ließ das OKH eine
Verbesserung an einem Panzertyp einführen, wurde
sofort versucht, alle im Einsatz befindlichen Kampfwa-

gen des betreffenden Typs möglichst schnell auf den
verbesserten Stand nachzurüsten. Erst nachdem Albert
Speer im Februar 1942 Reichsminister für Rüstung und
Kriegsproduktion wurde, trat eine merkliche Verbesserung in der Panzerproduktion ein. Speer verstand es wie
kein anderer trotz der ständigen Einmischung Hitlers, die
deutsche Rüstungsproduktion sprunghaft zu steigern.

Trotz allem war die deutsche Front im Osten an vielen
Stellen mehr als dünn besetzt. So gab es im Juni 1942
bei der Heeresgruppe Mitte Durchschnittsbreiten einer
Division von 30 bis 60 Kilometer. Mit wachsender Sorge
erfüllte allmählich die deutschen Panzerführer das
Treibstoffproblem. Ohne ausreichende Treibstoff- und
Ölvorräte war der Krieg für das Deutsche Reich verloren, darüber ließ Hitler seine Generäle nicht im Zweifel. Und um diese Erdölvorräte zu sichern, sollte die
Wehrmacht während der Sommeroffensive 1942 mit
einem gewaltigen Marsch in die sowjetischen Förder-
zentren bei Maikop und Batum vordringen.

In den USA war man nun nach den traurigen Erfahrungen des ersten Halbjahres 1942 – Japan stand auf dem
Höhepunkt seiner Macht – darauf bedacht, bei der
Gliederung von Panzerverbänden für die verschiedensten Aufgaben Kampfgruppen gemischter Waffen und
unterschiedlicher Stärke zu bilden. Nach der seit dem
Sommer 1942 gültigen Gliederung bestand eine US-
Panzerdivision aus 2 Panzerregimentern mit je 1 leichten Bataillon und 1 mittleren Bataillon, 1 Panzergrena-
dierregiment mit 3 Bataillonen, 3 Panzerartilleriebatail-
lonen mit Panzerhaubitzen, Kaliber 10,5 cm, sowie den
üblichen Divisionstruppen.

Der Roten Armee war nach dem Auslaufen der Winteroffensive vor Moskau im Frühjahr 1942 kaum ein größerer Erfolg beschieden. Und die bis Mai 1942 im
Raum Charkow geführten Abwehrkämpfe brachten den
deutschen Panzerverbänden Erfolge und den Sowjets
enorme Menschen- und Materialverluste. Zu dieser
Zeit wurden 3 sowjetische Panzerkorps mit 2 Panzerbrigaden und 1 mot. Schützenbrigade aufgestellt. Weil bei
dieser Gliederung fast keine Truppenteile für die Ge-
fechtssicherung vorhanden waren, sollten die bereits ab
September 1941 aufgestellten mechanisierten Korps aus
1 Panzerbrigade, 3 mechanisierten Brigaden, 1 Flakre-
giment und 1 Panzerabwehrartillerieregiment bestehen.
Im Vergleich zum Panzerkorps hatte das mechanisierte
Korps mehr Schützentruppen.

1942

Juli – Dezember

Bezeichnung der deutschen Schützen-Regimenter
Die Schützen-Regimenter der Panzer-Divisionen werden mit sofortiger Wirkung umbenannt in Panzergrenadier-Regimenter.
Die Angehörigen der Pz. Gren. Rgt. in den Mannschaftsgraden erhalten die Bezeichnung Panzergrenadier bzw. Panzerobergrenadier.
Die Schützenbrigaden der Pz. Div. erhalten die Bezeichnung
Panzergrenadier-Brigaden.
Oberkommando des Heeres, 5. 7. 1942

Einsatz von US-Panzern

Dienstag, 7. Juli 1942, Washington
Das *Kriegsministerium* teilt mit:
US-Panzer mit amerikanischen Mannschaften nahmen zum erstenmal am 11. und 12. Juni an den Kämpfen in Nordafrika teil. Sie bilden eine Vorhut der seit mehreren Wochen in Nordafrika befindlichen Beobachtungsmannschaften der amerikanischen Panzerwaffe. Die eingesetzten Panzer standen unter dem Befehl von General Stelling.

Tagesparole des Reichspressechefs
7. Juli 1942:
In Berichten (PK-Berichten) und Meldungen über den Ostfeldzug darf auf keinen Fall von Inbesitznahme unversehrter Brücken gesprochen werden.

Geheimer Bericht des *Sicherheitsdienstes der SS*
zur innenpolitischen Lage:
Nr. 298 vom 9. Juli 1942 (Auszug)
Die beiden Sondermeldungen vom 7. 7. 1942 haben überall größte Freude ausgelöst und das Interesse weiterer Kreise auf das militärische Geschehen gelenkt. Vor allem bei dem männlichen Teil der Bevölkerung haben die neuen stolzen Erfolge der deutschen Kriegsführung zu einer weiteren Vertiefung der bereits durch den Siegeszug Rommels in Nordafrika und den Fall Sewastopols angebahnten aufgelockerteren und zuversichtlicheren Stimmung geführt, während bei den Frauen noch immer die Sorgen und Nöte des Alltags – insbesondere die anhaltenden Ernährungsschwierigkeiten – vorherrschen.
Die Einnahme von Woronesch und die Überschreitung des Don fanden ebenfalls starke Beachtung und wurden zumeist als Bestätigung dafür angesehen, daß die deutsche Offensive nunmehr ins Rollen gekommen und das Gesetz des Handelns jetzt ausschließlich wieder in deutsche Hand übergegangen sei.
Mit einer gewissen Besorgnis werden inzwischen die Ereignisse auf dem nordafrikanischen Kriegsschauplatz verfolgt. Durch den bisherigen Siegeszug Rommels verwöhnt, hatte man sich nach dem gemeldeten erfolgreichen Durchbruch durch die El-Alamein-Stellung der Hoffnung hingegeben, daß Alexandria in wenigen Tagen fallen werde.

Tagesparole des Reichspressechefs
Montag, 13. Juli 1942:
Es wird noch einmal schärfstens darauf hingewiesen, daß in militärischen Meldungen und Berichten keinesfalls Angaben über unzerstört von uns erbeutete Waffen und sonstige Vorräte . . . usw. enthalten sein dürfen.

Neuer Vorstoß Rommels
Donnerstag, 16. Juli 1942, Kairo
Aus dem *Hauptquartier der britischen 8. Armee:*
Der vierte Angriff Rommels gegen die britischen Stellungen von Tel-el-Eisa und bis zur Küste hat gestern abend begonnen.

Freitag, 17. Juli 1942
Das *Oberkommando der Wehrmacht* gibt bekannt:
Im Südabschnitt der Ostfront verfolgen schnelle Verbände östlich des Donez den Feind in Richtung auf den unteren Don. Die Eisenbahnlinie vom Donezgebiet nach Stalingrad ist überschritten. Zwischen den schnellen Verbänden im Rücken und in der tiefen Flanke des Feindes und den frontal nachdrängenden Infanterieverbänden befinden sich zahlreiche feindliche Divisionen, die stark vermischt und vielfach versprengt, nach Osten auszubrechen versuchen.

Sender Beromünster (Schweiz)

17. Juli 1942:

Das sensationelle Zwischenspiel auf dem nordafrikanischen Kriegsschauplatz hat eine Unterbrechung erfahren, seitdem es den Briten und Amerikanern bei El Alamein unter Auchinlecks Führung gelungen ist, dem unaufhaltsam scheinenden Vormarsch der Panzertruppen Rommels einen wirksamen Widerstand entgegenzusetzen. Nachdem sich der Durchbruch durch die El-Alamein-Stellung für die schwer strapazierten Truppen und Panzer Rommels als zunächst undurchführbar erwiesen hatte, entschloß sich der Feldmarschall zu einer Ruhepause, aus der jedoch keine Schlüsse auf seine weiteren Absichten abgeleitet werden dürfen. Auf alliierter Seite wurde offenbar eine Reorganisation der Truppen und ein Ausbau der Stellungen vorgenommen, ehe Auchinleck zu lokal begrenzten Gegenstößen gegen die italienischen und deutschen Stellungen überging. Nunmehr ist wieder eine größere Panzerschlacht zwischen den Achsenstreitkräften und den alliierten Truppen in der nordafrikanischen Wüste entbrannt . . .
Von viel größerer Bedeutung als die Kämpfe im Mittelmeersektor sind jedoch die Operationen an der Ostfront. Die deutsche Sommeroffensive, die vor drei Wochen von der Heeresgruppe von Bock auf einer zuerst schmalen, sich mittlerweile verbreiternden Front zwischen Charkow und Kursk ausgelöst worden ist, steht in voller Entwicklung und hat zu außerordentlich schweren und blutigen Kämpfen geführt.

Tagesparole des Reichspressechefs
Sonntag, 19. Juli 1942:

Der Minister bittet, die Berichterstattung über die Ostfront in der deutschen Presse und im Rundfunk zu bremsen. Er bezieht sich hierbei besonders auf einen Artikel in der ›DAZ‹ vom 18. ds. Mts., in dem von den weitreichenden Folgen der russischen Niederlage gesprochen wird. Der Minister führt dabei aus, daß schon einmal im Herbst v. J. von dem Zusammenbruch der russischen Armeen gesprochen wurde, ohne daß er eintrat.
Die Meldung von der Absetzung Timoschenkos, die von einer türkischen Nachrichten-Agentur gebracht wurde, dürfe nicht aufgegriffen werden, da wir Timoschenko schon verschiedentlich im vergangenen Jahre abgesetzt hatten. Man solle eine amtliche Meldung der Russen abwarten.

Kredite für eine Geheimwaffe
Donnerstag, 23. Juli 1942, Washington
United Press berichtet:

Das Repräsentantenhaus nahm eine Vorlage an und leitete sie an den Senat weiter, durch die 974 Millionen Dollar bewilligt werden. Davon ist der größte Teil des Betrages für eine »Geheimwaffe« bestimmt, die, wie der Präsident der Marinekommission des Repräsentan-

Juli 1942, östlich des Donez: Deutsche Panzerkampfwagen III einer deutschen Vorausabteilung

tenhauses, Binson, erklärte, so streng geheimgehalten werde, daß sie nicht einmal den Mitgliedern der Marinekommission bekanntgegeben werde.

Tagesparole des Reichspressechefs
Sonnabend, 25. Juli 1942:
Die Abhaltung einer Kommunistenkundgebung am Londoner Trafalgar-Square mit der Forderung nach der Errichtung einer zweiten Front ist als Komintern-Druck auf England gut zu beachten.

Appell an die sowjetische Nation
25. Juli 1942, Moskau
Die *Agentur TASS* meldet:
Ein leidenschaftlicher Appell wurde am Freitag nachmittag vom Sender Moskau gesendet: »Das Vaterland ist in Gefahr. Der Feind hat alle seine Reserven eingesetzt, um tiefer in unser Land einzudringen. Wir rufen alle Patrioten auf, den Feind zum Stehen zu bringen und mit ihren Leibern einen unüberwindlichen Wall zu bilden. Männer und Frauen der Roten Armee, reißt alle Kräfte zusammen, um zu verhindern, daß der Gegner in den nördlichen Kaukasus einbricht.«

Tagesparole des Reichspressechefs
Donnerstag, 30. Juli 1942:
Es wird erneut daran erinnert, daß in PK-Berichten, Meldungen usw. über Brücken, Munitions- und Betriebsstofflager, Getreidebeute und dergl. Vorräte, die unversehrt in unsere Hände gefallen sind, keinerlei Angaben gemacht werden dürfen. Die Schriftleitungen sind dafür verantwortlich, daß auch aus von der Zensur freigegebenen Veröffentlichungen solche Angaben gestrichen werden.

Geheimer Bericht des *Sicherheitsdienstes der SS* zur innenpolitischen Lage:
Nr. 304 vom 30. Juli 1942 (Auszug)
I. Allgemeines: Nur ein Teil der Bevölkerung nimmt größeren Anteil am militärischen Geschehen und läßt sich – vor allem durch die Erfolge im Süden der Ostfront – nachhaltiger beeindrucken . . . Aus den Meldungen von der Überschreitung des Don in breiter Front und von der Einnahme der Städte Nowotscherkask und Bataisk schließen andere Volksgenossen auf einen weiterhin günstigen und planmäßigen Verlauf der Kampfhandlungen im Süden und vermuten, daß die deutsche Kriegsführung nach Abriegelung des Kaukasus bis zur Wolga vorstoßen, an deren für eine Verteidigung besonders geeigneten westlichen Ufer Halt machen und nach Durchführung entsprechender Operationen im Norden und in der Mitte der Ostfront einen Ostwall von Astrachan bis Archangelsk erbauen lassen werde. Mit der Erreichung dieses Zieles finde dann der Ostfeldzug einen vorläufigen Abschluß.

Sender Beromünster (Schweiz)

Freitag, 31. Juli 1942:
Die militärischen Ereignisse in Südrußland lassen erkennen, daß das deutsche Oberkommando mit dem größten Einsatz an Mannschaft und Material und mit einer sich steigernden Stoßkraft seine strategischen Ziele zu erreichen strebt.

Tagesparole des Reichspressechefs
Donnerstag, 6. August 1942:
Die derzeitigen Operationen im Südabschnitt der Ostfront werden, unbeschadet einer gewissen Zurückhaltung in der augenblicklichen Berichterstattung, durch einen sehr günstigen Verlauf unserer Operationen in wichtigen Abschnitten südlich des Don charakterisiert.

W. Churchill an den Ersten Seelord
Sonntag, 9. August 1942:
Ich bin außerordentlich enttäuscht, daß die »Shermans« nicht vor dem 5. September eintreffen können. Den ganzen gestrigen Tag inspizierte ich vier Brigaden unserer besten Panzertruppen, die nur auf diese Waffe warten, um die schlagkräftigste Panzertruppe Afrikas zu werden.

Landung bei Dieppe
Donnerstag, 20. August 1942
Das *Oberkommando der Wehrmacht* gibt bekannt:
Wie durch Sondermeldung bekanntgegeben, wurde am gestrigen Tage eine Landung englischer, amerikanischer, kanadischer und de-Gaulle-Truppen auf 25 km Breite gegen die französische Kanalküste bei Dieppe, die unter dem Schutz starker See- und Luftstreitkräfte und unter Einsatz von Panzern geführt wurde, durch die im Küstenschutz eingesetzten deutschen Kräfte unter hohen blutigen Verlusten für den Feind abgeschlagen . . .

20. August 1942, London
Das *»Combined Operations«-Hauptquartier* gibt bekannt:
Ungeachtet unserer Erklärung über den Handstreich von Dieppe, die am Mittwoch um 6.15 Uhr über BBC an die Franzosen gerichtet wurde, behauptet die deutsche Propaganda, daß der Handstreich ein Invasionsversuch gewesen sei, den die Deutschen vereitelt hätten. In Wirklichkeit begann die Wiedereinschiffung der meisten Streitkräfte sechs Minuten früher als vorgesehen war und ging neun Stunden nach der ersten Landung planmäßig zu Ende.

Freitag, 21. August 1942
Die *Agentur Reuter* meldet:
Unser Korrespondent, der sich mit einer Panzereinheit auf einem der Schiffe befand, berichtet, daß diese neuartigen Landungsboote Panzer befördern, sich fast lautlos bewegen und einem Panzerwagen ähnlich gebaut sind. »Die Besatzungen der Panzer schliefen ruhig in ihren Hängematten und wurden erst 15 Minuten, bevor wir auf der Höhe von Dieppe waren, für den Einsatz geweckt. Unser Boot hatte die Nummer 13, und von ihm aus sollte die dritte Panzerwelle eingesetzt werden, die nach einer Stunde in Aktion zu treten hatte.

Die Landungen am Strand von Dieppe selbst waren durch ein schweres Bombardement britischer Flotteneinheiten vorbereitet worden. Die Laderampen der Landungsboote wurden erst heruntergelassen, nachdem zahlreiche deutsche Befestigungsanlagen in Brand geschossen worden waren. Über den Strand, wo noch vor wenigen Jahren ein fröhliches Badeleben herrschte, rollten nun die Panzerwagen der Stadt zu. Als wir die Rückfahrt antraten, war die Küste durch Rauch kaum sichtbar . . . Funksprüche zeugten vom Schneid der Panzerbesatzungen, die blutige Gefechte durchstanden und die wußten, daß es für sie kein Zurück mehr gab. Während die französische Küste tiefer und tiefer hinter der Horizontlinie versank, hören wir noch immer im Funkraum, wie die Kanadier unter Hingabe ihres Lebens kämpfen.«

Die Wolga bei Stalingrad erreicht

Lagebericht, *Oberkommando des Heeres*,
Montag, 24. August 1942:
Heeresgruppe B: Die von Süden auf Stalingrad vorstoßende 4. Panzerarmee wehrte auf rechtem Flügel feindliche Angriffe ab und erreichte mit nach Nordwesten vorstoßenden Teilen die Bahnlinie beiderseits Bahnhof Tinguta. 6. Armee: stieß mit 16. Panzerdivision über die Bahn Stalingrad–Prolowo nach Südwesten vor, überschritt die Straße Stalingrad–Dukowka und erreichte am 23. 8. um 17 Uhr die Wolga.

Geheimer Bericht des *Sicherheitsdienstes der SS*
zur innenpolitischen Lage:
Nr. 311 vom 24. August 1942 (Auszug)
I. Allgemeines: Mit zunehmender Aufmerksamkeit, vielfach aus dem Gefühl einer gewissen Besorgnis heraus, wird die Entwicklung im mittleren und nördlichen Frontabschnitt verfolgt, da noch immer keine Anzeichen dafür vorlägen, daß die bolschewistische Widerstandskraft nachlasse. Aus den täglich gemeldeten, unter dem Einsatz schwerster Waffen vorgetragenen sowjetischen Angriffen an diesem Frontabschnitt und aus

den jetzt veröffentlichten Ergebnissen der Abwehrschlacht bei Rshew, insbesondere der gemeldeten Vernichtung von 1 068 Panzerkampfwagen, glauben verschiedentlich Volksgenossen wieder den Schluß ziehen zu müssen, daß die Sowjets noch immer über entsprechende Reserven an Kriegsmaterial verfügen.

Tagesparole des Reichspressechefs
Donnerstag, 3. September 1942:
Angesichts des günstigen Verlaufs der Operationen auf Stalingrad wird den Blättern empfohlen, Material über die enorme wirtschaftliche und militärische Bedeutung dieses Bollwerks des Kommunismus und Zentrum der Sowjetindustrie bereitzuhalten.

Geheimer Bericht des *Sicherheitsdienstes der SS*
zur innenpolitischen Lage:
Nr. 314 vom 3. September 1942 (Auszug)
I. Allgemeines: Infolge Ausbleibens größerer Erfolgsmeldungen vom Süden der Ostfront – mit Ausnahme der wenig beachteten Einnahme von Anapa am Schwarzen Meer – hat das unmittelbare Interesse der Bevölkerung am gegenwärtigen Kampfgeschehen nachgelassen. Auf Grund der Heftigkeit der Kämpfe um Stalingrad beginnt man bereits Vergleiche mit dem harten Ringen um Sewastopol zu ziehen und gedenkt in banger Sorge der hohen Blutopfer, die die Eroberung dieser militärisch und wirtschaftlich wichtigen Stadt noch kosten werde.

Sender Beromünster (Schweiz)

Freitag, 4. September 1942:
Der Kampf in Südrußland wird deshalb geführt, um möglichst die russische Kaukasusarmee – und damit auch die südlich daran anschließende, in Irak und Iran stehende britische Armee Wilson – völlig von ihrer Verbindung mit der übrigen russischen Front abzuschneiden. Diese Frage wird sich aber bei Stalingrad und längs des Unterlaufs der Wolga entscheiden. Die mit ungeheurem Einsatz und Erbitterung geführte Schlacht um Stalingrad, die auch von deutscher Seite als die härteste des ganzen Ostfeldzugs geschildert wird, steht nun in der sechsten Woche.

Sonderabzeichen für das Niederkämpfen von Panzerkampfwagen usw. durch Einzelkämpfer.
– H. V. Bl. 1942 Teil B Nr.190 –
Die Bestimmung der Bezugsverfügung, Ziff. 2 letzter Absatz, wonach für jeden vernichteten Panzerkampfwagen je ein Sonderabzeichen verliehen wird, ist in einzelnen Fällen irrtümlich ausgelegt worden.
Sinn der Bestimmung ist, daß der Einzelkämpfer für jeden vernichteten Panzerkampfwagen ein Abzeichen erhält. Haben z. B. aus einem Panzervernichtungstrupp zwei Soldaten als Einzelkämpfer entscheidend zur Vernichtung eines Panzerkampfwagens beigetragen, so können beide Soldaten je ein Abzeichen erhalten.
OKH (Ch H Rüst u. BdE), 5. 9. 1942

Linke Seite: 19. August 1942, Dieppe, Kanalküste: Zerschossene britische Infanteriepanzer A 22 Churchill

Rechts: Ostfront 1942: 7,5-cm-Sturmgeschütz 40 Ausführung F

Mittwoch, 9. September 1942
Das *Oberkommando der Wehrmacht* gibt bekannt:
Im Festungsgebiet von Stalingrad durchbrachen Panzertruppen zäh verteidigte Stellungen des Feindes und nahmen in erbitterten Kämpfen unmittelbar westlich Stalingrad gelegene beherrschende Höhen. Bei Nacht wurden das Stadtgebiet sowie sowjetische Flugplätze ostwärts der Wolga bombardiert.

Sender Beromünster (Schweiz)

Freitag, 11. September 1942:
Der Brennpunkt der Kämpfe befindet sich zweifellos an der verhältnismäßig kleinen, in einem Halbkreis um die Stadt Stalingrad, westlich der Wolga sich hinziehenden Front . . . Die Russen nennen Stalingrad das »Rote Verdun« . . . Die Schlacht um Stalingrad steht nun in der siebten Woche – sie dauert also bereits länger als der ganze deutsche Feldzug in Holland, Belgien und Frankreich vor zwei Jahren. Das zeigt auch, daß der Krieg wiederum die Formen der großen Materialschlachten und der Zermürbungsstrategie angenommen hat – was ja auch bei Verdun der Fall war.

W. Churchill an den Rüstungsminister
Sonntag, 13. September 1942:
Die Prognose für unsere eigene Panzerproduktion sieht sehr übel aus. Nicht einmal im 4. Quartal 1943 werden wir auf 1 000 Stück monatlich kommen. Legen Sie mir bitte zum Vergleich eine Tabelle vor, aus der ersichtlich ist, mit wieviel Stück wir im gleichen Zeitraum aus Amerika rechnen können.

Tagesparole des Reichspressechefs
Dienstag, 15. September 1942:
Das Ringen um Stalingrad nähert sich seinem erfolgreichen Ende. Wichtige Meldungen des OKW über die bis jetzt erzielten Erfolge sind im Laufe des heutigen oder morgigen Tages zu erwarten. Die deutsche Presse wird sich darauf vorzubereiten haben, die siegreiche Entscheidung dieses so großen Kampfes um die Stadt Stalins in wirkungsvollster Weise – gegebenenfalls durch die Ausgabe von Extrablättern – zu würdigen. Das den Schriftleitungen bereits vorliegende Material über die Bedeutung des Falles von Stalingrad ist zu bearbeiten und druckbereit zu halten.

W. Churchill an Brigadegeneral Hollis
Freitag, 18. September 1942:
Ich hätte gern von den zwei bis drei Divisionen, denen die meisten »Churchill«-Panzer zugeteilt sind, einen Bericht. Geben Sie nicht bekannt, daß der Bericht für mich ist; ich will nur wissen, wie die Truppe diesen Panzer einschätzt.

Sender Beromünster (Schweiz)

Freitag, 25. September 1942:
. . . Die Russen haben nie ein Hehl daraus gemacht, wie furchtbar schwer die Last ist, die sie in diesem Feldzug zu tragen haben. Die russischen Angaben über eigene Mannschafts- und Materialverluste sind immer sehr hoch, und es ist wahrscheinlich, daß auf die Dauer bei den Russen die Materialknappheit sehr ernste Probleme stellen wird. Daraus erklärt sich, warum die beiden kriegführenden Parteien der Frage der Versorgung Rußlands mit amerikanischem und englischem Material eine so große Bedeutung beimessen . . . Bekanntlich ist aber die Lieferung von Kriegsmaterial nicht die einzige Hilfe, die die Russen von ihren Verbündeten fordern. Zu wiederholten Malen und öffentlich verlangten die Russen die Schaffung einer »zweiten Front« in Westeuropa zur Entlastung der russischen Armee.

Der Minister ordnet an, besonders hervorzuheben, daß die Generäle »Winter, Kälte, Zeit, Hunger usw.« Deutschland nicht mehr schaden, vielmehr für Deutschland arbeiten.

Tagesparole des Reichspressechefs
Mittwoch, 14. Oktober 1942:

Der Minister sperrt das Thema Winterausrüstung der deutschen Wehrmacht für die deutsche Presse und den Rundfunk. Es sollen damit die Pannen vermieden werden, die sich im letzten Jahr ergeben haben, als in Wochenschau und Presse von der guten Winterkleidung der Wehrmacht gesprochen wurde, während tatsächlich fast nichts vorbereitet worden war.

Sender Beromünster (Schweiz)

Freitag, 16. Oktober 1942:

. . . Was die Art der Kriegführung betrifft, so hat sich aus dem langen Ringen und den harten Erfahrungen eine gewisse Angleichung der Technik, der Methoden und der Taktik zwischen den gegnerischen Armeen ergeben. Deutschland hatte beim Beginn des Krieges seine blitzartigen Erfolge auf den Schlachtfeldern einer ganz bestimmten neuen Art der Ausrüstung und Ausbildung der Truppen und einer neuartigen taktischen Verwendung dieser Truppen und ihres modernen Materials zu verdanken. Nun ist es eine bekannte Regel der Kriegsgeschichte, daß der unterliegende Teil im Kriege stets vom erfolgreichen Gegner lernt, wenn er dazu die Zeit und die Energie hat. Eine andere Regel der Kriegsgeschichte ist, daß stets gegen neue Offensivwaffen – mit einiger Verspätung – neue Defensivwaffen erfunden werden, und daß immer gegen eine neuartige Offensivtaktik eine neue Defensivtaktik zur Anwendung kommt. So nützt sich allmählich der Vorteil, den der Besitzer der modernen Offensivwaffen und Offensivmethoden, überhaupt der neuen oder überraschenden Mittel der Kriegführung innehatte, ab. Sein Gegner, wenn er nicht verzagt ist und sich nicht geschlagen erklärt, eignet sich nun seinerseits diese neuen Mittel der Kriegführung an und richtet seine Militärorganisation und die Ausbildung der Kader und der Mannschaften entsprechend ein . . .
Es ist ebenfalls eine längst überwundene Auffassung, daß der Krieg mit der wirtschaftlichen Waffe allein gewonnen werden könne. Aus der Kriegspropaganda der Alliierten ist seit langem das Thema verschwunden, mit dem einst behauptet wurde, die Deutschen könnten eines Tages den Krieg wegen Mangels an Treibstoff nicht weiterführen . . .
Es ist jedenfalls bemerkenswert, daß unter dem Zwang des Krieges gewisse traditionelle Einrichtungen aufgegeben werden müssen: in Deutschland die Tradition des bildungsmäßig und sozial geschlossenen Offiziersstandes durch Aufnahme neuer Elemente; in Rußland die revolutionäre Tradition des politischen Kommissars, der seit 25 Jahren in der Roten Armee eine so wichtige,

für die staatsbürgerliche Ausbildung der Truppe ausschlaggebende und für die Truppenkommandanten zweifellos oft hinderliche, wenn nicht gefährliche Rolle gespielt hat.

Sonnabend, 17. Oktober 1942
Das *Sowinformbüro* teilt mit:
Angesichts des ungeheuren deutschen Drucks hat sich unsere Armee genötigt gesehen, im nordwestlichen Teil von Stalingrad eine weitere Rückzugsbewegung durchzuführen – die vierte in 48 Stunden. Immerhin müssen die Faschisten, wie von der Front gemeldet wird, ihre verhältnismäßig geringen Bodengewinne überaus teuer bezahlen. An zuständiger Stelle wird darauf hingewiesen, daß die Rückzugsbewegungen in völliger Ordnung erfolgen und in bezug auf das Terrain nur gering seien. Mit Nachdruck wird weiter erklärt, daß die deutschen Truppen an keinem Punkte ihr Ziel – den Durchbruch zur Wolga – erreichen konnten.

Tagesparole des Reichspressechefs
Dienstag, 20. Oktober 1942:
An der Ostfront ist an einigen Stellen bereits der Winter eingebrochen. Zum Thema »Winter« wird vorläufig Stillschweigen bewahrt, solange nicht der OKW-Bericht eine offizielle Verlautbarung herausgibt.

Geheimer Bericht des *Sicherheitsdienstes der SS* zur innenpolitischen Lage:
Nr. 328 vom 22. Oktober 1942 (Auszug)
I. Allgemeines: Die Nachricht über die einsetzende Schlechtwetterlage an der Ostfront gab vielen Volksge-

Ostfront 1942: Leichter Schützenpanzerwagen (Sd Kfz 250) einer deutschen Infanteriedivision

nossen Veranlassung, die militärische und politische Lage zu Beginn dieses Winters mit der Lage zum gleichen Zeitpunkt im Vorjahr zu vergleichen.

Die überaus starken und wiederholten Offensiven der Russen im mittleren und nördlichen Abschnitt haben allgemein die Überzeugung gefestigt, daß Rußland immer noch gewaltige Menschenmaterial-Reserven heranzuführen in der Lage ist. Der Kampf an der Ostfront sei zu einem großen Teil im Stellungskrieg erstarrt, und Stalingrad insbesondere habe sich zu einem zweiten Verdun entwickelt. Ähnlich festgefahren sei offenbar die Lage an der nordafrikanischen Front.

Sender Beromünster (Schweiz)

Freitag, 23. Oktober 1942
. . . Da die endgültige Besetzung Stalingrads von Hitler in seiner Sportpalastrede bestimmt in Aussicht gestellt wurde, ist es verständlich, daß – gerade vor acht Tagen – ein erneuter, mit größter Macht unternommener Sturm der Belagerer auf die Trümmer der großen Industriestadt eingesetzt hat. In Berlin wies man auf die Bedeutung dieser als letzte Phase des Kampfes um Stalingrad gedachte Bestürmung der Industriewerke im Norden der Stadt hin; in Moskau erklärte letzten Montag der Radiosender, im Kampf um Stalingrad habe die entscheidende Phase begonnen; die Lage habe sich verschlimmert, wenn auch der Feind noch keinen ausschlaggebenden Erfolg erzielt habe.

Montag, 2. November 1942, Kairo
Aus dem *Hauptquartier der britischen 8. Armee*:
Die zweite Phase der Schlacht von El Alamein hat begonnen. Die Schlacht entwickelte sich unweit der Küste gegen die am stärksten ausgebauten Verteidigungsstellungen der Achsenmächte. Die Kämpfe finden jetzt mitten in den Dünen statt, die bis anderthalb Kilometer breit sind. Jede dieser Dünen verläuft parallel zur Küstenstraße und zur Eisenbahn, die sich etwa einen halben Kilometer nördlich der Straße hinzieht. Das schwer zu überblickende Küstengebiet enthält viele hundert kleine, sehr starke Stützpunkte, die von den Pionieren der Achsenstreitkräfte in den letzten Monaten zu einem »Westwall der Wüste« vereinigt wurden.

Dienstag, 3. November 1942, Moskau
Die *Agentur TASS* meldet:
Nach einer neuen Verordnung werden künftig alle Arbeiter, die eigenmächtig ihre Arbeitsplätze verlassen, nicht rechtzeitig zur Arbeit erscheinen oder nachlässig arbeiten, auf Grund der bereits in den Jahren 1940 und 1941 vom Obersten Sowjet der Sowjetunion erlassenen Gesetze als Kriminelle betrachtet und verurteilt.

Aus den Aufzeichnungen
von *Generalfeldmarschall Rommel*
3. November 1942
. . . . .
Um die Mittagszeit kehrte ich zu meinem Gefechtsstand zurück. Auf dem Rückweg konnten wir gerade noch in

September 1942, bei einer sowjetischen Panzerbrigade: Improvisiertes Auftreten einer Volkssängerin

rasender Fahrt einem Bombenteppich ausweichen, der von 18 britischen Maschinen gelegt wurde. Um 13.30 Uhr traf ein Führerbefehl ein, der folgendermaßen lautete:
An GFM Rommel
Mit mir verfolgt das deutsche Volk in gläubigem Vertrauen auf Ihre Führerpersönlichkeit und auf die Tapferkeit der Ihnen unterstellten deutsch-italienischen Truppen den heldenhaften Abwehrkampf in Ägypten. In der Lage, in der Sie sich befinden, kann es keinen anderen Gedanken geben als auszuharren, keinen Schritt zu weichen und jede Waffe und jeden Kämpfer, die noch freigemacht werden können, in die Schlacht zu werfen. Beträchtliche Verstärkungen an fliegenden Verbänden werden in diesen Tagen dem Oberfehlshaber Süd zugeführt werden. Auch der Duce und das Comando Supremo werden die äußersten Anstrengungen unternehmen, um Ihnen die Mittel zur Fortführung des Kampfes zuzuführen. Trotz seiner Überlegenheit wird auch der Feind am Ende seiner Kraft sein. Es wäre nicht das erste Mal in der Geschichte, daß der stärkere Wille über die stärkeren Bataillone des Feindes triumphierte. Ihrer Truppe aber können Sie keinen anderen Weg zeigen als den zum Sieg oder zum Tode.
. . . . .   *Adolf Hitler*

Die deutsch-italienische Armee auf dem Rückzug
Donnerstag, 5. November 1942, Kairo
Das *britische Hauptquartier* gibt in einem Sonderkommuniqué bekannt:
Nach zwölf Tagen und Nächten unaufhörlicher Angriffe unserer Land- und Luftstreitkräfte befinden sich die Truppen der Achse in der westlichen Wüste in vollem Rückzug. Ihre in Unordnung geratenen Kolonnen werden von unseren Landstreitkräften und der Royal Air Force Tag und Nacht rücksichtslos angegriffen. Es ist bekannt, daß General v. Stumme, der während Rom-

mels Aufenthalt in Deutschland das Oberkommando geführt haben soll, getötet worden ist. Bis heute wurden über 260 deutsche und italienische Panzer zerstört oder erbeutet.

General Alexander an W. Churchill
Freitag, 6. November 1942:
Lassen Sie die Glocken läuten! Gefangene jetzt schätzungsweise 20 000, Panzer 350, Geschütze 400, mehrere tausend Lkw. Unsere vorgeschobenen motorisierten Kräfte stehen südlich von Marsa Matruh. 8. Armee im Vormarsch.

Sender Beromünster (Schweiz)

6. November 1942:
. . . Ähnlich wie Rommel im vergangenen Mai sich während der beiden ersten Wochen seiner Offensive in Libyen Schritt für Schritt durch britische Minenfelder den Weg bahnen mußte, begann auch der Angriff Montgomerys, des neuernannten britischen Befehlshabers in Nordafrika, mit einem Trommelfeuer seiner Artillerie, unterstützt durch einen intensiven Einsatz der Luftstreitkräfte. In der ersten Phase dieser Operation spielte die Panzerwaffe sozusagen noch keine Rolle. In die vom Geschützfeuer geschlagenen Breschen rückten zunächst Pionier- und Infanterieabteilungen langsam vor, die mit dem Wegschaffen von Minen und anderen Hindernissen beschäftigt waren, bis die Panzer nachrücken konnten. . . . Zu einem Durchbruch und infolgedessen zu einer Wiederaufnahme des Bewegungskrieges kam es an der 60 Kilometer breiten Front zwischen der Meeresküste und der Quattarasenke am Anfang dieser Woche. Die Berichte und Kommentare aus Berlin und Rom verhehlten bei aller Zurückhaltung nicht die außerordentliche Schwere und Härte dieser Kämpfe.

November 1942, Raum Ghasala: Britische Infanteriepanzer auf dem Vormarsch. Die Wüste bietet wenig Deckung, der Wüstensand zerfrißt Waffen und Ausrüstungen. Ein Panzermotor hat in Nordafrika gegenüber normalen Verhältnissen nur etwa die halbe Lebensdauer

US-Landung in Französisch-Nordafrika

Sonntag, 8. November 1942, Washington
Das *Kriegsministerium* gibt bekannt:
Unsere Armee-, Marine- und Luftstreitkräfte haben in den Nachtstunden mit Landeoperationen an zahlreichen Stellen der Küste Französisch-Nordafrikas begonnen, die wegen zunehmender Bedrohung durch die Achsenmächte zum Schutz dieses Gebietes notwendig waren. Es sind Schritte unternommen worden, um das französische Volk durch Radio und Flugblätter von unserem Vorhaben in Kenntnis zu setzen. Diese kombinierten Operationen der US-Streitkräfte mit Einheiten der britischen Marine und Air Force unterstehen dem Oberkommandierenden der alliierten Streitkräfte, General Eisenhower.

Tagesparole des Reichspressechefs
8. November 1942:
Die Landung in Nordafrika soll als ein infamer Rechtsbruch des Gangsterpräsidenten gebrandmarkt werden. In einer amerikanischen Verlautbarung werde betont, daß die Initiative und der Plan zu diesem Unternehmen bei den Amerikanern gelegen und daß England seine Zustimmung zu der Wegnahme europäischen Kolonialbesitzes gegeben hat.

Generäle des Afrikakorps auf der Verlustliste
8. November 1942, London
Die *Agentur Reuter* teilt mit:
In einer Veröffentlichung des britischen Kriegsministeriums wird auf die Verluste des Afrikakorps an Generä-

len hingewiesen. Nach den bisherigen Feststellungen hat das Afrikakorps bisher neun Generäle verloren. Davon sind fünf gefallen und vier in Gefangenschaft geraten. Gefallen sind: die Generäle v. Bismarck, v. Prittwitz, v. Summermann, Neumann-Solkow und v. Stumme. In Gefangenschaft befinden sich: die Generäle v. Cruewell, v. Ravenstein, v. Thoma und Schmidt.

W. Churchill an J. W. Stalin
8. November 1942:
Sie können sich sicherlich denken, daß Hitler, wenn er die Hoffnung aufgibt, Baku einzunehmen, versuchen wird, es durch Luftangriffe zu zerstören.
Glauben Sie mir das bitte.

General Alexander an W. Churchill
Montag, 9. November 1942:
Am 27. Oktober erfolgte ein starker Panzer-Gegenangriff alten Stils. Fünfmal griffen sie mit allen verfügbaren deutschen und italienischen Panzern an, ohne Boden zu gewinnen, wobei sie schwere, und was noch ärger war, unverhältnismäßig große Verluste erlitten, denn unsere auf Defensive bedachten Panzereinheiten litten nur wenig. Am 28. Oktober stürmte der Gegner erneut, nachdem er am Vormittag lang und sorgfältig versucht hatte, unsere schwachen Stellen und unsere Panzerabwehrgeschütze ausfindig zu machen; am Nachmittag ließ er mit der untergehenden Sonne im Rücken einen wütenden, massierten Angriff folgen. Es war dies das letzte Mal, daß der Gegner die Initiative an sich zu reißen versuchte.

Deutscher Einmarsch ins unbesetzte Frankreich
Mittwoch, 11. November 1942, Vichy
Die *Agentur Havas* berichtet:
Wie Radio Paris heute morgen bekanntgab, haben deutsche Truppen den Befehl erhalten, in die nicht besetzte Zone einzumarschieren. Der Sender verbreitete auch eine Botschaft Hitlers an Marschall Pétain.

Donnerstag, 12. November 1942, Cannes
Die *Agentur Stefani* teilt mit:
Italienische Truppen sind in der vergangenen Nacht in Cannes einmarschiert.

Geheimer Bericht des *Sicherheitsdienstes der SS* zur innenpolitischen Lage:
Nr. 334 vom 12. November 1942 (Auszug)
I. Allgemeines: Vor allem die Landung der Amerikaner in Französisch-Nordafrika habe bei der gesamten Bevölkerung gewaltiges Aufsehen erregt und zum Teil die Stimmung schockartig beeinflußt. Über den Ernst der Situation seien die Ansichten noch unterschiedlich. Während ein Teil der Bevölkerung in dem Landungsversuch der Briten und Amerikaner eine Bedrohung der Panzerarmee Rommels sieht und weitere Operationen unserer Gegner auf diesem Kriegsschauplatz für sehr schwierig hält, will ein anderer Teil der Volksgenossen darin die Errichtung der »zweiten Front« erkennen und sich in dieser Ansicht durch den deutschen Einmarsch in die bisher unbesetzten Gebiete Frankreichs bestärkt sehen.

Französischer Widerstand gebrochen
Freitag, 13. November 1942
Aus dem *Hauptquartier von General Eisenhower*:
Der Widerstand der französischen Streitkräfte ist in Französisch-Nordafrika überall – mit Ausnahme weniger abgelegener Stützpunkte – eingestellt worden.

Sender Beromünster (Schweiz)

13. November 1942:
Während die Aufmerksamkeit noch völlig auf die Vorgänge in Ägypten gerichtet war, wo seit dem von der britischen 8. Armee erzwungenen Durchbruch bei El Alamein die Armee Rommels sich auf dem Rückzug nach Westen befand, kam letzten Sonntag die Nachricht von der Landung amerikanischer Truppen in Franzö-

November 1942, Südfront: Schwere sowjetische Kampfpanzer KW-1. Die Rote Armee hält fast immer die gleiche Angriffstaktik: Nach massiver Artillerievorbereitung greifen die sowjetischen Panzerrudel an

sisch-Nordafrika . . . In militärischer Hinsicht ist es zweifellos eine große organisatorische, technische und taktische Leistung gewesen, eine so umfangreiche militärische Macht mit all dem gewaltigen Zubehör, das der moderne Krieg erfordert, unbemerkt vom Feind über große Distanzen über das Meer zu schaffen und an weit auseinanderliegenden Punkten gleichzeitig an den ausersehenen Küstenstreifen zu landen.

Kämpfe zwischen französischen und deutschen Truppen
Sonnabend, 14. November 1942
Aus dem *alliierten Hauptquartier* in Nordafrika:
Die Truppen der französischen Garnisonen in Tunesien stehen im Kampf gegen die dort befindlichen deutschen Streitkräfte.

Der Rückzug Rommels
14. November 1942, Kairo
United Press berichtet:
Nach der Einnahme von Bardia und Tobruk befinden sich die britischen motorisierten Kolonnen in schnellem Vormarsch auf Ghasala, das vermutlich schon erreicht worden ist. Westlich von Tobruk stießen die Engländer nur noch auf geringen Widerstand.

Einsatz deutscher Panzerverbände
Sonntag, 15. November 1942, Berlin
Das *DNB* meldet:
Die ersten deutschen Luftwaffen- und Panzerverbände sind in Tunesien eingetroffen.

Im geräumten Tobruk
Montag, 16. November 1942, Tobruk
Ein H. T. G.-Korrespondent der *United Press* berichtet:
Tobruk ist wieder unser. Zusammen mit zwei anderen Kriegskorrespondenten hatte ich die Ehre, noch vor der Infanterie der Alliierten, gemeinsam mit drei Panzerwagen, in diese vielumkämpfte Hafenstadt einzufahren und zuzusehen, wie der Union Jack am Flaggenmast der Marinekommandantur gehißt wurde. Wir erwarteten, in Tobruk Massen von zurückgelassenem deutschem Kriegsmaterial vorzufinden, wurden aber enttäuscht; einige Flaschen italienischen Mineralwassers, einige Büchsen konzentrierten Tomatenextraktes und ein paar englische Erbsen- und Bohnenkonserven bildeten unsere ganze Beute.

Mittwoch, 18. November 1942
Das *Sowinformbüro* berichtet:
Die schweren Kämpfe um Stalingrad halten an. Die faschistische Armee konzentriert ihre Angriffe auf das Gebiet, das vom Fabrikviertel aus der Wolga am nächsten steht. Gleichzeitig sind drei Panzerkolonnen im westlichen Stadtviertel für die Aufgabe eingesetzt worden, die Gardetruppen General Rodimzews zu zersplittern. Der General mobilisierte am Morgen die Arbeiterbataillone Stalingrads, die bereits die Barrikadenstellungen bezogen haben. Die Steilfeuergeschütze, die unsere Truppen in beträchtlicher Zahl am Ostufer der Wolga in Stellung gebracht haben, feuern ununterbro-

chen auf den Teil der Werke »Krasny Oktjabr«, in dem die deutsche Belagerungsarmee zur Zeit ihre stärksten Stützpunkte besitzt.

18. November 1942
Das *Oberkommando der Wehrmacht* gibt bekannt:
Die Panzerarmee Afrika führte Nachhutgefechte gegen feindliche Panzerverbände und vernichtete eine Anzahl von Panzerspähwagen.

Geheimer Bericht des *Sicherheitsdienstes der SS* zur innenpolitischen Lage:
Nr. 336 vom 19. November 1942 (Auszug)
Die Berichterstattung über Französisch-Nordafrika wird von einem großen Teil der Volksgenossen als nicht übersichtlich genug empfunden . . .
Die Nachrichten von den Kämpfen unseres Afrikakorps werden nicht ohne Besorgnis verfolgt. Die Volksgenossen gewöhnten sich nur schwer an die Formulierung »planmäßige Räumung« oder »erfolgreiches Absetzen«, und es werde nach wie vor darüber geäußert, daß sie an die britische Nachrichtengebung erinnerten.

Sender Beromünster (Schweiz)

Freitag, 20. November 1942:
. . . Im östlichen Mittelmeer hat Rommel aus seiner Niederlage in Ägypten und aus der Bedrohung, die infolge des alliierten Unternehmens in Algerien entstanden war, die Konsequenz gezogen, indem er die ganze Cyrenaika dem Feind preisgab und sich mit den Überresten seiner Panzerarmee in raschem Tempo nach Westen zurückzog . . . In umgekehrter Richtung begann der Vormarsch alliierter Truppen, die von Algerien aus operieren. Am 13. November besetzten sie an der Küstenstraße, die von Algier nach Tunis führt, die Hafenstadt Bône. Damit setzte der Wettlauf um Tunesien ein, denn am 16. November bestätigte Berlin die Besetzung von Tunis durch Achsentruppen.

Wende in Stalingrad

Montag, 23. November 1942
Das *Oberkommando der Roten Armee* gibt in einer Sondermeldung bekannt:
In diesen Tagen sind unsere Truppen im Vorgelände von Stalingrad zur Offensive gegen die deutschen Streitkräfte übergegangen. Die Offensive wurde an zwei Abschnitten unternommen: im Nordwesten und im Süden von Stalingrad. Nach dem Durchbruch der Verteidigungslinie des Feindes in einer Ausdehnung von 30 Kilometern im Nordwesten im Gebiet von Serafimowitsch sind unsere Truppen in drei Tagen angespannter Kämpfe unter Überwindung des feindlichen Widerstandes 60 bis 70 Kilometer vorgerückt.
Von unseren Truppen wurden genommen: die Stadt Kalatsch am Ostufer des Don, die Bahnstation Kriwo Muschanskaja sowie der Bahnhof und die Stadt Abganerowo. Daher sind beide östlich des Don gelegenen

Eisenbahnlinien, auf denen die Truppen des Feindes versorgt werden, unterbrochen.

Geheimer Bericht des *Sicherheitsdienstes der SS*
zur innenpolitischen Lage:
Nr. 338 vom 26. November 1942 (Auszug)
Die Kriegslage an der Ostfront, die gegenüber den Ereignissen in Afrika zurückgetreten war, wird wieder allgemein interessiert verfolgt und besprochen. Auch hier wollen viele Volksgenossen die Feststellung gemacht haben, daß sich die Lage verschlechtert habe. Vor allem die Meldung über den Einbruch der Russen in die Verteidigungsfront im Donbogen und südwestlich Stalingrad hat vielfach alarmierend gewirkt, da gerade in diesem Frontabschnitt eine ruhige Weiterentwicklung erwartet worden war und ferner ein massierter russischer Einsatz in diesem Ausmaß nicht mehr für möglich gehalten wurde. Der starke Einsatz russischer Panzer, wie er aus den Abschußzahlen zu entnehmen war, hat vielfach die Vermutung über »offenbar unerschöpfliche feindliche Reserven« wieder belebt.
Im Hinblick auf das näherrückende Weihnachtsfest beginnen manche täglichen Sorgen, welche infolge der besseren Versorgungslage und den angekündigten Weihnachtssonderzuteilungen nicht mehr so stark in Erscheinung getreten waren, wieder einen breiteren Raum, besonders bei den Frauen, einzunehmen.

J. W. Stalin an W. Churchill
Freitag, 27. November 1942:
. . . Mit großer Aufmerksamkeit habe ich Ihre Mitteilung gelesen, daß Sie zusammen mit den Amerikanern weiterhin Vorbereitungen entlang Ihrer Südost- und Südküste treffen, um die Deutschen an der Straße von Calais usw. festzuhalten, und daß Sie bereit sind, jede günstige Gelegenheit wahrzunehmen. Ich hoffe, das bedeutet keine Zurücknahme Ihres in Moskau gegebenen Versprechens, im Frühjahr 1943 eine zweite Front in Westeuropa zu errichten . . .

Tagesparole des Reichspressechefs
Montag, 7. Dezember 1942:
Das Wort »Festung Europa« darf nicht gebraucht werden. Es sei defensiv und enthalte nur negative Elemente. Eine Festung könne man belagern, und es sei nur eine Frage der Zeit, wann sie falle. Der Minister warnt vor der Auffassung, daß die von den Russen jetzt gestartete Offensive die letzte sei. Wir dürfen dies auf keinen Fall sagen, denn niemand könne behaupten, ob die Russen tatsächlich ihre letzten Kräfte einsetzten. Die Russen hätten so viele Überraschungen im Verlauf des Krieges geboten, so daß Vorsicht am Platze sei.

Entsatz Stalingrads scheitert

Lagevortrag, *Oberkommando der Wehrmacht*,
Sonntag, 13. Dezember 1942:
Osten: Generalfeldmarschall von Manstein hat gemeldet, daß er mit den beiden im Angriff stehenden Panzerdivisionen keinen durchschlagenden Erfolg erzielen könne und daß er bei länger werdenden Flanken mit den zur Verfügung stehenden Kräften nicht auskomme. Der Führer hat entschieden, daß die 11. Panzerdivision in ihrem jetzigen Einsatz im Tschir-Brückenkopf bleibt, da sich gegen diesen schwere feindliche Angriffe richten, und daß statt der 11. die 17. Panzerdivision der Gruppe Hoth zugeführt wird. Bei der Heeresgruppe B besteht der Eindruck, daß der Gegner vor der italienischen 8. Armee Angriffsabsichten vielleicht nur vortäuscht, um dort Kräfte zu binden.

15. Dezember 1942, Südwest-Stalingrad:
Die Panzergruppe Hoth formiert sich zum Angriff. Eine Zersplitterung der feindlichen panzerbrechenden Feuerwirkung ist nur zu erreichen, wenn eine große Anzahl von Panzern zum geschlossenen Einsatz kommt

Engländer melden den Rückzug Rommels
Montag, 14. Dezember 1942, Kairo
Die *Agentur Reuter* teilt mit:
Offiziell wird mitgeteilt, daß die Streitkräfte des Feldmarschalls Rommel aus ihren starken Stellungen bei El Agheila geworfen wurden und sich auf dem Rückzug in westlicher Richtung befinden.

Lagevortrag, *Oberkommando der Wehrmacht,*
Dienstag, 15. Dezember 1942:
Osten: Die Panzergruppe Hoth hat keine weiteren Fortschritte gemacht. Die bei ihr eingetroffene, nur aus vier Bataillonen bestehende 15. Luftwaffen-Felddivision befindet sich noch weit rückwärts in der Versammlung. Der erwartete Großangriff gegen die italienische 8. Armee hat noch immer nicht eingesetzt; es hat den Anschein, als ob der Gegner durch dauerndes Vorfühlen nur Reserven binden wolle. Eine Schlußfolgerung ist hieraus vom Führer noch nicht gezogen worden. Auf den Getreidesammelstellen der Ukraine ist in diesem Jahr zehnmal soviel Getreide angeliefert worden wie voriges Jahr, nämlich 8,1 Millionen Tonnen. Der Führer hat seine Absicht, sich auf längere Zeit nach dem Berghof zu begeben, endgültig aufgegeben.

Donnerstag, 17. Dezember 1942
Das *Oberkommando der Wehrmacht* gibt bekannt:
In der Cyrenaika setzt sich die deutsch-italienische Panzerarmee planmäßig nach Westen ab. Alle Versuche des Feindes, in diese Bewegung hineinzustoßen, wurden in heftigen Kämpfen abgewehrt.

Geheimer Bericht des *Sicherheitsdienstes der SS*
zur innenpolitischen Lage:
Nr. 344 vom 17. Dezember 1942 (Auszug)
I. Allgemeines: Gerüchtweise wird in zahlreichen Teilen des Reiches erzählt, daß die im Raum von Stalingrad stehenden deutschen Truppen mit etwa 80 000 bis 100 000 Soldaten völlig eingeschlossen seien, wodurch die Befürchtung, Stalingrad könne dadurch doch zu einem »zweiten Verdun« werden, erneut aufgetaucht ist. Zuversichtlich und beruhigend wirken aber die in der Bevölkerung verbreiteten Erzählungen von Fronturlaubern, daß der Feind vorwiegend ganz junge unausgebildete oder alte Männer einsetze und daß auch die Qualität seiner Waffen bedeutend schlechter geworden sei. Die militärische Lage in Nordafrika wird nach den in letzter Zeit erfolgten konkreten Angaben in den Wehrmachtsberichten von der Bevölkerung aufmerk-

sam verfolgt, wenn auch die Volksgenossen vielfach sich noch kein genaueres Bild machen können.

Sonntag, 20. Dezember 1942, Kairo
Die *Agentur Reuter* teilt mit:
Der größte Teil der Nachhuttruppen Rommels, darunter auch die Panzereinheiten, konnte infolge der größeren Stärke an Panzern aus der Umzingelung entkommen.

Dienstag, 29. Dezember 1942
Das *Oberkommando der Wehrmacht* gibt bekannt:
Zwischen Wolga und Don und im großen Donbogen scheiterten erneute feindliche Angriffe in harten Abwehrkämpfen. Eine seit mehreren Tagen eingeschlossene feindliche Kräftegruppe wurde vernichtet. Seit dem 24. Dezember wurden hier, unterstützt durch die Luftwaffe, 65 Panzer, 30 Geschütze, zahlreiche schwere und leichte Infanteriewaffen und weiteres Kriegsgerät vernichtet oder erbeutet und eine große Anzahl Gefangener eingebracht. Die blutigen Verluste des Feindes übertrafen diese um ein Vielfaches. In den Abwehrkämpfen im großen Donbogen hat sich die italienische Division Julia besonders ausgezeichnet.

29. Dezember 1942, Moskau
Das *Sowinformbüro* teilt mit:
An der südlichen Westfront hat sich das Wetter wesentlich gebessert. Die Schneestürme haben nachgelassen und eisiger Kälte Platz gemacht. Damit ist die Gefahr behoben, die die Schneemassen für den Nachschub bedeuteten, den unsere Offensiven benötigen. Das bessere Wetter gestattete auch den Faschisten, die Versorgung der 20 eingeschlossenen Divisionen Hoths zwischen Wolga und Don mit Transportflugzeugen wiederaufzunehmen, was aber zu hohen Verlusten an Maschinen mit fliegendem Personal führt. Die Bekämpfung dieser Flugzeuge wird dadurch erheblich erleichtert, da sie nach der Besetzung des größten Teiles des Donbogens durch unsere Truppen einen weit längeren Anflugweg zurücklegen müssen. Die Junkers-Ju-52-Transportmaschinen sind daher bedeutend länger der Abwehr durch unsere Flak und Jäger ausgesetzt und können außerdem, infolge des Mehrverbrauchs an Brennstoff, erheblich weniger Nutzlast mit sich führen.

Deutsche Panzerjägerkanone 7,5 cm 40
mit leichtem Zugkraftwagen 3 t (Sd Kfz 11)

Strategie und Taktik

Zur allgemeinen Verblüffung kommt der deutsche Vorstoß bei El Alamein tatsächlich zum Stehen: Die etwa 65 Kilometer lange Verteidigungslinie wird rechtzeitig von den soeben aus Ägypten herangebrachten Reserven besetzt, noch bevor die angeschlagenen Reste der britischen 8. Armee (Gen. Auchinleck) eintreffen.
General Auchinleck ist fest davon überzeugt, daß man die Panzerarmee Rommels vor ihrem endgültigen Durchstoß nach Alexandria aufhalten kann. Und Generalfeldmarschall Rommel wiederum weiß, daß er die zwischen der Küste des Mittelmeeres und der undurchdringlichen Kattara-Senke verlaufenden britischen Stellungen schnellstens durchbrechen muß, um den Erfolg der ganzen Offensive nicht wieder aufs Spiel zu setzen. Während jedoch die britische 8. Armee aus den etwa 65 Kilometer entfernt liegenden randvollen Depots in Alexandria reichlich versorgt wird, kommt der Nachschub für Rommels Verbände längst nicht mehr mit. Man schöpft schlechthin aus britischen Beutebeständen.

Am Mittwoch, dem 1. Juli 1942, beginnt die Panzerarmee Afrika, die am Tag zuvor mit nur 48 einsatzbereiten Panzern und Panzerspähwagen die Enge bei El Alamein erreicht hat, einen Vorstoß gegen die Stellungen der britischen 8. Armee, der abgeschlagen wird.
Am gleichen Tag fällt die Festung Sewastopol, Munitionsverbrauch: 46 750 Granaten, 20 000 Tonnen Bomben. Der Sieger, Generaloberst v. Manstein, Oberbefehlshaber der 11. Armee, wird von Hitler zum Generalfeldmarschall befördert.

Am Donnerstag, dem 2. Juli 1942, hat die 4. Panzerarmee (GenOberst Hoth) mit Erreichen der Bahnlinie Stary Oskol–Kastornoje den linken Flügel der sowjetischen 40. Armee (GenLt. Parsegow) umfaßt.

Am Freitag, dem 3. Juli 1942, muß die Panzerarmee Afrika ihre am 1. Juli begonnene Operation, den Durchbruch der britischen Verteidigungslinie bei El Alamein, abbrechen und mit ihren geschwächten Verbänden ihrerseits zur Verteidigung übergehen.

Am Sonnabend, dem 4. Juli 1942, meldet die 11. Armee den Abschluß der Kämpfe, die seit dem 7. 6. 1942 andauern, und die Einnahme der Halbinsel Chersones. Erst damit ist die gesamte Krim in deutscher Hand. Feststellbare sowjetische Verluste: 97 000 Gefangene, 631 Geschütze und 26 Panzer.

Am Montag, dem 6. Juli 1942, dringt die zur 2. Armee (GenOberst Frhr. v. Weichs) gehörende 24. Panzerdivision in Woronesch ein.

Am Dienstag, dem 7. Juli 1942, wird die Teilung der deutschen Heeresgruppe Süd (GFM v. Bock) abge-

Juli 1942, Hafen von Neapel: Verladung eines mittleren Schützenpanzerwagens (Sd Kfz 251) für die deutsche Panzerarmee Afrika. Die meisten Transportschiffe werden allerdings versenkt

schlossen. Es entstehen: die Heeresgruppe A (GFM List) mit der 17. Armee (GenOberst Ruoff), der rumänischen 3. Armee (GenOberst Dumitrescu) und der 1. Panzerarmee (GenOberst v. Kleist), sowie die Heeresgruppe B (GFM v. Bock) mit der 2. Armee, der 6. Armee (Gen.d.Pz.Tr. Paulus), der ungarischen 2. Armee (GenOberst Jány) und der 4. Panzerarmee (GenOberst Hoth).
Am gleichen Tag bildet STAWKA aus einem Teil der Brjansker Front die Woronesch-Front (GenLt. Watutin) mit der 6., 40. und 60. Reservearmee, dazu das IV., XVII., XVIII. und XXIV. Panzerkorps; die Brjansker Front (GenLt. Tschibisow) bilden jetzt die 3., 13. und 48. Armee, die 5. Panzerarmee, das I. und XVI. Panzerkorps sowie das VIII. Kavalleriekorps.
Unterdessen erreicht die deutsche 6. Armee im großem Donbogen den Raum Bokowskaja–Nowoaleksandrowsk. So sind die Hauptkräfte der Südwestfront (Armeegen. Malinowski) von Norden und Nordosten her umfaßt und können nicht in Richtung Osten zurückgehen. Sie sind gezwungen, bei Kantemirowka in einer äußerst ungünstigen operativen Lage zu kämpfen.

Am Mittwoch, dem 8. Juli 1942, wird die erste Operationsphase der am 28. 6. 1942 begonnenen deutschen Sommeroffensive (Unternehmen Blau/Braunschweig) abgeschlossen, wenn auch nur mit einem Teilerfolg: Die sowjetische Frontlinie zwischen Don und Donez ist zwar eingedrückt, aber der größte Teil der sowjetischen Verbände ist geordnet zurückgewichen. Sowjetische

Verluste u. a.: 73 000 Gefangene, 1 200 Geschütze, 700 Panzer.

Am Sonntag, dem 12. Juli 1942, endet mit Zerschlagung der Verbände der sowjetischen 39. Armee (GenLt. Maslennikow) und des XI. Kavalleriekorps die am 2. 7. 1942 begonnene Angriffsoperation der 9. Armee (GenOberst Model) gegen den sowjetischen Frontbogen westlich Sytschewka. Die sowjetischen Verluste u. a.: 30 000 Gefangene, 591 Geschütze, 218 Panzer.
Hier, im Rücken der Heeresgruppe Mitte (GFM v. Kluge) operieren noch die im Winter durchgebrochenen sowjetischen Kräfte: bei Sytschewka etwa 10 Schützen-, 4 Kavalleriedivisionen, südlich Wjasma und Jelnja rund 20 000 Mann. In langwierigen Einzelaktionen werden sie allmählich aufgerieben. Teilkräfte aus dem Raum Jelnja entkommen in die Wälder bei Brjansk.
Am gleichen Tag meldet STAWKA die Auflösung der Südwestfront (Armeegen. Malinowski); man bildet die Stalingrad-Front (ab 23. 7. GenLt. Gordow) mit der 21. Armee (GenMaj. Danilow), der 62. Armee (GenMaj. Kolpaktschi), der 63. Armee (GenLt. W. I. Kusnetzow) und der 64. Armee (GenLt. Tschuikow). Die 62., 63. und 64. Armee stammen aus der strategischen STAWKA-Reserve. Mitglied des Kriegsrates: N. Chruschtschow.
Ebenfalls am 12. Juli 1942 wird die Säuberung des Wolchow-Kessels abgeschlossen. In wochenlangen harten Kämpfen (ca. 100 000 sowjetische Gefallene!) ist der Widerstand von Teilen der sowjetischen 52. Armee (GenLt. Klykow), der 59. Armee (GenLt. Galinin) und der 2. Stoßarmee (GenLt. Wlassow) gebrochen. Das schwierige Sumpfgelände hat die 18. Armee (Gen.d. Kav. Lindemann) gesäubert. Die sowjetischen Verluste: 32 759 Gefangene, 2 150 Kraftfahrzeuge, 649 Geschütze, 171 Panzer. Unter den Gefangenen befindet sich Generalleutnant Wlassow, Oberbefehlshaber der 2. Stoßarmee.
In Nordafrika beruhigt sich nach Rommels Sommeroffensive allmählich die Front auf dem 50 Kilometer breiten Durchgang zwischen der sumpfigen, für Panzer unpassierbaren Senke von Kattara im Süden und El Alamein im Norden am Mittelmeer. Die Panzerarmee von Generalfeldmarschall Rommel setzt sich nach Eintreffen der italienischen Verstärkungen aus vier Panzerdivisionen, davon zwei deutsche, und acht Infanteriedivisionen, darunter zwei deutsche, zusammen.
Die britische 8. Armee (Gen. Auchinleck) wird durch zwei Divisionen aus dem Mittleren Osten sowie durch amerikanische Sherman-Panzer und Artillerie auf Selbstfahrlafetten verstärkt. Zur Zeit zählt die 8. Armee 3 Panzerdivisionen, 7 Panzerbrigaden und 7 Infanteriedivisionen. Die Kräfte sind nun etwa gleich, nur besitzen die Engländer die Luftherrschaft.

Am Montag, dem 13. Juli 1942, steht an der Ostfront die 4. Panzerarmee (GenOberst Hoth) nach zügigem Vormarsch vor Millerowo und Morozowskaja, und die 1. Panzerarmee (GenOberst v. Kleist) hat Kamiensk erreicht.

An diesem Tag beschließt Hitler, sowohl die 4. Panzerarmee als auch die 1. Panzerarmee aus der Richtung Stalingrad schwenken zu lassen, um sie jetzt gegen Rostow zu dirigieren, weil er dort eine Kesselschlacht erwartet, in deren Verlauf die Verbände der Südfront eingekreist und vernichtet werden sollen.

Am Mittwoch, dem 15. Juli 1942, wird Generalfeldmarschall v. Bock als Oberbefehlshaber der Heeresgruppe B von Hitler, der sich von dem bisherigen Verlauf der Offensive enttäuscht fühlt, abgelöst. Die Nachfolge übernimmt Generaloberst v. Weichs, dessen 2. Armee jetzt General der Infanterie v. Salmuth führt.

Zu Beginn der 2. Julihälfte sieht Generalfeldmarschall Rommel ein, daß eine weitere Offensive schon wegen der schwachen zur Verfügung stehenden Kräfte nicht mehr in Frage kommt. Unterdessen beginnen beide Gegner, sich auf Verteidigung einzurichten und legen als erstes ausgedehnte Minenfelder an. Die Fahrzeuge der Panzerarmee Afrika sind zum größten Teil verschlissen und werden immer wieder in den Frontwerkstätten nur mühsam instand gesetzt.

Am Donnerstag, dem 16. Juli 1942, unternehmen einige Verbände der britischen 8. Armee (Gen. Auchinleck) aus den El-Alamein-Stellungen vereinzelte Angriffe gegen den italienischen Frontabschnitt der Panzerarmee Afrika. Dabei gelingt es den Engländern, teilweise tiefe Fronteinbrüche zu erzielen und das italienische X. Korps beinahe völlig zu zerschlagen.

Am Freitag, dem 17. Juli 1942, beginnt mit den Kämpfen gegen die sowjetischen Verbände am Fluß Tschir der Vorstoß auf Stalingrad. Nach der Einnahme von Woronesch vor zehn Tagen sind die Deutschen rasch zum mittleren Don vorgestoßen.
Der schnelle Panzervormarsch hat auch manche Nachteile und Risiken. Die Fahrzeuge werden sehr stark abgenützt, und der Nachschub kann nur schleppend folgen. In einigen Abschnitten werden die sowjetischen Truppen geschlagen und, soweit sie sich nicht rechtzeitig abgesetzt haben, gefangengenommen; in anderen Abschnitten wiederum halten sie sich besonders hartnäckig.

Am Dienstag, dem 21. Juli 1942, gelingt es der 4. Panzerarmee (GenOberst Hoth), den Don östlich von Rostow zu überschreiten. Hitler hat zunächst die Absicht, den Raum Stalingrad mit den Kräften der 6. Armee und der 4. Panzerarmee zu erobern. Nach den Erfolgen im großen Donbogen überschätzt er aber deren Bedeutung und vertritt weiterhin die Ansicht, daß für die Eroberung von Stalingrad die 6. Armee allein genügen werde. Die 4. Panzerarmee wird nun wieder nach Süden umdirigiert. Die linke Flanke der 6. Armee soll die italienische 8. Armee (GenOberst Gariboldi) sichern, die aus der Reserve am mittleren Don zwischen die ungarische 2. Armee (GenOberst Jány) und die 6. Armee vorgeschoben wird.

Sommer 1942, Südrußland: Deutsches Panzerregiment
auf dem Weg zur Front

Am Mittwoch, dem 22. Juli 1942, entbrennen harte
Kämpfe an der sowjetischen Hauptverteidigungslinie
im kleinen Donbogen. Das OKH beabsichtigt, die sowjetische 62. Armee (GenMaj. Kolpaktschi) und die
64. Armee (GenLt. Tschuikow) einzukesseln und zu
vernichten. Nach erbitterten Kämpfen, an denen auch
die sowjetische 1. und 4. Panzerarmee teilnehmen, die
sich noch in der Aufstellung befinden, wird jedoch der
Angriff der deutschen 6. Armee aufgehalten, obwohl
sie an zwei Stellen den Don erreichen kann. In dieser
Situation muß Hitler seine Pläne wieder ändern: Die 4.
Panzerarmee soll die Umgruppierung zu ihrem Vorstoß
in Richtung Kaukasus abbrechen und von Südwesten
am linken Donufer entlang auf Stalingrad vorstoßen,
die 6. Armee dagegen die sowjetischen Brückenköpfe
auf der rechten Donseite zurückdrängen und von Westen her gegen Stalingrad vorgehen.

Am Donnerstag, dem 23. Juli 1942, erobert nach blutigen Straßenkämpfen mit den sowjetischen Eliteverbänden des NKWD die 125. Infanteriedivision mit Unterstützung der 13. Panzerdivision (GenMaj. Herr) und
der 22. Panzerdivision (Oberst Rodt) Rostow am Don.

Am gleichen Tag befiehlt Hitler in seiner Weisung Nr.
45 für die Fortsetzung der Sommeroffensive 1942, das
Unternehmen »Braunschweig«, ein gleichzeitiges Vorgehen gegen Stalingrad und den Kaukasus.

Am Sonnabend, dem 25. Juli 1942, meldet das zur 6.
Armee gehörende XIV. Panzerkorps (GenLt. Hube)
das Erreichen des Don nordwestlich von Kalatsch.

Tags darauf, am 26. Juli 1942, tritt die Heeresgruppe A
aus den Donez-Brückenköpfen zu ihrem Angriff auf
den Kaukasus an. Ihr sind unterstellt: die 17. Armee

(GenOberst Ruoff) mit vier Infanteriedivisionen und
zwei Gebirgsdivisionen, die rumänische 3. Armee (Gen
Oberst Dumitrescu) mit einer Gebirgsdivision und drei
Kavalleriedivisionen, sowie die 1. Panzerarmee (Gen
Oberst v. Kleist) mit drei Panzerdivisionen, zwei mot.
Divisionen, zwei Infanteriedivisionen, zwei Jägerdivi-
sionen und einer slowakischen Division. Die Verbände
der 4. Panzerarmee (GenOberst Hoth) treten nicht an.
Luftunterstützung: die Luftflotte 4 (GFM v. Richthofen) mit dem IV. Fliegerkorps (Gen.d.Fl. Pflugbeil)
sowie einzelne Geschwader des VIII. Fliegerkorps
(GenLt. Fiebig) und das I. Flakkorps (Gen.d.Fl. Dess-
loch).

Am Dienstag, dem 28. Juli 1942, befiehlt Stalin dem
Oberkommando der Stalingrad-Front (GenLt. Gordow) bis zum letzten Einsatz zu kämpfen und »keinen
Schritt zurückzuweichen«.
Bis zu diesem Tag haben die Deutschen im Süden die
sowjetischen Verteidigungslinien des unteren Don
durchbrochen. Damit ist die Voraussetzung geschaffen,
in das Gebiet des Kaukasus vorzudringen.

Am Donnerstag, dem 30. Juli 1942, wird die 4. Panzerarmee auf Hitlers Befehl endgültig aus der Heeresgruppe A herausgenommen und der Heeresgruppe B unterstellt. Sie soll ab sofort südlich des Don durch die
Kalmückensteppe in Richtung Stalingrad zur Wolga
vorgehen.

Bereits am Freitag, dem 31. Juli 1942, beginnt die 4.
Panzerarmee ihren Angriff im Raum südlich von Niko-
lewskaja. Die schwache sowjetische 51. Armee (Gen-
Maj. Kolomnjez), die gerade an diesem Tag der Stalingrad-Front unterstellt worden ist, kann dem Ansturm
nicht standhalten und rückt langsam hinter die Seen-
kette südlich von Stalingrad zurück.
Das sowjetische Oberkommando bemüht sich zur Zeit
um eine möglichst rasche Aufstellung neuer schlagkräf-

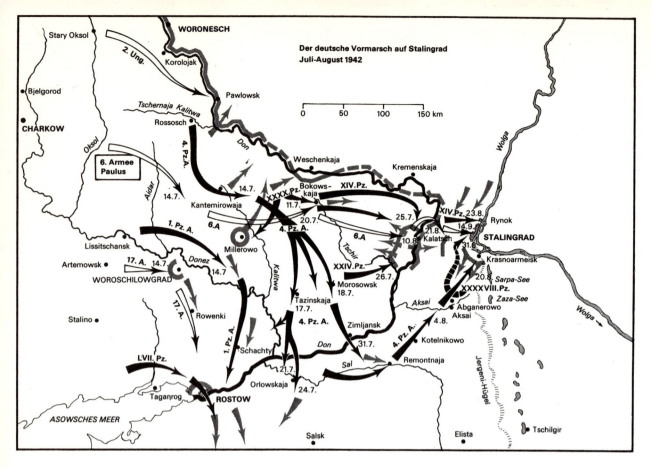

Map labels (as visible):

Stary Oksol · WORONESCH · Korolojak · 2. Ung. · Pawlowsk · Bjelgorod · Tschernaja Kalitwa · CHARKOW · Rossosch · Der deutsche Vormarsch auf Stalingrad Juli-August 1942 · 0 50 100 150 km · Wolga · Weschenkaja · Kremenskaja · Oksol · 6. Armee Paulus · 4. Pz. A. · Don · 14.7. · XIV. Pz. · Bokows-kaja · XXXX.Pz. · 11.7. · XIV.Pz. 23.8. · Rynok · Aidar · 1. Pz. A. · Kantemirowaja · 6.A · 20.7. · 25.7. · 14.9. · STALINGRAD · Lissitschansk · 4. Pz. A. · Millerowo · 10.8. · Kalatsch · 21.8. · 31.8. · Artemowsk · 17. A. 14.7 · Donez · 6.A · Tschir · Krasnoarmeisk · WOROSCHILOWGRAD · 14.7 · Kalitwa · XXIV.Pz. · 26.7. · 20.8. Sarpa-See · XXXXVIII.Pz. · Stalino · 17. A. · Rowenki · Morosowsk 18.7. · Aksai · Zaza-See · Stalino · Tazinskaja 17.7. · Abganerowo · Aksai · Wolga · 1. Pz. A. · 4. Pz. A. · Zimljansk · 4.8. · Jergeni-Hügel · LVII. Pz. · Schachty · Don · 31.7. · 4. Pz. A. · Kotelnikowo · 21.7. · Sal · Remontnaja · Taganrog · Orlowskaja · 24.7. · ROSTOW · ASOWSCHES MEER · Salsk · Elista · Tschilgir

---

tiger Panzerverbände. Man hat zwar im Juli schon den Versuch unternommen, zehn Panzerdivisionen mit je 217 Panzern zusammenzustellen, doch aus organisatorischen Gründen, vor allem wegen Mangel an geschulten Besatzungen, schnell wieder aufgegeben.

Einige dieser Verbände werden in Schützendivisionen, andere in Panzerbrigaden umgewandelt. Zur bereits bestehenden Organisationsform der Panzertruppen kommen im Spätsommer 1942 Panzerbrigaden und Panzerbataillone. Ungeachtet dessen stellt STAWKA im Juli 1942 zwei neue, die 1. und 4. Panzerarmee auf. Ihre Gliederung: zwei Panzerkorps, eine selbständige Panzerbrigade, eine Schützendivision, ein leichtes Artillerieregiment, ein Regiment Granatwerfer und eine Flakabteilung. Diese Panzerarmeen haben die Aufgabe, den selbständigen Durchbruch durch die gegnerische Verteidigung zu erzwingen und den Erfolg in der Tiefe auszuweiten. Jedoch können diese neuen Verbände in der Regel noch nicht ausreichend mit Material, Fahrzeugen, Soldaten und Offizieren ausgestattet werden.

Am Sonntag, dem 2. August 1942, erreichen die Hauptkräfte der 4. Panzerarmee den Raum Kotelnikowo und bedrohen damit direkt Stalingrad von Südwesten her. Daher geht vom Oberkommando der Stalingrad-Front an die 64. Armee der Befehl, sich auf den kleinen Donbogen zurückzuziehen und die Verteidigung am Myschkowafluß zu übernehmen, wo bereits die 57. Armee sich in Stellung befindet. Diesen beiden sowjetischen Armeen gelingt es in den ersten Augusttagen, die 4. Panzerarmee zum Stehen zu bringen.

Am Dienstag, dem 4. August 1942, führt die deutsche 4. Panzerarmee einen Angriff über den Aksai nach Nordosten gegen die sich heftig zur Wehr setzende sowjetische 57. Armee (GenMaj. Tolbuchin) und die 64. Armee (GenLt. Tschuikow). Mit dieser Operation versucht Generaloberst Hoth, einen Durchbruch in Richtung Stalingrad zu erzwingen.

Am darauffolgenden Tag, dem 5. August 1942, bildet STAWKA aus einem Teil der Stalingrad-Front die Südwestfront (GenOberst Jeremenko), bestehend aus der 51. Armee (jetzt GenMaj. Kolomietz), der 57. Armee (jetzt GenMaj. Nikischew), der 64. Armee (GenLt. Tschuikow), sowie der 1. Gardearmee (GenMaj. Moskalenko) aus der Reserve des Oberkommandos.

Am Donnerstag, dem 6. August 1942, gelingt es der 1. Panzerarmee (GenOberst v. Kleist), den Kuban bei Armawir zu überschreiten und weiter in Richtung auf die Ölfelder von Maikop am Fuß des Kaukasus vorzustoßen.

Am Sonntag, dem 9. August 1942, nimmt die 1. Panzerarmee Maikop, und die Armeegruppe Ruoff erobert Krasnodar und Jejsk an der Ostküste des Asowschen Meeres. Zur Zeit stehen diese beiden Großverbände sowie die anderen Teile der Heeresgruppe A (GFM List) in harten Kämpfen mit der zur Transkaukasus-Front gehörenden 18. Armee (GenLt. Kamkow), der 56. Armee (GenMaj. Ryschow) und dem XVII. Kavalleriekorps.

Am Dienstag, dem 11. August 1942, beginnt im Bereich der Heeresgruppe Mitte (GFM v. Kluge) das Unternehmen »Wirbelwind«: Die 2. Panzerarmee (GenOberst Schmidt) geht in den Raum Bjelew vor und versucht, den sowjetischen Frontbogen bei Suchinitschi abzuschnüren.

Am gleichen Tag zerschlägt im Raum westlich Kalatsch die 6. Armee (Gen.d.Pz.Tr. Paulus) bei ihrem Angriff von Norden und Süden her die Verbände der sowjetischen 62. Armee (GenMaj. Kolpaktschi) und der vor kurzem aufgestellten 1. Panzerarmee (jetzt GenMaj. Moskalenko). Die feststellbaren sowjetischen Verluste: 35 650 Gefangene, 567 Geschütze und 273 Panzer.

Die Kämpfe im Raum Kalatsch werden mit bis dahin unbekannter Erbitterung geführt: Zwei Tage lang schlagen 16 Soldaten von der 40. Gardeschützendivision der 1. Gardearmee die Angriffe beim Vorwerk Dubowoi zurück. Als die Munition ausgeht, werfen sich W.D. Kotschetkow, M.P. Stepanenko, W.A. Tschirkow und M.A. Schuktomow, die als einzige noch kampffähig sind, mit geballten Ladungen unter die deutschen Panzer.

Am Mittwoch, dem 12. August 1942, erreichen die in der Kalmückensteppe vorstoßenden Panzerspitzen der 4. Panzerarmee die Stadt Elista und nehmen sie ein. Danach wird der schnelle Vorstoß gestoppt; zum Weitermarsch nach Grosny muß der Treibstoff auf dem Luftweg herangebracht werden, trotzdem liegen Teile der motorisierten Verbände in Piatigorsk tagelang fest.

Am Donnerstag, dem 13. August 1942, übernimmt in Ägypten Lieutenant General Montgomery den Oberbefehl über die britische 8. Armee, General Alexander tritt an die Stelle von General Auchinleck als Oberbefehlshaber im Mittleren Osten. Montgomery läßt sofort, nachdem er die neuesten Ultra-Enigma-Berichte bekommt, die erwartete Stoßrichtung Rommels im Süden der britischen Stellung verminen.

Die wichtigste Nachrichtenquelle für den britischen Generalstab sind nämlich – dank dem Nachbau der deutschen Chiffriermaschine Enigma – die deutschen Funksprüche selbst. Das Geheimnis der vom Heer und der Luftwaffe benutzten Chiffriermaschine ist bereits im Frühjahr 1940 im Rahmen der Operation »Ultra« von britischen Spezialisten gelüftet worden.

Diese Operation hat eine lange Vorgeschichte: Im Jahr 1932 gelingt es in Warschau einem Team von drei jungen polnischen Mathematikern, J. Rozycki, M. Rejewski und H. Zygalski, beim intensiven Studium der Zyklentheorie den Code der deutschen Chiffriermaschine »Enigma« zu entziffern. Und einige Monate vor dem deutschen Überfall auf Polen, im Sommer 1939, schaffen es die drei Wissenschaftler, die »Enigma« nachzubauen. Auf diese Nachricht hin reist Major G. Bertrand, Chef der Abteilung DY des französischen Geheimdienstes, am 24. Juli 1939 in die polnische Hauptstadt, ebenso die britischen Spezialisten, Commander Denniston und der Mathematiker D. Knox. Und zwei Tage später bekommen sie zwei nachgebaute deutsche Enigma-Chiffriermaschinen. Eine davon bleibt in Paris, die andere geht nach London.

Im Herbst 1939 schlagen Kryptologen des Secret Intelligence Service (SIS) in Bletchley Park, einem Landsitz nördlich von London, ihr Hauptquartier auf. Hier steht auch ein Urahn des Computers, der helfen soll, abgefangene Enigma-Funksprüche von Heer, Luftwaffe und Marine zu entschlüsseln. Eine besondere Geheimhaltungsstufe »Top Secret Ultra« (äußerst streng geheim) wird für alle Informationen eingeführt, die sich aus dem geknackten deutschen Schlüsselverfahren ergeben oder sich darauf beziehen. Churchill: »Es ist besser, selbst eine Schlacht zu verlieren, als diese lebenswichtige nachrichtendienstliche Quelle bloßzustellen.«

Mitte August 1942 werden an der Ostfront die deutschen Kräfte umgruppiert, da gleichzeitig ein Vorstoß nach Baku und Batum geplant ist: die 1. Panzerarmee

August 1942, südöstlich von Tobruk: Britische Infanteriepanzer A 12 Matilda II auf dem Marsch durch die Wüste

soll aus dem Raum Piatigorsk–Prochladnoje in Richtung Grozni–Machaschala und Baku vorstoßen, die 17. Armee (GenOberst Ruoff) aus dem Raum Krasnador auf Noworossisk und dann entlang der Schwarzmeerküste nach Batum und Tiflis. Und das XXXXIX. Gebirgskorps (Gen.d.Geb.Tr. Konrad) wird von Tscherkesk über den kaukasischen Gebirgskamm nach Suchumi vorgehen.

Am Sonnabend, dem 15. August 1942, stößt die deutsche 6. Armee auf die Verbände am linken Flügel der sowjetischen 5. Panzerarmee (GenLt. Romanienko), die den Brückenkopf im kleinen Donbogen verteidigt. Sie zieht sich zwar hinter den Don zurück, aber der rechte Flügel dieser Armee, verstärkt durch Verbände der 1. Gardearmee, hält den Brückenkopf bei Kremenskaja.
Der erneute Verlust der strategischen Initiative und die angespannte Lage zwingen das sowjetische Oberkommando wiederholt, neu aufgestellte Panzerverbände an die Front zu beordern, ohne daß sie voll aufgefüllt sind und die Zeit haben, sich richtig auf den Kampf vorzubereiten.
Der deutsche Plan, Stalingrad aus der Bewegung heraus zu nehmen, schlägt fehl. Die 6. Armee soll den Don bei Kalatsch überqueren und sich von Nordwesten her Stalingrad nähern, die 4. Panzerarmee dagegen von Süden auf die Stadt vorstoßen.

Am Montag, dem 17. August 1942, müssen sich nach blutigen Gefechten mit der deutschen 6. Armee südlich Sirotinskaja die noch intakt gebliebenen Verbände der sowjetischen 4. Panzerarmee (GenMaj. Kriutschenkin) und der 21. Armee (GenMaj. Danilow) über den Don zurückziehen. Am gleichen Tag bekommt Generalfeldmarschall Rommel die Weisung, die britische 8. Armee (Lt. Gen. Montgomery) westlich des Nil-Deltas zu schlagen, die Städte Alexandria und Kairo zu

besetzen, dann direkt bis an den Suezkanal vorzustoßen.
An diesem Tag gelingt es der sowjetischen Küstengruppe (GenOberst Tscherewitschenko), den deutschen Vormarsch in Höhe des westlichen Kaukasus zu stop-

Oben: Ostfront Herbst 1942: Ein 7,5-cm-Sturmgeschütz 40 Ausführung F/8 (Sd Kfz 142/1) rollt in die Bereitstellung

Links: 19. August 1942, Dieppe: Britischer Infanteriepanzer A 22 Churchill, auf dem Strand von deutscher Pak zerschossen

pen. Und die 37. Armee bringt die deutschen Verbände vor Naltschik am Baskan-Fluß zum Stehen.

Am Mittwoch, dem 19. August 1942, landet in den frühen Morgenstunden beiderseits des Seebades Dieppe an der französischen Kanalküste (Operation »Jubilee«) die kanadische 2. Division (Maj.Gen. Roberts) mit der 4. Brigade und der 6. Brigade, unterstützt durch eine Panzereinheit und Commandotruppen. Bereits innerhalb kurzer Zeit schießt die deutsche Pak sämtliche Panzer ab. Nach der Landung schaffen sie es nicht, durch die Strandbefestigungen durchzubrechen, und müssen die Infanterie ohne Deckung lassen. Und als dann die kanadischen Pioniere versuchen, Breschen für die Panzer zu räumen, werden sie zusammengeschossen, weil die Infanterie ohne Feuerdeckung nicht in der Lage ist, die deutschen Maschinengewehrnester zum Schweigen zu bringen.

Das sofortige Eingreifen des Infanterieregiments 571 (Oberstlt. Bartel), unterstützt durch die Flugzeuge des Jagdfliegerführer 2 (Oberst Huth) und Jagdfliegerführer 3 (Oberst Ibel) und durch die Batterien der Küstenartillerie, zwingt die ersten der gelandeten Truppen bereits in den Vormittagsstunden zur Wiedereinschiffung. Und die alliierten Verluste: 3 369 Mann, überwiegend Kanadier, davon 1 179 Tote und 2 190 Gefangene, ein Zerstörer, 33 Landungsfahrzeuge, 106 Flugzeuge,

30 Churchill-Panzer. Die deutschen Verluste: 311 Tote und 280 Vermißte, ein U-Boot-Jäger und 48 Flugzeuge. An diesem Tag gibt General der Panzertruppen Paulus der 6. Armee den Befehl zum Angriff auf Stalingrad.

Am Sonntag, dem 23. August 1942, erreichen die Spitzen der zum XIV. Panzerkorps (GenLt. Hube) gehörenden 16. Panzerdivision die Wolga bei Rynok, nördlich von Stalingrad. Nun klafft zwischen den beiden auf Stalingrad und den Kaukasus verlaufenden deutschen Operationen eine Lücke von etwa 300 Kilometern. Die zur Flankensicherung von der 6. Armee während des Vormarschs zurückgelassenen Einheiten werden durch verbündete Divisionen abgelöst und zum Angriff auf die Stadt frei, eine Riegelstellung vom Don zur Wolga sichert nach Norden hin.

Am Dienstag, dem 25. August 1942, kämpft sich die 71. Infanteriedivision (GenLt. v. Hartmann) an den Verteidigungsgürtel westlich von Stalingrad heran.
An diesem Tag wird Mosdok genommen, aber entlang des Terek versteift sich der sowjetische Widerstand. Die Sowjets verteidigen die Höhen zäh und geschickt. Deutsche Gebirgstruppen kämpfen sich durch fast unbegehbare Kaukasustäler und versuchen über die Pässe hinweg die Schwarzmeerküste zu erreichen.

Am Donnerstag, dem 27. August 1942, gehen die Leningrader Front (GenLt. Goworow) und die Wolchow-Front (Armeegen. Merezkow) zur Offensive gegen den Frontabschnitt der 18. Armee (GenOberst Lindemann) vor. Das Ziel der sowjetischen Operation: Eindrücken des Frontvorsprungs bei Schlüsselburg nahe Leningrad, dem sogenannten Flaschenhals. Die sowjetischen Verbände erzielen dabei mehrere Einbrüche in die deutschen Stellungen.

Am Sonnabend, dem 29. August 1942, stößt die deutsche 4. Panzerarmee nordwestlich von Abganerowo in den Frontabschnitt der 64. Armee (GenLt. Schumilow) vor und schneidet die 62. Armee (Gen.Maj. Kolpaktschi) ab.

In der Nacht vom 30./31. August 1942 versucht Generalfeldmarschall Rommel im Frontabschnitt von El Alamein nochmals, die Initiative zu gewinnen: Er umgeht die britischen Stellungen im Süden am Rande der Kattara-Senke und greift mit Panzern und motorisierten Kräften an. Die neue Offensive bleibt jedoch in den ausgedehnten Minenfeldern stecken, und aus der geplanten Umfassung entwickelt sich ein mehrtägiges frontales Gefecht.
An der Ostfront gelingt es Ende August, sowjetische Entlastungsangriffe in den Bereichen der Heeresgruppe Mitte und Nord bei Rshew-Gschatsk, Demjansk oder Schlüsselburg, teilweise unter Aufbietung der letzten Kräfte, abzuweisen.
Als das Oberkommando des Heeres Ende August die 11. Armee (GFM v. Manstein) von der Krim nach Leningrad heranholt, um die Stadt zu erobern, stoßen die Verbände der Leningrader und der Wolchow-Front in Richtung Sieniawy gegen die 18. Armee vor. Die Kämpfe, die dabei entbrennen, schwächen erheblich die deutschen Kräfte, die für den Sturm auf Leningrad vorgesehen sind.
Im Raum Stalingrad versuchen jetzt die 6. Armee und die 4. Panzerarmee, die Reste von zwei sowjetischen Armeen über die Wolga abzudrängen. Die Infanterie und viele pferdebespannte Einheiten kommen jedoch langsam voran, und Generaloberst Hoth meint, er hätte mit seiner 4. Panzerarmee schon im Juli 1942 Stalingrad »im Vorbeifahren« einnehmen können, wenn er nicht immer wieder auf die nur schleppend nachkommende Infanterie hätte Rücksicht nehmen müssen.

Bereits am Mittwoch, dem 2. September 1942, muß Generalfeldmarschall Rommel seine Offensive abbrechen und sich zurückziehen: Der letzte Versuch, die strategische Initiative in Nordafrika wiederzugewinnen, ist gescheitert. Rommel hat nämlich genau dort angegriffen, wo General Montgomery dank der Ultra-Enigma-Berichte seinen Vorstoß erwartet hat. So sind die Deutschen durch konzentrierte britische Panzerangriffe gerade vor die Höhen von Alam Halfa gedrängt worden, wo sie im heftigen Artilleriefeuer liegenblieben. Die kommende Niederlage zeichnet sich ab, und von nun an geht die Initiative in britische Hände über.

Am Donnerstag, dem 3. September 1942, gelingt es den Soldaten der 71. Infanteriedivision (GenLt. v. Hartmann) vom LI. Armeekorps (Gen.d.Art. v. Seydlitz-Kurzbach), bis auf acht Kilometer an das Stadtzentrum von Stalingrad vorzudringen.

Am Mittwoch, dem 9. September 1942, enthebt Hitler – erbost über das zu langsame Vorgehen der Heeresgruppe A – ihren Oberbefehlshaber, Generalfeldmarschall List, seines Postens und ernennt sich selbst zum Oberbefehlshaber der Heeresgruppe A.

Am Donnerstag, dem 10. September 1942, stößt das zur 4. Panzerarmee gehörende XXXXVIII. Panzerkorps (Gen.d.Pz.Tr. Kempf) am südlichen Stadtrand von Stalingrad zwischen Jelschanka und Kuperosnoje bis zur Wolga vor.

Am Sonnabend, dem 12. September 1942, überträgt Stalin Generalleutnant Tschuikow (OB der 62. Armee) und Generalleutnant Schumilow (OB der 64. Armee) die Verteidigung von Stalingrad. Tags darauf, am 13. September 1942, beginnen die Deutschen, auf Stalingrad vorzustürmen. Die 44. Infanteriedivision (GenLt. Deboi) durchbricht das tiefgestaffelte Festungskampffeld, nimmt die Höhen vor der Stadt und stößt zur Wolga durch. Der politische Kommissar der Stalingradfront, N. Chruschtschow, fordert alle auf, bis zum Letzten Widerstand zu leisten. Die Reste der sibirischen 62. Armee (GenLt. Tschuikow) werden durch 75 000 Einwohner – Arbeiterwehren, Milizverbände, 7 000 Jugendliche, 3 000 Mädchen – verstärkt.

Am Montag, dem 14. September 1942, unternehmen die Deutschen den Versuch, den strategisch wichtigen Mamai-Kurgan, der über Stalingrad herausragt und weiten Blick aufs jenseitige Wolgaufer bietet, zu nehmen und führen Angriffe von Norden, Westen und Süden in Gruppen von je zehn bis 15 Panzern durch. Bei den Panzer-Straßenkämpfen, für die es bis jetzt kaum eine Parallele gibt, entwickeln die Sowjets eine besondere Taktik: Bei Gegenangriffen wirken ihre Panzer eng mit der Infanterie und den Pionieren zusammen. Die Kampfwagen zertrümmern in direktem Beschuß Mauern, um so die Angriffsobjekte vom deutschen Verteidigungssystem zu isolieren, und fahren nach ihrem Einsatz entweder zurück oder bleiben gut getarnt in Deckung. Die Panzer werden immer in kleineren Gruppen bis zu fünf Kampfwagen, eingesetzt. Dem Zusammenwirken von Panzern und Infanterie, meist in Zugstärke, wird die größte Bedeutung beigemessen. Panzer verwendet man oft auch zur Verstärkung von Stützpunkten, und zwei bis drei Panzer sind stets Bestandteil der Stoßtrupps. Bewegungsunfähig geschossene Panzer werden Geschütztürme, die das Rückgrat der sowjetischen Panzerabwehr bilden: 200 bis 300 Meter hinter Hauptkampflinie in Stellung gebracht, eingegraben und sorgfältig getarnt, geben sie der Infanterie, die sich ebenfalls eingräbt oder in Gebäuden verschanzt, Feuerschutz bei Angriffen deutscher Panzer.

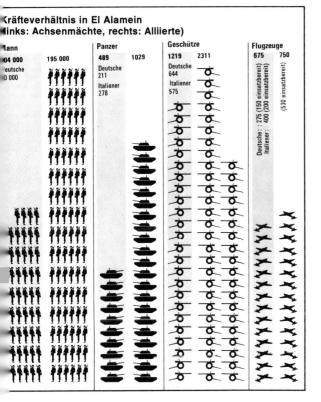

Kräfteverhältnis in El Alamein
(links: Achsenmächte, rechts: Alliierte)

Mann		Panzer		Geschütze		Flugzeuge	
104 000	195 000	489	1029	1219	2311	675	750
Deutsche 50 000		Deutsche 211		Deutsche 644		Deutsche: 275 (150 einsatzbereit) Italiener: 400 (200 einsatzbereit)	(530 einsatzbereit)
		Italiener 278		Italiener 575			

Auf deutscher Seite wiederum müssen die Panzer – entgegen allen taktischen Regeln – trotz der steigenden Verluste immer wieder in die kräftezehrenden Straßenkämpfe eingreifen. Dabei werden die deutschen Panzerverbände durch sowjetische Nahkampfmittel dezimiert, ohne greifbare Erfolge zu bringen.

Am Mittwoch, dem 16. September 1942, erreicht die 24. Panzerdivision (GenMaj. Ritter v. Hauenschild) im Südteil der Stadt den Hauptbahnhof und die Wolga.

Am Mittwoch, dem 23. September 1942, kommt bei Leningrad der neue deutsche Panzer IV »Tiger« erstmals zum Einsatz. Nachdem die ersten Tiger-Panzer das Werk verlassen haben, befiehlt Hitler, sie etwa in Kompaniestärke einzusetzen. Dies erfolgt in einem dafür wenig geeigneten Gelände, und als die Tiger in langer Reihe auf Waldwegen durch sumpfiges Gelände fahren müssen, werden sie zum leichten Ziel für sowjetische Kanoniere und können so die Feuerkraft ihrer 8,8-cm-Geschütze nicht richtig entfalten. Sie gehen alle verloren, und die Sowjets können sich einen Einblick in die Konstruktionsgeheimnisse verschaffen, noch bevor die Serienproduktion richtig anläuft.

Am Donnerstag, dem 24. September 1942, tritt nach dem Konflikt mit Hitler, der bereits während der Schlacht um Moskau im Herbst 1941 begonnen hat, der Chef des Generalstabs des Heeres, Generaloberst Halder zurück. Zu seinem Nachfolger ernennt Hitler den bisherigen Chef des Generalstabs des OB West (GFM v. Rundstedt), General der Infanterie Zeitzler.

Am Montag, dem 28. September 1942, wird auf Stalins Befehl die bisherige Stalingrad-Front in Don-Front (GenLt. Rokossowski) und die Südwestfront in Stalingrad-Front (GenOberst Jeremenko) umbenannt.

Am Sonntag, dem 4. Oktober 1942, findet eine Besprechung der Vertreter von STAWKA, Armeegeneral Schukow und Generaloberst Wassilewski, mit den Oberbefehlshabern der Heeresgruppen (Fronten) im Raum von Stalingrad statt. Das Hauptthema der Konferenz: die Vorbereitung einer Umfassungsoperation gegen die 6. Armee.
Etwa seit diesem Tag entbrennen die Kämpfe nicht mehr um Stadtviertel oder Straßenzüge, sondern um einzelne Fabrikhallen und Gebäude. Nach Eroberung der Stadtmitte und des Südteils von Stalingrad werden die Kämpfe in den Arbeitervierteln und Industriewerken des Nordteils zu den blutigsten des ganzen Krieges. In zermürbendem Häuser- und Barrikadenkampf ringen Grenadiere und Pioniere, unterstützt von Panzern, Sturmgeschützen, Flammenwerfern, Artillerie und Stukas, mit Handgranaten, Spaten und Messern um jede einzelne Stellung. Die sowjetische 62. Armee (GenLt. Tschuikow) hält die Gegend nördlich der Traktorenfabrik, die Geschützfabrik Rote Barrikade sowie den nordöstlichen Teil des Stadtzentrums, die 64. Armee (GenLt. Schumilow) südliche Teile der Stadt.

Am Dienstag, dem 6. Oktober 1942, nehmen die Einheiten der 13. Panzerdivision (GenMaj. Herr) des III. Panzerkorps (Gen.d.Pz.Tr. v. Mackensen) Malgobek im Terekbogen, damit erreicht die 1. Panzerarmee den Raum nordwestlich von Grosny.

Am Freitag, dem 9. Oktober 1942, beschließt auf Geheiß von Stalin der Oberste Rat der UdSSR die Einführung der alleinigen Befehlsgewalt der Truppenkommandeure in der Roten Armee und die Abschaffung der Kommissare. Damit sollen die Befehlshaber in ihrer operativen und taktischen Entscheidung nicht von den meistens wenig qualifizierten Politruks beeinflußt oder gar behindert werden.

Am Sonnabend, dem 10. Oktober 1942, übernimmt die rumänische 3. Armee (GenOberst Dumitrescu), die bis dahin im Westkaukasus eingesetzt war, einen Verteidigungsabschnitt am Don zwischen der italienischen 8. Armee (GenOberst Gariboldi) und der 6. Armee (Gen.d.Pz.Tr. Paulus). Die Entscheidung Hitlers, einen so kampfschwachen Großverband an diesen neuralgischen Frontabschnitt zu verlegen, besiegelt das Schicksal der 6. Armee.

Am Freitag, dem 16. Oktober 1942, erscheint der Befehl Nr. 325 des Volkskommissars für Verteidigung, der den zukünftigen Einsatz sowjetischer operativer Panzerverbände entscheidend prägt: Danach sind bei Verteidigungsoperationen die Panzer- und mechanisierten Korps hauptsächlich für starke Gegenstöße aus der Tiefe vorgesehen. Bei Angriffsoperationen dagegen sollen die Panzerverbände überwiegend als bewegliche Gruppen eingesetzt werden, um den taktischen Erfolg in der operativen Tiefe auszuweiten. Die steigende Bedeutung der Panzertruppen äußert sich in der Errichtung einer Verwaltung des Chefs der Panzer und mechanisierten Truppen unter Generaloberst Federenko.

Am Freitag, dem 23. Oktober 1942, beginnt um 21.40 Uhr bei tiefer Dunkelheit völlig überraschend an der El-Alamein-Front – in Abwesenheit von Generalfeldmarschall Rommel, der sich gerade zur Kur im Reich befindet – die Offensive der britischen 8. Armee (GenLt. Montgomery). Ein Trommelfeuer aus etwa 1 000 Geschützen auf zehn Kilometer Frontbreite eröffnet im Küstenabschnitt den Angriff der sieben Panzerbrigaden mit über 1 000 Panzern und zehn Divisionen auf die Stellungen der Panzerarmee Afrika.
Beteiligt sind: das XXX. Korps (Maj.Gen. Leese) mit der australischen 9. Division, der neuseeländischen 2. Division, der südafrikanischen 1. Division, der indischen 4. Division, der britischen 51. Division sowie der britischen 9. Panzerbrigade; das X. Korps (Maj.Gen. Lumsdon) mit der britischen 1. Panzerdivision, 10. Panzerdivision und der 24. Panzerbrigade; das XIII. Korps (Maj.Gen. Horrocks) mit der britischen 44. Division, 50. Division, 7. Panzerdivision und 4. Panzerbrigade, dazu die französische 1. Brigade, insgesamt: etwa 150 000 Mann, 880 Flugzeuge, 500 schwere Panzer, 614 mittlere und leichte Panzer.
Die Panzerarmee Afrika (zur Zeit Gen.d.Pz.Tr. Stumme) zählt insgesamt: 372 Flugzeuge und 530 Panzer. Bereits in den ersten Stunden der britischen Offensive stirbt General Stumme an einem Herzkollaps. Generalmajor Ritter v. Thoma übernimmt das Kommando, bis Rommel schließlich am 3. Angriffstag aus Deutschland an die Front zurückkehrt. Das überragende taktische Geschick Rommels und das operative Können seines Stabschefs verhindern eine schnelle Niederlage der Achsenkräfte.
Die britische 8. Armee verfügt bereits über eine große Anzahl neuer amerikanischer Sherman-Panzer mit 7,5-cm-KwK, die im Gegensatz zu den englischen Panzern nicht nur panzerbrechende, sondern auch Sprenggranaten verschießen und die damit für die Infanterie und Geschützbedienungen besonders gefährlich sind.
Weil jedes flankierende Umgehungsmanöver ausgeschlossen ist, muß Montgomery die Verteidigungsstellung frontal durchbrechen, um zum Erfolg zu gelangen. Trotz ihrer massiven Überlegenheit können jedoch die Verbände Montgomerys in den ersten Angriffstagen nicht den entscheidenden Durchbruch erringen: Die Deutschen und Italiener erleiden zwar im britischen Trommelfeuer schwere Verluste, aber ihre Front hält im wesentlichen stand.

Am Montag, dem 2. November 1942, beginnt die Operation »Super Charge«, Durchbruch der britischen 8. Armee durch die Stellungen der Panzerarmee Afrika bei El Alamein. Wegen der Gefahr einer Einkreisung faßt Rommel den Entschluß, sich zurückzuziehen. Am Abend meldet Rommel dem Führerhauptquartier die Notwendigkeit des Rückzugs und leitet den Abmarsch seiner Verbände aus dem El-Alamein-Gebiet ein.

Am Morgen des 3. November 1942 befiehlt Hitler der Panzerarmee Afrika »Halten um jeden Preis«. Nachdem die britische 8. Armee die deutsche Stellung bei El Alamein durchbrochen hat, gibt es kein Halten mehr: Der Krieg in Nordafrika ist entschieden. Die hoffnungslos unterlegenen Deutschen und Italiener ziehen sich immer weiter nach Westen zurück.

Am Mittwoch, dem 4. November 1942, erteilt Rommel gegen 15.30 Uhr aus eigener Verantwortung den Befehl zum weiteren Rückzug in Richtung Sollum.

Am Freitag, dem 6. November 1942, meldet die britische 8. Armee: seit dem 23. 10. 1942 rund 30 000 Gefangene, 400 Geschütze und 350 Panzer zerstört oder erbeutet. Sechs italienische Divisionen sind aufgerieben, und nach zwölftägigen schweren Kämpfen zählt die Panzerarmee Afrika nur noch 38 Kampfwagen.

In der Nacht vom 7./8. November 1942 beginnt die Operation »Torch«, die Landung alliierter Truppen unter dem Befehl von General Eisenhower in Marokko und Algerien: In der Nähe von Casablanca die Verbände von Lieutenant General Patton mit der 2. US-Panzerdivision (Maj.Gen. Harmon), der 3. US-Division (Maj.Gen. Anderson) und der 9. US-Division (Maj.Gen. Eddy), insgesamt 35 000 Mann und 250 Panzer; im Raum Oran die Verbände von Major General Fredendall mit der 1. US-Division (Maj.Gen. Allen), sowie der 1. US-Panzerdivision (Maj.Gen. Ward) und mehreren kleinen Einheiten, insgesamt 39 000 Mann und 120 Panzer; im Raum Algier die Verbände von Lieutenant General Anderson mit der 34. US-Division (Maj.Gen. Ryder), der britischen 78. Division (Maj.Gen. Evelegh) sowie einzelnen kleineren Einheiten, insgesamt 33 000 Mann und 80 Panzer. Die gelandeten Einheiten treffen auf den Widerstand der französischen Vichy-Truppen, vor allem in Algier, Oran und Casablanca.

Am Dienstag, dem 10. November 1942, erklärt der französische Admiral Darlan Waffenstillstand für Nordafrika. Die in Oran eingedrungenen US-Panzer zwingen die französische Garnison zur Kapitulation.
Die in Tunesien gelandeten deutschen Fallschirmjäger und Luftlandetruppen besetzen den Flugplatz El Aouina bei Tunis und den Flugplatz Sidi Ahmed bei Bizerta. In Libyen räumt die Panzerarmee Afrika vor dem Eindringen der britischen 8. Armee Sidi Barrani.

Am Mittwoch, dem 11. November 1942, um 7 Uhr morgens, beginnt das Unternehmen »Anton«: Die Verbände der 1. Armee (GenOberst Blaskowitz) und die Armeegruppe Felber (Gen.d.Inf. Felber) überschreiten die Demarkationslinie und marschieren in den bisher unbesetzten Teil Frankreichs ein. Zur französischen

Riviera drängen die Verbände der italienischen 4. Armee (Gen. Vercellino).

Am gleichen Tag landen alliierte Truppen in Bougie (Ostalgerien).

Am Donnerstag, dem 12. November 1942, räumt die Panzerarmee Afrika Sollum, Fort Capuzzo und Bardia. In Ostalgerien landen alliierte Truppen in Bône und stoßen über das algerisch-tunesische Grenzland vor. Und tags darauf rückt die britische 8. Armee fast ohne Widerstand in die früher heiß umkämpfte Hafenstadt Tobruk ein.

Am Sonntag, dem 15. November 1942, besetzt die britische 1. Armee (Lt.Gen. Anderson) Tabarka an der tunesischen Nordwestküste.

An diesem Tag trifft in Tunesien General der Panzertruppen Nehring ein und übernimmt den Befehl über das LXXXX. Armeekorps, dem alle deutschen Truppen im Brückenkopf Tunesien unterstehen. Um den drohenden militärischen und politischen Gefahren zu begegnen, entschließt sich Hitler zur Entsendung starker Kräfte nach Tunesien. Sogar ein komplettes Bataillon mit neuen Tiger-Panzern wird nach Afrika verladen.

Am Dienstag, dem 17. November 1942, kommt es etwa 50 Kilometer westlich von Biserta zu einem ersten Gefecht zwischen deutschen und alliierten Verbänden in Tunesien.

Am Donnerstag, dem 19. November 1942, um 5 Uhr morgens, beginnt bei Schneetreiben und Nebel aus den Don-Brückenköpfen von Kletskaja und Serafimowitsch die Operation Uran, die sowjetische Großoffensive gegen die deutschen und verbündeten Verbände zwischen Don und Wolga: die Südwestfront (GenLt. Watutin) mit der 1. Gardearmee (GenLt. Leljuschenko), der 5. Panzerarmee (GenLt. Romanenko), der 21. Armee (GenLt. Tschistiakow) sowie mit dem VIII. Kavalleriekorps. Luftsicherung: die 2. Luftarmee (GenMaj. Smirnow) und die 17. Luftarmee (GenMaj. Krassoski); die Don-Front (GenLt. Rokossowski) mit der 24. Armee (GenLt. Galanin) und der 65. Armee (GenLt. Batow), Luftsicherung: 16. Luftarmee (GenMaj. Rudenko). Bereits einige Stunden nach Beginn der Offensive bricht die Front der rumänischen 3. Armee (GenOberst Dumitrescu) auf der gesamten Linie zusammen. Bei dieser Operation »Uran« sind erstmals stärkere operative Panzerkräfte im Einsatz: eine Panzerarmee, ein mechanisiertes Korps und vier Panzerkorps mit 894 Panzern und Selbstfahrlafetten. Die Panzer- und mechanisierten Korps bilden bewegliche Gruppen der Armeen, dagegen ist die 5. Panzerarmee jetzt der einzige operative Großverband der Südwestfront.

Am Freitag, dem 20. November 1942, treten in den Morgenstunden südlich von Stalingrad die Verbände der Stalingrad-Front (GenOberst Jeremenko) mit der 51. Armee (GenMaj. Trufanow) und der 57. Armee

Anfang Oktober 1942, östlich von El Alamein: Der Kommandeur eines britischen Panzerregiments (links im mittleren US-Kampfpanzer M 3 General Grant) bei der Befehlserteilung, rechts Schützenpanzer Bren Carrier

(GenMaj. Tolbuchin) zur Offensive an. Die Luftsicherung übernimmt die 8. Luftarmee (GenMaj. Chrjukin). Der Angriff von zwei sowjetischen Panzerkorps und neun Schützendivisionen richtet sich gegen die Front der rumänischen 4. Armee. Die rumänischen Truppen – lediglich mit pferdebespannter 3,7-cm-Flak ausgerüstet – sind dem starken, gepanzerten Gegner rettungslos unterlegen.

Die Gegenangriffe der deutschen 22. Panzerdivision scheitern, ebenso die Abriegelungsversuche der von der 6. Armee aus fünf Divisionen in Eile gebildeten Gruppe Hollidt. Bereits am Abend wird der linke Flügel der rumänischen 4. Armee zerschlagen. An diesem Tag erreicht die britische 8. Armee Bengasi.

November 1942, Hafen von Casablanca: Mittlere US-Kampfpanzer M 4 Sherman bei der Entladung

Am Sonntag, dem 22. November 1942, treffen sich bei Kalatsch die von Norden und Süden vorstoßenden sowjetischen Verbände und schließen im Raum zwischen Don und Stalingrad die 6. Armee mit dem IV. Armeekorps, Teilen der 4. Panzerarmee, mit der rumänischen 20. Division und der rumänischen 1. Kavalleriedivision ein. Im Kessel befinden sich etwa 260 000 Mann, 50 000 Pferde, 10 000 Kraftfahrzeuge, 1 800 Geschütze und 100 Panzer. Der Raum zählt 1 500 Quadratkilometer und hat eine Ausdehnung von 60 Kilometer Länge, 37 Kilometer Breite und einen Umfang von 171 Kilometer. Das ganze Kesselgebiet liegt im Bereich der weittragenden sowjetischen Artillerie.

Daraufhin überträgt Hitler die Führung der Heeresgruppe A, die er selbst am 9. 9. 1942 übernommen hat, dem bisherigen Oberbefehlshaber der 1. Panzerarmee, Generaloberst v. Kleist. Die 1. Panzerarmee übernimmt nun General der Panzertruppen v. Mackensen, bis jetzt kommandierender General des III. Panzerkorps. In den Abendstunden befiehlt Hitler der 6. Armee: Einigeln und Einsatz von außen abwarten!

Am Dienstag, dem 24. November 1942, wird durch Führerentscheid Stalingrad zur Festung erklärt und jeder Ausbruch verboten.

Am Mittwoch, dem 25. November 1942, landet die erste Transportmaschine des VIII. Fliegerkorps (GenLt. Fiebig) mit Nachschub auf dem Flugplatz Gumrak bei Stalingrad. Damit beginnt die Luftbrücke für die eingekesselten deutschen und verbündeten Truppen.

Nach der Schlacht bei El Alamein:
Der Siegeszug der britischen 8. Armee

Am Freitag, dem 27. November 1942, besetzen die deutsche 7. und 10. Panzerdivision unter dem Generalkommando des II. SS-Panzerkorps (SS-Obergruppenf. Hausser) im Rahmen des Unternehmens »Lila« den französischen Flottenstützpunkt Toulon bei Marseille. Daraufhin befiehlt Admiral de Laborde die Selbstversenkung der im Stützpunkt liegenden französischen Kriegsflotte.

Am gleichen Tag übernimmt Generalfeldmarschall v. Manstein die neugebildete Heeresgruppe Don mit der 6. Armee, der 4. Panzerarmee sowie der rumänischen 3. und 4. Armee. So bleiben bei der Heeresgruppe B (GenOberst Frhr. v. Weichs) die 2. Armee, die ungarische 2. Armee und die italienische 8. Armee.

Am Freitag, dem 4. Dezember 1942, erringt die deutsche Panzerwaffe in Tunesien ihren ersten größeren Erfolg: Das LXXXX. Panzerkorps (Gen.d.Pz.Tr. Nehring) nimmt trotz starken Widerstandes der 1. US-Panzerdivision und der britischen 11. Brigade die 30 Kilometer westlich von Tunis liegende Stadt Tebourba.

Am Mittwoch, dem 9. Dezember 1942, wird in Tunesien die deutsche 5. Panzerarmee (GenOberst v. Arnim) gebildet. Dieser Verband ist nur von der Bezeichnung her eine Panzerarmee, in Wirklichkeit hat er lediglich die Stärke eines Korps und setzt sich aus zwei Panzerdivisionen, einer motorisierten Grenadierdivision und fünf Infanteriedivisionen, davon drei italienischen, zusammen.

Am Freitag, dem 11. Dezember 1942, führt die britische 8. Armee einen Angriff gegen die jetzt in den Mersa-Brega-Stellungen liegende Panzerarmee Afrika, die sich unter dem Druck der britischen Verbände weiter westlich auf die Buerat-Stellungen zurückziehen muß.

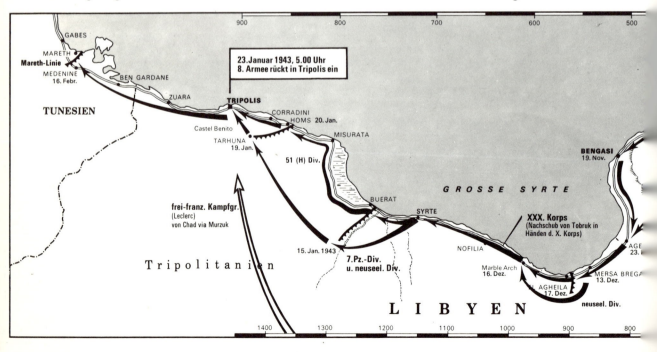

November 1942,
Raum Stalingrad:
Sowjetische
Panzerverbände, durch
Infanterie unterstützt,
schließen den Ring um
die deutsche 6. Armee

Am Sonnabend, dem 12. Dezember 1942, beginnt zur Rettung der bei Stalingrad eingeschlossenen 6. Armee aus dem Raum Kotelnikowo ein Entsatzvorstoß durch Teile der 4. Panzerarmee (GenOberst Hoth) mit der 6. Panzerdivision (GenLt. Raus), der 23. Panzerdivision, der sich auch die von der Heeresgruppe Mitte verlegte 17. Panzerdivision anschließt. Mit insgesamt 230 Panzern kämpft sich die Gruppe Hoth nur mühsam von Salsk aus in Richtung zu dem 100 Kilometer entfernten Stalingrad vor, da sie ständig sowjetische Gegenangriffe an der Ostflanke abwehren muß. Trotz Abschuß von

385 sowjetischen Panzern gewinnt der Entsatzversuch nur schrittweise Boden.

Am Mittwoch, dem 16. Dezember 1942, geht die sowjetische Woronesch-Front (GenLt. Golikow) mit der 1. Gardearmee (GenLt. W.I. Kusnetzow), der 3. Gardearmee (GenLt. Leluschenko), sowie der 6. Armee (GenMaj. Charitonow) zur Offensive gegen die italienische 8. Armee (GenOberst Gariboldi) vor. Bereits am Abend sind Teile der italienischen Verbände überrollt und aufgerieben. Nach einem 240 Kilometer weiten

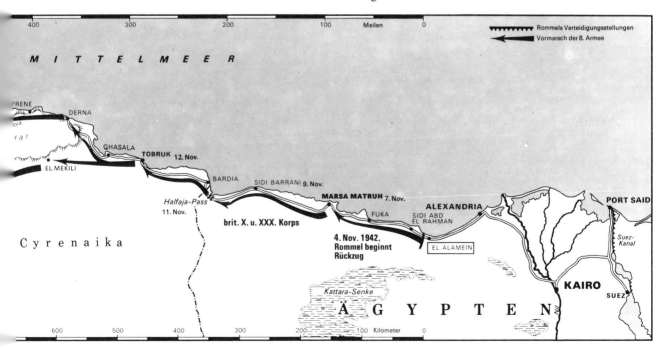

Vorstoß bedrohen die sowjetischen Verbände nun den Rücken der deutschen Tschir-Front. Innerhalb von wenigen Tagen werden außer einem Teil der italienischen 8. Armee auch die Armeegruppe Hollidt und die rumänische 3. Armee zerschlagen.

Am Montag, dem 21. Dezember 1942, erreichen die Verbände der 4. Panzerarmee (GenOberst Hoth) auf ihrem Entsatz-Vormarsch in Richtung Stalingrad trotz des harten Widerstandes der 51. Armee (GenMaj. Trufanow) den Fluß Myschkowa und stehen etwa 48 Kilometer vor Stalingrad. Sie werden hier gezwungen, zur Verteidigung überzugehen, da die Sowjets zu ihrer Verstärkung die 2. Gardearmee (GenLt. Malinowski) herangeholt haben. Nachdem Hitler sich weigert, den Ausbruch der 6. Armee, der in Richtung der Myschkowa geplant ist (Unternehmen »Donnerschlag«), zu genehmigen, muß die 4. Panzerarmee – schon wegen der in ihrem Rücken fortschreitenden sowjetischen Offensive gegen die deutschen Verbände im Kaukasus – unverrichteterdinge unter schweren Kämpfen in Richtung Süden aufbrechen.

In der Zwischenzeit trifft die Deutschen im großen Donbogen eine neue Niederlage. Der befürchtete Vorstoß der Sowjets bis Rostow würde die Abschnürung der Heeresgruppe A und der Heeresgruppe Don (GFM v. Manstein) bedeuten. Die Lücke zur Heeresgruppe B reißt 100 Kilometer weit auf. Daraufhin dreht v. Manstein eiligst eine Panzerdivision der 4. Panzerarmee der neuen Gefahr entgegen. Sofort greifen die sowjetische 2. Gardearmee und die 51. Armee (GenOberst F.I. Kusnetzow) die geschwächte 4. Panzerarmee an, die sich jetzt mit offenen Flanken zurückkämpft, teilweise von sowjetischen Verbänden überholt. Unterdessen stürmen acht sowjetische Korps in Richtung Rostow, um den zweiten Zangenarm zu bilden.

Am Donnerstag, dem 24. Dezember 1942, beginnt die Stalingrad-Front (GenLt. Jeremenko) mit der 2. Gardearmee und die 5. Stoßarmee (GenLt. Popow) mit der 51. Armee ihre Offensive gegen die im Abschnitt Kotelnikowo stehende rumänische 4. Armee, die kaum Widerstand leistet und sich bereits in der Auflösung befindet. An diesem Abend erreichen die Panzerverbände der Woronesch-Front den wichtigen deutschen Nachschubstützpunkt Tazinskaja, von dem die deutschen Transportmaschinen zu den Versorgungsflügen nach Stalingrad starten. Das Ergebnis der Offensive von Generaloberst Jeremenko ist die kurz bevorstehende Niederlage der Heeresgruppe Don, die Möglichkeit zum Angriff auf Rostow und Zerschlagung der 6. Armee. Die Stalingrad-Front erhält nun neue Verbände, wird in Südfront umbenannt und soll Rostow erobern.

Am Montag, dem 28. Dezember 1942, befiehlt Hitler den Rückzug der Heeresgruppe A aus dem Kaukasus. Auch die Heeresgruppe Don soll zurückgezogen werden.

Die Versorgung der im Kessel von Stalingrad eingeschlossenen 6. Armee sank ständig ab. Anstatt der 900

Ende Dezember 1942, südwestlich von Stalingrad: Panzerkampfwagen IV Ausführung G (Sd Kfz 161/1) mit 7,5-cm-Kanone 40 L/48 der 4. Panzerarmee während der Rückzugskämpfe

Tonnen, die die 6. Armee benötigte, hatte der Tagesdurchschnitt 95 Tonnen erreicht. Zur Bekämpfung der Luftbrücke zogen die Sowjets eine starke Fliegerabwehr zusammen. Im Dezember gingen 246 deutsche Maschinen, meist Ju-52-Transportflugzeuge, verloren. Im Dezember 1942 fiel die Entscheidung, die Produktion des Panzers III auslaufen zu lassen: Der P III war mit seiner 5-cm-KwK den Anforderungen der Kämpfe nicht mehr gewachsen. Das Chassis des Panzers III blieb aber für die Sturmgeschütz-Fertigung weiter voll in der Produktion. Die Sturmgeschütze, gegliedert in Batterien von 7 und 15 Geschützen, waren für die Sturmartillerie-Abteilungen und -Brigaden oft das Rückgrat der Panzerabwehr. Sowohl von deutscher als auch von sowjetischer Seite wurde in dem Bemühen, die Unterstützungsartillerie in die Lage zu versetzen, den gepanzerten Kettenfahrzeugen über das schwierige Gelände zu folgen, eine Vielfalt von Selbstfahrgeschützen auf den Fahrgestellen veralteter oder erbeuteter Panzer herausgebracht.

Die Panzerfertigung stieg in Deutschland 1942 gegenüber 1941 nur um 1 000 Panzer: von 3 256 auf 4 278. Die Produktion von Selbstfahrlafetten und Sturmgeschüt-

zen wuchs in der gleichen Zeit um mehr als das Dreifache: von 540 auf 1 911. Im Jahr 1942 sind in Deutschland Panzer vom Typ P III und P IV die meistgebauten Kampfwagen. Bis zum Jahresende verlor die deutsche Panzerwaffe in kurzer Zeit mehr als ein Drittel ihres Bestandes, darunter acht komplette Panzerdivisionen; so allein in Afrika die 10., 16. und 21. Panzerdivision; in Stalingrad die 14., 16. und 24. Panzerdivision. Diese schlagkräftigen Großverbände mußten schnellstens ersetzt und neu ausgerüstet werden.

Trotz der ungünstigen Lage der Sowjets bei Beginn der deutschen Sommeroffensive sowie der erlittenen Verluste gelang es der Roten Armee, den Ansturm der deutschen Panzerverbände aufzuhalten, sie zu schwächen und die Bedingungen für den Übergang zur eigenen Offensive zu schaffen. Der deutsche Hauptverband, die Heeresgruppe A und B, von seinen Ausgangsstellungen auf eine Frontlänge von mehreren tausend Kilometern auseinandergezogen und dazu noch in zwei exzentrischen Richtungen, so daß jede Möglichkeit zu einer geballten Offensive verlorenging. Das OKH befand sich auch diesmal in einer ähnlichen kritischen Situation wie schon im Dezember 1941, als es

gezwungen wurde, den Übergang zur Verteidigung unter besonders schwierigen Verhältnissen und ohne Reserven anzuordnen.

Die Sowjets wiederum hatten ein Jahr nach den schwersten Katastrophen im November 1942 nicht nur aus den Trümmern ihrer alten Panzerwaffe eine neue aufgebaut, sondern sich als gelehrige Schüler der Deutschen erwiesen: Von nun ab setzten sie ihre Panzertruppen operativ und taktisch mit stets steigendem Erfolg nach dem deutschen Vorbild ein. Auffallend in der Taktik der sowjetischen Panzertruppen war Ende 1942 die schnelle Verteidigungsbereitschaft nach gelungenen örtlichen Einbrüchen. Der sowjetische Soldat zeigte in der Verteidigung eine außerordentliche Widerstandskraft und war im Stellungsbau unübertroffen. Man zog die gesamte Zivilbevölkerung heran, einschließlich Frauen und Kinder, und so entstanden – wie z. B. vor Stalingrad – nicht selten mehrere Kilometer tiefe Stellungssysteme.

Diese Verteidigungsanlagen mit Panzerabwehrgeschützen waren bis zu 10 Kilometer tief, und die dahinterliegenden Stellungen hatten eine Tiefe bis zu 30 Kilometern. Die Panzergräben – etwa 6 Meter breit und

4 Meter tief – waren immer wieder durch Erdbunker mit dicker Abdeckung aus Baumstämmen, Erde oder auch Panzerplatten verstärkt. Der erste Graben erhielt in einer Entfernung von 8 bis 10 Metern einen Minengürtel aus Holzkastenminen, mit den üblichen Minensuchgeräten kaum auffindbar. In für Panzereinsätze günstigem Gelände waren in der Regel Panzerminen ausgelegt. Wurde ein Frontabschnitt geräumt, brachten die sowjetischen Truppen an zurückgelassenem Material und an liegengebliebenen Panzern Sprengladungen an. Bei ihrer Gegenoffensive in der Schlacht um Stalingrad haben die hier erstmalig eingesetzten operativen Panzerverbände eine neue Taktik angewandt: Die Angriffe wurden durch langanhaltendes heftiges Artilleriefeuer und durch taktische Luftangriffe vorbereitet und danach die Panzer in drei Wellen eingesetzt: Die erste Welle rollte sofort an, wenn das Artilleriefeuer aufhörte, und wurde von Infanterie begleitet. Ihre Aufgabe: bereits erkannte Pak-Stellungen vernichten, das Feuer der noch nicht erkannten Pak auf sich ziehen und feindliche Panzer binden. Die zweite Welle bestand aus mittleren Panzern mit aufgesessener Infanterie, die in einem Abstand von 500 bis 1 000 Metern folgte. Jeder Panzer hatte ein vorher festgelegtes Angriffsziel, in einem bestimmten feindlichen Abschnitt einen Bunker oder Stützpunkt zu zerschlagen. War die gegnerische Stellung zum Schweigen gebracht, so schloß sich die zweite Welle der ersten an. Die dritte Welle – ähnlich wie die zweite gegliedert – griff die feindlichen Stellungen in der Tiefe an, um den Erfolg der zweiten Welle auszuweiten. Danach ging die Infanterie vor, die das gewonnene Gelände zu säubern hatte. Anschließend kamen leichte Panzer zum Flankenschutz und zur Aufklärung nach gelungenem Durchbruch.

Die deutsche Front war in den meisten Fällen kaum zu halten: Die Infanterie verfügte Ende 1942 nur über eine beschränkte Anzahl geeigneter Mittel zur Panzerbekämpfung. Lediglich dort, wo Pak oder Sturmgeschütze in entsprechenden Mengen standen, konnten die sowjetischen Panzerrudel aufgehalten werden. Aber meist durchbrachen sie die deutsche Front und rollten ins Hinterland. Hier wiederum verteidigten sich die Deutschen in sogenannten Igelstellungen: zur Rundumverteidigung eingerichtete Dörfer oder einzelne Kolchosen. Hatten die Deutschen in einer solchen Igelstellung ausreichend Panzer und Sturmgeschütze, so konnte die

Lage durch Gegenstöße bereinigt werden. Waren jedoch die sowjetischen Panzerkräfte zu stark, zogen sich die Besatzungen aus den deutschen Stützpunkten im Schutz der Panzer oder Sturmgeschütze zurück.

Dank ihrer überlegenen Ausbildung und Führung gelang es den deutschen Truppen, die Krise im Südabschnitt der Ostfront Ende 1942 zu meistern. Man ließ die sowjetischen Panzerverbände angreifen, bis sie sich nach dem Geländegewinn erschöpften. Dann gingen die deutschen Panzer und Grenadierdivisionen, Schlachtflugzeuge und Artillerie zum Gegenangriff über. Mit dieser von Generalfeldmarschall v. Manstein praktizierten Taktik zwang man die Sowjets des öfteren, sich wieder zurückzuziehen, oder sie mußten Gefahr laufen, eingekesselt und vernichtet zu werden.

Das ganze Jahr 1942 war im Bereich der Heeresgruppen Nord und Mitte im wesentlichen durch ständige kleine oder größere Abwehrschlachten gegen die überall vordrängenden Sowjets gekennzeichnet, ohne daß ihnen ein wirklich entscheidender Durchbruch gelang.

In Großbritannien wurden 1942 die Panzerkräfte neu gegliedert: Die Division hatte jetzt nur noch ein Panzerregiment, dafür bekam sie aber ein Schützenregiment mit drei Bataillonen. Die Unterstützungsgruppe löste man auf, und die Artillerie wurde der Division direkt unterstellt. Aus den freigewordenen Panzerregimentern entstanden selbständige Panzerbrigaden zur Unterstützung der Infanterie. Das Schützenregiment blieb ungepanzert und konnte mit den gepanzerten Teilen des Verbandes nur beschränkt zusammenwirken. Seine Aufgabe war es, das gewonnene Gelände so lange zu verteidigen, bis die Infanterie anrückte.

Alle britischen Panzertypen, die 1942 gebaut wurden oder kurz vor der Serienproduktion standen, waren noch mit der veralteten 4-cm-Kanone ausgestattet. Obwohl die Verzögerung bei der Entwicklung eines kampfstarken schweren Panzers in England zum Teil durch eine taktische Konzeption im Panzereinsatz verursacht wurde, spielte dabei die veraltete Ansicht der führenden Militärs eine entscheidende Rolle: Bis Ende 1942 bestand der Generalstab darauf, daß Panzer nur so groß gebaut werden dürften, daß sie mit der Bahn transportiert werden konnten, denn die britische Eisenbahn hatte in dieser Hinsicht sehr strenge Vorschriften. Diese Forderung entfiel erst, als aus den USA zusammen mit Panzern auch die entsprechenden Transporter für die Straße importiert wurden.

Das Erscheinen der US-Panzer 1942 auf dem nordafrikanischen Kriegsschauplatz war einer der wesentlichen Faktoren für den Übergang der strategischen Initiative in die Hände der Alliierten. Zusammen mit den 252 Panzern vom Typ M 4 »Sherman« machten die amerikanischen Typen fast die Hälfte der 1 029 britischen Panzer in der Schlacht von El Alamein aus. Dagegen waren in Nordafrika nicht einmal 10 Prozent der deutschen Panzerverbände eingesetzt. Und Lieutenant General Montgomery besaß einen Vorteil, den kein anderer Feldherr in der Geschichte vor ihm hatte: Er kannte dank der Ultra-Enigma-Berichte genau die Absichten seines Gegners.

Britischer Cruizer-(Kreuzer-)Panzer A 27 M Chromwell Mark IV (ab 1942)

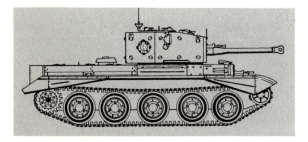

1943

Januar – Juni

Schwere Abwehrkämpfe

Sonntag, 3. Januar 1943
Das *Oberkommando der Wehrmacht* gibt bekannt:
Im Dongebiet dauern die schweren Abwehrkämpfe an.
Der Feind wurde auf der ganzen Front zurückgeschlagen und verlor 38 Panzer. Bei diesen Kämpfen zeichnete sich die 6. Panzerdivision besonders aus. Ungarische Truppen schlugen einen von starker Artillerie unterstützten Angriff der Sowjets ab.

Lagebericht, *Oberkommando des Heeres*,
3. Januar 1943
Ostfront: In Stalingrad keine besonderen Kampfhandlungen.

Tagesparole des Reichspressechefs
Mittwoch, 6. Januar 1943:
Der Minister führt in Erwägung seiner gestrigen Darlegungen über die Maßnahmen zur Durchführung des totalen Krieges aus, die Propaganda müsse selbstverständlich vermeiden, eine defensive Grundhaltung des deutschen Volkes hervorzurufen. Unter keinen Umständen dürften Schlagworte wie: »Leben oder Tod«, »Festung Europa«, die unerwünschte Vorstellungen hervorriefen, herausgestellt werden. Die Propaganda habe seit Kriegsbeginn folgende fehlerhafte Entwicklung genommen:
1. Kriegsjahr: Wir haben gesiegt.
2. Kriegsjahr: Wir werden siegen.
3. Kriegsjahr: Wir müssen siegen.
4. Kriegsjahr: Wir können nicht besiegt werden.
Eine solche Entwicklung sei katastrophal und dürfe unter keinen Umständen fortgeführt werden. Es müsse vielmehr der deutschen Öffentlichkeit zum Bewußtsein gebracht werden, daß wir nicht nur siegen wollen und müssen, sondern besonders auch, daß wir auch siegen können, weil die Voraussetzungen gegeben sind, sobald Arbeit und Leistung in der Heimat voll in den Dienst

Sonnabend, 9. Januar 1943
Das *Oberkommando der Wehrmacht* gibt bekannt:
Zwischen Kaukasus und Don, bei Stalingrad und im Dongebiet halten die schweren Kämpfe an. Die erbittert angreifenden Sowjets wurden überall zurückgeschlagen. Die an vielen Stellen sofort zum Gegenstoß antretenden deutschen Truppen fügten dem Gegner hohe blutige Verluste zu und vernichteten zahlreiches Kriegsmaterial. Eine eingeschlossene Kräftegruppe wurde aufgerieben. 18 Panzer wurden vernichtet. Kampf- und Nahkampfflieger griffen in die Abwehrkämpfe mit Erfolg ein und zersprengten feindliche Kavallerie- und motorisierte Kolonnen sowie Bereitstellungen.

Geheimer Bericht des *Sicherheitsdienstes der SS*
zur innenpolitischen Lage:
Nr. 349 vom 11. Januar 1943 (Auszug)
I. Allgemeines: Während die Winterkämpfe im Osten zunächst nur Besorgnisse um das persönliche Schicksal der beteiligten Soldaten auslösten, wurde im allgemeinen trotz der gemeldeten Abwehrkämpfe die gesamte Kampflage im Osten mit ruhiger Sicherheit betrachtet. Die vorliegenden Meldungen besagen jedoch nunmehr, daß die anhaltenden schweren Abwehrkämpfe zu einer zunehmenden Beunruhigung geführt haben.

Dienstag, 12. Januar 1943
Das *Oberkommando der Wehrmacht* gibt bekannt:
Zwischen Kaukasus und Don, im Raume von Stalingrad und im Dongebiet griff der Feind unter erneutem Einsatz starker Kräfte an den bisherigen Schwerpunkten an. Er wurde in erbitterten Kämpfen zum Teil im Gegenstoß zurückgewiesen und verlor 63 Panzerkampfwagen, 45 allein bei Stalingrad. Dem Masseneinsatz der Infanterie entsprechen die schweren Verluste der Sowjets. Im Gegenangriff wurde eine Schützendivision

12. Januar 1943, Washington
Associated Press meldet:
Die Regierung hat sämtliche Departements, die mit der Produktion von Waffen und Waffenlieferungen zu tun haben, mitgeteilt, daß die Sowjetunion den unbedingten Vorrang in bezug auf alles, was es auf dem Gebiet der Kriegslieferungen wünscht, genießt.

Die Kälte des Grauens
Von SS-Kriegsberichter F. Winter

Die Hölle der Artillerievorbereitung macht einen Sprung zurück: jetzt schießen sie Sperrfeuer, und jetzt werden sie kommen. Da tauchen sie schon auf. Fast torkelnd, mit schweren unbeholfenen Schritten gehen sie zum Angriff. Ein unheimlicher Wille treibt sie weiter.
Langsam wälzt sich der erdbraune Haufen näher und näher. In unförmigen Mänteln und Pelzmützen taumeln sie heran, schwerfällig und stumpfsinnig – aber gereizt bis zur Verzweiflung.
Unwillkürlich huscht eine ferne Erinnerung an einem vorüber. Die Erinnerung an das Indianerzeitalter und an die Grizzly-Bären der kindlichen Phantasie, die Wirklichkeit geworden, eine Welle dumpfer Vernichtungswut aus den Wäldern brechend?
Wie oft schon, Kameraden, in diesem erbarmungslosen, unpathetischen, haßzerwühlten sowjetischen Krieg hattet ihr dieses Bild tierischen Hasses vor euren Augen. Wie oft schon erfaßte euch bei diesem Anblick eine Kälte, die nicht die Kälte des sowjetischen Winters war. . . . Wohl auch die Kälte des Grauens war es, aber

Januar 1943, Raum Stalingrad: Sowjetische Infanterie und Panzer nach dem Durchbruch

mehr noch die kalte wilde Entschlossenheit, die keine Wahl mehr kennt und keine Zweifel.
Kommen sie durch? Kommen sie diesmal durch? Die Frage – wer von euch kennt sie nicht, die ihr schon den zweiten Winter in der Sowjetunion steht.
Völkischer Beobachter, 13. 1. 1943

Donnerstag, 14. Januar 1943
Das *Oberkommando der Wehrmacht* gibt bekannt:
Nach den am Vortag erlittenen schweren Verlusten führte der Feind im Westkaukasus nur vereinzelte und zusammenhanglose Angriffe durch. Zwischen Kaukasus und Don scheiterten die fortgesetzten Angriffe der Sowjets unter Verlust von 26 Panzerkampfwagen.

Ungarische Truppen in schweren Kämpfen
Freitag, 15. Januar 1943, Moskau
Das *Sowinformbüro* teilt mit:
Über die Entwicklung der am Vortag aufgenommenen sowjetischen Offensive können detaillierte Berichte noch immer nicht gegeben werden. Es zeichnet sich jedoch ab, daß die sowjetischen Angriffe sich gegen die Bahnstrecke zwischen Swoboda und Kantemirowka richten, dem einzigen Stück, das die deutschen Truppen zwischen Woronesch und Millerowo noch besetzt halten. Swoboda liegt 65 Kilometer südlich von Woronesch. An dem Frontabschnitt, an dem jetzt schwere Kämpfe wüten, steht das Gros der ungarischen Streitkräfte.

Britische Offensive gegen Tripolis
Sonntag, 17. Januar 1943, Kairo
Der *britische Heeresbericht* meldet:
Die offensiven Operationen, die am Freitag begannen, haben sich erfolgreich entwickelt. Am Samstag wurde die gesamte Buerat-Stellung der Achsenstreitkräfte durchbrochen, und der Gegner befindet sich in vollem Rückzug. Am Abend des Samstags standen unsere Truppen im Kampf gegen die feindlichen Positionen bei Sedada und Birscala.

Montag, 18. Januar 1943
Das *Oberkommando der Wehrmacht* gibt bekannt:
Im Süden der Ostfront hält die seit zwei Monaten andauernde erbitterte Winterschlacht mit unverminderter Heftigkeit an.
Die deutsch-italienische Panzerarmee in Nordafrika wehrte auch gestern in beweglicher Kampfführung starke feindliche Infanterie- und Panzerangriffe unter sehr hohen Verlusten für den Gegner ab. Zwanzig feindliche Panzerkampfwagen wurden abgeschossen. Verbände der Luftwaffe unterstützten die Abwehrkämpfe.

Französische Erfolge in Nordafrika
18. Januar 1943, Rabat
Das *französische Hauptquartier* meldet:
Trotz starkem feindlichen Widerstand konnten wir unsere Stellungen im Süden von Fondouk verbessern. Ein Angriff gegen unsere Stellungen im Gebiet von Casanet, 50 Kilometer östlich Gafsa, wurde zurückge-

Januar 1943: Die enge Zusammenarbeit zwischen sowjetischen Panzern und Kavallerieverbänden bewährt sich besonders bei Verfolgungskämpfen

schlagen. An der ganzen Front herrschte lebhafte Fliegertätigkeit.

Harte Kämpfe in Stalingrad

Dienstag, 19. Januar 1943
Das *Oberkommando der Wehrmacht* gibt bekannt:
Die Truppen im Raum Stalingrad verteidigen sich standhaft in harten Kämpfen gegen immer neue Angriffe des Feindes.

Der Entsatz Leningrads
19. Januar 1943, London
Die *Agentur Reuter* teilt mit:
Die Meldungen aus Moskau über das Durchbrechen der Blockade von Leningrad haben in London tiefen Eindruck gemacht. Einige Zeitungen brachten Extraausgaben heraus. Die Morgenpresse veröffentlicht die Sondermeldung des sowjetischen Oberkommandos mit Schlagzeilen, die über die ganze Seite laufen. Allgemein wird diese Entwicklung als die bedeutendste angesehen, die sich im Verlauf der bisherigen Offensive vollzogen hat.
Einige wohlinformierte militärische Fachleute, die direkt mit Moskau in Verbindung stehen, erklären, daß die Fortschritte der sowjetischen Truppen bei Leningrad bei weitem größer sind, als bisher der Öffentlichkeit mitgeteilt werden konnte.

Geheimer Bericht des *Sicherheitsdienstes der SS* zur innenpolitischen Lage:
Nr. 352 vom 21. Januar 1943 (Auszug)
I. Allgemeines: Die Lage an der Ostfront wird von der Bevölkerung weiterhin als ernst und besorgniserregend angesehen. Aus den Wehrmachtsberichten, den zum Teil sehr pessimistischen Erzählungen und Feldpostbriefen der Frontsoldaten und auf Grund der umlaufenden, teils auf Feindnachrichten basierenden Gerüchte glauben viele Volksgenossen daraus schließen zu müssen, daß z. Z. ein Tiefstand in diesem Kriege erreicht sei.
Auch um die nordafrikanische Front machen die Volksgenossen sich weiter große Sorgen, wenn auch die Anteilnahme in erster Linie auf die Ostfront konzentriert ist . . . Das anhaltende Schweigen um Generalfeldmarschall Rommel wirkt nach wie vor bedrückend.

J. W. Stalin an W. Churchill und F. D. Roosevelt
Sonnabend, 30. Januar 1943:
Was die Sowjetunion angeht, so kann ich Ihnen versichern, daß die sowjetischen Streitkräfte alles in ihrer Macht Stehende tun werden, um die Offensive gegen Deutschland und seine Verbündeten an der sowjetisch-deutschen Front fortzusetzen. Wir gedenken unseren Winterfeldzug, falls die Umstände es erlauben, in der ersten Februarhälfte dieses Jahres zu beenden. Unsere Truppen sind abgekämpft, sie brauchen Ruhe und werden kaum in der Lage sein, die Offensive über diesen Zeitpunkt hinaus weiterzuführen.

Ende in Stalingrad
Dienstag, 2. Februar 1943
Das *Oberkommando der Wehrmacht* gibt bekannt:
In Stalingrad setzte der Gegner nach stärkster Artillerievorbereitung mit weit überlegenen Kräften gegen die letzte Bastion der Verteidiger, das Traktorenwerk, zum Angriff an. In der Nacht gelang es ihm, nachdem unsere heldenhaft kämpfenden Truppen ihre Munition nahezu verschossen hatten, an mehreren Stellen einzubrechen und den bis dahin zusammenhängenden Verteidigungsring des XI. Armeekorps aufzusprengen.

Mittwoch, 3. Februar 1943
Das *Oberkommando der Roten Armee* teilt in einer Sondermeldung mit:
Gestern haben die Truppen der Donfront die Liquidierung der im Raum Stalingrad eingekesselten faschistischen Truppen vollständig beendet. Die Rote Armee hat den Widerstand des nördlich von Stalingrad eingekesselten Feindes gebrochen und ihn gezwungen, die Waffen zu strecken. Der letzte Widerstandsherd des Feindes im Bezirk Stalingrad ist vernichtet.

Tagesparole des Reichspressechefs
3. Februar 1943:
Der Heldenkampf um Stalingrad hat sein Ende gefunden . . . Anhand und im Sinne der für heute zu erwartenden Sondermeldung des OKW muß die deutsche Presse das ergreifende Ereignis, das die größten Waffentaten der Weltgeschichte überstrahlt, würdigen und dieses erhabene Beispiel höchster heldischer Haltung, letzten Opferwillens für den Sieg dem deutschen Volk als ein heiliges Fanal vor Augen führen.

Geheimer Bericht des *Sicherheitsdienstes der SS* zur innenpolitischen Lage:
Nr. 356 vom 4. Februar 1943 (Auszug)
I. Allgemeines: Die Meldung vom Ende des Kampfes in Stalingrad hat im ganzen Volke noch einmal eine tiefe

Erschütterung ausgelöst. Die Reden am 30. 1. und die Führerproklamation sind diesem Ereignis gegenüber in den Hintergrund getreten und spielen in den ersten Gesprächen der Volksgenossen eine geringere Rolle als eine Reihe von Fragen, die an die Vorgänge in Stalingrad geknüpft werden.

Sender Beromünster (Schweiz)

Freitag, 12. Februar 1943:
. . . Mittlerweile geht das Rätselraten um die Stelle Europas, an der die Alliierten ihre zweite Front zu errichten versuchen werden, weiter. Neu an dieser Diskussion ist dabei die Tatsache, daß zum erstenmal offizielle amerikanische Persönlichkeiten mit Bestimmtheit aussagten, die Invasion Europas im Jahr 1943 sei in den militärischen Plänen der Verbündeten enthalten . . .
Mit ungebrochenem Schwung rollt die Winteroffensive der Roten Armee weiter. Die deutschen Berichte sprechen von einer Übermacht der Russen an Material und Mannschaften . . . Der Verlust der großen Industriegebiete in Südrußland, die vorigen Sommer von den Deutschen besetzt wurden, hat offensichtlich der russischen Produktion von Kriegsmaterial, Waffen, Munition und Ausrüstungsgegenständen keinen entscheidenden Schaden zugefügt . . . Endlich scheinen die Vorgänge an der Ostfront zu bestätigen, daß das russische Oberkommando während des Sommers und trotz den damaligen Offensiverfolgen der Deutschen große Armeen in Reserve hielt und ausbildete, die erst für die Winteroffensive eingesetzt wurden.

W. Churchill an J. W. Stalin
Sonntag, 14. Februar 1943:
Die uns heute in der Reihe der überwältigenden Siegesmeldungen zugegangene Nachricht von der Befreiung Rostows läßt uns keine Worte finden, um Ihnen zu sagen, wie sehr wir die russischen Waffen bewundern und wie dankbar wir Ihnen sind. Ich wünsche mir nichts sehnlicher, als Sie besser unterstützen zu können.

W. Churchill an F. D. Roosevelt
14. Februar 1943:
Bitte nehmen Sie die beigegebene Kopie unseres neuen Films »Sieg in der Wüste« von mir entgegen. Ich sah ihn gestern abend, und er gefiel mir sehr. Er vermittelt einen lebendigen, realistischen Eindruck von den Kämpfen, und die Aufnahmen von den »Sherman«-Panzern im Gefecht dürften Sie meines Erachtens besonders interessieren. Ich lasse Ihnen den Film per Flugzeug zukommen, damit Sie ihn so schnell wie möglich sehen können.

Planmäßiger Rückzug
Montag, 15. Februar 1943, Berlin
Das *DNB* meldet:
Im Zuge der großräumigen Bewegungen der deutschen und verbündeten Truppen im Südabschnitt der Ostfront wurden Rostow und Woroschilowgrad nach Zerstörung

Februar 1943: Deutscher Panzerkampfwagen III (Sd Kfz 141) während der Kämpfe im Raum Charkow

aller kriegswichtigen Anlagen planmäßig geräumt. Wenn dabei nicht nur alle Verwundeten, sondern auch alle Waffen und das gesamte Kriegsgerät in voller Ordnung zurückgeführt werden konnten, ist das den überragenden Leistungen der deutschen und rumänischen Sicherungstruppen zu verdanken. Sie haben in tagelangen zähen Kämpfen den an Zahl und Waffen überlegenen Russen mit bewunderungswürdiger Tapferkeit so lange standgehalten, bis auch der letzte deutsche Soldat die befohlenen neuen Stellungen erreicht hatte.
Bei den schweren Kämpfen im Raume um Charkow führten starke deutsche Panzerabteilungen aus der tief gestaffelten Gliederung der deutschen Verbände heraus in großer Breite eine Reihe von Vorstößen durch.

Geheimer Bericht des *Sicherheitsdienstes der SS* zur innenpolitischen Lage:
Nr. 359 vom 15. Februar 1943 (Auszug)
I. Allgemeines: Die Lage an der Ostfront und im Zusammenhang damit auch die Frage nach dem Ausgang des Krieges beherrschen weiterhin die gesamte Bevölkerung, welche versucht, aus Wehrmachtsberichten, Feldpostbriefen, Gerüchten, Parolen und »Informationen« über die »wirkliche« Lage an der Ostfront Klarheit zu gewinnen. Die letzten Wehrmachtsberichte lösten bei den Volksgenossen abwechselnd Hoffnungen auf eine Stabilisierung der Front oder neue Besorgnisse aus. Weitverbreitet ist die Meinung, daß, wenn es nicht gelinge, im Sommer mit den Russen fertig zu werden, man nicht wisse, wie der Krieg noch gewonnen werden könne. Öfter werde sogar die derzeitige Situation mit der von 1918 verglichen.

Schwere Kämpfe in Tunesien

Dienstag, 16. Februar 1943, Algier
United Press berichtet:
Die Kämpfe in Zentraltunesien dauerten am Montag östlich von Sbeïtla den ganzen Tag über fort, wobei auf beiden Seiten starke Panzerverbände, Artillerie und Sturzbomber eingesetzt wurden. Am Vormittag gingen amerikanische Panzerabteilungen östlich von Sbeïtla zum Gegenangriff über, um die beiden am Sonntag vorgestoßenen Kolonnen der Achse zurückzutreiben und ein weiteres Vorrücken des Feindes auf Sbeïtla zu verhindern. Über den Ausgang dieser Operationen ist bis jetzt noch nichts bekanntgegeben worden.

Charkow gefallen

Mittwoch, 17. Februar 1943, Moskau
Das *Sowinformbüro* meldet:
Charkow ist von den Truppen des Generalobersten Golikow erobert worden. Am Dienstag hatte die von Schoposchnikow um Charkow in Stellung gebrachte Artillerie drei Stunden lang verheerendes Feuer auf die deutschen Abwehrstellungen gerichtet. Weiße Leuchtkugeln gaben den Befehl zum Einstellen des Feuers, und zwei Minuten danach brachen sieben Panzerformationen aus ihren gut getarnten Bereitstellungen gegen die deutschen Linien vor. Die beiden Panzerdivisionen »Adolf Hitler« und »Reich« hatten sich fächerartig aufgestellt und versuchten, den Ansturm aufzuhalten. Sie erlitten außerordentlich schwere Verluste, da russische Sturmartillerie den eigenen Panzern dicht nachgefolgt war.
Zwei russische Kolonnen hatten, während die Panzerschlacht noch anhielt, Charkow vom Norden her umgangen und griffen überraschend die Konzentration deutscher motorisierter Infanterie aus dem Rücken an.

Anmarsch gegen die Mareth-Linie
17. Februar 1943, Kairo
Die *Agentur Reuter* berichtet:
Die Spitzen der britischen 8. Armee stehen schon weit von Ben Gardane entfernt und rücken fast unbehindert gegen die Mareth-Linie vor.

Sender Beromünster (Schweiz)

Freitag, 19. Februar 1943:
Tag für Tag folgten sich die Sondercommuniqués des russischen Oberkommandos, die die Etappen des Vormarsches aufzählten . . . Gleichzeitig kam aus Berlin die Meldung von der Räumung Rostows und Woroschilowgrads durch die deutschen Truppen . . . Durch die Zurückeroberung von Rostow ist die Eisenbahnlinie, die Moskau mit dem Kaukasus verbindet, wieder auf der ganzen Strecke in der Hand der Russen, ebenso die Ölleitungen, die von den kaukasischen Ölfeldern bis zur Mündung des Don führen.

Guderian wird Generalinspekteur der deutschen Panzerwaffe

Montag, 22. Februar 1943, Berlin
Das *DNB* meldet:
Der Führer hat Generaloberst Guderian zum Generalinspekteur der Panzerwaffe ernannt. Generaloberst Guderian tritt damit in die Reihen der Männer, die der Führer bevollmächtigt hat, in ihrem Bereich alle Kräfte für den Sieg unserer Waffen zusammenzufassen.

Vor dem Kasserinepaß

25. Februar 1943, im Hauptquartier von General Eisenhower
United Press berichtet:
In Zentraltunesien haben britische und amerikanische Streitkräfte nach dreitägiger Schlacht die deutsch-italienischen Truppen aus der Umgebung von Tala um 27 Kilometer bis dicht vor den Kasserinepaß zurückgetrieben.
Über den Verlauf der Schlacht wird gemeldet, daß es den britischen und amerikanischen Panzerverbänden, die von motorisierter Artillerie und Infanterie unterstützt werden, vorerst gelang, die deutschen Panzerab-

1943, Tunis: Mittlerer US-Kampfpanzer M 4 Sherman nach dem Angriff deutscher Jagdbomber

teilungen vor Tala und an der Straße vom Kasserinepaß nach Tebessa aufzuhalten.

General Alexander an W. Churchill
Sonnabend, 27. Februar 1943:
Bin eben nach dreitägiger Inspektion der amerikanischen und französischen Frontlinie zurückgekehrt.
Ich gliedere die Armee in drei Teile: Briten und Franzosen unter Anderson, alle Amerikaner unter Friedendall, 8. Armee unter Montgomery.
Es tut mir leid, Sie enttäuschen zu müssen; aber der endgültige Sieg in Nordafrika liegt nicht gleich um die Ecke. Sowohl zu Land als auch in der Luft muß noch sehr viel getan werden. General Eisenhower könnte sich nicht entgegenkommender zeigen.
Ich freue mich, daß es Ihnen besser geht. Meine besten Wünsche.

Der amerikanische »Sherman«-Panzer
Von Kriegsberichter Eberhard Schulz

Durch die Straßen von Tunis rollt der amerikanische Sherman-Tank – lebendig, mit beweglichen Gleisketten und knurrendem Motor, mit Beutemunition in den Rohren und jenem deutschen Spähtrupp, der ihn an dem nebelgrauen Morgen des 22. Februar auf den Hügeln von Sbeïtla erbeutete, als Besatzung. Die Fahrt ging von den Hügeln herunter durch das Meer der Olivenhaine in Richtung auf Sfax.
Es sind ungefähr 350 Kilometer. Das hat viereinhalb Tage gedauert, was im ganzen der Marschleistung dieses Stahlkolosses kein schlechtes Zeugnis ausstellt.
Das Ding wiegt etwa 31 t, es wurde im Hafen verladen, während unter dem makellosen Himmel Afrikas die deutschen Jäger kreisten und kein feindlicher Bomber den Einbruch in diese tödliche Zone wagte. Jetzt ist nach manchen Etappen auf einem Versuchsfeld in der Nähe Berlins dieser Star der amerikanischen Rüstung in die Hände der Waffenexperten gelangt, die ihn in offenen Gefechten nochmals auf Kampfkraft und Widerstandshärte untersuchen. Schon die Voruntersuchung auf tunesischem Boden ergab, daß dieses rollende Bergwerk aus Stahl an sich keine schlechte Schöpfung ist. Ein deutsches Panzerregiment hat es erbeutet.
Die Wehrmacht, März 1943

Sonntag, 7. März 1943
Das *Oberkommando der Wehrmacht* gibt bekannt:
Durch Vorstöße deutscher Panzereinheiten wurden Bereitstellungen der Russen zersprengt, mehrere hundert Gefangene und zahlreiche Beute eingebracht. Im Raume südlich Charkow brachen schnelle Truppen des Heeres und der Waffen-SS starken Widerstand des Feindes und warfen ihn nach Norden zurück. Die eingekesselten Verbände der 3. sowjetrussischen Panzerarmee, bestehend aus Teilen der 12. und 15. Panzerkorps, eines Kavalleriekorps und drei Schützendivisionen, wurden vernichtet. Die Gefangenen- und Beutezahlen konnten erst zum Teil ermittelt werden.
Im Rahmen planmäßiger eigener Bewegung ist die

Stadt Gshatsk nach vollendeter Räumung dem Feind kampflos überlassen worden. Alle Versuche der Sowjets, die deutschen Absetzbewegungen zu stören, blieben vergeblich.
An der südtunesischen Front unternahmen deutsch-italienische Truppen örtliche Vorstöße gegen den Feind. Aufklärungskräfte stießen weit in das feindliche Gebiet vor. Nahkampffliegerverbände griffen mit sichtbarem Erfolg Panzerkräfte, motorisierte Kolonnen und einen feindlichen Flugstützpunkt an.

Gegenoffensive Rommels

7. März 1943, im Hauptquartier von General Eisenhower
Die *Agentur Reuter* meldet:
Rommel hat mit starken Infanterie- und Panzermassen (Teilen der 15. und 21. Panzerdivision) die britische 8. Armee angegriffen. Der Angriff begann am Samstag morgen in der Dämmerung und wurde durch einen konzentrierten Panzerangriff eingeleitet. Es entwickelten sich harte Kämpfe, die sich am Sonntag mittag noch steigerten. Nach den bisherigen Berichten erlitten die deutsch-italienischen Verbände hohe Verluste im Sperrfeuer der britischen Artillerie; 21 deutsche Panzer wurden abgeschossen.

Deutsche Erfolge bei Charkow
7. März 1943, Berlin
Das *DNB* berichtet:
Die Vernichtungsschlacht gegen die 3. russische Panzerarmee südlich Charkow rundete sich gestern zu einem vollen Erfolg. Außer erheblichen Teilen von zwei Panzerkorps und einem Kavalleriekorps wurden mindestens drei Schützendivisionen bis auf den letzten Mann aufgerieben. Die Zahl der Gefangenen ist noch nicht endgültig ermittelt. Angesichts der Härte der Kämpfe, die mit beispielloser Erbitterung durchgeführt wurden, ist nicht mit besonders hohen Gefangenenziffern zu rechnen.

Niederlage Rommels an der Mareth-Linie
Montag, 8. März 1943, Algier
Das *alliierte Hauptquartier in Nordafrika* teilt mit:
Die Niederlage Rommels vor der Mareth-Linie ist schwerer als der Rückschlag, den der Gegner vorher an anderen Fronten erlitten hatte. Die Einbußen Rommels an Mannschaften und Material sind erheblich. Es ist zweifelhaft, ob Rommel nach den schweren Schlägen, die er von der britischen 8. Armee empfangen hat, noch in der Lage sein wird, ernst zu nehmende Operationen zu unternehmen. Seine Niederlage an der Mareth-Linie ist sicher folgenschwerer als die bei Kasserine, und ihre Auswirkungen werden in den kommenden Operationen festzustellen sein.
Weiter wird aus dem alliierten Hauptquartier gemeldet, es herrsche dort der Eindruck vor, daß Rommel seine gesamten Kräfte in den Angriff an der Mareth-Linie geworfen habe, da er von dem entscheidenden Charakter der Operation überzeugt gewesen sei.

Vorbei an Stapeln von Panzerketten verlassen deutsche Panzerkampfwagen III (Sd Kfz 141) das Werk

SS-Panzergrenadiere dringen in Charkow ein
Von SS-Kriegsberichter Walter Kalweit

Über der größten Industriestadt der Ostukraine steht eine mächtige Säule aus Feuer und Rauch. Der Wind treibt gewaltige Detonationen herüber. Das Donnern der Einschläge reißt nicht ab. In rollenden Einsätzen stürzen sich die Stukageschwader unserer Luftwaffe auf den Gegner, der von allen Seiten von den Verbänden eines SS-Panzerkorps in die Zange genommen wird. In den ausgedehnten Stadtteilen von Charkow tobt der Häuserkampf. Die Stiefelschäfte und Koppel voller Handgranaten, mit den Maschinengewehren aus der Hüfte heraus feuernd, bohren sich die einzelnen Stoßtrupps unaufhaltsam vorwärts.

Am Morgen des 11. März traten wir zum Angriff an. Von Westen her, auf der Hauptstraße vorwärtsgehend, stießen die Kampftruppen zügig bis an den Stadtrand vor, nachdem hartnäckiger Widerstand in den davorliegenden Dörfern gebrochen und mehrere tausend Minen beiseitegeräumt waren. Von Norden schwenkten andere Verbände in die Stadt ein und drangen bis an den Roten Platz, dem Wahrzeichen der mechanisierten Sowjetmacht, vor.

Völkischer Beobachter, 14. 3. 1943

J. W. Stalin an W. Churchill
Montag, 15. März 1943:
Es ist ganz klar, daß die englisch-amerikanischen Operationen in Nordafrika nicht nur nicht beschleunigt, sondern ganz im Gegenteil auf Ende April verschoben wurden. Und nicht einmal dieses Datum steht einwandfrei fest. So ist auf dem Höhepunkt unseres Kampfes gegen die Hitlerkräfte – das heißt im Februar/März – der Druck der englisch-amerikanischen Offensive in Nordafrika nicht nur nicht verstärkt worden, sondern die Offensive hat sich überhaupt nicht entwickelt, und die von Ihnen selbst genannten Operationstermine sind überschritten worden.
Mittlerweile ist es Deutschland gelungen, 36 Divisionen (darunter sechs Panzerdivisionen) aus dem Westen an die Sowjetfront zu verlegen. Es ist nicht schwer zu sehen, welche Schwierigkeiten den Sowjettruppen daraus erwuchsen und wie sich die Situation der Deutschen an der sowjetisch-deutschen Front dadurch entspannt hat.

Geheimer Bericht des *Sicherheitsdienstes der SS* zur innenpolitischen Lage:
Nr. 367 vom 15. März 1943 (Auszug)
I. Allgemeines: Die Feststellung im Wehrmachtsbericht vom 12. 3. 1943, daß die Hoffnung der Bolschewisten auf eine Wiedergewinnung der Ukraine zunichte gemacht sind, sowie die Nachrichten von den Kämpfen um Charkow bis zur Wiedereinnahme haben bei vielen Volksgenossen die letzten Zweifel an der Stabilisierung

201

der Ostfront und der wiedergewonnenen deutschen Initiative beseitigt.

Panzerwagen gegen U-Boot

Von Dr. Alfred Haussner

Zwischen Tunis und Sousse patrouillierte bei regnerischem Wetter ein deutscher Panzerspähwagen längs der Küstenstraße. Das Scherenfernrohr des Wagens dreht sich nach allen Seiten. Doch in östlicher Richtung, dort, wo sich die endlos scheinende Fläche des Meeres breitet, scheint irgend etwas nicht so hundertprozentig klarzugehen. Ein italienischer Schlepper zieht in südlicher Richtung seine Bahn – plötzlich Unruhe und Bewegung an Bord – Mannschaften flitzen über Deck – das Scherenfernrohr des Panzerspähwagens dreht langsam weiter nach links: Ein U-Boot schiebt sich aus den schneeweißen Wellenkämmen der See! Die Nationalität ist noch nicht zu erkennen! Deutsches? Italienisches? Oder etwa ein feindliches?! Doch schon ist der Zweifel behoben! Ein Schuß aus der Kanone gegen den Schlepper – und ein zweiter hallt über die unruhige See. Schuß um Schuß folgt, doch schon haben die Männer des Panzerspähwagens, zu welchem sich noch mehrere gesellen, geistesgegenwärtig die Situation erfaßt! Sie nehmen das U-Boot aufs Korn. Schuß auf Schuß schlägt ein – drei Volltreffer im Bug des U-Bootes! Ein voller Erfolg! Gespannt verfolgen die Besatzungen der Panzerspähwagen die Auswirkung ihres blitzschnellen Angriffs. – Zwei Mann der Geschützbedienung des U-Bootes fallen ins Wasser, eine Rauchwolke zieht hoch – und schon taucht das U-Boot wieder unter! – Der Panzerspähwagen fährt in gleicher Höhe mit dem Schlepper die Landstraße entlang. Immer bleibt der Frachter vor Augen. Dann traf – tatsächlich – das, was man vermutet, ein: Das U-Boot mußte wieder auftauchen, wenn es, beschädigt, seine Besatzungsmitglieder retten wollte! Der richtige Augenblick war gekommen. Ein kurzer Kampf – drei Minuten später steigt eine Stichflamme aus dem U-Boot – es legt sich langsam zur Seite und versinkt mit Mann und Maus! Der Schlepper, der zwar von den Einschüssen des U-Bootes etwas angeknackt ist, zieht trotzdem ruhig seinen alten Kurs. Eine Folge von Wasserblasen aber kündet das Ende eines britischen Unterseebootes. Der einzigartige Kampf: Panzerspähwagen gegen U-Boot – ist zu Ende. Die Wachsamkeit eines deutschen Panzers hat ein italienisches Schiff gerettet! Beide, Schlepper und Panzerspähwagen, fahren weiter, als sei nichts geschehen.   *Das Heer 6/1943*

Verfügung Hitlers zur Neuordnung der Panzertruppe

Heeresmitteilungen 1943, Nr. 295 (Auszug)
Dienstanweisung für den Generalinspekteur der Panzertruppen
1. Der Generalinspekteur der Panzertruppen ist mir verantwortlich für eine der kriegsentscheidenden Be-

deutung entsprechende Entwicklung der Pz.Tr. Der Gen.Insp. d. Pz.Tr. untersteht mir unmittelbar. Er hat die Dienststellung eines Oberbefehlshabers einer Armee und ist oberster Waffenvorgesetzter der Pz.Tr.
2. Dem Gen.Insp. d. Pz.Tr. obliegt Organisation und Ausbildung der Pz.Tr. und der großen schnellen Verbände des Heeres im Einvernehmen mit dem Ch. d. Gen St d H.
Er hat außerdem das Recht, in meinem Auftrage der Lw. und der W-SS auf dem Gebiet der Organisation und Ausbildung der Pz.Tr. Weisungen zu geben. Grundsätzliche Entscheidungen behalte ich mir vor. Seine Forderungen für die techn. Weiterentwicklung seiner Waffen und für die fabrikatorischen Planungen trägt er mir in enger Verbindung mit dem Reichsminister für Bew. und Mun. zur Entscheidung vor.
3. In seiner Eigenschaft als Waffenvorgesetzter ist er auch Befh. der Ersatztruppen seiner Waffe. Es ist seine Aufgabe, für das Feldheer laufend voll brauchbaren Ersatz an Personal und Panzerfahrzeugen sicherzustellen, gleichgültig, ob es sich um Einzelfahrzeuge, Auffrischung oder Neuaufstellungen von Verbänden handelt. Die Verteilung der Panzer und gepanzerten Fahrzeuge auf Feld- und Ersatzheer ist seine Aufgabe nach meinen Weisungen.
4. Der Gen.Insp. d. Pz.Tr. stellt die planmäßige und zeitgerechte Durchführung der befohlenen Neuaufstellungen und Auffrischungen von Pz.Tr. und schnellen Verbänden sicher. Er sorgt hierzu im Einvernehmen mit dem Gen St d H für eine zweckmäßige Verwendung der panzerlosen Besatzungen des Feldheeres.
5. Der Gen.Insp. d. Pz.Tr. hat die Kriegserfahrung für Kampfführung, Bewaffnung, Ausbildung und Organisation der Pz.Tr. auszuwerten. Hierzu hat er das Recht, alle Pz.Tr.Teile der Wehrmacht und der W-SS im Feldheer aufzusuchen und zu besichtigen. Dem Gen.Insp. d. Pz.Tr. berichten die Pz.Tr. des Feldheeres über Erfahrungen aller Art unmittelbar. Seine Wahrnehmungen und Erfahrungen bringt er allen zuständigen Dienststellen einschl. Reichsm. f. Bew. u. Mun. zur Kenntnis . . . Dabei ist vor Herausgabe von Vorschriften, die die Führung von Verbänden und das Zusammenwirken mit anderen Waffen betreffen, das Einverständnis des Ch d Gen St d H herbeizuführen.
6. Dem Gen.Insp. d. Pz.Tr. als Waffenvorgesetzten sind dauernd unterstellt:
a) Die Ersatz- und Ausb.Truppenteile der Schnellen Truppe . . .
b) Die Schulen für schnelle Truppen (ohne Kav. und Radf.-Lehreinrichtungen) des Feld- und Ersatzheeres mit den dazugehörigen Lehrtruppen.
7. Der Gen.Insp. d. Pz.Tr. ist ermächtigt, im Rahmen seiner Befugnisse bindende Weisungen an alle Dienststellen des Heeres zu erteilen. Alle Dienststellen sind gehalten, dem Gen.Insp. d. Pz.Tr. die von ihm benötigten Unterlagen zur Verfügung zu stellen.
Fü.H.Qu., den 28. 2. 1943   Der Führer
                                    gez. *Adolf Hitler*

Bekanntgegeben: OKH (Ch H Rüst u. BdE), 22. 3. 43 AHA/Ia.

W. Churchill an J. W. Stalin
Sonntag, 28. März 1943
. . . 2. Nach einer Verzögerung hat die Schlacht in Tunesien wieder eine günstige Wendung genommen, und soeben erhalte ich die Nachricht, daß unsere Panzertruppen nach einem Umgehungsmanöver nur noch zwei Meilen von El Hamma entfernt sind.
3. Ich habe gestern abend den Film Stalingrad gesehen. Er ist einfach großartig und wird auf unser Volk eine tiefe Wirkung haben.

J. W. Stalin an W. Churchill
Montag, 29. März 1943:
Ihre Botschaft vom 28. März habe ich erhalten.
Ich beglückwünsche die britischen Luftstreitkräfte zu ihrem jüngsten großen und erfolgreichen Luftangriff auf Berlin.
Ich hoffe, daß die britischen Panzertruppen ihre verbesserte Lage in Tunesien voll ausnutzen können und dem Gegner keine Atempause gönnen werden.
Gestern abend habe ich mit meinen Kollegen den von Ihnen übersandten Film »Sieg in der Wüste« gesehen und war sehr stark beeindruckt. Der Film zeigt glänzend, wie England kämpft, und entlarvt geschickt jene Schurken – wir haben sie auch in unserem Land –, die behaupten, England kämpfe nicht, sondern schaue nur zu. Ich erwarte mit großem Interesse einen ähnlichen Film über Ihren Sieg in Tunesien.
Sieg in der Wüste wird allen unseren Armeen an der Front zugeleitet und auch der Öffentlichkeit vorgeführt werden.

Frühjahr 1943, Nordafrika: Rückzugskämpfe der Panzerarmee Afrika

Rückzug Rommels

Dienstag, 31. März 1943, Algier
Die *Agentur Reuter* teilt mit:
Wie hier verlautet, haben Vorausabteilungen der britischen 8. Armee die Fühlung mit der amerikanischen 5. Armee aufgenommen. Viele Anzeichen lassen darauf schließen, daß die Deutschen sich nach dem Nordosten Tunesiens zurückziehen. Zahlreiche Lastwagen überqueren den Paß östlich des Djebel Chemsi im Osten von El Guetar. Die Luftstreitkräfte der Alliierten fügen den feindlichen Transporten im Norden der Straße El Guetar–Gabes schwere Verluste zu.

Geheimer Bericht des *Sicherheitsdienstes der SS* zur innenpolitischen Lage:
Nr. 373 vom 5. April 1943 (Auszug)
I. Allgemeines: Die besondere Aufmerksamkeit der Volksgenossen gilt zur Zeit den Kampfhandlungen in Nordafrika. Obwohl die Wehrmachtsberichte in den letzten Tagen nur schwächere Angriffe des Feindes meldeten, werde in der Bevölkerung vielfach die Ansicht vertreten, daß der »Brückenkopf« nicht mehr lange zu halten sei. Man spreche schon von einem »Kampf auf verlorenem Posten«, von einem drohenden »2. Stalingrad« oder einem »deutschen Dünkirchen«. Nach der Meldung, daß Gabes und El Hamma geräumt seien, werde teilweise vermutet, daß die Mareth-Linie, von der man sich seinerzeit so viel versprochen habe, aufgegeben sei.
Hinsichtlich des Krieges gegen die Sowjetunion habe sich die Auffassung, daß es im Sommer »auf Biegen oder Brechen« gehe und »alles auf eine Karte gesetzt« werden müsse, »weil ein dritter Kampfwinter im Osten einem Verlust des Krieges gleichkomme«, geradezu als »fixe Idee« bei vielen Volksgenossen festgesetzt. In der Frage, ob die Bezwingung der Russen bis zum Herbst

oder überhaupt gelingen könne, herrsche bei den Volksgenossen z. T. das Gefühl völliger Ungewißheit.

W. Churchill an J. W. Stalin
Mittwoch, 7. April 1943:
Feind in voller Flucht nach Norden, Montgomerys Panzer folgen ihm auf den Fersen. Bis jetzt 6 000 Gefangene.

Panzer gegen Banden
Von Kriegsberichter Hanswerner Welke

»Also um 4 Uhr früh!« Die Bataillonskommandeure und die beiden Chefs der dem Regiment zugeteilten Panzerkompanien treten vor das Haus. »Keine Sache für uns.« Brummig steckt der junge Panzeroberleutnant eine Zigarette an. »Wälder, Morast, Sumpf. Ein richtiger Dschungel. Die Gleisketten an meinem Panzer sind vor lauter Dreck schon nicht mehr zu sehen.«

Fünf Tage geht nun schon diese Hetzjagd. Ermüdend, zermürbend. Und fünf Tage lang keinen rechten Schlaf, denkt der Panzeroberleutnant, während er durch das Dorf geht, auf der Suche nach einem Quartier. In der ersten Dämmerung des nächsten Tages stehen sie wieder marschbereit, den Kessel enger zu schließen. Vorn die Panzer, dann die Panzergrenadiere, dahinter einige Raupenfahrzeuge mit angehängten Panzerabwehrgeschützen und schließlich eine lange Kette von Panzerwagen.

Los! Die Gleisketten der Panzer rasseln, wirbeln den Dreck meterhoch hinter sich. Schweigend stapfen die Panzergrenadiere hinterdrein, durch den glitschigen Schlamm.

Weit auseinandergezogen, dringen sie in das Dickicht ein. Ein sowjetisches MG bellt los, andere fallen ein. Rufe gellen. Die Panzergrenadiere liegen flach, die Maschinengewehre sind in Stellung gebracht, die Abzugbügel werden durchgezogen. Es pfeift und zischt. Im Eisenhagel der deutschen Waffen ist der Widerstand bald gebrochen. Drüben schreien ein paar sowjetische Verwundete. Wieder hat die Bande sich rechtzeitig abgesetzt, bevor die links und rechts angelehnten Gruppen das Widerstandsnest umfassen konnten.

Stumm marschieren die Panzergrenadiere weiter, abgerissen und ermattet. Ist denn dieser Urwald endlos?

Man hat das Gefühl für den Kilometer verloren. Man trottet dahin. Bis nach sieben Stunden Hetzjagd es auf einmal lichter wird.

Dort drüben ist auch das Dorf X, Marschziel des heutigen Tages. Tatsächlich, eine Kolonne brauner, verdreckter Gestalten steht an der Straße. Also hat das Durchkämmen der Sumpffestung doch Erfolg gehabt? Die vor den Grenadieren ausgewichenen Sowjets sind beim Austritt aus dem Wald direkt vor die Rohre der Panzer gelaufen. Über 200 Gefangene werden gezählt. Verstört, zermürbt warten sie auf den Abtransport.

Völkischer Beobachter, 7. 4. 1943

Donnerstag, 8. April 1943
Das *Oberkommando der Wehrmacht* gibt bekannt:
An der Ostfront herrschte im allgemeinen Ruhe. Einzelne feindliche Angriffe am Kuban-Brückenkopf und im mittleren Donez wurden abgewiesen.
An der tunesischen Südfront leisteten deutsche und italienische Truppen dem mit großer Überlegenheit angreifenden Feind zähen Widerstand. Durchgebrochene feindliche Panzerkräfte wurden in erbitterten Kämpfen zum Stehen gebracht, Umfassungsversuche vereitelt. Neue Stellungen wurden planmäßig bezogen.

Industriezentrum in Sibirien
8. April 1943, Moskau
Die *Agentur Reuter* meldet:
Hier werden Einzelheiten bekannt über das neugeschaffene Industriezentrum am Jenissei. Ein Gebiet, das viermal so groß ist wie ganz Deutschland, ist zu einem bedeutenden Arsenal für die Rote Armee geworden. Die Industriebetriebe in dieser Gegend haben die Kriegsproduktion in der letzten Zeit beträchtlich erhöht. Die Gegend ist auch reich an Mineralvorkommen jeder Art.

W. Churchill an General Ismay
8. April 1943:
Dieser Burma-Feldzug entwickelt sich immer schlechter; die Japaner sind uns absolut überlegen und manövrieren uns ständig aus. Glücklicherweise beschäftigt sich das öffentliche Interesse infolge des geringen Umfangs dieser Operationen und der Anziehungskraft anderer Ereignisse nur wenig mit diesem jämmerlichen Schau-

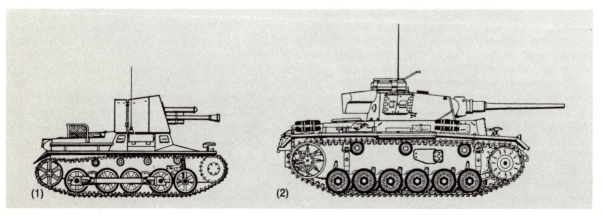

(1)   (2)

Rechts: April 1943, Tunesien, Raum El Hamma und Gafsa: Kolonne der britischen 8. Armee nach einem Angriff deutscher Jagdbomber; rechts auf dem Transportwagen ein mittlerer US-Kampfpanzer M 3 General Grant

Linke Seite: (1) Deutscher Panzerjäger I mit 4,7-cm-Pak auf PzKpfw I, Ausführung B (ab 1941). (2) Deutscher mittelschwerer Kampfpanzer III, Ausführung L (ab Juni 1942).

spiel. Doch können wir nicht damit rechnen, daß das andauert.

Wann wird General Wavell ankommen?

W. Churchill an den Außenminister
Freitag, 9. April 1943:
Ich glaube, Sie sollten mit Maiskij sprechen und ihm sagen, daß diese Giftspritzerei der Agentur Tass von London bis Algier nicht zulässig ist und wir, falls sie sie nicht einstellt, ihre Korrespondenten auffordern müssen, diese Länder zu verlassen. Der Informationsminister teilt mir mit, daß wir ihren Status mit sofortiger Wirkung aufheben können. Es ist unerträglich, daß die Russen auf solche Art falsch informiert werden, obwohl wir doch unser Bestes tun. Goebbels könnte nicht bösartiger sein. Wünschen Sie, daß ich mit Maiskij rede, bevor ich heute aufs Land fahre?

W. Churchill an den Kriegsminister
Sonntag, 11. April 1943:
Wie man mich informiert, ist die Behauptung unzutreffend, daß die PIAT.-Büchse »eine von den Imperial Chemical Industries entwickelte Waffe darstellt, die unter Verwendung von Ideen der Jefferis-Büchse und einer ähnlichen von Oberstleutnant Blacker erfundenen Waffe konstruiert worden ist«. Die Idee, den Rückstoß bremsdynamisch abzufangen, ist natürlich nicht neu, aber Brigadier Jefferis war der erste, der eine brauchbare Waffe entworfen hat, die es ermöglicht, ein Dreipfundgeschoß von der Schulter auf so weite Entfernung abzufeuern. Überdies stammt die Munition, deren Durchschlagskraft jede frühere weit übertrifft, gänzlich von ihm.

W. Churchill an General Ismay
Donnerstag, 15. April 1943:
Ich sah kürzlich die Skizze eines Schiffes mit einer Landungsbrücke, die nach Brigadier Jefferis geeignet wäre, Panzer auf niedrigen, schwach verteidigten Klippen zu landen. Der Vorschlag scheint Vorteile zu verheißen, und ich hoffe, daß man ihn energisch verfolgt.

Gegen amerikanische Übermacht in Tunis
Von Leutnant Kurt E. Wolff

Ich schreibe diesen Bericht zwischen zwei Gefechten. Aber es drängt mich, jene Stunden eines brennenden Sieges festzuhalten. Meine Männer arbeiten neben mir am Panzer, wechseln Laufrollen, die auf den langen Märschen der letzten Tage und Nächte zerschlissen, reinigen die Luftfilter und Vergaser, einige beschäftigen sich sogar mit der Reinigung ihres Körpers. Endlich lacht nach den häßlichen Regentagen bei Sbeïtla wieder die Sonne, und der Wind, der von den Höhen zu uns herabstreicht, ist milde und warm.

Aber ich will mitten ins Gefecht treten. Als wir am Abend auf den Türmen unserer Kampfwagen standen und die Fackeln am Horizont zählten, lachte neben mir mein Kommandeur, der diesen Sieg erfochten hatte, und seine sonst so ruhige Stimme war voller Aufregung und Lärm, und sein sonst so gelassenes Herz schlug schier spürbar in der halben Umarmung, mit der er mir entgegenkam.

Wir hatten am Tag vorher in einem brausenden Angriff den von den Amerikanern besetzten Ort Sidi bou Zid genommen. In den Rücken seiner Batterien waren wir gefahren, eine Reihe von Panzern hatten wir vernichtet, am späten Nachmittag war das befohlene Ziel erreicht. Am nächsten Tag sicherten wir das gewonnene Gelände. Die zweite Abteilung stand im Südosten, wir, die erste, im Südwesten, die Kompanien weit verteilt mit mehreren Kilometern Zwischenraum. Der Feind hatte sich offenbar weit zurückgezogen, selbst seine sonst immer rege Artillerie schwieg.

So hatten wir fast Ruhe. Die Männer verteilten und tauschten ein paar Beutesachen des Vortages untereinander aus, einige schrieben seit langer Zeit wieder einmal Briefe, die Unentwegten lagen zwischen den hohen Kakteenstauden und blinzelten in die Sonne.

Das Reich, 18. 4. 1943

Die Panzerknacker
Montag, 19. April 1943
Das Hauptquartier von General Eisenhower gibt bekannt:
Die Staffeln der Hurricane-Panzerknacker-Maschinen mit ihren großkalibrigen Schnellfeuer-Bordkanonen starteten zu einem Angriff auf die deutschen Panzerformationen und deren Versorgungskolonnen. In nur 90 Minuten war das Zerstörungswerk vollbracht. Die Spitfires hatten die Luft bereits vom Feind gesäubert, als die Hurricanes im Sturzflug bis auf zehn Meter über dem Boden niederstießen und ihre Dauerfeuergarben in die deutschen Truppenmassen jagten. In dieser Zeitspanne wurden 30 deutsche schwere Panzer vernichtet, etwa 60–70 mittelschwere Panzerwagen und mehrere hundert Fahrzeuge aller Art zerstört.

W. Churchill an J. W. Stalin
19. April 1943:
Aus Spanien sind zu uns Gerüchte über die Absicht der Deutschen gelangt, an der russischen Front Gas anzuwenden, und wie ich höre, haben auch Sie einige Anhaltspunkte dieser Art. Auch im vergangenen Jahr geschah das ungefähr um diese Zeit. Teilen Sie mir mit, ob Sie wünschen, daß ich die Erklärung erneuere, die ich im vergangenen Jahr abgegeben habe, daß wir für jeden Gasangriff auf Sie sofort in größtem Umfang gegen Deutschland Vergeltung üben werden. Wir sind durchaus in der Lage, jede Drohung, die wir aussprechen, wahr zu machen.

W. Churchill an Sir E. Bridges und an Brigadier Jacob
Freitag, 23. April 1943:
Richtlinien für die Panzerproduktion
. . . 3. Man würde uns bestimmt Vorwürfe machen, wenn wir nur über schwachgepanzerte, mittelgroße Kampfwagen verfügten, die alle miteinander von den deutschen Geschützen von 1943, und noch viel mehr von denen von 1944 zusammengeschossen würden. Militärisch gesehen ist es sehr wichtig, über eine Speerspitze oder einen Mauerbrecher schwerstgepanzerter Kampfwagen zu verfügen, die die feindliche Front durchbrechen und eine Bresche öffnen, durch die leichtere Fahrzeuge passieren können. Auf jedem Kriegsschauplatz sollte eine gewisse Anzahl dieser Kampfwagen den Armeen, und vielleicht sogar den Korps beigegeben werden . . .

Sender Beromünster (Schweiz)

Freitag, 30. April 1943:
. . . Den Truppen Feldmarschall Rommels war es gelungen, nach der raschen Räumung von Sousse und Kairouan sich nach Nordtunesien zurückzuziehen und dort den Anschluß an die Truppen des Generals von Arnim zu finden. Seither besteht eine kontinuierliche Front, die im Halbkreis die Hafenstädte Biserta und Tunis schützt und die den Achsentruppen erlaubt, sich auf Berg- und Hügelketten zu stützen, deren Eroberung für die alliierte Armeegruppe eine schwere Aufgabe ist. . . . Der große Nachteil für die Achsentruppen besteht darin, daß sie mit dem Rücken gegen das Meer kämpfen müssen.

Deutsche Rauchgranaten
Donnerstag, 6. Mai 1943, Moskau
Das *Sowinformbüro* teilt mit:
Von zuständiger Seite wird mitgeteilt, daß die deutsche Artillerie gegen die sowjetischen Panzer mit Rauchgranaten vorgehe. Die Panzermannschaften sind angewiesen worden, Gasmasken zu tragen. Die deutsche Rauchgasgranate und Bombe enthält einen zweigeteilten Glasbehälter, dessen eine Hälfte mit einer weißen, die andere mit einer gelben Flüssigkeit gefüllt ist. Beim Aufschlagen vermischen sich die Flüssigkeiten zu einer dunkelbraunen Säure, aus der Rauch ausgestoßen wird. Der Rauch dringt in die Panzer ein und verhindert die Sicht.

Niederlage der chinesischen Truppen
Freitag, 7. Mai 1943, Tokio
Das *Kaiserliche Hauptquartier* gibt bekannt:
Zahlreiche japanische Streitkräfte, die im Grenzgebiet der Provinzen Schansi und Honan operieren, setzen ihre Verfolgungen gegen die chinesische 24. Armee fort. Am 6. Mai wurde die kommunistische 18. Division, die aus etwa 13 000 Mann besteht, eingeschlossen. Ihre Vernichtung hat begonnen.

Zusammenbruch
der deutsch-italienischen Verteidigungsfront?
7. Mai 1943, im alliierten Hauptquartier in Nordafrika
United Press meldet:
Nachdem die britische 1. Armee jetzt tief in die Ebene von Tunis eingedrungen ist und nach den letzten Frontmeldungen weiter vorrückt, können die Verteidigungslinien des tunesischen Brückenkopfes als endgültig zusammengebrochen bezeichnet werden. Die Besetzung von Tebourba ist stündlich zu erwarten, und in Anbetracht der Entwicklungen, die sich in den letzten 24 Stunden vollzogen haben, wird im Hauptquartier angenommen, daß v. Arnim gezwungen sein wird, seine Truppen auch im Südabschnitt der Front zurückzunehmen.

Sender Beromünster (Schweiz)

7. Mai 1943:
Zum 1. Mai veröffentlichte Stalin einen Tagesbefehl an die Rote Armee, der in der Welt große Beachtung fand. Der russische Regierungschef trat in diesem Schriftstück aus der Reserve heraus, die er der Öffentlichkeit gegenüber in allen Fragen der Zusammenarbeit mit den

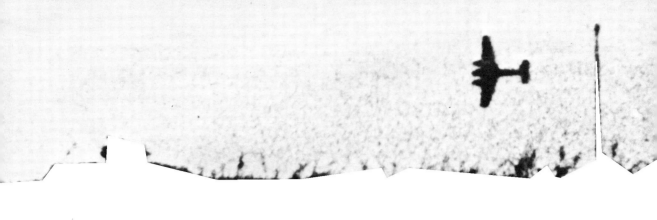

Mai 1943, Tunesien: Deutscher Jagdbomber vom Typ
Henschel Hs 129 beim Angriff auf amerikanische Panzer

angelsächsischen Verbündeten bisher gewahrt hatte.
Bekanntlich hat die Sowjetregierung sich nie offiziell
über das sogenannte »Programm von Casablanca«, das
heißt über das von Roosevelt und Churchill aufgestellte
Kriegsziel der »bedingungslosen Kapitulation« der Achsenmächte, geäußert. Diese Formel hat sich nun Stalin
in dem erwähnten Tagesbefehl zu eigen gemacht, was
auch in Berliner Kommentaren als ein Anschluß Rußlands an die Beschlüsse von Casablanca gedeutet wurde
und in England und Amerika große Genugtuung her-
vorrief . . . Politisch am bemerkenswertesten war die
Schärfe und Deutlichkeit, mit der sich Stalin gegen
Friedensgerüchte und Friedenskampagnen wandte. Er
bezeichnete einen englisch-amerikanischen Sonderfrieden mit Deutschland als ebenso undenkbar wie einen
russischen Sonderfrieden mit Deutschland.

General Alexander an W. Churchill
Sonnabend, 8. Mai 1943:
Die Dinge haben sich noch günstiger entwickelt, als ich
gehofft habe. Mittels eines Täuschungsmanövers haben
wir den Gegner veranlaßt, den Hauptschlag im Süden
zu erwarten; es hat seinen Zweck erfüllt, denn er warf
das Gros seiner Panzer und eine Anzahl 88-mm-Ge-
schütze gegen die britischen Panzerdivision und
schwächte die Front vor dem IX. Korps. Dieses griff mit
einem gewaltigen Aufwand an Panzern und anderen
Waffen an und wurde praktisch von den gesamten
Luftstreitkräften unterstützt: ein wahrer Donnerschlag.

Ende in Tunis

Sonntag, 9. Mai 1943
Das *Oberkommando der Wehrmacht* gibt bekannt:
In Tunesien leisteten auch gestern die deutsch-italienischen Truppen dem von allen Seiten mit weit überlegenen Kräften angreifenden Feind heldenhaft Widerstand. Im Raume südlich Biserta halten sich mehrere
Kampfgruppen in vorbildlicher Pflichterfüllung bis zur
letzten Patrone.

Letzte Meldungen aus Nordafrika
Zwischenmeldung 9. 5. 43
5. Panz. Armee:
Panz. AOK 5 meldet 15.23 Uhr: Unterlagen und Gerät
vernichtet. Auf Wiedersehen, es lebe Großdeutschland
und sein Führer.
DAK:
Feindlicher Panzerdurchbruch ostwärts Hamman Lif an
Abwehrriegel Bir el Boy gescheitert. Eigene Infanterie
wird vor Feindangriff auf den Höhenrücken westlich A
612 zurückgenommen. Im Raum L 763 und Greteville
Bereitstellung starker Feindgruppen. Mit baldigem Angriffsbeginn gegen den Paß südostwärts Greteville wird
gerechnet. Bei 10. Panz.Div. Lage ruhig. Vor 21. Panz.-
Div. Feindangriff zum Stehen gebracht. Eigene Ge-
fechtsvorposten wieder auf Höhen vor HKL vorgeschoben. Bei Kampfgruppe Schmid wurde nordostw. A 612
starker Feindangriff zum Stehen gebracht und eine am
Vormittag verlorengegangene Höhe am Nachmittag zurückgewonnen.
1. ital. Armee:
Tag bisher ruhig verlaufen. Gegner fühlte am Vormittag gegen Djebel Cherawakir vor und wurde abgewiesen. Geringes Artilleriestörungsfeuer im Abschnitt 90.
lei.Div.. *H.Gr. Afrika röm. 1a geheim F.d.R.*

Britischer Rückzug in Burma
Montag, 10. Mai 1943, Delhi
Die *Agentur Reuter* berichtet:
Nach den neuesten Frontberichten üben die Japaner an
der Arakanfront weiterhin einen starken Druck aus.
Durch den japanischen Vormarsch wurde die Frontlinie
westlich und nordwestlich von Buthidaung durch Einkreisung bedroht, so daß sich das britische Kommando
zu einer allgemeinen Rückverlegung der vorgeschobenen Einheiten entschließen mußte. Der Rückzug konnte bei Nacht unbemerkt vom Gegner durchgeführt
werden.

Dienstag, 11. Mai 1943
Das *Oberkommando der Wehrmacht* gibt bekannt:
Südöstlich Tunis führte der Feind zahlreiche frische
Infanterie- und Panzerverbände zum Angriff gegen die
Stellungen der deutschen und italienischen Truppen
heran. Trotz größten Entbehrungen und wochenlang
ununterbrochenem Kampfeinsatz setzten die helden-

mütig kämpfenden Soldaten aller Truppengattungen auch gestern dem pausenlosen Ansturm des Feindes härtesten Widerstand entgegen. Die schweren, für beide Seiten verlustreichen Kämpfe gehen mit unverminderter Heftigkeit weiter.

Auf dem afrikanischen Kriegsschauplatz haben sich die 90. Leichte Afrikadivision unter der Führung von Generalleutnant Graf Sponeck und die 15. Panzerdivision unter Führung von Generalmajor Borowitz besonders ausgezeichnet. Beide Divisionen haben sich seit Beginn des Afrikafeldzuges hervorragend geschlagen. Eine Flakdivision der Luftwaffe unter Führung des Generalmajors Reusser vernichtete noch mit ihren letzten Granaten 37 feindliche Panzer.

Britische Panzer am Kap Bon

Mittwoch, 12. Mai 1943, im alliierten Hauptquartier in Nordafrika

Die *Agentur Reuter* teilt mit:

Nach soeben eingegangenen Frontmeldungen hat die Vorhut der britischen 6. Panzerdivision gestern um 14 Uhr Kap Bon an der äußersten Spitze der Halbinsel besetzt.

Die Teile der deutschen 10. Panzerdivision, die bis zuletzt aushielten und den Engländern noch vorgestern das letzte Panzergefecht lieferten, sind jetzt vernichtet. Bci den französischen Truppen herrscht große Freude darüber, da es diese Division war, die genau vor drei Jahren die alliierten Linien in Frankreich durchbrach.

Die letzte größere feindliche Einheit, die noch Widerstand leistet, besteht aus Teilen der italienischen 1. Panzerdivision, die nördlich von Enfidaville von der 8. Armee und von den Franzosen eingeschlossen ist; auch sie dürfte wohl im Laufe des Tages die Waffen strecken.

General Alexander an W. Churchill

12. Mai 1943:

Das Ende steht nahe bevor. Von Arnim ist in unserer Hand; die Zahl der Gefangenen dürfte wahrscheinlich 150 000 überschreiten. Der geordnete Widerstand ist überall zusammengebrochen; es halten nur noch etliche feindliche Taschen aus. Anscheinend haben wir über 1 000 Geschütze, davon 180 88-mm-Geschütze, 250 Panzer und viele tausend motorisierte Fahrzeuge, darunter viele gebrauchsfähige, erbeutet. Deutsche Gefangene, die ihre eigenen Fahrzeuge steuerten, bildeten den ganzen Tag hindurch auf der Straße von Grombalia nach Medjez el Bab eine kompakte Kolonne.

Mein nächstes Telegramm mit der offiziellen Meldung über die Beendigung des Feldzugs wird, wie ich hoffe, in ein paar Stunden folgen.

Donnerstag, 13. Mai 1943

Das *Oberkommando der Wehrmacht* gibt bekannt:

Der Heldenkampf der deutschen und italienischen Afrikaverbände hat heute sein ehrenvolles Ende gefunden. Die letzten in der Umgebung von Tunis fechtenden Widerstandsgruppen, seit Tagen ohne Wasser und Verpflegung, mußten nach Verschuß ihrer gesamten Munition den Kampf einstellen.

Durch ihren Widerstand, der dem Feind in monatelangem Ringen jeden Fußbreit Boden streitig machte, fesselten sie in Nordafrika stärkste Kräfte des Gegners und brachten ihm schwerste Menschen- und Materialverluste bei. Die damit erreichte Entlastung an anderen Fronten und die gewonnene Zeit kamen der Führung der Achsenmächte in höchstem Maße zugute.

Kapitulation der Achsentruppen

13. Mai 1943, im Hauptquartier der 1. Armee bei Tunis

United Press berichtet:

Soeben ist der erste Bericht über die Gefangennahme v. Arnims im Hauptquartier der 1. Armee eingelaufen. Danach drangen Panzerpatrouillen der britischen 6. Panzerdivision am Mittwochmittag bis zu Arnims Hauptquartier vor, das sich tief in den Bergen, etwa 29 Kilometer westlich von Hammamet, in eingegrabenen und eingesprengten Unterständen befand. Ein britischer Offizier ließ sich bei dem General melden, der ihn stehend empfing – jeder Zoll ein preußischer Offizier. Andere gefangengenommene deutsche Generäle wie auch ein italienischer General kamen im Hauptquartier der 1. Armee an. Oberst v. Broich, Kommandant einer deutschen Panzerdivision, erkannte sofort einen der Offiziere, mit dem er in Friedenszeiten in Davos Skitouren unternommen hatte.

Generaloberst v. Arnim gefangen

13. Mai 1943, Rom

Das *Comando Supremo* teilt mit:

Die italienische 1. Armee, welche die Ehre hatte, den letzten Widerstand auf afrikanischer Erde zu leisten, stellte Donnerstag früh auf Befehl des Duce das Feuer ein.

Der Feldzug in Afrika, der unter wechselndem Kriegsglück 35 Monate gedauert hat, ist damit zu seinem Abschluß gekommen.

General Alexander an W. Churchill

13. Mai 1943, 2.15 Uhr:

Sir, pflichtgemäß erstatte ich Meldung, daß der Feldzug in Tunesien beendet ist. Jeder feindliche Widerstand hat aufgehört. Wir sind die Herren der Küsten Nordafrikas.

Die Beute in Tunesien

Freitag, 14. Mai 1943, im Hauptquartier von General Eisenhower

United Press berichtet:

Die letzten Überreste der deutsch-italienischen Truppen ergaben sich am Donnerstag vormittag um 11.45 Uhr, doch ist die Zählung der Gefangenen noch nicht abgeschlossen. Ihre Gesamtzahl dürfte nach den letzten Angaben auf ungefähr 175 000 Mann ansteigen, unter denen sich etwa 45 000 Italiener befinden. Insgesamt wurden vierzehn deutsche und drei italienische Generäle gefangengenommen. Die große Beute, die auf der Halbinsel von Kap Bon liegt, wird zur Zeit noch gesichtet. Auf größeren Strecken liegt Kriegsmaterial aller Art, Geschütze, Maschinengewehre, Gewehre, Maschi-

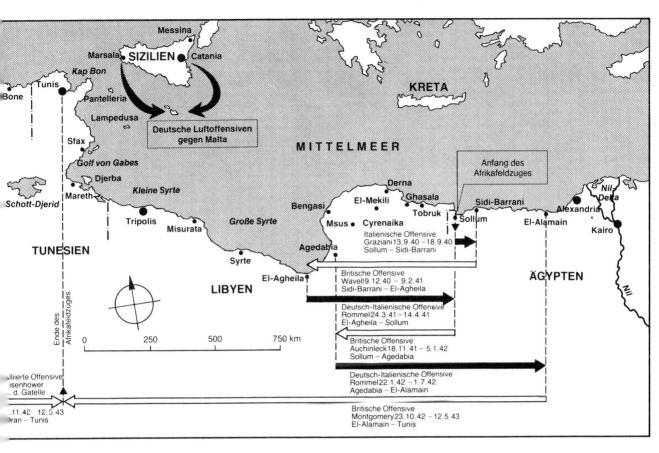

Rückblick auf das Hin und Her des Krieges in Nordafrika

nenpistolen, Munition und Benzinfässer in wirrem Durcheinander neben der Straße, aber auch einzelne große Depots sind den Alliierten unversehrt in die Hände gefallen. So erbeuteten die Engländer bei Hammam-Lif ein Treibstofflager mit 4,5 Millionen Liter Benzin; große Geschützparks und Granatenlager wurden ferner in völlig unversehrtem Zustand vorgefunden. In Biserta eroberte das amerikanische 2. Armeekorps ein Lager von 12000 Tonnen Kriegsmaterial sowie große Lebensmittelvorräte.

Sender Beromünster (Schweiz)

14. Mai 1943:
. . . Die Verteidigungsstellungen der Achsentruppen im tunesischen Brückenkopf waren gut gewählt, durch Gebirgszüge geschützt und durch Elitetruppen gehalten. Um so größer war die Überraschung, als nun in einer Vernichtungsschlacht von nur sechs Tagen Dauer die alliierte Armeegruppe unter dem Frontkommando des Generals Alexander Nordtunesien eroberte und den Gegner zur Kapitulation zwang . . . Die Frage, die noch vor einigen Wochen in der Welt diskutiert wurde, ob der Feldzug in Tunesien mit einem Dünkirchen oder mit einem Stalingrad enden würde, ist heute überholt.

Die letzten von Rommels Truppen
Sonnabend, 15. Mai 1943, im Hauptquartier von General Eisenhower

United Press berichtet:
Ein britischer Zerstörer brachte den Stabschef der 15. Panzerdivision ein, der mit einigen Offizieren an Bord eines Segelbootes versucht hatte, Sizilien zu erreichen.

Der Bey von Tunis abgesetzt
Montag, 17. Mai 1943, Tunis
United Press meldet:
Der neue Herrscher von Tunis bestieg am Samstag den Thron und versicherte Genal Juin im Rahmen eines formellen Empfangs der »unverbrüchlichen Treue gegenüber Frankreich«. Der abgesetzte Bey befindet sich in Begleitung von 25 Damen seines Harems auf dem Weg nach Madagaskar.

Schnelles Ende nicht in Sicht
Sonntag, 23. Mai 1943, Washington
Die *Agentur Reuter* teilt mit:
In einer zwanglosen Aussprache mit dem Personal der britischen Botschaft in Washington warnte Churchill davor, mit einem schnellen Zusammenbruch Deutschlands zu rechnen. Der Premierminister betonte, es sei kein Grund vorhanden, zu glauben, daß der Krieg rasch seinem Ende entgegengehe.

Geheimer Bericht des *Sicherheitsdienstes der SS*
zur innenpolitischen Lage:
Nr. 385 vom 24. Mai 1943 (Auszug)
I. Allgemeines: Die Diskussionen, die noch über die Aufgabe Tunesiens geführt werden, drehen sich hauptsächlich um die Höhe der Verluste und das Schicksal der deutschen Gefangenen. Besonders die Angehörigen

von Afrikakämpfern seien in großer Sorge, erhoffen sich jedoch im allgemeinen bald ein Lebenszeichen.

Mit dem gegenwärtigen Geschehen an der Ostfront befassen sich die Volksgenossen fast gar nicht. Es wird das Ausbleiben jeder Aktion unsererseits festgestellt, während noch im Vorjahre eine Offensive geradezu »fieberhaft« erwartet worden ist. Die Frage vieler Volksgenossen lautet in diesem Jahr meist weniger »wann beginnt die Offensive?«, sondern »wird überhaupt eine Offensive in diesem Jahr stattfinden?«

W. Churchill an den Außen- und an den Informationsminister
Sonntag, 13. Juni 1943:
Ich habe den Rapport über den deutschen Kampfgeist in Tunesien gelesen. Es ist kaum möglich, den Kampfeigenschaften des deutschen Soldaten einen höheren Tribut zu zollen, und die Verwendung von Worten wie »tierisch« beeinträchtigen in keiner Weise den starken Eindruck, den dieser Rapport vermittelt. Die »außergewöhnliche Dummheit« der Deutschen erstreckt sich bestimmt nicht auf den richtigen Gebrauch ihrer Waffen und die Ausnutzung taktischer Gegebenheiten.

Schaffung einer taktischen Luftflotte
Montag, 14. Juni 1943, London
Die *Agentur Reuter* teilt mit:
Amtlich wird bekanntgegeben, daß im Zuge der Reorganisation der RAF eine »Tactical Air Force« geschaffen worden ist. Ihre Aufgabe: eine noch engere Zusammenarbeit mit den Bodentruppen. Die neue Luftflotte unter dem Befehl von Viceadmiral J.H. Delbiac, dem ehemaligen RAF-Kommandanten auf Ceylon, besteht

aus Geschwadern aller Flugzeugtypen, die sich für eine direkte Unterstützung der Bodenkämpfe eignen. Dazu die »Times«: Keine andere Reform im Bereich der RAF seit Beginn des Krieges hat eine solche Bedeutung gehabt.

Friedensgerüchte

Freitag, 18. Juni 1943, Moskau
Associated Press meldet:
Der amtliche Sender Moskau teilt mit: Im Auftrage der Sowjetregierung wird festgestellt, daß die deutschfreundliche Zeitung »Rya Daglight Allehanda« eine Mitteilung veröffentlichte, wonach vor kurzem Verhandlungen zwischen der Sowjetunion und Deutschland in Stockholm stattgefunden hätten. Diese Verhandlungen seien angeblich an territorialen Fragen gescheitert. Die Telegraphenagentur der Sowjetunion wurde ermächtigt, diese ganze Meldung als ausgesprochen unsinnig und lächerlich zu widerlegen.

Sonnabend, 19. Juni 1943, Berlin
Das *DNB* berichtet:
Die schwedische Zeitung »Rya Daglight Allehande« veröffentlichte eine sensationell frisierte Meldung über angebliche deutsch-sowjetische Friedensbesprechungen in Stockholm. Diese Meldung ist frei erfunden. Die Behauptung von solchen Friedensbesprechungen und

14. Mai 1943, Tunesien: Der Feldzug in Nordafrika ist beendet. Ein auf der Halbinsel Kap Bon zurückgelassener Panzerkampfwagen VI Tiger (Sd Kfz 182)

Juni 1943, Ostfront, Ukraine: Deutsche Panzer auf dem Weg in die Bereitstellung

Strategie und Taktik

die daran geknüpften Kombinationen gehören zu den Manövern, die die Feinde der Dreierpaktmächte gewohnheitsmäßig in die Welt setzen.

Die Rolle der Sowjetunion nach dem Krieg?

Montag, 21. Juni 1943, London
Die *Agentur Reuter* teilt mit:
Auf einer anglo-sowjetischen Tagung erklärte Minister Sir Stafford Cripps: »Falls die Geschichte zu dem Urteil gelangen wird, daß die Welt Hitler irgend etwas zu verdanken habe, dann nur deshalb, weil er das Mißtrauen zerstörte, das vorher zwischen Sowjetrußland und der übrigen zivilisierten Welt bestand, und damit den Weg zu einer neuen und aussichtsreicheren Organisation der internationalen Sicherheit eröffnete.«

Vor neuer deutscher Offensive?

Dienstag, 22. Juni 1943, Moskau
Die *Agentur Reuter* meldet:
. . . Im Oberkommando Moskau wird besonders auf die deutschen Vorbereitungen hingewiesen und betont, die laufende und die kommende Woche bildeten die kritische Zeit, in der sich entscheiden werde, ob Deutschland eine neue Sommeroffensive unternehmen oder sich gänzlich auf die Defensive beschränken wolle. Es bestünden aber gute Gründe für die Annahme, daß Hitler binnen kurzem versuchen werde, durch einen gewaltigen Schlag die Sowjetunion lahmzulegen. Das sowjetische Oberkommando sieht jedoch dieser Möglichkeit mit völliger Ruhe und Selbstsicherheit entgegen in der Gewißheit, auch dieser Offensive gewachsen zu sein.

Wie schon im Winter 1941/42 wird die tief verschneite russische Landschaft wieder zum Schauplatz einer Tragödie, die jene vom Vorjahr an Bedeutung übertrifft: Zu der mörderischen Kälte kommt noch die bedrohliche strategische Lage, die vor allem durch Hitlers Starrsinn entstanden ist.

Am Freitag, dem 1. Januar 1943, räumt die 4. Panzerarmee (GenOberst Hoth) das inmitten der Kalmückensteppe liegende Elista. Zugleich beginnt der Rückzug der 1. Panzerarmee (Gen.d.Kav. v. Mackensen) aus den Bergen des Hochkaukasus und vom Terek.

Am Sonntag, dem 10. Januar 1943, geht westlich von Stalingrad die sowjetische Don-Front (GenOberst Rokossowski) mit der 21. Armee (GenLt. Tschistiakow), der 24. Armee (GenMaj. Galanin), der 62. Armee (GenLt. Tschuikow), der 64. Armee (GenLt. Schumilow), der 65. Armee (GenLt. Batow) und der 66. Armee (GenLt. Schadow) zur Offensive über. Ihr Ziel: die Zerschlagung der 6. Armee im Kessel von Stalingrad.

Am Dienstag, dem 12. Januar 1943, treten die sowjetischen Truppen und Panzerverbände gegen die ungarische 2. Armee (GenOberst Jány), die am Don beiderseits Swoboda die Front hält, und gegen die südlich stehende italienische 8. Armee (GenOberst Gariboldi) zur Offensive an. Beteiligt sind: die Woronesch-Front (Armeegen. Merezkow) mit der 3. Panzerarmee (GenMaj. Rybalko), der 40. Armee (GenMaj. Moskalenko) und dem selbständigen XVIII. Schützenkorps, sowie die Südwestfront (GenOberst Watutin) mit der 6. Armee (GenMaj. Charitonow).
Ihr Ziel: weit ausholend in den Rücken der Heeresgrup-

pe B (GFM Frhr. v. Weichs) und der Heeresgruppe Don (GFM v. Manstein) zu stoßen und beiden den Rückweg zum Dnjepr abzuschneiden. Die ungarische und italienische Armee werden überrascht und aufgerieben, danach stoßen die Sowjets auf breiter Front nach Westen vor. Während die deutschen Divisionen den Kaukasus räumen und in Stalingrad der Widerstand allmählich erlischt, beginnt der sowjetische Entsatzangriff für Leningrad.

Am Donnerstag, dem 14. Januar 1943, beginnt in Casablanca die Konferenz zwischen Roosevelt und Churchill mit den Führungsstäben von USA und Großbritannien. Es werden zwischen den beiden Alliierten weitere Operationen im Mittelmeerraum vereinbart sowie die verhängnisvolle Formulierung der »Bedingungslosen Kapitulation« (Unconditional Surrender) bekanntgegeben. Man beschließt auch, daß anglo-amerikanische Kampfverbände eine »Combined Bomber Offensive« (CBO) gegen Deutschland fliegen sollen.

Am Sonntag, dem 17. Januar 1943, schließen die Verbände der sowjetischen Woronesch-Front westlich des Don das XXIV. Panzerkorps (z. Zt. GenLt. Eibl) und das italienische Alpini-Korps ein. Nur einer einzigen Einheit gelingt der Ausbruch aus dem Kessel, die sich bis zur deutschen Frontlinie bei Waluiki durchschlagen kann.

Am Sonnabend, dem 23. Januar 1943, muß die Panzerarmee Afrika (GFM Rommel) unter starkem Druck der britischen 8. Armee (Lt.Gen. Montgomery) Tripolis aufgeben und den Rückzug in Richtung libysch-tunesische Grenze antreten.
Am gleichen Tag verbietet Hitler erneut die Kapitulation der 6. Armee (GenOberst Paulus) in dem zur Festung erklärten Stalingrad.

Am Montag, dem 25. Januar 1943, spalten sowjetische Truppen der Don-Front (GenOberst Rokossowski) den Kessel von Stalingrad in eine Nordgruppe (GenOberst Strecker) und in eine Südgruppe (GenOberst Paulus). Zur gleichen Zeit muß die 2. Armee (GenOberst v. Salmuth) unter dem Druck der sowjetischen 40. Armee (GenMaj. Moskalenko) und der 69. Armee (GenLt. Tschernjachowski) Woronesch räumen.

Am Dienstag, dem 26. Januar 1943, gelingt es Rommel trotz der britischen Versuche, der Panzerarmee Afrika den Rückzug abzuschneiden, seine Truppen zu retten und sich in Südtunesien mit der 5. Panzerarmee (GenOberst v. Arnim) zu vereinen. Immerhin hat die britische 8. Armee ihre Verfolgung von El Alamein bis Tripolis in einem beachtlichen Tempo zurückgelegt: über 1 500 Kilometer innerhalb von 80 Tagen.

Am Mittwoch, dem 27. Januar 1943, wird die aus dem Kaukasus zurückgehende 1. Panzerarmee der Heeresgruppe Don (GFM v. Manstein) unterstellt und zusammen mit der 17. Armee (GenOberst Ruoff) in den

Januar 1943, Raum Stalingrad: Typischer Massenangriff sowjetischer mittlerer Panzerkampfwagen T-34, um mit Unterstützung der Infanterie einen Durchbruch zu erzielen

Kuban-Brückenkopf verlegt. Hitler genehmigt lediglich vier Divisionen der 1. Panzerarmee den Rückzug über den Don.

Am Donnerstag, dem 28. Januar 1943, kommt nach 500

Kilometer Rückmarsch aus dem Kaukasus, der am 31. 12. 1942 begonnen hat, die Masse der 1. Panzerarmee durch den Flaschenhals Rostow – teilweise über das gefrorene Asowsche Meer – gerade zurecht, um die zwischen Don und Mius schwer bedrängte Armeeabteilung Hollidt zu unterstützen. Im Mittelabschnitt scheitern die fortgesetzten sowjetischen Angriffe gegen den Rshew-Bogen bei schweren beiderseitigen Verlusten, obwohl die sowjetische Führung in diesen Kämpfen mehr Kräfte eingesetzt hat als an der Südfront.

Am Sonntag, dem 31. Januar 1943, ernennt Hitler Generaloberst Paulus zum Generalfeldmarschall, einige Stunden später kapituliert der von Paulus geführte Südkessel von Stalingrad. Inzwischen zieht sich die deutsche 17. Armee aus dem Kaukasus, über schnell improvisierte Auffangstellungen hinhaltend kämpfend, in den Kuban-Brückenkopf zurück. 400 000 Mann, 110 000 Pferde, 2 000 Geschütze und 26 500 motorisierte Fahrzeuge, darunter über 1 000 Panzer, erreichen trotz Behinderung durch starke Partisanengruppen südlich

Krasnodar nach vier Wochen planmäßig die Gotenkopfstellung.

Zur gleichen Zeit gehen nach Eintreffen der Panzerarmee Afrika in Südtunesien die deutsch-italienischen Kräfte in Richtung Westen zum Angriff über: Sie versuchen zwar vergeblich, Le Kef zu erobern, nehmen aber den Faid-Gebirgspaß und stoßen auf Tebéssa vor. Sie erobern Sbeïtla und Gafsa, überwinden den Kasserine-Paß, und als sie gegen Thala vorgehen, werden sie von britischen Panzereinheiten zurückgeworfen. Auch die Angriffe auf Medjez-el-Bab werden nach anfänglichen Erfolgen ebenfalls zurückgewiesen.

Dank besserem Nachschub kann Rommel seine stark geschwächte 15. (GenMaj. v. Vaerst) und 21. Panzerdivision (GenMaj. Hildebrandt) zum erstenmal seit vielen Monaten wieder auffüllen, er bekommt sogar die aus Europa nach Tunesien verlegte und voll ausgestattete 10. Panzerdivision (GenMaj. v. Broich). Auch von den Tiger-Panzern, die sich jetzt in Tunesien befinden und denen die Alliierten nichts Gleichwertiges entgegenzusetzen haben, erhofft sich Rommel besonders im Kampf gegen die Amerikaner, die den Deutschen auf dem Schlachtfeld taktisch unterlegen sind, einige Erfolge.

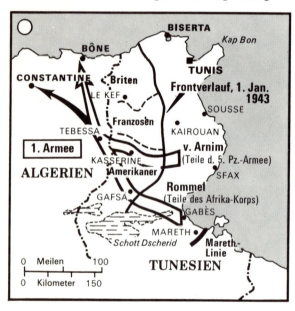

Die Kämpfe in Tunesien Anfang 1943

Am Dienstag, dem 2. Februar 1943, legen in den Morgenstunden die im Nordkessel (GenOberst Strecker) von Stalingrad eingeschlossenen Einheiten ihre Waffen nieder. Der Kampf um Stalingrad ist beendet.

Völlig aufgerieben sind: das XIV. Panzerkorps (GenLt. Schlömer), das IV. Armeekorps (Gen.d.Art. Pfeffer), das VIII. Armeekorps (GenOberst Heitz), das XI. Armeekorps (GenOberst Strecker), das LI. Armeekorps (Gen.d.Art. v. Seydlitz-Kurzbach) mit den ihm unterstellten Divisionen: die 14., 16. und 24. Panzerdivision, die 3., 29. und 60. mot. Division, die 44., 71., 76., 79., 94., 100. (Jäger) 113., 295., 297., 305., 371., 376., 384. und 389. Infanteriedivision, sowie die 9. Flakdivision

(mot.), die rumänische 1. Kavalleriedivision und 20. Infanteriedivision, dazu kroatische Einheiten.

Von der am 22. 11. 1942 eingeschlossenen 6. Armee mit etwa 260 000 Mann sind 34 000 Mann – überwiegend Verwundete und Spezialisten – ausgeflogen. Die genaue Zahl der in Gefangenschaft Geratenen ist unbekannt geblieben, man vermutet etwa 90 000 bis 95 000 Mann; die anderen sind gefallen, einen qualvollen Tod durch Erschöpfung und Unterkühlung gestorben oder verhungert. Die Luftwaffe hat bei dem Versuch, den Kessel zu versorgen, 488 Transportmaschinen und rund 1 000 Mann vom fliegenden Personal verloren.

Die Bindung von rund 80 sowjetischen Verbänden ermöglicht jedoch die zähe Verteidigung Rostows. Am Tag der Kapitulation Stalingrads gehen die letzten Teile der 4. Panzerarmee über den Don zurück.

Am Montag, dem 8. Februar 1943, erobern die Verbände der sowjetischen 60. Armee (GenLt. Tschernjachowski) Kursk. Am Tag darauf befreit die sowjetische 40. Armee (GenLt. Moskalenko) Belgorod.

Am Sonntag, dem 14. Februar 1943, werden auf Hitlers Geheiß alle deutschen Verbände aus dem Raum westlich Kursk bis zum Asowschen Meer der Heeresgruppe Don, die jetzt in Heeresgruppe Süd (GFM v. Manstein) umbenannt wird, unterstellt. Die Heeresgruppe B (GFM v. Weichs) wird aufgelöst. Die neu entstandene Heeresgruppe Süd muß an diesem Tag Rostow und Woroschilowgrad räumen.

In Tunesien tritt die Kampfgruppe Generalleutnant Ziegler zum Unternehmen Frühlingswind an. Mit der 10. Panzerdivision und der 21. Panzerdivision greift sie das II. US-Korps (Maj.Gen. Fredendall) westlich vom Faid-Paß an.

Am Montag, dem 15. Februar 1943, gelingt es an der Ostfront den Resten des VII. Armeekorps (Gen.d.Art. Hell) und des XIII. Armeekorps (Gen.d.Inf. Straube), die am 26. 1. 1943 von den sowjetischen Truppen bei Kasternoje eingekesselt worden sind, sich nach schweren Kämpfen mitten durch die sowjetische 40. Armee nach Westen durchzuschlagen und unter großen Verlusten die deutschen Linien zu erreichen.

Mitte Februar 1943 verschlimmert sich die Lage der Panzerarmee Afrika durch das Vorgehen der britischen 8. Armee, die jetzt zwischen Ben–Gardane, Médinine, Tatahouine Stellung bezieht, gegenüber der von der italienischen 1. Armee gehaltenen, befestigten Mareth-Linie.

Am Dienstag, dem 16. Februar 1943, räumt im letzten Augenblick das von sowjetischen Einheiten bedrohte II. SS-Panzerkorps (SS-Obergruppenf. Hausser) Charkow. Dies geschieht entgegen dem ausdrücklichen Befehl Hitlers, die Stadt »bis zum Letzten« zu verteidigen.

Am gleichen Tag stehen sowjetische Spitzen 60 Kilometer vor dem Dnjepr: Drei Heeresgruppen, sieben Ar-

Ende Februar 1943, zwischen Dnjepr und Donez:
Verbände der deutschen 4. Panzerarmee stoßen auf
Balakleja vor

meen und 1 Million Mann sind in Gefahr, abgeschnitten
zu werden. Die Lücke zwischen Woroschilowgrad und
Belgorod reißt 300 Kilometer weit auf; die sowjetische
Überlegenheit von 8 zu 1 scheint das Schicksal der
deutschen Ostfront zu besiegeln. Hitler genehmigt nun
die Räumung von Demjansk und Rshew, um schnellstens Kräfte frei zu machen. Rostow wird nach Sprengung der Donbrücken aufgegeben. Die Armeeabteilung
Hollidt, in 6. Armee umbenannt, übernimmt die Verteidigung am Mius.

Bis zum Februar 1943 hat die sowjetische 6. Armee
südlich von Charkow die Front in einem weiten Bogen
nach Westen vorangetrieben. Inzwischen bereitet v.
Manstein eine große Gegenoffensive vor, und wieder
versammelt man im Bereich der Heeresgruppe Süd
bedeutende deutsche Panzerkräfte.

In der Nacht vom 16./17. Februar 1943 muß in Tunesien
die Kampfgruppe Generalleutnant Ziegler das am 14. 2.
1943 begonnene Unternehmen »Frühlingswind« abbrechen. Zwar hat die 21. Panzerdivision einige Erfolge
erreicht, und die 2. US-mot. Division kann sich nur mit
Mühe in ihrer Stellung bei Sbeïtla behaupten, doch wird
die Kampfgruppe den Verbänden der Panzerarmee
Afrika für deren geplanten Vorstoß über den Kasserine-Paß auf Tebessa zugeteilt.

Der 21. Februar 1943 ist eines der entscheidendsten
Daten in der Geschichte der deutschen Panzerwaffe:
Generaloberst Guderian wird von Hitler zu ihrem Generalinspekteur ernannt.
Mit dem Anwachsen der sowjetischen Produktion, der
zunehmenden Erfahrung der Roten Armee in der
schnellen Kriegführung und dem Ausbleiben der als
Gegengewicht zu dem T-34 und KW konzipierten deutschen Panzer gerät die deutsche Panzerwaffe Anfang
1943 in eine ihrer gefährlichsten Krisen. Hitler kann auf
einen der besten Panzer-Taktiker und -Strategen nicht
mehr verzichten. Guderian wird zurückgerufen und er-

hält umfassende Vollmachten: die Ausbildung und Organisation der gesamten Panzerwaffe. Selbst die Panzerverbände der Waffen-SS und die gepanzerten Einheiten der Luftwaffendivision »Hermann Göring« kommen auf diese Weise unter seine Kontrolle. Als
Generalinspekteur der Panzertruppen ist Guderian
auch für die Entwicklung neuer Kampfwagentypen und
für die Produktion verantwortlich.
Guderians Hauptaufgabe: so schnell wie möglich die
Offensivkraft der Panzertruppe wiederherzustellen und
die verlorene strategische Initiative zurückzugewinnen.

Am Montag, dem 22. Februar 1943, geht die Heeresgruppe Süd mit der 1. Panzerarmee (Gen.d.Kav. v.
Mackensen), der 4. Panzerarmee (GenOberst Hoth)
und der Armeeabteilung Kempf zur Gegenoffensive
zwischen Dnjepr und Donez gegen die Woronesch-
Front und Südwestfront vor. Die Luftflotte 4 (GFM v.
Richthofen) unterstützt diese Operation. Manstein
stößt mit seinen konzentrisch geführten Angriffen genau in eine ebenfalls gerade beginnende sowjetische
Offensive hinein, mit der die Rote Armee den Dnjepr
erreichen will. Kurz vor Angriffsbeginn täuscht v. Manstein die Sowjets, als ob er nur hinhaltenden Widerstand zu leisten beabsichtige, und erst unmittelbar vor
Beginn der Offensive ziehen die Panzer und motorisierten Verbände in ihre Bereitstellungen.
Mit seinem bewährten strategischen Geschick trifft v.
Manstein die Sowjets gerade in der Situation, als sie
erschöpft vom eigenen Angriff mit nur geringen Kraft-
stoffreserven versehen sind. Nun nehmen sieben schnelle Divisionen der 1. und 4. Panzerarmee die vorgeprell-
ten sowjetischen Kräfte in die Zange, und STAWKA
erkennt die Gefahr zu spät. In einer nach allen Kunst-
regeln geführten Panzerschlacht werden die Gruppe
Popow und die sowjetische 6. Armee zerschlagen.

Am Dienstag, dem 23. Februar 1943, findet im Brük-
kenkopf Tunesien eine neue Gliederung der Achsen-
kräfte statt: Aus der deutsch-italienischen Panzerarmee
Afrika wird nun die italienische 1. Armee (GenOberst
Messe) gebildet und mit anderen deutsch-italienischen
Truppen in der neu entstandenen Heeresgruppe Afrika
(GFM Rommel) zusammengefaßt.

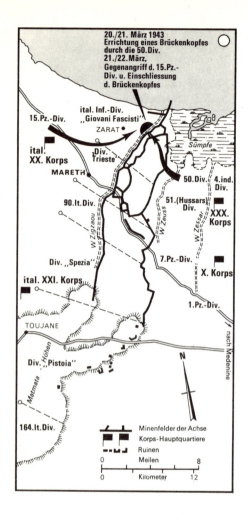

20./21. März 1943
Errichtung eines Brückenkopfes
durch die 50.Div.
21./22. März,
Gegenangriff d. 15.Pz.-
Div. u. Einschliessung
d. Brückenkopfes

ital. Inf.-Div.
„Giovani Fascisti"
15.Pz.-Div.
ZARAT
Div.
Trieste
Sümpfe
ital.
XX. Korps
MARETH
50.Div.
4.ind.
Div.
90.lt.Div.
51.(Hussars)
Div.
XXX.
Korps
W Zeuss
W Zessar
W Zigzaou
7.Pz.-Div.
Div. „Spezia"
X. Korps
ital. XXI. Korps
1.Pz.-Div.
TOUJANE
nach Medenine
N
Div. „Höhen
Matmata
Div. „Pistoia"
164.lt.Div.

Minenfelder der Achse
Korps-Hauptquartiere
Ruinen
0   Meilen   8
0   Kilometer   12

Am Sonntag, dem 28. Februar 1943, hat v. Manstein den Donez wieder in breiter Front erreicht. Jetzt klafft in der sowjetischen Front eine 200 Kilometer breite Lücke; geschockt stoppt STAWKA den Angriff der Woronesch-Front.

Am Montag, dem 1. März 1943, ordnet das OKH die Räumung des Frontbogens um Rshew, die »Büffel-Bewegung«, an. Diese Begradigung kürzt die bisher unvorteilhafte Frontlinie um etwa 330 Frontkilometer und führt zur Einsparung von etwa 20 bis 22 Divisionen.

Am Dienstag, dem 2. März 1943, erobert im Rahmen der am 22. 2. 1943 begonnenen deutschen Gegenoffensive die 1. Panzerarmee Slawjansk und Bogoroditschno, und die 4. Armee meldet die Bildung eines Brückenkopfes über den Donez bei Balakleja.

Vier Tage später, am 6. März 1943, beginnen die 4. Panzerarmee und die Armeeabteilung Kempf ihren Angriff im Raum westlich Charkow gegen die sowjetische 4. Panzerarmee (GenMaj. Rybalko) und die 69. Armee (GenLt. Kasakow).
In Tunesien unternimmt Rommel am gleichen Tag seinen letzten vergeblichen Offensivversuch gegen die bri-

tische 8. Armee an der Mareth-Stellung. Es sind beteiligt: die 10. Panzerdivision, die 15. Panzerdivision, die 20. Panzerdivision, die 90. leichte Division, die 164. leichte Division und Teile von drei italienischen Divisionen. Bereits vor Metamyr bleibt der Angriff im konzentrierten Abwehrfeuer liegen. Das Unternehmen muß mit hohen Verlusten bei den Panzerdivisionen abgebrochen werden. 55 Panzer, 500 Tote und Verwundete hat man in den Nachmittagsstunden gezählt: Die deutsche Aktion ist – noch bevor sie begonnen hat – General Montgomery durch die Ultra-Enigma-Berichte in allen Einzelheiten bekannt.

Am Tag darauf übergibt Generalfeldmarschall Rommel die Heeresgruppe Afrika an Generaloberst v. Arnim und fliegt, bevor er seine Kur antritt, ins Führerhauptquartier. Hitler: »Erholen Sie sich, damit Sie bald wieder in Form kommen. Ich garantiere Ihnen, Sie werden die Operation gegen Casablanca führen.«

Am Dienstag, dem 16. März 1943, nach Zerschlagung von Teilen der sowjetischen 3. Panzerarmee (GenMaj. Rybalko) erobert das der Heeresgruppe Süd unterstellte II. SS-Panzerkorps (SS-Obergruppenf. Hausser) Charkow zurück.
Die Sowjets haben nun die Initiative wieder an die Deutschen verloren. Für v. Manstein ist die gesamte Offensive ein Wettlauf mit der Zeit: Noch ist es Winter und der Boden gefroren. Wenn aber die Schneeschmelze einsetzt, werden alle Bewegungen so wie im Frühjahr 1942 wochenlang zum Erliegen kommen.
Am gleichen Tag, noch vor Aufgabe des Raumes um Wjasma, Ghsazk und Rshew wird die »Büffel-Bewegung«, die am 1. 3. 1943 begonnen hat, abgeschlossen: Die Hälfte der 4. Armee (GenOberst Heinrici) und fast die ganze 9. Armee (GenOberst Model) mit 29 Divisionen, 250 000 Mann, schwenken staffelförmig 160 Kilometer in eine neue Linie Spas Demensk – Byelyi – Newel zurück. Nachhuten verminen das Gelände. Mit einem Zwischenhalt von jeweils ein bis zwei Tagen ist die Operation in drei Wochen beendet. Sofort einsetzende gegnerische Panzerangriffe auf die neuen Stellungen können unter schweren sowjetischen Verlusten abgewiesen werden. Ein Teil der durch Frontverkürzung freigewordenen 22 deutschen Divisionen kann Ende Februar die zwischen der 2. Armee und der 2. Panzerarmee durchgebrochenen Sowjets abfangen.

Am Donnerstag, dem 18. März 1943, vernichtet das XXXXVIII. Panzerkorps (Gen.d.Pz.Tr. v. Knobelsdorff) im Raum südlich Charkow die restlichen Verbände der sowjetischen 3. Panzerarmee. Zu gleicher Stunde beginnt die 4. Panzerarmee und das II. SS-Panzerkorps, unterstützt durch die Geschwader der Luftflotte 4 (GFM v. Richthofen), den konzentrierten Angriff auf Belgorod und nimmt die von der sowjetischen 69. Armee hart verteidigte Stadt. Vier sowjetische Armeen mit sieben Panzerkorps und zwei Kavalleriekorps, insgesamt 52 Verbände, sind zerschlagen und der gefährliche sowjetische Frontvorsprung zum Dnjepr ist beseitigt.

Zwölf deutsche Panzerdivisionen haben damit bewiesen, daß die Wehrmacht noch schlagkräftig ist.

In der Nacht vom 19./20. März 1943 tritt die britische 8. Armee zur Offensive gegen die von der italienischen 1. Armee gehaltenen Mareth-Stellung.

Am Sonnabend, dem 27. März 1943, muß die italienische 1. Armee unter starkem Druck der britischen 8. Armee die Mareth-Stellung räumen und sich nördlich Gabès auf die etwa 30 Kilometer breite Linie von Wadi Akarit bis Schott-el-Fedjedj zurückziehen.

Ende März 1943 endet an der Ostfront mit dem Einsetzen der Schlammperiode die vier Monate dauernde Winterschlacht. Der März 1943 ist im Süden der Ostfront von der neuen Offensive der Wehrmacht gekennzeichnet, und die Sowjets haben nicht verhindern können, daß sich dort eine neue feste deutsche Front bildet. Bis zum Frühjahr 1943 hat die Heeresgruppe Süd von Tanganrog bis Belgorod eine gerade Verteidigungslinie wiedergewinnen können, die im wesentlichen dem Frontverlauf vor der deutschen Sommeroffensive 1942 entspricht. Ebenso erfolgreich enden im März die Abwehrschlachten an den übrigen Schwerpunkten. Im Kampf um Demjansk haben die Sowjets mindestens 10 000 Tote und 423 Panzer verloren. Ein geplanter deutscher Vorstoß in den Kursker Bogen muß aller-

dings wegen Erschöpfung der Truppe und Beginn der Schlammperiode unterbleiben.

Während der Schlammperiode im Frühjahr 1943 kommen die deutschen Panzerdivisionen nach monatelangen harten Kämpfen etwas zur Ruhe. Die Menschen- und Materialverluste können aufgefüllt und die Ausbildung der aus der Heimat eintreffenden Soldaten vorangetrieben werden.

Zu dieser Zeit, als die Zahl der sowjetischen Panzer steigt, geht man von der Aufstellung gemischter Panzerarmeen ab: Im Frühjahr 1943 werden auf der Grundlage der früher geschaffenen Panzerarmeen fünf neue Panzerarmeen mit gleichem Bestand gebildet, zu denen in der Regel zwei Panzer- und ein mechanisiertes Korps gehören. Panzerarmeen unterstehen STAWKA direkt und werden den Fronten nur operativ unterstellt. Auch in den taktischen Panzerverbänden gibt es Veränderungen, die deren Selbständigkeit erhöhen und die Feuer- und Stoßkraft verstärken sollen. Die Selbstfahrlafetten (SFL)-Truppenteile erhalten die neuen SU-76, SU-122 und SU-152.

In Großbritannien wiederum beschließt im März 1943 der Chef des britischen Generalstabs, General Brooke, Spezial-Panzereinheiten aufzustellen, deren Aufgabe bei einer geplanten Invasion auf dem Kontinent sein soll, als Vorhut der Sturmtruppen zu landen, eigene Breschen zu öffnen, selbst vor Anlandung der ersten Infanteriewellen, und dann die Verteidigungsstellungen niederzuhalten.

Am Donnerstag, dem 1. April 1943, kündigen sich in Deutschland strukturelle Veränderungen an. Die schnellen Truppen erhalten die Bezeichnung Panzer-

28. April 1943, Tunesien: Zwei Bergungsfahrzeuge und ein mittlerer US-Kampfpanzer versuchen, einen britischen Cruizer Tank Crusader aus dem ausgetrockneten Flußbett zu bergen

truppen. Außerdem werden die motorisierten Infanteriedivisionen in Panzergrenadierdivisionen umgewandelt, und die Strukturveränderungen der Panzerverbände führen zu einer Annäherung beider Divisionstypen.

Am Montag, dem 5. April 1943, beendet nördlich des Kuban die 17. Armee (GenOberst Ruoff) die Verlegung ihrer Verbände, das V. Armeekorps (Gen.d.Inf. Wetzel), das XXXXIV. Armeekorps (Gen.d.Art. de Angelis) sowie das XXXXIX. Gebirgskorps (Gen.d. Geb.Tr. Konrad) in die Verteidigungsstellungen des »Gotenkopfes«.

Am Dienstag, dem 6. April 1943, beginnt die Offensive der britischen 8. Armee nach Westen gegen die Stellungen der italienischen 1. Armee am Wadi Akarit. Zugleich tritt das II. US-Korps über die Linie Gafsa–Funduk nach Osten an. Währenddessen setzen die deutsch-italienischen Verbände ihren Rückzug auf Sfax und Sousse fort bis zum Zusammentreffen mit der 5. Panzerarmee (jetzt Gen.d.Pz.Tr. Vaerst) im Raum Pont-du-Fahs, die dort mit dem Nordflügel die Anhöhen westlich von Biserta und Tunis hält. So werden die deutsch-italienischen Kräfte auf engstem Raum im Brückenkopf von Tunis zusammengedrängt.

Am Mittwoch, dem 7. April 1943, treffen sich etwa 25 Kilometer östlich von El-Guetar in Südtunesien ein Infanteriebataillon der britischen 8. Armee und Aufklärungspanzer des II. US-Korps, die von Gabès vorgestoßen sind. Damit vereinigen sich die Engländer, die am 23. 10. 1942 ihren Vormarsch bei El Alamein begonnen

haben, mit den Amerikanern, die am 8. 11. 1942 in Marokko gelandet sind. Die Heeresgruppe Afrika (GenOberst v. Arnim) ist nun eingekesselt. Zugleich beginnt die italienische 1. Armee ihren Rückzug aus den Stellungen Wadi Akarit nach Norden.

Eine Woche später, am 13. April 1943, bezieht die italienische 1. Armee nach dem soeben beendeten Rückzug die Linie Enfidaville–Pont du Fahs. Nun umfaßt der Brückenkopf Tunesien ein Gebiet von 130 Kilometer Länge von Nord nach Süd und 60 Kilometer Breite von Ost nach West im Nordosten des Landes.

Am Sonntag, dem 18. April 1943, erteilt Hitler auf Drängen von Mussolini der Heeresgruppe Mitte den Befehl, das italienische II. Armeekorps nach Italien zurückzuverlegen. So endet der Einsatz der italienischen Truppen an der Ostfront.

Ende April 1943 beginnt in Tunesien der letzte Angriff: Das französische XIX. Korps (Gen. Koelte) stößt auf Djebel Zaghouan, und das II. US-Korps wird nach Norden verlegt und rollt auf Biserta zu.

Am Sonnabend, dem 1. Mai 1943, während die 9. US-Infanteriedivision (jetzt Gen. Bradley) im Norden von Tunis entlang der Küstenstraßen vorstößt, zählt die Heeresgruppe Afrika insgesamt sieben italienische Panzer, 58 Panzer III, 17 Panzer IV und vier Tiger-Panzer.

Fünf Tage später, am 5. Mai 1943, beginnt an der tunesischen Westgrenze die britische 1. Armee

März 1943, Südostasien: Japanische leichte Panzer vom Typ Ha-Go des Panzerregiments 14, von australischen Truppen zerstört

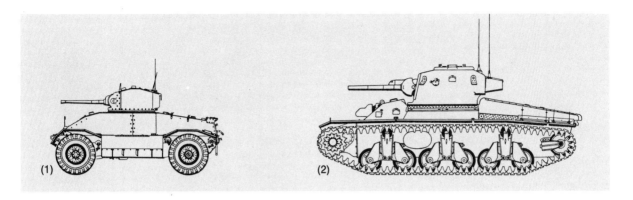

(1) (2)

(Lt.Gen. Anderson) gegen die Reste der 5. Panzerarmee (Gen.d.Pz.Tr. Vaerst) vorzugehen. Nach dem Durchbruch der deutschen Verteidigungslinien sind die Einheiten der 5. Panzerarmee in zwei Teile gesprengt. Als die Kapitulation in Nordafrika unmittelbar bevorsteht, schlägt Generaloberst Guderian vor, die vielen Panzerbesatzungen, die jetzt keine Panzer mehr haben, durch zurückfliegende Versorgungsflugzeuge zu seiner Verfügung in die Heimat bringen zu lassen. Hitler lehnt das jedoch strikt ab.

In der Nacht vom 5./6. Mai 1943 beginnt im Medierda-Tal die letzte britische Offensive.

Am Freitag, dem 7. Mai 1943 um 15.25 Uhr, rollen die Spitzen der britischen 1. Armee in Tunis ein. Fünf Minuten später erreichen die Amerikaner Biserta.

Am Mittwoch, dem 12. Mai 1943, legen die Reste der Verbände der Heeresgruppe Afrika die Waffen nieder. Tags darauf kapituliert die italienische 1. Armee. Der Kampf um Afrika ist zu Ende.
Eine Viertelmillion Soldaten, darunter 130 000 Deutsche, sind gefangengenommen. Seit dem 10. 6. 1940, als die Italiener ihren waghalsigen Vorstoß aus Libyen nach Ägypten machten, verloren die Achsenmächte: 975 000 Mann, 7 600 Flugzeuge, 6 200 Geschütze, 2 550 Panzer, 70 000 Lkw und 624 Schiffe.

Die Kriegsanstrengungen im Stillen Ozean nehmen die Japaner so in Anspruch, daß sie in China bis Mai 1943 keine größere Operation unternehmen. Und erst Mitte Mai 1943 beginnen sie eine Offensive gegen Tschungking, dem Sitz der chinesischen Regierung. Sechs japanische Divisionen und zwei Brigaden mit Panzereinheiten werden längs des Yangtse zwischen Jotschu und Itschang konzentriert, von wo sie zuerst in das Gebiet des Sees Tungting vordringen und dort große Reisvorräte erbeuten.

Am Dienstag, dem 25. Mai 1943, als japanische Vorausabteilungen 450 Kilometer von Tschungking entfernt sind, bleibt die Offensive stecken: Erhebliche Nachschubschwierigkeiten, chinesische Gegenangriffe auf rückwärtige Stützpunkte und intensive Luftangriffe der Amerikaner gefährden den weiteren Vormarsch.

An der Ostfront, wo im Mai 1943 außer am Kuban-Brückenkopf kaum irgendwelche Operationen stattfinden, werden im Bereich der Heeresgruppe Mitte laufend verstärkte Aktionen gegen immer zahlreichere Partisanenverbände durchgeführt, oft sogar mit Panzerverbänden. So beginnen das XXXXVII. Panzerkorps (Gen.d.Pz.Tr. Lemelsen) und das LV. Armeekorps (Gen.d.Inf. Jaschke) der 2. Panzerarmee das Unternehmen »Zigeunerbaron« und »Freischütz«, die Verbände der 3. Panzerarmee das Unternehmen »Maigewitter«.
Bereits im Mai 1943 fangen sowohl die Deutschen als auch die Sowjets an, ihre Verbände im Kursker Bogen entscheidend zu verstärken und vor allem letztere ein tiefgestaffeltes Verteidigungssystem einzurichten.

Am Freitag, dem 25. Juni 1943, legt Hitler den Beginn der deutschen Sommeroffensive 1943, das Unternehmen »Zitadelle«, den Angriff auf die sowjetischen Kräfte im Raum Kursk–Orel fest: 5. Juli 1943.

Die Monate Mai und Juni 1943 vergehen ohne erkennbare Aktivitäten: Die Deutschen sammeln ihre Angriffsverbände, vor allem Panzer, und die Sowjets verstärken ihre Verteidigung.
Die Sowjets wissen – nicht zuletzt über ihre ND-Agenten in der Schweiz, die Einblick in die streng geheimen Erkenntnisse der britischen Ultra-Enigma-Berichte haben – daß Hitler eine zwar örtlich begrenzte, aber gewaltige Sommeroffensive plant. Sie soll im Frontbogen von Kursk stattfinden und mit neuen Panzertypen sowie frisch herangeführten Panzerverbänden die Entscheidung bringen. Erstaunlicherweise ist gerade auf britischer Seite die Vermutung entstanden, die Sowjets würden immer noch befürchten, von Hitler besiegt zu werden. Und Liddell Hart, der namhafteste britische Historiker und Panzer-Theoretiker, berichtete dazu: »Diese tiefsitzende Unsicherheit war wohl der Grund für ein interessantes diplomatisches Zwischenspiel vor dem Wiederbeginn der großen Kämpfe. Im Juni 1943 trafen sich Molotow und Ribbentrop in Kirowograd, das noch von den Deutschen besetzt war, zu einem Gespräch über die Möglichkeit einer Beendigung des Krieges. Nach Mitteilung deutscher Offiziere, die als technische Berater dabei waren, schlug Ribbentrop als Friedensbedingung vor, Rußlands künftige Grenze soll am Dnjepr verlaufen, während für Molotow nur die

volle Wiederherstellung der Westgrenze vom Juni 1940 diskutabel war . . .«

Solch ein Treff zwischen Reichsaußenminister v. Ribbentrop und dem sowjetischen Außenminister Molotow, der angeblich durch die deutschen Linien im Mittelabschnitt der Ostfront geschleust worden sei, hat allerdings in Wirklichkeit nie stattgefunden, obwohl Berichte darüber bis heute immer wieder in verschiedenen Publikationen herumgeistern, zuletzt in dem Buch von H. Zimmermann »Die Schweiz und Großdeutschland«, München 1980, wo auf Seite 456 von einem Geheimtreffen Ribbentrop/Molotow im Frühjahr 1943 bei »Molodetschno im Gebiet der Donkosaken« die Rede ist.

Ab Sommer 1943 wurde die Umgliederung der sowjetischen Panzerverbände durchgeführt: die in der Gegenoffensive bei Stalingrad gewonnenen Erfahrungen ließen nämlich erkennen, daß die eingegliederten Schützendivisionen den Bewegungen der Panzerverbände nicht zu folgen vermochten und deren Manöver verzögerten. Die sechs sowjetischen Panzerarmeen verfügten jetzt über zwei Panzerkorps und ein mechanisiertes Korps, im Gegensatz zu den erstmals wieder im Jahr 1942 aufgestellten Panzerarmeen, die anfänglich zwei Panzerkorps und mehrere Schützendivisionen besaßen. Gleichzeitig erhielten die Panzerarmeen eine wesentliche Verstärkung durch Artillerie auf Selbstfahrlafette (Sturmgeschütze) und andere motorisierte Truppenteile. Die Steigerung der operativen Beweglichkeit der Panzerverbände verdankt die Sowjetunion weitgehend

Schwere deutsche Kampfpanzer VI Tiger: Auf ihn setzen Hitler und die deutsche Führung große Hoffnungen für die Sommeroffensive 1943

der Lieferung von Lastkraftwagen aus den USA. Sie betrugen ab Sommer 1942 etwa 434 000 Stück.

Ab Juni 1943 brachten die Sowjets ihre vorzügliche 7,62-cm-Pak, von den Deutschen Ratsch-Bum genannt, in größeren Mengen auf das Gefechtsfeld. Angehängt an Panzer, übernahm die 7,62-cm-Pak bei vorübergehenden Kampfpausen die Sicherung der Panzer. In Pakriegeln und Pakfronten sicherten selbständige Panzerabwehrabteilungen die empfindlichen Flanken durchgebrochener Panzerkorps.

Auch die Rote Luftflotte wurde ab Sommer 1943 immer aktiver: Schlachtflugzeuge vom Typ IL-2 Stormovik griffen die deutschen Panzer in zunehmender Heftigkeit an. Die Zahl der Divisionen sank bei der deutschen Wehrmacht im ersten Halbjahr 1943 von 214 auf 190, während in der gleichen Zeit die Zahl der sowjetischen Schützendivisionen bzw. Brigaden von 442 auf 530 anstieg, die der Panzer- und mechanisierten Brigaden von 186 auf 290, die der Kavalleriedivisionen von 35 auf 41. Die Gesamtstärke der sowjetischen Streitkräfte betrug zu dieser Zeit 12,9 Millionen, von denen 5,1 Millionen der Roten Armee an der europäischen Front nur 3 Millionen Deutschen gegenüberstanden.

(1) Italienische Pak-Selbstfahrlafette (Jagdpanzer) M 42.
(2) Mittlerer Kampfpanzer Carro Armato M. 15/42 (beide ab 1942)

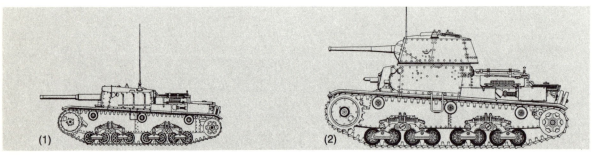

1943

Juli – Dezember

12 Millionen ausländische Arbeiter in Deutschland

Donnerstag, 1. Juli 1943, Berlin
Das *DNB* berichtet:
Zum erstenmal werden präzise Angaben über den Einsatz fremder Arbeitskräfte für das Deutsche Reich veröffentlicht. Rüstungsminister Speer teilte in seiner Rede im Berliner Sportpalast mit, daß es dem Beauftragten für den Arbeitseinsatz, Gauleiter Sauckel, gelungen sei, in einem Jahr die Zahl der Rüstungsarbeiter um 23 Prozent zu vermehren.

Panzerkampfabzeichen
Verordnung über die Einführung höherer Stufen zum Panzerkampfabzeichen und Sturmabzeichen (allg.) vom 22. Juni 1943.
1. Der Führer hat als Anerkennung der immer erneut bewiesenen Einsatzfreudigkeit der im Panzer angreifenden Angehörigen der schweren Waffen die Einführung höherer Stufen zum Panzerkampfabzeichen genehmigt.
2. Die höheren Stufen zum Panzerkampfabzeichen werden nach besonderem Muster mit der Zahl 25 in der II. Stufe, der Zahl 50 in der III. Stufe, der Zahl 75 und der Zahl 100 in der IV. Stufe gefertigt.
3. Es kann verliehen werden
nach 25 anrechnungsfähigen Einsätzen: die II. Stufe, nach 50 anrechnungsfähigen Einsätzen die III. Stufe, nach 75 anrechnungsfähigen Einsätzen die IV. Stufe, und zwar das Panzerkampfzeichen in Silber an Panzerbesatzungen der Panzereinheiten, das Panzerkampfabzeichen in Bronze an Panzerbesatzungen der Panzerspäheinheiten, das Sturmabzeichen (allg.) an Angehörige der Sturmgeschützeinheiten, der Sturmpanzereinheiten und Panzerjägereinheiten der Panzerjägerabteilungen (Sf).
Die IV. Stufe kann nach 100 Einsätzen mit der Zahl 100 erneut verliehen werden.

4. Es darf nur ein Sturmabzeichen getragen werden; die niedrigen Stufen verbleiben jedoch zur Erinnerung.
5. Die Anrechnungsfähigkeit der Einsatztage ergibt sich aus den Bestimmungen für die Verleihung des Panzerkampfabzeichens und des Sturmabzeichens (allg.), für die Sturmpanzereinheiten und für die Panzerjägereinheiten der Panzerjägerabteilungen (Sf) gelten hierbei die für die Angehörigen der Sturmgeschützbatterien gegebenen Bestimmungen.
. . .

Im Auftrage
Schmundt
OKH, 2. 7. 1943

Dienstag, 6. Juli 1943
Das *Oberkommando der Wehrmacht* gibt bekannt:
Aus einem erfolgreichen örtlichen Angriffsunternehmen deutscher Infanterie im Abschnitt Bjelgorod entwickelten sich durch starke sowjetische Gegenangriffe im Verlaufe des gestrigen Tages schwere Kämpfe auf der Erde und in der Luft, die sich bis in den Raum nördlich Kursk ausdehnten und bis zur Stunde immer größere Heftigkeit annehmen.

Panzerschlacht bei Kursk

6. Juli 1943, Moskau
STAWKA teilt in einem Sonderkommuniqué mit:
Seit dem Morgen des 5. Juli führen die sowjetischen Truppen in den Abschnitten Kursk-Orel und Bjelgorod schwere Abwehrkämpfe gegen große Infanterie- und Panzerkräfte des Feindes, die, unterstützt durch eine große Anzahl Flugzeuge, zum Angriff übergegangen sind. Die feindlichen Angriffe wurden unter schweren Verlusten für die Angreifer abgewehrt, lediglich an einzelnen Punkten gelang es kleineren deutschen Formationen, etwas in unsere Stellungen einzudringen. Nach noch unvollständigen Angaben wurden am ersten

Panzernahbekämpfung in Theorie und Praxis: Bevor 1943 bei der deutschen Truppe so erfolgversprechende Panzernahbekämpfungsmittel wie Panzerfaust oder Panzerschreck zum Einsatz kommen, behilft man sich schlechthin mit Haft- und Tellerminen, Handgranaten oder sogar Eisenstangen. Hier ein Offizier der Panzergrenadierdivision »Großdeutschland«, selbst – wie die Panzernahkampfabzeichen auf dem rechten Ärmel zeigen – ein erfahrener Spezialist, erklärt die verwundbaren Punkte eines sowjetischen Panzers T-34. Auch die NS-Propaganda bemüht sich, die äußerst gefahrvolle und verlustreiche Panzernahbekämpfung verharmlosend zu heroisieren

Kampftag 586 deutsche Panzer und 203 deutsche Flugzeuge zerstört. Die Kämpfe dauern an.

Donnerstag, 8. Juli 1943, Berlin
Das *DNB* meldet:
Der Verlust von 862 Sowjetpanzern, darunter zahlreiche vom schwersten Modell »Klim Woroschilow«, dazu 847 abgeschossene Sowjetflugzeuge innerhalb von drei Tagen ist der bereits bisher feststehende Erfolg einer unerwartet heftigen Reaktion der deutschen Truppen auf den sowjetischen Versuch, wichtige Ansatzpunkte im Raum zwischen Bjelgorod und Orel für die zum Angriff bereitgestellte, starke und hervorragend ausgerüstete sowjetische Stoßarmee um jeden Preis in die Hand zu bringen. Die Sowjets, die ihre Pläne bedroht glaubten, warfen in die sich entwickelnden Großkämpfe alle verfügbaren Reserven, vor allem an Panzerkräften und Luftstreitkräften, die auch auf deutscher Seite den Einsatz der bereitstehenden Reserven zur Folge hatten. So kam es zu einem Großkampf, der nach soeben eingetroffenen Meldungen dazu geführt hat, daß das in monatelanger Arbeit ausgebaute und tiefe sowjetische Stellungssystem, das mit schwer armierten Kampfständen, Minen, Sperren, Panzerfallen, Granat- und Minenwerfern sowie Batteriestellungen förmlich übersät ist, durchbrochen und den Sowjets dadurch schwerste Verluste an Menschen und Material beigebracht werden konnten.

. . . Auch am dritten Tag tobte die Schlacht, deren Hauptgewicht nach wie vor die Panzerverbände tragen, mit steigender Heftigkeit. Die hohe Ausfallziffer der

Männer

Die zwei wichtigsten Gesichtspunkte in der modernen Panzernahbekämpfung: Achtet auf „wehrlosen Winkel und toten Kreis!"
Der anrollende gefechtsklare Panzer hat mit seinen geschlossenen Luken und Sehklappen auf seine unmittelbare Umgebung aus schmalen Sehschlitzen nur geringe Sichtmöglichkeiten. Die Panzervernichter lassen deshalb den Kampfwagen möglichst dicht an sich heranfahren und gehen den Koloß dann im „wehrlosen Winkel" seiner geringen Abwehrwaffen an. Horizontal streichen MG und Kanone durch die Schwenkbarkeit des Turmes und die Drehmöglichkeiten des gesamten Panzers einen Vollkreis. Vertikal ist jedoch die Schwenkbarkeit der beiden Waffen sehr beschränkt, und es entsteht vor allem nach unten dadurch ein „wehrloser Winkel" (a) und damit ein abwehrmäßig nicht zu bestreichender „toter Kreis" (b) rund um den Panzer. Im selben Augenblick, da die Grenadiere in diesen toten Kreis „eingetaucht" sind, hat der Panzer keine selbständigen Abwehrmöglichkeiten mehr.

Die Hohe Schule und höchste Krönung im Panzernahkampf: Absprengen des Turmes!
Es gehören eisenharte Nerven und ein unbändiger Mut dazu, dieses Me[...] eines Panzervernichters zu vollbringen. Der Grenadier springt mit seiner [...] ne von hinten auf den Panzer und schiebt die Sprengladung zwischen [...] Deckenpanzerung. Da die Detonation sehr schnell erfolgt, muß der [...] katzenhafter Gewandtheit sofort wieder vom Wagen springen und in [...] kung gehen, denn nach wenigen Sekunden reißt eine ungeheure Deton[...] viele Tonnen schweren Turm samt der schweren Panzerkanone wie [...] fetzen aus seinen Drehwülsten und Verankerungen. Diese Meisterleistu[...]

sowjetischen Panzerverbände setzt sich aus 483 Abschüssen im Raum von Bjelgorod und 379 Abschüssen südlich Orel zusammen. Von der Gesamtzahl von 862 Panzern können die fliegenden Verbände sowie die Flakartillerie der Luftwaffe nicht weniger als 291 für sich verbuchen. Welchen wertvollen Beitrag die deutschen Luftstreitkräfte bei der Abwehr der sowjetischen Massenangriffe und der nachfolgenden deutschen Gegenaktion geleistet haben, geht allein daraus hervor, daß sie insgesamt bisher 847 sowjetische Maschinen bei 54 eigenen Ausfällen zur Strecke brachten.

Nur geringe Geländegewinne
8. Juli 1943, Moskau
Das *Sowinformbüro* teilt mit:
Der dritte Tag der deutsch-faschistischen Großoffensive, die durch den Einsatz neuer Reserven immer größeres Ausmaß annimmt, brachte den deutschen Formationen wieder nur geringe Geländegewinne, die in keinem Verhältnis zu den schweren Verlusten stehen, mit denen sie erkauft werden mußten.
Während an der Orel-Front keine nennenswerten Veränderungen eingetreten sind, konnten die Deutschen die bei Bjelgorod erzielten Einbrüche etwas erweitern. Gegen Abend standen unsere Truppen wieder fast überall in den alten Frontlinien, und die durch die Panzerdurchbrüche vorübergehend abgeschnittenen Einheiten konnten entsetzt werden.
Die deutschen Panzerverluste allein an diesem Frontabschnitt belaufen sich auf über 220, davon 40 »Tiger«. Während des ganzen Tages fanden über der Front

erbitterte Luftkämpfe großer Formationen statt, ohne daß es einem der Gegner gelungen wäre, die Luftherrschaft an sich zu reißen. Die Sturmowik-Schlachtflugzeuge hatten großen Anteil an der Zerschlagung des faschistischen Panzeransturms, ebenso die neuen Zerstörer, die neuartige panzerbrechende Granaten verfeuern.

Alliierte Landung auf Sizilien

Sonntag, 11. Juli 1943
Das *Comando Supremo* gibt bekannt:
Eine heftige Schlacht ist am Küstenstreifen von Ostsizilien im Gange, wo italienische und deutsche Truppen die gelandeten gegnerischen Streitkräfte energisch bekämpfen und ihrem Druck tapfer standhalten. Die Tätigkeit der feindlichen Luftstreitkräfte ist rege. Die Jäger der Achse schossen 22 feindliche Flugzeuge ab, die Flak neun.

Montag, 12. Juli 1943
Das *Oberkommando der Wehrmacht* gibt bekannt:
In der Schlacht zwischen Bjelgorod und Orel gelang es unseren Truppen, eine größere feindliche Kräftegruppe einzuschließen und zu vernichten. Dabei wurden mehrere tausend Gefangene eingebracht, 129 Panzer abgeschossen, zahlreiche Geschütze und sonstige Waffen erbeutet. Insgesamt wurden gestern 220 Panzer und 70 Flugzeuge vernichtet. Entlastungsangriffe, die die Sowjets östlich und nördlich Orel unternahmen, wurden

Geblendete Panzerriesen!

Die Nebelgranate gehört zu dem großen Rüstzeug des Panzervernichters. Gewandte Werfer schleudern die Granaten auf den Panzer, der sofort in einen zähen, undurchdringlichen, erdbraunen Qualm eingehüllt wird und damit „erblindet" ist. Die Männer springen im selben Augenblick aus ihren Deckungen und rücken dem hilflos geblendeten Riesen mit ihren schweren „Knackmitteln" zu Leibe. Durch Verneblung werden auch in dichten Pulks fahrende Panzer isoliert und der gegenseitigen Deckungsmöglichkeiten durch sich überschneidendes Feuern beraubt, indem zwischen die vorstoßenden Wagen Nebelwände gelegt werden. Bewährte Panzer-Spezialisten arbeiten mit den raffiniertesten Kombinationen von Nebelgranaten und legen damit den Grundstock zur erfolgreichen Nahbekämpfung.

...edes Sturm-Pioniers und Panzerver-Hunderte von Sowjet-Panzern haben ...ühnen Soldaten an der Ostfront auf ...ise schon zerstört. Die Ausübung die-...hnen Handwerks war früher nur ei-...nen Kreis von Spezialisten vorbehal-...te ist jeder deutsche Grenadier auf ... von Panzervernichtung geschult und ...pezialwaffen ausgebildet.

Der „Viper" wird ein Giftzahn gezogen!

Bei dem Kampf Mann gegen Panzer kommt es vor allem darauf an, dem Feind die Nahkampfmittel zu töten. Ein verwegener Grenadier zertrümmert hier mit einer Eisenstange das schwenkbare Funker-Maschinengewehr.

Der Mann hatte keine panzerbrechenden Waffen, nur Handgranaten. Er stößt sie beherzt dem Feind ins Rohr, und im selben Augenblick, da dieser innen den Geschützverschluß öffnet, krepiert die Handgranate und macht den Panzer kampfunfähig.

abgewiesen. Seit dem 5. Juli verlor der Feind 28 000 Gefangene, 1 640 Panzer und 1 400 Geschütze. Auf Sizilien versuchten die britisch-nordamerikanischen Landungstruppen vergeblich, den besetzten Küstenstreifen zu erweitern. Deutsche und italienische Truppen traten gestern an bestimmten Stellen planmäßig zum Gegenangriff an und warfen den Feind in der ersten Gefechtsberührung zurück.

12. Juli 1943, im Hauptquartier von General Eisenhower
Der Sonderkorrespondent von *Associated Press* auf Sizilien berichtet:
Nach den letzten Meldungen sind die alliierten Streitkräfte ein beträchtliches Stück über die Straße Syrakus–Pozzallo nach Nordwesten vorgedrungen. Die unter Befehl von General Patton stehenden amerikanischen Truppen warfen einen wuchtigen Gegenangriff nördlich von Gela zurück, der von 45 Panzerwagen unterstützt war. Das Gros der feindlichen Truppen bestand aus Angehörigen der Division »Livorno«. Dieser Angriff war der siebente und schwerste, der im Lauf des Tages vom Feind unternommenen Gegenangriffe, die alle fehlschlugen.

Deutsche Angriffe erlahmen
Mittwoch, 14. Juli 1943, Moskau
Das *Sowinformbüro* teilt mit:
In den letzten zwölf Stunden hat die deutsche Angriffstätigkeit weiter nachgelassen, während die Rote Armee in zunehmendem Maße die Initiative an sich reißt.
Seit gestern abend haben die deutschen Angriffe auch im Abschnitt von Bjelgorod an Wucht abgenommen. Demgegenüber hat General Rokossowski neue Reserven an die Front herangeschafft und greift in nahezu allen Abschnitten an. Die von deutschen Panzern in den ersten Offensivtagen in die sowjetischen Stellungen getriebenen Keile schrumpfen sichtlich zusammen, und die Initiative geht langsam an die Rote Armee über.

Donnerstag, 15. Juli 1943
Das *Oberkommando der Wehrmacht* gibt bekannt:
Trotz verschlechterter Wetterlage halten die schweren Kämpfe an der Ostfront an. – Im Raume von Bjelgorod wurde eine weitere feindliche Kräftegruppe im konzentrierten Angriff zerschlagen und erneute, jedoch mit schwächeren Kräften als an den Vortagen geführte Gegenangriffe unter hohen Verlusten abgewiesen. Östlich und nördlich Orel setzte der Feind seine von Panzern und Schlachtfliegern unterstützten Angriffe auch am Mittwoch fort. Die Versuche der Sowjets, die deutschen Stellungen zu durchbrechen, scheiterten blutig. Sofort eingeleitete Gegenangriffe sind im erfolgreichen Fortschreiten.
Im Gesamtabschnitt der großen Schlacht wurden am Mittwoch erneut 336 Sowjetpanzer vernichtet und von der Luftwaffe 70 feindliche Flugzeuge abgeschossen.

Gegenschlag bei Orel

15. Juli 1943, Moskau
Das *Sowinformbüro* teilt mit:
Heute abend wurde folgendes Sonderkommuniqué veröffentlicht: Unsere Truppen sind im Norden und im Osten von Orel selbst zur Offensive gegen die deutschen Truppen übergegangen. Die Offensive wurde in zwei Richtungen ausgelöst, nämlich im Abschnitt nördlich Orel gegen Süden und im Abschnitt östlich Orel gegen Westen. Im Norden von Orel haben unsere Truppen die stark befestigten deutschen Verteidigungsstellungen auf einer Breite von 40 Kilometern durchstoßen. Sie sind in drei Tagen um 45 Kilometer vorgerückt. Zahlreiche feindliche Befestigungen sind vernichtet worden.

Auf dem Schlachtfeld von Kursk
Von PK-Berichter M. Lang

. . . Niedergerissene Baumgruppen, ausgebrannte Dörfer, von Panzern zerpflügte Felder, trichterübersäte Wiesen, zertrümmerte Fahrzeuge und tote Pferde kennzeichnen das Bild der Schlacht, in der das unaufhörliche Wummern der schweren Geschütze, das Brausen der Nebelwerfer, deren Geschosse gleich einem feurigen Drachen zum Feind hinüberziehen, und das Brummen der Bomber und Jäger allein die Luft erfüllt. Der Mensch macht sich so klein wie möglich und verschwindet in der Erde, während über und um ihn das Material Orgien der Vernichtung feiert und über das Lebendige zu triumphieren scheint, bis dann doch wieder der Soldat aufsteht und den vernichtenden Schlag führt.

Völkischer Beobachter, 15. 7. 1943

Der Panzer T-34
Freitag, 16. Juli 1943, Berlin
Das *DNB* meldet:

Der sowjetische Panzer T-34 wurde auf Grund der schweren Verluste, die den mit diesem Modell ausgerüsteten Verbänden zugefügt worden waren, umkonstruiert. Er ist jetzt mit einer Panzerkuppel aus Gußstahl ausgestattet. Auch seine übrige Panzerung ist wesentlich verstärkt worden. Dennoch ist der so verstärkte sowjetische Kampfwagen den panzerbrechenden deutschen Waffen nicht gewachsen.

W. Churchill an den Kriegsminister und an den Chef des Generalstabs
16. Juli 1943:

Zu meiner großen Beunruhigung erfahre ich vom Chef des Generalstabs, daß unsere 1. Panzerdivision, ein Eliteverband mit großer Kampferfahrung, auf dessen Ausbildung Jahre verwandt wurde, zur Gefangenenbewachung eingesetzt ist. Als Notmaßnahme für etwa einen Monat kann so etwas toleriert werden. Jetzt aber muß das aufhören.

Britischer Durchbruch in Richtung Catania
Sonnabend, 17. Juli 1943
Aus dem *Hauptquartier von General Montgomery:*

Nach schweren Kämpfen mit deutschen und italienischen Eliteverbänden ist die 8. Armee am Freitag spät abends bei Lentini durch die starken feindlichen Abwehrstellungen durchgebrochen und hat sich damit den Weg in die Ebene von Catania erkämpft.
Eine Überraschung der Kämpfe bei Lentini war, daß dort die 8. Armee auf das Gros der Division »Hermann Göring« und der deutschen 15. Panzerdivision stieß, denen sie bereits in Afrika gegenüberstanden. Beide Divisionen waren nach den schweren Verlusten, die sie in Nordafrika erlitten hatten, in Süditalien neu aufgestellt worden.

Juli 1943, Unternehmen »Zitadelle« im Raum Orel: Ein schwerer deutscher, in Brand geschossener Kampfpanzer VI Tiger. Kennzeichnend sind die zwei zylindrigen großen Auspuffanlagen

Harte Kämpfe auf Sizilien
Von Kriegsberichter Lutz Koch

Am vierten Tag nach der Landung englisch-amerikanischer Truppen auf Sizilien ist der Oberbefehlshaber der 8. englischen Armee, General Montgomery, bestrebt gewesen, das Tempo seines immer wieder von schwerer Schiffsartillerie unterstützten Angriffes längs der Küstenstraße nach Norden von Syrakus über Augusta nach Catania vorzutragen. Unter dem schweren Druck der an Zahl und Materialfülle weit überlegenen englischen Truppen mußten nach heldenhafter Gegenwehr die vorgeschobenen Teile in neue Bereitstellungen zurückgenommen werden.
Durch die Zähigkeit der deutschen Verteidigung wird aber erreicht, daß dem Gegner dieses Spiel mit seiner Materialfülle immer wieder bitter durchkreuzt wird. Schwelende Panzer und abgeschossene Fahrzeuge zeugen von dieser Härte der Verteidigung. Die Igel unserer Panzer und Sturmgeschütze halten immer so lange, wie die Führung es befiehlt, um das bewegliche Ausweichen in neue Linien sicherzustellen.

Deutsche Allgemeine Zeitung, 17. 7. 1943

Bazooka – eine neue Waffe
Sonntag, 18. Juli 1943, Washington
United Press berichtet:

Der Waffenchef der Artillerie, Generalmajor L. H. Campbell, gab kürzlich einige Erklärungen über die neue Panzerbüchse der amerikanischen Armee ab. Die neue Waffe – die Soldaten nennen sie »Bazooka« – scheint nach den Ausführungen Campbells auf dem Raketenprinzip zu beruhen.

Montag, 19. Juli 1943
Das *Oberkommando der Wehrmacht* gibt bekannt:
Die Sowjets rannten auch gestern gegen die Mitte und

den Südteil der Ostfront vergeblich an. Sie erlitten dabei erneut hohe blutige Verluste und verloren 337 Panzer. Am Kubanbrückenkopf stellte der Feind infolge seiner schweren Verluste im Laufe des Nachmittags seine Angriffe ein. Am Mius und am mittleren Donez setzten die Sowjets ihre Durchbruchsversuche fort, die an der zähen Abwehr oder infolge der entschlossenen Gegenangriffe unserer Truppen scheiterten. Nördlich Bjelgorod wurden die in mehreren Wellen angreifenden Infanterie- und Panzerverbände der Sowjets bereits vor der Hauptkampflinie zerschlagen. Im gesamten Raum von Orel wehrten unsere Truppen in wechselvollen Kämpfen die an zahlreichen Stellen vorgetragenen Angriffe unter besonders hohen Verlusten für den Feind ab.

Auf Sizilien leisten die deutschen und italienischen Truppen, teilweise in beweglicher Kampfführung, dem Feind weiterhin erbitterten Widerstand.

Nachrichtensperre
19. Juli 1943, Moskau
Das *Sowinformbüro* teilt mit:
An der ganzen Front von Orel rückt die sowjetische Armee weiter vor. An der Südfront werden nach nichtamtlichen Berichten die schweren sowjetischen Angriffe fortgesetzt. Das Oberkommando hat jede weitere Berichterstattung vorläufig verboten.

Nationalkomitee deutscher Antifaschisten
Mittwoch, 21. Juli 1943, Moskau
United Press berichtet:
Die »Prawda« gibt in ihrer heutigen Ausgabe die in Moskau erfolgte Bildung eines deutschen Nationalkomitees unter dem Namen »Freies Deutschland« an, das den Zweck verfolgt, das nationalsozialistische Regime zu stürzen und eine neue demokratische Regierung zu errichten. Gleichzeitig wird das erste Manifest dieses Nationalkomitees bekanntgegeben, in dem es heißt: »Die britisch-amerikanischen Truppen stehen vor den Toren Europas. Der Tag nähert sich, an dem Deutschland unter der Wucht gleichzeitiger Schläge von allen Seiten zusammenbrechen wird. Der Krieg ist bereits verloren, aber Deutschland darf nicht sterben.«

Alarmzustand an den italienischen Küsten
21. Juli 1943, Rom
Anordnung des *Comando Supremo:*
Einige Provinzen der Toskana und Latiums können in Alarmzustand versetzt werden, sofern mit einer unmittelbar bevorstehenden feindlichen Aktion zu rechnen ist. In diesem Fall wird es den Zivilpersonen verboten, sich aus den Städten oder Dörfern zu entfernen. Die Straßen müssen vollständig frei sein für das Militär. Fischerei und Schiffahrt sind untersagt. Während der Verdunkelung wird das Ausgehverbot verhängt. Jeder Verkehr außerhalb der bewohnten Orte ist dann verboten, sei es zu Fuß oder mit irgend einem Verkehrsmittel. Privatpersonen dürfen weder Telephon- noch Telegraphenverkehr benutzen.
Der verschärfte Ausnahmezustand wird proklamiert,

wenn der Feind die ganze oder einen Teil der Zone angreift, die von der 5. Armee verteidigt wird. In diesem Falle wird die Sturmglocke geläutet. Dabei wird die Glocke sechsmal in der Minute geläutet mit Abständen von je einer Minute. Die Bevölkerung muß daraufhin Tag und Nacht in den Wohnungen oder in den Luftschutzräumen bleiben. Schulen und öffentliche Lokale bleiben geschlossen, und jeglicher Verkehr wird stillgelegt.

Sowjetischer Sieg bei Orel

Donnerstag, 22. Juli 1943, Moskau
Das *Sowinformbüro* teilt mit:
Die Schlacht um Orel nähert sich ihrem Abschluß; die Stadt dürfte in den allernächsten Tagen fallen. Die nördlich und südlich von Orel vorstoßenden sowjetischen Streitkräfte sind nur noch 40 bis 43 Kilometer voneinander entfernt.
Vorgezogene sowjetische Batterien zerstören systematisch die deutschen Artilleriestellungen, die außerdem noch unter schweren Sturmowik-Angriffen liegen, und öffnen damit den Weg für die Panzer- und Infanterieverbände.
Im Abschnitt Bjelgorod sind die Deutschen zur Aufgabe ihrer Hauptverteidigungsstellung gezwungen worden und ziehen sich im ganzen Abschnitt zurück. Südlich von Isjum und südwestlich von Woroschilowgrad haben unsere Truppen wiederholt wuchtige Gegenangriffe abgeschlagen und im Nachstoß ihre Brückenköpfe am rechten Ufer des Donez und Mius beträchtlich erweitert und vertieft.
Die jetzt an der Südfront vor sich gehende »Schlacht um die Brückenköpfe« hat so lange nur örtliche Bedeutung, bis die Rote Armee diese Brückenköpfe genügend erweitert hat, um von ihnen aus, wenn der richtige Zeitpunkt gekommen ist, eine Großoffensive einzuleiten.

Sender Beromünster (Schweiz)

Freitag, 23. Juli 1943:
. . . Im Gebiet des ehemaligen Jugoslawien und dem von Griechenland hat der Widerstand der Guerillatruppen seit der Landung der Alliierten in Sizilien neuen Auftrieb erhalten . . . Auch auf der Seite der Besetzungsmächte auf dem Balkan sind in jüngster Zeit neue Maßnahmen getroffen worden, die damit zusammenhängen dürften, daß italienische Truppenteile heimberufen werden. Die Zone, die von bulgarischen Truppen besetzt gehalten wird, ist im Gebiet Nordgriechenlands bis in die Osthälfte des Vardartales und in die Nähe der Hafenstadt Saloniki ausgedehnt worden. Alles in allem hat das Wiederaufleben der Kämpfe in Rußland und im Mittelmeer, vor allem der rasche Erfolg der ersten Invasionsaktion der Alliierten in Europa, überall eine erhöhte Spannung und Unruhe ausgelöst . . . Die Lage an der Ostfront ist nicht mehr durch die deutsche Offensive gegen den russischen Frontvorsprung von Kursk gekennzeichnet, sondern durch die russische Gegenoffensive gegen den deutschen Frontvorsprung von Orel.

Juli 1943, Raum Orel: Sowjetische Jagdpanzer SU-152 überqueren einen Flußarm des Donez. Die Selbstfahrlafette SU-152, eine 15,2-cm-Haubitze (M 1937) auf dem Fahrgestell des schweren Kampfpanzers KW-1, erlebt ihre Feuertaufe in der Schlacht von Kursk-Orel und wird wegen ihrer Erfolge im Gefecht mit den deutschen Panzern Tiger und Ferdinand das »Siegreiche Vieh« (Zwerroboi) genannt

Mit größtem Einsatz an Panzern, beweglicher Artillerie und Flugzeugen hat das russische Oberkommando seine Gegenoffensive vorgetragen und den in der ersten Phase der Sommerschlacht von den Deutschen gemachten Geländegewinn wieder ausgeglichen.

W. Churchill an den Kriegsminister und an den Chef des Generalstabs
Montag, 26. Juli 1943:
Ich bin damit einverstanden, das persönliche Telegramm über den Zustand der 1. Panzerdivision an Eisenhower zu unterlassen, damit er nicht denkt, es erfolge auf Ihre Veranlassung. Ich kann dem aber nur zustimmen, wenn prompt und energisch gehandelt wird, denn ich bin entschlossen, diesen erstklassigen Verband in kürzester Frist neu auszurüsten und in die beste Kampfverfassung zu bringen.

Bomben auf das rumänische Ölzentrum Ploesti
Dienstag, 3. August 1943
Die *Agentur Rador* meldet:
Am 1. August, zwischen 13 und 16 Uhr, griffen Verbände von insgesamt etwa 125 amerikanischen viermotorigen Bombern unser Erdölgebiet an. Die heftige Abwehr der rumänischen und deutschen Streitkräfte ließ nur einen Teil der Angreifer über das Ziel gelangen. 147 Personen wurden verwundet und 116 getötet. 63 Tote und 60 Verwundete gehörten zu den Insassen des Gefängnisses von Ploesti, auf dessen Dach ein brennender amerikanischer Bomber gestürzt war. Soweit man bisher feststellen konnte, wurden 56 Maschinen abgeschossen und sechs amerikanische Flieger gefangengenommen. Königinmutter Helene besuchte am Morgen des 2. August das Erdölgebiet; unmittelbar nach dem Luftangriff war auch Marschall Antonescu in Begleitung von Regierungsmitgliedern dort eingetroffen.

Die »fliegende Pak«
Ju 87 mit zwei 3,7-cm-Kanonen als Panzerbrecher.
Die großen Materialschlachten, die mit dem ganzen Aufwand moderner Kriegstechnik an der Ostfront ausgefochten werden, haben auf deutscher Seite zu der Entwicklung einer panzerbrechenden Bordkanone von 3,7 cm Durchmesser geführt, die, unter den beiden Tragflächen unseres altbewährten Stuka Junkers Ju 87 wie Bomben aufgehängt, bei der Bekämpfung von be-

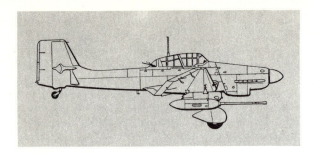
Deutsches Sturzkampfflugzeug Junkers Ju 87 G-1 der Panzerjäger-Staffel (eine Ju 87 D-5 mit zwei 3,7-cm-Flak 18 (BK 3,7) (ab Juni 1942)

stimmten Erdzielen eine im wahrsten Sinne des Wortes durchschlagende Wirkung erzielen. Vor allem hat sich die »fliegende Pak« als Panzerbrecher hervorragend bewährt. Mit ihr brachte allein der Brillantenträger Major Rudel über 200 Stahlkolosse zur Strecke.

Der Adler, Nr. 26/1943

Geheimer Bericht des *Sicherheitsdienstes der SS* zur innenpolitischen Lage:
16. August 1943 (grüne Serie – Auszug)
Nach den vorliegenden Meldungen aus allen Reichsteilen fühlt sich die Bevölkerung z. Z. einer starken Belastung ihrer seelischen Widerstandskraft ausgesetzt . . . Die breite Masse des Volkes sei, so heben die Meldungen hervor, nicht davon überzeugt, daß alle Voraussetzungen des Sieges in unserer Hand sind, sondern sehe die Kriegslage etwa folgendermaßen: Wir stehen in der Verteidigung und wehren uns gegen eine erdrückende Übermacht. Örtliche Einbrüche in die Festung Europa können nicht verhindert werden. Italien fällt ab, sobald ihm von der Gegenseite bestimmte Zugeständnisse gemacht werden . . . Der Balkan ist gefährdet und damit unsere Ölzufuhr. Der ungeheure Materialeinsatz und die scheinbar unerschöpflichen Menschenreserven der Sowjets können im Winter zu einer neuen Katastrophe im Osten führen.
Mehrfach wurden Träger des Parteiabzeichens angesprochen (»Wie, Sie tragen das Ding noch?«).
Mehrfach wurde auch folgender »Witz« gemeldet:
Wer der Partei 5 neue Mitglieder zuführt, darf selbst austreten. Wer 10 neue Mitglieder wirbt, bekommt sogar eine Bescheinigung, daß er nie in der Partei gewesen ist.

Schlacht um Charkow

Montag, 23. August 1943
Das *Oberkommando der Wehrmacht* gibt bekannt:
In anhaltend schweren Kämpfen wurden auch gestern am Miusabschnitt alle feindlichen Durchbruchsversuche abgewiesen. Bei Isjum flammten die Kampfhandlungen erneut auf. Starke Infanterie- und Panzervorstöße der Sowjets wurden von unseren Truppen im Gegenangriff abgefangen und zerschlagen. Allein im Abschnitt eines Armeekorps wurden dabei über 130 feindliche Panzer abgeschossen.

Auch im Raume von Charkow stehen Truppen des Heeres und der Waffen-SS in heißem Ringen mit sowjetischen Infanterieverbänden. Charkow, das im Laufe des Ostfeldzuges bereits mehrfach den Besitzer gewechselt hat, ist heute nur noch ein Trümmerhaufen und wurde im Rahmen einer planmäßigen Absetzungsbewegung abermals geräumt. Nordwestlich Charkow schritt die Säuberung des Geländes von einer durch deutsche Panzergrenadiere eingekesselten feindlichen Kräftegruppe bei wachsenden Gefangenen- und Beutezahlen fort.

Rückkehr des diplomatischen Korps
23. August 1943, Moskau
Radio Moskau berichtet:
Das ganze bei der sowjetischen Regierung akkreditierte diplomatische Korps ist Mitte August nach Moskau zurückgekehrt. Die Diplomaten hatten die Hauptstadt auf Weisung der Sowjetregierung im Herbst 1941 verlassen und sich nach Kujbyschew begeben.

23. August 1943, Moskau
Das *Sowinformbüro* teilt mit:
Bei beidseitigem starkem Einsatz von Truppen und mechanisierten Waffen tobte die Schlacht um Charkow den ganzen Sonntag über mit unverminderter Heftigkeit. Besonders blutige Kämpfe spielten sich westlich und nordwestlich von Charkow ab, wo der sowjetische Vormarsch trotz zunehmendem deutschem Widerstand weitere Fortschritte machte. In einigen Abschnitten erzielten die Verbände der Roten Armee Geländegewinne von vier bis sechseinhalb Kilometern. Insgesamt wurden in den letzten 24 Stunden 30 Ortschaften befreit. Die Faschisten führten mehrere Gegenangriffe durch und setzten dazu starke Panzerformationen ein, die in Zusammenarbeit mit der Infanterie versuchten, die sowjetischen Stellungen zu durchbrechen.

Heftiger deutscher Widerstand
Dienstag, 24. August 1943, Moskau
Das *Sowinformbüro* berichtet:
Die Schlacht um die Befreiung der Ukraine ist in vollem Gange. Die in drei Richtungen von Charkow aus angreifenden sowjetischen Verbände haben weitere Bodengewinne erzielt, in den letzten 12 Stunden 18 Ortschaften besetzt und beträchtliche Beute an schwerem Kriegsmaterial sowie an Munition und Lebensmitteln eingebracht. Den heftigsten Widerstand leistete eine deutsche Armeegruppe im südwestlichen Abschnitt von Charkow, die etwa 40 Kilometer nördlich der Bahnlinie Poltawa–Losowaja eine gutausgebaute Sperrstellung verteidigt.

Durchbruch bei Smolensk und Kursk

Dienstag, 31. August 1943, Moskau
Das *Sowinformbüro* meldet:
Die letzten 24 Stunden haben in schnellem Tempo Ereignisse herbeigeführt, die schwere Konsequenzen für die deutschen Armeen mit sich bringen:

Auf 100 Kilometer breiter Front, etwa von Jarzewo bis Spaß–Demensk, ist die deutsche Verteidigungszone, die Smolensk nach dem Osten und Südosten deckt, durchbrochen worden. Die Bahnlinie von Smolensk nach dem Südosten über Jelnja ist auf 40 Kilometer Breite durchschnitten. Jelnja befindet sich in sowjetischer Hand.

Unsere Truppen haben im frontalen Angriff aus den Stellungen westlich von Kursk und in Zusammenwirken mit dem gleichzeitig vom Norden (aus dem Gebiet von Sjewsk) einsetzenden Generalangriff der Armeen, die das sowjetische Oberkommando bei Sjewsk konzentrierte, große Erfolge erzielt.

Erfolgreiche Frontverkürzung
Mittwoch, 1. September 1943, Berlin
Das *DBN* teilt mit:
Durch planmäßige Rücknahme der deutschen Linien im Raume von Woroschilowgrad, die der Feind vergeblich zu durchbrechen suchte, wurde eine weitere Verkür-

zung des Frontverlaufs mit der Möglichkeit, entsprechende operative Reserven zu bilden, erreicht.

Landung in Süditalien
Freitag, 3. September 1943
Aus dem *alliierten Hauptquartier Nordafrika:*
Alliierte Streitkräfte haben unter dem Kommando von General Eisenhower ihren Vormarsch fortgesetzt. Britische und kanadische Truppen der 8. Armee, unterstützt von alliierten See- und Luftstreitkräften, sind heute morgen durch die Straße von Messina zum Angriff übergegangen und auf dem italienischen Festland gelandet. Die Küstenbatterien der Italiener sind bereits auf 10 Kilometer breiter Front außer Gefecht gesetzt. In den letzten Tagen hatten mehrfach kleinere Stoßtrupps die Straße von Messina überquert und die genauen Punkte, an denen heute die Landung erfolgte, erkundet. Um sechs Uhr morgens stand bereits britische Artillerie auf dem italienischen Festland.

Kapitulation der italienischen Armee
Mittwoch, 8. September 1943
Aus dem *Hauptquartier von General Eisenhower:*
General Eisenhower hat soeben die bedingungslose Kapitulation der italienischen Streitkräfte bekanntgegeben. Die Alliierten haben Italien einen Waffenstillstand gewährt. Die Kampfhandlungen sind heute nachmittag eingestellt worden.

August 1943, während der Kämpfe um Charkow: Bereitstellung einer Einheit deutscher Panzerkampfwagen III mit 5-cm-Kanone KwK 39 L/60. Die 5 mm starken beiderseitigen Schürzen an Turm und Wanne sollen Hohlladung- und Pakgeschosse abfangen

Entwaffnung der italienischen Truppen
Freitag, 10. September 1943
Das *Oberkommando der Wehrmacht* gibt bekannt:
Die verräterische Regierung Badoglio hatte in den letzten Wochen zur Vorbereitung ihres Abfalls starke Kräfte um Rom versammelt und die Stadt selbst gegen die außerhalb Roms liegenden deutschen Truppen in Verteidigungszustand versetzt. Als Begründung wurde die Gefahr einer feindlichen Landung westlich Roms angegeben. Seit der Kapitulation Italiens am 8. September hatten sich um Rom Kämpfe zwischen deutschen und italienischen Truppen entwickelt.
Der deutsche Oberbefehlshaber Süd, Generalfeldmarschall Kesselring, zog Verstärkungen heran, leitete den Angriff auf Rom ein und stellte dem Kommandanten ein Ultimatum. Unter diesem Druck hat der italienische Oberbefehlshaber in Rom in einem Umkreis von 50 Kilometer kapituliert. Die Entwaffnung der italienischen Truppen ist im Gang. Die Verbindung mit der deutschen Armee im Raume von Neapel und Salerno ist hergestellt. Den Schutz der Vatikanstadt wird die deutsche Wehrmacht übernehmen.
In Oberitalien hat Generalfeldmarschall Rommel mit den Divisionen seiner Heeresgruppe nach einem kurzen, aber von unseren Truppen mit tiefster Erbitterung geführten Kampf die italienischen Verbände zur Kapitulation gezwungen.

Sender Beromünster (Schweiz)

10. September 1943:
Der 8. September 1943 wird als ein schwarzer Tag für Deutschland in die Geschichte des gegenwärtigen Weltkrieges eingehen. Denn am 8. September hat die russische Armee das Donezbecken und seine Hauptstadt Stalino zurückerobert und trat der Waffenstillstand zwischen den alliierten Mächten und Italien in Kraft. Während in Moskau die Volksmenge mit Jubel die Wiedergewinnung des größten russischen Industrie- und Bergwerkgebietes begrüßte, löste in den Straßen Londons und New Yorks die Nachricht von der Kapitulation Italiens gewaltige Freudenkundgebungen aus. Mit entsprechender Erbitterung nahm das deutsche Volk die Nachricht vom Abfall des Achsenpartners auf, und über den Ernst des gleichzeitig an den Süd- und an der Ostfront erfolgten tiefen Einbruchs der feindlichen Streitkräfte gibt sich die deutsche Öffentlichkeit keinen Illusionen hin.

Geheimer Bericht des *Sicherheitsdienstes der SS*
zur innenpolitischen Lage:
13. September 1943 (grüne Serie – Auszug)
Die Meldungen aus allen Teilen des Reiches bestätigen den ersten Eindruck, den die Führerrede und die deutsche Aktion in Italien hervorgerufen hatten: Das Vertrauen des Volkes in seine eigene Kraft, das vorübergehend erschüttert war, ist wiedergekehrt. Das Vertrauen zum Führer ist erneut gestärkt worden.

Dienstag, 21. September 1943
Das *Oberkommando der Wehrmacht* gibt bekannt:
Nördlich des Asowschen Meeres, östlich des Dnjepr, an der Desna und im Raume von Smolensk führten unsere Truppen auch gestern schwere Abwehrkämpfe gegen

Linke Seite: Eines der seltenen Fotos von den Kämpfen zwischen den ehemaligen Bundesgenossen: 8. August 1943, Prima Porta, dem nördlichen Vorort von Rom. Zwei italienische Panzerspähwagen vom Typ Autoblinda AB 41 (Fiat) von deutscher Pak zusammengeschossen, daneben die verbrannte Besatzung. Im Hintergrund: Deutsche Fallschirmjäger führen gefangene Italiener ab

Rechts: Herbst 1943, Ostfront: Getarnte Feldinstandssetzungswerkstatt einer deutschen Panzerdivision

starke feindliche Infanterie- und Panzerkräfte. Im Abschnitt eines Armeekorps wurden dabei aus einer feindlichen Stoßtruppe von etwa 100 Panzern 76 vernichtet.

Sowjets erobern nur Trümmerhaufen

Donnerstag, 23. September 1943, Berlin

Das *DNB* teilt mit:

Die Städte und Ortschaften, die in den sowjetischen Berichten stereotyp als »erobert« aufgezählt werden, bestehen ohnehin meist nur aus Mauerresten. Die Mitnahme der Waffen und Vorräte sowie die ganz plötzliche Durchführung der Bewegung der deutschen Truppen ist um so bemerkenswerter, als sie meist unter den Augen der sowjetischen Angreifer erfolgte, ohne daß diese sie zu verhindern vermochten.

Das sowjetische Ablösungssystem

Freitag, 24. September 1943, Moskau

United Press berichtet:

Nach den Schätzungen hiesiger gut informierter Kreise beträgt die Stärke der sowjetischen Armeen an den Hauptfronten insgesamt etwa vier Millionen Mann, von denen jedoch immer nur ein Drittel eingesetzt ist. Diese vier Millionen Mann sind nämlich in drei Teile gestaffelt, und während der erste sich im Kampf befindet, steht der zweite und dritte in Reserve. Die Ausrüstung bleibt in der Kampflinie und wird jeweils von den aus der Reserve kommenden Verbänden übernommen. Der Materialnachschub geht direkt an die Fronten. Reparaturen und Austausch beschädigten Materials erfolgen unmittelbar hinter den Kampflinien. Damit ist die Beweglichkeit der an die Front gehenden und in Reservestellung abrückenden Verbände wesentlich erhöht, da diese Truppen ohne das sie belastende Kriegsmaterial transportiert werden können.

Sender Beromünster (Schweiz)

24. September 1943:

Zwischen den neuen, immer noch in Bewegung befind-

lichen und fließenden Fronten in Rußland, in Italien und auf den ägäischen Inseln befindet sich die Balkanhalbinsel in Gärung. Auf dem Gebiete des ehemaligen Jugoslawien ist durch die vermehrte Tätigkeit der jugoslawischen Freiheitskämpfer eine neue potentielle Front der alliierten Streitkräfte entstanden . . . Was nun die Front in Italien selbst betrifft, so hat sie sich auf der Höhe der Straße, die von Neapel nach Foggia führt, seit der heute vor acht Tagen erfolgten Vereinigung der amerikanischen 5. mit der britischen 8. Armee konsolidiert. Neapel selbst und seine Bevölkerung machen seit einer Woche besonders harte Prüfungen durch; südlich der Stadt Neapel haben Truppen der Armee Kesselring gute Gebirgsstellungen bezogen, die den Amerikanern das Vordringen in die jenseits liegende Küstenebene sehr erschweren.

Smolensk und Roslawl gefallen

Sonnabend, 25. September 1943, Moskau

Das *Sowinformbüro* teilt mit:

Von der Nordfront ist soeben die Nachricht eingetroffen, daß die Rote Armee den größten Sieg ihrer Sommeroffensive errungen hat. Die deutsche Verteidigung vor Smolensk ist im Laufe der Nacht unter den ununterbrochenen Angriffen aller sowjetischen Waffengattungen zusammengebrochen. Kurz vor Morgengrauen drangen die ersten Sturmtruppen in Smolensk ein. In den Straßen der Stadt, die teilweise in Flammen steht, entwickelten sich blutige Straßenkämpfe. Bei Abgabe dieses Berichts befindet sich bereits der größte Teil von Smolensk in sowjetischer Hand.

Südlich Smolensk haben die sowjetischen Truppen den wichtigen deutschen Stützpunkt Roslawl erobert. Auch hier fiel die Entscheidung erst nach harten Straßenkämpfen.

Geheimer Bericht des *Sicherheitsdienstes der SS* zur innenpolitischen Lage:

30. September 1943 (grüne Serie – Auszug)

Die Rückzugsbewegungen, die in den letzten Tagen in

den Mittelpunkt des Interesses getreten sind, werden zwar mit Fassung aufgenommen; doch ist in vielen Erörterungen starke Besorgnis festzustellen, da die Absetzbewegungen auf übermäßigen Feinddruck zurückgeführt werden. Ein Teil der Bevölkerung erblickt in den deutschen Maßnahmen ein strategisches Manöver gemäß einem genialen Plan des Führers, der eine Zusammenfassung aller Kräfte vorsehe, um dann im Frühjahr 1944 den entsprechenden Gegenschlag zu führen. »Am Dnjepr muß aber der Rückzug ein Ende haben, sonst sehe auch ich schwarz«, lautet allerdings eine immer wiederkehrende typische Äußerung.

Alliiertes Vordringen in Italien
Dienstag, 5. Oktober 1943
Aus dem *Hauptquartier von General Clark:*
Nach den letzten Erkundungen hatte Generalfeldmarschall Kesselring eine starke Verteidigungslinie bereits teilweise ausgebaut, die von Termoli, 80 Kilometer nordwestlich von Foggia, nach Riccia verläuft und den Fluß Volturno erreicht. In dieser Stellung befinden sich die 4. Fallschirmdivision, die 29. Panzergrenadierdivision, die 26. Panzerdivision und die Fallschirmpanzerdivision »Hermann Göring«.

Sender Beromünster (Schweiz)

Freitag, 15. Oktober 1943:
. . . An der Ostfront haben die Russen, nachdem ihre Sommeroffensive bereits zu Ende gegangen und eine kurze Pause in den Kämpfen eingetreten war, überraschend am 7. Oktober zu neuen, mit starken Mitteln durchgeführten Offensivstößen ausgeholt. Das russische Oberkommando geht dabei offenbar von dem Gedanken aus, dem Gegner noch vor Einbruch des Winters die Dnjeprlinie, die vom deutschen Oberkommando als Winterverteidigungslinie vorgesehen war, streitig zu machen. Der Kampf tobt gegenwärtig am Mittellauf des Dnjepr vor der Stadt Gomel, dem letzten Stützpunkt, den die Deutschen östlich der Pripjetsümpfe besitzen . . . An der Südfront Europas finden ebenfalls erbitterte Kämpfe zwischen Deutschen und Alliierten statt, die dort durch die amerikanische 5. und die britische 8. Armee vertreten sind. Ihnen gegenüber stehen die Truppen Kesselrings und Vietinghoffs. An der Front, die westöstlich von der Mündung des Volturnoflusses zur Hafenstadt Termoli am Adriatischen Meer verläuft, erkämpfen sich die anglo-amerikanischen Truppen gegen starken deutschen Widerstand den Zugang nach Mittelitalien – mit der Hauptstadt Rom als nächstem Ziel. Rom ist rund 150 Kilometer von der gegenwärtigen Kampffront entfernt.

Montag, 18. Oktober 1943
Das *Oberkommando der Wehrmacht* gibt bekannt:
Nördlich des Asowschen Meeres wurden stärkere feindliche Infanterie- und Panzerangriffe abgeschlagen. Südlich Krementschug standen unsere Truppen während zwei Tagen in schweren Abwehrkämpfen gegen angreifende stärkere feindliche Kräfte. Dabei wurden gestern weitere 43 Panzer zerstört.
Ein unter der Führung des Generalleutnants Hoßbach stehendes deutsches Panzerkorps hat in zweiwöchigen Kämpfen einen gefahrvollen feindlichen Durchbruch an der Pripjetmündung vereitelt und im Gegenangriff zwei Schützendivisionen und eine Panzerbrigade vernichtet. Am mittleren Frontabschnitt setzten die Sowjets nordwestlich Tschernigow sowie westlich Smolensk ihre wiederholten Durchbruchsversuche fort und griffen mit stärkeren Kräften auch südlich von Welikije–Luki unserer Stellungen an.

W. Churchill an F. D. Roosevelt
Dienstag, 26. Oktober 1943:
Sie werden mittlerweile Eisenhowers Bericht gelesen haben, in dem er schildert, in welche Situation wir in Italien geraten. Wir dürfen diese große Schlacht in Italien nicht zum Stillstand kommen lassen. Koste es, was es wolle, wir müssen Rom und die nördlich gelegenen Flugplätze gewinnen.
Ich bedaure sehr, daß ich Sie trotz Ihrer Influenza mit solchen Dingen behelligen muß.

Donnerstag, 28. Oktober 1943
Das *Oberkommando der Wehrmacht* gibt bekannt:
Zwischen dem Asowschen Meer und dem Dnjepr war der Schwerpunkt der erbitterten Abwehrkämpfe gestern weiterhin im Abschnitt westlich Melitopol. Die Versuche des Feindes, seine Einbruchsstelle zu erweitern, wurden in hartnäckigen Kämpfen oder im Gegenstoß beweglicher Reserven aufgefangen. Der Kampf geht mit unverminderter Härte weiter.

Deutsche Front in Südrußland vor dem Zusammenbruch
28. Oktober 1943, Moskau
STAWKA meldet:
In Auswertung des großen Durchbruchs zwischen dem Dnjepr und dem Asowschen Meer wirft General Tolbuchin alle verfügbaren schnellen Verbände in die Verfolgung der geschlagenen deutschen 6. Armee. Die Hauptmasse der Heeresgruppe Tolbuchin stürmt in nordwestlicher Richtung auf Nikopol zu. Nach den letzten Meldungen hat sie bereits zwei Drittel des Weges zurückgelegt, und ihre Vorhuten nähern sich der Stadt Snamenka südlich von Nikopol. Weiter südlich stehen starke Kavallerie- und Panzertruppen Tolbuchins tief in der Nogaischen Steppe. Stündlich werden neue Geländegewinne in Richtung Cherson gemeldet.

Die sowjetische Panzerwaffe
Von PK-Berichter
Hauptmann Wilhelm Ritter v. Schramm
Die sowjetischen Machthaber geben sich große Mühe, um den Soldaten auch seelisch möglichst stark an seine Waffe zu binden. Mit den Panzern werde ein förmlicher Kult getrieben:
Unter feierlichen Zeremonien wird ihnen ihr Panzer übergeben, werden sie auf ihn vereidigt und verpflichtet. Ein gleichfalls feierlich gehaltenes Übergabeproto-

Panzerklau

Für jede Granate, die Du verschießt,
  hat Dein Vater 100 RM Steuern bezahlt,
  hat Deine Mutter eine Woche in der Fabrik gearbeitet,
  ist die Eisenbahn 10 000 km weit gefahren!

Das bedenke vor jedem Schuß!

Sprenggranaten auf nicht erkannte Ziele „auf Verdacht" verschossen, auf Ziele, die mit MG erledigt werden können, sind ein Verbrechen.

Panzergranaten auf unbrauchbare Entfernung, auf erledigte Panzer, oder schlecht gezielt verschossen, geben nur Kerbschnitzarbeiten im Stahl!

Männer vom Tiger! **Sparen!**
  Nützt den dicken Panzer aus! Ran!
  Walzen ist billiger als MG!
  MG ist billiger als Kanone!
  Hülsen und Packgefäße abliefern!

Der Tiger säuft den Sprit kanisterweise.
Jeder Liter muß 3000 km weit gekarrt werden;

Männer vom Tiger! **Sparen!**
  Geizt mit jedem Liter!
  Laßt den Motor nicht unnütz laufen!
  Weißt Du, wann der nächste Sprit kommt?

Der Tiger kostet mit allem Drum und Dran 800 000 RM und 300 000 Arbeitsstunden. 30 000 Menschen müssen einen ganzen Wochenlohn geben, 6000 Menschen eine Woche schuften, damit Du einen Tiger bekommst. Sie arbeiten alle für Dich.

Männer vom Tiger!
  Bedenkt, was Ihr in den Händen habt!
  Haltet ihn in Schuß!
  Panzerklau geht um!
  Schlagt ihn, wo Ihr ihn trefft!

Eine Seite aus der »Tigerfibel«, dem lehrreichen und leicht verständlichen Handbuch für Tiger-Besatzungen des Generalinspekteurs der Panzertruppe

koll, der zeremoniellen Neigung östlicher Seelen entsprechend, soll weiter die Verbundenheit von Panzer und Panzerbesatzung wie eine unlösbare Ehe besiegeln. So steht der Panzer im Mittelpunkt eines neuen sowjetmilitärischen Kults. Der Bolschewismus macht sich eben das immer noch in der Tiefe vorhandene, aber von Kirche und Christentum eben abgedrängte religiöse Bedürfnis des einfachen Sowjetsoldaten zunutze und weiß es für seine Zwecke mehr oder minder erfolgreich auszunutzen. Die Bestrafung bei irgendwie fahrlässig erscheinenden Panzerverlusten ist dementsprechend streng. Rangverluste von Panzerkommandeuren sind an der Tagesordnung.

Berliner Börsen-Zeitung, 28. 10. 1943

Sender Beromünster (Schweiz)

Freitag, 29. Oktober 1943:
Seitdem es der russischen Führung gelang, in überraschender Weise auf die Sommeroffensive eine Herbstoffensive folgen zu lassen, gewann sie die Schlacht um die Dnjeprlinie, von der man einige Zeit glaubte, sie würde der deutschen Wehrmacht als Verteidigungslinie für den Winter dienen. Die weit nach Osten ausladende Schleife – auch das Dnjeprknie genannt – ermöglichte dem Angreifer eine großangelegte Operation zur doppelten Umfassung des Gegners, der von Kiew bis Saporoschje hinter dem Flußlauf Aufstellung genommen hatte.

Montag, 1. November 1943
Das *Oberkommando der Wehrmacht* gibt bekannt:
Südlich des unteren Dnjepr sind heftige Kämpfe mit durchgebrochenen Teilen schneller feindlicher Verbände im Gange. Durch kühne Flankenstöße beweglicher deutscher Kampftruppen erlitten die Sowjets dort empfindliche Verluste. In der Schlacht im Dnjeprbogen macht unser Gegenangriff weiter gute Fortschritte. Starke Vorstöße des Feindes südwestlich Dnjepropetrowsk und südöstlich Krementschug brachen im Abwehrfeuer zusammen.

Kiew wieder in sowjetischer Hand

Sonnabend, 6. November 1943, Moskau
Das *Sowinformbüro* teilt mit:
Nach zwei Jahren und zwei Monaten deutscher Besetzung ist Kiew im Sturmangriff sowjetischer Gardedivisionen zurückgenommen worden. General Watutin hat eine Operation siegreich beendet, die zu den bedeutendsten im deutsch-sowjetischen Feldzug gezählt werden muß. Das Oberkommando in Moskau betrachtet den Sieg als eine entscheidende Wende in diesem Krieg. Alle Frontberichte bestätigen, daß eine ernste Krise für die Deutschen entstanden ist, die in Unordnung, ja teilweise panikartig den Weg nach dem Westen suchen. Als am frühen Morgen des 6. November (um ein Uhr

früh) die Gardepanzerdivisionen den Angriff eröffneten, war die deutsche Verteidigung völlig desorganisiert. Zum erstenmal kam es zu Massenkapitulationen.
Was noch versuchte, Widerstand zu leisten, wurde
buchstäblich durch die schweren Panzer niedergewalzt.
Ein unaufhörlicher Strom von Reserven ergoß sich auf
das Schlachtfeld. Ein Teil der 14 deutschen Divisionen,
die Kiew zu verteidigen hatten, ist entkommen, aber die
Truppe hat alles im Stich gelassen, was die Flucht nach
dem Westen hätte erschweren können.

Auf dem Wege nach Rom
Mittwoch, 10. November 1943
Aus dem *Hauptquartier von General Clark:*
In einem Tagesbefehl an die 5. Armee weist General
Clark darauf hin, daß seinen Truppen nun die schwer-
sten, aber auch die maßgebendsten Kämpfe um Rom
bevorstehen: »Wir befinden uns auf dem Weg nach
Rom, aber wir haben nun um ein entscheidendes Ge-
biet zu kämpfen, das von den Deutschen mit größter
Kraftentfaltung verteidigt werden wird. Die Deutschen
stehen in ihrer Winterlinie. Es ist eure Aufgabe, mit
Umsicht, Mut und Entschlossenheit den Feind vernichtend zu schlagen.«

Geheimer Bericht des *Sicherheitsdienstes der SS*
zur innenpolitischen Lage:
11. November 1943 (grüne Serie – Auszug)
Die Erklärungen des Führers über die Lage an der
Ostfront wurden von den Volksgenossen als etwas
knapp empfunden. Man hätte gerne nähere Einzelheiten über die augenblickliche Situation und die voraussichtliche Weiterentwicklung (Dnjeprlinie, Krim, Winterstellungen, Verluste) vom Führer gehört. Dennoch
habe das, was der Führer über die Ostfront sagte,
beruhigend gewirkt.

Sender Beromünster (Schweiz)

Freitag, 12. November 1943:
. . . Das Gelände der sogenannten Nogaischen Steppe,
das die neuerrichtete deutsche 6. Armee zwischen dem
Unterlauf des Dnjepr und der Halbinsel Krim besetzt
hielt, wurde von der Armee Tolbuchin nach deren
Durchbruch bei Melitopol in einem Tempo erobert, das
seit den Zeiten des Blitzkrieges nicht mehr da war, sind
doch die Russen von Melitopol aus innerhalb einer
Woche 200 Kilometer westlich vorgestoßen.

Alliierte Truppen vor Cassino
Sonntag, 14. November 1943
Aus dem *Hauptquartier von General Alexander:*
Gestern spielten sich heftige Kämpfe im Abschnitt von
Megnano ab, wo die Deutschen den Verbänden Gene-
ral Clarks erbitterten Widerstand leisten. Die 5. US-
Armee hat in diesem Abschnitt bereits die Nähe von
Cassino erreicht und versucht jetzt, den Gegner aus den
letzten Höhenstellungen vor den Zugängen zu Cassino
zu werfen. Die Deutschen setzen bei ihren Gegenan-
griffen Truppen aller Waffengattungen ein.

Dienstag, 16. November 1943
Das *Oberkommando der Wehrmacht* gibt bekannt:
Im großen Dnjeprbogen rannte der Feind südwestlich
Dnjepropetrowsk und nördlich Kriwoj Rog erneut mit
stärkeren Kräften gegen unsere Front an. Allein in
einem Divisionsabschnitt wurden 71 Panzer des Feindes
abgeschossen.
Im Kampfraum von Shitomir wurden bei eigenen Gegenangriffen mehrere Feldstellungen der Sowjets
durchbrochen, zahlreiche schwere Waffen erbeutet und
eine eingeschlossene feindliche Kampfgruppe vernichtet. Starke Gegenangriffe des Feindes scheiterten.
Trotz ungünstiger Wetterlage unterstützte die Luftwaffe durch immer wiederholte, entschlossene Angriffe
besonders wirkungsvoll die Kämpfe der dort eingesetzten Verbände des Heeres und der Waffen-SS.

J. W. Stalin an W. Churchill
Mittwoch, 17. November 1943:
Ihre Antwort erreichte mich am 17. November. Ich
danke Ihnen für die Glückwünsche zur Offensive der
sowjetischen Truppen, die jetzt westlich von Kiew, wo
die Deutschen in größter Eile frische Streitkräfte und
Panzer zusammengezogen haben, einem starken Druck
standhalten müssen.

Geheimer Bericht des *Sicherheitsdienstes der SS*
zur innenpolitischen Lage:
18. November 1943 (grüne Serie – Auszug)
Nach den vorliegenden Meldungen ist die Stimmung
unter den Frauen infolge der schweren Kämpfe und der
ständigen Rückzugsbewegungen im Osten zwar ruhig,
aber doch recht gedrückt. Man wartet mit Sorge ab, was
nun mit Rußland werden soll.
Mit Sorge sähen auch viele Frauen, daß der Zusammenhalt und das gegenseitige Verständnis in ihrer Ehe unter
der langen Kriegsdauer zu leiden beginne. Die mit
kurzen Unterbrechungen nun schon Jahre andauernde
Trennung, die Umgestaltung der Lebensverhältnisse
durch den totalen Krieg, dazu die hohen Anforderungen, die jetzt an jeden einzelnen gestellt werden, form-
ten den Menschen um und erfüllten sein Leben. Der
Frontsoldat zeige im Urlaub oft kein Verständnis mehr
für die kriegsbedingten häuslichen Dinge und bleibe
interesselos gegenüber vielen täglichen Sorgen der Heimat. Daraus ergebe sich häufiger ein gewisses Ausein-
anderleben der Eheleute. So wiesen Ehefrauen beküm-
mert darauf hin, daß das sehnlichst erwartete Zusam-
mensein in der schnell vorüberfliegenden Urlaubszeit
getrübt worden sei durch häufige Zusammenstöße, die
durch gegenseitige Nervosität hervorgerufen wurden.
Das trete selbst bei solchen Ehen ein, die früher vorbildlich harmonisch waren.

Stellungskrieg in Süditalien
Freitag, 19. November 1943
Aus dem *Hauptquartier von General Montgomery:*
Die britische 8. Armee, die unter dem anhaltenden
Regenwetter schwere Strapazen zu ertragen hat – das
Land ist völlig verschlammt –, hat in einem überra-

schenden Vorstoß zwei Ortschaften erobert, die als Unterkunft für die Truppen Bedeutung haben. Der Kampf geht jetzt darum, günstigeres Gelände für Quartiere zu finden, und die Deutschen verteidigen sich hartnäckig, da auch sie bei jeder verlorenen Ortschaft zum Biwakieren im freien Felde verurteilt sind.

Italienische Truppen auf alliierter Seite
Freitag, 10. Dezember 1943
Aus dem *Hauptquartier von General Alexander:*
Die ersten Einheiten der von Marschall Badoglio neu aufgestellten italienischen Armee sind jetzt an der Front zwischen der 5. und der 8. Armee im Einsatz. Die Soldaten sind mit amerikanischem Kriegsmaterial ausgerüstet. In einem Tagesbefehl an seine Truppen sagte Marschall Badoglio: »Ihr vertretet das wahre Italien. Ihr seid dazu ausersehen, unser Land zu befreien und den Angreifer aus unserem Vaterland zu vertreiben. Erweist euch der großen Aufgabe, die vor euch liegt, würdig. Wir sind stolz auf euch.«

Sonnabend, 11. Dezember 1943
Das *Oberkommando der Wehrmacht* gibt bekannt:
Die wechselvollen Abwehrkämpfe südwestlich Krementschug dauern mit unverminderter Heftigkeit an. Zahlreiche feindliche Panzer wurden abgeschossen. Im Raum von Tscherkassy wechselten den ganzen Tag über schwere feindliche Angriffe mit eigenen Gegenangriffen. Dabei verlor der Feind neben vielen Toten 24 Panzer. Im Kampfgebiet von Shitomir und Korosten gewann der eigene Angriff trotz heftigen Gegenangriffen der Sowjets weiter an Boden. Zwischen Pripjet und Beresina war die feindliche Angriffstätigkeit am Freitag schwächer. Einige Ortschaften wurden im Angriff genommen, Gefangene und Beute eingebracht.

Deutsche Offensive bei Kiew
Sonntag, 12. Dezember 1943
Svenska Dagbladet berichtet:
Die deutsche Führung nahm vor einigen Tagen den Gegenangriff westlich von Kiew wieder auf; er schreitet seither beständig und systematisch vorwärts. Ortsangaben sind in Berlin freilich nicht zu erhalten; indessen wird immer wieder hervorgehoben, daß der Gegner hartnäckigen Widerstand leistet.

W. Churchill an den Kriegsminister
Montag, 13. Dezember 1943:
Während meines Aufenthalts im Nahen Osten haben die 4. Husaren meine Aufmerksamkeit auf die am 26. November veröffentlichte Weisung Nr. 1408 des Armeeausschusses über das Tragen nicht ordonnanzmäßiger Kopfbedeckungen gelenkt. Nach dieser Weisung besteht die allein ordonnanzmäßige Kopfbedeckung für alle Einheiten des Königlichen Panzerkorps (mit Ausnahme der 11. Husaren) in »einer schwarzen Tellermütze, die sowohl mit der Ausgeh- als auch mit der Kampfuniform zu tragen ist«; allerdings wird den Offizieren, die noch Schirmmützen besitzen, gestattet, diese, bis sie ersetzt werden müssen, zu tragen.

Der ferngelenkte Sprengladungsträger Goliath Typ B-1-B bei einem simulierten Angriff gegen einen sowjetischen Jagdpanzer SU-85, mit einer 8,5-cm-Flak (M 1939) auf T-34-Fahrgestell. Goliath B-1-B trägt 90,7 kg hochexplosiven Sprengstoff. Über Kabel gesteuert und gezündet, bewältigt er bei einer Geschwindigkeit von 18 km/h bis zu 600 Meter

2. Die 4. Husaren befürchten, diese Weisung könnte auch nach dem Krieg in Kraft bleiben, so daß sie wie das Panzerkorps keine andere Kopfbedeckung als die schwarze Tellermütze tragen dürfen.

Sonderabzeichen für das Niederkämpfen von Panzerkampfwagen usw. durch Einzelkämpfer
Der Führer hat genehmigt, daß das »Sonderabzeichen für das Niederkämpfen von Panzerkampfwagen usw. durch Einzelkämpfer« auch denjenigen Soldaten verliehen werden kann, die mit der Faustpatrone oder dem »Ofenrohr« einen feindlichen Panzerkampfwagen usw. im Nahkampf vernichtet oder außer Gefecht gesetzt haben. Dagegen ist die Verleihung dieses Sonderabzeichens beim Abschuß feindlicher Panzer mit »Puppchen« ausgeschlossen.

OKH, 18. 12. 1943

Auch französische Truppen in Italien
Mittwoch, 22. Dezember 1943, Algier
Associated Press meldet:
General Juin ist zum Befehlshaber der neugebildeten französischen Expeditionstruppe ernannt worden. Französische Einheiten kämpfen seit einiger Zeit bei der 5. Armee in Italien. General Juin trat zuletzt her-

vor, als er die französischen Streitkräfte im Feldzug in Tunesien befehligte.

Die Räumungsoperationen
Von PK-Berichter
Hauptmann Wilhelm Ritter v. Schramm

Die Beweglichkeit und Improvisationskunst unserer Heeresversorgung hat sich besonders auch bei den Räumungen bewährt.

Bei einem einzigen großen Verband im Süden der Ostfront sind z. B. im Zuge der Absetzbewegungen täglich 80 Räumungszüge gefahren worden. An Vieh wurde abgetrieben: 198 000 Rinder, 210 000 Schafe, 128 000 Pferde. Über 40 000 Panjewagen waren zudem über die Dnjeprbrücken zu schleusen und über 250 000 Zivilpersonen zurückzuführen. Was es außerdem bedeutete, alle Parks, Geräte und Nachschublager zu räumen und gleichzeitig neue Versorgungsbasen einzurichten, das kann erst später einmal im einzelnen dargelegt werden. . . . Kein Übergang durfte blockiert, keine Brücke und Enge verstopft werden; es durfte kein längerer Stau entstehen, wenn es nicht zu einer Katastrophe kommen sollte.
Deutsche Allgemeine Zeitung, 22. 12. 1943

Kriegsweihnacht in den USA
Donnerstag, 23. Dezember 1943
Associated Press berichtet:
Von Verdunkelungsmaßnahmen ist gar keine Rede. Eine verschwenderische Fülle von Licht bringt die herrlich geschmückten Schaufenster zur Geltung, in denen man alles findet, was ein Menschenherz begehren kann, vom Diamantenhalsband bis zur bescheidenen Wurst. Zwölf Stunden am Tag sind die Geschäfte geöffnet, und während dieser Stunden drängt sich unaufhörlich ein gewaltiger Strom von Kunden an die Verkaufstische heran, um Weihnachtsgeschenke auszusuchen. Am beliebtesten scheinen teure Luxusartikel zu sein, kostspielige Pelze, Juwelen, Möbel aus Edelhölzern, Teppiche. Der einzige Schatten, der auf die Weihnachtszeit fällt, ist der drohende Eisenbahnerstreik, der mehr als eine Million Mann umfassen würde. Der Präsident gibt sich die größte Mühe, den drohenden Konflikt beizulegen, während der Kongreß unbekümmert auf drei Wochen in Urlaub gegangen ist.
Für den Durchschnittsamerikaner ist der Krieg auch heute noch, wie vor einigen Tagen ein eben aus England zurückgekehrter amerikanischer Diplomat meinte, »ein Kolonialkrieg« geblieben.

Deutsche Erfolge bei Kirowograd
Freitag, 24. Dezember 1943, Berlin
Das *DNB* meldet:
Das auffallendste Merkmal der gestrigen Kampftätigkeit an der Ostfront war das starke Nachlassen der sowjetischen Angriffe im Raume von Witebsk. Obwohl das Wetter – es herrschte tagsüber leichter Frost mit weiter gebesserten Wegverhältnissen – eine Fortsetzung der Kämpfe begünstigt hatte, unternahmen die Sowjets doch nur unzusammenhängende Teilangriffe in Kompanie- oder Bataillonsstärke, die leicht abgewiesen werden konnten.
Der deutsche Gegenangriff im Raume von Kirowograd wurde auch am Mittwoch weiter vorgetragen, wobei den deutschen Truppen ein wichtiges Höhengelände, das eine kilometerweite Geländeeinsicht bietet, in die Hand fiel. Alle Versuche der Sowjets, die Höhe zurückzuerobern, scheiterten unter sehr schweren Verlusten.

Winterschlacht im Osten
Sonntag, 26. Dezember 1943, Berlin
Das *DNB* teilt mit:
Am ersten Feiertag setzten die Sowjets ihre Offensive im Raum südostwärts Shitomir unter verstärktem Einsatz ihrer Schützendivisionen und Panzerverbände fort, nachdem auch während der ganzen Nacht in diesem Raum mit außergewöhnlicher Erbitterung gekämpft worden war. Über die Schlacht, die noch in vollem Gange ist, läßt sich nach den bisher vorliegenden Meldungen sagen, daß die Sowjets außerordentlich schwere Verluste in allen Sektoren des Angriffsraumes hinnehmen mußten und daß ferner die deutschen Linien an einigen Stellen vor dem Druck zum Teil weit überlegener feindlicher Kräfte zurückgenommen werden mußten.

General Watutin setzt den Vormarsch fort
Montag, 27. Dezember 1943, Moskau
Das *Sowinformbüro* berichtet:
Die neue sowjetische Großoffensive westlich von Kiew zwischen Radomysl und Brussilow hat sich zum ersten großen Sieg des diesjährigen sowjetischen Winterfeldzuges entwickelt. Es kann jetzt mitgeteilt werden, daß General Watutin am Freitag früh nach schwerer Artillerievorbereitung mit drei Armeekorps auf über 100 Kilometer breiter Front zur Offensive überging.
Der rechte Flügel seiner Angriffsarmee hat bei Radomysl den Teterew wieder auf breiter Front überschritten und stößt in raschem Tempo in westlicher Richtung vor. Die Vorhuten dieser Gruppe haben Punkte 35 Kilometer nordöstlich von Shitomir erreicht.

Geheimer Bericht des *Sicherheitsdienstes der SS* zur innenpolitischen Lage:
27. Dezember 1943 (grüne Serie – Auszug)
Die Verknüpfung mit einem nahen Kriegsende ist überhaupt eine neue Note in den Gesprächen und Redereien um die Vergeltung. Seit langem würden von den Volksgenossen erstmalig wieder Termine für das mutmaßliche Kriegsende genannt. Vergeltung und Kriegsentscheidung werden heute vielfach gleichgesetzt.

Verleihung des »Ärmelbandes Afrika« beim Erwerb einer deutschen Tapferkeitsauszeichnung
Das »Ärmelband Afrika« kann unabhängig von der Einsatzzeit verliehen werden, sofern der Auszuzeichnende sich bei den Kämpfen auf afrikanischem Boden eine deutsche Tapferkeitsauszeichnung (E. K., Deutsches Kreuz in Gold, Nennung im Ehrenblatt usw.) erworben hat.
OKH, 28. 12. 1943

Strategie und Taktik

JULI BIS DEZEMBER 1943

Den Plan, die Sowjets in ihrem Frontvorsprung westlich Kursk durch einen Angriff entscheidend zu schwächen und um die strategische Initiative wiederzugewinnen, hat Generaloberst Zeitzler, Chef des Generalstabs des Heeres, entwickelt. Der Oberbefehlshaber der nördlich des Frontvorsprungs stehenden 9. Armee, General- oberst Model, hat dagegen schwerste Bedenken: Seiner Meinung nach würden die Sowjets diesen Angriff er- warten und hätten sich dagegen derart verstärkt, daß er scheitern müsse. Als Generalfeldmarschall Keitel be- hauptet, der Angriff sei aus politischen Gründen nötig, entgegnet Generaloberst Guderian: »Es ist der Welt völlig gleichgültig, ob wir Kursk haben oder nicht . . . Wozu wollen wir im Osten in diesem Jahr überhaupt angreifen?«

Guderian ist gegen jede große Offensive im Jahr 1943. Sein Ziel ist es, die Panzerdivisionen wieder auf ihre ursprüngliche Sollstärke von je 400 Panzern zu bringen, um 1944 Großangriffe mit guten Erfolgsaussichten durchzuführen. Er wird aber überstimmt.

In der Tat, Anfang Juli 1943 sind die sowjetischen Truppen zur Abwehr der deutschen Offensive bestens vorbereitet. Die Zentralfront (Armeegen. Rokossows- ki) und die Woronesch-Front (Armeegen. Watutin) umfassen über 1,3 Millionen Mann, fast 20 000 Geschüt- ze und Granatwerfer, etwa 3600 Panzer und Selbstfahr- lafetten sowie 2600 Flugzeuge. Die Überlegenheit an Menschen und Material ist auf sowjetischer Seite. In den rückwärtigen Linien haben Armeen aus der Reser- ve der Steppenfront (Armeegen. Konjew) die Verteidi- gung übernommen. Die Rote Armee hat in den letzten drei Monaten im Raum Kursk starke, in die Tiefe reichende Befestigungen, praktisch unüberwindliche Verteidigungslinien gebaut. Der Tag und später auch die Stunde des deutschen Angriffs wird vom sowjeti- schen Nachrichtendienst rechtzeitig erkundet.

Auf deutscher Seite stehen im Raum Kursk 50 Divisio- nen (darunter 14 Panzerdivisionen und 2 mot. Divisio- nen) in einer Gesamtstärke von 900 000 Mann, 10 000 Geschütze, etwa 2.000 Panzer und 800 Sturmgeschütze, darunter 204 Panzer vom Typ Panther und 90 Tiger.

Noch vor dem Morgengrauen am 5. Juli 1943 eröffnet die sowjetische Artillerie massives Feuer auf die deut- schen Bereitstellungsräume und fügt den deutschen Truppen erhebliche Verluste zu.

Jetzt beginnt die deutsche Sommeroffensive, das Unter- nehmen »Zitadelle«. Die Gruppe Nord wird von der Heeresgruppe Mitte (GFM v. Kluge) gebildet aus der 9. Armee (GenOberst Model) und der 2. Panzerarmee (Gen.d.Pz.Tr. Schmidt), dazu sieben Infanteriedivisio- nen, sechs Panzerdivisionen und zwei Panzergrenadier- divisionen. Die Südgruppe ist zusammengesetzt aus Verbänden der Heeresgrupe Süd (GFM v. Manstein), der 4. Panzerarmee (GenOberst Hoth) und der Armee-

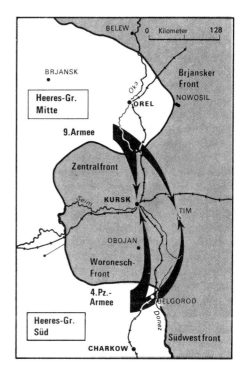

Das Unternehmen »Zitadelle«

abteilung Kempf mit insgesamt sieben Infanteriedivisio- nen, elf Panzerdivisionen und drei Sturmgeschützbriga- den. Luftunterstützung: Luftflotte 4 (GenOberst Deß- loch) mit den Fliegerkorps I., IV. und VIII.; die Luft- flotte 6 (GenOberst Ritter v. Greim) mit der Flieger- division 1 und der Fliegerdivision 4. Die beiden Luft- flotten haben zusammen 1 800 Flugzeuge.

Die 9. Armee geht gegen die sowjetische 13. Armee (GenLt. Puchow) und die 70. Armee vor, die 4. Panzer- armee und die Gruppe Kempf gegen die sowjetische 6.

Deutsche Panzer rollen in die Bereitstellungen: Vorn ein Tiger, dahinter ein Panzer IV

Gardearmee (GenLt. Tschistjakow) und die 7. Garde-armee (GenLt. Schumilow).

Der Panzer vom Typ Panther wird hier zum erstenmal eingesetzt. Die Eile, mit der man die Entwicklung und die Produktionsaufnahme vorangetrieben hat, verursacht viele Kinderkrankheiten, und so fallen mehr Panther durch technische Fehler aus als durch sowjetische Pak. Sie werden trotz der Warnungen von Generaloberst Guderian, sie seien nicht frontreif, dem Feldheer übergeben: Jeder vierte der 204 Panther fällt bereits auf dem Weg von Charkow, dem Ausladebahnhof, bis zu den Bereitstellungen bei Bjelgorod aus. Von den übrigen bleibt einer nach dem anderen während des Einsatzes stehen, vor allem durch Motorbrände infolge unzureichender Kühlanlage oder durch Getriebe- und Laufwerkschäden. Außerdem erlauben die optischen Instrumente den Schützen keine einwandfreie Bedienung der ausgezeichneten langen 7,5-cm-Kanone.

Auch eine Anzahl der neuesten, äußerst stark gepanzerten Ferdinand-Jagdpanzer (68 t) erleiden wegen ihrer Unfähigkeit, die sowjetische Infanterie abzuwehren, taktische Rückschläge, obwohl sie unverwundbar gepanzert und mit einer schweren 8,8-cm-Kanone bewaffnet sind. Da die Panzer kein Maschinengewehr zur Selbstverteidigung haben, müssen die Besatzungen mit der schweren 8,8 auf einzelne angreifende Infanteristen schießen.

Im nördlichen Angriffsraum haben die Deutschen sechs Panzerdivisionen und zwei Panzergrenadierdivisionen. Im Süden treten sogar elf Panzerdivisionen und drei Sturmgeschützbrigaden zum Angriff an. Weitere Verbände stehen in Reserve. Die Panzerregimenter fahren frontal ins sowjetische Abwehrfeuer und in die Minenfelder. Die neuen Tiger und Panther schießen zwar zahlreiche sowjetische Panzer ab, aber der entscheidende Durchbruch gelingt weder im Norden noch im Süden der Angriffsfront. Bereits nach wenigen Kilometern werden die stürmenden Grenadiere vom sowjetischen Maschinengewehrfeuer niedergehalten. Wo es den deutschen Panzern, besonders den schwer gepanzerten Tiger I und Ferdinand, gelingt, die sowjetische Front zu durchbrechen, sind sie bald isoliert und werden vernichtet.

Am Freitag, dem 9. Juli 1943, toben die schwersten Kämpfe im südlichen Abschnitt. Hier schlägt die 4. Panzerarmee in Richtung Obojan los und bricht trotz heftigen Widerstandes 35 Kilometer in die Tiefe durch. Die erbitterte Gegenwehr der Sowjets zwingt die deutsche Führung, die Angriffsrichtung zu ändern.

Am Sonnabend, dem 10. Juli 1943, beginnt unter dem Oberbefehl von General Eisenhower die Landung der Alliierten (Operation »Husky«) an der Südostküste Siziliens. Sein Stellvertreter ist der Oberbefehlshaber der Landstreitkräfte, General Alexander; die Seestreitkräfte unterstehen dem Oberbefehl von Admiral Cunningham. Beteiligt: die britische 8. Armee (Lt.Gen. Montgomery) mit fünf Divisionen, Landeabschnitt zwischen Syrakus und Kap Passero an der Südostspitze Siziliens, sowie die 7. US-Armee (Lt.Gen. Patton) mit drei Infanteriedivisionen und einer Panzerdivision, Landeabschnitt Gela-Licata, außerdem 280 Kriegsschiffe, 320 Transporter und 2125 Landungsfahrzeuge aller Art. Luftunterstützung: 3680 Bomber und Jagdflugzeuge der RAF und USAAF. An der Luftlandung sind beteiligt: 400 Transportmaschinen und 170 Lastensegler. Die zur Verteidigung bereitstehenden Achsenkräfte: die italienische 6. Armee (Gen. Guzzoni) mit vier Infanteriedivisionen und fünf Küstenschutzdivisionen, dazu die Fallschirm-Panzerdivision »Hermann Göring« und die 15. Panzergrenadierdivision.

Am Sonntag, dem 11. Juli 1943, stoßen die Panzereinheiten der 4. Panzerarmee und die Armeeabteilung Kempf gegen Prochorowka vor und erzielen Anfangserfolge, die sie am nächsten Tag erweitern wollen. Am gleichen Tag aber drängen die Panzerspitzen der Brjansker Front (GenOberst Popow) und der linke Flügel der Westfront (Armeegen. Sokolowski) gegen die 2. Panzerarmee (Gen.d.Pz.Tr. Schmidt), die Orel von Osten und Norden her verteidigt. Dahinter gehen die Sturmverbände beider Fronten zum Angriff vor.

Am Montag, dem 12. Juli 1943, beginnt im Abschnitt Orel die Offensive der Westfront und der Brjansker Front. Zugleich geht im Südteil des Kursker Bogens die Woronesch-Front (Armeegen. Watutin) zum Angriff über. In dieser Lage muß die Heeresgruppe Mitte den Vorstoß der 9. Armee (GenOberst Model) anhalten und einen Teil ihrer Kräfte zusammenfassen, um die 2. Panzerarmee zu verstärken. Durch die Gegenangriffe der drei sowjetischen Fronten entwickelt sich bei Prochorowka eine blutige Panzerschlacht, die größte des Zweiten Weltkrieges, in der das II. SS-Panzerkorps (SS-Obergruppenf. Hausser) und das III. Panzerkorps (Gen.d.Pz.Tr. Breith) mit der sowjetischen 5. Garde-

(1) Schwerer Kampfpanzer VI Sd Kfz 181 Tiger, Ausführung E. (2) Schwerer Kampfpanzer VI Tiger mit Porsche-Turm (beide ab 1943)

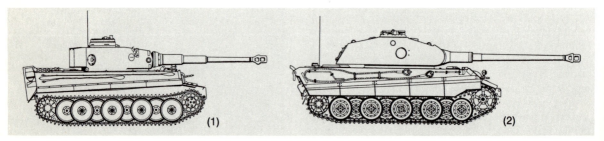
(1)   (2)

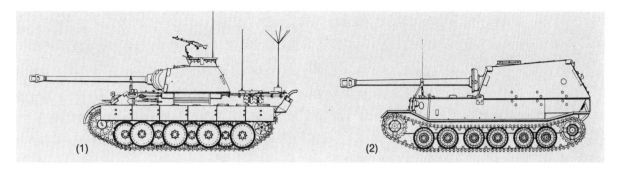

(1) Befehlspanzerwagen PzKpfw V Panther, Ausführung A. (2) Panzerjäger Elefant (Ferdinand) mit 8,8-cm-Pak auf Tiger (Sd Kfz 184) (beide ab 1943)

Panzerarmee (GenLt. Rotmistrow) und der 5. Garde-armee (GenLt. Schadow) aufeinanderstoßen.

Auf engem Raum kämpfen nun mehrere tausend Panzer, durch starke Fliegerkräfte unterstützt. Da gleichzeitig auch noch die sowjetische Steppenfront (Armeegen. Konjew) in die Kämpfe eingreift, ist die Lage der deutschen Verbände äußerst kritisch.

Eine der Ursachen für das endgültige Scheitern des Vorstoßes der deutschen Truppen gegen den südlichen Teil des Kursker Frontvorsprungs ist der mächtige, durch strategische Reserven verstärkte Gegenstoß der Woronesch-Front. Eine wesentliche Rolle spielen dabei die sowjetische Garde-Panzerarmee (GenLt. Rotmistrow) und die 5. Gardearmee (GenLt. Schadow). Sie bringen die deutschen Verbände zum Stehen, so daß sie am Abend zur Verteidigung übergehen müssen.

Am gleichen Tag marschiert die britische 8. Armee die Ostküste Siziliens entlang und besetzt Syrakus. Sie trifft hier bei ihrem weiteren Vorstoß auf starken Widerstand der deutschen Divisionen, die die Evakuierung ihrer Kampfverbände über die Straße von Messina sichern.

Am Tag darauf, dem 13. Juli 1943, befiehlt Hitler die Einstellung des Unternehmens »Zitadelle«.

Während der Kursker Schlacht kommt es auf deutscher Seite noch einmal zu einem engen Zusammenwirken zwischen Fliegerkräften und den Bodentruppen. Auf sowjetischer Seite wiederum tragen die riesigen Minenfelder, Panzerfallen und die weitaus größere Zahl an Panzerabwehrgeschützen, verstärkt durch US-Panzer und eingegrabene T-34, zur Entscheidung bei. Auch die sowjetischen Schlachtflieger sind den Deutschen zahlenmäßig überlegen.

Die Erfahrungen, die das sowjetische Oberkommando während der Schlacht bei Kursk gemacht hat, finden bereits in der anschließenden Sommeroffensive der Roten Armee Anwendung. Es zeigt sich z. B. bei Kursk, daß die Schützenverbände in den Panzerarmeen gemischten Typs weit hinter den Panzerverbänden zurückbleiben. Seitdem stellt man Panzerarmeen gleicher Zusammensetzung auf, die bereits während der Sommeroffensive in der Hauptangriffsrichtung als schnelle

motorisierte Truppen eingesetzt werden. Mit diesen motorisierten Truppen operieren die sowjetischen Armeen und Fronten jetzt in der Regel am ersten Angriffstag, um den Durchbruch der deutschen Hauptverteidigungslinie zu erzwingen. Anschließend sollen sie die rückwärtigen Verteidigungsanlagen aus der Bewegung überwinden und so den operativen Erfolg ausbauen. Dieser möglichst frühzeitige Einsatz von motorisierten Truppen beschleunigt nun erheblich das Tempo, mit dem die gegnerische Verteidigung durchbrochen wird. Von großem Nachteil jedoch sind die starken Verluste, die die motorisierten Truppen dabei erleiden, wodurch ihre anschließenden Manöver in der operativen Tiefe beeinträchtigt werden.

Das Unternehmen »Zitadelle« erweist sich als katastrophaler Fehlschlag, der die Deutschen nicht mehr zu ersetzende Menschen- und Materialverluste kostet. Die Wehrmacht büßt damit endgültig ihre strategische Initiative ein. Zum Scheitern der deutschen Offensive bei Kursk trägt auch der Operationsplan bei, weil ihm sowohl das strategische als auch taktische Überraschungsmoment fehlt.

Zwei Drittel der deutschen Panzertruppe sind bei dem Unternehmen »Zitadelle« eingesetzt. Das Regiment mit den Ferdinand-Jagdpanzern wird aufgerieben. Von den 204 Panther-Panzern fallen 162 aus, und später geraten fast alle in sowjetische Hand. Die wenigen, die die Schlacht bei Kursk überstanden haben, müssen zu Änderungsarbeiten zurück in die Fabriken. Nach dem Unternehmen »Zitadelle« werden die übriggebliebenen Ferdinand-Panzer von der Front abgezogen, zur Selbstverteidigung mit je einem Maschinengewehr am Fahrerbug ausgerüstet und anschließend an die italienische Front verlegt. Auch die schweren Ausfälle an kampferfahrenen Panzerbesatzungen machen sich sehr stark bemerkbar. Die gerade ausgebildeten jungen Mannschaften fallen oft schon bei den ersten Einsätzen, bevor sie noch die geringsten Erfahrungen sammeln können.

Seit Beendigung des Unternehmens »Zitadelle« werden die Möglichkeiten eines Zusammenwirkens zwischen der Luftwaffe und den Panzerverbänden immer geringer. Die deutschen Panzerverbände stehen nun vor dem schwierigen Problem, sich vor gegnerischen Luftangriffen selbst zu schützen.

Mit der Schlacht bei Kursk beginnt eine neue Phase des Panzerkrieges: Die bisher von den Deutschen mit größten Erfolgen angewandte Panzertaktik wird nun von der sowjetischen, britischen und amerikanischen Seite übernommen.

Am Donnerstag, dem 15. Juli 1943, entschließt sich die deutsche Führung, die Verbände im Kursker Bogen in ihre Ausgangsstellungen zurückzuziehen.

Am Sonnabend, dem 17. Juli 1943, beginnt am Donez, bei Isjum und am Mius die Offensive der Südwestfront (Armeegen. Malinowski) und der Südfront (GenOberst Tolbuchin). Die gesamte Ostfront gerät nun in Bewegung und ist nicht mehr zu halten.
Am gleichen Tag wird General der Panzertruppen Hube kommandierender General des vom Festland nach Sizilien überführten XIV. Panzerkorps und Oberbefehlshaber aller deutschen Truppen auf der Insel.

Am Sonntag, dem 18. Juli 1943, einigen sich Hitler und Mussolini auf der Konferenz in Feltre bei Verona, Sizilien zu evakuieren. Da es unmöglich scheint, die ganze Apenninenhalbinsel zu verteidigen, beschließen sie, sich auf den Schutz der Po-Ebene und des norditalienischen Industriegebietes zu beschränken, den Vormarsch der Alliierten jedoch so lange wie möglich zu verzögern. Die geplante Verteidigungslinie, »Goten-Linie« genannt, durchschneidet Italien in der Toskana von Pisa bis Rimini. Um für den Ausbau der Befestigungen Zeit zu gewinnen, soll die sogenannte Gustav-Linie gehalten werden, die an der engsten Stelle der Apenninenhalbinsel (120 km) von der Mündung des Garigliano bis zur Sangromündung verläuft. Dieses gebirgige, fast weglose Gelände eignet sich ausgezeichnet für die Verteidigung. Der Einsatz von feindlichen Panzerverbänden ist nur auf den schmalen Küstenstraßen möglich, die sich aber im Winter durch das Hochwasser der Flüsse in schwer zu überquerende Sümpfe verwandeln. Ein zusätzlicher Vorteil ist die Möglichkeit, sich ohne Schwierigkeit abzusetzen und auf die nächste Verteidigungslinie zurückzuweichen. Außerdem riegelt die Gustav-Linie, die spätere Winterstellung, den Zugang nach Rom ab.

Am Donnerstag, dem 22. Juli 1943, erobert die 7. US-Armee (Maj.Gen. Patton) die Hauptstadt Siziliens, Palermo.

Sowjetischer Jagd- und Sturmpanzer ISU 122-D25/S (ab 1943)

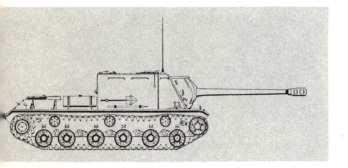

Am Montag, dem 26. Juli 1943, gibt die deutsche Führung den Befehl, den Frontvorsprung bei Orel und Kursk endgültig zu räumen. Der Versuch eines geordneten Rückzugs wird durch das energische Eingreifen der Sowjets durchkreuzt.

Am Montag, dem 2. August 1943, schlägt die 1. Panzerarmee (GenOberst v. Mackensen) zusammen mit der 6. Armee (Gen.d.Inf. Hollidt) die Verbände der Südwestfront (Armeegen. Malinowski) und der Südfront (Gen Oberst Tolbuchin), die am 17. 7. 1943 ihre Offensive im Donez-Gebiet begonnen haben. Die sowjetischen Verluste u. a.: 18 000 Gefangene, 200 Geschütze, 700 Panzer.

Am Dienstag, dem 3. August 1943, gehen die Woronesch-Front (Armeegen. Watutin) und die Steppenfront (Armeegen. Konjew) aus dem Raum nördlich und südlich von Bjelgorod gegen den Nordflügel der Heeresgruppe Süd (GFM v. Manstein) zum Angriff in Richtung Bjelgorod–Charkow–Poltawa über. An den Operationen beteiligen sich über 300 Partisanenabteilungen, die mit schlagartig einsetzenden Sprengungen von Bahnkörpern für zwei Tage den Schienenverkehr in das rückwärtige Gebiet der Heeresgruppe Süd weitgehend stillegen.

Am Donnerstag, dem 5. August 1943, beginnt die sowjetische Offensive gegen die Heeresgruppe Mitte (GFM v. Kluge). Am gleichen Tag nimmt die sowjetische 53. Armee (GenLt. Managarow) Belgorod und Panzerspitzen der 3. Armee (GenLt. Kolpaktschi) Orel. Daraufhin wird auf Stalins Befehl erstmalig in diesem Krieg in Moskau von der Artillerie ein Siegessalut zu Ehren der Roten Armee geschossen.

Am Montag, dem 16. August 1943, rückt am Mius die Südfront mit fünf Armeen zur Offensive gegen die deutsche 6. Armee vor und stößt weiter in Richtung Stalino.

Am Dienstag, dem 17. August 1943, wird die Räumung Siziliens, das Unternehmen »Lehrgang«, über die drei Kilometer breite Messina-Straße nach Süditalien beendet. Neben 62 000 italienischen und 39 569 deutschen Soldaten werden 9 832 Fahrzeuge und 135 Geschütze sowie 47 Panzer überführt.

Am Sonntag, dem 22. August 1943, übernimmt in Süditalien der Oberbefehlshaber der 10. Armee, General der Panzertruppen v. Vietinghoff, den Oberbefehl über die deutschen Truppen.

Am Montag, dem 23. August 1943, befreien die sowjetische 69. Armee (GenMaj. Krjutschenkin) und die 7. Gardearmee (GenLt. Schumilow) nach heftigen Straßenkämpfen Charkow.

Am Donnerstag, dem 26. August 1943, konzentriert die sowjetische Zentralfront (Armeegen. Rokossowski) ihre Hauptkräfte auf dem rechten Flügel und stößt in Richtung Nowgorod–Sewersk vor, wo sie auf starken Widerstand trifft. Dagegen kann sie auf dem linken Flügel einen Erfolg erzielen und drei Tage später Gluchow erobern. Daraufhin führt Rokossowski eine Umgruppierung seiner Verbände durch und setzt sie in Richtung Gluchow–Konotop in Marsch. Diese Kräfte können den Einbruch auf 100 Kilometer Breite und 60 Kilometer Tiefe vergrößern.

Am Donnerstag, dem 2. September 1943, wird nach einem Erlaß Hitlers über die Konzentration der Kriegswirtschaft das Ministerium für Bewaffnung und Munition (Albert Speer) in Reichsministerium für Rüstung und Kriegsproduktion (RuK) umgewandelt.

In der Morgendämmerung des 3. September 1943 um 4.30 Uhr beginnt die Invasion des europäischen Festlandes: Zwei Divisionen der britischen 8. Armee (Lt.Gen. Montgomery) landen an der kalabrischen Südküste zwischen Reggio und San Giovanni. Durch den Widerstand der 29. Panzergrenadierdivision (Gen.Maj. Fries) kaum behindert, stoßen sie nach Norden auf Catanzaro und Nicastro vor.
Am gleichen Tag schließt in Cassibile (Sizilien) nach monatelangen Verhandlungen der Vertreter von Marschall Badoglio, Brigadegeneral Castellano, einen noch geheimzuhaltenden Waffenstillstand mit den Alliierten. Die italienische faschistische Partei soll aufgelöst und Mussolini verhaftet werden.

Am Dienstag, dem 7. September 1943, beginnt die 17. Armee (GenOberst Jaenecke) die planmäßige Räumung des Kuban-Brückenkopfes. Marine- und Pioniereinheiten haben den Auftrag, Truppen und Material auf die Halbinsel Krim zu überführen.

Am Nachmittag des 8. September 1943 gibt General Eisenhower über den Rundfunk – entgegen der am 3. 9. 1943 in Cassibile geschlossenen Abmachung – den Abschluß des Waffenstillstandes mit Italien bekannt. Kurz danach beginnen die deutschen Gegenmaßnahmen »Fall Achse«: die handstreichartige Besetzung Roms, Entmachtung des italienischen motorisierten Korps (Gen. Garboni) sowie der italienischen Truppen im Mutterland, in Südfrankreich, in Jugoslawien, Albanien und Griechenland. Sie werden entwaffnet, entlassen oder gefangengenommen; es kommt auch zu örtlichen Gefechten mit Widerstand leistenden Einheiten. Den meisten Profit durch die Kapitulation Italiens hat die jugoslawische Befreiungsarmee (General Tito), die fast die gesamte Ausrüstung und Munition der in Dalmatien stehenden italienischen 2. Armee erbeutet.

Am Dienstag, dem 9. September 1943, morgens um 4.25 Uhr, landen vier Divisionen der 5. US-Armee (Lt.Gen. Clark) und das britische X. Korps (Lt.Gen. McCrary) auf einem 30 Kilometer breiten, flachen Sandstrand in der Bucht von Salerno (Operation »Avalanche«). Das erste Operationsziel der 5. US-Armee ist

August 1943, Raum Belgorod: Deutsche Panzer in Erwartung eines sowjetischen Vorstoßes

Neapel, über dessen Hafen der Vormarsch in Richtung Rom versorgt werden soll: Man hofft, bis Weihnachten 1943 die italienische Hauptstadt zu erobern.
Am gleichen Tag geht die 1. Luftlandedivision der britischen 8. Armee in Tarent an Land.

Am Sonnabend, dem 11. September 1943, besetzt die zur britischen 8. Armee gehörende 1. Luftlandedivision Brindisi.

Am Sonntag, dem 12. September 1943, gelingt den Deutschen die Befreiung des von den Badoglio-Truppen im Berghotel »Campo Imperatore« auf dem Gran Sasso in den Abruzzen gefangengehaltenen Mussolini: Um sechs Uhr morgens landen Soldaten der 1. Kompanie (Oberlt. Frhr. v. Berlepsch) des Fallschirmjäger-Lehrbataillons und das SD-Sonderkommando »Friedenthal« (SS-Sturmbannf. Skorzeny) in Lastenseglern vor dem Berghotel. Die Wachmannschaft leistet keinen Widerstand. Ein Fieseler-Storch mit Major Gerlach als Pilot bringt nach einem waghalsigen Start den Duce bis Rom. Über Wien fliegt Mussolini weiter in Hitlers Hauptquartier nach Ostpreußen.

Am Montag, dem 13. September 1943, führt die deutsche 26. Panzerdivision (GenLt. Frhr. v. Lüttwitz) mit der Fallschirm-Panzerdivision »Hermann Göring«

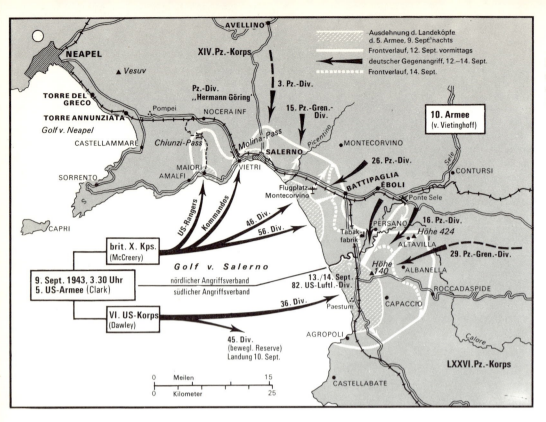

Die Landung
auf dem
europäischen
Festland

Map labels:

Ausdehnung d. Landeköpfe
d. 5. Armee, 9. Sept. nachts
Frontverlauf, 12. Sept. vormittags
deutscher Gegenangriff, 12.–14. Sept.
Frontverlauf, 14. Sept.

AVELLINO

NEAPEL

▲ Vesuv

XIV. Pz.-Korps

3. Pz.-Div.

TORRE DEL GRECO

Pz.-Div. „Hermann Göring"

15. Pz.-Gren.-Div.

TORRE ANNUNZIATA

Golf v. Neapel

Pompei

NOCERA INF

10. Armee
(v. Vietinghoff)

CASTELLAMMARE

Chiunzi-Pass

Molina-Pass

Picentino

MONTECORVINO

SALERNO

26. Pz.-Div.

MAIORI

VIETRI

CONTURSI

SORRENTO

AMALFI

BATTIPAGLIA

ÉBOLI

Sele

Flugplatz Montecorvino

Ponte Sele

US-Rangers

Kommandos

46. Div.

56. Div.

PERSANO

16. Pz.-Div.

Höhe 424

CAPRI

Tabak-fabrik

ALTAVILLA

29. Pz.-Gren.-Div.

brit. X. Kps. (McCreery)

Golf v. Salerno
nördlicher Angriffsverband

Höhe 140

ALBANELLA

9. Sept. 1943, 3.30 Uhr
5. US-Armee (Clark)

südlicher Angriffsverband

13./14. Sept.
82. US-Luftl.-Div.

ROCCADASPIDE

VI. US-Korps (Dawley)

36. Div.

Paestum

CAPACCIO

45. Div. (bewegl. Reserve) Landung 10. Sept.

AGROPOLI

Calore

LXXVI. Pz.-Korps

0   Meilen   15
0   Kilometer   25

CASTELLABATE

(GenLt. Conrath) und der 15. Panzergrenadierdivision (GenMaj. Roth) einen Gegenangriff zur Ausschaltung des amerikanischen Brückenkopfes bei Salerno. Das VI. US-Korps (Maj. Gen. Dawley) wird so hart an den Strand der Bucht von Salerno zurückgedrängt, daß Lieutenant General Clark sich mit seinem Hauptquartier auf die Wiedereinschiffung vorbereitet. Die Wende bringt jedoch der kühne Entschluß von Admiral Cunningham, mit den beiden Schlachtschiffen »Warspite« und »Valiant« dicht an die Küste heranzufahren, um die deutschen Stellungen mit den 38-cm-Geschützen unter Feuer zu nehmen.

Am Freitag, dem 17. September 1943, treffen die von Süden her vorstoßenden Einheiten der britischen 1. Luftlandedivision und den Panzerspitzen der aus Kalabrien vordringenden britischen 8. Armee mit der am 9. 9. 1943 bei Salerno gelandeten 5. US-Armee zusammen.

Am Sonnabend, dem 18. September 1943, beginnen die deutschen Truppen unter dem Druck der sich entlang der Küste des Tyrrhenischen Meeres nähernden britischen 8. Armee, sich nach Nordwesten abzusetzen.

Am Dienstag, dem 21. September 1943, gelingt es den sowjetischen Panzerverbänden der Zentralfront (Armeegen. Rokossowski), den Dnjepr beiderseits der Pripjetmündung auf einer Breite von 80 Kilometer zu überschreiten. Jetzt ist die neue deutsche Verteidigungslinie, die Panther-Stellung, an der man kaum mit Befestigungsarbeiten begonnen hat, durchbrochen.

Am Sonnabend, dem 24. September 1943, müssen Teile der Heeresgruppe Mitte, denen die Umfassung nördlich

von Smolensk durch die sowjetische 31. Armee (GenMaj. Gluzdowski), die 5. Armee (GenLt. Polenow) und die 68. Armee (GenLt. Schurawljew) droht, Smolensk und Roslawl räumen. Die deutschen Truppen setzen ihren Rückzug auf die neue Verteidigungslinie Rudnia–Kritschew fort. Weitere Angriffsversuche der Westfront (Armeegen. Sokolowski) und der Kalinin-Front (Armeegen. Jeremenko), bleiben erfolglos.

Bereits am Montag, dem 27. September 1943, bildet die sowjetische 7. Gardearmee (GenLt. Schumilow) südlich von Dnjepropetrowsk ebenfalls einen Brückenkopf am Westufer des Dnjepr, trotz sofort einsetzender Angriffe einer deutschen Panzer- und einer Panzergrenadierdivision.

Am gleichen Tag drängen die Panzertruppen der britischen 8. Armee, die entlang der adriatischen Küste vorgedrungen sind, in Foggia ein; nun stehen den Verbänden der USAAF und RAF rund 13 Flugplätze in der Umgebung zur Verfügung: eine wichtige Basis für den Bombenkrieg gegen Süddeutschland und die rumänischen Erdölfelder.

Im September 1943 beginnt dank der energischen Maßnahmen von Reichsminister Speer und Generaloberst Guderian sich die Lage der deutschen Panzerwaffe langsam zu bessern. Aber noch immer besitzen 14 Panzerdivisionen nur je eine Panzerabteilung, acht Panzerdivisionen je zwei Panzerabteilungen und lediglich zwei Panzerdivisionen je drei Panzerabteilungen. Zehn Panzergrenadierdivisionen verfügen über je eine mit Sturmgeschützen ausgestattete Panzerabteilung. Die Sollstärke der Kompanien ist zwar auf 22 Panzer festgesetzt, kann aber tatsächlich nur auf 17 gebracht werden.

Am Freitag, dem 1. Oktober 1943, räumt die 10. Armee (GenOberst v. Vietinghoff) Neapel. Allerdings wird das Vormarschtempo der Alliierten mit jedem Tag langsamer. Die Deutschen haben jetzt bessere Verteidigungsmöglichkeiten, besonders zur Adria hin, wo das Bergmassiv bis zur Küste reicht und die ins Meer mündenden Flüsse als natürliche Hindernisse geschickt genutzt werden können.

An der Ostfront stößt unterdessen die Kalinin-Front in Richtung Newel, Witebsk und Orscha vor.

Am Donnerstag, dem 7. Oktober 1943, erobert die 3. Stoßarmee (GenLt. Giarasimow) Newel. Die anderen sowjetischen Verbände nähern sich Polozk und gehen von drei Seiten an Witebsk heran.

Am Montag, dem 11. Oktober 1943, tritt die 5. US-Armee (Lt.Gen. Clark) nördlich des Volturno zur Offensive an. Auch die britische 8. Armee verlegt nach der Einnahme von Termoli an der Adriaküste mit Hilfe eines amphibischen Commando-Landeunternehmens ihre Aktionen auf den Apennin.

Am Dienstag, dem 12. Oktober 1943, und am darauffolgenden Tag gelingt es der 5. US-Armee, vor der

September 1943, westlich von Smolensk: Deutsche Panzereinheit mit mittleren Panzerkampfwagen III (Sd Kfz 141) mit 5-cm-Kanone, KwK 39 L/60, rollt in die neuen Verteidigungslinien Rudnia-Kritschew

Mündung des Volturno ins Tyrrhenische Meer am nördlichen Ufer einen Brückenkopf zu errichten. Die deutschen Verbände räumen Capua und ziehen sich auf die befestigte Flußlinie Garigliano und Sangro, die Gustav-Linie, zurück. Hier plant nämlich der Oberbefehlshaber der Heeresgruppe C (GFM Kesselring), den alliierten Vormarsch nach Norden in Richtung Rom zu stoppen. Der britischen 8. Armee gelingt es nach mehreren Vorstößen, einige Brückenköpfe am Sangro zu errichten und Ortone zu erobern. Die Verbindung zwischen der 5. US-Armee und der britischen 8. Armee wird nahe des Matese-Bergmassivs, etwa in der Mitte zwischen Tyrrhenischem Meer und Adria, hergestellt.

Am Mittwoch, dem 13. Oktober 1943, erklärt die zur Zeit in Brindisi (Süditalien) amtierende Badoglio-Regierung dem Deutschen Reich den Krieg.

Am Mittwoch, dem 20. Oktober 1943, ändert STAWKA, der neuen Lage entsprechend, die Bezeichnung der sowjetischen Heeresgruppen (Fronten); so werden jetzt die Woronesch-Front, die Steppen-Front, die Südwestfront und die Südfront in 1., 2., 3. und 4. Ukrainische Front umbenannt. Die Zentralfront dagegen heißt jetzt Weißrussische Front, die Baltische Front und Kalinin-Front werden als 2. und 1. Baltische Front bezeichnet.

Am Sonnabend, dem 23. Oktober 1943, eröffnet die 4. Ukrainische Front (Armeegen. Tolbuchin) ihre Offen-

sive gegen die Linien der 6. Armee (Gen.d.Inf. Hollidt) zwischen Saporoshje und Melitopol. Die sowjetischen Verbände durchbrechen die deutschen Linien und stoßen nach Südwesten vor. Dann setzt wie in jedem Jahr allmählich die Schlammperiode ein, und die Front beginnt sich langsam zu stabilisieren.

In der Nacht vom 1./2. November 1943 führt die sowjetische Nordkaukasus-Front (GenOberst Petrow) ihre amphibische Operation durch: Nördlich von Kertsch bei Jenikale landen Divisionen der 56. Armee (GenLt. Melnik), südlich von Kertsch nahe Eltigen die Divisionen der 18. Armee (GenLt. Lesselidze), dazu wird über den Siwasch ein Brückenkopf gebildet. Die 17. Armee (GenOberst Jaenecke), die auf Hitlers Befehl die begonnene Räumung der Krim abbrechen muß, ist jetzt von Norden abgeschnitten und auch von Osten bedroht.

Am Mittwoch, dem 3. November 1943, wird die Front der 4. Panzerarmee (GenOberst Hoth) von den Panzerverbänden der 1. Ukrainischen Front (Armeegen. Watutin), die aus ihren Brückenköpfen nördlich Kiew angreifen, durchbrochen. Drei Tage später müssen die deutschen Truppen Kiew, die Hauptstadt der Ukraine, räumen.

Daraufhin reagiert am Montag, dem 8. November 1943, Generalfeldmarschall v. Manstein mit einem Gegenangriff: Er stößt mit fünf Divisionen von Fastow und Tripol den Dnjepr entlang nach Kiew vor. Der Angriff wird zwar abgeschlagen, aber die 1. Ukrainische Front muß zur Verteidigung übergehen.

(1) Britische Panzerabwehrwaffe PIAT mit 1,35-kg-Granate. (2) US-Panzerabwehrwaffe Bazooka mit 1,52-kg-Rakete. (3) Deutsche Panzerabwehrwaffe Panzerfaust mit 3-kg-Hohlladungsgranate (alle 1942–43)

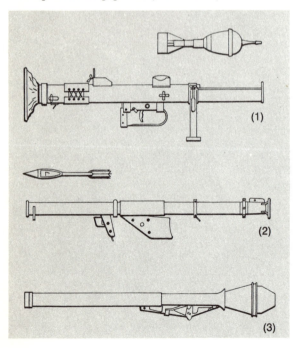

Am Sonnabend, dem 13. November 1943, treten mehrere deutsche Divisionen zur Offensive an, diesmal im Raum Shitomir. Die Stadt wird zwar zurückerobert, aber der weitere Vormarsch der Deutschen aufgehalten.

Am Montag, dem 15. November 1943, führt das zur 1. Panzerarmee gehörende XXXXVIII. Panzerkorps (Gen.d.Pz.Tr. Balck) einen Vorstoß gegen die sowjetische 1. Gardearmee (GenOberst Gretschko) und nimmt Shitomir zurück. Nach eigenen Meldungen werden 603 Panzer und über 1200 Pak erobert oder vernichtet. Jedoch wird der Vorstoß nördlich Shitomir von den Sowjets abgefangen.

Am Sonntag, dem 21. November 1943, übernimmt Generalfeldmarschall Kesselring als Oberbefehlshaber Südwest und OB der Heeresgruppe C die Verteidigung Italiens. Generalfeldmarschall Rommel, der bis heute in Norditalien Oberbefehlshaber der Heeresgruppe B war, wird von Hitler nach Westeuropa beordert. Die Heeresgruppe B führt jetzt Generaloberst v. Makkensen.

Am Sonnabend, dem 27. November 1943, unternimmt an der adriatischen Küste die britische 8. Armee ihren Angriff über den Sangro.

Am Sonnabend, dem 13. Dezember 1942, entbrennt zwischen Witebsk und Newel die erste einer Reihe von Abwehrschlachten: Die Verbände der 3. Panzerarmee (GenOberst Reinhardt) treten zum Angriff gegen die 1. Baltische Front (GenOberst Jeremenko) und die Westfront (GenOberst Sokolowski) an.

Am Mittwoch, dem 24. Dezember 1943, eröffnet die 1. Ukrainische Front (Armeegen. Watutin) in der Ukraine westlich des Dnjepr zwischen Kiew und Shitomir eine Offensive gegen die 4. Panzerarmee (jetzt Gen.d.Pz.Tr. Raus). Diese Offensive wird danach unter Beteiligung der vier Ukrainischen Fronten und der 2. Weißrussischen Front in dem 800 Kilometer breiten Streifen vom Pripjetgebiet bis zum Schwarzen Meer vorgetragen.
Am gleichen Tag wird General Eisenhower zum Oberbefehlshaber der alliierten Truppen für die Invasion in Frankreich ernannt, sein Stellvertreter ist der britische Luftmarschall Tedder. Den Oberbefehl über die alliierten Streitkräfte im Mittelmeer übernimmt General Maitland Wilson, und Oberbefehlshaber der alliierten Streitkräfte in Italien wird General Alexander.

An der Ostfront versuchte Hitler immer wieder, mit Haltebefehlen die Lage in den Griff zu bekommen und vergrößerte damit die Gefahr, daß die Verbände eingekesselt und vernichtet wurden. Selbst mit schwerpunktmäßig errichteten »Festen Plätzen« war die Situation nicht zu ändern, da es keine feste Frontlinie mehr gab. Dabei hätten sich die Deutschen bis Ende 1943 noch eine elastische Verteidigung leisten können, denn 150 oder 250 Kilometer Rückzug bedeuteten durchaus kei-

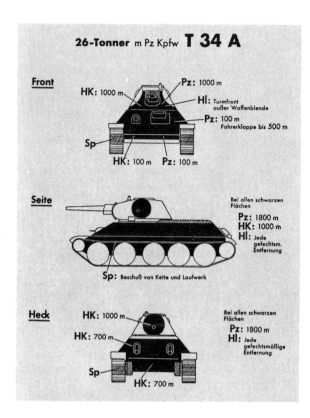

26-Tonner m Pz Kpfw **T 34 A**

Front

HK: 1000 m
Pz: 1000 m
HI: Turmfront außer Waffenblende
Pz: 100 m Fahrerklappe bis 500 m
Sp
HK: 100 m Pz: 100 m

Seite

Bei allen schwarzen Flächen
Pz: 1800 m
HK: 1000 m
HI: Jede gefechtsm. Entfernung
Sp: Beschuß von Kette und Laufwerk

Heck

HK: 1000 m
HK: 700 m
Bei allen schwarzen Flächen
Pz: 1800 m
HI: Jede gefechtsmäßige Entfernung
Sp
HK: 700 m

Nur für den Dienstgebrauch! Panzerbeschußtafeln für 7,62-cm-Pak 36 (Heeres-Dienstvorschrift 469/3a). Diese Tafeln geben den Kanonieren wichtige Hinweise für eine wirkungsvolle Beschußentfernung entsprechender Teile der jeweiligen Panzertypen

ne Katastrophe. In dieser Zeit wechselte die deutsche Panzerwaffe ihre Kampfführung: Waren früher die Panzerverbände als erste am Feind, allen anderen weit voraus, so mußten sie nun als Nachhuten den Rückzug der Infanterie sichern. Und oft passierte es, daß eigene Pioniere vor ihnen die letzten Brücken in die Luft jagten, weil sie sie für sowjetische Panzer hielten. Diese bewegliche Kampfführung mit pausenloser Beanspruchung der Fahrzeuge verursachte erhebliche Ausfälle, denen die Bergungseinheiten durch das schnelle sowjetische Vordringen nicht mehr gewachsen waren. Bereits im Sommer und Herbst 1943 entfiel ein großer Teil der Verluste auf beschädigte oder liegengebliebene Panzer, die beim Rückzug gesprengt werden mußten. Besonders negativ wirkte sich auf die Kampfführung der Panzerverbände die verlorengegangene deutsche Luftüberlegenheit aus. So mußten ab Ende 1943 Bewegungen meist im Schutz der Dunkelheit und sorgfältig gegen Fliegersicht getarnt stattfinden.
Nach der alliierten Landung in Süditalien wurden einzelne Verbände dorthin verlegt, wo man sie überwiegend zur taktischen Unterstützung der Infanterie im Verteidigungskampf verwendete, weil die Berglandschaft kaum operative Bewegungen zuließ.
Auch auf dem Balkan machte der seit 1941 entbrannte Partisanenkrieg den Einsatz starker deutscher Truppen-

verbände mit Panzerunterstützung notwendig. Man verwendete hier die älteren deutschen und italienischen Typen sowie französische, sowjetische und englische Beutepanzer.
Ab Ende 1943 wurde die Ausbildung von Besatzungen zum Problem, da die Panzerdivisionen – die Auffrischungspausen nicht gerechnet – fast ununterbrochen im Einsatz waren und man keine erfahrenen Soldaten als Lehrpersonal abkommandieren konnte.
Zwar gelang es unter größten Anstrengungen, die Panzerproduktion zu steigern – es waren 1943 bereits 5 966 Panzer und 4 781 Selbstfahrlafetten – doch reichte dies nicht einmal für den Nachschub von monatlich wenigstens 10 Panzern pro Division aus, und das bei fast pausenlosen Großkämpfen an allen Fronten.
Im Dezember 1943 schrieb Generaloberst Guderian: »Von 3 000 Panzern, die im Sommer dieses Jahres an der Ostfront standen, sind heute nur noch 300 vorhanden.« Der Panzer IV kam in allen Panzerschlachten zum Einsatz. 1943 hat man den P III und P IV mit einer Schürze aus fünf Millimeter dickem Panzerblech verstärkt und mit einem isolierenden Zimmerit-Schutzanstrich versehen, um das Anbringen magnetischer Haftminen zu erschweren. Aus Mangel an Kampfpanzern wurden nun auch die Panzerdivisionen zum Teil mit Sturmgeschützen ausgerüstet. An schwerer Pak konnten zwischen Juni 1941 und Dezember 1943 nur etwa 12 000 Geschütze an die Ostfront geliefert werden, darunter kaum zehn Prozent der besonders für die Panzerbekämpfung geeigneten 8,8-cm-Flak.
Im Herbst 1943 kam eine Waffe zum Einsatz, von der sich die deutsche Führung erhofft hatte, dem Ansturm der sowjetischen Panzer Herr zu werden: die Panzerfaust, ein Hohlladungsgeschoß, Kaliber 4,5 cm und 3 kg schwer, mit rückstoßfreiem Antrieb sowie einer günstigen Reichweite von 30 Metern. Der lange Feuerstrahl beim Abschuß einer Panzerfaust verriet aber den Standort des Schützen, und sie wurde mit Erfolg nur in unübersichtlichem Gelände und im Straßenkampf eingesetzt. Sie hat sich von allen Panzernahbekämpfungsmitteln für die Infanterie am besten bewährt, solange man nicht versuchte, sie als Grundlage einer großräumigen Panzerabwehr anzusehen. Die Panzerfaust war eben nur ein Mittel im Rahmen der gesamten Panzerabwehr.

Gepanzerter US-Transporter M 30 (ab 1943)

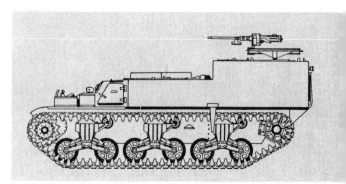

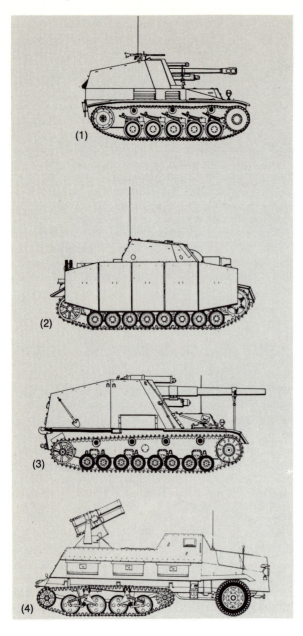

britannien und die USA den Bombenkrieg. Besonders die Amerikaner versuchten in Tages-Präzisionsangriffen, die deutschen Panzerwerke und Anlagen für synthetisches Benzin zu zerstören. Die Dezentralisierung der Produktion und Verlagerung der Rüstungsbetriebe in bombensichere unterirdische Hallen, die Reichsminister Speer veranlaßte, ermöglichte sogar noch eine Erhöhung der Herstellungszahlen. Auch die Entwicklung neuer Panzerfahrzeuge lief trotz immer größerer Schwierigkeiten weiter.

Die Sommer- und Herbstoffensive brachte der Roten Armee neben neuen Erfolgen auch eine Änderung der Angriffstaktik ihrer Panzerverbände: Die massierte Artillerievorbereitung wurde durch starke Granatwerferüberfälle noch verschärft. Und kurz danach ließ man an erkannten schwachen Stellen, vor allem in Waldgebieten oder Mulden, sowjetische Panzer in kleinen Rudeln mit aufgesessener Infanterie einsickern. Wenn dies gelang, gruben sich die Sowjets ein und verlegten sofort Minen um ihre Stellungen. Auch in der eigenen Frontlinie setzten die Sowjets immer mehr eingegrabene Panzer – praktisch als Pak-Bunker – zur Panzerabwehr ein. In panzergängigen Abschnitten wurden ganze »Pak-Fronten« von erheblicher Stärke aufgestellt, die auch angreifende Infanterie mit Sprenggranaten bekämpften. Im Gegensatz zur westalliierten und deutschen Panzertaktik schossen die sowjetischen Panzer in der Regel aus der Bewegung heraus, womit sie eine enorme demoralisierende Wirkung erzielten: Auch der tapferste Soldat, selbst mit den stärksten Nerven, konnte sich dem Eindruck der auf ihn zurollenden und feuernden Panzerkolosse nur schwer entziehen. Außerdem boten stehende Panzer ein leichteres Ziel als fahrende. Die sowjetischen Panzerrudel führten ihre Angriffe in der Bewegung, aus allen Rohren feuernd, ungeachtet der Wirkung des Einzelschusses. Sie walzten alles nieder, was ihnen in den Weg kam und scheuten weder den Panzernahkampf noch das Rammen eines gegnerischen Kampfwagens. Nach gelungenem Durchbruch in den rückwärtigen feindlichen Raum versuchten die sowjetischen Panzer, der deutschen Abwehr eher auszuweichen und die Verbindungsstraßen zu blockieren, um so den Gegner zur Aufgabe des Widerstandes zu zwingen. Ende 1943, als die materielle Stärke der Roten Armee – auch durch die Hilfe der Alliierten – zunahm, wurde es möglich, sogar Panzer- und mechanisierte Korps einzusetzen, um den Durchbruch der ersten deutschen Verteidigungslinien zu vollenden. Das steigerte nicht nur das Angriffstempo, sondern schuf zugleich günstige Bedingungen, um die Operation in großer Tiefe erfolgreich durchzuführen. Einige der sowjetischen Heerführer bevorzugten wiederum, Panzerarmeen erst nach dem Durchbruch der taktischen Verteidigungszone einzusetzen, um ihre Kräfte für langfristige Aktionen in der operativen Tiefe aufzusparen.

Im Jahr 1943 produzierte die sowjetische Industrie 24 000 Panzer, darunter über 12 500 vom Typ T-34, 4 000 Selbstfahrlafetten und 130 000 Geschütze, Granatwerfer und Raketenwerfer. Trotzdem konnten die Panzerverbände zu Beginn der Operationen noch nicht mit

(1) Deutsche Panzerhaubitze Wespe, 10,5 cm leichte Feldhaubitze, auf dem Fahrgestell vom PzKpfw II (ab 1942)
(2) Sturmpanzer IV (Sd Kfz 166) mit 15-cm-Haubitze H 43 auf PzKpfw IV.
(3) Schwere Panzerhaubitze 15 cm Hummel auf dem Fahrgestell des PzKpfw III/IV.
(4) Panzerwerfer 42 Maultier mit 15-cm-Nebelwerfer auf Sd Kfz 4/1 (alle ab 1943)

1943 hatten die deutschen Panzerdivisionen meist ein aus zwei Bataillonen (mit je einer Sollstärke von 48 Panzern) bestehendes Panzerregiment. Die Verluste des deutschen Heeres betrugen im zweiten Halbjahr 1943 rund 1 223 000 Tote, Verwundete und Vermißte. Zwischen Juli und Dezember 1943 intensivierten Groß-

dem planmäßigen Soll an Panzerkampfwagen und Sturmgeschützen ausgerüstet werden. Das sowjetische Konstrukteurkollektiv (Leitung: S.J. Kotin) entwickelte 1943 einen neuen Panzertyp, der bei gleichem Gewicht stärker gepanzert und bewaffnet war als der KW: Der neue Panzer IS (Josef Stalin) lehnte sich an die KW-Baureihe mit ihren sehr breiten Ketten an.

Die britische Panzerwaffe litt unter der Entschlußlosigkeit ihrer Führung, die noch immer kein Konzept für einen vernünftigen Operationseinsatz festgelegt hatte. 1943 wurde jedoch innerhalb der letzten sechs Monate eine Vielfalt von Spezialpanzern, die sogenannten Funnies (die Verrückten) konstruiert. Ihre Entstehung war Major General Hobart, einem der Gründer und Theoretiker der britischen Panzerwaffe, zu verdanken. Hobart hatte die britische 7. Panzerdivision, die berühmten »Wüstenratten«, in Ägypten geschult, war aber von General Wavell versetzt worden, weil dieser mit seiner Einsatztaktik von Panzern, die später zur Regel wurde, nicht übereinstimmte. Hobart ging 1940 nach England

zurück, wo er als Unteroffizier bei der Home Guard (Heimwehr) diente. Auf persönlichen Wunsch Churchills wieder zurückgeholt, stellte Hobart – Montgomerys Schwager – die 79. Panzerdivision auf, die er auch ausbildete. Diese Division wurde 1943 mit der Entwicklung spezieller Panzergeräte betraut, mit denen man jedes an den französischen Stränden anzutreffende Hindernis überwinden könnte.

Ein Teil dieser Sonderpanzer stand zwar schon vor 1943 in der Entwicklung, manche Ideen stammten sogar aus dem Ersten Weltkrieg, aber erst Major General Hobart machte aus ihnen einsatzfähige Fahrzeuge: Der sogenannte Crab, eine Minenräumausführung auf dem Fahrgestell des Sherman-Panzers, besaß eine mit Kettenflegeln ausgerüstete Drehtrommel, um eingegrabene Minen zu sprengen, die bei einer Fahrgeschwindigkeit von 2,5 km/h eine 3 Meter breite Gasse räumen konnte. Nach einer weiteren Idee Hobarts wurde eine gepanzerte Planierraupe entworfen, eine Sonderausführung der von Caterpillar gebauten Raupe.

Der Duplex Drive, auch DD-Panzer genannt, war ein Amphibienumbau nach einer Erfindung des österreichischen Emigranten N. Strausler, der am Sherman-Panzer angebracht werden konnte. Ein faltbarer Segeltuchmantel gab dem Panzer die notwendige Schwimmfähigkeit. Der Vortrieb im Wasser erfolgte über zwei Schrau-

Schwerarbeit nach dem Panzereinsatz: Hier versucht ein Panzerfahrer des Kampfpanzers V Panther Ausführung A (Sd Kfz 171), einen Motorschaden zu beseitigen

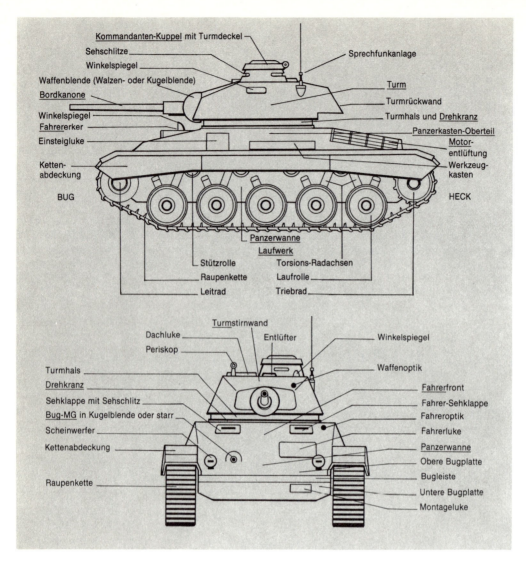

Kommandanten-Kuppel mit Turmdeckel

Sehschlitze

Winkelspiegel

Waffenblende (Walzen- oder Kugelblende)

Bordkanone

Sprechfunkanlage

Turm

Turmrückwand

Turmhals und Drehkranz

Panzerkasten-Oberteil

Winkelspiegel

Fahrererker

Einsteigluke

Motor-
entlüftung

Werkzeug-
kasten

Ketten-
abdeckung

BUG

HECK

Panzerwanne

Laufwerk

Stützrolle

Torsions-Radachsen

Raupenkette

Laufrolle

Leitrad

Triebrad

Turmstirnwand

Dachluke

Entlüfter

Periskop

Winkelspiegel

Turmhals

Waffenoptik

Drehkranz

Sehklappe mit Sehschlitz

Fahrerfront

Bug-MG in Kugelblende oder starr

Fahrer-Sehklappe

Fahreroptik

Scheinwerfer

Fahrerluke

Kettenabdeckung

Panzerwanne

Obere Bugplatte

Raupenkette

Bugleiste

Untere Bugplatte

Montageluke

ben und die Ketten bis zu einer Geschwindigkeit von 2,5 Seemeilen/h (ca. 4,6 km/h). Mit diesem DD-Panzer wurden auch andere Panzerdivisionen ausgerüstet, um vom Landungsboot aus den Strand schwimmend zu erreichen.

Der sogenannte Bobbin auf dem Fahrgestell des Churchill-Panzers konnte einen 3 Meter breiten Segeltuchteppich aus einer Trommel über den allzu weichen Sand an den Stränden verlegen. Andere Panzer waren mit riesigen Bündeln Kastanienholz-Pfählen ausgestattet, die man in Panzergräben abwerfen konnte, um sie so befahrbar zu machen.

Die Churchill-AVRE-Panzer waren ein Churchill-Fahrgestell mit Brückenvorrichtung, das in 30 Sekunden eine Brücke mit einer Tragfähigkeit von 40 Tonnen über einen 9 Meter breiten Graben oder über eine 4,5 Meter hohe Mauer verlegen konnte.

Der Crocodile war eine Flammenwerfer-Ausführung des Churchill-Panzers. Die Flammkanone, anstelle der MG in der Wanne eingebaut, hatte eine Reichweite von 110 Metern. In einem gepanzerten Zweirad-Anhänger

wurden 7 320 Liter Flammstoff mitgeführt. Der Petard-Panzer (AVRE) war ein Churchill-Panzer mit einem Mörser, der schwere Geschosse, die sogenannten »Fliegenden Mülleimer«, abschießen konnte, mit denen deutsche Strandhindernisse zerstört werden sollten. Der Panzer mit einem aufgesetzten starken Scheinwerfer trug den Namen Canal Defense Light (CDL).

Die US-Panzerwaffe erlebte 1943 eine Reorganisation: Die Panzerdivission wurde verkleinert, um Menschen und Material einzusparen und die Anforderungen des Seetransports leichter bewältigen zu können. Eine US-Panzerdivision bestand nun aus je drei Bataillonen Panzern, Panzergrenadieren und Panzerartillerie, einem Panzerpionierbataillon, einem Panzeraufklärungsbataillon und Versorgungstruppen. Es gab keine Regimentsstäbe mehr, und die Bataillone waren logistisch selbständiger. Ein dritter Kampfgruppenstab (Combat Command) sollte jetzt der Panzerdivision helfen, mit allen Führungsaufgaben fertig zu werden. Die frei gewordenen Panzerbataillone waren den Armeegruppen als Reserve zugeteilt.

1944

Januar – Juni

Sowjets überschreiten die polnische Grenze
Dienstag, 4. Januar 1944, Moskau
Associated Press meldet:
Aufklärungsabteilungen der Kosaken haben die alte sowjetisch-polnische Grenze an mehreren Stellen überschritten.

Neue sowjetische Taktik gescheitert
4. Januar 1944, Berlin
Das *DNB* teilt mit:
Die große Winterschlacht von Shitomir, die die Sowjets am 24. Dezember begannen, tobt in ungebrochener Stärke. Immer wieder sehen sich die Sowjets bei ungeheurem Menschen- und Materialverschleiß ihrer Angriffsverbände veranlaßt, zur Fortführung ihrer Winteroffensive neue Verbände heranzuführen, um die deutsche Front aufzureißen. Sie verfolgen die Taktik, mit kleinen Panzergruppen und beweglichen Infanterieverbänden an den Stellen des geringsten Widerstandes durchzustoßen, um in den Rücken der deutschen Abwehr zu gelangen. Gleichzeitig werden in die Einbruchsschneisen, die naturgemäß unter starkem Abwehrfeuer aller Waffen liegen, immer neue Infanterieverbände getrieben, die diese verbreitern und zu Stoßkeilen ausweiten sollen. In beweglicher, meist offensiv geführter Abwehr ist es den deutschen Truppen gelungen, diese Absichten in elastischer Kampfführung zu vereiteln.

Sender Beromünster (Schweiz)

Freitag, 7. Januar 1944:
Noch nie in der Geschichte waren die Verhältnisse innerhalb der kriegführenden Koalitionen so schwierig und gespannt, und noch nie hat die sogenannte »innere Front« eine so große, auch für die weitere militärische Entwicklung gewichtige Rolle gespielt wie heute. Die Überschreitung der ehemaligen polnischen Grenze durch russische Truppen in Richtung Rowno auf altpolnischem Gebiet hat die längst latent vorhandene Span-

nung zwischen der Sowjetregierung und der polnischen Exilregierung in London akut werden lassen; in einer längeren Erklärung hat die Londoner polnische Regierung zum Problem der polnisch-sowjetrussischen Beziehungen Stellung bezogen; aber auch die in Moskau residierende »Union polnischer Patrioten« hat in ihrem Organ »Wolna Polska« ein Programm für die künftige Gestaltung Polens veröffentlicht, das allerdings in schärfstem Gegensatz zu den Ansichten der in England lebenden polnischen Regierungskreise steht. Praktisch, das heißt militärisch, wird sich die Frage stellen, wie sich die polnische Bevölkerung und vor allem die aktive polnische Widerstandsbewegung zu den einmarschierenden Russen stellen und ob sie mit diesen gemeinsam kämpfen wird.

W. Churchill an J. W. Stalin
Mittwoch, 12. Januar 1944:
Persönlich und Geheim – Wir verfolgen fast stündlich den wunderbaren Vormarsch der sowjetischen Armeen . . . Wenn wir in Teheran wären, würde ich jetzt über den Tisch hinweg zu Ihnen sagen: »Teilen Sie mir bitte rechtzeitig genug mit, wann wir aufhören sollen, Berlin zu zertrümmern, damit genügend Quartiere für die sowjetischen Armeen stehenbleiben.«
Alle Pläne für unsere Schlacht in Italien sind hier in zufriedenstellender Weise geregelt worden. Ich erwidere Ihren Händedruck herzlich und aufrichtig.

J. W. Stalin an W. Churchill
Freitag, 14. Januar 1944:
Ihre Botschaft vom 12. Januar habe ich erhalten. Unsere Armeen haben in der letzten Zeit wirklich Erfolge erzielt, aber bis Berlin ist es noch ein sehr weiter Weg. Zudem unternehmen die Deutschen jetzt ziemlich ernste Gegenangriffe, besonders östlich von Winniza. Das bedeutet natürlich keine Gefahr, aber es ist ihnen gelungen, unsere Vorausabteilungen dort zurückzudrängen und vorübergehend unseren Vormarsch aufzuhalten. Folglich sollten Sie die Bombardierung Berlins

nicht abschwächen, sondern sie möglichst mit allen Mitteln verstärken. Bis zu unserer gemeinsamen Ankunft in Berlin werden die Deutschen genügend Gelegenheiten haben, einige Unterkünfte wiederaufzubauen, die für Sie und uns vonnöten sind . . . Ich hoffe, daß Ihre gemeinsam mit den Amerikanern getroffenen Vorbereitungen zu »Overlord« gute Fortschritte machen.

Offensive bei Leningrad

Sonntag, 16. Januar 1944
Das *Oberkommando der Wehrmacht* gibt bekannt:
Südlich Leningrad traten die Sowjets, von Panzern und Schlachtfliegern unterstützt, zum Angriff an. Sie wurden abgewiesen. In einem Abschnitt sind die Kämpfe mit eingebrochenen feindlichen Kampfgruppen noch im Gange. Im Raume von Oranienbaum scheiterten auch gestern alle Angriffe der Sowjets.

16. Januar 1944, Moskau
Das *Sowinformbüro* teilt mit:
An mehreren Abschnitten zwischen Leningrad und dem Ilmensee sowie im Gebiet von Staraja-Russa haben größere Verbände der Roten Armee eine Reihe scharfer Angriffe ausgelöst, in denen den Deutschen mehrere wichtige Stützpunkte entrissen wurden.

W. Churchill an J. W. Stalin
Sonnabend, 22. Januar 1944:
Persönlich und Geheim – 1. Wir haben den großen Angriff gegen die zur Verteidigung Roms eingesetzten deutschen Armeen begonnen, über den ich mit Ihnen in Teheran sprach. Die Witterungsverhältnisse scheinen günstig. Ich hoffe, in Kürze gute Nachrichten für Sie zu haben.

W. Churchill an den Dominienminister
Dienstag, 25. Januar 1944:
Meines Erachtens ist es sehr unklug, irgendwelche Pläne unter der Annahme zu machen, daß Hitler in diesem Jahr geschlagen wird. Die Möglichkeit eines deutschen Sieges in Frankreich darf nicht ausgeschlossen werden. Das Wagnis dieser Schlacht ist sehr groß. Die feindlichen Reserven können mit großer Leichtigkeit von einem Punkt zum anderen geworfen werden. Alle meine Nachrichten aus dem Inneren Deutschlands besagen, daß Hitler und seine Regierung die Zügel noch fest in der Hand haben und noch keine Anzeichen für eine

Britischer Cruizer Tank A 30 Challenger (ab 1943)

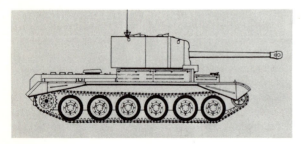

Revolte als Folge der Bombardierungen vorliegen. Wo immer wir mit deutschen Truppen zusammenstoßen, wie in Italien, legen sie Kampfkraft, Disziplin und Gewandtheit an den Tag.

Sender Beromünster (Schweiz)

Freitag, 28. Januar 1944:
In der Berichtswoche ereignete sich die Landung amerikanisch-britischer Streitkräfte hinter der deutschen Front in Mittelitalien, bei den kleinen Häfen von Anzio und Nettuno . . . Diese Landung erfolgte im Augenblick, als am Garigliano und bei Cassino verbissene Kämpfe zwischen den deutschen Verbänden Kesselrings und den Amerikanern des Generals Clark sowie den Franzosen des Generals Juin wüteten . . . Während 48 Stunden konnten die Alliierten bei Nettuno völlig ungestört ihre Brückenköpfe errichten, verbreitern und ausbauen und in ihrem Schutz das schwere Kriegsmaterial, Geschütze, Panzerwagen, Munition usw. sowie ein offenbar recht zahlreiches Landungskorps ausladen. Der Küstenstrich zwischen den Landungsstellen und der Via Appia ist dort flach und sehr dünn besiedelt, was den Aufmarsch der Alliierten erleichterte . . . Etwa 40 Kilometer nördlich der Landungsstelle liegt Rom, doch deutet nichts darauf hin, daß die Landung sich in erster Linie die Besetzung der Ewigen Stadt zum Ziel setzt. Sie ist vielmehr als ein Rückenstoß in die südlich der Landungsstelle befindliche deutsche Carigliano- und Cassino-Front aufzufassen.

General Seydlitz appelliert an deutsche Truppen
Sonntag, 6. Februar 1944, Moskau
Das *Sowinformbüro* teilt mit:
Durch Funkspruch appellierte der Präsident des deutschen Offiziersbundes in der Sowjetunion, General der Artillerie Seydlitz, mehrmals an die bei Tscherkassy eingekesselten Truppen, die Waffen zu strecken. In dem Aufruf heißt es u. a.: »Aus meinen Erfahrungen von Stalingrad kann ich euch sagen, daß eure Lage katastrophal ist. Eure Ausbruchsversuche sind gescheitert, und die Entsetzungsangriffe haben keinen Erfolg gehabt. Ihr habt keine Hilfe mehr zu erwarten. Stellt deshalb den Kampf ein und tretet zu uns über. Mit Zustimmung der sowjetischen Armeestellen kann ich euch versichern, daß ihr sofort Verpflegung und Kleidung erhalten werdet und daß Führer und Truppen beisammenbleiben dürfen. Außerdem garantiere ich euch Sicherheit für Leben und Gesundheit.

Geheimer Bericht des *Sicherheitsdienstes der SS* zur innenpolitischen Lage:
10. Februar 1944 (rote Serie – Auszug)
Die Berichte über die Ostfront beunruhigten die Bevölkerung im stärksten Maße. Vor allem habe die Aufgabe von Rowno und Luzk und die Meldung vom weiteren Vordringen der Sowjets alarmierend gewirkt. Die rumänischen Ölfelder und insbesondere das Generalgouvernement werden durchweg als stark gefährdet angesehen.

Zu der allgemeinen Verwirrung, ob wir im Osten nicht wollen oder nicht können oder was sonst los sei, trage es bei, daß die Ostfront, an der einmal der Krieg gegen den Bolschewismus als den – wie man meint – schwersten Gegner schon entschieden sein sollte, in Presse und Rundfunk immer nebensächlicher behandelt werde. Jetzt werde der Westen und die zu erwartende Invasion als kriegsentscheidend und als erste Front bezeichnet.

Sender Beromünster (Schweiz)

Freitag, 11. Februar 1944:
. . . Die Offensive der Generäle Goworow und Meretzkow gegen die deutsche Belagerungsarmee vor Leningrad war eine der erfolgreichsten und raschesten Operationen des Krieges in Rußland. Während Meretzkows Truppen nördlich des Ilmensees die Stadt Nowgorod erstürmten und sich auf dem Westufer dieses Sees in Richtung auf den Oberlauf der Luga auszubreiten begannen, durchbrachen die Verbände Goworows den deutschen Belagerungsring südlich von Leningrad, drangen bis zum Unterlauf der Luga vor, wo sie Kingissep nahmen und die Grenze Estlands in Richtung auf die alte Festung Narwa überschritten.

Geheimer Bericht des *Sicherheitsdienstes der SS*
zur innenpolitischen Lage:
17. Februar 1944 (grüne Serie – Auszug)
Bei allen besorgten Äußerungen herrscht jedoch die Hoffnung vor, daß die Lage im Osten, so bedrohlich sie auch sei, dennoch von der deutschen Wehrmacht gemeistert werde, bis die Frühjahrsoffensive, an deren Zustandekommen sich bei dem überwiegenden Teil der Bevölkerung alle Hoffnungen klammern, unter Ausnützung der durch das Vorprellen der Russen entstandenen Frontlage zu riesigen Abschnürungen und Einkesselungen der russischen Armeen führen werde. Hierbei stützten sich viele auf Urlaubererzählungen, die von einer Konzentrierung starker deutscher Truppenmassen bei Lemberg und von einer bereitstehenden riesigen deutschen Panzerarmee sprechen.

Die Kämpfe bei Tscherkassy dauern an
Freitag, 18. Februar 1944, Berlin
Das *DNB* meldet:
Nach wie vor stehen auf dem Südflügel der Ostfront die Kämpfe zwischen Tscherkassy und Schaschkow im Vordergrund. Die deutschen Kampfgruppen vernichteten in den zähen Abwehrkämpfen neun Panzer- und Sturmgeschütze und schossen weitere 17 Panzer bewegungsunfähig. Trotz den undenkbaren Geländeschwierigkeiten, die jede Bewegung zu einer Strapaze werden lassen, setzten deutsche Panzerkräfte ihre Angriffe gegen die von den Sowjets hier massierten, zahlenmäßig weit überlegenen Verbände fort und entrissen ihnen weiteres Gelände. Voraussichtlich wird es in Kürze möglich sein, Einzelheiten über den Ablauf dieser Operationen zu bringen, über die aus naheliegenden Gründen bisher Schweigen bewahrt werden mußte.

Januar 1944, Süditalien: General Giraud besichtigt ein Panzerregiment des französischen Expeditionskorps (Gen. Juin), das mit US-Jagdpanzern M 10 Wolverine ausgestattet ist

W. Churchill vor dem Unterhaus
Dienstag, 22. Februar 1944:
Die Formulierung »bedingungslose Kapitulation« bedeutet nicht, daß das deutsche Volk vernichtet oder versklavt wird. Sie bedeutet vielmehr, daß kein Vertrag und keine Verpflichtung die Alliierten im Moment der Kapitulation binden werden. »Bedingungslose Kapitulation« bedeutet, daß die Sieger freie Hand haben. Aber sie bedeutet nicht, daß sie zu barbarischen Akten berechtigt sind oder daß sie beabsichtigen, Deutschland aus der europäischen Völkerfamilie zu tilgen. Aber wir erkennen keine aus anderen Gründen als allgemeinen Erwägungen der Zivilisation entspringende Verpflichtungen an. Den Deutschen gegenüber bindet uns keine Vereinbarung irgendwelcher Art. Das ist der genaue Sinn der »bedingungslosen Kapitulation«.

W. Churchill an den Innenminister
22. Februar 1944:
Es wäre ein großer Fehler, für »Overlord« einen nationalen Bettag anzuordnen. Meines Dafürhaltens besteht zur Zeit keine Notwendigkeit, einen neuen Bet- oder Danksagungstag abzuhalten.

W. Churchill an den Außenminister
Freitag, 25. Februar 1944:
In allen Ländern, mit denen wir uns im Kriegszustand befinden, machen wir eine »Invasion«.
2. Besetzte Länder, die wir zu befreien wünschen, »betreten« wir.
3. Hinsichtlich eines Landes wie Italien, mit dessen Regierung wir einen Waffenstillstand abgeschlossen haben, unternahmen wir erst einmal eine »Invasion«, aber in Anbetracht der jetzigen italienischen Mitwirkung müssen wir den weiteren Vormarsch in Italien als einen Akt der »Befreiung« ansehen.

Die Bahnlinie Lemberg-Odessa unterbrochen
Dienstag, 7. März 1944
Das *Sowinformbüro* teilt mit:
Die ukrainische 1. Armee hat unter Marschall Schukow nach etwas mehr als zwei Tage dauernden erbitterten Kämpfen die Hauptverbindungslinie der deutschen Streitkräfte in der Südsowjetunion durchschnitten. Ein Teilstück von etwa 30 Kilometer Länge der Eisenbahnlinie Odessa-Lemberg-Warschau ist zwischen Tarnopol und Proskurow von unseren Truppen besetzt und überschritten worden. Die Offensive der unter dem Kommando Marschall Schukows stehenden ukrainischen 1. Armee wurde am gestrigen Tag mit Wucht fortgesetzt, und in weiteren Vorstößen von rund 20 Kilometer Tiefe eroberte die Rote Armee mehr als 200 Ortschaften. Die wichtigste darunter ist die Stadt Woloczysk an der Linie Odessa-Lemberg, 43 Kilometer östlich von Tarnopol.

Feste Plätze und Ortsstützpunkte

Geheime Kommandosache   Hauptquartier,
Der Führer   den 8. März 44
Führerbefehl Nr. 11.
(Kommandanten der festen Plätze und Kampfkommandanten)
Auf Grund verschiedener Vorfälle befehle ich:
1. Es ist zu unterscheiden zwischen »festen Plätzen unter je einem ›Kommandant des festen Platzes‹« und »Ortsstützpunkten« unter je einem »Kampfkommandanten«.
Die »festen Plätze« sollen die gleichen Aufgaben wie die früheren Festungen erfüllen. Sie haben zu verhindern, daß der Feind diese operativ entscheidenden Plätze in Besitz nimmt. Sie haben sich einschließen zu lassen und dadurch möglichst starke Feindkräfte zu binden. Sie haben dadurch die Voraussetzung für erfolgreiche Gegenoperationen zu schaffen.
Die »Ortsstützpunkte« sollen bei feindlichen Durchbrüchen zäh verteidigte Stützpunkte in der Tiefe der Kampfzone sein. Bei ihrer Einbeziehung in die HKL sollen sie den Rückhalt der Abwehr und bei feindlichen Einbrüchen die Angelpunkte und Eckpfeiler der Front und die Ausgangspunkte für Gegenangriffe bilden.
. . . . . .

Adolf Hitler

Sender Beromünster (Schweiz)

Freitag, 10. März 1944:
Im Augenblick, wo der Winter mit seinem letzten Schnee und mit seiner letzten Kälte sich verzweifelt, aber vergeblich gegen den herannahenden Frühling zur Wehr setzt, kündigen sich in der Entwicklung des Weltkrieges Ereignisse an, die bedeutsame Veränderungen der Gesamtlage nach sich ziehen könnten. Die deutsche Strategie, die mit dem bekannten Vorteil der inneren Linie an zwei oder drei Fronten den Kampf um die Außenpositionen des Dritten Reichs führt, steht einer Übermacht an Menschen und Material gegenüber und kann mit der ins Riesenhafte gehenden Überlegenheit der Alliierten zu Lande, in der Luft und zur See nicht mehr Schritt halten.

Japanische Offensive an der Grenze Indiens
Freitag, 24. März 1944, London
Die *Agentur Reuter* meldet:
Die japanischen Abteilungen, die über die burmesische Grenze nach Indien vorgedrungen sind, werden als »starke Stoßtrupps« bezeichnet. Eine eigentliche Armee über das Chingebirge zu bringen und sie dann zu versorgen, bezeichnet man als unmöglich – es sei denn, man bewerkstellige es auf dem Luftweg. Man meint aber, die Japaner verfügten nicht über genügend Transportflugzeuge, um eine solche Operation durchzuführen. Trotzdem können natürlich Vorstöße und Handstreiche in Manipur und Assam unangenehm werden, wenn sie die Nachschublinien der 14. Armee durchschneiden. Britische Beobachter in Indien scheinen gerade diesen Aspekt des japanischen Unternehmens für wichtig zu halten, zumal die Verbindung zwischen der Hauptstadt von Manipur, Imphal, und dem übrigen Indien parallel zur Grenze Burmas verläuft, und damit japanischen Infiltrationen besonders ausgesetzt ist. Die

stärkste japanische Abteilung soll in dem Tal, das zwischen dem Chingebirge und der indischen Grenze verläuft, operieren. Sie verfügt auch über Panzerwagen.

Sender Beromünster (Schweiz)

24. März 1944
. . . Der Feldzug in Rußland ist praktisch bereits verloren. Die Niederlage der Heeresgruppe Manstein in Südrußland – wohl die schrecklichste Niederlage, die jemals ein deutsches Heer erlitten hat – hat das Schicksal der deutschen Armeen, die einst zuversichtlich zur Eroberung der ukrainischen Erde und zur Inbesitznahme der Bodenschätze zwischen Dnjepr und Kaukasus ins Feld gezogen waren, endgültig besiegelt.

Die Kämpfe an der Grenze Indiens
Montag, 27. März 1944, Delhi
United Press berichtet:
Wie im Hauptquartier von Admiral Mountbatten mitgeteilt wird, sind in der Umgebung von Imphal, der Hauptstadt des indischen Staates Manipur, jetzt entscheidende Kämpfe in Gang gekommen. Die in indisches Gebiet vorrückenden japanischen Kolonnen wurden von britischen Einheiten überraschend angegriffen und erlitten schwere Verluste.

Sender Beromünster (Schweiz)

Freitag, 31. März 1944:
Infolge der Entwicklung der Schlacht in der Südukrai-

ne, in Bessarabien, Podolien, der Bukowina und Galizien treten die Länder Südosteuropas in das Rampenlicht der militärischen und politischen Entwicklung . . . Zum ersten Mal äußern sich die offiziösen deutschen Militärsprecher in Berlin in dem Sinne, daß eine neue Phase des Krieges begonnen habe; sie weisen darauf hin, daß die Ostfront nur ein Glied in der Gesamtentwicklung darstelle, da sich alle Ereignisse in Rußland seit einigen Wochen im Schatten dessen abspielen, was in Westeuropa geschehen würde.

Geheimer Bericht des *Sicherheitsdienstes der SS*
zur innenpolitischen Lage:
Donnerstag, 6. April 1944 (Auszug)
Die Stimmung der Bevölkerung ist zur Zeit uneinheitlich. Die Bevölkerung schwankt zwischen der bangen Sorge, daß Schlimmes bevorsteht, und der stillen Hoffnung, daß sich plötzlich alles zu unseren Gunsten ändert . . . Die Lage im Osten werde immer bedrohlicher, und keiner wisse, wie sich die Dinge dort gestalten sollen . . . »Wir wehren immer alle Angriffe ab, riegeln Einbruchsstellen ab, bringen den Sowjets schwere Verluste bei, und trotzdem stehen sie jetzt vor Lemberg und vor dem rumänischen Ölgebiet.« Solche und ähnliche Äußerungen könne man immer wieder hören. Aus den Nachrichten gehe deutlich hervor, daß die Russen weiter im Vormarsch bleiben. Allgemein befürchte man den Verlust der rumänischen und galizischen Ölfelder, auf deren Eroberung es der Gegner offenbar abgesehen habe. Der Verlauf der Kämpfe in Italien sei z. B. das einzige, das einem die Hoffnung lasse, daß »wir es doch

noch schaffen« werden. Sie zeigten, daß wir auch weit überlegenen Gegnern gewachsen sind. Man glaube, daß auch eine Invasion im Westen keinen gefährlichen Umfang annehmen könne. Es werde aber vielfach die Frage gestellt, ob der Feind nicht auf Grund seiner Erfahrungen in Italien die von uns erwartete und gewünschte Invasion weiter hinausschiebe oder ganz unterlasse.

Sender Beromünster (Schweiz)

Freitag, 14. April 1944:
Es ist kaum zu leugnen, daß auf Europa eine Stimmung lastet, die mit derjenigen des Frühjahrs 1940 einige Ähnlichkeit hat. Viele Anzeichen deuten darauf hin, daß große Kämpfe bevorstehen, die über die militärische Vorherrschaft auf dem europäischen Festland entscheiden sollen . . . Indem sie den Ausdruck »Festung Europa« prägten, haben die verantwortlichen Führer des Dritten Reichs seit der Zeit, da sich der Eroberungskrieg zu einem Verteidigungskrieg gewandelt hat, selber angedeutet, daß der europäische Kontinent mit einer belagerten Festung verglichen werden muß. Es ist gar kein Zweifel möglich, daß die militärgeographische Lage für den Verteidiger dieser Festung günstig ist und den – oder die – Belagerer vor eine schwierige Aufgabe stellt.

Britische Erfolge an der indischen Grenze
Dienstag, 18. April 1944
Aus dem Hauptquartier von *Admiral Mountbatten:*
Die japanischen Streitkräfte im Imphalgebiet haben die Offensive plötzlich abgebrochen, während weiter nördlich im Raum Bishanpur der japanische Druck anhält.

Britische Panzer und Infanterie kämpfen an der Straße Kohima-Dinampur, die auf voller Breite zurückgewonnen wurde.

Sewastopol im sowjetischen Granatenhagel
18. April 1944, Moskau
Die *Agentur Reuter* meldet:
Während die deutschen und rumänischen Truppen durch die Offensive Jeremenkos aus der Richtung Jalta auf einen sehr engen Raum zusammengetrieben wurden, brachte General Tolbuchin unmittelbar nördlich von Sewastopol weitere Belagerungsartillerie in Stellung, die jetzt pausenlos auf das starke Festungssystem feuert. Der deutsche Widerstand hat sich merklich versteift. Die Voraustruppen Tolbuchins halten fast das ganze Nordufer der Bucht von Sewastopol besetzt und stehen in erbitterten Kämpfen.

Mittwoch, 19. April 1944
Das *Oberkommando der Wehrmacht* gibt bekannt:
Im Kampfraum von Sewastopol griffen die Sowjetrussen, von starken Artillerie- und Schlachtfliegerverbänden unterstützt, unsere Stellungen vergeblich an. Am untern Dnjestr scheiterten zahlreiche feindliche Angriffe unter Abschuß einer größeren Anzahl von Panzern. Örtliche Einbrüche wurden bereinigt oder abgeriegelt. Auch nördlich Jassy brachen stärkere Angriffe der Sowjets zusammen. In der südlichen Bukowina säuberten rumänische Truppen das in den Vortagen gewonnene Gelände vom Feinde.

19. April 1944, Moskau
Das *Sowinformbüro* teilt mit:
Gegen zähen feindlichen Widerstand nimmt die

Rechte Seite: Bereits Mitte Mai 1944 laufen die Vorbereitungen für die sowjetische Sommeroffensive an: Sowjetische Panzerbrigade mit T-36/86 auf dem Weg zur Front

Links: Ostfront, April 1944: Die Mannschaft eines Panzerkampfwagens V Panther. Er zählt zu den besten Panzern des Krieges. Nach Statistiken der US-Army: Die Vernichtung eines Panther-Panzers kostet fünf Sherman oder etwa neun T-34

Schlacht vor Sewastopol ihren Fortgang. Die Stärke der faschistischen Verteidigungskräfte wird auf etwas über 40 000 Mann geschätzt. Das Gebiet von Sewastopol ist durch unsere Luftstreitkräfte und Flotte völlig blokkiert, so daß aller Voraussicht nach nur ein kleiner Prozentsatz der Verbände General Jaeneckes der Vernichtung entgehen wird.

Nach der Eroberung der stark befestigten Stadt Balaklawa haben Jeremenkos Verbände ihren Vorstoß durch das hügelige Gelände südlich von Sewastopol fortgesetzt und stehen mit ihren Panzern und motorisierten Geschützen jetzt im direkten Angriff auf die Stadt. Die von Norden und Osten her operierenden Kolonnen General Tolbuchins sind schon näher an Sewastopol herangekommen, und die Hafenbucht wird jetzt von schweren sowjetischen Geschützen beherrscht. Die Deutschen ziehen sich immer mehr in das Stadtgebiet von Sewastopol zurück.

Große Brände wüteten, von Zeit zu Zeit ereigneten sich gewaltige Explosionen, und mächtige Rauchwolken stiegen zum Himmel empor. In diesem Chaos versuchten die deutsch-faschistischen Truppen, sich einzuschiffen.

Geheimer Bericht des *Sicherheitsdienstes der SS* zur innenpolitischen Lage:
Donnerstag, 20. April 1944 (Auszug)
Die Meldungen vom Süden der Ostfront und insbesondere von der Krim haben die Bevölkerung sehr stark aufgeschreckt und zum Teil in eine Art »Stalingrad-Stimmung« versetzt. Ein neues Unglück für unsere Ostarmee kündige sich an. Vielfach heißt es, daß nicht weniger als 40 Divisionen davon betroffen würden. Dazu komme ein von Tag zu Tag mehr »an den Nerven zerrendes Warten« auf die Invasion, auf die Vergeltung und auf eine Wendung im Osten.

Im Vergleich zur Stadt zeigt sich die bäuerliche Bevölkerung durch das eingetretene Frühlingswetter weitgehend abgelenkt vom militärischen und politischen Tagesgeschehen.

Luftoffensive gegen das deutsche Verkehrswesen
Sonntag, 23. April 1944, London
Das *Hauptquartier der 8. US-Luftflotte* gibt bekannt:
Flying-Fortress- und Liberator-Bomber haben gestern einen schweren Angriff gegen die Bahnanlagen von Hamm durchgeführt. Die Bomber wurden von sehr starken US-Jägerverbänden begleitet. Außer Hamm hat die 8. USAAF gestern Eisenbahnknotenpunkte, Flugplätze und militärische Anlagen hinter dem verwüsteten »Atlantikwall« bombardiert.

Rumänische Truppen im Kampf bei Sewastopol
23. April 1944, Bukarest
Der *rumänische Heeresbericht* lautet:
Sämtliche feindliche Angriffe auf den Brückenkopf von Sewastopol und am untern Dnjestr wurden abgewiesen. Der Vormarsch des Feindes wurde vollständig zum Stehen gebracht. Im Waldgebiet ostwärts des mittleren Moldautales wurde eine Ortschaft zurückerobert.

Erfolgreiche ungarische Gegenangriffe
23. April 1944, Budapest
Der *ungarische Generalstabschef* teilt mit:
Auf dem Gebiet zwischen den Karpaten und dem Oberlauf des Dnjestr gewinnen die Honvedtruppen immer mehr Raum, obgleich der Feindwiderstand und stellenweise Gegenangriffe unseren Angriffsschwung bremsen wollen. Die Kleinstadt Ottyssia wurde nach schweren Straßenkämpfen erobert. Sechs schwere Sowjetpanzer wurden vernichtet, einer unbeschädigt erbeutet.

Tagesparole des Reichspressechefs
Montag, 24. April 1944:
Das sadistische Schreckensregiment, das der Bolschewismus in den ihm in die Hände gefallenen Ostgebieten errichtet hat, ist anhand des vorliegenden Materials groß herauszustellen und nachdrücklich zu kommentieren. Die Wichtigkeit dieses Themas verlangt es, daß sich die Presse hiermit laufend mit starker Überzeugungskraft beschäftigt.

Dienstag, 25. April 1944
Das *Oberkommando der Wehrmacht* gibt bekannt:
Im Raum von Sewastopol setzte der Feind auch am Montag seine heftigen Angriffe fort. Sie scheiterten nach zähem Ringen am Widerstand unserer Truppen, die von Kampffähren der Kriegsmarine mit guter Wirkung unterstützt wurden. Die Sowjets verloren in Luftkämpfen 32 und durch Flakartillerie und Sicherungsfahrzeuge der Kriegsmarine weitere 24 Flugzeuge. Zwischen den Karpaten und dem obern Dnjestr wehrten deutsche und ungarische Truppen starke feindliche Gegenangriffe ab. Unsere Verbände vernichteten dort 24 Panzer. Südwestlich Kowel wurde nach mehrtägigen harten Kämpfen unter schwierigen Geländeverhältnissen die Masse einer sowjetischen Kavalleriedivision

eingeschlossen und vernichtet. Die Sowjets verloren dabei mehrere tausend Tote und zahlreiche Gefangene. 38 Geschütze sowie zahlreiche andere Waffen wurden erbeutet.

Der Unteroffizier Knispel in einer schweren Panzerabteilung im Osten schoß in der Zeit vom Juli 1942 bis März 1944 101 Panzer ab.

Torpedo auf Ketten-Raupen
Von Kriegsberichter S. Hartmann

Dem feindlichen Massenansturm an Menschen und Material setzt die deutsche Rüstung laufend neuartige Waffen entgegen, bei deren Entwicklung sich die Erfinderkraft unserer Wissenschaftler und Techniker, bei deren Fertigung, die in Tempo und Ausbringungszahl den Erfordernissen der Front angepaßt ist, sich die Beweglichkeit und die qualitative Überlegenheit unserer Rüstungsproduktion bewähren. Zu solchen neuartigen Waffen gehört der »Goliath«, ein unbemannter Zwergpanzer, der mit einem Sprengstoff von ungeheurer Explosivkraft geladen ist und indirekt gesteuert auf sein Ziel zufährt. Im Angriff hat sich der »Goliath« bei der Einnahme schwerster Bunker, in der Abwehr bei der Vernichtung überschwerer Panzer hervorragend bewährt. Dieser wirkungsvolle bewegliche Sprengstoffträger bildet – vergleichsweise – eine für die Bedingungen des Landkrieges bestimmte Abwandlung des Torpedos.
Die Wehrmacht, April 1944

Geheimer Bericht des *Sicherheitsdienstes der SS* zur innenpolitischen Lage:
4. Mai 1944 (grüne Serie – Auszug)
Die Aussicht, daß in nächster Zeit unbedingt eine entscheidende Wendung im Kriegsgeschehen zu unseren Gunsten eintreten müsse, läßt die meisten Volksgenossen einer Invasion mit großen Hoffnungen entgegensehen. Man spricht von ihr als von der letzten Gelegenheit, das Blatt zu wenden. Eine Angst vor der Invasion ist kaum festzustellen.
Die Entwicklung an der Ostfront läßt die dortige Lage weiter mit Ruhe, wenn auch nicht ganz ohne Sorge betrachten. Man hat wieder stärkeres Vertrauen in unsere eigene Kraft gefaßt.

Luftoffensive gegen das rumänische Ölzentrum
Sonntag, 6. Mai 1944
Aus dem *alliierten Fliegerhauptquartier* Italien:
. . . Eine starke Formation Fliegender Festungen und Liberator bombardierte zum sechsten Mal Ploesti.

Japanische Erfolge in China
Donnerstag, 11. Mai 1944, Tokio
Die *Agentur Domei* meldet:
Die japanische Offensive in der Provinz Honan hat in den 20 Tagen seit ihrem Beginn Ergebnisse von größter militärischer, politischer und wirtschaftlicher Bedeutung gezeigt. Es scheint, daß der japanische Vorstoß auf die vollständige Besetzung der 1 200 Kilometer langen Eisenbahnlinie Peking-Hankau abzielt. Zur Zeit

findet auch eine Vernichtungsschlacht südwestlich dieser Linie statt, wo 80 000 Chinesen eingeschlossen sind.

Angriffe auf deutsche Hydrierwerke

Freitag, 12. Mai 1944, London
United Press teilt mit:
Ein Verband von mehr als 750 Fliegenden Festungen und Liberator, die von nahezu 1 000 Thunderbolt-, Lightning- und Mustang-Langstreckenjägern begleitet wurden, unternahm heute ausgedehnte Angriffe über dem Reichsgebiet. Die Hauptaktionen richteten sich gegen vier große Fabriken zur Herstellung von synthetischem Benzin im Gebiet von Leipzig. Eine weitere Fabrik für die Herstellung von Benzin wurde in Brüx (Nordwestböhmen) mit Bomben belegt.

Vor der sowjetischen Sommeroffensive
Mittwoch, 17. Mai 1944, Moskau
United Press berichtet:
Im Schutz der Luftflotte setzt die Rote Armee ihre Bereitstellung von Truppen und Material für die kommende Sommeroffensive in ihren großen Aufmarschgebieten fort. Besonders intensive Vorbereitungen der Sowjets werden aus dem rumänischen Abschnitt gemeldet, wo Konjew seine Frontverbände im oberen Serethtal verstärkt, sowie im Raum von Kowel bis zu den Karpaten. Auch auf deutscher Seite werden hinter der Front umfangreiche Vorbereitungen getroffen. Nach Meldungen der sowjetischen Luftaufklärung werden an der Front von Lemberg und im baltischen Gebiet besonders große deutsche Truppenkonzentrationen vorgenommen.

Sender Beromünster (Schweiz)

Freitag, 19. Mai 1944:
Das Wochengeschehen wurde beherrscht von dem Großangriff, den die alliierte Heeresgruppe unter General Alexander in der Nacht vom 11. zum 12. Mai in Mittelitalien ausgelöst hat. Auf einer kaum mehr als 35 Kilometer breiten Front sind dort die britische 8. und die amerikanische 5. Armee zu einer mit starkem Einsatz und wuchtigem Kampfgeist vorgetragenen Offensive gegen die deutschen Sperrstellen in dem durchwegs gebirgigen Gelände angetreten . . . Im Sektor nördlich von Cassino bei dem oftgenannten Rapidofluß kämpfen polnische Einheiten Schulter an Schulter mit den Briten. Ein außerordentliches Völkergemisch von Engländern, Indern, Franzosen, Marokkanern und anderen Afrikanern, Polen und Amerikanern ist hier unter einem einheitlichen Kommando zusammengeschweißt und einer gemeinsamen Aufgabe dienstbar gemacht worden. Ein gewisser Wetteifer zwischen diesen verschiedenen Völkerschaften ist zu bemerken, wobei sich die Franzosen samt ihren Kolonialtruppen mit großem Elan schlugen und viel zum Erfolg des Unternehmens beitrugen.

Über 4000 Flugzeuge beteiligt

Sonntag, 21. Mai 1944, London
Das *Hauptquartier der 8. US-Luftflotte* gibt bekannt:
Mehr als 4000 Flugzeuge der alliierten Luftstreitkräfte nahmen an den gestrigen Tagesoperationen über Frankreich und den Niederlanden teil. Als Begleitschutz der schweren Bomber wurden allein mehr als 1000 US-Jagdflugzeuge verschiedener Truppen eingesetzt . . .

J. W. Stalin an W. Churchill
Freitag, 26. Mai 1944:
Ich bin Ihnen für die Information über die Schlacht in Italien, von der Sie in Ihrer letzten Botschaft berichten, zu Dank verpflichtet. Wir verfolgen Ihre Siege mit Bewunderung.
Ihre Nachricht, daß die Vorbereitungen zu »Overlord« in vollem Gang sind, hat uns sehr ermutigt. Die Hauptsache ist, daß die britischen und amerikanischen Truppen so voller Entschlossenheit sind. Ich begrüße Ihre Bereitschaft, das Programm der arktischen Geleitzüge später wieder aufzunehmen.
Vielen Dank für Ihre Glückwünsche. Wir bereiten uns mit aller Kraft auf neue wichtige Operationen vor.

Sender Beromünster (Schweiz)

26. Mai 1944:
Die allmähliche Steigerung der Kampftätigkeit und der Kampfbereitschaft der Alliierten in Europa hat eine Situation geschaffen, die zwar die Spannung aufs höchste steigert, aber doch eigentlich keine wirklichen Überraschungen mehr erlaubt. Es ist in der Tat auffallend, wie ähnlich die Beurteilung der Lage sowohl im alliierten wie im deutschen Lager klingt . . . Der Verlauf der militärischen Operationen in Mittelitalien brachte in der Berichtswoche den unter General Alexander kämpfenden alliierten Truppen neue, beträchtliche Erfolge. Vor acht Tagen waren sie im Norden in Cassino, am Tyrrhenischen Meer in Gaeta eingedrungen. Der Kampf um die Hauptverteidigungsstellungen der Deutschen hatte begonnen. Es spielte sich dabei eine Materialschlacht von einer Größe ab, die in deutschen Berichten mit denjenigen von Verdun, Flandern und an der Somme im Ersten Weltkrieg verglichen wird. Die Hauptpunkte, um die gekämpft wurde, waren von Norden nach Süden der das Lirital beherrschende Monte Cairo und an seinem Fuß die Ortschaft Piedimonte, wo die polnischen Einheiten des Generals Anders in erbitterten Kämpfen mit österreichischen Gebirgstruppen standen.

General Alexander an W. Churchill
Dienstag, 30. Mai 1944:
Ich danke Ihnen für Ihr Telegramm – Unser Bestand an einsatzfähigen Panzern beläuft sich auf rund 2000. Aus meinen Operationsbefehlen werden Sie entnehmen, daß ich darauf abziele, die deutsche Armee im Feld zu vernichten.

Kampfformationen sollen Rom nur passieren und sonst die Stadt nicht betreten. Ich überlege mir, ob es ratsam ist, in meinem Lagebericht die Besetzung Roms lediglich mit anderen Orten zusammen zu nennen, wie sie sich aus unserem Vormarsch von Tag zu Tag ergibt. Ich wäre Ihnen für Ihren Rat über diesen Punkt dankbar. Sie werden von den frischen Divisionen gehört haben, die der Gegner hierher schickt. Ich hoffe, daß man uns nicht, wie es schon geschehen ist, den Hahn zu früh zudrehen wird und wir alle Früchte unserer günstigen Position einheimsen können.

Mai 1944. Raum Monte Cassino: Alliierte Truppen (polnisches II. Korps) im Angriff auf die deutschen Bergstellungen. Im Hintergrund zerschossene mittlere US-Kampfpanzer M 4 Sherman

Deutsche Gegenoffensive bei Jassy
Mittwoch, 31. Mai 1944, Moskau
Associated Press berichtet:
Der Überraschungserfolg deutscher Truppen nördlich von Jassy folgte auf wochenlange vergebliche Versuche der Achsentruppen, die sowjetischen Linien auf den Dnjestr zurückzuwerfen. Der am Dienstag ausgelöste Angriff – in Moskau vermeidet man ausdrücklich die Bezeichnung Offensive – wurde mit neuen Kräften in der Nacht und am Mittwoch morgen fortgesetzt, scheint aber bisher keine weiteren Geländegewinne erzielt zu haben. Militärische Beobachter in Moskau glauben, daß die Deutschen den Angriff noch intensivieren werden und möglicherweise sogar die Absicht haben, die Sowjets vom rumänischen Boden zu vertreiben.

W. Churchill an General Alexander
31. Mai 1944:
Mit Ihren operativen Absichten bin ich unbedingt einverstanden und hoffe, Sie werden sie ausführen. Die

Eroberung Roms ist ein Ereignis erster Ordnung von weltweiter Bedeutung und darf nicht bagatellisiert werden. Ich hoffe, daß Briten und Amerikaner gleichzeitig in die Stadt einmarschieren werden. Ich würde Rom nicht zusammen mit anderen am gleichen Tag eingenommenen Orten nennen.

Die Alliierten in Rom

Montag, 5. Juni 1944
Das *Hauptquartier von General Alexander* teilt in einem Sonderkommuniqué mit:
Alliierte Truppen haben gestern Rom erreicht und den Tiber überschritten.

Harte Kämpfe bei Jassy
5. Juni 1944, Moskau
Das *Sowinformbüro* meldet:
Nachdem weitere deutsch-faschistische Reserven, darunter vor allem Panzerdivisionen, die Front bei Jassy erreicht hatten, begann gestern in den frühen Morgenstunden auf 25 Kilometer breiter Front ein in fünf Wellen vorgetragener massierter Angriff gegen die sowjetischen Linien. Nach sehr harten Kämpfen, in denen beide Seiten beträchtliche Verluste erlitten, gingen unsere Infanterieverbände um einige Kilometer zurück. Es entstanden in den hin und her wogenden Gefechten schließlich drei Keile, die an der tiefsten Stelle bis zu 4,5 Kilometer in den sowjetischen Verteidigungsabschnitt hineinragten. Gegen diese Keilstellungen setzten unsere Truppen dann Feldartillerie und motorisierte Schnellfeuergeschütze ein, wobei Dutzende von Panzern und Geschützen der Deutschen in Flammen aufgingen oder sonstwie unschädlich gemacht wurden. Immerhin konnten unsere Truppen ihre Positionen behaupten und gegen die faschistischen Angriffe sichern.

Tagesparole des Reichspressechefs
5. Juni 1944:
Die Räumung Roms ist zum Gegenstand eingehender Kommentare zu machen, in denen neben der Wiedergabe der noch besonders gegebenen militärischen Einzelgesichtspunkte zu betonen ist, daß die Anglo-Amerikaner diese Stadt erste volle neun Monate nach dem Abschluß des Verräter-Abkommens mit Badoglio und nach schwersten militärischen Opfern deshalb in die Hand bekommen haben, weil die deutsche Kriegführung mit Rücksicht auf seine kulturelle, religiöse und historische Bedeutung Rom nicht in ihre Operationen einbezogen, sondern als offene Stadt erklärt hat . . .

Invasion in der Normandie

Dienstag, 6. Juni 1944, London
Das *Kriegsministerium* teilt mit:
Unter dem Kommando von General Eisenhower haben alliierte Flotteneinheiten, unterstützt von starken Luftstreitkräften, die Landung alliierter Truppen an der Küste von Frankreich begonnen, der schwere Luftangriffe vorausgingen.

Juni 1944, eine der zahlreichen Funnies der britischen 79. Panzerdivision: Der animalisch wirkende Bullshorn Plough Mark III ist ein Gerät zur Minenräumung an den Invasionsstränden der Normandie, montiert auf den britischen Infanteriepanzer A 22 Churchill

W. Churchill an J. W. Stalin
Mittwoch, 7. Juni 1944:
Bis heute mittag, dem 7., bin ich mit der Lage recht zufrieden. Lediglich an einem amerikanischen Strandabschnitt hat es eine ernsthafte Schwierigkeit gegeben, die jetzt beseitigt ist. Bis heute abend hoffen wir annähernd eine Viertelmillion Mann an Land zu haben, daneben eine beträchtliche Zal von Panzern, die von Spezialfahrzeugen ausgeschifft werden oder selber an Land schwimmen. Der letztgenannte Panzertyp hat vor allem an der amerikanischen Front viele Ausfälle erlitten, da die schwimmenden Panzer im Wellengang kenterten. Wir müssen jetzt mit schweren Gegenangriffen rechnen, glauben jedoch, an Panzern stärker zu sein, und sind natürlich in der Luft, sowie sich die Wolken heben, erdrückend überlegen.
Zwischen unseren gelandeten Panzern und 50 Panzern der deutschen 21. Panzergrenadierdivision kam es in Richtung Caen zu einem Zusammenstoß, nach welchem der Gegner den Kampfplatz räumte. Jetzt geht die britische 7. Panzerdivision an Land und dürfte uns in den nächsten Tagen die Überlegenheit sichern.

Tagesparole des Reichspressechefs
7. Juni 1944:
Während sich die militärischen Kämpfe an der Atlantik-Küste noch in einem Rahmen halten, der zu außergewöhnlicher Unterstreichung kaum Anlaß gibt, ist in besonderem Maße der politische Hintergrund des Invasionsereignisses als eines auf Befehl und die Interessen Moskaus ausgeführten blutigen Unternehmens herauszuarbeiten. Die Erklärung Roosevelts, wonach der Invasionstermin in Teheran, also von den Bolschewisten, festgelegt worden sei, verdient vor allem hervorgehoben zu werden.

Geheimer Bericht des *Sicherheitsdienstes der SS*
zur innenpolitischen Lage:
8. Juni 1944 (grüne Serie – Auszug)
Der Eintritt der Invasion wird allgemein als Erlösung

aus einer unerträglichen Spannung und drückenden Ungewißheit empfunden. Sie bildet fast den einzigen Gesprächsgegenstand. Alles andere tritt demgegenüber völlig zurück.

Die Nachricht vom Beginn der Invasion wurde teilweise mit großer Begeisterung aufgenommen. Sie kam für die vielen, die wegen des langen Ausbleibens schon nicht mehr daran geglaubt hatten, ganz überraschend. Die Stimmung hat sich mit einem Schlage gewandelt und ist hinsichtlich des Kommenden zwar ernst, aber sehr ruhig und zuversichtlich.

Der Beginn der Invasion hat die Nachricht von der Aufgabe Roms völlig überdeckt.

Sender Beromünster (Schweiz)

Freitag, 9. Juni 1944:

. . . Drei Wochen nach dem Beginn der alliierten Offensive am Garigliano und am Rapido und als Folge einer Reihe von klaren Siegen der unter General Alexander kämpfenden Truppen konnten Einheiten der 8. und der 5. Armee am Sonntag abend ihren Einzug in die Ewige Stadt halten . . . Schlag auf Schlag folgte auf den Einzug in Rom die lange vorausgesagte und auf die jetzige Jahreszeit mit Bestimmtheit erwartete Invasion im Westen. Das alliierte Oberkommando wählte als Landungsstelle die breite und weit offene Bucht der Normandie und als Zeitpunkt die Ebbe.

Tagesparole des Reichspressechefs

Dienstag, 13. Juni 1944:

Solange besondere militärische Meldungen über die Kämpfe an der Atlantikküste nicht zur Verfügung ste-

20. Juni 1944, Raum Tilly, Normandie: Mittlere
US-Kampfpanzer M 4 Sherman der britischen
21. Heeresgruppe während einer Kampfpause

hen, sind die zahlreichen Stimmen aus dem Feindlager guter Stoff zur Kennzeichnung der schweren Opfer, die die Anglo-Amerikaner bereits im bisherigen Verlauf ihres Unternehmens zu bringen hatten.

Die Anstrengungen verdoppeln

Donnerstag, 15. Juni 1944, Tokio

Die *Agentur Domei* meldet:

Premierminister General Tojo erklärte in seiner Eigenschaft als Rüstungsminister heute auf einer Konferenz aller mit der Rüstungsproduktion Beauftragten, daß jetzt für die Achsenstaaten der Augenblick gekommen sei, gleichzeitig die Generaloffensive in Ostasien und Europa einzuleiten. Tojo betonte, der Endsieg werde stets auf der Seite derer sein, die Glauben und Selbstvertrauen besitzen und mit unbeugsamem kämpferischen Mut den Krieg ausfechten.

Tojo schloß mit den Worten: »An der europäischen Front kommt jetzt die Macht der deutschen Truppen voll zur Entfaltung gegen die Invasionsstreitkräfte des Gegners. In diesem wichtigen Stadium, wo der Krieg in seine entscheidende Phase eintritt, müssen alle, die in der Kriegsproduktion beschäftigt sind, ihre Anstrengungen verdoppeln, um so die nationale Schlagkraft zu erhöhen.«

Neue deutsche Waffe

Montag, 19. Juni 1944

Aus dem *Hauptquartier des alliierten Expeditionskorps:*

An der Normandie-Front haben die deutschen Truppen eine neue Waffe eingesetzt. Es handelt sich um ein mit Antrieb versehenes Raketengeschoß, das von der Infanterie verwendet werden kann. Zum Abfeuern des Geschosses ist nur ein Mann nötig. Die Waffe besteht aus einem etwa 180 Zentimeter langen Rohr, aus dem das 88-mm-Geschoß abgefeuert wird.

Lieferungen der Alliierten an die Sowjetunion
19. Juni 1944, Moskau
United Press berichtet:
Das sowjetische Außenhandelskommissariat veröffentlicht den ersten Bericht über die aus Mitteln der »Lend and Lease-Bill« erhaltenen Lieferungen. Dazu wird mitgeteilt, daß bis Ende April eintrafen: 12 256 Flugzeuge, 9 214 Panzer (Ausrüstung für 90 Panzerbrigaden) und 215 000 Lastwagen. Der Bericht weist dann darauf hin, daß Großbritannien den größten Teil an Panzern und Elektrogeräten lieferte, während aus den Vereinigten Staaten fast alle Lieferungen an Lastautos, Kleidungsstücken und Schuhen kämen. Erstmals wird auch die Verlustrate bekanntgegeben. Rund zehn Prozent der Lieferungen sind demnach verlorengegangen.

Deutscher Rückzug in Italien
Dienstag, 20. Juni 1944, Rom
United Press berichtet:
Die deutschen Truppen haben an allen Fronten, von der Westküste bis zum Adriatischen Meer, den Rückzug wieder aufgenommen. Es versuchen nur noch deutsche Nachhuten, den Vorstoß der Alliierten aufzuhalten, während das Gros an allen Frontabschnitten den Kampf ablehnt und sich offenbar auf die Linie Pisa–Florenz–Rimini zurückzieht. Über die Absichten des deutschen Oberkommandos liegen bis zur Stunde keine Andeutungen vor: es ist immerhin damit zu rechnen, daß es an jener Linie zu intensiveren Kämpfen kommen wird.

Panzerschlacht in der Normandie

Mittwoch, 21. Juni 1944
Aus dem *Hauptquartier von General Eisenhower:*
Die Schlacht am Ostabschnitt der Invasionsfront ist vor allem im Raum Tilly wieder mit voller Wucht entbrannt. Die Deutschen unternahmen mehrere von Panzern unterstützte Gegenangriffe. Mittelpunkt besonders heftiger Kämpfe ist die Ortschaft Hottot, südwestlich von Tilly. Hier setzten die Deutschen am Dienstag abend rund 30 Tiger-Panzer ein, denen Panther folgten. In Keilformation versuchten sie, die britischen Linien zu durchbrechen, gerieten aber in ein starkes Abwehrfeuer. Mehrere Panzer gingen in Flammen auf, worauf die anderen abdrehten. Später entwickelten sich neue deutsche Gegenangriffe, die zu blutigen Nahkämpfen führten. Ein besonders schwerer Angriff wurde bei Morgengrauen mit einer größeren Anzahl von Panzern vorgetragen. Die Deutschen kamen bis an den Dorfrand heran. Andererseits haben britische Panzerformationen in einem anderen Abschnitt einen Entlastungsangriff eingeleitet, der befriedigende Fortschritte macht. Nach hartem Kampf wurde die Ortschaft Onchy, südwestlich von Tilly, genommen.

J. W. Stalin an W. Churchill
21. Juni 1944:
. . . Die zweite Runde der Sommeroffensive der sowjetischen Truppen wird innerhalb einer Woche beginnen.

An dieser Offensive werden, einschließlich der Panzerdivisionen, 130 Divisionen beteiligt sein. Ich und meine Kollegen rechnen mit einem bedeutenden Erfolg, und ich hoffe, daß die für die alliierten Operationen in Frankreich und in Italien eine wesentliche Hilfe sein wird.

Eden über ein deutsches Friedensangebot
Donnerstag, 22. Juni 1944, London
Die *Agentur Reuter* berichtet:
Im Unterhaus bestätigte Außenminister Eden, daß Deutschland um die Jahreswende 1943/44 ein Friedensangebot an England »in Form einer Anfrage eines hohen, sehr gut bekannten nationalsozialistischen Staatsmannes« gerichtet hat. Da diese Anfrage alle Merkmale eines typisch deutschen Manövers trug, Zwietracht unter den Alliierten zu säen, hat die britische Regierung dieses deutsche Bemühen ignoriert.

22. Juni 1944, London
Das *Hauptquartier der 8. US-Luftflotte* teilt mit:
Ein Verband von über 1 000 viermotorigen Bombern der 8. USAAF mit nahezu 1 000 Langstreckenjägern unternahm gestern vormittag den bisher schwersten Angriff gegen die Reichshauptstadt und ihre Vororte.

Beginn der sowjetischen Sommeroffensive

Freitag, 23. Juni 1944, Berlin
Das *DNB* meldet:
Die seit langer Zeit erwartete sowjetische Sommeroffensive hat am Donnerstag begonnen. Während sich die Sowjets auf dem Südflügel der Ostfront mit Aufklärungsvorstößen und Fesselungsangriffen begnügten, traten sie südlich Mogilew bis in das Gebiet von Witebsk in breiter Front mit starken Schützen- und Panzerkräften in den Nachmittagsstunden zum Großangriff an. Soweit man auf Grund der vorliegenden Meldungen ein Urteil gewinnen kann, lag der Schwerpunkt der sowjetischen Masseneinsätze beiderseits der Rollbahn Smolensk-Orscha, wo von den deutschen Aufklärern bereits vor einigen Tagen eine starke Artilleriemassierung festgestellt worden war. Sämtliche Angriffe wurden von der deutschen Abwehr blutig zerschlagen.

Tagesparole des Reichspressechefs
Sonnabend, 24. Juni 1944:
Die neue deutsche Waffe hat die Bezeichnung »V 1«. Während das V als Abkürzung »Vergeltung« anzusehen ist, bedeutet die Ziffer 1«, daß die jetzige Waffe die erste in der Reihe der Vergeltungswaffen ist. In diesem Sinne ist eine kurze, keinesfalls sensationell hervorgehobene Erläuterung der Bezeichnung, sobald sie in einer Meldung erstmals gebraucht wird, durch die Presse notwendig.

Die Sowjets in Witebsk
Montag, 26. Juni 1944, Moskau
Das *Sowinformbüro* teilt mit:
Laut einem heute abend um 19.45 Uhr erlassenen Ta-

Juni 1944, Normandie: Eine britische Panzerdivision, ausgestattet mit den amerikanischen Panzern Sherman, formiert sich zum Angriff

gesbefehl Stalins an die Armeegeneräle Bagramjan und Tschernjakowski haben die Truppen der 1. Baltischen Front und der 3. Weißrussischen Front durch ein Umgehungs- und Flankenmanöver eine feindliche Kampfgruppe, bestehend aus fünf Infanteriedivisionen, eingekreist, den Einkesselungsring enger gezogen und heute im Sturm die Stadt Witebsk, einen wichtigen strategischen Punkt der faschistischen Verteidigung, besetzt.

Große Erfolge der Sowjets
Donnerstag, 29. Juni 1944, Moskau
Das *Sowinformbüro* meldet:
Die sowjetische Offensive, die mit vier Armeen in weitgespanntem Bogen gegen Minsk vorgetragen wird, ist zu einem Wettrennen zwischen den beteiligten Heeresgruppen geworden. Die Heeresgruppen Rokossowski, Tschernjakowski und Bagramjan befanden sich am Mittwoch abend ungefähr gleich weit von Minsk entfernt, aber nach den letzten Berichten entwickelt sich der Vorstoß Rokossowskis am linken Flügel in zunehmendem Tempo. Der Ring um Dobruisk vereitelte deutsche Ausbruchsversuche. Die Hauptmacht der 1. Weißrussischen Armee stößt rasch über Ossipowitschi hinaus weiter vor. In Ossipowitschi brachten die Truppen Rokossowskis große Beute ein. Der rechte Flügel Rokossowskis stößt nach der Eroberung von Beresino (80 Kilometer nördlich von Bobruisk) weiter entlang der Beresina vor; andere Verbände sind nach Westen abgeschwenkt. Hier sind sowjetische Vorhuten noch 70 Kilometer vor Minsk. Gleichzeitig schiebt Rokossowski seinen südlichen Flügel entlang der Bahnlinie nach Sluzk weiter vor.
Die Vorhuten der Heeresgruppe Tschernjakowski sind bei Borissow an die obere Beresina herangekommen. Die Stadt Borissow liegt unter sowjetischem Artillerie-

feuer. Es scheint, daß der Gegner versuchen wird, den Vormarsch Tschernjakowskis aufzuhalten, um Zeit für die Reorganisation seiner Streitkräfte zu gewinnen. Bei der Eroberung von Kostritza, zwölf Kilometer nordöstlich von Borissow, brachten unsere Truppen Beute und mehrere hundert Gefangene ein.
Die Heeresgruppe Bagramjan hat eine Umfassungsbewegung gegen Polozk eingeleitet, die nach den letzten Berichten im Norden gute Fortschritte macht.
Zur Eroberung von Mogilew wird ergänzend gemeldet, daß in der Schlacht um diese Stadt 13 deutsche Divisionen geschlagen wurden. Besonders schwere Verluste erlitt die SS-Panzerdivision »Feldherrnhalle«.

Sender Beromünster (Schweiz)

Freitag, 30. Juni 1944:
Die Berichtswoche ist vor allem dadurch bemerkenswert, daß in ihrem Verlauf das Programm verwirklicht wurde, das am 1. Dezember des vergangenen Jahres die Regierungshäupter der alliierten Großmächte in Teheran der Welt verkündet hatten, als sie einen gemeinsamen Ansturm auf die »Festung Europa« von Osten, Süden und Westen in Aussicht stellten. Dem Angriff von Süden, der mit der Offensive in Italien am 11. Mai begann, folgte am 6. Juni der Angriff von Westen durch die Verwirklichung der Invasion; am 22. Juni – dem dritten Jahrestag des deutschen Angriffs auf Sowjetrußland – folgte auf breiter Front und mit ungeheurer Wucht der Angriff von Osten in Form einer russischen Generaloffensive in Weißrußland. Damit ist der Dreifrontenkrieg zu Lande Wirklichkeit geworden, und die deutsche Wehrmacht steht vor der schwersten Probe, auf die ihre Kampfkraft im gegenwärtigen Krieg jemals gestellt wurde.

Strategie und Taktik

Die überraschend harte deutsche Verteidigung im italienischen Winterkrieg verschärft die britisch-amerikanischen Meinungsunterschiede über die Strategie im Mittelmeerraum: Sowohl Churchill als auch die Generäle Alexander und Wilson sind für einen Vorstoß über die Adria, durch das kroatische Küstenland, um über Istrien und das Laibacher Becken den Balkan, Ungarn und Österreich vor den Sowjets zu erreichen. Die geplante Operation »Dragoon«, die Landung in Südfrankreich, wäre ihrer Meinung nach dann nicht mehr nötig. Roosevelt und sein Stabschef General Marshall wollen jedoch nichts davon wissen. Auch Stalin drängt auf eine Invasion in Frankreich, um die Alliierten vom Balkan fernzuhalten, den er zu seinem Machtbereich zählt. Roosevelt ist nicht geneigt, die Sowjets an der Besetzung des Balkans zu hindern, um deren Mitwirkung am Endkampf gegen Japan zu sichern. Da die Amerikaner die Masse des Materials, vor allem für Landeoperationen, stellen, wird Italien zu einem Nebenkriegsschauplatz degradiert und erhält nur so viel Kräfte, daß Rom genommen werden kann und deutsche Verbände weiterhin gebunden bleiben. Generalfeldmarschall Kesselring seinerseits will nicht weiter zurückweichen: Er hofft mit Recht, jeden alliierten Angriff dank des günstigen Geländes, in dem der Feind sich nicht entfalten kann, zurückzuweisen.

Am Sonnabend, dem 1. Januar 1944, wird Generalfeldmarschall Rommel zum Oberbefehlshaber der Heeresgruppe B ernannt und dem Oberbefehlshaber West (GFM v. Rundstedt) unterstellt. Rommel führt damit die 15. Armee (GenOberst v. Salmuth) und die 7. Armee (GenOberst Dollmann) des Wehrmachtbefehlshabers Niederlande (Gen.d.Fl. Christiansen), die nun zur Heeresgruppe B gehören.
Anfang 1944 verfügt Deutschland über 315 Divisionen und 10 Brigaden. An der Ostfront stehen rund 70 Prozent der Streitkräfte: 198 Divisionen und 6 Brigaden, 3 Luftflotten sowie 38 Divisionen und 18 Brigaden von Verbündeten. Insgesamt 4,9 Millionen Mann, über 54 000 Geschütze und Granatwerfer, 5 400 Panzer und Sturmgeschütze sowie 3 000 Flugzeuge.
Auf sowjetischer Seite stehen: 6,1 Millionen Mann, 88 900 Geschütze und Granatwerfer, 2 167 Raketenwerfer Katjuscha, ungefähr 14 900 Panzer und Selbstfahrlafetten sowie 8 500 Kampfflugzeuge. Die Hauptkräfte sind weiterhin in südwestlicher Richtung konzentriert, wo die sowjetischen Truppen versuchen, die deutschen Armeen zu zerschlagen und die Ukraine westlich des Dnjepr sowie die Krim zu befreien.
Die wichtigste Aufgabe des deutschen Heeres ist die Stabilisierung der Front. Sie soll mit der strategischen Verteidigung erreicht werden. Man will im Südabschnitt die Dnjepr-Linie zurückgewinnen, um im Fall einer sowjetischen Offensive der Roten Armee den Zugang zur rumänischen Grenze und zur Krim zu verwehren.

Am Dienstag, dem 4. Januar 1944, überschreiten die sowjetischen Verbände der 1. Ukrainischen Front (Armeegen. Watutin) bei ihrem Vormarsch in Wolhynien im Kampf gegen die Heeresgruppe Süd (GFM v. Manstein) die polnisch-sowjetische Vorkriegsgrenze bei Sarny.

Am Mittwoch, dem 5. Januar 1944, führt die 5. US-Armee (Lt.Gen. Clark) mit zwei amerikanischen, drei britischen und zwei französischen Divisionen ihren ersten Angriff nördlich des Garigliano im Vorfeld der deutschen Hauptverteidigungslinie. Die deutsche 10. Armee (GenOberst v. Vietinghoff) mit sieben Divisionen geht hinhaltend kämpfend über den Rapido zurück.

Am Freitag, dem 14. Januar 1944, treten die sowjetischen Armeen im nördlichen Frontabschnitt bei Leningrad zur Offensive an. Die sowjetische 2. Stoßarmee (GenLt. Fedjuninski) und die 42. Armee (GenOberst Maslennikow) sowie Verbände der 2. Baltischen Front (Armeegen. Popow) durchbrechen die Linien der Heeresgruppe Nord (GFM v. Küchler).

In der Nacht vom 17./18. Januar 1944 beginnt der zweite alliierte Angriff an der Mündung des Garigliano, unterstützt durch kleinere Landungen hinter der deutschen Front.

Am Dienstag, dem 18. Januar 1944, geht die im Raum von Witebsk von der 3. Panzerarmee (GenOberst Reinhardt) geführte Abwehrschlacht zu Ende. Nach deutschen Angaben betragen die sowjetischen Verluste: 40 000 Tote, 349 Geschütze und 1 203 Panzer.

In der Nacht vom 21./22. Januar 1944 landet nach starken Luftangriffen auf die Nachschublinie von Rom zum Garigliano das VI. Korps (Maj.Gen. Lucas) der 5. US-Armee bei Anzio und Nettuno südlich von Rom. Im Landungsraum befinden sich kaum deutsche Kräfte, doch die Amerikaner nützen dies nicht aus.

Am Sonnabend, dem 22. Januar 1944, bestimmt Hitler Generaloberst Model zum Oberbefehlshaber der Heeresgruppe Nord anstelle von Generalfeldmarschall v. Küchler.

Am Freitag, dem 28. Januar 1944, wird der deutsche Frontbogen bei Tscherkassy trotz harten Widerstandes abgeschnitten. In einer Zangenoperation treffen sich bei Svenigorodka die 1. Ukrainische Front und die 2. Ukrainische Front (Armeegen. Konjew) und kesseln Teile der 8. Armee (Gen.d.Inf. Wöhler) mit dem XI. Armeekorps (Gen.d.Art. Stemmermann) sowie dem XXXXII. Armeekorps (GenLt. Lieb) ein.

Ende Januar 1944 werden gegen den alliierten Landekopf Anzio-Nettuno neben den Infanterieregimentern

Januar 1944, Raum Sarny: Sowjetische Panzerverbände überschreiten bei ihrem Vorstoß nach Westen die polnisch-sowjetische Vorkriegsgrenze

der 10. Armee eine Panzerdivision von der Adria, zwei Divisionen aus Oberitalien, eine Division aus Frankreich sowie eine Division vom Balkan herangeführt und in der 14. Armee (GenOberst v. Mackensen) zusammengefaßt.

Am Freitag, dem 4. Februar 1944, treten in West-Burma die Verbände der japanischen 15. Armee (GenLt. Shozo Kawabe) zu einer Offensive gegen den östlichen Teil Indiens an und umfaßt mit Unterstützung von Panzereinheiten in den Städten Imphal und Kohima drei britische Divisionen. Das Alliierte Oberkommando setzt die chinesische 22. und 38. Division ein, die aus dem Raum Ledo (Indien) auf Myitkyin vorstoßen und in schwere Kämpfe mit der japanischen 18. Division (GenLt. Tanaki) verwickelt werden.

Am Sonnabend, dem 12. Februar 1944, wird General Eisenhower offiziell zum Oberbefehlshaber der alliierten Invasionsstreitkräfte (Supreme Headquarters Allied Expeditionary Force, SHAEF) ernannt. Seine Aufgabe, in der Direktive vom 12. 2. 1944 festgelegt, lautet: Auf dem europäischen Kontinent im Mai 1944 zu landen (Operation »Overlord«) und nach Sicherstellung geeigneter Häfen an der Kanalküste eine Offensive in das Innere des Deutschen Reiches zu unternehmen, mit dem Ziel, die deutsche Wehrmacht zu zerschlagen.

Am Dienstag, dem 15. Februar 1944, vernichten auf Drängen des Kommandierenden Generals der neuseeländischen 2. Division (Lt.Gen. Freyberg) 299 amerikanische Flugzeuge mit 453 Tonnen Bomben das Benediktinerkloster Monte Cassino, dessen Ruinen erst danach in die deutsche Verteidigungslinie einbezogen werden. Die Alliierten versuchen vergeblich, durch den verstärkten Einsatz von Panzern das Tempo ihrer Offensive in Italien zu beschleunigen und einen Durchbruch zu erzwingen. Die Talsohle, die von Minturno über Cassino in das Lirital und damit nach Rom führt, von den

Flüssen Rapido, Liri und Garigliano durchzogen, bildet ein für Panzer schwer überwindliches Hindernis. Ein Zusammenwirken der alliierten Infanterie mit der Panzerwaffe während der Cassino-Schlachten kommt kaum zustande. Übrigens findet in Italien kein richtiger Panzerkrieg statt: Nicht nur die Geländeverhältnisse, sondern auch die Entwicklung wirkungsvoller Panzernahbekämpfungsmittel unterbinden Panzeroperationen.

Am Mittwoch, dem 16. Februar 1944, beginnt die deutsche 14. Armee (GenOberst v. Mackensen) einen Großangriff gegen den Landekopf Anzio-Nettuno, um ihn zu liquidieren. Wegen der alliierten Luftüberlegenheit und Artillerieunterstützung von Kriegsschiffen aus kommt der deutsche Vorstoß nur langsam voran.

Am Tag darauf, dem 17. Februar 1944, erreicht das LXXVI. Panzerkorps (Gen.d.Pz.Tr. Herr) mit dem I. Fallschirmjägerkorps (Gen.d.Fl. Schlemm) einen tiefen keilförmigen Einbruch, der durch amerikanische Gegenstöße abgefangen wird. Daraufhin stellt die 14. Armee den Angriff ein, während Lieutenant General Clark bereits die Räumung des Landekopfes plant. Mit dem deutschen Angriff auf den Landekopf von Anzio-Nettuno will man jenes Kampfverfahren erproben, das gegen die für 1944 erwartete alliierte Invasion in Frankreich angewendet werden soll. Die Tatsache, daß der Angriff mit relativ starken deutschen Kräften keinen Erfolg hatte, führt zu Meinungsverschiedenheiten bei den deutschen Oberbefehlshabern im Westen.

Am Sonntag, dem 20. Februar 1944, enden die schweren amerikanischen Entlastungsangriffe auf die Cassino-Front wegen des harten Widerstandes ergebnislos.

Am Dienstag, dem 29. Februar 1944, beginnt ein zweiter Großangriff auf den Landekopf Anzio-Nettuno mit vier deutschen Divisionen, der am nächsten Tag wegen untragbar hoher Verluste abgebrochen werden muß.

Am Sonnabend, dem 4. März 1944, eröffnet die 1. Ukrainische Front (ab 2. 3. Marschall Schukow) die sowjetische Frühjahrsoffensive gegen die 1. Panzerarmee (Gen.d.Pz.Tr. Hube) und die 4. Panzerarmee (GenOberst Hoth) am Nordflügel der Heeresgruppe Süd (GFM v. Manstein) bei Schepetowka westlich Berditschew auf einer Frontbreite von 180 Kilometern. Die sowjetischen Panzerverbände erzielen den Durchbruch und stoßen über die Linie Proskurow und Tarnopol nach Westen und Süden vor.

Am nächsten Tag, dem 5. März 1944, tritt auch die 2. Ukrainische Front (Armeegen. Konjew) zur Offensive vor und rückt im Raum Uman an der Naht zwischen der deutschen 8. Armee und der 1. Panzerarmee nach Westen vor.

Am Montag, dem 6. März 1944, führt auch die 3. Ukrainische Front (Armeegen. Malinowski) einen Großangriff gegen die Heeresgruppe A (GFM v. Kleist). Nun kämpfen auf einer Front von 800 Kilometer Breite die sowjetische 1. Panzerarmee (GenLt. Katukow), die 3. Garde-Panzerarmee (GenOberst Rybalko), die 5. Garde-Panzerarmee (GenOberst Rotmistrow), unterstützt von Schützen- und Stoßarmeen sowie durch starke Luftsicherung.

Am Mittwoch, dem 15. März 1944, werden die nördlichen Verbände der deutschen 8. Armee (Gen.d.Inf. Wöhler) zerschlagen, und die sowjetischen Panzerspitzen setzen über den Bug.
Am gleichen Tag beginnt der dritte amerikanische Versuch, bei Cassino durchzubrechen. Auch dieser Angriff wird verlustreich abgeschlagen.

Am Sonntag, dem 19. März 1944, befiehlt Hitler das Unternehmen »Margarethe I«, die Besetzung Ungarns. Die deutsche Operationsgruppe (GFM v. Weichs) mit Unterstützung von Panzereinheiten besetzt kampflos Budapest. Die neue ungarische Regierung Sztojay sagt Deutschland verstärkte militärische Unterstützung zu.

Am Freitag, dem 24. März 1944, wird die 1. Panzer-

Zielen: Auge — roter Strich in der Visieröffnung — Oberkante Geschoß — Haltepunkt am Feindpanzer bilden eine gerade Linie.
Das Visier ergibt Visierschuß bei 30 m Schußentfernung.

armee (Gen.d.Pz.Tr. Hube) im Raum Kamenez Podolsk von den Verbänden der 1. Ukrainischen Front eingeschlossen.

Am Donnerstag, dem 30. März 1944, nachdem Generalfeldmarschall v. Manstein mit gekonnten Täuschungsmanövern den Ausbruch der zum Untergang verurteilten 1. Panzerarmee einleitet, wird er auf Befehl Hitlers durch Generalfeldmarschall Model ersetzt und gleichzeitig die Heeresgruppe Süd in Heeresgruppe Nordukraine umbenannt. Auch Generalfeldmarschall v. Kleist erhält auf Hitlers Geheiß einen Nachfolger: Generaloberst Schörner. Die Heeresgruppe A wird in Heeresgruppe Südukraine umbenannt. Die Heeresgruppe Nord übernimmt nun anstelle von Generalfeldmarschall Model Generaloberst Lindemann.
Am gleichen Tag besetzt die 1. Ukrainische Front Tschernowitz. Inzwischen tritt die 1. Panzerarmee zum Ausbruch an, jedoch nicht in der von den Sowjets erwarteten Südrichtung. Sie stößt nach dem Plan Mansteins links an den Dnjestr angelehnt in einem »wandernden Kessel« nach Westen durch. Dank der Führung des bewährten Generals der Panzertruppen Hube setzen sich die Soldaten der 1. Panzerarmee vorbildlich ab. Nirgendwo tritt eine Panik ein, kein Verwundeter bleibt liegen, und Transportflugzeuge versorgen die Armee. Als während des Durchbruchs eine Krise in der Treibstoffversorgung eintritt, befiehlt General Hube, sämtliche Kraftfahrzeuge mit Ausnahme von Panzerwagen und der wichtigsten Befehls- und Gefechtsfahrzeuge zu zerstören. Hube organisiert den wandernden Kessel: Die Panzerdivisionen greifen im überschlagenden Einsatz nach Westen an und sichern nach Norden. Die Infanteriedivisionen decken den Rücken der Armee im hinhaltenden Kampf, und die Dnjestr-Linie wird nur durch Aufklärungskräfte überwacht. In der Mitte des Kessels marschieren alle nicht mehr kampffähigen Teile wie Verwundete und Kranke.

Am Mittwoch, dem 5. April 1944, greifen amerikanische Bomberverbände zum erstenmal von Süditalien (Foggia) aus das rumänische Erdölgebiet bei Ploesti an.

Am Donnerstag, dem 6. April 1944, beginnt in Arakan (Indien) ein Vorstoß der indischen 7. Division in Richtung auf den Ostteil von Assam gegen die von den Japanern besetzten Städte Imphal und Dimapur.

Am Freitag, dem 7. April 1944, führt die sowjetische 5. Stoßarmee (GenOberst Zwiatajew), unterstützt durch die 8. Luftarmee (GenLt. Chriukin), einen Angriff gegen die Landverbindung zur Krim, die von der 17. Armee (GenOberst Jaenecke) gehalten wird. Die rumänische 10. Infanteriedivision wird zerschlagen, und die sowjetischen Panzerverbände stoßen mit starken Kräften in Richtung Simferopol vor.
An diesem Tage trifft der wandernde Kessel von General Hubes 1. Panzerarmee auf die Panzerspitzen der zu seinem Entsatz angreifenden Verbände des II. SS-Panzerkorps (SS-Obergruppenf. Hausser). Nach Meldung

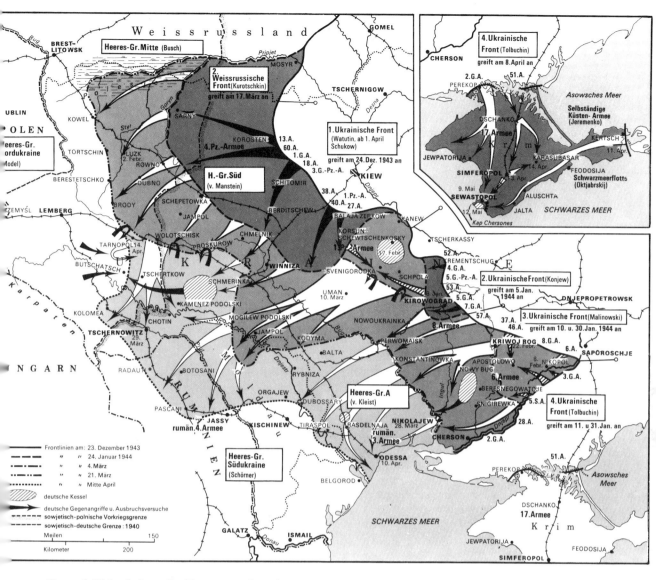

Südliche Ostfront, Dezember 1943 bis April 1944

von General Hube haben die Truppen während des Rückzuges 352 sowjetische Panzer und Sturmgeschütze zerstört. Die Masse der 1. Panzerarmee ist nach kurzer Auffrischung wieder einsatzbereit, da viele Panzerfahrzeuge und Geschütze gerettet werden konnten.

Am Montag, dem 10. April 1944, muß die deutsche 6. Armee (Gen.d.Art. de Angelis) Stadt und Hafen Odessa räumen. Sie tritt den Rückzug in Richtung Dnjestr an.

Zwei Tage später, am 12. April 1944, verbietet Hitler der 17. Armee die bereits begonnene Verschiffung von Soldaten und Ausrüstungen nach Konstanza (Rumänien) und befiehlt, »daß Sewastopol auf die Dauer zu halten ist«.

Ende April 1944 sind die sowjetischen Truppen bis in eine Tiefe von 450 Kilometern vorgedrungen und haben die Ukraine westlich des Dnjepr vollständig befreit. Mit ihrem Vorstoß zu den Karpaten ist die deutsche strategische Front gespalten.

An der Front in Italien zwingt die Erschöpfung beider Seiten zu einer Kampfpause, die bis Anfang Mai dauert. Während die amerikanischen Luftangriffe die deutschen Nachschubwege immer wieder unterbrechen, baut die 14. Armee rund um den Landekopf Anzio-Nettuno ein tiefgestaffeltes Verteidigungssystem mit Riegelstellungen aus. Auch vor der britischen 8. Armee an der Adria ist es bis auf örtliche Gefechte ruhig. General Alexander beschließt nun, das defensive Verhalten der Deutschen am Adria-Frontabschnitt auszunutzen und seine Kräfte vor Monte Cassino in Richtung Rom anzusetzen. Die britische 8. Armee (Gen. Montgomery) muß mehrere Divisionen abgeben, und die 5. US-Armee (Lt.Gen. Clark) wächst auf fünf Korps an, denen neben Amerikanern, Engländern, Kanadiern, Franzosen, Italienern, auch Neuseeländer, Südafrikaner, Jugoslawen, Maoris, Inder, Gurkhas, Algerier, Marokkaner, Tunesier, Berber, Juden, Polen, Brasilianer und amerikanische Japaner angehören. Ein amerikanisches Korps bildet mit dem auf vier Divisionen verstärkten französischen Expeditionskorps (Gen. Juin) an der Küste des Tyrrhenischen Meeres das Schwergewicht. Ein britisches und ein polnisches Korps stehen beiderseits Cassino, ein Korps mit drei Divisionen bleibt in Reserve. Die beiden deutschen Armeen, die 10. (GenOberst v. Vietinghoff) und 14. (GenOberst v. Mackensen), müssen dagegen fünf Divisionen in Reserve bereithalten, da sie mit Doppelangriffen an der Hauptfront und aus dem Landekopf Anzio-Nettuno rechnen müssen.

Am Sonntag, dem 7. Mai 1944, beginnt die sowjetische 27. Division mit über 200 schweren Panzern einen Generalangriff gegen die Festung Sewastopol. Sie erreicht am Nachmittag das Stadtzentrum und den Hafen.

Am Abend des 11. Mai 1944 setzt in Italien am Garigliano die entscheidungssuchende Offensive der 5. US-Armee und der britischen 8. Armee gegen die Frontlinie der 10. Armee mit einem 40 Minuten dauernden Trommelfeuer ein. Amerikaner und Franzosen werfen den deutschen Flügel vom Garigliano 20 Kilometer zurück, bis zwei deutsche Reservedivisionen eingreifen. Am gleichen Tag werden 100 – nicht belegte – Flugplätze in 500 Kilometer Umkreis der Normandie systematisch zerstört: 23 000 Tonnen Bomben fallen auf den Atlantikwall, der größte Teil aber zur Vortäuschung einer geplanten Invasion auf die Anlagen beiderseits Calais (Operation »Fortitude«).

Am Freitag, dem 12. Mai 1944, legen die letzten Verteidiger von Sewastopol die Waffen nieder.

Am Nachmittag dieses Tages eröffnen die alliierten Luftverbände eine Luftoffensive zur Zerschlagung der Produktionsstätten für synthetisches Benzin. Die Leuna-Werke in Merseburg, Tröglitz und Böhlau sowie die Hydrierwerke in Brüx werden fast restlos vernichtet.

In der Nacht vom 17./18. Mai 1944 werden die Höhen um Cassino und das Kloster Monte Cassino unter stärkstem Druck der Engländer und Polen geräumt.

Gegen Mitte des Monats flauen die Kämpfe an der gesamten Ostfront ab. Während der Kampfpause, die fast fünf Wochen dauert, bereitet sich die Rote Armee zu ihrer bisher größten Operation, der Zerschlagung der Heeresgruppe Mitte, vor.

Am Dienstag, dem 23. Mai 1944, während sich Franzosen, Amerikaner, Engländer und Polen schrittweise nach Nordwesten in Richtung Rom vorkämpfen, brechen aus dem Landekopf Anzio-Nettuno fünf Divisionen mit stärkster Luft- und Artillerieunterstützung aus.

Am Donnerstag, dem 25. Mai 1944, stellen die fünf US-Divisionen nach ihrem Ausbruch aus dem Landekopf Verbindung mit der Hauptfront bei Terracina her. Gleichzeitig durchbrechen Engländer und Franzosen die Cassino-Front, ohne den Erfolg aber sofort auszunutzen. Gegenangriffe deutscher Panzerverbände fangen sowohl den alliierten Stoß im Sacco-Tal als auch den gleichzeitigen in Richtung Rom auf.

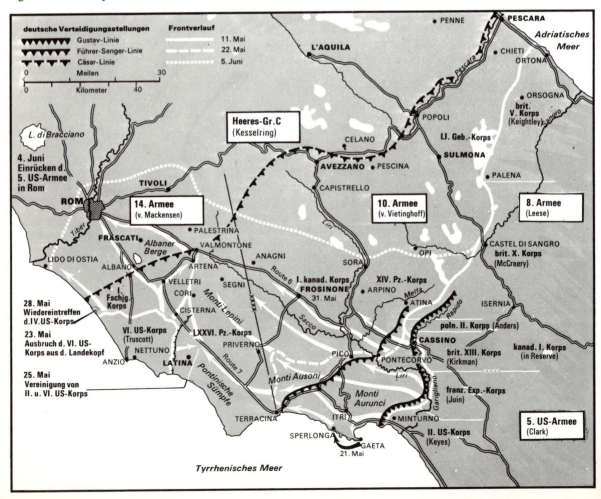

Durch den Sehschlitz eines sowjetischen mittleren
Kampfpanzers T-34 aufgenommen

Als an der Ostfront Ende Mai 1944 die Heeresgruppe
Mitte (GFM Busch) Aufmarschvorbereitungen vor der
Front meldet, hält Hitler dies für Ablenkungsmaßnahmen. Er läßt Sluck, Bobruisk, Mogilew, Orscha, Witebsk und Polozk zu »festen Plätzen« erklären und
ordnet harte Verteidigung des ganzen Bereichs an. Das
sowjetische Oberkommando wiederum verschleiert
sorgfältig seine Absichten: Stellungsbau, Verlegungen,
Funkverkehr sowie Aufmarsch starker Verbände,
Schanzarbeiten und strengste Geheimhaltung täuschen
vollkommen die deutsche Aufklärung.

Seit Mai 1944 wirkt sich der Kraftstoffmangel ernstlich
aus, besonders bei den Panzereinheiten, die ungeheure
Benzinmengen verbrauchen. Der Nachschub kommt
durch die immer stärkeren alliierten Luftangriffe auf die
Hydrierwerke ins Stocken. Reichsminister Speer sagt
später in Nürnberg: Seiner Meinung nach war der Krieg
nach der steigenden Zerstörung der deutschen Treibstoffwerke bereits ab Mai 1944 »produktionsmäßig«
verloren.

Donnerstag, der 1. Juni 1944, ist für die Wehrmacht ein
Tag von schwerwiegender Bedeutung: Auf Geheiß Hitlers wird ihr eine der wichtigsten Stellen, das Amt
Ausland/Abwehr im OKW, endgültig entzogen und
sein Chef, Admiral Canaris, abgelöst. Nun ist die Wehrmacht die einzige Armee der Welt, die weder über
eigene Gegenspionage noch über geheimdienstliche
Tiefenaufklärung im Ausland verfügt. Der deutsche
Geheimdienst unterliegt jetzt der Weisungsbefugnis des
Reichsführers SS Himmler und seinem Reichssicherheitshauptamt, RSHA.

Am Sonntag, dem 4. Juni 1944, zieht als erste alliierte
Truppe die 5. US-Armee (Lt.Gen. Clark) in Rom ein,
das Generalfeldmarschall Kesselring wohlbedacht zur
offenen Stadt erklärt und so vor der Zerstörung bewahrt. Die 14. Armee (GenOberst v. Mackensen) muß
dafür ein äußerst heikles Rückzugsmanöver durchführen, ohne dabei auch nur eine der Tiberbrücken im
Stadtbereich zu zerstören. Die deutschen Nachhuten
erleiden schwere Verluste durch amerikanische Panzerspitzen, die jetzt Rom durchqueren und die zurückweichenden deutschen Einheiten in den Vororten unter
heftigen Beschuß nehmen.

In Westeuropa, vor allem in Nordfrankreich, Belgien
und Holland, weisen die Aktivitäten der alliierten
Luftstreitkräfte gegen Verkehrsziele und Küstenanlagen auf eine bevorstehende amphibische Großoperation hin. Das deutsche OKW hat in Erwartung einer
Invasion Alternativen: entweder die Verteidigung an
den Küsten verstärken, um die Landung der feindlichen
Kräfte zu verhindern – dieses Konzept vertritt Generalfeldmarschall Rommel – oder wie es Generalfeldmarschall v. Rundstedt beabsichtigt, den Gegner sofort
nach der Landung mit Hilfe schnell zusammengezogener Panzerverbände ins Meer zu drücken. Jede dieser
Ansichten hat Vor- und Nachteile, und Hitler kann sich
so richtig für keine der beiden entscheiden. Der von der
NS-Propaganda immer wieder gepriesene »Atlantikwall« jedenfalls ist nur schwach ausgebaut, seine Befestigungen erst teilweise fertiggestellt und eher unzuläng-

lich ausgerüstet. Die Ungewißheit über den Landeabschnitt und Zeitpunkt sowie die gegensätzlichen Auffassungen über die operativen Maßnahmen führen zur
Kräfteverzettelung.

Von fast 300 Großverbänden der Wehrmacht stehen zur
Zeit über 160 an der Ostfront: 6 in Finnland, 40 bei der
Heeresgruppe Nord, 41 bei der Heeresgruppe Mitte, 41
bei der Heeresgruppe Süd, 35 in Rumänien; dazu 47 in
Italien und auf dem Balkan, 27 in Norwegen, Däne-
mark und Polen.

In Frankreich liegen 59 Divisionen: 10 Panzerdivisio-
nen, 17 Infanteriedivisionen, 32 bodenständige Heeres-
und Luftwaffenfelddivisionen. Der Oberbefehlshaber
West (GFM v. Rundstedt) und die Heeresgruppe B
(GFM Rommel) halten je 3 Panzerdivisionen in
Reserve.

In Holland befinden sich 3 Divisionen; zwischen Schelde und Seine steht die 15. Armee (GenOberst v. Salmuth) mit 17 Divisionen, zwischen Seine und Loire die
7. Armee (GenOberst Dollmann) mit 8 Divisionen. Im
Bereich der Heeresgruppe G (GenOberst Blaskowitz)
befindet sich zwischen der Loire und den Pyrenäen die
1. Armee (Gen.d.Pz.Tr. Lemelsen), an der südfranzösi-
schen Küste wiederum die 19. Armee (Gen.d.Inf. v.
Sodenstern), beide Armeen haben zusammen 21 Divisionen.

Die Einteilung der Kräfte beweist, daß die deutsche
Führung insgeheim den alliierten Hauptstoß im Norden
Frankreichs erwartet: Während 30 Divisionen die Kü-
sten zwischen der Bucht von Mont-St-Michel und Calais
halten, stehen nur 8 Divisionen an der Mittelmeerküste.
Mittel- und Südwestfrankreich sind von deutschen
Truppen beinahe entblößt.

Für die Ausbildung der neun Panzerdivisionen und
einer Panzergrenadierdivision im Westen ist der Generalinspekteur Generaloberst Guderian zuständig. Guderian erreicht, daß diese Aufgabe dem bewährten
Spezialisten, General der Panzertruppen Freiherr Geyr
v. Schweppenburg, übertragen wird. Territorial und
operativ ist Geyr dem Oberbefehlshaber West (GFM
v. Rundstedt) unterstellt.

An der Ostfront, wo jetzt ungewöhnliche Ruhe
herrscht, verteidigen den strategisch wichtigen Mittelabschnitt im Raum nördlich von Witebsk bis an die
Karpaten zwei deutsche Heeresgruppen: In Weißrußland die Heeresgruppe Mitte (GFM Busch) und in der
Westukraine die Heeresgruppe Nordukraine (GFM
Model). Das Oberkommando des Heeres ist der Ansicht, daß der erwartete sowjetische Hauptstoß von
Polesje nach Süden gerichtet sein wird und verlegt
dorthin das Gros der Panzerdivisionen. Die deutschen
Verbände in Weißrußland sind als dünne Postenketten
auf die langgezogene Front verteilt und mit nur wenigen
taktischen oder strategischen Einsatzreserven im Hinterland gesichert.

Am Dienstag, dem 6. Juni 1944 um 0.15 Uhr, beginnt
mit der alliierten Landungsoperation »Neptun« die Invasion in der Normandie (Operation »Overlord«), und
die ersten Commando-Trupps springen auf der Halbinsel Cotentin hinter den Küstenbefestigungen ab. Um
3.30 Uhr landen noch im Dunkeln drei Luftlandedivi-
sionen mit Fallschirmjägern und Lastenseglern.

Bei Tagesanbruch folgen die Landungsboote mit acht
Regimentern von See her unter dem Feuerschutz der
Flotte. 7 Schlachtschiffe, 27 Kreuzer und 164 Zerstörer
schützen 6 500 Transportfahrzeuge. Die Kriegsmarine
kann dagegen nur 3 Zerstörer, 36 Schnellboote und
34 U-Boote einsetzen.

Die 1. US-Armee (Lt.Gen. Bradley) bildet zwei Lande-
köpfe im Westen des Landegebietes, auf der Halbinsel
Cotentin: »Utah« mit dem VII. US-Korps (Maj.Gen.
Collins) und »Omaha« mit dem IV. US-Korps (Maj.
Gen. Gerow). Die britische 2. Armee (Lt.Gen. Demp-
sey) landet an drei Stellen: »Gold« mit dem XX. Korps
(Lt.Gen. Bucknell), »Juno« und »Sword« mit dem
I. Korps (Lt.Gen. Crocker). Den eigentlichen Sturm
auf die Invasionsküste führen die Funnies, Spezial-
panzer der 79. Panzerdivision (Gen. Hobart) aus.

Dank dieser Funnies können die britischen Einheiten
die Strandhindernisse der Küstenverteidigung mit erheblich weniger Verlusten durchbrechen als die Amerikaner, deren Führung bis auf den Schwimmpanzer DD
alle anderen Funnies kategorisch ablehnt. Besonders
die DD-Panzer, die Lieutenant General Bradley von
der britischen 79. Panzerdivision übernommen hat, sin-
ken fast alle mit ihren Besatzungen in der schweren See,
ohne das Ufer zu erreichen. Dieses Debakel verursacht
ein verantwortungsloser US-Kommandeur, der die
schwerfälligen DD-Panzer trotz der schweren See fast
vier Seemeilen von der Küste entfernt aussetzt.

Während die britische 2. Armee ohne größere Schwierigkeiten die von ihren Spezialpanzern geräumten

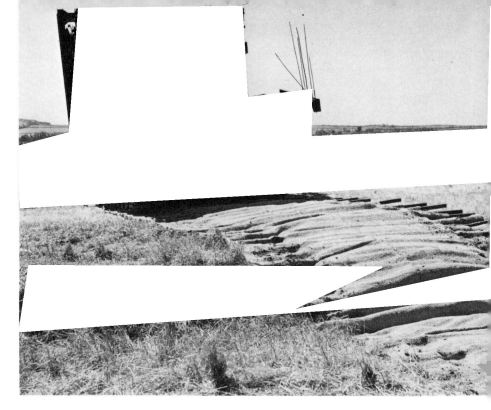

Linke Seite: Major General P. C. S. Hobart, einer der prominentesten britischen Panzerkrieg-Theoretiker, Initiator für den Bau von Funnies (Spezialpanzern) und Kommandierender General der 79. Panzerdivision

Rechts: Eine der Schöpfungen von Major General Hobart: Bobbin, der »Teppichleger«, eine Sondereinrichtung auf dem britischen Panzer Churchill, mit der die Normandiestrände panzergängig gemacht wurden

Strände überwindet, wird die amerikanische 1. Armee ohne Funnies durch das deutsche Feuer mehrere Stunden lang unter schweren Verlusten auf ihrem Strand Omaha festgehalten, bevor sie es schafft, Fuß zu fassen. Von etwa 2 500 Mann, die an allen Stränden an diesem Tag gefallen sind, finden allein im Omaha-Abschnitt 1 000 Mann den Tod.

Die Taktik der Funnies: Die Sherman-DD-Schwimmpanzer sind die ersten, die an Land fahren und die deutschen Küstenbefestigungen vom Ufer aus beschießen. Ihnen folgen die Crab-Dreschflegel-Panzer, die an den Stränden minenfreie Gassen schaffen. Danach legen die Brückenpanzer über die Deichmauer und Panzergräben eine Brücke, damit die DD-Schwimmpanzer die deutschen Stellungen unter direktes Feuer nehmen können. In deren Schutz überquert die Infanterie den Strand und erweitern ständig den Brückenkopf, während noch die Crab-Dreschflegel-Panzer mit dem Minenräumen beschäftigt sind. Jetzt erst rücken die Petard- und Flammenpanzer vor, um die noch Widerstand leistenden Bunker zu knacken.

Die bei Carentan sofort eingeleiteten deutschen Gegenangriffe bleiben erfolglos. Die britischen Einheiten können ihre Landeköpfe bis abends zu einem durchschnittlich 6 Kilometer tiefen Streifen verbinden. Die Landeköpfe der US-Truppen sind noch getrennt, und im Omaha-Abschnitt kommen sie kaum über den Strand hinaus. Bis zur Dämmerung sind planmäßig acht alliierte Divisionen mit 14 Panzerbataillone gelandet. Ihnen stehen zur Stunde eineinhalb deutsche bodenständige Divisionen gegenüber.

In der Nacht vom 6./7. Juni 1944 schlägt die einzige sofort verfügbare Panzerdivision, die 21. (GenLt. Feuchtinger), in einem Gegenangriff auf den britischen Landestreifen westlich Caen einen Korridor zur Küste, bleibt dann jedoch im Feuer der Schiffsartillerie stecken und muß ihren Vorstoß abbrechen. Die deutschen Heeresreserven, besonders die Panzerdivisionen aus dem Raum Paris, kommen wegen der alliierten Luftüberlegenheit und zerstörter Brücken nur langsam heran und müssen sofort einzeln eingesetzt werden.

Auch am Mittwoch, dem 7. Juni 1944, gelingt es der deutschen Verteidigung nicht, die Alliierten an der Ausweitung ihrer Landeköpfe zu hindern. Im Laufe des Tages nehmen die britischen und US-Truppen untereinander Fühlung auf.

Am Freitag, dem 9. Juni 1944, greifen starke sowjetische Kräfte der 21. Armee (GenLt. Gusjew) und der 23. Armee (GenLt. Tscherepanow) mit Flieger- und Artillerieunterstützung überraschend die seit Monaten stille Front auf der Karelischen Landenge an. Das finnische IV. Korps (GenLt. Laatikainen) mit fünfeinhalb Infanteriedivisionen, einer Panzerdivision und einer Kavalleriebrigade muß vor der Übermacht an Panzern und Schlachtfliegern in eine rückwärtige Stellung zurückweichen.

Am gleichen Tag gehen im Raum Caen/Normandie Einheiten der Panzergruppe West (Gen.d.Pz.Tr. Frhr. Geyr v. Schweppenburg) gegen den britischen Landekopf vor, was jedoch ohne Erfolg bleibt.

Am Sonnabend, dem 10. Juni 1944, führen alliierte Jagdbomber einen heftigen Luftangriff auf den Gefechtsstand der Panzergruppe West im Schloß Thury-Harcout an der Orne. Diese Befehlszentrale der für die Invasionstruppen gefährlichsten Großverbände wird durch die Ultra-Enigma-Berichte erkannt und beinahe völlig zerstört. Fast alle der wichtigsten Stabsoffiziere sind tot oder verwundet; General Geyr ist nur leicht verletzt, aber sämtliche Fernmeldeverbindungen sind außer Gefecht gesetzt. Mit diesem verhängnisvollen Luftangriff wird auch die Hoffnung von Generalfeldmarschall Rommel auf eine großangelegte Operation der Panzerverbände, um den Feind ins Meer zurückzuwerfen, zunichte gemacht.

Bis zum Montag, dem 12. Juni 1944, landen in der Normandie 13 Divisionen mit 24 Panzerbataillonen, insgesamt 326 000 Mann. Ihnen stehen 9 deutsche Divisionen gegenüber. Durch die künstlichen Hafenanlagen, die die Alliierten gebaut haben, ist ein Landen der umfangreichen Transporte möglich.

In der Nacht vom 12./13. Juni 1944 beginnt im Pas de Calais das deutsche Flak-Regiment 155 (Oberst Wachtel) mit dem Abschuß von unbemannten Flugkörpern (V1) gegen London.

Am Mittwoch, dem 14. Juni 1944, stoßen die amerikanischen Truppen nach Sicherung des Landekopfes über Ste.-Mère-Église durch die Halbinsel Cotentin und werfen vier deutsche Divisionen auf Cherbourg zurück.

Am Montag, dem 19. Juni 1944, sind die ersten Feldflugplätze im Invasionsraum einsatzfähig. Ab sofort beginnen die alliierten Jagdbomber, ihre rollenden Angriffe gegen deutsche Panzerverbände zu verstärken. So können die deutschen motorisierten Truppen ihre Bewegungen praktisch nur noch im Schutz der Dunkelheit durchführen.

In der Nacht vom 19./20. Juni 1944 findet im rückwärtigen Bereich der Heeresgruppe Mitte die größte Sabotageaktion des Krieges statt: Nach sowjetischen Berichten unternehmen 143 000 Partisanen 10 500 Sprengungen an allen Eisenbahnlinien, größeren Brücken und Telefonleitungen vom Dnjepr bis westlich Minsk. Der gesamte Nachschub wird auf Tage unterbrochen. Das Oberkommando des Heeres ahnt noch nicht, daß dieses operative Unternehmen in engem Zusammenhang mit der sowjetischen Sommeroffensive steht.

Am Donnerstag, dem 22. Juni 1944, dem dritten Jahrestag des deutschen Angriffs auf die Sowjetunion, beginnt überraschend mit noch nie dagewesener Überlegenheit der Hauptangriff von 4 sowjetischen Fronten mit 14 Armeen und 5 Luftarmeen, 200 Divisionen, etwa 6000 Panzern und Selbstfahrlafetten, dazu 45 000 Geschütze und Werfer sowie etwa 7 000 Flugzeuge. Sie haben (nach sowjetischen Angaben) das Doppelte an Menschen im Einsatz und sind artilleristisch dreifach, mit Panzern vierfach, mit Flugzeugen fünffach überlegen. In einzelnen Frontabschnitten kommen 200 Geschütze auf einen Kilometer. Für den täglichen Bedarf an Munition, Treibstoff und Verpflegung werden 25 000 Tonnen Nachschub benötigt, die 12 000 Lastkraftwagen heranschaffen. Deutsche Quellen wiederum beziffern eine sechsfache sowjetische Überlegenheit (2,5 Millionen Mann) und an Waffen mehr als das zehnfache.
Die gestaffelte sowjetische Sommeroffensive erfolgt von Norden nach Süden: Am 22. Juni 1944 greift die 1. Baltische Front (Armeegen. Bagramjan) mit Teilen der 3. Weißrussischen Front (GenOberst Tschernischowski) die deutsche 3. Panzerarmee (GenOberst Reinhardt) beiderseits Witebsk an.

Tags darauf, am 23. Juni 1944, schlägt die 2. Weißrussische Front (GenOberst Sacharow) gegen die deutsche 4. Armee (Gen.d.Inf. v. Tippelskirch) los. Kaum 24 Stunden später geht die 1. Weißrussische Front (Armeegen. Rokossowski) gegen die deutsche 9. Armee (Gen.d.Inf. Jordan) vor. Auf einer Breite von über 1 000 Kilometern und nach einer Feuervorbereitung von Tausenden Geschützen sowie von Luftangriffen stürmen Schützendivisionen in mehreren Wellen vor. Panzer und mechanisierte Verbände reißen die Front der Heeresgruppe Mitte (GFM Busch) auf, überrollen die letzten Widerstandsnester und stoßen in die Tiefe des Kampfraumes.

Ab Freitag, dem 23. Juni 1944, führen die schnellen Durchbrüche an sechs breiten Stellen zur Einkesselung starker deutscher Kräfte bei Witebsk, Orscha, Mogilew und Bobruisk. Alle festen Plätze werden eingeschlossen.

Rechte Seite: 22. Juni 1944, Beginn der sowjetischen Sommeroffensive: Infanterie greift mit Panzerunterstützung an

Unten: (1) Leichter US-Kampfpanzer M 24 Chaffee. (2) Mittlerer US-Panzer M 4 Sherman mit 10,5-cm-Haubitze (beide ab 1944)

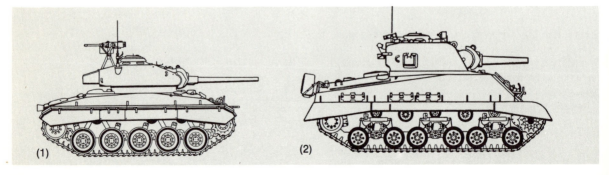

Am Sonntag, dem 25. Juni 1944, setzt in der Normandie, im Raum westlich und südlich Caen, die britische 2. Armee (Lt.Gen. Dempsey) zur Großoffensive mit Panzerverbänden an. Sie stößt in Bereitstellungen der sich gerade zu einer größeren Gegenaktion formierten deutschen Panzerverbände, die jetzt vorzeitig den Kampf aufnehmen müssen.

Bereits am Montag, dem 26. Juni 1944, beginnen nach dem Durchbruch der sowjetischen 43. Armee (GenLt. Beloborodow) mit Raum Witebsk-Bobruisk sowjetische Panzerverbände, die Heeresgruppe Mitte doppelt zu umfassen. An diesem Tag verliert die 3. Panzerarmee bei ihrem Ausbruch aus Witebsk etwa 35 000 Mann.

Am Mittwoch, dem 28. Juni 1944, eine Woche nach Beginn der sowjetischen Sommeroffensive, ist die deutsche Front in Weißrußland völlig zusammengebrochen: Die 3. Panzerarmee und die 9. Armee sind zerschlagen, die 4. Armee von Norden und Süden her umfaßt.
An diesem Tage wird Generalfeldmarschall Busch abgelöst und durch Generalfeldmarschall Model ersetzt, der die Befehlsgewalt über die Heeresgruppe Mitte übernimmt und gleichzeitig den Oberbefehl der Heeresgruppe Nordukraine behält. Model befiehlt die sofortige Verlegung der eigenen Verbände aus der Westukraine nach Weißrußland, um den sowjetischen Vormarsch zu stoppen und die 4. Armee zu entsetzen.

Am Donnerstag, dem 29. Juni 1944, fällt Bobruisk, die 9. Armee verliert dabei 70 000 Mann; 30 000 Mann gelingt jedoch der Ausbruch nach Westen.

Am Freitag, dem 30. Juni 1944, kapituliert die Festung Cherbourg (GenLt. v. Schlieben) nach völliger Zerstörung des Hafens. In der Normandie befinden sich jetzt bereits 850 279 alliierte Soldaten, 148 803 Fahrzeuge sowie 570 505 Tonnen Material. 30 alliierte Infanteriedivisionen und 13 Panzerdivisionen stehen im Kampf gegen die deutschen Truppen.

Die im Juni 1944 in Frankreich stehenden deutschen Panzerdivisionen waren zwar gut ausgebildet und ausgerüstet, doch konnten sie gegenüber der alliierten Luftüberlegenheit trotz aufopfernden Einsatzes kaum einen Erfolg erringen.
Eine »voll kampfkräftige« Panzerdivision, wie sie Generaloberst Guderian für 1944 plante, war nie entstanden. Eine Ausnahme bildete die Panzer-Lehrdivision (GenLt. Bayerlein), die aus Lehrtruppen der Panzerschulen bestand und mit dem neuesten Gerät ausgerüstet sowie voll mechanisiert war.
Zu Beginn des Jahres 1944 verfügte das Panzerregiment einer Panzerdivision – Eliteverbände des Heeres und die Waffen-SS ausgenommen – über eine unzureichende Sollstärke von 103 Panzerwagen. Dieser Zustand wurde durch die Einführung der Tiger- und der Panther-Panzer etwas verbessert. Die Aufklärungsabteilun-

gen hatten jetzt anstelle von Motorrädern (Krad) VW-Kübel- oder Schwimmwagen. Sowohl Aufklärungsabteilungen als auch Panzerjäger waren mit Sturmgeschützen oder gepanzerten Selbstfahrlafetten ausgestattet, während die Grenadierregimenter der Panzerdivisionen meistens über Schützenpanzerwagen, zum Teil aber nur über LKW verfügten. Manchen Panzernachrichten- und Panzerpioniertruppen hatte man jetzt zusätzlich Flak-Abwehr und eine Sturmgeschützkompanie zugeteilt. Um der feindlichen Luftüberlegenheit Herr zu werden, ging man dazu über, Flak-Panzer einzusetzen und die Flak-Einheiten innerhalb der Panzerdivisionen zu verstärken. Stand ein Panzerangriff der Sowjets bevor, so war ein lebhafteres Einschießen ihrer Waffen auf bestimmte Punkte und eine Verdichtung der Aufklärungstätigkeit zu bemerken: In den meisten Fällen genügte eine genaue Registrierung dieser Tatsachen, um den späteren Schwerpunkt eines Angriffs zu erkennen. Bei der Bekämpfung kleinerer Angriffe sowjetischer Panzer war es zweckmäßig, Panzernahbekämpfungsmittel wie Panzerfaust oder Panzerschreck einzusetzen, um die Stellungen der Pak nicht vorzeitig zu verraten.

Im Vergleich zu Ende 1943 hat sich die Angriffstaktik der sowjetischen Panzerarmeen wiederholt geändert. Hatte man die Panzerarmeen in der Regel bereits am ersten Tag der Operation bei einer Durchbruchstiefe von 3 bis 8 Kilometern in den Kampf geworfen, so zeigte sich bei der Sommeroffensive, daß Angriffsbefehl erst dann erteilt wurde, wenn der Durchbruch der deutschen Frontlinie eine Tiefe von 25 bis 40 Kilometern erreicht hatte. Der Grund dafür: Die Rote Armee war im Sommer 1944 bereits stark genug, den Durchbruch der deutschen taktischen Verteidigungszone bereits von Panzer- und mechanisierten Korps vollenden zu lassen und benötigte dazu nicht mehr die Panzerarmee. Die erst dann in den Durchbruch eingeführten frischen Panzerarmeen besaßen nämlich weit größere Möglichkeiten zu operativen Manövern.

Neu sind auch jetzt die operativen Aufgaben der sowjetischen Panzertruppe: nach dem Durchbruch und Vorstoß in die Tiefe die deutschen operativen Reserven zu zerschlagen und so die deutsche Verteidigung der rückwärtigen Linien zu vereiteln. Es wurde auch mit Panzern angegriffen, denen die Infanterie in tiefgestaffelten Keilen folgte. Derartige Angriffe führte man möglichst tief und starr in gerader Richtung. In der Nacht wurde Halt gemacht, um möglichst starke Infanteriekräfte nachzuführen, die sich nach Erreichen der Angriffsziele sofort eingrub. Weitere Angriffskeile schlossen sich etappenweise an.

Gegenangriffe deutscher Panzerverbände wurden während der Sommeroffensive 1944 meist in Begegnungsschlachten abgewehrt, die mit hoher Stoßkraft und Schnelligkeit verliefen. Die Verfolgung der zurückweichenden deutschen Truppen übernahmen sowjetische Vorausabteilungen.

Der zunehmende Einsatz und die Wirkung von Panzernahbekämpfungsmitteln zwang beide Seiten, ihre Panzerwaffe unmittelbar durch Infanterie zu sichern. Die Sowjets setzten einfach Infanteristen auf die Panzer, die Deutschen wiederum führten Infanterie auf gepanzerten Kampf- und Transportfahrzeugen mit. Gegen die Wirkung der deutschen Panzerfaust versuchten die sowjetischen Panzerbesatzungen, sich durch Anhängen von Brettern behelfsmäßig zu sichern, da der Zünder der Panzerfaust bereits auf solche Schutzmittel reagierte. Im Gegensatz zu den Deutschen und Sowjets sahen die Westalliierten keinen operativen Panzereinsatz vor. Selbst der gleichzeitige Einsatz von zwei Panzerdivisionen im Rahmen eines Korps bildete dabei eine Ausnahme. Die Panzerdivisionen griffen einfach einzeln auf breiter Front an. Ein anderer schwerwiegender Fehler: Die Unterschätzung des Reserveproblems ließ selbst den Oberbefehlshabern der Armeegruppen kaum die Möglichkeit, entscheidend den Verlauf der Operationen zu beeinflussen. Dies war eine der Ursachen für die Verzettelung der Angriffskraft alliierter Panzerverbände nach der Landung in der Normandie und dem Ausbruch aus dem Landekopf.

Die Engländer hatten ihre Panzer- und Infanterieeinheiten strikt voneinander getrennt. Sie gruppierten ihre Panzerkräfte nach Möglichkeit nicht unter Brigadeebene um. Die Amerikaner dagegen versuchten die Flexibilität ihrer Panzerverbände, die Mitte 1944 aus sechs Panzerdivisionen mit je 270 Panzern bestanden, durch Einrichten von zwei Gefechts-Befehlsstellen pro Panzerdivision zu erhöhen.

Im Juni 1944 zählten die Panzertruppen des britischen Heeres mit ihrem großen kanadischen Anteil und der polnischen 1. Panzerdivision (Maj.Gen. Maczek) fünf Panzerdivisionen, acht selbständige Panzerbrigaden und einige Spezialpanzereinheiten, insgesamt etwa 3 300 Panzer, hauptsächlich Shermans, Churchills und Cromwells. Und erst zu dieser Zeit, als der Meteor-Motor, die Version eines Flugzeugmotors von Rolls-Royce, in den neuen britischen Panzer Cromwell eingebaut wurde, hatten endlich die Westalliierten einen Kampfwagen, der dem deutschen Panther II und dem Tiger oder dem sowjetischen T-34 sowie KV 2 etwa gleichwertig war.

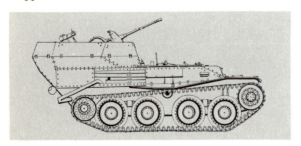

Deutscher Flakpanzer 8 (t)
mit 2-cm-KwK 38
auf Fahrgestell PzKpfw 38 (t)
des tschechischen LT-38
(ab Dezember 1943)

1944

Juli – Dezember

Erfolge deutscher Panzerverbände
Sonnabend, 1. Juli 1944, Berlin
Das *DNB* meldet:
Gegen die deutschen Sicherungslinien in der Nordwestecke der Halbinsel Cotentin traten die Amerikaner am Freitag früh mit Panzer- und Infantriedivisionen in Stärke von etwa zwei Divisionen zum Angriff an. Nachdem es ihnen gelungen war, durch massierten Artillerieeinsatz einige Breschen in die deutsche Abwehrfront zu schlagen, drangen starke Panzerkeile an zwei Stellen vor und stellenweise bis Jobourg durch.
Der deutsche Gegenangriff im Raume der großen Panzerschlacht von Tilly machte auch im Laufe des Freitags gute Fortschritte. Durch Angriffe von Südwesten her engten deutsche Panzerverbände den ohnehin nach Breite und Tiefe nur wenige Kilometer betragenden Einbruchsraum am Freitag vormittag weiter ein und warfen die Briten auf den Südrand des Dorfes Baron zurück. Das wiedergewonnene Gelände war dicht übersät mit zertrümmerten Panzern, zerstörten Geschützen aller Kaliber und einer großen Anzahl vernichteter Fahrzeuge.

Zusammenbruch der Heeresgruppe Mitte

Montag, 3. Juli 1944, Moskau
Das *Sowinformbüro* teilt mit:
Die gegen Mitternacht im Oberkommando Moskau eintreffenden Meldungen zeigen, daß auf einer Frontbreite von 400 Kilometern die gesamte Heeresgruppe Mitte unter Feldmarschall v. Busch zusammengebrochen ist. Die drei weißrussischen Fronten kümmern sich kaum noch um die großen Bastionen von Minsk und Polozk, sondern stürmen mit dem Gros in größter Wucht auf Wilna, auf die ostpolnische Grenze und im Süden auf Brest-Litowsk vor.

Mittwoch, 5. Juli 1944
Das *Oberkommando der Wehrmacht* gibt bekannt:
In der Normandie trat der Feind beiderseits der Straße Baheur–Caen in den Dienstagmorgenstunden nach schwerem Vorbereitungsfeuer mit starken Infanterie- und Panzerkräften zum Angriff an. Es entwickelten sich heftige Kämpfe, in deren Verlauf der Feind überall blutig abgewiesen wurde. Auch südöstlich Tilly brachen mehrere feindliche Vorstöße in unserem Abwehrfeuer zusammen.
Im Südabschnitt der Ostfront wurde die Stadt Kowel zur örtlichen Frontverkürzung planmäßig und ohne feindlichen Druck geräumt. Im Mittelabschnitt dauert das harte Ringen zwischen den Sümpfen im Raum von Baranowitschi und Molodetschno an. Östlich und nördlich von Baranowitschi wurden die Sowjets nach schweren Kämpfen in Riegelstellungen aufgefangen. Südlich Minsk kämpfen sich unsere Verbände weiter zurück. Nordwestlich der Stadt wurden heftige Angriffe der Sowjets abgewiesen. Hier schoß eine Panzerkampfgruppe in der Zeit vom 27. Juni bis 3. Juli 232 feindliche Panzer ab. Um Molodetschno wird erbittert gekämpft. Auch nordöstlich Wilna sind heftige Kämpfe mit sowjetischen Angriffsspitzen im Gange. Westlich und östlich Polozk brachen zahlreiche, von Panzern unterstützte Angriffe des Feindes unter hohen blutigen Verlusten zusammen.

Partisanen in Frankreich
Freitag, 7. Juli 1944, London
Die *Agentur Reuter* meldet:
Eine deutsche Panzerdivision ist auf ihrem Marsch nach Nordfrankreich in Mittelfrankreich von französischen Widerstandskämpfern angegriffen und mehr als 30 Stunden lang aufgehalten worden. Die Partisanen, die 40 Mann verloren, haben 80 deutsche Soldaten getötet, 300 verwundet und 30 gefangengenommen.

Tagesparole des Reichspressechefs
Sonnabend, 8. Juli 1944:
Der Ernst der Kämpfe im Osten ist im Sinne der Formulierungen des OKW-Berichtes in den Überschriften neben den beachtlichen Abwehrerfolgen im Westen und Süden mit auszusprechen.

Kräfteverhältnis in der Luft – 200:1
8. Juli 1944, London
Das *Luftfahrtministerium* teilt mit:
Trotz der zunehmenden Tätigkeit der deutschen Luftwaffe an der französischen Küste beherrschen die Alliierten weiterhin den Luftraum über dem ganzen Opera-
tionsgebiet. Das Kräfteverhältnis war auch heute ungefähr 200:1.

Ostpreußen bedroht

10. Juli 1944, Moskau
United Press berichtet:
Noch immer wird die sowjetische Offensive in unver-
mindertem Tempo nach Westen vorgetragen. Drei große Armeen schieben sich gegen das Baltikum vor und
drohen, nach der ostpreußischen Grenze durchzubrechen. Vorgeschobene Einheiten sind nach den letzten
Frontmeldungen fast bis auf hundert Kilometer gegen
die ostpreußische Grenze vorgedrungen.

J. W. Stalin an W. Churchill
Dienstag, 11. Juli 1944:
Ich gratuliere Ihnen zu dem neuen glorreichen Sieg der
britischen Truppen, die Caen befreit haben.

Geheimer Bericht des *Sicherheitsdienstes der SS*
zur innenpolitischen Lage:
13. Juli 1944 (Auszug)
Die schweren Kämpfe an allen Fronten sind für die
gesamte Bevölkerung Gegenstand einer täglich zunehmenden Sorge. Im einzelnen geht aus den vorliegenden
Meldungen noch hervor: 1. Von der Entwicklung an der
Ostfront kann sich noch niemand ein Bild machen.
Vergeblich sucht ein großer Teil der Volksgenossen
nach einer Erklärung dafür, wie alles so kommen konnte, und stellt fest, daß die Sowjets sich mit unaufhaltsamen Schritten den Toren des Reiches nähern, daß sie
über Witebsk, Minsk nach Wilna, Polozk und Barano-
wice kamen; man sieht die baltischen Städte, Königsberg und Danzig bedroht, Finnland abgeschnitten, die
großen Lebensmittel- und Sonderdepots im Generalgouvernement und nach der Ukraine weitere für unsere
Ernährung wichtige Gebiete verloren.
2. Der zähe Widerstand unserer Truppen an der Invasionsfront wird allgemein bewundert.
3. Die Enttäuschung der Volksgenossen, daß die Ver-
geltungswaffe nicht gleich eine entscheidende Wirkung
erzielt habe, ist jetzt größtenteils überwunden, und man
hat sich mehr und mehr zur Ansicht durchgerungen,
daß auch die »V1« Zeit brauche, um sich auszuwirken.
4. Über die Vorgänge an der Italienfront machen sich
die Volksgenossen weniger Sorgen, weil sie in den
Alpen einen schützenden Wall vor einem unmittelbaren
Angriff auf das Reichsgebiet sehen.

Wilna hat kapituliert
Freitag, 14. Juli 1944, Moskau
Das *Sowinformbüro* teilt mit:
Am frühen Morgen des 13. Juni wurde die letzte Kapi-

tulationsfrist an die im Stadtzentrum und auf dem
Schloßhügel von Wilna ausharrenden Deutschen gestellt. Sie lief um 11 Uhr vormittags ab. Da keine
Antwort einging, wurde aus Hunderten von Sturmgeschützen das Feuer auf die Barrikaden und den Schloßhügel eröffnet, dessen verheerende Wirkung die deutsche Führung veranlaßte, die Waffen zu strecken. Um
12.30 Uhr zeigten sich plötzlich viele weiße Flaggen.
Zwei Parlamentäre wurden vom Adjutanten Tschernjakowskis empfangen und kurz darauf kam der Befehl
»Feuer einstellen«. In kleinen Trupps marschierten die
abgekämpften und todmüden faschistischen Soldaten
zum Rathaus von Wilna, wo sie ihre Waffen abzuliefern
hatten. Gestern abend waren 5 840 Kriegsgefangene,
darunter viele hohe Offiziere, registriert. Die endgültige Zahl dürfte sich beträchtlich erhöhen.

Sender Beromünster (Schweiz)

14. Juli 1944:
Augenblicklich steht der stürmische Vormarsch der russischen Panzerarmeen von Weißrußland über Litauen
in Richtung Ostpreußen im Vordergrund des allgemeinen Interesses. Die gestrige Meldung aus Moskau, daß
starke Panzervorhuten des Generals Tschernjakowski
knapp 40 Kilometer vor der Grenze Ostpreußens stehen
und daß Festungsartillerie auf dem Anmarsch sei, um
noch in der Nacht das Feuer auf die Grenze Ostpreußens zu eröffnen, ist ein Zeichen dafür, daß an dieser
Stelle ein tiefer Durchbruch die russischen Vorhuten in
bedrohliche Nähe der deutschen Reichsgrenze gebracht
hat . . . In der Normandie sind die Amerikaner und die
Engländer noch in schwere taktische Kämpfe mit den
Panzern Rommels verwickelt, und beide Seiten unterstreichen die Wucht und Schwere dieser Schlachten.

Panzerschlacht vor der ostpreußischen Grenze
Montag, 17. Juli 1944, Moskau
Das *Sowinformbüro* berichtet:
Im Norden von Grodno wurden gestern der Njemen bis
Olita von starken sowjetischen Verbänden überschritten, die sich von den Brückenköpfen aus fächerförmig
nach Westen entfalteten. Nach den letzten Meldungen
wird von Olita und Grodno aus eine große sowjetische
Zangenbewegung gegen das Suwalki-Dreieck entwik-
kelt, vor dessen Grenzen in den späten Abendstunden
eine Panzerschlacht in Gang kam. Die Deutschen versuchen durch Einsatz einiger motorisierter Verbände
den sowjetischen Vormarsch abzubremsen, doch sind
ihre Abwehraktionen so überstürzt und improvisiert,
daß sie meist schon zusammenbrechen, bevor sie richtig
zur Entfaltung kommen.

Attentat auf Hitler

Donnerstag, 20. Juli 1944, Berlin
Das *DNB* meldet:
Aus dem Führerhauptquartier wird gemeldet, daß auf
den Führer heute ein Sprengstoffanschlag verübt wurde. Aus seiner Umgebung wurden hierbei schwer ver-

letzt: Generalleutnant Schmundt, Oberst Brandt, Mitarbeiter Berger. Leichtere Verletzungen trugen davon Generaloberst Jodl, die Generäle Korten, Buhle, Bodenschatz, Heusinger, Scherff, die Admiräle Voß und v. Puttkamer, Kapitän zur See Aßmann und Oberstleutnant Borgmann.

Der Führer selbst hat außer leichten Verbrennungen und Prellungen keine Verletzungen erlitten. Er hat unverzüglich darauf seine Arbeit wieder aufgenommen und – wie vorgesehen – den Duce zu einer längeren Aussprache empfangen.

Sender Beromünster (Schweiz)

Freitag, 21. Juli 1944:
. . . In Berlin haben die zuständigen Stellen zuerst den Pressevertretern mitgeteilt, der englische Secret Service sei für diesen Anschlag verantwortlich. Diese Version wurde jedoch fallengelassen, nachdem Reichskanzler Hitler in der Donnerstagnacht im deutschen Rundfunk eine Rede hielt, in der er interessante Aufschlüsse über das Attentat gab. Er nannte es ein Verbrechen, das in der deutschen Geschichte seinesgleichen suche; eine Clique von Offizieren habe ein Komplott geschmiedet, um ihn samt dem Stab der deutschen Wehrmachtführung zu beseitigen.

J. W. Stalin an W. Churchill

Sonntag, 23. Juli 1944:
Die Ereignisse an unserer Front gehen in sehr schnellem Tempo voran. Lublin, eine der großen Städte Polens, wurde heute von unseren Truppen eingenommen, die ihren Vormarsch inzwischen fortsetzen.
In dieser Situation stehen wir der praktischen Frage der Verwaltung des polnischen Territoriums gegenüber. Weder wollen wir noch werden wir unsere eigene Verwaltung auf polnischem Gebiet aufbauen, da wir uns in Polens innere Angelegenheiten nicht einzumischen wünschen. Es ist Sache der Polen, sich damit zu befassen. Wir haben es daher für notwendig befunden, mit dem Polnischen Komitee der Nationalen Befreiung in Verbindung zu treten, das kürzlich vom Nationalrat Polens konstituiert wurde. Wir haben in Polen keine anderen Kräfte gefunden, die eine polnische Verwaltung errichten könnten. Die sogenannten Untergrundorganisationen, die von der polnischen Regierung in London geleitet werden, haben sich als kurzlebig und einflußlos erwiesen.

Japanische Niederlage in Burma

Dienstag, 25. Juli 1944, Kandy (Ceylon)
Die *Agentur Reuter* teilt mit:
Das Hauptquartier Admiral Mountbattens bestätigt, daß die Japaner in Burma ihre bisher größte Niederlage erlitten haben. Amtlich wird bekanntgegeben, daß die Ebene von Imphal jetzt vollständig vom Feinde gesäubert ist. Der Versuch der Japaner, Indien mit Krieg zu überziehen, kann somit als endgültig gescheitert gelten.

Freitag, 28. Juli 1944
Das *Oberkommando der Wehrmacht* gibt bekannt:
Frankreich: Im Kampfraum beiderseits Saint-Lô setzten die Amerikaner ihren Großangriff den ganzen Tag über fort. Während ihnen östlich Saint-Lô nur einige unwesentliche Einbrüche gelangen, wurden unsere Truppen südwestlich der Stadt in erbitterten und beiderseits verlustreichen Kämpfen weiter nach Süden und Südwesten zurückgedrängt. Die Gegenangriffe zur Schließung der an einigen Stellen aufgerissenen Front sind im Gange. 75 Panzer wurden abgeschossen.
Schweres V1-Vergeltungsfeuer liegt fast ununterbrochen auf dem Großraum von London.
Italien: In Italien tastete der Feind unsere gesamte Front durch zahlreiche örtliche Angriffe ab. Seit den frühen Morgenstunden ist der Feind in breiter Front südlich Florenz erneut zum Großangriff angetreten. Heftige Kämpfe sind entbrannt.
Ostfront: An der Ostfront hat die große Abwehr-

Juli 1944, Raum Brest-Litowsk, Ostpolen:
Sowjetische Panzerverbände mit aufgesessener Infanterie stürmen nach erzieltem Durchbruch ins Hinterland

schlacht zwischen den Karpaten und dem Finnischen Meerbusen an Heftigkeit noch zugenommen. Im Zuge der Frontbegradigung wurden nach Zerstörung aller militärisch wichtigen Anlagen die Städte Lemberg, Brest-Litowsk, Bialystok und Dünaburg geräumt.

Die Alliierten 10 Kilometer vor Florenz
28. Juli 1944, im Hauptquartier von General Alexander
United Press berichtet:
Der linke Flügel der 8. Armee ist gegen zähen deutschen Widerstand weiter gegen Florenz vorgedrungen. Südafrikanische Panzertruppen haben sich Empoli bis auf fünf Kilometer genähert und die Verbindung mit den westlich dieser Stadt am Arno stehenden Amerikanern aufgenommen. Panzervorhuten sind nur noch 10 Kilometer von Florenz entfernt.

Der Fall von Lemberg
28. Juli 1944, Moskau
Das *Sowinformbüro* teilt mit:
Die letzten deutschen Verteidigungsstellungen, die bisher Konjews Vormarsch behinderten, sind gestern überwunden worden. Das seit vielen Tagen eingekesselte Lemberg hißte die weiße Fahne, nachdem die Feldartillerie und Sturmgeschütze um 10 Uhr vormittags das Feuer aus 6500 Rohren aufgenommen hatten. Die Verteidiger, die auf den Stadtkern zurückgegangen waren, leisteten in der Stadt nur »symbolischen Widerstand«. Der die Truppen in Lemberg kommandierende General brach den Kampf ab, als schwere Panzer das Stadtzentrum erreicht hatten.

Guderian zur Kriegslage im Osten
Sonnabend, 29. Juli 1944, Berlin
Das *DNB* meldet:
Generaloberst Guderian, der neue Chef des Generalstabes des Heeres, gab heute mittag einem militärischen Mitarbeiter des Deutschen Nachrichtenbureaus Gelegenheit zu einer kurzen Unterredung. Auf die Frage, wie er die Lage im Osten beurteile, antwortete Generaloberst Guderian: »Natürlich macht uns das zahlenmäßige Übergewicht des Gegners zu schaffen. Aber wir werden seiner Herr werden . . . Der Überblick, den ich über die Lage und über unsere weiteren Dispositionen besitze, gibt mir die Gewißheit, daß der gegenwärtige sowjetische Ansturm nicht nur gebrochen werden wird, sondern daß die Eindringlinge auch aus allen Gebieten, die sie gegenwärtig so brutal verwüsten, wieder hinausgeworfen werden.«

Die deutsche Verteidigung festigt sich
Dienstag, 1. August 1944, Berlin
Das *DNB* berichtet:
An der Ostfront stand der gestrige Großkampftag im Zeichen wirksamer Gegenaktionen der deutschen Verteidigungskräfte.
Die Tatsache, daß es dem Feind am Vortag nirgends mehr gelang, den planmäßigen Ablauf der deutschen Konzentrationsbewegungen an den wichtigsten Kampfabschnitten zu stören, und daß er auch nicht mehr in der Lage war, eine Reihe von kraftvoll geführten deutschen Gegenaktionen zu unterbinden, spricht eine klare Sprache.

Angriff auf Warschau
1. August 1944, Moskau
United Press teilt mit:
Nach einem soeben eingetroffenen Frontbericht hat der Angriff Rokossowskis auf Warschau begonnen. Starke Verbände sowjetischer und polnischer Truppen, unterstützt von großen Jagdbomber- und »Stormovik«-Formationen, sind nach mehrstündiger Artillerievorbereitung zum Sturm auf die Industrievorstadt Praga am rechten Weichselufer geschritten.
In Warschau wüten Brände. Es ist anzunehmen, daß die Deutschen ihre Depots vernichten; starke Detonationen lassen auch auf Sprengungen von Gebäuden schließen.

Rechte Seite: August 1944, Italien: Sherman-Panzer der britischen 8. Armee auf dem Vormarsch nach Norden

Links: Juli 1944, Nordfrankreich: Vorderansicht eines mittleren US-Kampfpanzers M 4 Sherman des französischen Expeditionskorps

Heftiger deutscher Widerstand vor Florenz
Donnerstag, 3. August 1944, im alliierten Hauptquartier in Italien
Die *Agentur Reuter* meldet:
Im Süden von Montelupo, einem rund 15 Kilometer westlich Florenz am Zusammenfluß der Pesa mit dem Arno gelegenen Dorf, haben die Truppen der indischen Division den Fluß Pesa auf breiter Front überquert und sind ungefähr zwei Kilometer vorgerückt. Südwestlich Florenz gehen die Kämpfe heftig weiter.

Sender Beromünster (Schweiz)

Freitag, 4. August 1944
In den vier Hauptsektoren der Ostfront: im Baltikum, vor Ostpreußen, an der Weichsel und im galizischen Abschnitt hat der russische Vormarsch neue, wenn auch langsamere Fortschritte gemacht . . . Gleichzeitig mit den großen russischen Siegen trat auch an der Invasionsfront in Frankreich eine Wendung ein. Am 25. Juli begann eine Offensive am westlichen Teil der Front in der Normandie, wobei die amerikanischen Verbände des Generals Bradley zwischen der Meeresküste und St. Lô nach Süden stießen, Granville nahmen und am 30. Juli Avranches gegenüber dem berühmten Mont-Saint-Michel besetzten.

J. W. Stalin an W. Churchill
Sonnabend, 5. August 1944:
Ihre Botschaft hinsichtlich Warschaus habe ich erhalten.
Ich halte die Ihnen von den Polen übermittelte Information für stark übertrieben und unzuverlässig. Die Armia Krajowa besteht aus einigen wenigen Abteilungen, die fälschlicherweise als Divisionen bezeichnet werden. Sie haben weder Artillerie noch Flugzeuge oder Panzer. Ich kann mir nicht vorstellen, wie solche Abteilungen Warschau einnehmen sollen, das die Deutschen mit vier Panzerdivisionen, darunter die Division »Hermann Göring«, verteidigen.

Sonntag, 6. August 1944
Das *Oberkommando der Wehrmacht* gibt bekannt:
Südlich von Caen griff der Feind wiederholt, aber vergeblich an. Auch im Raum nordöstlich und westlich Vire sowie östlich Avranches kamen die starken, von Panzern unterstützten feindlichen Angriffe während des ganzen gestrigen Tages nur zu geringen Erfolgen.
Das Vergeltungsfeuer auf London wurde bei Tag und Nacht fortgesetzt. In Italien fühlte der Feind bisher nur mit Aufklärungsstößen gegen den gesamten Arnoabschnitt vor.
Östlich Warschau wurde das seit dem 4. August abgeschnittene 3. sowjetische Panzerkorps nach mehrtägigen harten Kämpfen vernichtet. Die Sowjets hatten schwere Verluste und verloren 152 Panzer und 43 Geschütze. Zwischen Weichsel und Memel setzte der Feind seine Angriffe an den bisherigen Schwerpunkten fort.

Räumung Südwestfrankreichs?
Dienstag, 8. August 1944, Madrid
United Press berichtet:
Von der spanisch-französischen Grenze wird gemeldet, daß die Deutschen große Teile Süd- und Südwestfrankreichs zu räumen begonnen haben. In den bisherigen deutschen Garnisonsstädten längs der französisch-spanischen Grenze würden nur noch wenige Gestapoleute und Polizeibeamte zurückgelassen, während die Truppen mit ihrer Artillerie und allem Kriegsmaterial in aller Eile nach Osten abtransportiert würden.

Donnerstag, 10. August 1944
Das *Oberkommando der Wehrmacht* gibt bekannt:
Im Osten sind bei Sanok und Riebylec heftige Kämpfe mit eingebrochenen feindlichen Kräften im Gange. Nordwestlich Baranow wurden wiederholte feindliche Angriffe zerschlagen und die Sowjets im Gegenangriff zurückgeworfen. Bei den schweren Kämpfen wurden hier in der Zeit vom 6. bis 9. August 108 feindliche Panzer abgeschossen. Südöstlich Warka gewinnt der Gegenangriff unserer Panzerverbände gegen zähen feindlichen Widerstand weiter Boden. Westlich des oberen Narew wurden wiederholte Angriffe der Sowjets abgewiesen oder aufgefangen. Bei Wilkowischken sind Gegenangriffe unserer Truppen im Gange. Nördlich der Memel scheiterten im Raum von Raseinen erneute Durchbruchsversuche der Sowjets unter hohen blutigen Verlusten.

Deutsche Gegenangriffe an der Ostfront
Mittwoch, 16. August 1944, Moskau
United Press meldet:
Am Dienstag standen die Kämpfe an der sowjetischen Front im Zeichen heftiger deutscher Gegenangriffe, die sich auf fast alle Fronten erstreckten. Einzig im Baltikum erzielten die Sowjets in Fortsetzung ihrer Operationen zur Aufteilung der feindlichen Kräftegruppen nennenswerte Erfolge.
Die Offensive gegen Ostpreußen ist ins Stocken geraten. An der nördlichen Fronthälfte setzten die Deutschen ihre Gegenangriffe fort, insbesondere im Raum

von Rossijeny, wo sich der Druck auf die sowjetischen Positionen nach dem Eintreffen weiterer deutscher Panzer- und Infanterieverstärkungen gesteigert hat.

Sender Beromünster (Schweiz)

Freitag, 18. August 1944:

. . . Es hatte die Alliierten ein hartes Stück Arbeit, viel Tapferkeit und Opferbereitschaft gekostet, und es bedurfte ganz außerordentlicher Leistungen sowohl organisatorischer als auch militärischer Art, bis sie sich auf der schmalen Invasionsfront in der Normandie so weit festgesetzt und den starken deutschen Widerstand gebrochen hatten, um endlich in den freien Raum hinausstoßen und die Früchte ihrer Bemühungen ernten zu können. Die große Schlacht im Westen ist nunmehr zu der Schlacht um Frankreich geworden, wie diejenige, die in umgekehrter Richtung und mit umgekehrten Kräfteverhältnissen vor vier Jahren von den Deutschen gewonnen wurde . . . Diejenigen aber, die von hoher deutscher Stelle in einer bekannten Reichstagsrede »militärische Idioten« genannt wurden, die von Glück reden könnten, wenn sie bei einem Invasionsversuch neun Stunden am Land bleiben können, haben sich als militärische Führer von Format entpuppt, die einen strategischen Plan nicht nur auf dem Papier zu entwerfen, sondern ihn auch auf dem Schlachtfeld durchzuführen verstehen . . . Die Ereignisse der Woche, soweit sie den Kriegsschauplatz im Westen betreffen, lassen sich in drei Hauptpunkte zusammenfassen: 1. die Kesselschlachten bei Falaise und Argentan in der Normandie, 2. die alliierte Landung an der französischen Riviera, 3. der Durchbruch zwischen Seine und Loire in Richtung Paris . . . Ebenso wichtig wie die Ereignisse in Zentralfrankreich ist die am 15. August erfolgte Landung einer alliierten Armee an der Mittelmeerküste in Südfrankreich, zwischen Cannes und Toulon.

Schwere Panzerschlachten an der Ostfront
Sonntag, 20. August 1944, Moskau
Associated Press teilt mit:
Die Panzerschlacht, die von den Deutschen eingeleitet wurde, um die im Baltikum eingeschlossenen deutschen Armeen freizukämpfen, geht mit außerordentlicher Erbitterung weiter. Auf engem Raum sind sechs Panzerdivisionen gegen die Sowjets geworfen worden, die immer mehr Reserven heranbringen, um den Ring um die Heeresgruppe Schörner zu halten.
Das Kampfbild ist unklar. An einigen Stellen scheint es den Deutschen gelungen zu sein, die Sowjets um einige Kilometer zurückzuwerfen und vor allem bei Schaulen Boden gewonnen zu haben.

Donnerstag, 31. August 1944
Das *Oberkommando der Wehrmacht* gibt bekannt:
Nördlich Paris wurde der Feind, der unseren Absetzbewegungen scharf nachdrängt, zum Stehen gebracht. Gegen feindliche Angriffskolonnen, die aus dem Raum von Beauvais nach Norden stoßen, sind Gegenangriffe angesetzt.

In Italien trat der Feind an der adriatischen Küste erneut auf breiter Front zum Gegenangriff an. Unter starkem Einsatz von Schlachtfliegern, Artillerie und Panzern und mit Unterstützung von Seestreitkräften, konnte er bei Urbino und bei Pesaro örtliche Einbrüche erzielen.
In Rumänien verstärkte sich der feindliche Druck in Richtung auf Ploesti. An den Südostgrenzen Siebenbürgens wurden erneute heftige Angriffe der Sowjets zerschlagen. An der übrigen Ostfront kam es gestern nur nordöstlich Warschau zu größeren Kampfhandlungen, wo der von den Sowjets erstrebte Durchbruch auf die Stadt nach Abschuß von 124 Panzern abermals vereitelt wurde.

Eine neue Waffe – an der Front bewährt
Dipl.-Ing. von Tresckow

Die »Panzerfaust« (Faustpatrone) ist leicht, einfach in der Handhabung und sicher in der Wirkung. Als zur Zeit bestes Nahbekämpfungsmittel, das dem Heer zur Verfügung steht, hat es schon an vielen Stellen schlachtentscheidende Wirkung erzielt; so wurde von der Nettuno-Front gemeldet, daß 40 Prozent der dort vernichteten Panzer durch die »Panzerfaust« erledigt wurden. Da Waffe und Munition in der »Panzerfaust« zu einem Gerät vereinigt sind, ist der Schütze nicht auf einen Hilfsmann angewiesen.
Die »Panzerfaust« besteht aus Geschoß und Abschußrohr. Das Geschoß enthält eine Hohlladung mit einer enormen Panzerdurchschlagsleistung. Stärkste Panzer können, auch an unempfindlichen Stellen, durchschlagen werden; aber nicht nur Panzerplatten, sondern auch Betonwände von Bunkern werden erfolgreich bewältigt.
Damit die Hohlladung im Fluge stabil fliegt, trägt sie hinten einen Schaft mit Flügeln. In dem Geschoß ist weiterhin ein Aufschlagzünder eingesetzt, der sich nach einer Flugstrecke von zwei Metern selbsttätig entsichert

Aus der Heeres-Dienstvorschrift:
Bedienung der Panzerfaust

d) Das Abfeuern:

Panzerfaust unter den rechten Arm nehmen oder auf den Oberarm legen, linke Hand unterstützt etwa 5 cm hinter dem vorderen Rohrende.

September 1944, Frankreich: Panzer der britischen
11. Panzerdivision überqueren auf einer Behelfsbrücke
die Seine und rücken weiter nach Nordosten vor

und beim Auftreffen auf ein Ziel die Sprengung auslöst.
Schaft und Flügel stecken in einem Rohr. Der Gas-
druck, der Geschoß und Schaft aus dem Rohr heraus-
schleudert, wird durch eine Pulverladung erzeugt, die,
in einer Papphülse eingeschlossen, im Rohr untergebracht ist. Wenn die Pulverladung zur Entzündung gebracht ist, so drücken die Gase einerseits gegen den
Geschoßschaft, andererseits werden sie durch das Rohr
nach hinten gestoßen und können durch das offene
Rohrende entweichen. Hierdurch wird die Rückstoß-
freiheit beim Abschuß erreicht. Vom Geschoß aus
selbst fliegen keine Teilchen rückwärts, so daß weder
ein Gesichts- noch Handschutz notwendig ist.
Bei heruntergeklapptem Visier ist ein Spannen oder
Auslösen zwangsläufig und technisch unmöglich.
Die Wirkung der Hohlladung ist unabhängig von der
Schußentfernung. Die Schußweite ist streuungsmäßig
bedingt, nicht wirkungsmäßig. Das Wichtigste beim
Schuß ist jedoch Ruhe! Ist der Panzer bei der geeigne-
ten Kampfentfernung richtig anvisiert und Zünder und
Zündladung richtig eingesetzt (Loch auf Loch wie bei
der Handgranate!), so wird der Feind nach wenigen
Augenblicken einen Panzer weniger haben. Nach dem
Abschuß sollen die Rohre nach Möglichkeit nicht fort-
geworfen werden, denn sie werden in der Heimat wie-
der mit neuen Geschossen und Kartuschen versehen.
Sie sind also wichtiger Rohstoff. Je schneller die Samm-

lung und der Rücktransport der Rohre erfolgt, um so
schneller kann die Heimat die Front versorgen. Damit
die kämpfende Truppe aber nur einwandfreie Geräte
bekommt, wird die Laborierung nicht direkt hinter der
Front, sondern in der Heimat durchgeführt, wo jedes
Rohr, bevor es seiner Wiederverwendung zugeführt
wird, zur Sicherung einem Probeschuß unterzogen
wird. Für die Ablieferung der Rohre wird außerdem
eine Prämie gezahlt.
Die »Panzerfaust«, deren Handhabung keine weitere
Ausbildung erfordert und der der Feind nichts Ähnliches entgegenzustellen hat, ist einzigartig. Die Produktion ist so angelaufen, daß die Waffe in kurzer Zeit als
»Jedermann-Waffe« ausgegeben werden kann.

Das Heer, August 1944

Vor dem entscheidenden Schlag
Montag, 4. September 1944, London
Die *Agentur Reuter* berichtet:
Die Maginot-Linie haben die alliierten Armeen bereits
hinter sich gelassen, und die Siegfried-Linie liegt vor
ihnen. Die große Frage ist, ob das deutsche Oberkommando genügend Mannschaften und Material an diese
letzte Befestigungslinie im Westen werfen kann, um
Bradley und Montgomery aufzuhalten. Die Strategie
der linearen Verteidigung am Atlantik, am Mittelmeer
und in der UdSSR beginnt sich auszuwirken, und zwar
gegen ihre Urheber. Aus Deutschland selbst könnten
kaum mehr als fünf Divisionen und vielleicht noch
einige Armeekorps von hastig ausgehobenen, zusam-
mengewürfelten Reservisten herangebracht werden, die

nicht ausreichen würden, auch nur eine Auffangstellung für die Überreste der 7. und 15. Armee zu besetzen. Man erwartete, starke Befestigungen an der Sambre und an der unteren Maas anzutreffen, sowie bei Charleroi, Givet, Dinant, Namur und Huy, aber schon sind diese Zonen überrannt. Dahinter lag die nächste leicht zu verteidigende Linie, die von Lüttich über Löwen nach Mecheln und Antwerpen führt. Schon jetzt werden Überflutungen aus jenen Gegenden gemeldet, die nunmehr den Befestigungen als Vorfeld dienen sollen. Die Monate der Vorbereitungen, deren es bedarf, um die Lücken an Mannschaften und Material auszufüllen, dürfte Eisenhower seinem Gegner nicht gewähren.

Sender Beromünster (Schweiz)

Freitag, 8. September 1944:
. . . Während seit dem Ende der Schlacht in der Normandie von einer eigentlichen Front nicht mehr die Rede sein konnte – alles war im Fluß und in schnellster Bewegung – beginnt sich nun eine neue Westfront abzuzeichnen, und zwar in dem Maße, wie sich der deutsche Widerstand bei Annäherung der Alliierten an der Reichsgrenze zu versteifen beginnt. Der nördlichste Teil dieser neuen Front bleibt noch im dunkeln, da Positionsangaben über die Truppenbewegungen in Holland zur Zeit fehlen. In Belgien fällt gegenwärtig die Kampffront mit dem Albertkanal – einige Kilometer westlich von Aachen – zusammen, südlich daran anschließend haben amerikanische Verbände östlich und südlich von Namur Brückenköpfe auf dem rechten Ufer der Maas errichtet und dürften in das hügelige und waldige Gebiet der Ardennen eingedrungen sein, während sie südlich des belgisch-luxemburgisch-französischen Grenzgebietes den Flußlauf der Mosel erreicht und an einigen Stellen überschritten haben.

Montag, 18. September 1944
Das *Oberkommando der Wehrmacht* gibt bekannt:
Im holländischen Raum setzte der Feind gestern mittag nach vorangegangenen starken Luftangriffen Fallschirmjäger und Luftlandetruppen hinter unserer Front mit Schwerpunkt im Raum von Arnheim, Nimwegen und Eindhoven ab. Am Nachmittag trat er dann zwischen Antwerpen und Maastricht zum Angriff an, um die Verbindung mit seinen abgesprungenen Verbänden herzustellen. Besonders im Raum von Neerpelt entwickelten sich dabei heftige Kämpfe, in deren Verlauf der Feind geringen Geländegewinn nach Norden erzielen konnte. Gegen die feindlichen Luftlandekräfte sind konzentrierte Gegenangriffe angesetzt.

Tagesparole des Reichspressechefs
Mittwoch, 27. September 1944:
Die im Anschluß an den Morgenthau-Plan vorliegenden zustimmenden Äußerungen im Feindlager verdienen gut herausgestellt zu werden. Die neuste Vansittart-Parole »Deutschland muß lernen, demütig zu sein« gibt besonderen Anlaß zu kraftvollen Bekenntnissen zum deutschen Lebenswillen.

Die Schlacht bei Arnheim beendet
Donnerstag, 28. September 1944
Aus dem *alliierten Hauptquartier:*
2000 Männer kehren aus Arnheim zurück, der letzte Rest der Luftlandedivision. – Evakuierte Truppen wurden nachts über den Rhein gebracht. – Verbreiterte Front an der Maas. Die Soldaten der britischen 1. Luftlandedivision wurden in der Nacht vom Montag und in der Nacht vom Dienstag über den Niederrhein zurückgezogen, nachdem sie seit dem 17. September heldenhaften Widerstand geleistet hatten.

Sender Beromünster (Schweiz)

Freitag, 29. September 1944:
Im motorisierten Krieg gelangt eine Offensive unweigerlich zu dem Punkt, wo das Aufschließen der Hauptmacht an die Stoßtruppen, die Organisierung der Etappe und der Verbindungslinien, der Nachschub von Ma-

terial, Munition und Verpflegung eine Bremswirkung auf die Offensive ausüben. Wenn nun der Verteidiger an dem Punkt, wo diese unvermeidliche Verzögerung des gegnerischen Vormarsches eintritt, Stellungen auf gebirgigem Gelände oder an einem Wasserlauf ausbaut und bezieht, hat er eine gewisse Chance, selbst einen sehr starken Gegner einige Zeit aufzuhalten. Dieser Zustand ist in Italien eingetreten, wo der Vormarsch der Armee Alexander über Rom hinaus auf dem Gebirgszug der Apenninen von den Truppen Kesselrings aufgehalten wurde. Noch ist die Offensive Alexanders nicht so weit gediehen, daß sie zum Bewegungs- und Panzerkrieg in der Po-Ebene übergehen kann; durch vorzügliche soldatische Leistungen und geschickte taktische Führung blieb die deutsche Armee in Italien vom Schicksal verschont, das ihre Waffenbrüder in der gleichen Zeitspanne in Weißrußland, Ostpolen und Rumänien im Osten, in Frankreich und Belgien im Westen erlitten haben. . . . Mittlerweile stehen die Russen vor dem Eisernen Tor – dem Felsenengpaß der Donau – an der Grenze zwischen Rumänien und Jugoslawien. In Bulgarien wurde die bulgarische Armee dem russischen Oberkommandierenden unterstellt. In den Waldkarpaten haben sich Russen und Rumänen gemeinsam bis zur ungarischen Grenze bei Großwardein vorgekämpft. Sie stehen dort am Rand der ungarischen Tiefebene . . . Der Nachteil für die deutsche Wehrmacht ist darin zu suchen, daß sie nicht nur im Balkan, sondern auch an den Grenzen Ungarns und der Slowakei starke Streitkräfte verzetteln muß; sie wird tatsächlich durch die Art, wie die Operationen seit Stalingrad und seit Tunis geführt wurden, der Möglichkeit beraubt, ihre Hauptkräfte für den Endkampf zu konzentrieren.

Dienstag, 3. Oktober 1944
Das *Oberkommando der Wehrmacht* gibt bekannt:
Die harten Kämpfe an den bisherigen Brennpunkten der Westfront halten unter verstärktem Einsatz der beiderseitigen Luftwaffen an. Die an einzelnen Stellen über den Antwerpen-Turnhout-Kanal vorgedrungenen kanadischen Verbände haben gegen zähen eigenen Widerstand Gelände gewonnen.
Zwischen Maeseyck und Aachen nahm die Kampftätigkeit zu. Bei zahlreichen örtlichen Angriffen und vergeblichen Aufklärungsvorstößen des Gegners wurde eine Anzahl amerikanischer Panzer im Nahkampf vernichtet.
Im etruskischen Apennin hat die amerikanische 5. Armee ihre Angriffe von neuem aufgenommen. Unsere zäh kämpfenden Grenadiere schlugen sie nordwestlich Firenzuola zurück und fingen den weiter östlich eingebrochenen Feind in der Tiefe des Hauptkampffeldes auf. An der Adria wurden englische Angriffe abgewiesen.
Südwestlich Temesvar und im Donauabschnitt beiderseits des Eisernen Tores stehen unsere Truppen in heftigen Kämpfen mit angreifenden sowjetisch-rumänischen Verbänden. Stärkere sowjetische Kräfte sind in Weißkirchen an der serbisch-rumänischen Grenze eingedrungen.
In den Ostbeskiden lag der Schwerpunkt der feindlichen Angriffe weiter im Raum südlich Dukla. Die Sowjets konnten nur wenig Boden gewinnen, erlitten aber hohe blutige Verluste.
Die Aufstandsbewegung in Warschau ist zusammengebrochen. Nach wochenlangen Kämpfen, die zur fast völligen Zerstörung der Stadt führten, haben die Reste

Linke Seite:
September 1944, Frankreich: Britische Panzerdivision auf dem Vormarsch durch das Somme-Tal

Rechts: November 1944, Ostfront: Schweres Panzerbataillon mit Tiger II (Königstiger). Der Panzer VI (Sd KfZ 182) 69,4 t mit dem Henschel-Turm und langer 8,8-cm-Kanone 43 L/71 ist der schwerste, stärkste und bestgepanzerte Kampfpanzer des Krieges

der Aufständischen, von allen Seiten verlassen, den Widerstand eingestellt und kapituliert.

Von der übrigen Ostfront werden nur die Abwehr feindlicher Angriffe nordöstlich Warschau und erfolgreiche Angriffsunternehmen unserer Grenadiere östlich Mitau gemeldet.

Panzerschlacht bei Aachen
Freitag, 6. Oktober 1944, im Hauptquartier von General Eisenhower:
United Press berichtet:
Die Amerikaner stießen gestern östlich von Ubach zwei Kilometer tief in das neue deutsche Stellungssystem hinter der Siegfried-Linie vor. Am Nachmittag wurde an der Nordflanke des Einbruchsraums das hart umkämpfte Beggendorf genommen, womit eine der wichtigsten Positionen vor Geilenkirchen fiel. Die Deutschen hatten sich bisher hartnäckig an die Ruinen dieses völlig zerschossenen Dorfes geklammert und sogar immer wieder Verstärkungen zu Gegenangriffen in diesen Raum geworfen. Im Laufe des gestrigen Tages jedoch gelang es General Hodges, Teile seiner Panzertruppe zu beiden Seiten von Beggendorf zur Entfaltung zu bringen und die Deutschen durch eine schnelle Umfassungsbewegung zum Rückzug zu zwingen. Später griffen auch deutsche Panzer in größerer Zahl in die Kämpfe ein, und es kam in der Umgebung des Dorfes zu einer Panzerschlacht, die bis zum Abend anhielt.

Die Sowjets vor Belgrad
6. Oktober 1944, Moskau
Das *Sowinformbüro* teilt mit:
In schnellem Tempo ist es unseren Panzerstreitkräften gelungen, die jugoslawische Hauptstadt zu umfassen und einen mächtigen Ring um die in vielen Gruppen aufgelösten deutsch-faschistischen Truppen zu legen.
Die gegen Belgrad gerichtete Umfassungsfront hat eine Länge von 240 Kilometern. Von ihr werden rund zwei Drittel durch sowjetische, der Rest durch jugoslawische Truppen gehalten. An der Donau im Raum von Pancevo stehen mehrere sowjetische Pionierregimenter, die in später Nachtstunde mit den Vorarbeiten zur Überquerung des Flusses begonnen haben.

Sender Beromünster (Schweiz)

Freitag, 20. Oktober 1944:
Wenn der Anschein nicht trügt, gelten die gegenwärtigen militärischen Aktionen und politischen Entschließungen auf beiden Seiten der Kampffront der Vorbereitung auf die letzte, gigantische Kraftanstrengung, deren es noch bedarf, um den Ausgang des Krieges endgültig herbeizuführen. Wann und in welcher Form diese letzte Kraftanstrengung erfolgen wird, gehört in den Einzelheiten zu den Geheimnissen der Zukunft ... Der Geschichte bleibt es vorbehalten, mit Kühle und Distanz ein gerechtes Urteil über die militärischen Leistungen der Deutschen in der schwierigsten Phase des europäischen Krieges zu fällen.

Volkssturm immer stärker
Montag, 23. Oktober 1944, Berlin
Das *DNB* berichtet:
Die Meldungen Freiwilliger zum Deutschen Volkssturm waren gestern, wie die aus dem ganzen Reich vorliegenden Berichte sagen, überaus zahlreich. Es wird von einem »wahren Strom« von Freiwilligen zu den Meldestellen berichtet. In Berlin waren es Hunderttausende von Personen. Nicht nur die aufgerufenen Jahrgänge, sondern auch jüngere und ältere sind dem Deutschen Volkssturm beigetreten.

Sender Beromünster (Schweiz)

Freitag, 27. Oktober 1944:
. . . In Osteuropa stehen nun die Russen kämpfend auf dem Boden von neun verschiedenen Ländern: Norwegen, Finnland, Deutschland, Polen, Tschechoslowakei, Ungarn, Rumänien, Bulgarien, Jugoslawien . . . Auf deutschem Boden hat eine schwere Schlacht um Ostpreußen begonnen, wo die im Angriff stehenden Russen unter dem Befehl Tschernjakowskis und die Deutschen unter demjenigen Schörners stehen . . . In Jugoslawien fiel heute vor acht Tagen die Hauptstadt Belgrad – am gleichen Tag wie Aachen. In enger Zusammenarbeit kämpfen in Jugoslawien die Truppen des Marschalls Tito mit denjenigen des aus Bulgarien kommenden russischen Marschalls Tolbuchin.

Der Endkampf um die Scheldemündung
Donnerstag, 2. November 1944, Berlin
Die *Agentur Reuter* meldet:
Obwohl die Deutschen im Gebiet der Scheldemündung jeden Fußbreit Boden mit großer Hartnäckigkeit verteidigen, um die Schlacht zur Freikämpfung der Zufahrt in den Hafen von Antwerpen so lange als möglich hinzu-

November 1944, Ostfront: Schwere deutsche Panzerspähwagen (8 Rad), Sd Kfz 232, der Vorausabteilung einer deutschen Panzerdivision auf dem Weg nach Ungarn

ziehen, ist sie jetzt augenscheinlich in ihr letztes Stadium getreten. Nachdem englische und kanadische Truppen die Halbinsel Süd-Beveland in Besitz genommen haben, stehen sie nunmehr in konzentrischem Angriff auf die deutschbesetzte Insel Walcheren. Nachdem am Vortag eine englische Landungsaktion bei Vlissingen erfolgte, sind alliierte Truppen am heutigen Vormittag auch an der Westküste an Land gegangen.

W. Churchill an J. W. Stalin
Sonntag, 5. November 1944:
1. Viele Glückwünsche zu Ihrem Vormarsch auf Budapest.
2. Wir haben jetzt die Zugänge nach Antwerpen unter wirksame Kontrolle bekommen, und ich hoffe, daß Küstenschiffe etwa in zehn Tagen und Hochseeschiffe in drei bis vier Wochen einlaufen können. Das löst das Problem der nördlichen Flanke des Vormarsches auf Deutschland . . .
. . . Alle guten Wünsche.

Aufmarschbefehl des OKW zu »Wacht am Rhein«
Freitag, 10. November 1944 (Auszug)
1. Ziel der Operation ist, durch Vernichtung der feindlichen Kräfte nördlich der Linie Antwerpen–Brüssel–Luxemburg eine entscheidende Wendung des Westfeldzuges und damit vielleicht sogar des ganzen Krieges herbeizuführen. Ich bin entschlossen, an der Durchführung der Operation unter Inkaufnahme des größten Risikos auch dann festzuhalten, wenn der feindliche Angriff beiderseits Metz und der bevorstehende Stoß auf das Ruhrgebiet zu großen Gelände- und Stellungsverlusten führen sollten.
2. Ob. West durchbricht am x-Tag mit Heeresgruppe B (15., 6. Pz., 5. Pz., 7. Armee) unter Ausnutzung einer Schlechtwetterlage die zur Zeit schwache Front der 1. amerikanischen Armee zwischen Monschau und Wasserbillig nach etwa einstündiger Feuervorbereitung. Heeresgruppe B gewinnt in kühnem und rücksichtslosem Durchstoßen die Maasübergänge zwischen Lüttich und Dinant unter Abschirmung der Flanken durch rückwärtige Staffeln. Ihr weiteres Ziel ist, durch Vorstoß bis Antwerpen und das Westufer der Scheldemündung die gesamten englischen Kräfte und den Nordflügel der 1. amerikanischen Armee von ihren rückwärtigen Verbindungen abzuschneiden und sie im Zusammenwirken mit Heeresgruppe H zu vernichten . . .
gez. Adolf Hitler

Sender Beromünster (Schweiz)

Freitag, 24. November 1944:
Es ist in der Kriegsgeschichte ungewöhnlich, daß im europäischen Klima große militärische Operationen im November unternommen werden. Bei einem »Hundewetter«, wie General Eisenhower, der Oberkommandierende der an der Westfront angreifenden alliierten Armeen, sich ausdrückte, findet eine große Offensive statt. Diese erstreckt sich von der holländischen bis zur Schweizer Grenze und hat die Erreichung der Rhein-

linie zum Ziel. Es ist die Schlacht um das Rheinland, vorläufig jedenfalls um das linke Rheinufer, wo eine dicke Panzerdecke durchstoßen werden muß, ehe der Kampf um das deutsche Reichsgebiet beginnen kann . . . An den übrigen Fronten ist vor allem die Schlacht in Ungarn bemerkenswert, wo die Truppen Malinowskis auf harten deutschen Widerstand stoßen. Budapest wird von den Deutschen zu einem Verteidigungskampf vorbereitet.

Zustand der Truppe
KR-Blitz   sofort vorlegen!

Im Stabe:
Ob. West/O. Qu.

Geheime Kommandosache
mit A.-U.
OKW, Chef WFSt   28. 11. 44.
Herrn Generaloberst Jodl   22.30 Uhr.
Der Oberbefehlshaber der 19. Armee meldet am 28. 11.:
Der auf meinen Befehl heute zum LXIV. A. K. entsandte NSFO der Armee gab folgenden Bericht über den Zustand der Truppe:
»1) Mit wenigen Ausnahmen ist die Haltung der Truppe gut. Der Soldat weiß, worum es geht und hat den Willen zum Kämpfen. Er ist jedoch völlig erschöpft durch körperliche (Nässe und Berge) und seelische (Trommelfeuer, Flieger- u. Panzer-Überlegenheit) Strapazen, die für einen großen Teil seit August pausenlos andauern (Gegensatz zu Rußland).
Beispiele:
Viele von den NSFO mit Feld-Gendarmerie aufgefangene Versprengte erklären: ›Erschießen Sie mich, Herr Hauptmann, ich kann nicht mehr.‹ Das ist keine Phrase. Ein Batl. eines bewährten Kommandeurs, das sich aus der Umklammerung durchgeschlagen hatte, mußte unterwegs von den noch vorhandenen 60 Mann 30 wegen Erschöpfung zurücklassen. Beide Beispiele begründen auch die hohe Vermißtenzahl. Viele Soldaten haben seit 3–4 Tagen keine Verpflegung gehabt. Grund: Zerreißen der Verbände durch Kampfeinwirkung, ständiges Verschieben der Verbände (Feuerwehr), oft auf Lkw ohne Trosse. Ein Ausb.-Batl. ist ohne Feldküchen angekommen.
2) Die Versprengten, die durch Korps und Div. mit Hilfe von Feld-Gendarmerie in den Versprengten-Sammelstellen aufgefangen werden, sind überwiegend echte Versprengte. Infolge der Durchbrüche der Amerikaner haben sie rechts und links keinen Anschluß mehr gefunden und mußten notgedrungen nach hinten gehen.
Ihre Wünsche sind: Zurück zur eigenen Einheit.
Vorher wieder einmal warm essen, einmal ausschlafen, trockene Sachen, heile Strümpfe. Viele kommen mit vereiterten Zehen.
3) Die Btls.-Kommandeure lehnen Soldaten ab, die ohne Erfüllung der oben genannten bescheidenen Betreuungswünsche nach vorn geschickt werden wegen ihres geringen Kampfwertes. Andererseits zwingt die Übermacht des Gegners, die ausgedehnte Front sowie die geringe Ersatz-Zufuhr dazu, die Versprengten sofort wieder nach vorn zu führen. In dieser Lage wünscht

20. Dezember 1944, Ardennen: SS-Grenadiere
stoßen vor, im Hintergrund ein brennender
US-Halbkettentransporter

der Soldat, abgesehen von Zeitungen oder Nachrichtenblättern, nur mehr Kameraden und Waffen.« Diese
Meldung deckt sich mit den von mir persönlich als auch
aus den Wochen- und Zustandsberichten gewonnenen
Eindrücken.
Ich habe den Eindruck, daß die Truppe besten Willens,
aber nahe dem Ende ihrer Kraft ist.

Der Oberbefehlshaber West
gez. von Rundstedt
Generalfeldmarschall

Sender Beromünster (Schweiz)

Freitag, 8. Dezember 1944:
An der Italien-Front, wo jetzt der amerikanische General Clark das Oberkommando führt, eroberten die Alliierten die Stadt Ravenna, wodurch die erste große Stadt
am Nordfuß der Apenninen in der Ebene erreicht wurde. Bologna dagegen ist nach wie vor in deutscher
Hand. Doch nähern sich nun die Alliierten ihrem operativen Ziel, der Po-Ebene, nachdem sie gegen die
Armee Kesselrings in einem schwierigen Gebirgskrieg
das große Hindernis der Apenninen überwunden
haben.

Neue Offensive bei Aachen erwartet
Sonntag, 10. Dezember 1944, Stockholm
Svenska Dagbladet berichtet:
Obgleich das Ringen an der Saar und in Elsaß-Lothringen gegenwärtig die Aufmerksamkeit der Öffentlichkeit
fesselt, halten die unterrichteten Kreise Berlins daran
fest, daß das Schwergewicht der britisch-amerikani

schen Kriegführung im Nordabschnitt bleibt. Die
Schlacht östlich Aachen ist über das Wochenende weiter abgeflaut, aber das Oberkommando der Wehrmacht
kündigt heute an, daß sie bald aufs neue entbrennen
werde. General Eisenhower gruppiert seine Streitkräfte
um. Er stapelt hinter der Front das Material für einen
neuen Großangriff. Die Deutschen ihrerseits treffen
Vorbereitungen, indem sie ihre Truppen vom Gebiet
von Düren bis nach Roermond hinunter auf das Ostufer
der Rur zurücknehmen, um eine günstigere Stellung zu
gewinnen.

Es geht ums Ganze
Tagesbefehl des OB West vom 16. 12. 1944
Der Herr Oberbefehlshaber West hat nachstehenden
Tagesbefehl erlassen:
Soldaten der Westfront!
Eure große Stunde hat geschlagen!
Starke Angriffsarmeen sind heute gegen den Anglo-
Amerikaner angetreten.
Mehr brauche ich Euch nicht zu sagen. Ihr fühlt es alle:
Es geht ums Ganze!
Tragt in Euch die heilige Verpflichtung, alles zu geben
und Übermenschliches zu leisten für
unser Vaterland und unseren Führer!

Der Oberbefehlshaber West
gez. von Rundstedt
Generalfeldmarschall
Ob. West/Ia Nr. 10697/44 geheim.

Montag, 18. Dezember 1944
Das *Oberkommando der Wehrmacht* gibt bekannt:
Starke deutsche Kräfte sind am 16. Dezember um 5.30
Uhr in breiter Front aus dem Westwall nach einer
kurzen, aber gewaltigen Feuervorbereitung zum Angriff angetreten und haben die vordersten amerikanischen Stellungen zwischen dem Hohen Venn und dem
Nordteil Luxemburgs im ersten Ansturm überrannt.
Die große Angriffsschlacht nimmt, von starken Jagdfliegerverbänden geschützt, ihren Fortgang. Einzelheiten werden, um dem völlig überraschten Gegner keine
Anhaltspunkte zu bieten, erst später bekanntgegeben.
Im Kampf mit der feindlichen Luftwaffe über dem
Frontgebiet haben Geschwader unserer Jagdflieger
nach bisher vorliegenden Meldungen 48 feindliche
Bomber abgeschossen. Flakartillerie der Luftwaffe vernichtete außerdem 21 feindliche Flugzeuge. In der
Nacht griffen starke Kampf- und Nachtschlachtverbände die feindlichen Bewegungen und Nachschubzentren mit guter Wirkung an. An der übrigen Westfront
wird weiterhin am Roerabschnitt, westlich und südlich
Düren, in den Bunkerstellungen bei Saarlautern, vor
Bitsch und vor dem Westwall an der pfälzisch-elsässischen Grenze gekämpft.

Deutsche Offensive in den Ardennen
18. Dezember 1944, im Hauptquartier von General
Eisenhower
United Press berichtet:
Die deutsche Armee ist an einer 200 Kilometer breiten

Front zwischen Aachen und Luxemburg zur Gegenoffensive übergegangen. Ein Tagesbefehl von Rundstedts, der bei gefangenen Deutschen aufgefunden wurde, erklärt: »Jetzt ist der Zeitpunkt gekommen, da sich die deutsche Armee von neuem erheben und zuschlagen muß.« Wie gemeldet wird, stieß eine erste deutsche Panzergruppe zwischen Zitterwald und Schnee-Eifel über die belgische Grenze vor und drang drei Kilometer tief in belgisches Territorium ein, wo die Stadt Honsfeld, etwa 20 Kilometer südöstlich von Malmedy, erreicht wurde. Deutsche Panzer vom Typ »Königstiger« überrannten in dieser Zone die Vorpostenkette der amerikanischen Infanterie, die allerdings in ihren Stellungen verblieb und den Kampf mit den nachrückenden Truppen Rundstedts aufnahm. Eine gewisse Bedrohung ist durch diesen Vorstoß auch für das belgische Verkehrszentrum St. Vith entstanden.

Tagesparole des Reichspressechefs
18. Dezember 1944:
Die deutsche Gegenoffensive im Westen, die am Sonnabend früh für den Gegner überraschend begann, ist von der deutschen Presse nur in Übereinstimmung mit dem Wortlaut des Wehrmachtsberichtes zu behandeln. Das bisher darüber vorliegende feindliche Nachrichtenmaterial ist nur in DNB-Fassung kommentarlos zu verwerten.

Letzte Meldung von der Ardennenfront
Mittwoch, 20. Dezember 1944, im Hauptquartier von General Eisenhower
United Press teilt mit:
Wie Korrespondenten von der Front melden, ist der rechte Flügel der Offensivgruppe Rundstedts südlich von Monschau steckengeblieben. Sechs schwere deutsche Panzerangriffe, die von starken Artillerieverbänden unterstützt waren, wurden von amerikanischer Infanterie zurückgeschlagen.

Tagesparole des Reichspressechefs
20. Dezember 1944:
Das Fortschreiten der deutschen Offensive im Westen ermöglicht nun mehr eine Konkretisierung der tatsächlichen Kriegslage im Rahmen des OKW-Berichtes mit den großmäuligen Voraussagen des Gegners.

Donnerstag, 21. Dezember 1944
Das *Oberkommando der Wehrmacht* gibt bekannt:
In der Winterschlacht in Belgien wurde gestern weit hinter der Front die amerikanische Besatzung der Schnee-Eifel vernichtet oder gefangengenommen. 8000 Amerikaner wurden in die Gefangenschaft abgeführt. An der vorderen Angriffsfront sind unsere Truppen in die Ardennen eingedrungen und haben die große Straße Lüttich-Bastogne-Arlon auf breiter Front überschritten. Gegen die Maas abfließende feindliche Nachschubkolonnen wurden von deutschen Panzern eingeholt und überrollt, neu herangeführte amerikanische Verbände in einzelne Gruppen zerschlagen, ohne daß es ihnen gelang, unseren Vormarsch aufzuhalten. Die Zahl der

Gefangenen hat 20 000 überschritten. In den gestrigen Kämpfen wurden 43 Panzer und Panzerfahrzeuge sowie 50 Geschütze erbeutet, 36 Panzer vernichtet. In den bisherigen Brennpunkten des Abwehrkampfes an der Westfront setzte der Feind seine Angriffe mit geringeren Kräften erfolglos fort. Schwere Abwehrkämpfe entwickelten sich nur im Raum nordwestlich Bitsch. Das Fernfeuer auf London und Antwerpen dauert an.

Sender Beromünster (Schweiz)

Freitag, 22. Dezember 1944:
. . . Diese großangelegte Offensive ist ein taktisches Mittel in der Führung der strategischen Defensive. Bekanntlich hat die Geschichte dieses ganzen Krieges gelehrt, daß die bloße Verteidigung eines Befestigungssystems, und mag es noch so stark und tief angelegt sein, auf die Dauer dem Angriff einer entschlossenen und mit überlegenen Kräften angreifenden Stoßarmee nicht widerstehen kann . . . Rundstedt hat mit allen Mitteln des modernen Krieges, vom Flugzeug bis zum Tank und zur Fernwaffe, natürlich auch mit Fallschirmjägern in den Ardennen, diesen für den Gegner überraschenden Schlag geführt . . . Letzten Endes entscheiden die vorhandenen Reserven an Menschen und Material über den Fortgang der Operationen. Der deutsche Soldat hat augenblicklich den Vorteil voraus, daß er überraschend an einer selbstgewählten Stelle mit geballter Kraft eine relativ dünn besetzte gegnerische Position angreifen und einstoßen konnte. Der amerikanische Soldat verfügt über die Mittel, die Initiative des Gegners zu parieren, sobald er mit genügenden Kräften zum Gegenstoß übergehen kann.

Dienstag, 26. Dezember 1944
Das *Oberkommando der Wehrmacht* gibt bekannt:
Im Westen hat sich das Schwergewicht der Kämpfe in den Raum Mittelluxemburg verlagert. Nach Zuführung weiterer Kräfte, die von anderen Frontabschnitten abgezogen werden mußten, versuchte dort der Gegner, unseren Südflügel einzudrücken und seine um Bastogne eingeschlossene Kräftegruppen zu entsetzen. In harten Kämpfen wurden die feindlichen Angriffe zerschlagen, der Ring um Bastogne verengt. Westlich der Ourthe sind unsere Angriffsspitzen nach Abwehr zahlreicher feindlicher Gegenangriffe im weiteren Vorstoß. Seit Beginn unseres Angriffes im Westen am 16. Dezember wurden nach den bisher vorliegenden Meldungen über 700 amerikanische Panzer oder gepanzerte Fahrzeuge erbeutet oder vernichtet.

Tagesparole des Reichspressechefs
Mittwoch, 27. Dezember 1944:
Die große Winterschlacht im Westen ist als gelungene Entlastungsoffensive für die bedrängten deutschen Fronten bei Aachen, an der Saar und im Elsaß zu betrachten. In diesem Sinne sind die bis jetzt schon erzielten Erfolge, das Hereintreiben eines tiefen bedrohlichen Keiles in das feindliche Hinterland, schnelle Beseitigung des Offensivdruckes an den obengenannten

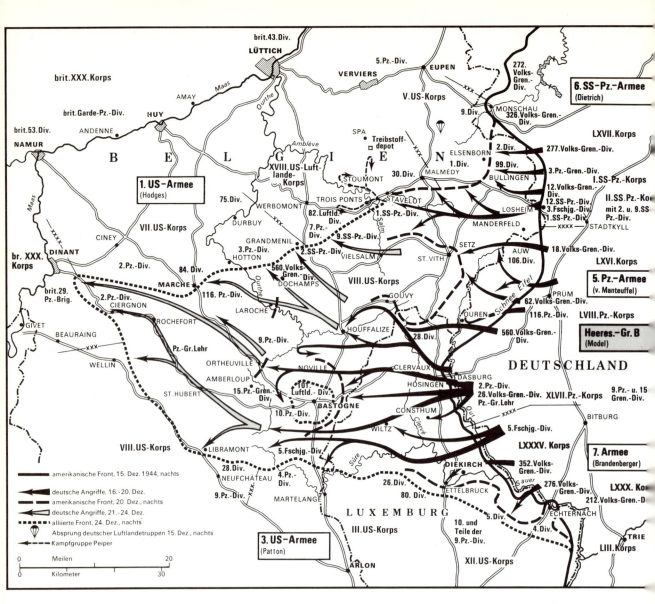

Die Ardennenoffensive Dezember 1944

Fronten, das Zerschlagen zahlreicher feindlicher Divisionen, die hohe Panzervernichtungsziffer und die beträchtlichen Gefangenenzahlen, sowie die laufend im OKW-Bericht erzielten Einzelerfolge mit herauszustellen.

Sonntag, 31. Dezember 1944
Das *Oberkommando der Wehrmacht* gibt bekannt:
In die Winterschlacht von Maas und Mosel sind von beiden Seiten so starke Kräfte herangeführt worden, daß unter Entblößung der übrigen Fronten etwa die Hälfte aller auf dem westlichen Kriegsschauplatz stehenden Divisionen in diese Schlacht verwickelt sind. Ihre Schwerpunkte liegen im Raum von Rochefort und Bastogne. Dem eigenen Angriff südwestlich und südöstlich von Bastogne versuchte der Feind durch starke Gegenangriffe in die südliche Flanke unseres Angriffskeiles zu begegnen. In erbitterten Kämpfen wurde diese

Absicht vereitelt, 34 feindliche Panzer dabei vernichtet. Die Schlacht geht weiter. Das Fernfeuer auf die feindlichen Nachschubstützpunkte Lüttich und Antwerpen dauert an.

Deutscher Jagdpanzer Hetzer mit 7,5-cm-Pak 39 L/48 auf tschechischem LT-38 PzKpfw 38 (t) (ab 1944)

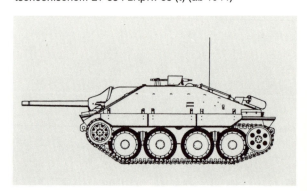

Strategie und Taktik

Die vor einer Woche ausgebrochene sowjetische Weißrußland-Sommeroffensive artet jetzt in eine Verfolgungsjagd durch sowjetische Panzerverbände aus, die über sandige Waldwege nach Westen rollen, während die Deutschen verzweifelt versuchen, der Einkesselung zu entgehen.

Am Sonnabend, dem 1. Juli 1944, sind in der Normandie bereits 13 amerikanische und 12 britische Divisionen gelandet und haben die deutsche Abwehrfront schrittweise zurückgedrängt. Westlich von Caen, in den unübersichtlichen Bocages, können die Deutschen jedoch das Vordringen abfangen. Die Alliierten erleiden in dieser Buschlandschaft schwere Panzerverluste durch Pak, Sturmgeschütze und Panzernahbekämpfungsmittel. Alle Versuche der Alliierten, ihre materielle Überlegenheit auf dem Schlachtfeld auszuspielen, haben kaum die erhoffte Wirkung.

Am Montag, dem 3. Juli 1944, befreien das sowjetische I. und das II. Garde-Panzerkorps mit Unterstützung von Schützen der 3. Armee (GenLt. Gorbatow) Minsk. Unterdessen vollzieht sich der Zusammenbruch der Heeresgruppe Mitte (GFM Busch, jetzt GFM Model): Die deutsche Ostfront ist im gesamten Angriffsraum aufgerissen. Auf 350 Kilometer Länge von der Düna bei Polozk im Norden bis zum Pripjet bei Pinsk im Süden befinden sich nur noch 8 kampffähige deutsche Verbände, dagegen auf sowjetischer Seite: 126 Schützendivisionen, 6 Kavalleriedivisionen, 16 motorisierte Brigaden und 45 Panzerbrigaden! Die sowjetische 65. Schützenarmee (GenLt. Batow) geht von Südosten her auf Minsk vor, das durch zweiseitigen Angriff von Panzerverbänden der 1. und 3. Weißrussischen Front fällt. Östlich der Stadt wird der deutschen 4. (Gen.d.Inf. v. Tippelskirch) und 9. Armee (Gen.d.Inf. Jordan) der Rückzug zur Beresina abgeschnitten. Zirka 100 000 Mann sitzen in einem Riesenkessel, rund 40 000 davon fallen, etwa 57 000 müssen kapitulieren. Die »Festen Plätze« haben jetzt ihre Bedeutung verloren: Ist es den Deutschen noch vor Monaten gelungen, die Nachschubverbindungen der Sowjets zu stören, so ist die Rote Armee im Sommer 1944 stark genug, die »Festen Plätze« einzuschließen, niederzukämpfen und gleichzeitig weiter vorzustoßen. Die deutschen Verlustziffern sind diesmal doppelt so hoch wie nach der Katastrophe von Stalingrad: 28 Divisionen mit etwa 350 000 Mann werden aufgerieben. Die deutsche 9. Armee und die 4. Armee hören auf zu existieren. Seit dem 22. Juni 1944 sind die sowjetischen Truppen mindestens 300 Kilometer nach Westen vorgestoßen und stehen jetzt tief in Polen.
An diesem Tag wird von Hitler der Oberbefehlshaber der Heeresgruppe Nord, Generaloberst Lindemann, durch Generaloberst Frießner ersetzt, zugleich tritt

Generalfeldmarschall v. Kluge an die Stelle des bisherigen Oberbefehlshabers West, Generalfeldmarschall v. Rundstedt.
Ebenfalls am 3. Juli 1944 erobert die britische 14. Armee (Lt.Gen. Slim) mit Unterstützung von Panzereinheiten den japanischen Stützpunkt Ukhrul an der indisch-burmesischen Grenze.
Generalfeldmarschall Model, der gleichzeitig die Heeresgruppe Nordukraine führt, versucht nun, umgehend aus der Nordukraine und dem Baltikum Reserven heranzuführen, um in der Linie Baranowitschi-Molodetschno eine Auffangstellung zu errichten. Doch sowjetische Panzerverbände stoßen unaufhaltsam westwärts.

Am Sonnabend, dem 8. Juli 1944, fällt der wichtige Bahnknotenpunkt Baranowitschi.

Am Donnerstag, dem 13. Juli 1944, eröffnet auf dem Höhepunkt der sowjetischen Sommeroffensive die 1. Ukrainische Front (jetzt Marschall Konjew) den »zweiten Schlag«: die Offensive mit der 1. Garde-Panzerarmee (GenLt Katukow), der 3. Garde-Panzerarmee (GenOberst Rybalko), der 1. Garde-Schützenarmee (GenOberst Gretschko), der 3. Garde-Schützenarmee (GenLt. Ljeljuschenko), der 13. Armee (GenLt. Puchow), der 18. Armee (GenLt. Tschurawiew), der 38. Armee (GenOberst Moskalenko), der 60. Armee (GenLt. Tschernjachowski) und zwei motorisierten Kavalleriegruppen; insgesamt: 80 Divisionen, 10 Panzer- und mechanisierte Brigaden mit 1 200 000 Mann, 13 000 Geschützen und Mörsern, 2 220 Panzern und Sturmgeschützen. Die Offensive wird unterstützt durch die 2. Luftarmee (GenLt. Krasowski) und die 8. Luftarmee (GenLt. Chrjukin) mit 2 800 Flugzeugen und richtet sich gegen die Front der Heeresgruppe Nordukraine (GFM Model).

Am Sonntag, dem 16. Juli 1944, erobert die 50. Armee (GenLt. Boldin) die polnische Stadt Grodno.

Unterdessen verweigert Hitler an der Westfront hartnäckig die Zuführung weiterer Verstärkungen von der 15. Armee (GenOberst v. Salmuth) aus dem Pas de Calais, weil er aufgrund alliierter Täuschungsmanöver (Operation »Bodyguard«) eine Landung bei Calais erwartet.

Am Montag, dem 17. Juli 1944, wird der Wagen von Generalfeldmarschall Rommel und seinen Begleitern nahe der Ortschaft St. Foy-de-Montgomery (Normandie) von Squadron Leader J. J. Le Roux, 602. Squadron (City of Glasgow), aus einer Spitfire im Tiefflug angegriffen. Der schwerverwundete Fahrer, Oberfeldwebel Daniel, verliert die Gewalt über den Wagen und prallt gegen einen Baum. Rommel erleidet unter anderem einen Schädelbasisbruch. Der OB West, Generalfeldmarschall v. Kluge, übernimmt jetzt zusätzlich die Führung der Heeresgruppe B.

Tags darauf, am 18. Juli 1944, führen britische Verbände nach einem heftigen Luftangriff, unterstützt durch die Garde-Panzerdivision des britischen VIII. Korps, einen Vorstoß aus dem Raum Caen in Richtung Cagny (Operation »Goodwood«). Ziel der Operation: Ausbruch aus dem Landekopf. Die britischen Panzer fahren in das Abwehrfeuer von drei deutschen Panzerdivisionen, die noch zusätzlich durch Tiger- und Sturmgeschützeinheiten verstärkt sind. Nachdem über 200 britische Panzer brennend auf dem Gefechtsfeld liegenbleiben, geben die Engländer den Angriff auf.

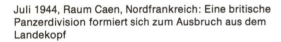

Juli 1944, Raum Caen, Nordfrankreich: Eine britische Panzerdivision formiert sich zum Ausbruch aus dem Landekopf

Am Mittwoch, dem 19. Juli 1944, erobern Einheiten der britischen 2. Armee (Lt.Gen. Dempsey) nach den seit 6. 6. 1944 dauernden schweren, verlustreichen Kämpfen Caen.

Am Donnerstag, dem 20. Juli 1944, explodiert um 12.42 Uhr im Führerhauptquartier »Wolfsschanze« eine durch Graf Stauffenberg in die Lage-Baracke eingeschleuste Zeitzünderbombe. Hitler wird nur leicht verwundet, einige Besprechungsteilnehmer finden dabei den Tod. Generaloberst Guderian, zuletzt Generalinspekteur der Panzerwaffe, wird von Hitler als Nachfolger des bei der Explosion umgekommenen Generaloberst Zeitzler mit den Aufgaben des Generalstabschefs des Heeres betraut.

Am Sonntag, dem 23. Juli 1944, ernennt Hitler Generaloberst Schörner zum Oberbefehlshaber der Heeresgruppe Nord, deren Armeen im Baltikum stehen. Oberbefehlshaber der Heeresgruppe Südukraine (Ostrumänien) wird Generaloberst Frießner.

Am Montag, dem 24. Juli 1944, erobern die sowjetische 2. Panzerarmee (GenLt. Bogdanow) und die 8. Gardearmee (GenOberst Tschuikow) Lublin. Am Tag darauf erklärt das von Stalin gebildete »Polnische Komitee der nationalen Befreiung«, aus dem später die Regierung der Volksrepublik Polen entsteht, Lublin vorläufig als seinen Hauptsitz.

Am Dienstag, dem 25. Juli 1944, treten in der Normandie westlich von St. Lô vier US-Panzerdivisionen und elf motorisierte Divisionen zu einer Offensive (Operation »Cobra«) gegen die noch intakten Teile der 13 deutschen Divisionen an. Der gleichzeitig von kanadischen Panzerverbänden im Raum südlich Caen in Richtung Falaise geführte Angriff (Operation »Spring«) wird von deutschen Panzerdivisionen nach erbitterten Kämpfen gestoppt.

Am Donnerstag, dem 27. Juli 1944, erobert die zur 1. Ukrainischen Front gehörende 1. Garde-Panzerarmee (GenOberst Gretschko) Stanislaw in Galizien, die 38. Armee (GenOberst Moskalenko) und die 60. Armee (GenLt. Tschernjachowski) sowie die 3. Garde-Panzerarmee (GenOberst Rybalko) Lemberg, Przemysl, und Przeworsk. Die der 2. Weißrussischen Front (GenOberst Kurotschkin) unterstellte 3. Armee (GenLt. Gorbatow) nimmt Bialystok, die 4. Stoßarmee (GenLt. Malyschew) der 1. Baltischen Front erreicht Dünaburg.

In der Nacht vom 27./28. Juli 1944 wird die deutsche Front der 7. Armee (SS-Obergruppenf. Hausser) westlich von St. Lô endgültig von der 1. US-Armee durchbrochen. Die deutschen Verbände treten zum Rückzug nach Südosten an. Der Weg für die amerikanischen Panzerverbände von der Halbinsel Cotentin in Richtung Seine und Paris steht jetzt offen.

Am Sonnabend, dem 29. Juli 1944, überqueren die 1. Garde-Panzerarmee (GenLt. Katukow) und die 13. Armee (GenLt. Puchow) die Weichsel und bilden einen Brückenkopf im Raum Baranow. Die Deutschen führen sofort Gegenangriffe, bei denen zum erstenmal die neuen Königstiger-Panzer (Tiger II) eingesetzt werden. Es ist der schwerste, bestgepanzerte und stärkste Kampfpanzer des Zweiten Weltkrieges.

Am Sonntag, dem 30. Juli 1944, tobt östlich von Warschau eine schwere Panzerschlacht zwischen dem deutschen XXXIX. Panzerkorps (Gen.d.Pz.Tr. Decker) und dem zur 1. Weißrussischen Front (Armeegen. Rokossowski) gehörenden sowjetischen III. Panzerkorps, das versucht, nördlich der Hauptstadt über Radzymin die Bug- und Narewübergänge zu gewinnen. Der Fallschirm-Panzerdivision »Hermann Göring« sowie Teilen der 4. Panzerdivision, der 19. Panzerdivision und der SS-Panzerdivision »Wiking« gelingt es, die sowjetischen Kräfte unter empfindlichen Panzerverlusten auf Wolomin zurückzudrängen.

Am Montag, dem 31. Juli 1944, fällt Kowno. Erst bei Suwalki, dicht vor der ostpreußischen Grenze, werden die sowjetischen Vorausabteilungen im örtlichen Gegenstoß zum Stehen gebracht.

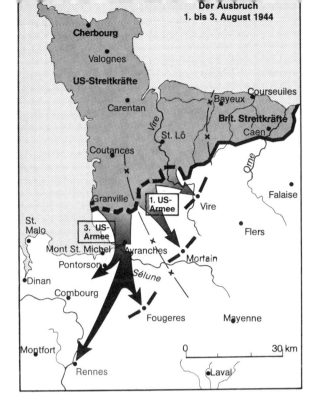

Der Ausbruch
1. bis 3. August 1944

Am Dienstag, dem 1. August 1944, hat der Vorstoß des sowjetischen III. Panzerkorps nahe Warschau, das nicht beabsichtigt, die polnische Hauptstadt zu befreien, sondern am östlichen Weichbild vorbei auf die Bugbrücke von Zegrze zumarschiert, ein tragisches Nachspiel: Der Oberbefehlshaber der polnischen Heimatarmee (Gen. Graf Bor-Komorowski) der führenden Widerstandsbewegung gegen die deutsche Besatzung, hat den Auf-

August 1944, Raum Warschau: Sowjetische schwere Kampfpanzer vom Typ KW und Infanterie im Kampf mit der SS-Panzerdivision »Wiking«

stand gegen die Deutschen befohlen. Er möchte dem Einmarsch der Roten Armee zuvorkommen und die Hauptstadt mit eigenen Kräften befreien als Voraussetzung für die Gründung einer mit den Westalliierten sympathisierenden Regierung.

Bis Anfang August 1944 ist die Rote Armee im Mittelabschnitt der Ostfront bis etwa 720 Kilometer weit vorgestoßen und steht nun im Norden vor der Memel, vor Warschau und im Süden vor Belgrad.
Ebenfalls am 1. August 1944 bildet General Bradley aus seiner 1. Armee und der 3. US-Armee (Lt.Gen.Patton) die 12. US-Heeresgruppe. General Montgomery formiert aus der britischen 2. Armee (Lt.Gen.Dempsey) und der kanadischen 2. Armee (Lt.Gen.Crerar) die britische 21. Heeresgruppe.

Am Mittwoch, dem 2. August 1944, durchbrechen die Panzerverbände der 1. US-Armee und der 3. US-Armee in der Bretagne den kaum 20 Kilometer breiten Spalt bei Avranches in Richtung Rennes und gelangen bis zur unteren Loire. US-Panzerkeile stoßen hinter dem Rücken der Heeresgruppe B durch die Normandie-Front nach Osten vor.

Am Freitag, dem 4. August 1944, fällt Rennes. Die nach Westen abdrehenden Teile der 3. US-Panzerarmee marschieren in Richtung Brest, während die deutschen Besatzungstruppen aus der Bretagne sich nach Lorient und St. Nazaire zurückziehen. Eine gleichzeitige britische Offensive mit starken Panzerkräften aus dem Raum südlich Caen in Richtung Falaise (Operation »Totalize«) schreitet nur langsam voran.

Am Sonntag, dem 6. August 1944, räumen die deutschen Truppen auf Druck der sowjetischen 1. Gardearmee (GenOberst Gretschko) und der 18. Armee

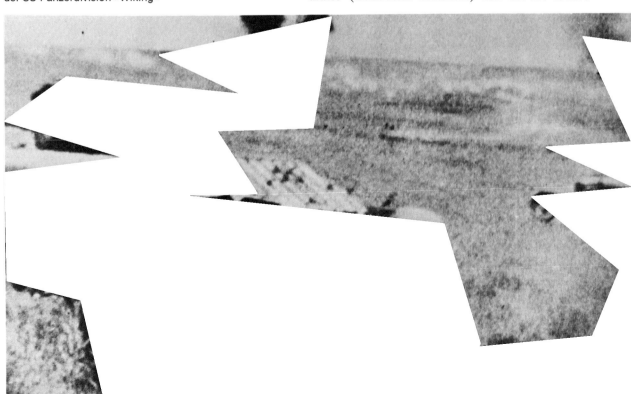

(GenLt. Tschurawlew) Drochobytsch, das wichtigste Ölzentrum in Galizien.

Am Montag, dem 7. August 1944, scheitert im Westen endgültig der auf ausdrücklichen Befehl Hitlers durchgeführte Gegenangriff (Unternehmen »Lüttich«) der 5. Panzerarmee (Gen.d.Pz.Tr. Eberbach) mit vier Panzerdivisionen, zu Beginn durch etwa 500 Jagdflugzeuge unterstützt. Die deutschen Panzerverbände sollen die über Avranches vorgestoßenen US-Panzerkeile abschnüren. Diese Panzeroperation wird (erstmalig in der Geschichte des Panzerkrieges) hauptsächlich aus der Luft von alliierten Jabos zerschlagen.

In der Nacht vom 7./8. August 1944 wird durch harten deutschen Widerstand die Operation »Totalize«, der Durchbruch kanadischer Panzerverbände der 1. Armee (Lt.Gen. Crerar) in Richtung Falaise bei Bretteville zum Stehen gebracht. Es zeigt sich erneut, daß Panzer ihre größten Erfolge nur bei massierten und überraschenden Vorstößen haben. Beim zähen Ringen um einzelne Geländeteile stehen Verlust und Erfolg in keinem Verhältnis zueinander. Andererseits ist es dem geschickten Einsatz von Panzernahbekämpfungsmitteln der deutschen Infanterie zu verdanken, daß die deutschen Panzerverbände der mehr als zehnfachen britisch-kanadischen Überlegenheit, der überaus starken feindlichen Artillerie sowie der alliierten Luftherrschaft so lange widerstehen.
Bei den Kämpfen südlich von Caen fällt mit seiner Tiger-Besatzung SS-Obersturmführer Wittmann von der 2. SS-Panzerabteilung 501 der 1. SS-Panzerdivision »Leibstandarte Adolf Hitler«. Wittmann, der erfolgreichste Panzerkommandant des Zweiten Weltkrieges, hat über 140 Panzer abgeschossen.

Am Dienstag, dem 15. August 1944, beginnt die Operation »Anvil/Dragoon«: Sechs amerikanische Divisionen der 7. US-Armee (Lt.Gen. Patch) sowie vier französische Divisionen des II. Korps (Gen. de Lattre de Tassigny) landen von Oran und Neapel aus an der französischen Mittelmeerküste bei Frejus und den Hyeres-Inseln ostwärts Toulon und stoßen nur auf leichten Widerstand.

Tags darauf, am 16. August 1944, tritt die Heeresgruppe G (GenOberst Blaskowitz) mit der 1. Armee (Gen. d.Pz.Tr. Lemelsen) und der 19. Armee (Gen.d.Inf. v. Sodenstern) den Rückzug von der spanischen Grenze und der Atlantikküste in Richtung schweizerische Grenze, die Saône und die obere Marne entlang, an.

Am Donnerstag, dem 17. August 1944, versetzt Hitler Generalfeldmarschall Model, bis jetzt Oberbefehlshaber der Heeresgruppen Mitte und Nordukraine, nach Frankreich und ernennt ihn zum OB West und Oberbefehlshaber der Heeresgruppe B. Die Heeresgruppe Mitte übernimmt Generaloberst Reinhardt, die Heeresgruppe Nordukraine Generaloberst Harpe.
Am gleichen Tag erreichen die Panzerspitzen der sowjetischen 5. Armee (GenOberst Krylow) die Grenze von Ostpreußen. Die 8. Gardearmee (GenOberst

Rechte Seite:
Der alliierte Vormarsch in Frankreich und Belgien

August 1944, Südfrankreich: Aufklärungsabteilung einer französischen Panzerdivision auf dem Vormarsch

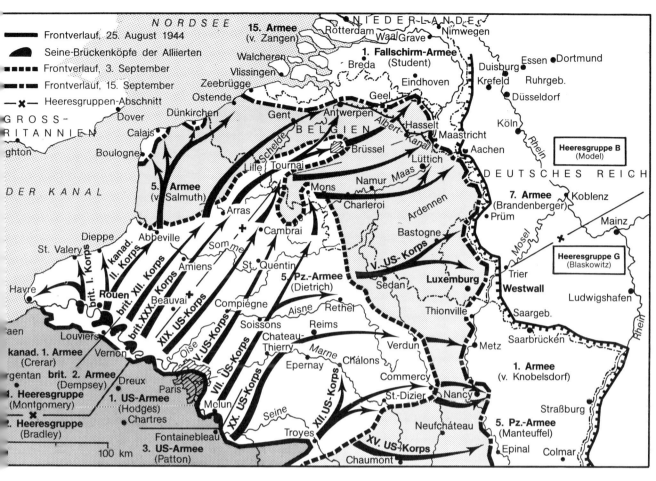

Tschuikow) und die 69. Armee (GenLt. Kolpatschki) weiten die Weichsel-Brückenköpfe im Raum Magnuszew und Pulawy auf eine Breite von 75 Kilometern und eine Tiefe von 50 Kilometern aus.

Am Sonnabend, dem 19. August 1944, treffen sich bei Chambois die im Rahmen der Operation »Totalize« vorstoßenden Panzerspitzen der kanadischen 1. Armee (Lt.Gen. Crerar) mit den Panzereinheiten der 1. US-Armee (Lt.Gen. Hodges). Nun sind im Kessel von Falaise die 7. Armee (SS-Oberstgruppenf. Hausser) und die Verbände der 5. Panzerarmee (Gen.d.Pz.Tr. Eberbach) zusammen mit Resten von zehn Divisionen, insgesamt 150 000 Mann, eingeschlossen. Nur durch einen schmalen Schlauch zwischen dem von Polen der 1. Panzerdivision (Maj.Gen. Maczek) besetzten Mt. Ormel und St. Leonard an der Dives versuchen die deutschen Truppen ohne ihre schweren Waffen und unter starken Verlusten zu entkommen. Nur 20 000 Mann mit 62 Panzern gelingt der Ausbruch. 407 Panzer und Sturmgeschütze, über 7 000 Kraftfahrzeuge und 990 Geschütze müssen im Kessel zurückbleiben.

Am Sonntag, dem 20. August 1944, beginnt der sowjetische »dritte Schlag«: Aus dem Raum westlich Jassy und südlich Terespol treten die 2. Ukrainische Front (Armeegen. Malinowski) und die 3. Ukrainische Front (Armeegen. Tolbuchin) mit insgesamt elf Panzer- und Schützenarmeen zu einer neuen Offensive an, unterstützt durch die 5. Luftarmee (GenLt. Goriunow) und

der 17. Luftarmee (GenLt. Sudiez). Das Ziel der Offensive: Die Einkesselung der deutschen 6. Armee (Gen. d.Art. Fretter-Pico) im Raum von Kischinew.

Vier Tage später, am 24. August 1944, wird die 6. Armee eingeschlossen und ähnlich wie ihre Vorgängerin bei Stalingrad vollständig aufgerieben.

Am Freitag, dem 25. August 1944, befreien die französische 2. Panzerdivision (Maj.Gen. Leclerc) und die 4. US-Infanteriedivision Paris. General der Infanterie v. Choltitz, der die Hauptstadt entgegen dem Befehl Hitlers vor der Vernichtung bewahrt, bricht den Widerstand ab.

Am Dienstag, dem 29. August 1944, nach einer Reihe schwerer Abwehrschlachten in Italien, stimmt Hitler dem Zurückweichen der 10. Armee (GenOberst v. Vietinghoff) auf die Apennin-Stellung (»Goten-Linie«) zu.
In Frankreich haben die Deutschen im Kessel von Falaise und beim Rückzug zur Seine insgesamt etwa 2 000 Panzer und Sturmgeschütze verloren: fast 15 Prozent der gesamten Jahresproduktion.

Am Mittwoch, dem 30. August 1944, wird die wichtigste deutsche Treibstoffquelle, die rumänischen Ölfelder von Ploesti, von sowjetischen Truppen besetzt, und am nächsten Tag marschiert die 53. Armee (GenLt. Managarow) in Bukarest ein.

Der deutsche Widerstand in Frankreich ist nun endgültig gebrochen. Eine geplante Auffanglinie an der Seine kann nicht gehalten werden. Von 2300 in der Normandieschlacht eingesetzten Panzern kommen knapp 100 zurück. Die alliierten Panzerverbände überschreiten fast widerstandslos die Seine und stoßen kaum gehindert in Richtung Belgien vor.

Die deutsche Abwehr in der Normandie ist an der überlegenen alliierten Technik gescheitert. Durch die modernen amphibischen Transportmittel wurden mehr Truppen und vor allem schneller gelandet, als es die deutsche Führung erwartet hat. Mit künstlichen Häfen und einer durch den Ärmelkanal verlegten Pipeline gelingt es, die Versorgungsprobleme zu bewältigen.

Ende August 1944 verfügt die Wehrmacht nur noch über 327 000 Tonnen Treibstoffreserven. Bereits zu dieser Zeit müssen die Zuteilungen um die Hälfte gekürzt werden.

Am Freitag, dem 1. September 1944, erreichen die Panzerspitzen der 3. Ukrainischen Front (Armeegen. Tolbuchin) die Donau bei Giurgiu.

Am Sonntag, dem 3. September 1944, ernennt Hitler Generalfeldmarschall v. Rundstedt wieder zum OB West, Generalfeldmarschall Model bleibt weiterhin Oberbefehlshaber der Heeresgruppe B.

An diesem Tag befreien die Panzerverbände der britischen 2. Armee (Lt.Gen. Dempsey) Brüssel.

In der Morgendämmerung des 4. September 1944 bekommt die britische 11. Panzerdivision (Maj.Gen. Roberts) nach Überschreiten der belgischen Grenze bei Tournai den Auftrag, die Stadt und Hafen von Antwerpen zu nehmen. Als danach die Vorausabteilung von Major J. Dunlop vom Panzerregiment 3 noch etwa 10 Kilometer südlich vor dem Ziel mit seinem Panzer über die Straße rollt, sieht er bei Boom einen einsamen Zivilisten stehen, der verzweifelt versucht, den Panzer durch Zeichen zu stoppen. Es ist der belgische Ingenieur Robert Vekemans vom Amt für Straßen- und Brückenbau.

Er teilt dem erstaunten Major Dunlop mit, daß er ihn über Seitenstraßen und eine kleine Brücke, die womöglich noch zur Stunde von Deutschen unbesetzt sei, sicher nach Antwerpen lotsen könne. Die Hauptstraße und alle anderen Brücken seien gut verteidigt und vermint. Nachdem Vekemans in einem Panzerspähwagen Platz genommen hat, biegt die Kolonne in eine Seitenstraße. Unbemerkt überqueren sie den Kanal im Dorf Willebroek und lassen drei Panzer zurück, um diesen Übergang zu sichern. Die anderen folgen dem Panzerspähwagen mit Vekemans auf der anderen Seite des Kanals in Richtung Norden. Kurz vor der kleinen Brücke über die Rupel halten sie hinter einer Fabrikmauer. Die Panzer schwenken die Geschütze nach hinten und legen über die Türme Tarnnetze. Dann rollen drei Panzer, geführt von Lieutenant Gibson Stubbs, weiter, gefolgt von dem Panzerspähwagen mit Vekemans und dem Panzer von Major Dunlop.

Die Panzer fahren mit Vollgas schnurstracks auf die Brücke zu. Die deutschen Soldaten, die die Brücke sichern, halten die Panzer für eigene auf dem Rückzug.

Lage in Italien, Juni–Sept. 44

Rechte Seite: Die strategisch bedeutende Rheinbrücke von Arnheim ist der nördlichste Flußübergang auf dem Weg nach Deutschland: Über diese Brücke sollen nach dem Plan von Field Marshal Montgomery die Panzer der britischen 2. Armee direkt ins Ruhrgebiet vorstoßen; gelingt dies, kann womöglich der Krieg bereits 1944 beendet werden

Juni bis September 1944: Alliierter Vormarsch in Italien

Der erste Panzer überquert bereits die Brücke und erreicht die Häuser, ehe die Deutschen das Feuer eröffnen. Auch der zweite und dritte Panzer kann unbehelligt die Brücken passieren. Vekemans, ein ehemaliger Pionieroffizier, läßt den Panzerspähwagen auf der Brücke halten und springt hinaus, kappt mit dem Messer die Sprengkabel und versichert sich, daß die Sprengladungen nicht per Hand gezündet werden können. Nach kurzer Fahrt am Ufer entlang flußabwärts nehmen die Panzerbesatzungen im Handstreich die unbeschädigte Hauptbrücke. Von hier aus können die britischen Panzer, von Vekemans gelotst, im Eiltempo die Hauptschleusenkammern und Schleusentore vom Hafen Antwerpen erreichen.

Bis zum Abend gelingt es den Engländern mit Unterstützung von Vekemans und anderen Resistance-Mitgliedern, den Hafen und die Docks von Antwerpen unzerstört zu besetzen. Die 11. Panzerdivision versäumt es jedoch in der Eile, die am Nordrand der Stadt über den Albert-Kanal führenden Brücken zu nehmen. Und als sie kurz danach versucht, einen Brückenkopf zu bilden, wird sie von der deutschen Verteidigung abgedrängt. Nachdem die britische 11. Panzerdivision die nördlichen Vorstädte von Antwerpen erreicht hat, stoppt ihr Vormarsch. So bleibt weiterhin eine deutsche Verbindung zur Insel Walcheren bestehen. Nun halten sich die Deutschen hartnäckig an beiden Ufern der Scheldemündung, die Antwerpen mit der Nordsee verbindet. Damit ist die Schelde in den nächsten drei Monaten für die Alliierten unpassierbar. Erst Anfang September 1944 findet der deutsche Rückzug sein Ende in dem behelfsmäßig instandgesetzten Westwall: Die Front verläuft jetzt von der Scheldemündung bei Antwerpen ostwärts in die Gegend der Maas, schließt südlich von Aachen an den Westwall an, der sich bis in den Raum von Trier erstreckt. Dann geht die Front weiter über Metz und Belfort bis zur Schweizer Grenze.

Am Montag, dem 4. September 1944, stellen die finnischen Streitkräfte das Feuer an der gesamten Front ein. Die deutsche 20. Gebirgsarmee (Gen.Oberst Rendulic) steht mit neun Divisionen (200 000 Mann, 60 000 Pferde, Tragtiere) und einigen Panzereinheiten – für neun Monate versorgt – vom Eismeer 800 Kilometer nach Süden, 50 bis 100 Kilometer ostwärts der finnischen Grenze auf sowjetischem Territorium. Sie erhält jetzt den Auftrag, ihre Südgruppe nach Nordlappland in die Linie Petsamo, Ivalo, Skibottn zurückzunehmen (»Birke-Bewegung«).

Am Freitag, dem 8. September 1944 um 18.38 Uhr, eröffnet die Artillerieabteilung (mot.) 485 (Oberst Hohmann) aus Wassenaar, einem Vorort von Den Haag, den Beschuß mit Fernraketen vom Typ A4 (V2) auf Südengland und London.

Am Sonnabend, dem 9. September 1944, übernimmt in Bulgarien eine prosowjetische Regierung (Georgieff) die Macht, und die Deutschen werden entweder interniert oder schlagen sich nach Serbien durch.

Am Montag, dem 11. September 1944, überschreitet die britische 2. Armee (Lt.Gen. Dempsey) die belgisch-holländische Grenze, und am Nachmittag überquert ein Spähtrupp unter US-Sergeant Holzinger von der 5. US-Panzerdivision (Maj. Oliver) die deutsche Grenze bei Stolzenbourg (Luxemburg).

Am Freitag, dem 15. September 1944, beginnt ein sowjetischer Großangriff auf die Heeresgruppe Nord (Gen.Oberst Schörner) mit vier Fronten, der Leningrader Front sowie der 1. 2. und 3. Baltischen Front. Die Leningrader Front (Marschall Goworow) durchbricht im ersten Ansturm die Narwa-Enge.

Am Sonntag, dem 17. September 1944, springen starke alliierte Fallschirmverbände bei Arnheim und Nimwegen ab (Operation »Market Garden«), um den Niederrhein zu gewinnen, ehe eine neue deutsche Front aufgebaut werden kann. Sie landen bei Arnheim jedoch mitten in dem Sammelraum des II. SS-Panzerkorps (SS-Obergruppenf. Bittrich), werden rasch zerschlagen und müssen kapitulieren. Bei Nimwegen gelingt es, einen Korridor zu den langsam vorrückenden Panzerverbänden der britischen 2. Armee zu schaffen und schrittweise auszuweiten.

Am Sonntag, dem 24. September 1944, wird die deutsche Heeresgruppe Nordukraine (GenOberst Harpe) in Heeresgruppe A umbenannt und die Heeresgruppe Südukraine (GenOberst Frießner) in Heeresgruppe Süd.

Am Dienstag, dem 26. September 1944, endet das alliierte Luftlandeunternehmen bei Arnheim. Als die britische 1. Luftlandedivision (Maj.Gen. Urquhart) zu Beginn der zehn Tage dauernden Schlacht niedergeht, trennen sie nur 100 Kilometer von den auf dem Boden vorgehenden eigenen Panzerkräften. Obwohl die beiden im Landeraum stehenden SS-Panzerdivisionen – die 9. und 10. – noch nicht voll einsatzbereit sind, gehen sie sofort zum Angriff über.

Nach der Katastrophe vom Sommer und Herbst 1944 gelingt es den Deutschen nochmals, sowohl im Osten als auch im Westen, allmählich wieder zusammenhängende Fronten zu bilden, dabei verhindern schlechtes Wetter und Kälte jede weitere feindliche Aktion und geben der Wehrmacht eine letzte Atempause.

Währenddessen leitet nach dem 4. Oktober 1944 auf

dem Balkan die Heeresgruppe E (GenOberst Löhr) weiträumige Absetzbewegungen ein.

Am Donnerstag, dem 5. Oktober 1944, führt die 1. Baltische Front (Armeegen. Bargamjan) mit der 5. Garde-Panzerarmee (GenOberst Rotmistrow), der 4. Stoßarmee (GenLt. Malyschew), der 6. Gardearmee (GenOberst Tschistjakow), der 51. Armee, der 43. Armee (GenLt. Bjelobrodow) und der 2. Gardearmee (GenLt. Sacharow) zur Offensive im Raum Raseinen gegen die deutsche 3. Panzerarmee (GenOberst Raus) an.

In der ersten Oktoberwoche 1944 kämpft die 38. Armee (GenOberst Moskalenko) den hartnäckigen deutschen Widerstand nieder und nähert sich in den Karpaten dem strategisch wichtigen Dukla-Paß. Das tschechoslowakische I. Armeekorps (GenMaj. Svoboda), das der 38. Armee unterstellt ist, nimmt mit dem LXVII. Schützenkorps (GenMaj. Schmygos) und dem XXXI. Panzerkorps (GenMaj. Grigorjew) am 6. Oktober 1944 den Dukla-Paß und betritt damit wieder heimatlichen Boden.

Am Dienstag, dem 10. Oktober 1944, erreichen sowjetische Panzerspitzen nördlich der Memel bei Polangen die Ostsee; Memel wird eingeschlossen.

Am Sonnabend, dem 14. Oktober 1944, schließen die Panzerverbände der 9. US-Armee (Lt.Gen. Simpson) die erste deutsche größere Stadt, Aachen, ein.
Am gleichen Tag dringen die Panzer des IV. mechanisierten Gardekorps (GenMaj. Shdanow) und der 1. Proletarischen Division der Volksbefreiungsarmee Jugoslawiens (Oberst Vaso Jovanovic) in Belgrad ein.

Am Montag, dem 16. Oktober 1944, beginnt in Litauen ein Großangriff der 3. Weißrussischen Front (Armeegen. Tschernjachowski) mit fünf Armeen – etwa 40 Schützendivisionen, mit mehreren Panzerverbänden und starker Schlachtfliegerunterstützung – in 140 Kilometer Breite in Richtung Königsberg/Ostpreußen.

Die 2. Ukrainische Front (Armeegen. Malinowski) stößt nach der Eroberung von Belgrad aus dem Raum Siebenbürgen über die Theiß nach Westen vor.
Inzwischen gelingt es der Heeresgruppe Süd, bedeutende Panzerkräfte in diesem Raum zu versammeln, und Generaloberst Guderian befiehlt, von Debrecen aus die sowjetische Nordflanke anzugreifen.
Ebenfalls am 16. Oktober 1944 werden die sowjetischen Stoßkräfte in der eine Woche andauernden Panzerschlacht aufgehalten und der Angriff an Theiß und Donau gestoppt.

Am Freitag, dem 20. Oktober 1944, landet die 6. US-Armee (Lt.Gen. Krueger) auf Leyte, einer langen, schmalen, mit Dschungel und Sümpfen bedeckten Insel, und beginnt die Offensive zur Rückeroberung der Philippinen.
Alle auf Leyte eingesetzten US-Divisionen verfügen über Panzereinheiten, die im Zusammenwirken mit der Infanterie ausgebildet sind. Der Infanterie fehlt jedoch jede Erfahrung im gemeinsamen Kampf mit Panzern. Das Vordringen auf Leyte artet in zähes Ringen mit den sich verbissen wehrenden Japanern aus. Die US-Truppen können dabei mit kleinen, aus Panzern und Infanterie gemischten Kampfgruppen nur schrittweise Boden gewinnen, da auch starke Regenfälle fast alle Bewegungen hemmen. Durch das sumpfige Dschungelgelände können die Panzer nur auf Straßen oder Wegen vorwärtskommen. Die japanische Pak und Panzernahbekämpfungsmittel sowie Minen und Panzerfallen, die im hohen Gras nur schwer auszumachen sind, verursachen hohe Verluste: Rollen die Panzer voraus, werden sie abgeschossen, bleiben sie zurück, kommt die Infanterie nicht weiter.

Am gleichen Tag dringen die sowjetischen Panzerverbände der 11. Gardearmee (GenOberst Galizki) in Ostpreußen ein. Sie nehmen Goldap und die Straße bis Nemmersdorf und überrollen mehrere Flüchtlingstrecks.

Am Dienstag, dem 31. Oktober 1944, endet der Kampf der deutschen 1. Panzerarmee (GenOberst Heinrici)

Rechte Seite: Oktober 1944, Raum Debrecen, Ungarn: Deutsche und ungarische Panzer auf dem Weg zur Front. Rechts ein mittlerer ungarischer Panzer Turán I, 18,2 t (40 M Turán-Köz kk) mit 4-cm-Kanone 41 M L/51 (Skoda A-17), links ein Panzerkampfwagen IV Ausführung G

Links: Dezember 1944, Raum Aachen:
US-Soldat mit einer Bazooka, der amerikanischen Panzernahbekämpfungswaffe, dahinter ein abgeschossener deutscher Jagdpanzer Hetzer mit einer 7,5-cm-Pak 39 L/48 auf dem Fahrgestell des tschechischen Panzers LT-38 mit der deutschen Bezeichnung 38 (t)

gegen den am 29. 8. 1944 ausgebrochenen nationalen Aufstand in der Slowakei, der von sowjetischen Fallschirmspringern, die sich zum größten Teil der slowakischen Armee angeschlossen haben, unterstützt worden ist. Zu Beginn des Kampfes haben die Aufständischen 33 Panzer vom Typ 38, die Deutschen dagegen 28 Panzer vom Typ Pz. IV, zwei Tiger und 16 Sturmgeschütze.

An diesem Tag räumen deutsche Nachhuten Saloniki. Zu gleicher Zeit beginnt auch der Rückzug aus Albanien.

In der Nacht vom 1./2. November 1944 verlassen die letzten deutschen Soldaten Griechenland.

Am Donnerstag, dem 2. November 1944, wird Goldap (Ostpreußen) von der deutschen 4. Armee (Gen.d.Inf. Hoßbach) zurückerobert. Die Sowjets verlieren bei Angriff und Gegenangriff etwa 1000 Panzer und 300 Geschütze. Generaloberst Guderian versucht vergeblich, Hitler zum Ausbruch der Heeresgruppe Nord (GenOberst Frießner) nach Ostpreußen zu bewegen. Der deutschen 16. (GenOberst Hilpert) und 18. (Gen.d.Inf. Boege) Armee verbleiben mit Teilen der 3. Panzerarmee (GenOberst Raus) insgesamt rund 26 Divisionen. Sie bilden damit zwischen Liebau, Mosheiken und Tukkum den sogenannten Kurland-Brückenkopf.

Am Donnerstag, dem 16. November 1944, führt die 9. US Armee (Lt.Gen. Simpson) im Raum Jülich einen Angriff gegen die Front der 5. Panzerarmee (Gen.d.Pz.Tr. v. Manteuffel), und es entbrennt die »Schlacht an der Roer«.

Mitte November 1944 verfügt die gesamte Westfront über 775 einsatzbereite Panzer und Sturmgeschütze. Die Westalliierten haben dagegen das Zehnfache.

Am Donnerstag, dem 23. November 1944, dringen die Panzerspitzen der 7. US-Armee in Straßburg ein, nehmen die Stadt und erreichen den Rhein.

Ende November – Anfang Dezember 1944 gelingt es den Deutschen, wieder eine feste Frontlinie zu bilden: Sie verläuft im Norden an den holländischen Flüssen und Kanälen entlang, dann zum Niederrhein und Westwall bis zum Oberrhein.

Zwischen September und November 1944 produzieren die deutschen Rüstungsbetriebe 1764 Panzerfahrzeuge, 1371 erreichen aber nur die Truppe, da der Rest auf dem Weg zur Front alliierten Luftangriffen zum Opfer fällt. Alles in allem sinkt die Panzerproduktion in dieser Zeit um 20 Prozent.

Am Sonnabend, dem 16. Dezember 1944, beginnt überraschend das Unternehmen »Wacht am Rhein«, die deutsche Ardennenoffensive, auch »Rundstedt-Offensive« genannt, im Frontabschnitt zwischen dem Hohen Venn und Luxemburg. Die Kräfte: Heeresgruppe B (GFM Model) mit der 6. SS-Panzerarmee (SS-Oberstgruppenf. Dietrich), 5. Panzerarmee (Gen.d.Pz.Tr. v. Manteuffel), sowie die 7. Armee (Gen d.Art. Brandenberger), insgesamt zwölf Infanteriedivisionen, zwei Fallschirmjägerdivisionen, sieben Panzerdivisionen und in Reserve: vier Infanteriedivisionen, zwei Panzerdivisionen und eine Panzergrenadierdivision mit zusammen etwa 1750 Panzern und Sturmgeschützen. Luftsicherung: Luftwaffenkommando West (GenLt. Schmid) mit rund 1800 Maschinen; das Ziel: einen Keil zwischen amerikanische und britische Truppen zu treiben, Antwerpen zu nehmen und die alliierten Invasionstruppen zurückzuschlagen. Die 6. SS-Panzerarmee stößt gleich von Anfang an auf entschlossenen Widerstand und kommt nur 10 Kilometer voran, bei der 5. Panzerarmee sind es etwa 30 Kilometer.

Am Sonntag, dem 17. Dezember 1944: Der zweite Tag der Offensive bringt keine wesentliche Änderung der Lage. Es gelingt zwar der 6. SS-Panzerarmee und der 5. Panzerarmee ein tiefer Durchbruch bis Clervaux und 6 Kilometer vor Malmedy, doch bei der 7. Armee und an den Flügeln geht es kaum vorwärts. Das Ziel für diesen Tag, die Errichtung von Brückenköpfen über die Maas, wird nicht einmal im Ansatz erreicht.

Am Montag, dem 18. Dezember 1944, bleibt die Offensive der deutschen 6. SS.-Panzerarmee praktisch stecken.

Am Sonnabend, dem 23. Dezember 1944, erlaubt eine Schönwetterperiode in den Ardennen erstmals den vollen Einsatz der alliierten Luftstreitkräfte. 3170 Maschinen greifen allein an diesem Tag Verkehrsziele und Truppenmassierungen an. Die Luftwaffe tritt dabei nicht in Erscheinung.

Am Sonntag, dem 24. Dezember 1944, wird Budapest auch von Süden her durch die 4. Garde-Schützenarmee (GenMaj. Ryschow) und Verbände der 53. Armee (GenLt. Galanin) eingeschlossen. Die Festung Budapest (Kommandant SS-Obergruppenf. Pfeffer v. Wildenbruch) verteidigen das IX. SS-Gebirgskorps und das ungarische I. Armeekorps (GenLt. v. Hindy), insgesamt etwa 70 000 Mann.

Am Montag, dem 25. Dezember 1944, kommt v. Rundstedt zu dem Schluß, daß es weder möglich sei, Antwerpen zu erreichen, noch die östlich der Maas stehenden Kräfte zu vernichten. Er meldet dies Hitler und bittet um Einstellung der Offensive und Zurücknahme der Truppen auf den Westwall. Hitler besteht jedoch auf die Weiterführung der Offensive, weil er sich durch den für Anfang Januar geplanten Angriff der Heeresgruppe G (Unternehmen »Nordwind«) aus dem Nordelsaß heraus eine Änderung der Lage verspricht.

Am Dienstag, dem 26. Dezember 1944, nimmt das sowjetische XVIII. Panzerkorps die Stadt Gran und schneidet Budapest von der letzten Landverbindung ab.

Bereits am Freitag, dem 29. Dezember 1944, wird der Ring um das von der deutschen 5. Panzerarmee belagerte Bastogne von vier US-Divisionen gesprengt. Die am weitesten nach Westen vorgeschobene 2. Panzerdivision muß auf Rochefort zurückgenommen werden, und die Offensive wird langsam zu einer Niederlage.

Das Ausscheiden von Finnland, Bulgarien und Rumänien aus dem Bündnis mit Deutschland stellte das OKH vor die kaum lösbare Aufgabe, im Osten und auf dem Balkan weiterhin eine zusammenhängende Front zu halten. Diese Tatsache wirkte sich insbesondere auf den operativen Einsatz der deutschen Panzerwaffe aus: Die Wehrmacht konnte sich erst dann auf Verteidigung umstellen, als sich die politische und militärische Führung unter dem Druck der Kriegslage zur Defensive entschlossen hatte. Noch 1944 mußten die Panzerverbände nämlich Abwehrschlachten in einer Organisation schlagen, die nach den Erfahrungen und Planungen von 1942/43 als Angriffsgliederung gedacht war.
Im Spätsommer 1944 befahl das OKH, 13 selbständige Panzerbrigaden aufzustellen mit je 35 Panzern und 12 Sturmgeschützen, dazu einem Grenadierbataillon, Pionieren, Flak und je einem Aufklärungszug. Da jedoch die Brigaden zersplittert eingesetzt wurden, erlitten sie hohe Verluste, so daß diese Organisationsform bald wieder aufgegeben werden mußte.
Zwar war die deutsche Panzertruppe 1944, was Quantität und Qualität der Kampftechnik betraf, besser denn je ausgestattet, ihre Organisationsform blieb jedoch uneinheitlich wie bisher: Die meisten Panzerkorps z. B. bestanden weiterhin nicht aus reinen Panzerverbänden, sondern verfügten neben Panzerdivisionen über Panzergrenadier- und sogar Infanteriedivisionen.
Das Anwachsen gepanzerter Heerestruppenteile ermöglichte es dem OKH, an Brennpunkten schlagkräftige Kampfgruppen einzusetzen. Der Nachteil: Die gepanzerten Heerestruppen wurden immer wieder als »Feuerwehr« verwendet, besonders für Gegenangriffe und Gegenstöße. Andererseits war angesichts der bedrohlichen Gesamtlage die Improvisation in der Organisation und im Einsatz von Panzertruppen oft die einzige Chance, sowohl taktisch als auch operative Durchbrüche schnell abzuriegeln und sogar neue Frontlinien aufzubauen.

Im Dezember 1944 verläuft die Front in Italien von La Spezia am Ligurischen Meer über den Apennin bis zur Adria in den Raum Ravenna.
Ende 1944, kurz vor der Ardennenoffensive, wurden mehrere Panzerkorps aufgestellt, deren Divisionsbestand nicht mehr wechseln sollte. Man wollte damit die Kampfkraft der Reste mehrerer Panzerdivisionen zusammenfassen, um wieder eine gewisse operative Angriffskraft zu schaffen und wegen Personalmangel Trosse, Instandsetzungs- und Verwaltungsdienste einsparen.
An der Ostfront mußten die Sowjets dank besserer Panzerbekämpfung jetzt im Schnitt für jeden abgeschossenen deutschen Panzer und jedes Sturmgeschütz fünf eigene Panzer opfern, aber die verlustreichen Kämpfe im Jahr 1944 brachten den deutschen Großverbänden eine weitere Reduzierung der Panzerbestände. Obwohl die deutsche Produktion im Herbst 1944 auf Hochtouren lief, waren die Verluste nicht mehr auszugleichen: Kaum eine Panzerdivision zählte durchschnittlich mehr als 80 einsatzbereite Kampfwagen. Wegen der unzureichenden Ausstattung mit Luftabwehrmitteln stiegen sowohl an der Ostfront als auch im Westen und in Italien die Verluste an Panzern, durch taktische Luftangriffe verursacht, sprunghaft an. Trotz der heftigen alliierten strategischen Luftangriffe konnte die deutsche Rüstungsindustrie jedoch ihre Produktion 1944 noch erhöhen: 7908 Kampfwagen, sowie 8885 Sturmgeschütze, Panzerjäger und Jagdpanzer.

Im Sommer 1944 erreichte die deutsche Rüstungsproduktion übrigens ihren höchsten Stand: Sie hatte im Vergleich zu Anfang 1942 ihre Kapazität um mehr als 300 Prozent gesteigert. Mit den im Dezember 1944 gebauten 598 Panzern, Selbstfahrlafetten und Sturmgeschützen konnte sie ihre Rekordzahl aufweisen.
Die Schaffung des »Volkssturm« im Herbst 1944 wurde zu einer Zäsur für die deutsche Panzerherstellung: Die Produktion mußte wegen militärischer Übungen immer wieder gedrosselt oder gar unterbrochen werden. Deutschland trat in ein Stadium, in dem der militärische Einsatz von Arbeitskräften gegenüber der Rüstungsproduktion Vorrang erhielt. Dies war bezeichnend für die letzte Phase der deutschen Kriegsanstrengungen.
Mittlerweile wurden im Westen die 5. Panzerarmee und

die 6. SS-Panzerarmee in der Ardennenoffensive verbraucht. Gleichzeitig war im Osten die strategische Gruppierung der deutschen Panzerkräfte mit ihren weit verstreuten Einsätzen und dem Festhalten kleinerer Gebiete wie etwa Kurland bei der Überbeanspruchung deutscher Kräfte vom militärischen Standpunkt aus gesehen unverantwortlich.

Die sowjetischen Angriffsoperationen im Sommer und Herbst 1944 zeigten wiederum eine neue Einsatztaktik der Panzerwaffe: Die kampfstarke Vorausabteilung war jetzt ein bedeutendes Element, um das Angriffstempo zu erhöhen. Die gepanzerten mechanisierten Vorausabteilungen der allgemeinen Armeen spielten eine wichtige Rolle als Bindeglied zwischen den schnell vorstoßenden beweglichen Gruppen und den Hauptkräften. In der Regel stießen die Vorausabteilungen parallel zu den Rückzugsstraßen der deutschen Truppen vor, nahmen Verkehrsknotenpunkte und wichtige Geländestreifen und hielten sie bis zum Eintreffen der Hauptkräfte. Diese Vorausabteilungen waren so stark, daß sie selbständige Aufgaben bis zu einer Tiefe von 100 Kilometern übernehmen und mehr als 50 Kilometer vor den nachrückenden Hauptkräften eingesetzt werden konnten.

Auch das Zusammenwirken mit der Roten Luftflotte wurde wesentlich verbessert. Man hatte sogar den für operative Aufgaben vorgesehenen Panzerverbänden Schlacht- und Jagdfliegereinheiten operativ unterstellt. Die operative Dichte an Panzern und Selbstfahrlafetten stieg Ende 1944 auf 70 bis 100 je Frontkilometer. So wurde auch die Gefechtstiefe ausgedehnt: Sie vergrößerte sich von 120 Kilometer im Jahr 1943 bis Ende 1944 auf 400 Kilometer und mehr. Das Angriffstempo hatte sich von durchschnittlich 10 Kilometer pro Tag im Jahr 1943 bei den wichtigsten Offensiven der zweiten Jahreshälfte 1944 bereits auf 50 bis 60 Kilometer pro Tag erhöht.

Die westalliierten Panzerverbände hatten bis Ende 1944 in Italien und in Westeuropa zwar beachtliche taktische Leistungen bei der Verfolgung deutscher Truppen erreicht, aber kaum operative Einsätze geführt.

Die Japaner gingen 1944 auf den Pazifikinseln nur mit kleinen Panzereinheiten in die Kämpfe. Sie waren aber – ungeachtet des zögernden Vorgehens – recht erfolgreich. Während der Kämpfe in Burma, Ostindien und China erreichten ein oder zwei mit japanischer Infanterie vorgehende Panzer gegen die leicht bewaffneten Gegner mehr Wirkung, als es ihrer eigentlichen Kampfkraft entsprach. Bei ihren Vorstößen setzten die Japaner leichte Panzer ein, um Straßensperren oder Verteidigungsstellungen zu beseitigen. Erst Ende 1944, als es schon zu spät dafür war, erkannte man die Notwendigkeit, kampfstärkere Panzer zu entwickeln.

Zur bedeutendsten Innovation in der Panzerbekämpfungstaktik zählten die jetzt in Massen eingesetzten Panzernahbekämpfungsmittel, die jeder Infanterist bei sich tragen und bedienen konnte. Am wirkungsvollsten waren die nach dem Raketenprinzip durch eine Treibladung abgefeuerten Hohlladungsgeschosse: die ameri-

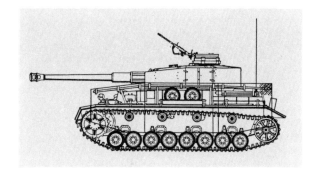

Deutscher mittelschwerer Kampfpanzer PzKpfw IV Ausführung J (ab Ende 1944)

kanische »Bazooka«, die deutschen »Panzerfaust« und »Panzerschreck« sowie die britische »PIAT« (Projector Infantry Anti-Tank), die kein verräterisches Mündungsfeuer hatte, da sie nur mit Federdruck arbeitete.

Interessanterweise hatten weder die Rote Armee noch die Kaiserliche Armee Japans diese Art von Panzerbekämpfung ihre Aufmerksamkeit geschenkt. Immerhin gehörten dazu starke Nerven und eine Portion Mut, denn es bestanden bei einer Entfernung von mehr als 100 Metern wenig Chancen, feindliche Panzer mit einer solchen Waffe außer Gefecht zu setzen, vor allem da Panzer selten einzeln angriffen, sondern von anderen Panzern oder Infanterie begleitet wurden. Außerdem reichte ein Volltreffer oft nicht aus, um den Panzer zu vernichten.

Zur tödlichen Gefahr war vollends in der zweiten Jahreshälfte 1944 das Flugzeug geworden: Alliierte Jagdbomber hatten mit Raketengeschossen die deutschen Panzer im Raum Avranches am 7. 8. 1944 während des für die Invasion entscheidenden Gegenstoßes nicht nur zum Stehen gebracht, sondern auch sonst ungezählte Male die Bewegungen der Panzer erheblich gestört und bei Tageslicht sogar unmöglich gemacht. Dabei bewährten sich insbesondere die britischen Hawker Typhoon, eines der besten Tiefangriffsflugzeuge des Zweiten Weltkrieges. Diese mit acht panzerbrechenden Raketengeschossen ausgerüsteten Maschinen (Tank-Buster) zerstörten allein bei Avranches 135 deutsche Panzer.

15,5-cm-US-Geschütz auf Selbstfahrlafette T6 »Long Tom« (ab 1945)

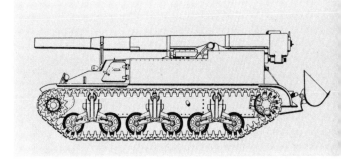

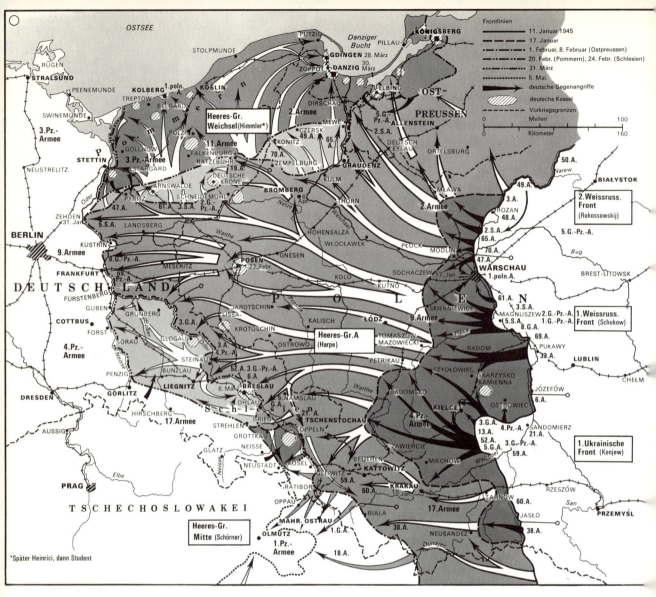

Die sowjetische Winteroffensive 1945

Frontlinien:
- 11. Januar 1945
- 17. Januar
- 1. Februar, 8. Februar (Ostpreussen)
- 20. Febr. (Pommern), 24. Febr. (Schlesien)
- 31. März
- 5. Mai
- deutsche Gegenangriffe
- deutsche Kessel
- Vorkriegsgrenzen

Meilen 0 ——— 100
Kilometer 0 ——— 160

*Später Heinrici, dann Student

Mit großem Erfolg setzte an der Ostfront die Luftwaffe auch ihre Stukas Junkers Ju 87 G zur Panzerbekämpfung ein. Nach der Idee von Major Hans Ulrich Rudel wurden diese Maschinen mit zwei 3,7-cm-Flak 18 (BK 3,7) ausgestattet und als Panzerjägerstaffel formiert. Rudel war auch mit 519 abgeschossenen Panzern der erfolgreichste fliegende Panzerjäger des Zweiten Weltkrieges.

Die Rote Luftflotte verwendete zur Panzerbekämpfung ihre Erdkampfbomber Iljuschin Il-2, eine gepanzerte Maschine mit acht Raketengeschossen. Die Sowjets waren übrigens die ersten, die ihre Flugzeuge mit Raketen ausrüsteten.

Sowjetischer mittlerer Jagdpanzer SU-100 mit 10-cm-Kanone (ab Ende 1944)

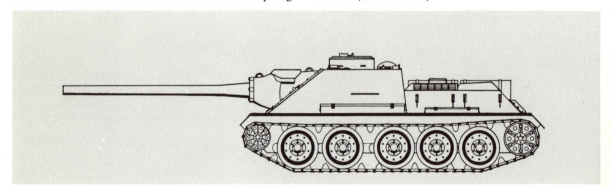

1945

Januar – August

Ardennenschlacht steigert sich

Freitag, 5. Januar 1945
Das *Oberkommando der Wehrmacht* gibt bekannt:
Die Schlacht in den nördlichen Ardennen hat sich gestern noch gesteigert. Im zusammengefaßten Feuer aller Waffen liefen sich die erneut zum Durchbruch ansetzenden amerikanischen Divisionen schon nach geringen Anfangserfolgen wieder fest. Im Raum von Bastogne hielten unsere Panzerverbände ihren starken Druck aufrecht. Feindliche Angriffe scheiterten. Die Front zwischen Saargemünd und dem Rhein ist in Bewegung. Trotz der Gegenangriffe der inzwischen herangeführten feindlichen Verbände sind unsere Truppen, besonders in den unteren Vogesen, weiter im Vordringen. Neben zahlreichen Orten in Lothringen wurde die Stadt Weißenburg im Elsaß vom Feind befreit, die Lauter nach Süden überschritten . . .

Sender Beromünster (Schweiz)

Freitag, 5. Januar 1945:
An der Ostfront sind die Frontlinien in Kurland, an der ostpreußischen Grenze und in Polen trotz zeitweiligen heftigen Kampfhandlungen seit längerer Zeit erstarrt . . . Indessen hat die deutsche Wehrmacht in den letzten Wochen die Kraft gefunden, neue Offensivstöße zu unternehmen. Die Voraussage des »Völkischen Beobachters«, die Offensive Rundstedts in den Ardennen werde es ermöglichen, die Initiative während mehrerer Wochen zurückzugewinnen, hat sich zwar nicht erfüllt, da bereits in Berlin zugegeben wird, das Gesetz des Handelns sei in dem erkämpften Frontvorsprung in den Ardennen wieder auf die Amerikaner übergegangen.

Erbitterte Straßenkämpfe in Budapest
Donnerstag, 11. Januar 1945, Berlin
Das *DNB* meldet:
Die Kämpfe auf dem völlig verwüsteten Gelände des Ostbahnhofs von Budapest hielten während des ganzen Tages mit unvorstellbarer Härte an. Im ganzen gesehen, konnten weitere sowjetische Einbrüche, teilweise mit blanker Waffe, verhindert werden. Einige durchgebrochene Panzer, die sich der Verlängerung der Rakokczi-Straße, einer der Hauptgeschäftsstraßen, näherten, wurden durch deutsche Sturmgeschütze in Brand geschossen. Im Gegenangriff haben die deutschen und ungarischen Truppen die gefährlichen Frontlücken wieder geschlossen.

Tagesparole des Reichspressechefs
Sonnabend, 13. Januar 1945:
Mit der gestern begonnenen Winteroffensive der Sowjets, deren Ausdehnung auf weitere Frontabschnitte heute zu erwarten ist, steht das deutsche Ostheer wieder im schwersten Abwehrkampf. Die Presse wird im Zeichen großen Widerstandswillens des ganzen deutschen Volkes stehen, diesen Ansturm aufzuhalten und ihm mit äußerster Kraft und Entschlossenheit zu begegnen.

Montag, 15. Januar 1945
Das *Oberkommando der Wehrmacht* gibt bekannt:
Im Westen lagen auch gestern die Brennpunkte der Abwehrschlacht im Gebiet südlich Malmedy zwischen Salm und Ourthe sowie beiderseits Bastogne, unsere tapferen Verbände verhinderten, sich erbittert zur Wehr setzend, den erneut mit stärkstem Einsatz auf der Erde und aus der Luft erstrebten Durchbruch der Amerikaner. Nur an wenigen Stellen konnte der Feind örtlich Boden gewinnen. 25 Panzer wurden abgeschossen. Wie erwartet, eröffneten die Sowjets ihre Offensive nach mehrstündigem Trommelfeuer auch aus ihren Weichselbrückenköpfen bei Pulawy und Warka, aus dem Weichsel-Bud-Dreieck nördlich Warschau sowie aus den Narew-Brückenköpfen beiderseits Ostenburg. Erbitterte Kämpfe sind an der gesamten Front entbrannt. Das Vergeltungsfeuer auf London dauert an.

Offensive ohne Beispiel

Mittwoch, 17. Januar 1945, Berlin
Das *DNB* teilt mit:
Der militärische Mitarbeiter des Deutschen Nachrichtenbureaus, Dr. Max Krull, schreibt zur Offensive: In dem militärischen Geschehen der mehr als fünf Kriegsjahre fehlen die Maßstäbe für die Massen an Menschen, Waffen und Material, wie sie die Sowjets in die Winterschlacht zwischen Karpaten und Memel geworfen haben. Das Hervorbrechen von bisher ungezählten Schützendivisionen und Panzerkorps aus den Brückenköpfen des großen Weichselbogens ist mehr als einer der zahlreichen Durchbruchsversuche, die die sowjetische Führung mit wechselndem Erfolg seit 1943 wiederholt unternommen hat. Diese Offensive ist ohne Beispiel, gemessen am totalen Einsatz aller vorhandenen Kräfte. Es handelt sich hier um den Versuch, die gesamte deutsche Abwehrmauer im Osten mit einem Schlage umzuwerfen und alle Wege in das Herz Europas freizulegen. Die deutsche Führung unterhält in den verschiedenen Einsatzräumen größere strategische Reserven, die erst dann zum Einsatz kommen, wenn die feindlichen Stoßkeile durch die Tiefe ihres Vordringens in den Flanken eine größere Empfindlichkeit verraten.

Donnerstag, 18. Januar 1945
Das *Oberkommando der Wehrmacht* gibt bekannt:
Die Schlacht im großen Weichselbogen dauert mit unverminderter Heftigkeit an. Herangeführte Reserven fingen die feindlichen Angriffsspitzen zwischen Krakau und Tschenstochau auf. Tschenstochau und Tomaschow fielen nach Straßenkämpfen in Feindeshand. Panzerspitzen der Sowjets drangen bis in den Raum zwischen Litzmannstadt und Weichsel vor. Auch zwischen Kielce und der unteren Pilica stehen unsere Verbände in schwerem Kampf mit starken feindlichen Kräften. Eine niedersächsische Panzerdivision schoß dort an einem Tage 85 sowjetische Panzer ab.
Im großen Weichselbogen wurde Warschau geräumt. Im Westen entwickelten sich in dem bei Maaseyck nach Westen vorspringenden Frontbogen aus örtlichen Angriffen nach Einsatz stärkerer englischer Verbände lebhafte Kämpfe. Östlich und nordöstlich Bastogne wird erbittert um einzelne Ortschaften gekämpft.

Die Sowjets in Krakau und Lodz
Freitag, 19. Januar 1945, Berlin
Das *DNB* meldet:
Zwischen den Beskiden und der Memel tobte die gewaltige Winterschlacht auch am Donnerstag mit großer Erbitterung weiter. Zwischen Krakau, Czenstochau, Litzmannstadt (Lodz), Kutno und der Weichsel stießen sowjetische Panzerspitzen in westlicher Richtung weiter vor, wurden aber durch deutsche Reserven zum Kampf gestellt und gestoppt. Im Nordwestteil von Krakau sind heftige Häuserkämpfe entbrannt. Auch in Litzmannstadt konnte eine sowjetische Kräftegruppe eindringen. Der Einbruch wurde mit einem schnellen Gegenangriff eingeengt.

Deutsche Offensive gegen Straßburg
Sonnabend, 20. Januar 1945, im Hauptquartier von General Eisenhower
United Press berichtet:
Im Raum nördlich von Straßburg ist es den Deutschen gelungen, durch die Heranschaffung weiterer Verstärkungen, darunter eine große Zahl von »Tiger«-Panzern, über den Rhein, wobei Fährenschiffe und Pontonbrücken benutzt wurden, die Verbindung zwischen ihrem Rheinbrückenkopf und den nördlich des Hagenauer Forstes stehenden Truppen herzustellen, womit der Feind jetzt eine rund 70 Kilometer lange geschlossene Frontlinie hält, die von Bitsch über Sulz nach Gambsheim am Oberrhein verläuft. Der Durchbruch, der zum Zusammenschluß der beiden feindlichen Kräftegruppen führte, erfolgte nach der Ausweitung des Brückenkopfes nach Norden bis in die Gegend von Selz und der Rückeroberung der südwestlich davon gelegenen Dörfer Leutenheim und Kaussenheim, wenige Kilometer von den deutschen Truppen bei Hatten entfernt.

Tagesparole des Reichspressechefs
20. Januar 1945:
Besondere Erwähnung gebührt unseren im Rücken sich nach Westen durchkämpfenden Infanterie- und Panzer-Verbänden. Sie binden in aufopferndem Kampf wesentliche Teile der nachdrückenden feindlichen Massen und fügen dem Feind fortgesetzt schwere Verluste zu. Auf den sich an der Reichsgrenze versteifenden Widerstand kann eingegangen werden, ohne damit jedoch zum Ausdruck zu bringen, daß der Feind bereits endgültig zum Stehen gebracht worden ist.

Minen aus Holz und Pappe
Mittwoch, 24. Januar 1945, Mülhausen
United Press berichtet:
Die französische 1. Armee muß das neubesetzte Gebiet bei Mülhausen von einer großen Anzahl Minen säubern. Dabei fiel auf, daß die Deutschen keine einzige stählerne Mine verwendeten, sondern nur Minen aus Glas, Karton, Holz oder anderem Ersatzmaterial, was anscheinend auf die Eisenknappheit zurückzuführen ist.

Sender Beromünster (Schweiz)

Freitag, 26. Januar 1945:
. . . Die spätere Kriegsgeschichte wird erst feststellen können, wie es möglich war, daß die Russen im ersten, unwiderstehlichen Anlauf eine Abwehrstellung nach der anderen und eine befestigte Stadt nach der anderen in kürzester Zeit dem deutschen Ostheer entreißen konnten, nicht nur ohne wirksamen Widerstand anzutreffen, sondern indem sie auch das polnische Verkehrsnetz, die Industrieanlagen der größten polnischen Industriestadt, Lodz, und im allgemeinen die westpolnischen Städte inklusive Krakau beinahe intakt vorfanden. Aus dem verkehrsarmen Ostpolen kommen nun die Russen in Gebiete, in denen sie ein dichtes und gutes Verkehrs- und Nachschubsystem vorfinden, je weiter sie an die deutsche Grenze und über diese hinaus vordringen.

12. Januar 1945, Brückenkopf Baranow: Die ersten Minuten der sowjetischen Winteroffensive, Panzer durchbrechen die deutsche Frontlinie

Das Ende der Ardennenschlacht
Sonnabend, 27. Januar 1945, im Hauptquartier General Eisenhowers
Associated Press meldet:
Frontberichterstatter melden in später Nachtstunde das Ende der Schlacht in den Ardennen und das Erreichen der deutschen Grenze durch amerikanische Panzerspitzen. Die Straße St. Vith–Bullingen ist auf ihrer ganzen Länge vom Feind gesäubert, und stellenweise ist der Gegner hinter die Ausgangsstellungen seiner Dezemberoffensive zurückgeworfen worden. Nordluxemburg ist zum größten Teil wieder befreit, und weiter im Süden liegt die deutsche Stadt Trier von neuem in der Reichweite amerikanischer Artillerie.

Ein Monat Kampf in Budapest
Von Kriegsberichter Heinrich A. Kurschat
Der Heldenkampf der Budapestbesatzung übersteigt alle Begriffe. Feuerwalzen der Sowjetartillerie, rollende Luftangriffe, Flammenwerferpanzer haben die stolze Donaumetropole längst zu einer brennenden, zertrümmerten und zerbombten Hölle werden lassen. Längst gibt es keine feste Hauptkampflinie mehr zwischen den auseinandergeborstenen Häuserblocks. In Kellern und Kanalisationsröhren, in den Bombenkratern der Straßen halten deutsche Kämpfer des Heeres und der Waffen-SS, zumeist aus den Gliederungen der Partei kommend, ihrem Fahneneid getreu die Stellung. Und am 31. wie am ersten Tage treten sie nach jedem feindlichen Einbruch zum Gegenstoß an, ohne danach zu fragen, ob sie die eigene Artillerie noch unterstützen kann, ob die wenigen übrigen gepanzerten Fahrzeuge noch Betriebsstoff haben. Von den 71 Panzern, die sie vernichteten, wurde ein großer Prozentsatz durch Infanteristen mit der Panzerfaust zur Strecke gebracht . . . Die Verteidiger Budapests kennen keine Kapitulation.

Völkischer Beobachter, 2. 2. 1945

Hitlerjunge vernichtet in zwei Tagen neun Panzer
In Oberschlesien, 11. Februar (P.K.-Bericht):
Von den Abwehrkämpfen im oberschlesischen Industriegebiet ist eine Tat zu berichten, die deswegen einmalig ist, weil sie von einem unserer jüngsten Volkssturmmänner, einem noch nicht 17jährigen Hitlerjungen, Nowak, einem schmächtigen und schmalen Jungen aus Hindenburg in Oberschlesien, vollbracht wurde und beweist, daß einem kühlen Herzen, einem klaren Kopf und einer ruhigen Hand ein schwerfälliger Sowjetpanzer nicht gewachsen ist . . . Das unter Führung des Betriebsführers Fritz Sachse aus Hindenburg stehende Volkssturmbataillon sandte wiederholt Spähtrupps in die besetzte Stadt. Sachse selbst schoß innerhalb zweier Tage vier, der Hitlerjunge Nowak nicht weniger als neun Panzer ab. Außer zwei mächtigen überschweren Panzern waren alle vom Typ T 34. Nur in einem Fall gelang es der Besatzung, aus dem qualmenden Panzer auszusteigen und in die gegenüberliegenden Häuser zu flüchten.

Völkischer Beobachter, 12. 2. 1945

Sender Beromünster (Schweiz)

Freitag, 16. Februar 1945:
Letzten Montag abend, dem 12. Februar, wurde eine von Präsident Roosevelt, Marschall Stalin und Premierminister Churchill unterzeichnete Erklärung veröffentlicht, welche die Ergebnisse ihrer acht Tage dauernden Besprechung zusammenfaßt . . . Für Europa von größter Bedeutung ist die Erklärung über das befreite Europa. Sie ist sichtlich von den Amerikanern inspiriert

worden und entspricht dem Grundsatz der »offenen Türe«, das heißt der gemeinsamen Verantwortung und Zusammenarbeit der Alliierten in den befreiten Ländern sowie in den früheren sogenannten Satellitenstaaten der Achse. Durch diesen Grundsatz soll das ausschließliche Verfügungsrecht einer einzelnen alliierten Großmacht in einem von ihr besetzten Staat beschnitten und der Mitkontrolle durch die anderen Alliierten unterworfen werden.

W. Churchill an J. W. Stalin
Freitag, 23. Februar 1945:
Die Rote Armee feiert ihren 27. Jahrestag mit Triumphen, die den uneingeschränkten Beifall ihrer Alliierten gewonnen und das Schicksal des deutschen Militarismus besiegelt haben. Künftige Generationen werden genauso rückhaltlos ihre Dankesschuld gegenüber der Roten Armee anerkennen wie wir, die wir Zeugen dieser stolzen Leistungen waren. Ich bitte Sie, den großen Führer einer großen Armee, diese heute, an der Schwelle des endgültigen Sieges, von mir zu grüßen.

Tagesparole des Reichspressechefs
Sonntag, 25. Februar 1945:
Die Beurteilung der weitgesteckten Ziele der amerikanischen Offensive im Westen, der am ersten Tag nennenswerter Erfolg versagt geblieben ist, ist in den Überschriften zum DNB-Bericht und aus den militärischen Kommentaren auch weiterhin zu unterstreichen.

Dockarbeiterstreik

Sonnabend, 3. März 1945, London
Die *Agentur Reuter* meldet:
Ein wilder Streik von 5000 Londoner Hafenarbeitern hat den größten Teil der Londoner Hafenanlagen stillgelegt. Über 1000 britische Soldaten haben heute mor-

gen die Arbeit in den Docks aufgenommen, damit wenigstens die wichtigsten Transporte, nämlich diejenigen für die Front, abgefertigt werden können.

Der Ring um Köln geschlossen
Montag, 5. März 1945
United Press berichtet:
Nach der Überwindung des Hügelzuges, der quer durch die westlichen Vororte von Köln verläuft, und nach dem Aufmarsch der amerikanischen 1. Armee auf geschlossener halbkreisförmiger Front, die vom Rheinufer gegenüber Leverkusen bis an die Erft westlich von Bonn verläuft, ist der Kampf um die rheinische Hauptstadt in die Phase der Belagerung getreten. Die Verteidiger setzen sich mit großer Zähigkeit zur Wehr, sind jedoch im allgemeinen bereits auf die innere Abwehrzone zurückgeworfen worden. Die Brennpunkte der Schlacht liegen an den von Grevenbroich, Jülich und Düren nach Köln führenden Straßen. Voraustruppen von General Hodges sollen sich im Anmarsch auf Bonn befinden.

Panzerfaust ist Panzertod

Von Kriegsberichter SS-Oberscharführer
Herbert Reinecker
Der Schreck vor dem Panzer ist eine Suggestion . . .
Die Panzerfaust sieht unscheinbar aus, aber sie ist ein Gewitterschlag gegen Stahlwände, das handlichste Geschütz der Welt. Halbwüchsige und Frauen können sie bedienen, sie ist das feurige Stopp auf dem Weg der Panzer . . . Das sagen die Zeugen: Harry Bahrmann,

Januar 1945, Raum Tschenstochau, Polen: Deutsche Panzer während der schweren Rückzugskämpfe nahe der Reichsgrenze. Rechts ein Tiger-Panzer, links mehrere Panzer IV

Hitlerjunge, 15 Jahre alt: Ich liege in einem Straßengraben mitten im Ort. Vor mir mündet von rechts kommend eine Straße ein. Ich liege im Knick der Straßen. Der Graben ist nicht tief, aber ich ducke mich. Ich kann die Straße etwa fünfzig Meter weit übersehen, dann schneidet mir die Kante des gegenüberliegenden Hauses die Sicht ab. Ich höre den Panzer kommen und ducke mich noch tiefer. Ich liege fast auf dem Bauch an der Böschung, die Panzerfaust entsichert und an mich gepreßt. Ich überlege, wie ich es machen will. Der Knall der Kanone schmeißt mich fast um. Dann sehe ich ihn und tue den Kopf wieder weg. Ich habe nun nichts mehr gedacht, nur daß er gleich ganz nahe heran ist. Ich sehe ihn plötzlich, obwohl ich geduckt bin. Er ist nicht mehr als sechs Meter weg. Ich wollte ihn eigentlich im Liegen abschießen, aber ich springe halb auf und drücke ab, er ist gar nicht zu verfehlen. Es war sofort eine Qualmwolke um den Panzer, in der mir sprühende Lichtpunkte auffielen, als ob geschweißt würde. Der Panzer dreht sich halb, blockiert die Straße und brennt aus.

Franz Grabitz, Volkssturmmann, Arzt, 42 Jahre alt: Wir besetzten einen Ort, in den sowjetische Panzer eindringen wollten. Ich stand in einem Garten, links vor mir ein Haus, rechts ein weiteres. Der Garten führte durch die Lücke der beiden bis an die Dorfstraße. Ich entsicherte die Panzerfaust, als der erste Panzer auch schon vorbeifuhr. Der nächste kam in ähnlich schneller Fahrt, und obwohl ich mir vorgenommen hatte, genau zu visieren, wie es vorgeschrieben war, schoß ich einfach ab, weil ich das Gefühl hatte, der ist gar nicht zu verfehlen. Ich war etwa fünfzehn Meter entfernt. Der Panzer fuhr noch einige Meter in das Schaufenster einer Bäckerei. Ich sah, wie das Schild »Bäckerei« sich löste und herunterfiel. Der Panzer stand dann ganz plötzlich in hellen Flammen, und fast durch die Flammen fuhr der nächste Panzer, ohne sich aufzuhalten. Wir haben an dieser Stelle noch dreimal auf Panzer geschossen, die Straße war von ihnen völlig verstopft.

Unterfeldwebel Richard Wandrey, 24 Jahre alt: Ich bin hinter dem Panzer regelrecht hergelaufen. Er fuhr über einen Feldweg, und ich lief quer über einen Gutshof, um ihn einzuholen. Ich geriet auf ein Grundstück, auf dem viel Holz gestapelt war. Etwa drei oder vier mannshohe Bretterstapel bildeten ein gutes Versteck. Ich fühlte mich absolut sicher. Der Panzer schoß in das Dorf. Ich dachte, schieß du nur, und legte die Panzerfaust auf und drückte ab. Ich traf aber nur die Kette und hatte großen Ärger. Dennoch öffnete sich plötzlich die Luke und es kamen einige Sowjets herausgehüpft. Ich mußte beinahe lachen, wie sie liefen, schoß mit dem Karabiner hinterher und traf drei Mann.

Völkischer Beobachter, 9. 3. 1945

Die Brücke von Remagen

Von Gladwin Hill

Am Rheinbrückenkopf, 9. März . . . (Freitag): Die Zensur hat gestattet, folgende Einzelheiten des

»Der Schreck vor dem Panzer ist eine Suggestion«: Alter Volkssturmmann mit an einem Grabenspiegel angebrachter Panzerfaust

großen Streiches zu enthüllen: Truppen der von Generalmajor John W. Leonard aus San Antonio, Texas, befehligten 9. Panzerdivision operierten im Raum Euskirchen, 38 Kilometer nordwestlich von Remagen, und stießen gegen nachlassenden Widerstand nach Süden vor. Sie griffen lebhaft an und nahmen ein deutsches Munitionslager im Rheinbacher Wald und die Orte Rheinbach und Meckenheim-Stadt.

Von Meckenheim-Stadt brachen am Mittwoch morgen Teile des von Brigadegeneral William M. Hoge aus Lexington, Missouri, geführten Divisionskampfkommandos B unter der Vorhut des 27. Panzer-Infanteriebataillons von Major Murray Deevers aus Hayville, Arkansas, auf. Sie rollten durch die Täler zwischen den steil abfallenden Weinbergen und erreichten die unversehrten Orte am Rhein, in denen improvisierte amerikanische Fahnen aus den Fenstern hingen.

Sie gingen so schnell vor, daß Major Deevers' Gefechtsstand, der für gewöhnlich in Etappen von einer Ortschaft zur anderen vorrückte, in einem Halbkettenfahrzeug verblieb.

Major Deevers sagte, er habe von General Hoge die Weisung, er brauche eine Brücke, »und wenn er sagt, er braucht irgend etwas, braucht er es«.

Da deutsche Gefangene in Remagen aussagten, die Deutschen würden die Brücke um 4 Uhr nachmittags hochgehen lassen, schickte Major Deevers die von Leutnant Carl Zimmermann aus West Point, Nebraska, geführte A-Kompanie hin. Der erste Zug, der hinüberging, wurde von Leutnant Emmett J. Burrows, aus Grand Concourse 2917, Bronx, geführt. Kurz bevor der deutsche Wachtposten die Sprengladung zündete, schickte Major Deevers die B-Kompanie zur Brücke, um sie von den Sprengladungen zu säubern. Das erste Fahrzeug, das hinüberfuhr, war ein von dem protestantischen Kaplan William T. Gibble aus Arkansas geführter Sanitätswagen.

Die Deutschen waren so entmutigt, daß einige von Osten nach Westen über den Fluß setzten und sich ergaben.

Auf der Westseite des Rheins gingen unsere Truppen rasch nach Süden, um die Aktion zur Ausnutzung dieses unerwarteten Vorteils durchzuführen. In der letzten Nacht waren die zur Brücke gehenden Straßen kilometerweit gedrängt voller Soldaten und Material heranschaffenden Lastkraftwagen, trotz des hügeligen Geländes, der elenden engen Straßen und des tiefen Schlamms, der die Fahrzeuge beinahe bis zu den Achsen überzog. In dem verzweifelten Bemühen, den Brückenkopf zu halten, holten die Deutschen heute nacht neue Truppen aus dem Hinterland. In der vergangenen Nacht wurden zwei große deutsche Kolonnen gesichtet, die mit aufgeblendeten Scheinwerfern in Richtung auf unseren Brückenkopf Remagen zusteuerten. Heute versuchten amerikanische Flugzeuge trotz der dichten Wolkendecke drei Rangierbahnhöfe, 25 Kilometer nördlich des Brückenkopfes, in Siegburg zu bombardieren, dazu Oberlar-Troisdorf und Hennef, um den Zufluß deutscher Verstärkungen zu unterbrechen . . .

Behindert durch schlechtes Flugwetter, starteten die Deutschen gestern nachmittag vier wirkungslose Luftangriffe auf die Brücke. Es waren sogar drei alte Junkers-87-Stukas dabei und ein Me-109-Jäger. Alle vier Maschinen wurden von der amerikanischen Flak abgeschossen. Heute morgen um 8 Uhr versuchte ein einzelner Focke-Wulf-Jäger die Brücke mit einer ferngesteuerten Gleitbombe zu zerstören. Einige Stunden später kamen drei Flugzeuge, von denen zwei abgeschossen wurden. Vier weitere Maschinen unternahmen gegen Mittag Einzelangriffe. Außerdem beschoß die deutsche Artillerie erfolglos den westlichen Teil des Brückenkopfes. *The New York Times, 9. 3. 1945*

Tagesparole des Reichspressechefs
18. März 1945:
Die aus ausländischer Quelle vorliegenden Meldungen über das völlig rücksichtslose Vorgehen der amerikanischen Besatzungstruppen im Rheinland – vor allem ihr Hungersystem gegenüber der Zivilbevölkerung – verdienen laufend hervorgehoben zu werden.

Der verlustreiche Weg nach Köln
Von Kriegsberichter Kurt Neher

Als die letzten deutschen Soldaten in Sturmbooten die alte Hansestadt Köln verließen, taten sie es in dem

Ludendorff-Brücke von Remagen: Die letzte intakte Rheinbrücke, im Ersten Weltkrieg erbaut, um die Westfront verstärkt mit Truppen und Material zu versorgen. Als General Eisenhower von der Eroberung dieser Brücke erfährt, ruft er: »Die Brücke ist ihr Gewicht in Gold wert!« In der Tat trägt das schnelle Übersetzen der US-Panzerverbände auf das Ostufer zur Verkürzung des Krieges in Europa um einige Wochen bei.
Am 17. 3. 1945 stürzt die Brücke wegen Überlastung ein, 28 US-Soldaten finden dabei den Tod

Bewußtsein, daß sie dem Feind beinahe 3½ Monate lang den Zutritt zum Rhein verwehrt hatten.

Ein immer wieder aufs neue aufgewühltes Kraterfeld legte sich in einer Tiefe von mehreren Kilometern zwischen die große Umgehungsstraße vor Köln und die ersten Häuser seiner Vorstädte. Es ist ein Ring des Leidens, aber auch zugleich ein Dornenkranz der Selbstüberwindung und des Opfers. Als die deutschen Grenadiere in diesen Trichtern gegen die amerikanischen Panzer in Stellung gingen, im Rücken die leeren Häuser einer vernichteten Stadt, empfanden sie noch mehr als bisher die gnadenlose Härte der Kampfführung unserer Feinde.

In den Vorstädten Kölns ballte sich an den Ausfallstraßen noch einmal die ganze Gewalt des gegnerischen Ansturms und der deutschen Abwehr zusammen. Ihrem Aushalten ist es zum großen Teil zu verdanken, daß Panzer und schwere Waffen über die letzte noch intakte Kölner Brücke sicher auf das rechte Rheinufer gelangen konnten. Sie bildeten in der Aufsplitterung aller Kräfte durch den Straßenkampf Inseln des Widerstandes, die gleich Festungen von feindlichen Panzern belagert wurden, als die feindliche Infanterie sich bereits in ihrem Rücken mit dem Volkssturm herumschlug. Am 7. März, mittags 13 Uhr, wurde die Hohenzollernbrücke von deutschen Pionieren gesprengt. In der folgenden Nacht jagten die Besatzungen der zur Deckung unserer Absetzbewegung zurückgebliebenen Panzer ihre Kampfwagen in die Luft. Keine deutsche Waffe fiel dem Feind unzerstört in die Hand.
Deutsche Allgemeine Zeitung, 20. 3. 1945

Nachrichtensperre
Freitag, 23. März 1945, im Hauptquartier von General Eisenhower
United Press berichtet:
Für den gesamten Abschnitt der Ruhrfront wurde eine Nachrichtensperre verhängt, da eine neue alliierte Großoffensive in diesem Raum offenbar unmittelbar bevorsteht. Die großen Aufmarschoperationen der Heeresgruppe Montgomery werden durch eine mächtige Rauchwand verschleiert. Von Rijmegen aus zieht

sich der von 85 000 Rauchtöpfen entwickelte Kunstnebel 100 Kilometer lang stromaufwärts.

W. Churchill an J. W. Stalin
Sonnabend, 24. März 1945:
Ich befinde mich im Hauptquartier von Feldmarschall Montgomery. Er hat soeben Befehl gegeben, den Hauptangriff zu beginnen und mit einem Luftlandekorps sowie mit rund 2 000 Geschützen den Rhein im Raum von Wesel auf einer breiten Front zu überschreiten.
Man hofft, den Fluß heute nacht und morgen zu überqueren und Brückenköpfe zu errichten. Eine sehr große Reserve an Panzern steht bereit, um den Erfolg auszunutzen, sobald der Fluß überquert ist. Ich werde Ihnen morgen eine weitere Botschaft schicken. Feldmarschall Montgomery bittet mich, Ihnen seine besten Empfehlungen zu übermitteln.

Die Alliierten überschreiten den Rhein
Sonntag, 25. März 1945, im Hauptquartier von General Eisenhower
United Press meldet:
Heute früh standen schon mindestens 10 Divisionen jenseits des Rheins, darunter die britische 6. und die amerikanische 17. Luftlandedivision. Infanterie, die von Panzern unterstützt wurde, vereinigte sich schon gestern mit den Truppen der 1. Luftlandearmee, die

einige Kilometer vom Rheinufer entfernt auf der das Tal beherrschenden Hügelkette Fuß gefaßt hatte. Dadurch wurden die wichtigsten, das Tal beherrschenden deutschen Artilleriestellungen ausgeschaltet und der Weg für den weiteren Vormarsch in Richtung Bocholt freigekämpft.

Härteste Maßnahmen!

Funkspruch!   Landrat Grafenau
                               Eing. 7. April 1945
                                     Nr. 862
+ + + SSD Nürnberg Nr. 38 1730 =
An KdO. Würzburg, Regensburg, Ansbach =
                                   dringend.
RFSS hat befohlen:
1. Im jetzigen Zeitpunkt des Krieges kommt es einzig und allein auf den sturen und unnachgiebigen Willen an zum Durchhalten.
2. Gegen das Heraushängen weißer Tücher, das Öffnen bereits geschlossener Panzersperren, das Nichtantreten zum Volkssturm und ähnliche Erscheinungen ist mit härtester Maßnahme durchzugreifen.
3. Aus einem Haus, aus dem eine weiße Fahne erscheint, sind alle männlichen Personen zu erschießen. Es darf bei diesen Maßnahmen in keinem Augenblick gezögert werden. =
                                 v. BdO Main

Der Kommandeur
der Ordnungspolizei   Regensburg, 3. 4. 1945
beim Regierungspräsidenten
Tgb. Nr. 49/45 KdO-VS.

März 1945, Panzerverband der französischen 1. Armee (Gen. de Lattre de Tassigny) auf dem Vormarsch westlich von Straßburg

J. W. Stalin an W. Churchill
Sonntag, 15. April 1945
Ihre Botschaft anläßlich des Todes von Präsident F. Roosevelt hat mich erreicht. In Präsident Franklin Roosevelt sah das Sowjetvolk einen hervorragenden politischen Führer und unbeugsamen Verfechter der engen Zusammenarbeit zwischen unseren drei Ländern. Unser Volk wird immer die freundschaftliche Haltung des Präsidenten F. Roosevelt gegenüber der Sowjetunion hochschätzen und in Erinnerung behalten. Was mich betrifft, so bin ich durch den Verlust dieses großen Mannes, unseres gemeinsamen Freundes, tief betroffen.

Mittwoch, 18. April 1945
Das *Oberkommando der Wehrmacht* gibt bekannt:
Die Abwehrschlacht an der mittel-italienischen Front stand gestern im Zeichen des bisher stärksten feindlichen Materialeinsatzes. Durch langes Trommelfeuer und rollende Luftangriffe versuchten die Anglo-Amerikaner, unsere Stellungen zu zerschlagen. An der Standhaftigkeit und dem unbeugsamen Kampfeswillen unserer bewährten Italienkämpfer brach der Ansturm abermals verlustreich zusammen. Nur in einzelnen Abschnitten konnte der Gegner örtlich Boden gewinnen.

Donnerstag, 19. April 1945
Das *Oberkommando der Wehrmacht* gibt bekannt:
Am dritten Tag der großen Abwehrschlacht vor Berlin warfen die Bolschewisten Menschen und Material in bisher nicht gekanntem Ausmaß in den Kampf. Unsere tapferen Truppen hielten, durch das Beispiel ihrer Offiziere mitgerissen, dem feindlichen Massenansturm stand und vereitelten alle Durchbruchsversuche.
Südlich Frankfurt behaupteten unsere Verbände ihre Stellungen gegen weit überlegene sowjetische Kräfte. Die beiderseits Seelow bis östlich Müncheberg vorgedrungenen Bolschewisten wurden durch sofortige Gegenstöße abgeriegelt. Südlich Wriezen brachten unsere Panzer den angreifenden Gegner nach harten Kämpfen zum Stehen. Nach unvollständigen Meldungen wurden gestern erneut 218 Panzer vernichtet.
Während sich die Briten zwischen Ems und Weser im allgemeinen ruhig verhielten, griffen sie in der Lüneburger Heide weiter stark an. Soltau fiel nach hartem Kampf unter Abschuß von 49 Panzern in Feindeshand. Auf schmalem Raum stößt der Gegner hier nach Norden vor. Um Lüneburg und Uelzen sind heftige Kämpfe entbrannt.
Die Abwehrschlacht in Mittelitalien nahm unter gleichbleibend starkem Materialaufwand des Feindes und beiderseits hohen Verlusten ihren Fortgang.

Sender Beromünster (Schweiz)

Freitag, 20. April 1945:
Mit unheimlicher Schnelligkeit und Wucht gehen die militärischen Ereignisse in Europa ihrem Höhepunkt entgegen, der auch bereits den Abschluß des Krieges in unserem Erdteil in sichtbare Nähe rückt . . . Geradezu

entsetzliche Entdeckungen machten die vorrückenden Amerikaner und Engländer in den Konzentrations- und Gefangenenlagern, die ihnen in die Hände fielen. Zuverlässige Zeitungskorrespondenten sowie befreite Häftlinge, unter denen sich mehrere bekannte französische Gelehrte befanden, berichten von den jeder Menschlichkeit spottenden Zuständen in diesen Lagern, wo die unglücklichen Opfer der Gestapo scheußlichen Qualen ausgesetzt waren und zu Tausenden zugrundegingen. . . . Die fürchterlichen Hintergründe des Nazi-Regimes kommen nach und nach zum Vorschein, je weiter die alliierten Armeen in Deutschland vorrücken.

Montag, 23. April 1945
Das *Oberkommando der Wehrmacht* gibt bekannt:
Die Schlacht um die Reichshauptstadt ist in voller Heftigkeit entbrannt. Südlich der Stadt fingen unsere Truppen starke Panzerkräfte der Bolschewisten an der Linie Beelitz–Trebbin–Teltow–Dahlewitz auf. Der verlorengegangene Bahnhof Köpenick wurde im Gegenstoß wieder genommen. Ein feindlicher Einbruch entlang der Prenzlauer Allee wurde abgeriegelt. Nördlich der Stadt drangen sowjetische Angriffsspitzen bis zur Havel vor, die sie vergeblich zu überschreiten suchten.
Im württembergisch-badischen Raum hat sich die Lage gestern verschärft. Überlegene Panzerkräfte der 7. amerikanischen Armee und gaullistische Verbände haben unsere Front nach heftigen Kämpfen in mehreren Abschnitten aufgerissen und im Vorstoß nach Süden die Donau zwischen Villingen und Donaueschingen an einigen Stellen erreicht.
Während der Feind im ligurischen Küstenabschnitt und im west-etruskischen Apennin nach mehreren Kilometern Bodengewinn aufgefangen wurde, erzielten überlegene feindliche Panzerkräfte im Abschnitt Vignola-Bologna mehrere tiefere Einbrüche, die erst beiderseits Modena und nördlich Bologna abgeriegelt werden konnten.

Mittwoch, 25. April 1945
Das *Oberkommando der Wehrmacht* gibt bekannt:
In der Schlacht um Berlin wird um jeden Fußbreit Boden gerungen. Im Süden drangen die Sowjets bis in die Linie Babelsberg–Zehlendorf–Neukölln vor. Im östlichen und nördlichen Stadtgebiet dauern heftige Straßenkämpfe an. Westlich der Stadt erreichten sowjetische Panzerspitzen den Raum von Nauen und Ketzin.
Während die Amerikaner an der Mulde und im sächsischen Raum weiterhin verhielten, erreichten sowjetische Angriffsspitzen die Elbe zwischen Riesa unf Torgau.
In Italien hat sich der Schwerpunkt der Schlacht durch den Vorstoß starker feindlicher Infanterie- und Panzerverbände zwischen Reggio und Ferrara an den Po verlagert.

Donnerstag, 26. April 1945
Das *Oberkommando der Wehrmacht* gibt bekannt:
In Nordwestdeutschland schlugen unsere Truppen bei-

April 1945, Raum Ehingen-Ulm: Panzerverband
der 1. US-Armee stößt in Richtung »Alpen-Festung« vor.
Ein M-4-Sherman-Panzer westlich von Ulm

derseits der unteren Ems zahlreiche von Panzern unterstützte Angriffe der Kanadier ab.

Nach mehrstündiger Artillerievorbereitung traten die Engländer zum Angriff auf Bremen an. In schweren wechselvollen Kämpfen drangen sie in die südlichen und südöstlichen Vorstädte ein, wo erbittert gekämpft wird.

Amerikanische Vorstöße aus dem Elbe-Brückenkopf von Barby führten trotz zäher Gegenwehr zum Verlust einiger Ortschaften.

Im Raum Berlin wurden gestern von beiden Seiten Reserven in die Schlacht geworfen. Im Südteil der Reichshauptstadt toben schwere Straßenkämpfe in Zehlendorf, Steglitz und am Südrand des Tempelhofer Feldes. Im Osten und Norden leisten unsere Truppen am Schlesischen und Görlitzer Bahnhof sowie in Tegel und Siemensstadt erbitterten Widerstand. Auch in Charlottenburg ist der Kampf entbrannt. Zahlreiche Panzer der Sowjets wurden in diesen Kämpfen vernichtet.

In Italien führten die Anglo-Amerikaner gegen den Po nordwestlich Ferrara starke Kräfte aus der Tiefe nach und erzwangen an mehreren Stellen unter stärkstem Artillerie- und Schlachtfliegereinsatz den Flußübergang.

Im Südabschnitt der Ostfront beschränkte sich der Feind auf örtliche Angriffe.

Bei Pillau halten die schweren Kämpfe mit dem in die Stadt eingedrungenen Feind an.

Montag, 30. April 1945
Das *Oberkommando der Wehrmacht* gibt bekannt:
Das heroische Ringen um das Zentrum der Reichshauptstadt hält mit unverminderter Heftigkeit an. In erbitterten Häuser- und Straßenkämpfen halten Truppen aller Wehrmachtteile, Hitler-Jugend und Volkssturm den Stadtkern. Ein leuchtendes Sinnbild deutschen Heldentums. Der am Anhalter Bahnhof, entlang der Potsdamer Straße und in Schöneberg eingebrochene Feind wurde von den tapferen Verteidigern zum Stehen gebracht. Fliegende Verbände warfen unter aufopferungsvollem Einsatz der Besatzung erneut Munition über der Stadt ab.

Südwestlich Hamburg warfen die Engländer weitere Kräfte in den Kampf. Ihr Versuch, aus dem Brückenkopf Lauenburg in Richtung Lübeck vorzustoßen, wurde verhindert.

Im Südabschnitt der Ostfront hat sich die Lage gefestigt. Im Raum von Brünn stellten die Bolschewisten infolge ihrer schweren Verluste die Angriffe ein.

Die tapfere Besatzung von Breslau hielt auch gestern dem anhaltenden Ansturm bolschewistischer Verbände gegen ihre Westfront stand.

Mittwoch, 2. Mai 1945
Das *Oberkommando der Wehrmacht* gibt bekannt:
An der Spitze der heldenmütigen Verteidiger der Reichshauptstadt ist der Führer gefallen. Von dem Wil-

Links: April 1945, Berlin: Sowjetischer Jagdpanzer während der Straßenkämpfe

Rechte Seite: 30. April 1945, München: Panzer der 7. US-Armee rollen durch die Dachauer Straße

len beseelt, sein Volk und Europa vor der Vernichtung durch den Bolschewismus zu retten, hat er sein Leben geopfert. Dieses Vorbild »getreu bis zum Tod« ist für alle Soldaten verpflichtend. Die Reste der tapferen Besatzung von Berlin kämpfen im Regierungsviertel, in einzelne Kampfgruppen aufgespalten, erbittert weiter: Die 7. amerikanische Armee trat im oberbayerischen Raum zwischen Plattling und Freising zum Angriff nach Süden an. Im Stadtkern von München halten erbitterte Straßenkämpfe an.

In Oberitalien drängt der Feind beiderseits des Gardasees weiter nach Norden. In den Gebirgsausläufern nördlich Verona wurde er verlustreich abgewiesen.

Auf der Frischen Nehrung vernichteten unsere Truppen 6 Amphibien-Fahrzeuge aus einem sowjetischen Landungsverband.

Freitag, 4. Mai 1945
Das *Oberkommando der Wehrmacht* gibt bekannt:
Der Kampf um die Reichshauptstadt ist beendet. In einem einmaligen, heroischen Ringen haben Truppen aller Wehrmachtteile und Volkssturmeinheiten, ihrem Fahneneid getreu, bis zum letzten Atemzug Widerstand geleistet und ein Beispiel besten deutschen Soldatentums gegeben.

Im Raum südlich der Donau stießen die Amerikaner auf Linz und weiter südlich an und über den Inn nach Osten vor.

Auf der Frischen Nehrung halten die Kämpfe an.

In Holland, Kurland, Dänemark und Norwegen fanden keine Kampfhandlungen statt. Die holländische Bevölkerung wird im Einvernehmen mit dem deutschen Oberbefehlshaber in den Niederlanden von englischen Flugzeugen durch Abwurf von Lebensmitteln versorgt.

Sender Beromünster (Schweiz)

4. Mai 1945:
. . . Die am 25. April vollzogene und am 27. April von den Regierungen der drei alliierten Großmächte offiziell verkündete Vereinigung der amerikanischen und russischen Streitkräfte an der Elbe war das militärisch entscheidende Moment für die beginnende allgemeine Waffenstreckung der Deutschen . . . Am 2. Mai abends konnte Stalin in einem Tagesbefehl die vollständige Besetzung Berlins durch russische Truppen dem begeisterten russischen Volk melden. Für die Russen ist verständlicherweise die Einnahme von Berlin das Symbol ihres Sieges.

Kriegsende in Europa

Montag, 7. Mai 1945, London
Die *Agentur Reuter* berichtet:
Heute abend um 6.45 Uhr wurde über den britischen Rundfunk in einer Sondermeldung bekanntgegeben: Morgen Dienstag ist Siegestag. Premierminister Churchill gibt um 14 Uhr die offizielle Erklärung über das Ende der Feindseligkeiten ab.

Dienstag, 8. Mai 1945
Das *Oberkommando der Wehrmacht* gibt bekannt:
Artillerie und Atlantik-Festungen bekämpften feindliche Batterien und Truppenbewegungen. Schwächere Aufklärungsvorstöße des Gegners wurden abgewiesen.
In Norwegen verlief der Tag ruhig.
In Kroatien haben unsere Truppen die Linie Koprivnica-Slunj nach Westen überschritten.
Während die Sowjets im Südabschnitt der Ostfront weiterhin verhalten, sind amerikanische Verbände aus dem Raum Linz im Vorgehen nach Osten.
In Mähren nahmen die heftigen Abwehrkämpfe südöstlich Brünn und im Großraum Olmütz ihren Fortgang. Die Städte Olmütz und Sternberg gingen verloren. Amerikanische Abteilungen erreichten Bernau.
Auf der Frischen Nehrung hat sich die Lage trotz anhaltender starker Angriffe des Feindes nicht verändert.

In Kurland beschränkten sich die Sowjets auch gestern auf örtliche Vorstöße.

Sender Beromünster (Schweiz)

8. Mai 1945:
Der Krieg in Europa, der genau 2075 Tage gedauert hat, ist zu Ende. Die Kapitulation, die gestern Montag früh, 2.41 Uhr französischer Zeit, vom deutschen Generalstabschef, Generaloberst Jodl, in Reims unterzeichnet wurde, trägt von alliierter Seite die Unterschrift je eines Vertreters der amerikanischen, der britischen, der sowjetrussischen und der französischen Armee. Der Inhalt dieses Dokumentes wurde nicht bekanntgegeben . . . Nun ist der Kanonendonner über der alten europäischen Welt verhallt. Allerdings geht der Krieg im Fernen Osten zunächst weiter. Japans Außenminister Togo hat in einer Ansprache gegen die Kapitulation Deutschlands protestiert, indem er sie als im Widerspruch mit dem deutsch-japanischen Bündnisvertrag erklärte.

Ehrenvoll unterlegen
Mittwoch, 9. Mai 1945, aus dem Hauptquartier von Großadmiral Dönitz
Das *Oberkommando der Wehrmacht* gibt bekannt:
Seit Mitternacht schweigen nun an allen Fronten die Waffen. Auf Befehl des Großadmirals hat die Wehrmacht den aussichtslos gewordenen Kampf eingestellt. Damit ist das fast sechsjährige heldenhafte Ringen zu Ende. Es hat uns große Siege, aber auch schwere Niederlagen gebracht. Die Deutsche Wehrmacht ist am Ende einer gewaltigen Übermacht ehrenvoll unterlegen.

Der deutsche Soldat hat, getreu seinem Eid, im höchsten Einsatz für sein Volk immer Unvergeßliches geleistet. Die Heimat hat ihn bis zuletzt mit allen Kräften unter schwersten Opfern unterstützt. Die einmalige Leistung von Front und Heimat wird in einem späteren gerechten Urteil der Geschichte ihre endgültige Würdigung finden.

Den Leistungen und Opfern der deutschen Soldaten zu Lande, zu Wasser und in der Luft wird auch der Gegner die Achtung nicht versagen. Jeder Soldat kann deshalb die Waffe aufrecht und stolz aus der Hand legen und in den schwersten Stunden unserer Geschichte tapfer und zuversichtlich an die Arbeit gehen für das ewige Leben unseres Volkes.

Die Wehrmacht gedenkt in dieser Stunde ihrer vor dem Feinde gebliebenen Kameraden. Die Toten verpflichten zu bedingungsloser Treue, zu Gehorsam und Disziplin gegenüber dem aus zahllosen Wunden blutenden Vaterland.

Sender Beromünster (Schweiz)

Freitag, 29. Juni 1945:
Die Desorientierung der Geister und die Bedrückung der Gemüter ist ein weitverbreiteter Zustand. Er ist verständlich, wenn auch nicht ganz ungefährlich . . . Zu der Klärung der Atmosphäre wäre nichts so nötig wie die Überwindung des Mißtrauens, das sich heute ein wenig überall breitmacht und von allen denen, die über

den Ausgang des Krieges enttäuscht sind, geflissentlich genährt wird. Bei der Unterzeichnung der Weltsicherheits-Charta in San Francisco rief der tschechoslowakische Außenminister Masaryk den versammelten Vertretern der fünfzig Vereinten Nationen zu: »Hören wir doch endlich auf, immer vom Dritten Weltkrieg zu reden!«

Atombomben

Montag, 6. August 1945, Washington
Präsident Truman gibt bekannt:
US-Bomber haben heute über dem japanischen Stützpunkt von Hiroshima eine ganz neue Art von Bomben abgeworfen, sogenannte Atomic Bombs.

Sowjetisches Eingreifen gegen Japan

Donnerstag, 9. August 1945, Tschungking
United Press berichtet:
Die sowjetischen Truppen haben heute morgen an der mandschurischen Grenze auf breiter Front angegriffen und in den ersten Stunden ihrer Offensive mehrere Kilometer Boden gewonnen. Einzelheiten über die sowjetischen Operationen werden nicht bekanntgegeben, aber es steht fest, daß sich der Hauptangriff gegen drei wichtige Punkte richtet.

9. August 1945, Tokio:
Heute früh, kurz nach Mitternacht löste ein Teil der Sowjetarmee Angriffe gegen die östliche und die westliche Mandschurei aus. Die japanischen und die Mandschukuo-Truppen in diesen Gebieten schritten zu Gegenangriffen und stehen jetzt in Kämpfen mit der Sowjetarmee.

Verkehrsknotenpunkt Hailar erobert
Sonnabend, 11. August 1945, Moskau
Das *Sowinformbüro* gibt bekannt:
Vier große sowjetische Verbände setzten gestern den konzentrischen Einmarsch in die Mandschurei fort. Die Kwantung-Armee leistete an der Front am Amur und am Ussuri sowie im Küstengebiet weiterhin hartnäckigen Widerstand, dagegen brach die japanische Gegenwehr in den westlichen Grenzprovinzen der Mandschurei rasch zusammen. Den wichtigsten Erfolg errangen unsere Truppen in diesem Gebiet durch die Eroberung des stark befestigten Verkehrsknotenpunktes Hailar an der transmandschurischen Eisenbahnlinie. Die japanische Garnison verteidigte Hailar energisch, wurde aber nach kurzen blutigen Straßenkämpfen niedergerungen. Die Panzer stießen darauf an der Bahnlinie weiter nach Osten in der Richtung auf Tsitsikar vor.

Bot Japan Kapitulation an?

11. August 1945, London
Die *Agentur Reuter* meldet:
Die Regierungen Großbritanniens, der Vereinigten

Staaten, der Sowjetunion und Chinas haben das japanische Kapitulationsangebot angenommen unter der Voraussetzung, daß sich der Kaiser Japans den Anordnungen des alliierten Oberkommandierenden unterwirft.

Bewährte Sowjetmarschälle kommandieren im Fernen Osten
Sonntag, 12. August 1945, Moskau
Associated Press berichtet:
Es bestätigt sich, daß an der Spitze der verschiedenen Heeresgruppen der Roten Armee in der Mandschurei mehrere im europäischen Feldzug berühmt gewordene Kommandanten stehen. Die Gesamtleitung der Kampfhandlungen im Fernen Osten liegt (wie gemeldet) in den Händen Marschall Alexander Wassilewskis, dessen Weißrussische 3. Armee seinerzeit Königsberg belagerte und eroberte. Der ehemalige Befehlshaber der Ukrainischen 2. Heeresgruppe, Marschall Malinowski, der mit seinen Streitkräften Rumänien und Ungarn besetzte und später in Wien einzog, leitet den Vorstoß durch das Große Chingan-Gebirge. An der Front westlich von Wladiwostok kommandiert Marschall Meretzkow. Der einzige Befehlshaber, der nicht im europäischen Krieg genannt worden ist, ist General Kurkajew, der die beiden Vorstöße von Chabarowsk und Blagowjestschensk aus gegen Charbin leitet.

Stürmischer Vormarsch in der Mandschurei
Montag, 13. August 1945, Moskau
United Press teilt mit:
Nach den letzten Meldungen hat das Gros der Transbaikalischen Armee unter Marschall Malinowski den Hauptkamm des großen Chingan-Gebirges bereits hinter sich. Panzertruppen und Kavallerie stoßen jetzt durch die Gebirgstäler hinab nach der mandschurischen Ebene vor. Der rechte Flügel Malinowskis strebt bereits dem Gebiet von Mukden zu.

Verfrühte Siegesfeiern
13. August 1945, Ottawa
Die *Agentur Reuter* berichtet:
Die für den Augenblick der tatsächlichen Kapitulation Japans vorbereitete und auf Platten aufgenommene Rede des Premierministers Mackenzie King wurde vom kanadischen Rundfunk verbreitet, als die falsche Radiomeldung von der Annahme der alliierten Bedingungen durchgegeben wurde. Eine begeisterte Menge durchzog darauf die Straßen von Ottawa, hielt Autos und Straßenbahnen auf, sang und tanzte und machte ihrer Begeisterung über das plötzliche Kriegsende im Fernen Osten bis lange nach Mitternacht Luft. In Halifax (Neuschottland) mußte die Ordnungs- und Hafenpolizei eingreifen, um zu verhindern, daß Soldaten und Zivilisten in ihrem Freudentaumel ein Branntweingeschäft stürmten.

Der US-Brennstoffverbrauch im Krieg
Dienstag, 14. August 1945, Washington
Associated Press meldet:
Nach einem vom amerikanischen Kriegswirtschaftsamt

August 1945, Indochina:
Japanische Tanketten
der Serie M 2592

für Treibstoffe veröffentlichten Bericht sind in der Zeit von Pearl Harbor (7. Dezember 1941) bis zum Siegestage in Europa (8. Mai 1945) von den amerikanischen Streitkräften zur Niederlage Deutschlands 83 Millionen Tonnen Benzin und Rohöl verbraucht worden. Darin sind die kleinen Mengen eingeschlossen, die für den zivilen Verkehr in Europa benötigt wurden.

Eisenhower in Moskau
14. August 1945, Moskau
United Press berichtet:
General Eisenhower wurde, als er sich gestern in den Straßen Moskaus zeigte, von der sowjetischen Menge begeistert begrüßt. Die »Prawda« zeigte auf der ersten Seite ein am Sonntag aufgenommenes Bild Eisenhowers und Stalins. In einer Besprechung mit Außenminister Molotow pries Eisenhower die ausgezeichnete militärische Zusammenarbeit zwischen den Sowjets und den Westmächten. Er legte auch die Gründe dar, aus denen er seinen Armeen den Befehl erteilt hatte, vor Berlin haltzumachen. Eisenhower meinte, was die Welt wirklich brauche, sei die Abschaffung aller Soldaten, damit sich der letzte Mann in allen Ländern mit seiner ganzen Energie den Aufgaben des Friedens widmen könne.

Pétain zum Tod verurteilt
Mittwoch, 15. August 1945, Paris
Die *Agentur France Press* meldet:
Nach den Beratungen, die sieben Stunden dauerten, nahmen die Richter ihre Plätze im Gerichtssaal wieder ein. Marschall Pétain war schon vorher an seinen Platz geführt worden. Es war vier Uhr morgens. Der Gerichtspräsident verlas den Beschluß auf Abweisung der Anträge der Verteidigung. Danach verlas er den weiteren Beschluß, der die Anklageschrift Punkt für Punkt billigt. Das Gericht erkennt darin, daß mit Vorbedacht Hochverrat begangen worden ist. Marschall Pétain wird zum Tode, zum Verlust der nationalen Ehre

und zur Beschlagnahmung aller seiner Güter verurteilt. Das Gericht gibt im Hinblick auf das hohe Alter des Verurteilten dem Wunsche Ausdruck, daß das Todesurteil nicht vollstreckt werde.

Sowjetischer Protest

15. August 1945, New York
United Press teilt mit:
Wie der Korrespondent des NBS in London, Murrow, berichtet, sollen sich die Sowjets energisch gegen die Übernahme des alliierten Oberkommandos in Ostasien durch einen Amerikaner gewandt haben. In dieser Frage, berichtet Murrow, sei es in Moskau zwischen Molotow und dem amerikanischen Botschafter Harriman zu einer erregten Auseinandersetzung gekommen. Die Sowjets hätten die Ansicht geäußert, daß das Oberkommando in Ostasien einem Russen zukomme. Erst nach einigen Stunden hätten die Sowjets ihren Vorschlag zurückgezogen und sich entschlossen, dem Wunsch der Vereinigten Staaten stattzugeben.

Die Stimmung in Japan
15. August 1945, San Francisco
United Press berichtet:
In einem Bericht von Radio Tokio über die letzte Kabinettssitzung heißt es: »Tränen strömten über das Gesicht des Kaisers, als ihm das Kabinett seinen Entschluß über die Waffenstreckung mitteilte. Auch die Mitglieder des Kabinetts vergossen Tränen.«

Kapitulation der Kwantung-Armee
Mittwoch, 22. August 1945, Moskau
Die *Agentur TASS* teilt mit:
Die japanische Kwantung-Armee hat sich gestern in Charbin formell Generalmajor Schalakow ergeben.

Ende des Feldzuges in der Mandschurei

Freitag, 24. August 1945, Moskau

Die *Agentur Tass* meldet:

Gestern abend erdröhnten in Moskau 24 Salven aus 324 Geschütze. Kurz vorher war ein Tagesbefehl Marschall Stalins an den Kommandanten der Sowjettruppen in Ostasien, Marschall Wassiljewski, verlesen worden, in dem die vollständige Besetzung der Mandschurei, Südsachalins, einiger nordkoreanischer Städte und Häfen sowie der beiden Kurileninseln Simusiu und Paramushiro bekanntgegeben wurde.

Wiederaufnahme der Automobilproduktion

Sonnabend, 25. August 1945, Washington

United Press meldet:

Das Kriegsproduktionsamt hat gestern alle während des Krieges angeordneten Einschränkungen für die Herstellung von nicht militärischen Kraftfahrzeugen aufgehoben.

Die Bucht von Tokio

Von Robert B. Cochrane

An Bord von U.S.S. »Missouri« in der Bucht von Tokio, 2. September.

– Der Zweite Weltkrieg endete offiziell heute morgen um 9.18 Uhr nach Tokio-Zeit. Er endete mit den Worten von General Douglas MacArthur: »Diese Verhandlungen sind abgeschlossen.«

Japans Eroberungstraum starb unter den drohenden Geschützen des Schlachtschiffes »Missouri«, als Außenminister Mamoru Shigemitsu und General Yoshijiro Umezu, Chef des Stabes des Kaiserlichen Hauptquartiers, ihre Namen unter die Kapitulationsurkunde setzten, die Japan bedingungslos in die Hände der Alliierten lieferte. Es war eine Zeremonie, die nach einem feststehenden militärischen Verfahren ablief, aber königlich erhaben war wie eine religiöse Feier.

The Baltimore Sun, 3. September 1945

Oben:
24. August 1945, Nordkorea:
Sowjetische Panzer
auf den Straßen von Pjöngjang

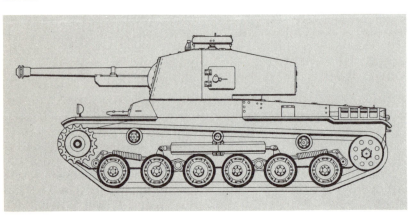

Japanischer mittlerer Kampfpanzer
Typ 3 KE-Ri (ab 1943)

Strategie und Taktik

An der gesamten Ostfront – rund 1 200 Kilometer – von der Ostseeküste in Kurland bis zum Plattensee (Ungarn) befinden sich auf deutscher Seite bei Jahresbeginn insgesamt 145 Divisionen, Divisionskampfgruppen und Brigaden. Darunter sind 16 schnelle Verbände (einer in Aufstellung), 12½ Panzerdivisionen mit 318 einsatzbereiten Panzern, 616 Sturmgeschützen und Jagdpanzern sowie 793 Pak.

Die Heeresgruppe A (GenOberst Harpe), die den wichtigen mittleren, 700 Kilometer langen Frontabschnitt am Weichselbogen hält, zählt pro Frontkilometer 133 bis 137 Infanteristen, die ihnen gegenüberstehende Rote Armee etwa 1 500 Infanteristen. An operativ wirksamen gepanzerten Verbänden stehen Generaloberst Harpe nur vier Panzerdivisionen, eine Panzergrenadierdivision und eine gepanzerte Kampfgruppe in Brigadestärke (die Reste der 10. Panzergrenadierdivision) als operative Reserve zur Verfügung. Dagegen bekommt die Heeresgruppe Süd in Ungarn beträchtliche Verstärkungen.

Auf sowjetischer Seite sind insgesamt einsatzbereit: 55 Armeen, 6 Panzerarmeen, dazu 35 Panzer- und mechanisierte Korps mit 6 289 000 Mann. Sie verfügen (nach offiziellen sowjetischen Angaben) zur Zeit über 115 100 Geschütze und Granatwerfer, 15 100 Panzer und Selbstfahrlafetten sowie 158 150 Kraftfahrzeuge.

Der Chef des Generalstabs des Heeres, Generaloberst Guderian, verlangt wiederholt die Räumung Kurlands, Zuführung von Kräften aus Norwegen und von der Westfront, um so einen Abwehrschwerpunkt durch Bildung einer starken Reservearmee im Raum Litzmannstadt (Lodz) und Hohensalza (Inowroclaw) zu schaffen. Das Oberkommando des Heeres sieht nun vor, die eigenen, zum operativen Gegenangriff bestimmten Panzerdivisionen so lange zurückzuhalten, bis die sowjetischen Hauptstoßrichtungen einwandfrei erkannt sind. Ein frühzeitiger Einsatz der kostbaren Panzerreserven für Abwehrzwecke auf taktischer Ebene wird strengstens untersagt. Bei Beurteilung der Feindabsichten rechnet man damit, daß das sowjetische Oberkommando erstens als Hauptziel einen Durchbruch über Ostpreußen anstrebt, zweitens einen starken Angriff über die Slowakei und Ungarn plant. Dies sind jedoch schwerwiegende Fehleinschätzungen der deutschen Führung, denn STAWKA bereitet als vorrangig den Hauptstoß aus dem etwa 70 Kilometer südlich von Warschau liegenden Magnuszew-Brückenkopf in Richtung Berlin über Lodz–Kutno–Posen vor. Die Zerschlagung der deutschen Truppen im großen Weichselbogen zwischen Magnuszew und dem Baranow-Brückenkopf soll erst von den nachfolgenden Divisionen übernommen werden.

Wie kann es aber zu einer für das Schicksal Deutschlands so schwerwiegenden Fehleinschätzung kommen?

Am Montag, dem 1. Januar 1945, wird von Rzeszow (Reichshof) nach Debica am hellen Tag das der 1. Ukrainischen Front (Marschall Konjew) unterstellte IV. Garde-Panzerkorps (GenLt. Pulubojarow) in Marsch gesetzt. Die Panzerkolonnen legen an jedem Abend in Ortschaften Pausen ein. Und jedesmal, wenn das Korps weiterzieht, bleiben nachts aufgestellte Panzer-, Geschütz- und Lastwagenattrappen zurück. Spezialgruppen sichern diese Attrappen und beleben zugleich den Raum.

Dies ist die letzte Phase der Täuschungsoperation, die in einer solchen Größe auf sowjetischer Seite keine Parallele hat. Erst 1980, genau 35 Jahre nach diesem Ereignis, gibt jetzt in Moskau die historische Abteilung des sowjetischen Generalstabs Einzelheiten aus den bisher unveröffentlichten Aufzeichnungen von Marschall Schukow bekannt: Sowjetische Verbände treffen ihre Vorbereitungen zur Offensive aus den im Herbst 1944 gebildeten drei Brückenköpfen (Magnuszew, Pulawy und Baranow) auf dem linken Weichselufer. Das Oberkommando des Heeres weiß, daß die Sowjets ihre Offensiven in der Regel aus den eroberten Brückenköpfen heraus beginnen. So hat man vor den drei Brückenköpfen tiefe Verteidigungslinien aufgebaut und Truppen konzentriert. Dem Oberbefehlshaber der 1. Weißrussischen Front (Marschall Schukow) wird befohlen, die tatsächlichen Vorbereitungen in der Angriffshauptrichtung Kutno–Posen–Berlin aus den Brückenköpfen Magnuszew und Pulawy zu verschleiern und zugleich Bereitstellungen für den Schwerpunkt der Winteroffensive auf dem linken Frontflügel, die Nahtstelle zur 1. Ukrainischen Front (Marschall Konjew), aus dem Brückenkopf Baranow vorzutäuschen. Es werden nun Konzentrationen von Schützen- und Panzerkräften, Infanterie, Artillerie, Pioniereinheiten, Luftgeschwadern sowie ein reger Eisenbahn- und Lkw-Verkehr fingiert. Aus Draht, Holz und Pappe entstehen Tausende Attrappen von Panzerwagen, Selbstfahrlafetten und Kraftwagen. In den vorgetäuschten Bereitstellungsraum der Panzerverbände wird ein Teil der Funkanlagen der 1. Garde-Panzerarmee (GenOberst Katukow) und der 2. Garde-Panzerarmee (GenOberst Bogdanow) verlegt, da gerade diese der deutschen Funkaufklärung gut bekannt sind.

Die verschneiten Waldwege im rückwärtigen Gebiet werden von Panzern und Kraftwagen, die man für diese Zwecke einsetzt, in einen anscheinend stark befahrenen Zustand versetzt. Pioniertruppen (GenLt. Proschljakow) bauen dort im Eiltempo neue Brücken, bessern alte aus und bereiten Zufahrtswege vor. Man legt Feldflugplätze an, auf denen einige Hundert Flugzeugattrappen neue Luftstützpunkte vortäuschen. Und Dutzende von echten Flugzeugen sorgen für rege Aktivitäten. Sobald die deutsche Feindaufklärung wachsendes Interesse für das vorgetäuschte Aufmarschgebiet zeigt, verstärkt der Stab der 1. Weißrussischen Front sofort »die Truppenverlegung« auf Schienen und Straßen sowie die Bewegungen im rückwärtigen Gebiet. Feldküchen werden unter Dampf gesetzt, immer mehr Lagerfeuer entstehen, neue Beobachtungspunkte, Stellungen für die Artillerie und zusätzliche Wege werden gebaut. Die schwere Artillerie beginnt sich einzuschießen, und über Nacht verlegt man die Geschütze von einem Ort zum anderen. Die Patrouillentätigkeit nimmt zu, falsche Nachrichten werden verbreitet.

Gleichzeitig herrscht in den Brückenköpfen Magnuszew und Pulawy, wo die tatsächlichen Vorbereitungen für den Schwerpunkt der Winteroffensive stattfinden, scheinbar völlige Ruhe. Hier wird nur ganz bedächtig an den Verteidigungsstellungen gearbeitet. Sämtliche Eisenbahntransporte mit Panzern oder Artillerie sind als Heu- oder Baumaterialtransporte getarnt. Die Ausladung findet entweder nachts oder bei dichtem Nebel statt. Geschütze und Panzer werden in die vorgesehenen Abschnitte gebracht und sofort gegen Sicht geschützt. Vor dem Morgengrauen beseitigt man alle Fahrspuren und stellt die leeren Eisenbahnwaggons weit im Hinterland ab. Auch die Kampfverbände werden nur nachts in ihre Ausgangsstellungen befördert. Die Einheiten rücken in kleinen Gruppen an und meiden größere Ortschaften. Ebenso werden Pionierarbeiten nur bei Dunkelheit durchgeführt und vor Sonnenaufgang sorgfältig getarnt, was jeden Morgen von Offizieren aus der Luft kontrolliert wird. Tagsüber dürfen Kraftwagen in diesem Raum nur vereinzelt fahren. Die immense Truppen- und Materialkonzentration erfordert den Bau zahlreicher Übergänge über die Weichsel: Es entstehen 13 Brücken mit einer Tragfähigkeit von 16 bis 60 Tonnen und einer Länge von etwa 1 Kilometer. Einige dieser Brücken und deren Zufahrtswege haben eine besondere Bedeutung bei der operativen Tarnung. So verfügt die 8. Gardearmee (GenOberst Tschuikow) über drei Wege zum Brückenkopf: Zwei führen durch ein Waldgebiet und der dritte durch offenes Gelände. Truppen, Munition und Versorgungsgüter für den Magnuszew-Brückenkopf kommen über die beiden Waldwege, auf dem dritten rollen die leeren Fahrzeuge zurück, und zwar so getarnt, als würde man die Truppen aus diesem Abschnitt zurücknehmen. Ähnliche Aktionen finden auch auf dem rechten Flügel der 1. Weißrussischen Front statt, mit dem Ziel, große Truppenkonzentrationen auf dem rechten Weichselufer gegenüber Warschau vorzutäuschen.

Die Operationspläne für die Offensive werden in den Stäben der Front und der einzelnen Armeen mit bisher ungewöhnlicher Geheimhaltung ausgearbeitet: Nur ein kleiner Kreis höherer Offiziere wird von Stalin damit betraut. Es dürfen keine schriftlichen Unterlagen aufgesetzt werden, und es herrscht absolute Funkstille. Alle Befehle werden mündlich erteilt, Feldtelefone und Fernschreiber abgeschaltet. Eine schriftliche Direktive der Frontbefehlshaber an die Armee, den Angriff betreffend, soll wenige Tage vor Beginn der Offensive herausgegeben und den Divisionskommandeuren vier bis fünf Tage vor dem Angriff mündlich übermittelt werden. Die Mannschaften dürfen erst wenige Stunden vorher vom Angriffsbeginn erfahren.

Am Nordflügel der 1. Ukrainischen Front (Marschall Konjew) werden ebenfalls Angriffsvorbereitungen simuliert: Im Abschnitt der 60. Armee (GenOberst Kurotschkin), im Raum Ropczyce, Ocieka und Debica

täuscht man Konzentrationen von Panzertruppen vor. Damit beauftragt wird das IV. Garde-Panzerkorps (GenLt. Polubojarow). Die Landstraßen zwischen Ropczyce, Ocieka und Debica werden ausgebessert, Fahrwege für Panzer um die Orte Ostrow und Zawada geschaffen sowie eine Zufahrtstraße zur Bahnstation Ropczyce und von der Bahnstation in Zawada zu den nahegelegenen Wäldern gebaut. Die Ränder der vorhandenen Straßen werden planiert, die Brücken ausgebessert und verstärkt. Auf den Eisenbahnstationen in Ropczyce und Zawada errichten sowjetische Eisenbahner zusammen mit Einheimischen Rampen für die Entladung der Panzertransporte. Sowjetische Offiziere in Uniformen der Panzertruppe erkunden die Gegend und verbreiten zugleich unter der polnischen Bevölkerung »geheime« Informationen. In Ocieka, Przeslawie, Sedziszow und Debica treffen Quartiermacher-Gruppen ein, die die Bevölkerung »vorbeugend« unterrichten, sich für eine bevorstehende Umquartierung in sichere Gebiete vorzubereiten, da hier Panzereinheiten untergebracht werden müßten. Gleichzeitig werden auf abgeschirmten Feldern über Nacht 320 zerlegbare Attrappen des Panzers T-34, 250 Lkw-Attrappen und 600 Geschütz-Attrappen montiert. Diese fingierte Konzentration sowjetischer Panzereinheiten verursacht nicht nur heftigen Artilleriebeschuß auf den Raum Zawada, Radomysl-Wielki und Dabie, sondern zwingt die Deutschen auch, an diesem Frontabschnitt die Verteidigung erheblich zu verstärken.

Am Sonnabend, dem 6. Januar 1945, endet der erste Versuch des IV. SS-Panzerkorps (SS-Obergruppenf. Gille), durch einen Vorstoß von Komorn aus in östlicher Richtung die Festung Budapest zu entsetzen.

Am Sonntag, dem 7. Januar 1945, wird im Baranow-Weichselbrückenkopf ein Vorziehen der Artillerie in ihre Feuerstellungen vorgetäuscht: Das Einschießen auf die deutschen Stellungen führt man mit 180 Schuß aller Kaliber von verschiedenen Orten aus durch. Danach erst rückt die Artillerie in die vorgesehenen Feuerstellungen und hinterläßt dafür über 550 Geschütz-Attrappen.

Auf dem Nordflügel der 1. Ukrainischen Front wird eine beschränkte aber wichtige Täuschung durchgeführt: Unter strengster Geheimhaltung verlegt man aus dem Bereich der 6. Armee (GenLt. Gluzdowski) zwei Artilleriedivisionen und zwei Panzerabwehr-Artilleriebrigaden in den Brückenkopf Baranow. Die Pioniere fertigen 329 Geschütz-Attrappen an, die sie in verlassenen Artilleriestellungen aufbauen. Einige echte Geschütze, die ihre Positionen systematisch wechseln, führen weiteren Feuerüberfälle durch. Besonders sorgfältig nimmt man die Tarnung im Brückenkopf Baranow vor. Die Geheimhaltung der Angriffsvorbereitungen ist hier besonders schwierig, da die Deutschen Beobachtungspunkte besetzt halten, die höher liegen als dieser Brückenkopf bei Sandomierz. So haben sie Einblick in die sowjetischen Stellungen bis auf 8 Kilometer Tiefe. Die sowjetische Infanterie und die Panzerverbände,

Deutsche Stellungen vor dem sowjetischen Brückenkopf Baranow Anfang Januar 1945: Deutsche Panzerjäger vom Typ Nashorn in Lauerstellung. Es sind 8,8-cm-Pak 43/1 (L/71) auf Fahrgestellen der Panzerkampfwagen III/IV

Artillerie, Transportkolonnen und Depots liegen hier in den Wäldern oder in Erdbunkern. Die Truppenverbände treffen im Brückenkopf nur nachts ein und werden in dem vorbereiteten Waldabschnitt noch vor der Morgendämmerung untergebracht. Die zum erstenmal in diesem Ausmaß für eine geplante sowjetische Großoffensive durchgeführte Täuschungsaktion ermöglicht es, durch eine minuziöse Organisation in dem relativ kleinen bewaldeten Hügelgelände eine so große Truppenkonzentration reibungslos zu bewältigen.

Die sowjetische Führung unterscheidet dabei: Versammlungsräume für motorisierte Truppen 40 bis 80 Kilometer hinter der Hauptkampflinie (HKL), Bereitstellungsräume für Panzer 15 bis 20 Kilometer hinter der HKL und Ausgangsstellungen für Panzer 1 bis 3 Kilometer hinter der HKL. In den wichtigsten Durchbruchsabschnitten stehen jetzt pro Kilometer bis 250 Geschütze, alle vier Meter – gestaffelt – eins Die Frontbreite für den Hauptangriff aus dem Magnuszew-Brückenkopf mit vier Armeen, zwei Panzerarmeen und einem Kavalleriekorps beträgt nur 16 Kilometer (!), also nicht ganz 2,5 Kilometer für einen Großverband. Das befohlene durchschnittliche Angriffstempo für mechanisierte Truppen: 40 Kilometer pro Tag!

Die Notwendigkeit, starke Angriffskräfte auf engem Raum zu massieren, bewirkt eine ausgedehnte Tiefenstaffelung der Verbände. Im allgemeinen kommt es zu einer Gliederung in zwei Staffeln bei den Armeen, Korps, Divisionen und Regimentern, wenn auch manchmal drei Staffeln anzutreffen sind. Eine Panzergruppe etwa in Stärke eines Panzerbataillons ist auf unmittelbare Zusammenarbeit mit den Sturmregimentern angewiesen, während das 3. Schützenregiment der

Division dahinter die zweite Staffel der Angriffskräfte bildet.

Panzeraufklärung, in Stärke eines Zuges je Panzerregiment, wird so rechtzeitig angesetzt, daß die Ergebnisse über Geländegängigkeit, deutsche Sperren und Abwehrwaffen bis Angriffsbeginn verwertet werden können. Für die Durchbruchsbreite der Panzer-Angriffsverbände ist vorgesehen: Panzerarmee 10 bis 15 Kilometer, Panzerkorps 4 bis 6 Kilometer, Panzerdivision 2 bis 3 Kilometer, Panzerschützenregiment 700 bis 1 500 Meter, Panzerbataillon 500 bis 700 Meter.

Die Stärke der 1. Weißrussischen Front und der 1. Ukrainischen Front: Insgesamt stehen (nach sowjetischen Angaben) 16 Armeen, 4 Panzerarmeen sowie 9 selbständige Panzer-, Kavallerie- bzw. mechanisierte Korps bereit, die über 163 Divisionen, 32 143 Geschütze und schwere Granatwerfer, 6 460 Panzer und Selbstfahrlafetten (Sturmgeschütze) sowie 4 772 Flugzeuge mit 2,2 Millionen Mann zur Verfügung. Die sowjetische Überlegenheit wird an den betreffenden Durchbruchsabschnitten auf das Neunfache bei der Infanterie, auf das Neun- bis Zehnfache bei der Artillerie und auf das Zehnfache bei der Panzertruppe gebracht.

Am Freitag, dem 12. Januar 1945, beginnt im Morgengrauen der erste Teil der sowjetischen Winteroffensive: Aus dem Brückenkopf Baranow tritt die 1. Ukrainische Front (Marschall Konjew) mit der 3. Garde-Panzerarmee, der 4. Panzerarmee, der 3. Gardearmee (GenOberst Gordow), der 5. Gardearmee (GenOberst Schadow), sowie der 13. Armee (GenOberst Puchow) der 52. Armee (GenOberst Korotjew) und der 60. Armee (GenOberst Kurotschkin) an und durchbricht die schwachen Verteidigungsstellungen der 4. Panzerarmee (Gen.d.Pz.Tr. Graeser).

Tags darauf, am Sonnabend, dem 13. Januar 1945, geht die 3. Weißrussische Front (Armeegen. Tschernjachowski) mit der 11. Gardearmee (GenOberst Galizki), der 5. Armee (GenOberst Krylow), der 28. Armee (GenLt. Lutschynski), der 39. Armee (GenLt. Ludnikow), sowie der 2. Gardearmee (GenLt. Tschantschibadze), der 31. Armee (GenLt. Schafranow), dem I. und dem II. Garde-Panzerkorps aus dem Raum Pillkallen (Ostpreußen) zur Großoffensive über, um zum Kurischen Haff vorzustoßen und die 3. Panzerarmee (GenOberst Raus) zu vernichten.

Am gleichen Tag wird von sowjetischen Verbänden auch der zweite Versuch, Budapest durch einen Vorstoß des III. Panzerkorps (Gen.d.Pz.Tr. Breith) vom Raum nördlich des Plattensees aus zu entsetzen, abgeschlagen.

Erst am Sonntag, dem 14. Januar 1945, eröffnet die 1. Weißrussische Front (Marschall Schukow) aus den Brückenköpfen an der Weichsel, Magnuszew und Pulawy, den wichtigsten Teil der Winteroffensive mit der 2. Garde-Panzerarmee (GenOberst Bogdanow). Die polnische 1. Armee (DivGen. Poplawski), die 61. Armee (GenOberst Bielow) sowie die 5. Stoßarmee (GenLt. Biersarin) und die 47. Armee (GenMaj. Pierchorowicz) stoßen nach Westen und Nordwesten vor und durchbrechen die Front der deutschen 9. Armee (Gen.d.Inf. Jordan).

Auch bei Beginn dieser Angriffe wendet man eine Täuschung an: Entgegen der bisherigen Taktik der Roten Armee, bereits einen Tag vor der eigentlichen Offensive die feindliche Kräfteverteilung gewaltsam zu erkunden, geschieht dies nur wenige Stunden vor Angriffsbeginn. Erstmalig ist auch im deutsch-sowjetischen Krieg, daß das Vorgehen der ersten Erkundungsbataillone vor dem Hauptstoß nur durch den üblichen Feuerschutz der Artillerie in einer Tiefe bis zu 1,5 Kilometern und durch Unterstützung der Luftstreitkräfte erfolgt,

was die Deutschen ebenfalls irreführt: Der Erkundungsangriff der Bataillone kann nicht aufgehalten werden. Da man ihn offensichtlich als Generalangriff der gesamten Frontstärke ansieht, beginnen die Deutschen, sich aus der ersten Linie in die Tiefe der Verteidigungsstellungen zurückzuziehen. Nachdem die Erkundungsbataillone mit Unterstützung von Panzern zum Kampf antreten, setzt zum Beispiel die 1. Ukrainische Front – um eine größere Panzerstärke vorzutäuschen – auch bewegliche Panzerattrappen ein.

Während des Vernichtungsfeuers, das etwa dreißig Minuten dauert, brechen die sowjetischen Vorausbataillone mit Panzern und Sturmgeschützen in das vordere Grabensystem ein; sie wenden dabei vielfach die Taktik an, unter Ausnutzung von schmalen ausgesparten Feuergassen die deutsche HKL zu durchstoßen und zwischen den Stützpunkten einzusickern.

Unmittelbar nach dem Vernichtungsfeuer auf die deutschen Stellungen treten die Schützendivisionen der ersten Welle mit den zugeteilten Panzern, Sturmgeschützen und Selbstfahrlafetten, unterstützt von einer doppelten Feuerwalze, zum Sturmangriff an. Ihre Taktik: Schwere Panzer und Sturmgeschütze werden zum Ausschalten noch bestehender Widerstandsnester in der 1. und 2. Welle eingesetzt, während sich die Begleitinfanterie als 3. Welle unmittelbar anschließt; danach folgt die Infanterie der 4. und 5. Welle. Diese Taktik gibt dem sowjetischen Stoß einen besonderen Schwung, da die beiden Panzerwellen der nachfolgenden Infanterie den Weg bahnen, während die ersten beiden Infanteriewellen den Angriffsschwung aufrechterhalten. Erst die 3. Infanteriewelle beginnt mit der Säuberung des Geländes.

Brückenkopf Baranow: Am 12. 1. 1945 beginnt die gewaltige Operation, welche die Sowjets 400 km von der Weichsel an die Oder – bis 80 km vor Berlin – führt, den Deutschen Schlesien entreißt, sowie außer den 26 Divisionen, die in Kurland stehen, auch noch 27 Divisionen in Ostpreußen von der Masse der Ostfront trennt

Da die Tarnung des deutschen Stellungssystems nicht gelungen ist, macht man sich über den Verlauf der Stellungen sowie über taktische Einzelheiten, wie über die Lage der Divisionen bis zur Bataillonsebene herab, ein genaues Bild. Auch das taktische Verfahren in der Großkampfzone ist der sowjetischen Führung bekannt, die ihre neue Angriffstaktik darauf einstellt: Dieses Angriffsverfahren mußten die Deutschen schon im Herbst 1944 während der Offensive gegen die Heeresgruppe Nordukraine in Ansätzen kennenlernen. Die so hochentwickelte Angriffstaktik der sowjetischen Panzerverbände ist auf dem Höhepunkt ihrer Erfolge.

Eine Schützendivision wird im Schwerpunkt meistens durch zwei bis drei Panzerregimenter, zwei bis drei Sturmgeschützregimenter und einer Kompanie Flammenwerferpanzer unterstützt. Eine Aufspaltung der Panzerverbände unterhalb des selbständigen Regiments ist generell verboten. Ausnahmen können in besonders schwierigem Gelände durch die Armee befohlen werden. Panzerverbände zur Unterstützung der Infanterie greifen in zwei Wellen an: Die erste Welle bilden mittlere und Räumpanzer, die zweite Welle schwere Panzer, Sturmgeschütze und Flammenwerferpanzer. Die erste Welle stößt vor der Infanterie vor, während die zweite Welle 100 bis 200 Meter hinter der Infanterie folgt. In der Ausgangsstellung sollten Panzer nicht länger als zwei bis drei Stunden bereitgestellt sein.

Die Unterstützung des Angriffs wird aus der Luft ergänzt durch den massierten Einsatz von Schlachtfliegern, Sturzkampfbombern und taktischen Bombern. Zur Abwehr eventueller Gegenstöße oder Gegenangriffe sind die Panzerabwehrreserven der Regimenter und Divisionen in Zusammenarbeit mit der Artillerie besonders auf die Sicherung panzergefährdeter Richtungen bedacht: Für den Fall gegnerischer Infanterie- und Panzerangriffe größeren Ausmaßes sollen die schweren Panzer und Selbstfahrlafetten rückwärtiger Staffeln den Feuerkampf aufnehmen, während die mittleren Panzer den Feind in der Flanke zu fassen haben. Erst nach Abwehr des Angriffs soll ein Teil der Panzer den Gegner verfolgen und ein anderer Teil die vorgehenden Infanteriekräfte weiterhin sichern.

Nach Durchstoßen des Hauptkampffeldes rücken die gepanzerten und mechanisierten operativen Verbände in den Einbruchsraum nach und vollziehen den Durchbruch durch die zweite Verteidigungslinie im Hinterland des Gegners. Bei Führung des Durchbruchsangriffs wird ein minuziöser Plan für den staffelweisen Einsatz der Sturmtruppen (Infanterie, Pioniere, Begleitpanzer) unter zeitlicher Vorstaffelung der Vorausbataillone durchgeführt. Ein Novum: Das Zurückhalten der zur Vollendung des Durchbruchs bestimmten gepanzerten Heereskörper (Panzerkorps, mechanisiertes Korps, Panzerarmee), die erst auf Weisung des Oberbefehlshabers der Front zu einem günstigen Zeitpunkt in den Kampfraum vorgezogen werden dürfen. Nach dem Einbruch ist sein Kulminationspunkt – etwa in Höhe der gegnerischen Artillerie-Schutzstellungen – erreicht, der den Einsatz der operativen Panzerverbände rechtfertigt.

März 1945, westlich von Posen: Da 1944 von den Deutschen meist erst dann angegriffen wird, wenn die sowjetischen Panzer ihre Infanterie weit hinter sich gelassen hatten, gehen die Sowjets jetzt dazu über, tiefe Panzervorstöße mit aufgesessener Infanterie zu führen

Während auf deutscher Seite wiederum die Infanterie verstärkt in der Panzernahbekämpfung (z. B. mit Panzerfaust) ausgebildet ist, sind die Panzerabwehrgeschütze der Regimenter und Divisionen so in Stellung gebracht, daß sie den Kampf der Infanterie unmittelbar unterstützen können. Tiefe Einbrüche in das Hauptkampffeld der Divisionen sollen durch Gegenangriffe der Reserven beseitigt werden. Die von der Infanterie praktizierte Methode, sich von den angreifenden Panzern überrollen zu lassen und die Feindinfanterie zu bekämpfen, erweist sich als verderblich. Entweder wird die Infanterie bereits von den ersten beiden Panzerwellen außer Gefecht gesetzt oder von den nachfolgenden Infanteriewellen des Gegners eingeschlossen und aufgerieben. Es gelingt weder der stationären Panzerabwehr noch den operativen Reserven, der gegnerischen Panzermassen Herr zu werden. Die Panzerreserven stehen hierbei vor der Wahl, entweder ein Begegnungsgefecht mit den durchbrechenden Feindpanzern zu liefern, mit dem Risiko, daß die eigene Infanterie inzwischen vernichtet wird, oder man entschließt sich zu einem frühzeitigen Angreifen und nimmt damit den Nachteil in Kauf, die kostbaren Panzerreserven vorzeitig einzusetzen. Auch die Hoffnung, verlorengegangene Stellungsräume zunächst durch taktische Reserven der Regimenter und Divisionen zurückzugewinnen, erweist sich als Illusion, da die Reserven entweder schon durch das sowjetische Vorbereitungsfeuer erfaßt oder frühzeitig vom tiefgegliederten Angriffskeil gebunden werden. Demzufolge kommt alles darauf an, ob es der Infanterie in den vorderen Gräben gelingt, im unmittelbaren Zusammenwirken mit sämtlichen Panzerabwehrwaffen und unterstützt durch die Divisions- und Heeresartillerie, den ersten gegnerischen Angriffsschwung zu brechen und der Gefahr einer Isolierung zu entgehen. Trotz aller Improvisationskunst erleiden Infanterie und stationäre Panzerabwehrwaffen durch das sowjetische Vernichtungsfeuer so schwere Ausfälle, daß das Hauptkampffeld über keine nennenswerte Besatzung mehr verfügt.

Über die deutschen Gegenangriffe stellt das Oberkommando der Heeresgruppe A fest: »Die eigenen, von Panzer- und Infanteriekräften geführten Angriffe kommen nicht zum Tragen, da die eigenen Kräfte bereits in ihren Bereitstellungsräumen zum Kampf gestellt wurden . . .« Die katastrophale Niederlage der Heeresgruppe A bedeutet das Ende der deutschen Hoffnungen, die sowjetische Großoffensive noch vor den deutschen Ostgrenzen unter Kontrolle zu bringen.

Ebenfalls am 14. Januar 1945 geht die 2. Weißrussische Front (Marschall Rokossowski) aus beiden Brückenköpfen am Narew mit der 5. Garde-Panzerarmee (GenOberst Wolski), der 2. Stoßarmee (GenLt. Fieduninski), sowie der 48. Armee (GenLt. Gusiew), der 49. Armee (GenOberst Grischyn), der 65. Armee (GenOberst Batow), der 70. Armee (GenOberst Popow) und dem III. Garde-Kavalleriekorps, dem VII. mechanisierten Korps, dem I. Garde-Panzerkorps und dem VIII. Garde-Panzerkorps in Richtung Elbing zum Angriff gegen die 2. Armee (GenOberst Weiß) vor.

Am Montag, dem 15. Januar 1945, greift aus dem Raum Jaslo die 38. Armee (GenOberst Moskalenko) der 4. Ukrainischen Front (Armeegen. Petrow) den Südflügel der deutschen 17. Armee (Genoberst Jaenecke) in Richtung Krakau an.

Am gleichen Tag erobert die 13. Armee (GenOberst Puchow) zusammen mit der 4. Panzerarmee (GenOberst Ljeljuschenko) und der 3. Gardearmee (GenOberst Gordow) Kielce. Unterdessen überschreitet die zur 1. Weißrussischen Front gehörende 47. Armee (GenLt. Perchorowitsch) die Weichsel im Norden von Warschau.

Am Mittwoch, dem 17. Januar 1945, säubern Einheiten der polnischen 1. Armee Warschau von deutschen Nachhuten. Während der vier Kampftage haben Verbände der 1. Weißrussischen Front die deutschen Verteidigungslinien auf einer Breite von 270 Kilometern durchbrochen und sind bis zu 130 Kilometer vorgestoßen. Die deutsche Verteidigung an der Weichsel hat aufgehört zu bestehen. Wie immer müssen auch jetzt die Panzer den Rückzug der langsameren Wehrmachtseinheiten decken. Die Divisionen kämpfen nur noch als Kampfgruppen in Kompanie- oder Bataillonsstärke.

Am Donnerstag, dem 18. Januar 1945, setzt die 2. Weißrussische Front zum Durchbruch der Linie der 2. Armee (GenOberst Weiß), die sich jetzt in den Raum Mlawa-Ostrolenka zurückgezogen hat.

An diesem Tag räumen die deutschen Truppen Krakau, um sich der bevorstehenden Einkesselung durch die 59. Armee (GenLt. Korowinko) und die 60. Armee (GenOberst Kurotschkin) zu entziehen.

Zu gleicher Zeit wird Generaloberst Schörner von Hitler als Nachfolger von Generaloberst Harpe zum Oberbefehlshaber der Heeresgruppe A ernannt.

Ebenfalls am 18. Januar 1945 umgeht der linke Flügel der 1. Ukrainischen Front Krakau im Nordosten, Norden und Nordwesten, die Brigaden des IV. Panzerkorps stürmen in die Straßen und besetzen die Stadt am darauffolgenden Tag.

Am Freitag, dem 19. Januar 1945, erobert die 1. Weißrussische Front (Marschall Schukow) die Industriestadt Lodz (Litzmannstadt).

Bereits am Montag, dem 22. Januar 1945, stehen die Panzerspitzen der 3. Garde-Panzerarmee (GenOberst Rybalko) südlich und nördlich von Breslau an der Oder.

Am Dienstag, dem 23. Januar 1945, nimmt die 1. Weißrussische Front Bromberg (Bydgoszcz), und tags darauf erreicht die Vorausabteilung der 3. Garde-Panzerarmee Oppeln, und die 21. Armee (GenOberst Gusjew) erobert Gleiwitz.

Am Mittwoch, dem 24. Januar 1945, wird die neue Heeresgruppe Weichsel formiert und als Oberbefehlshaber Reichsführer SS Himmler eingesetzt.

Am Freitag, dem 26. Januar 1945, läßt Hitler den Oberbefehlshaber der Heeresgruppe Mitte, Generaloberst Reinhardt, durch Generaloberst Rendulic ersetzen und die Heeresgruppe Mitte in Heeresgruppe Nord umbenennen. Die bisherige Heeresgruppe Nord trägt jetzt die Bezeichnung Heeresgruppe Kurland, und aus der Heeresgruppe A wird die Heeresgruppe Mitte.

Am Sonnabend, dem 27. Januar 1945, muß der dritte und stärkste Entsatzversuch von Budapest, den das IV. SS-Panzerkorps (SS-Obergruppenf. Gille) aus dem Raum nördlich des Plattensees geführt hat, bei Dunapentele an der Donau wegen heftiger sowjetischer Angriffe abgebrochen werden.

Am Sonntag, dem 28. Januar 1945, besetzen die Sowjets Kattowitz und am nächsten Tag das ganze oberschlesische Kohlenbecken. Mit Erreichen der Oder und Bildung von Brückenköpfen am westlichen Oderufer haben die 1. Weißrussische und die 1. Ukrainische Front die Operation Weichsel–Oder beendet.

In den Ardennen herrscht zu dieser Zeit wieder Ruhe. Etwa 600 000 US-Soldaten kämpfen dort in der Verteidigung und dann bei der Gegenoffensive. Davon sind 81 000 Mann gefallen, verwundet oder gefangengenommen. Die Engländer haben 1 400 Mann verloren. Auf deutscher Seite sind etwa 100 000 Mann gefallen, verwundet oder in Gefangenschaft geraten.

Am Dienstag, dem 30. Januar 1945, erreichen die Vorausabteilungen der 2. Garde-Panzerarmee (GenOberst Bogdanow) und der 5. Stoßarmee (GenLt. Bersarin) die Oder zwischen Küstrin und Frankfurt/Oder und bilden Brückenköpfe am westlichen Ufer.

Die Januar-Offensive der Roten Armee erschüttert die gesamte Ostfront. Im Mittelabschnitt stehen die Sowjets jetzt kaum 60 Kilometer vor Berlin, und das wichtige Industriezentrum in Oberschlesien geht verloren. General v. Mellenthin: »Man kann unmöglich beschreiben, was in den ersten Monaten des Jahres 1945 zwischen Weichsel und Oder vor sich ging. Seit dem Untergang des Römischen Reiches hat Europa nichts Ähnliches gekannt.«
Im abgeschnittenen Kurland steht untätig die Heeresgruppe Kurland, und in Ostpreußen verteidigt sich die in drei Teile zerfallene Heeresgrupe Nord. Die Danziger Bucht, Westpreußen und das Vorfeld von Berlin soll die neu aufgestellte Heeresgruppe Weichsel (Reichsf. SS Himmler) sichern. Entlang der Oder bis zu den Karpaten hält die Heeresgruppe Mitte die Front. In der Slowakei und in Ungarn befindet sich die Heeresgruppe Süd. Die 1 700 Kilometer lange Frontlinie führt nicht nur zur Zersplitterung der deutschen Kräfte (175 Divisionen, 22 Brigaden und ungarische Verbände), sondern verhindert auch jedes operative Zusammenspiel. Unterdessen zeigt sich die Schlagkraft der sowjetischen Panzerverbände immer deutlicher: So stößt z. B. die 2. Garde-Panzerarmee (GenOberst Bogdanow) innerhalb von 16 Tagen, vom 16. 1. bis 1. 2. 1945, insgesamt 700 Kilometer vor, also knapp 50 Kilometer pro Tag.

Am Donnerstag, dem 8. Februar 1945, eröffnet aus den Oderbrückenköpfen Leubus und Steinau die 1. Ukrainische Front eine Offensive: Die Vorausabteilungen der 5. Gardearmee (GenOberst Schadow) von Süden und der 6. Armee (GenLt. Gluzdowski) von Norden beginnen Breslau einzuschließen.
Am gleichen Tag unternimmt die kanadische 1. Armee (Lt.Gen. Crerar) westlich von Kleve zwischen Rhein und Maas einen neuen Großangriff. Trotz heftigen deutschen Widerstandes im Reichswald dringt sie weiter nach Südosten vor.

Am Montag, dem 12. Februar 1945, besetzen die Truppen der 2. Ukrainischen Front (Marschall Malinowski) und der 3. Ukrainischen Front (Marschall Tolbuchin) Budapest.

Am Donnerstag, dem 15. Februar 1945, schließen die Verbände der 1. Ukrainischen Front (Marschall Konjew) die Festung Breslau (Kommandant: GenMaj. v. Ahlfen) ein. In der Festung befinden sich: 200 mittlere und leichte Geschütze, 7 Panzer und 8 Sturmgeschütze.

Am Freitag, dem 23. Februar 1945, geht die 9. US-

Armee (Lt.Gen. Simpson) aus den Brückenköpfen an der Roer zu einem Großangriff in Richtung Rhein über.

Die deutschen Panzerdivisionen sind erheblich geschwächt, leiden unter Mangel an Gerät und Treibstoff. Trotzdem kann sich Hitler von der Idee einer großen Offensive nicht trennen: Die 6. SS-Panzerarmee (SS-Oberstgruppenf. Dietrich) wird von Westen herangeholt und nach Ungarn verlegt, um hier die Linie der mittleren Donau zurückzuerobern. In Pommern und in Schlesien stellt man eiligst Kampfgruppen zusammen. In der jetzigen Situation ist jedoch keine dieser Gruppen stark genug, auch nur einen operativen Erfolg zu erzielen.
Trotz aller Rückschläge ist die deutsche Panzerproduktion immer noch erstaunlich hoch: Im Februar 1945 werden mit einer monatlichen Stückzahl von 1 210 bedeutend mehr Panzer und Selbstfahrlafetten hergestellt als z. B. im Dezember 1942 (721 Stück). Und erst Ende März 1945 beginnt ein steiler Produktionsabfall. Alles in allem werden vom September 1939 bis Februar 1945 in Deutschland insgesamt 43 840 Panzer, Selbstfahrlafetten und Sturmgeschütze gebaut.

Am Donnerstag, dem 1. März 1945, beginnt eine der letzten Angriffsaktionen deutscher Panzerverbände: Der in Niederschlesien stehenden Panzergruppe Nehring (Gen.d.Pz.Tr. Nehring) mit dem ihr unterstellten XXXIX. Panzerkorps (Gen.d.Pz.Tr. Decker) und dem LVII. Panzerkorps (Gen.d.Pz.Tr. Kirchner) gelingt es in einer überraschenden Operation, dem sowjetischen LXXXXIX. mechan. Korps erhebliche Verluste zuzufügen und die Stadt Lauban vorübergehend zu befreien.

Am Dienstag, dem 6. März 1945, eröffnen nördlich vom Plattensee die 6. SS-Panzerarmee (SS-Oberstgruppenf. Dietrich) und die 6. Armee (Gen.d.Pz.Tr. Balck) die letzte deutsche Offensive in Ungarn. Ihr Ziel: Mit Unterstützung der Heeresgruppe E (GenOberst Löhr) und der 2. Panzerarmee (Gen.d.Art. Angelis) die 3. Ukrainische Front (Marschall Tolbuchin) zum Rückzug in das westlich der Donau liegende Gebiet zu zwingen und die einzigen den Deutschen zur Verfügung stehenden Ölquellen bei Nagy-Kanisza zu sichern. Die Operation muß nach massiven sowjetischen Gegenangriffen abgebrochen werden.
An diesem Tag gewinnen die britischen und indischen Verbände der 14. Armee (Lt.Gen. Slim) mit Unterstützung von Panzern die heißumkämpfte Burma-Straße, und die Japaner müssen sich zurückziehen.

Am Mittwoch, dem 7. März 1945, während das zur 1. US-Armee (Lt.Gen. Hodges) gehörende III. Korps (Maj.Gen. Millikin) zum Rhein vorstößt, gelingt es der 9. US-Panzerdivision (Maj.Gen. Leonard), sich der strategisch wichtigen Ludendorff-Brücke bei Remagen zu bemächtigen. Teile der Division setzen sich an das Ostufer des Rheins und bilden hier einen Brückenkopf, der stündlich erweitert wird.

Am Freitag, dem 9. März 1945, schließt die von Nordburma vorstoßende britisch-indische 19. Division Mandalay, die ehemalige Hauptstadt des Königreichs Burma, ein.

Am Sonnabend, dem 10. März 1945, ernennt Hitler den Oberbefehlshaber Südwest (Italien), Generalfeldmarschall Kesselring, anstelle von Generalfeldmarschall v. Rundstedt zum OB West.

Am Sonntag, dem 11. März 1945, erfolgt Hitlers letzter Frontbesuch an der mittleren Oderfront im Schloß Freienwalde. Er beschwört den Oberbefehlshaber der 9. Armee, General der Infanterie Busse, und seine Offiziere, den sowjetischen Ansturm auf Berlin wenigstens so lange aufzuhalten, bis seine neuen Waffen einsatzbereit seien. Er nennt als Beispiel Generalfeldmarschall Schörner, der mit seiner Heeresgruppe Mitte Schlesien und den böhmischen Raum mit unverminderter Kampfkraft verteidige, und sagt zum Abschied: »Jeder Tag und jede Stunde sind kostbar, um die fürchterlichen Waffen fertigzustellen, welche die Wende bringen!«

Am Montag, dem 12. März 1945, übernimmt Generaloberst Rendulic die Heeresgruppe Kurland, Oberbefehlshaber der Heeresgruppe Nord im Bereich der Danziger Bucht wird Generaloberst Weiß.

Am Dienstag, dem 20. März 1945, nimmt in Mandalay die britisch-indische 19. Division den wichtigsten japanischen Stützpunkt, Fort Dufferin, ein. Britische Panzereinheiten säubern nach harten Straßenkämpfen die stark zerstörte Stadt und sichern die Flußübergänge über den Irawadi.

Am Donnerstag, dem 22. März 1945, beginnt der Großangriff der 9. Armee (Gen.d.Inf. Busse) zwecks Liquidierung des sowjetischen Brückenkopfes an der Oder westlich von Küstrin. Die sowjetische 5. Stoßarmee (GenLt. Biersarin) und die 8. Gardearmee (GenOberst Tschuikow) schlagen den Angriff jedoch zurück.
An diesem Tag überschreitet das XII. Korps der 3. US-Armee (Lt.Gen. Patton) bei Oppenheim den Rhein und stößt in Richtung Main vor.
Zu gleicher Zeit übernimmt an der Oder-Front Generaloberst Heinrici anstelle von Himmler den Oberbefehl über die Heeresgruppe Weichsel.

Am Freitag, dem 23. März 1945, überqueren die britische 2. Armee (Lt.Gen. Dempsey), die kanadische 1. Armee (Lt.Gen. Crerar) und die 9. US-Armee (Lt.Gen. Simpson) den Rhein im Raum Wesel und bilden Brückenköpfe am Ostufer. Dieser Operation ist eine Serie von schweren Luftangriffen vorausgegangen, bei der über 1 200 Tonnen Bomben abgeworfen werden. Die kanadische 5. Panzerdivision sichert von Norden her den Flußübergang.

Am nächsten Tag, dem 24. März 1945, erfolgt am Niederrhein, nördlich und südlich von Wesel, die Überquerung der alliierten 21. Armeegruppe (FM Montgomery). Zu gleicher Zeit setzen 1 572 Transportflugzeuge und 1 326 Lastensegler die Einheiten der britischen 6. Luftlandedivision und der 17. US-Luftlandedivision nördlich von Lippe ab. Diese mit erheblichem Aufwand an Menschen und Material geführte Operation trifft kaum auf Widerstand. Auf deutscher Seite gibt es keine Panzerdivisionen mehr, sondern nur noch kleine Kampfgruppen.

Am Mittwoch, dem 28. März 1945, wird der Chef des Generalstabs des Heeres, Generaloberst Guderian, von Hitler »beurlaubt« und durch General der Infanterie Krebs ersetzt.

Am Freitag, dem 30. März 1945, räumen deutsche Truppen das eingeschlossene, hart umkämpfte Danzig und ziehen sich in den durch Feldbefestigungen geschützten Abschnitt der Weichselmündung zurück. Danzig wird von Panzerverbänden der 2. Stoßarmee (GenOberst Fedjuninski) besetzt und nachträglich in Brand gesteckt.

Erst im März 1945 hat das OKW für Panzer- und Panzergrenadierdivisionen eine einheitliche Struktur und Sollstärke festgelegt: 11 422 Mann, 1 080 Lastkraftwagen, 1 091 sonstige Kraftfahrzeuge, 76 Panzer, 90 Schützenpanzerwagen und 16 Panzerspähwagen. Diese ideale Gliederung besteht jedoch nur auf dem Papier. Was zu diesem Zeitpunkt noch real aufgestellt werden kann, das sind Panzerjagdbrigaden, bestehend aus 6 bis 8 Kompanien von je 100 Mann (meist Halbwüchsige aus der Hitler-Jugend), ausgerüstet nur mit Panzerfaust und Maschinenpistole. Teils mit Fahrrädern, teils motorisiert, werden sie an den Brennpunkten des Panzerabwehrkampfes und gegen durchgebrochene Panzer im rückwärtigen Gelände eingesetzt. Auch ihre Opfer sind umsonst.

Am Sonntag, dem 1. April 1945, erfolgt im Raum Lippstadt das Zusammentreffen der von Süden vorstoßenden 1. US-Armee (Lt.Gen. Hodges) mit der von Norden herankommenden 9. US-Armee (Lt.Gen. Simpson). So entsteht zwischen Rhein–Ruhr–Sieg der »Ruhrkessel«. Eingeschlossen sind: die Kräfte der Heeresgruppe B (GFM Model) mit der 5. Panzerarmee (Gen.Oberst Harpe) und der 15. Armee (Gen.d.Inf. v. Zangen).
Unterdessen überschreitet die französische 1. Armee (Gen. de Lattre de Tassigny) den Oberrhein nördlich von Karlsruhe bei Philippsburg.
Am gleichen Tag landen auf der japanischen Insel Okinawa nach starker Schiffsartillerievorbereitung und Bombenangriffen die 10. US-Armee (Lt.Gen. Buckner) mit dem III. amphibischen Korps (Maj.Gen. Geiger) und dem XXIV. Korps (Maj.Gen. Hodges). In den blutigen Kämpfen nach der Landung bewähren sich besonders die hier zum erstenmal eingesetzten Amphibientransporter (LTV) »Bushmaster«.

Ebenfalls am 1. April, nachdem er die Leitung als Generalstabschef des Heeres seinem Nachfolger, Generaloberst Krebs, übergeben hat, tritt der Schöpfer der Panzerwaffe, Generaloberst Guderian, seine Kur im Sanatorium Ebenhausen bei München an.

Am Montag, dem 2. April 1945, erobert die sowjetische 57. Armee (Gen.Oberst Scharochin) der 3. Ukrainischen Front (Marschall Tolbuchin) das ungarische Ölzentrum Nagy Kanisza.

Während am Mittwoch, dem 4. April 1945, die französische 1. Armee Karlsruhe besetzt, verlassen die letzten deutschen Truppen Ungarn.
An diesem Tag erreichen die Vorausabteilungen der zur 3. Ukrainischen Front (Marschall Tolbuchin) gehörenden Panzerverbände die Vorstädte von Wien. Der Kampf um die Donaumetropole beginnt.

Am Sonnabend, dem 7. April 1945, übernimmt Generaloberst Rendulic den Oberbefehl über die Heeresgruppe Süd, und Generaloberst Hilpert wird von Hitler zum OB der Heeresgruppe Kurland ernannt.

Am Montag, dem 9. April 1945, beginnt im Ostabschnitt der italienischen Front die lang erwartete Großoffensive der britischen 8. Armee (Lt.Gen. McCreery). Erst durch den Einsatz aller Kräfte gelingt es den Alliierten, den deutschen Widerstand zu brechen und nach Bologna vorzustoßen.

Im Frühjahr 1945 verschlimmert sich die Lage in Deutschland zusehends: Die Sowjets stehen jetzt an der Oder, Lausitzer Neiße, bei Preßburg und Wien. An der Westfront rücken die alliierten Truppen nach Überquerung des Rheins zügig ostwärts. Die wichtigsten Industriegebiete sind bereits besetzt. Die Reste der deutschen Panzerverbände bekommen jetzt keine Ergänzungen mehr, weder an Menschen noch an Material, sie haben kaum noch Treibstoff oder Munition. Die deutsche Führung ist dennoch entschlossen, den Kampf fortzusetzen und vor allem Berlin zu halten. Es werden Reserveverbände aufgestellt, der Volkssturm organisiert und die letzten Vorräte an Waffen und Gerät gesammelt. Im Raum Groß-Berlin stehen etwa eine Million Soldaten mit 1 200 Panzern und Sturmgeschützen. Die Verteidigung obliegt der Heeresgruppe Weichsel (Gen.Oberst Heinrici), deren 9. Armee (Gen.d.Inf. Busse) die Linie von der Lausitzer Neiße, entlang der Oder bis Eberswalde hält.

Am Dienstag, dem 10. April 1945, rückt die 9. US-Armee (Lt.Gen. Simpson) in die Städte Essen und Hannover ein.
Zu gleicher Zeit beginnt in China eine neue japanische Offensive zur Eroberung der Luftbasis von Chihkiang, 250 Kilometer südwestlich von Hankou.
In Burma wiederum, nach der Einnahme von Mandalay und einer Kampfpause für Ergänzung und Umgruppierung, stoßen britische Panzereinheiten zum entscheidenden Schlag auf Rangun vor. Die Hauptkräfte gehen an der Eisenbahnlinie Mandalay-Rangun entlang, andere Teile rollen parallel zum Fluß Sittang. Die Versorgung der Panzereinheiten mit Verpflegung, Munition und Treibstoff kann nur aus der Luft erfolgen.

Frühjahr 1945, Raum Baden-Baden: Einheiten der französischen 1. Armee greifen im Schutz von Panzern an

Am Freitag, dem 13. April 1945, erobern Schützeneinheiten mit Unterstützung von Panzern und Selbstfahrlafetten der 4. Gardearmee (GenLt. Sachwatajew) Wien.

Am Sonnabend, dem 14. April 1945, spalten die 9. US-Armee von Norden und die 1. US-Armee (Lt.Gen. Hodges) von Süden nach heftigen Luft- und Panzerangriffen den »Ruhrkessel«. Die 15. Armee (Gen.d.Inf. v. Zangen) und die 5. Panzerarmee (Gen.Oberst Harpe) mit den Resten von 19 Divisionen (325 000 Mann) geraten in amerikanische Gefangenschaft. Generalfeldmarschall Model verübt Selbstmord.
An diesem Tag, genau acht Monate nach der gescheiterten Luftlandeoperation »Market Garden«, befreit endlich die britische 49. Division Arnheim.

In der Nacht vom 15./16. April 1945 kann die am Ostufer der Elbe gebildete deutsche 12. Armee (Gen.d.Pz.Tr. Wenck) einen überraschenden Erfolg verzeichnen. Ihren schwachen Kampfgruppen, nur mit einigen Panzern vom Typ Panther verstärkt, gelingt es, einen Brückenkopf der 9. US-Armee südlich Magdeburg zu zerschlagen.

Am Montag, dem 16. April 1945, treten an der Neiße und aus den Oderbrückenköpfen die 1. Ukrainische Front (Marschall Konjew) und die 1. Weißrussische Front (Marschall Schukow) zum Großangriff an. Das Ziel: die Einschließung und Eroberung von Berlin. Die Offensive beginnt mit einer gewaltigen Artillerie-

und Luftvorbereitung. Die Panzerverbände durchbrechen sofort die deutsche Verteidigung an Oder und Neiße und dringen in Richtung Berlin vor.

An der Schlacht um Berlin nehmen teil: 18 Armeen mit insgesamt 2,5 Millionen Mann, 42 973 Geschütze und Granatwerfer, 6 287 Panzer und Selbstfahrlafetten sowie 8 354 Flugzeuge.

Am Mittwoch, dem 18. April 1945, überschreiten entgegen dem Willen von General Eisenhower die Panzerspitzen der 3. US-Armee (Lt.Gen. Patton) in einem bravourösen Vormarsch die Grenze nach Westböhmen (Tschechoslowakei) und stoßen in Richtung Karlsbad, Pilsen, Prag und Budweis vor. General Eisenhower versucht auf Wunsch von Stalin und Roosevelt, den Vormarsch von Patton zur Befreiung der ČSSR zu stoppen, da die Tschechoslowakei nach Abmachung zwischen den beiden Staatsmännern zum sowjetischen Machtbereich gehören soll. An diesem Tag nimmt die 1. US-Armee (Lt.Gen. Hodges) das von alliierten Bombern zerstörte Düsseldorf ein.

Am Vormittag des 20. April 1945 beginnt aus den Brückenköpfen an der unteren Oder zwischen Stettin und Schwedt die 2. Weißrussische Front (Marschall Rokossowski) mit der 2. Stoßarmee (GenLt. Fieduninski), der 65. Armee (GenOberst Batow), der 70. Armee (GenOberst Popow) und der 49. Armee (GenOberst Grischin) ihre Offensive zur Eroberung von Vorpommern und Mecklenburg. Die Verbände der Heeresgruppe Weichsel (GenOberst Heinrici) werden überrollt oder müssen sich zurückziehen.

Während am Nachmittag die Batterien des LXXIX. Infanteriekorps der sowjetischen 3. Stoßarmee (GenLt. Simoniak) anfangen, das Stadtzentrum von Berlin zu beschießen, teilt Hitler an seinem 56. Geburtstag das noch in deutscher Hand befindliche Gebiet in einen Nordraum unter Großadmiral Dönitz und einen Südraum unter Generalfeldmarschall Kesselring auf.

Am Sonnabend, dem 21. April 1945, dringen die ersten Truppen der 1. Weißrussischen Front (Marschall Schukow) in Berlin ein. In Mahlsdorf gibt es am frühen Morgen Panzeralarm: Drei sowjetische Panzerbesatzungen haben sich in eine deutsche Wehrmachtkolonne hineingeschmuggelt und so die ersten Panzersperren unbemerkt passiert, ehe man sie entdeckt hat.

Am darauffolgenden Tag, dem 22. April 1945, erreichen Vorausabteilungen der Panzerverbände der 1. Ukrainischen Front (Marschall Konjew) die südlichen Vororte von Berlin. Ein Gegenstoß der 3. Panzerarmee (Gen.d.Pz.Tr. v. Manteuffel) von Norden wird durch die 2. Weißrussische Front abgeschlagen.

Am gleichen Tag wird Stuttgart von der französischen 1. Armee (Gen. de Lattre de Tassigny) eingenommen.

Am Montag, dem 23. April 1945, erreichen die Panzerspitzen der britischen 2. Armee (Lt.Gen. Dempsey) Hamburg-Harburg.

Am Dienstag, dem 24. April 1945, treffen sich die Truppen der 8. Gardearmee (GenOberst Tschuikow), die von Stalingrad bis Berlin marschiert sind, und die Vorausabteilung der 1. Garde-Panzerarmee (GenOberst Katukow) der 1. Weißrussischen Front mit der 28. Armee und der 3. Garde-Panzerarmee (GenOberst Rybalko) der 1. Ukrainischen Front. Damit ist das Gros der deutschen 9. Armee (Gen.d.Inf. Busse) im Raum westlich von Frankfurt/Oder eingeschlossen.

Zu gleicher Stunde besetzen die 7. US-Armee (GenLt. Patch) und die französische 1. Armee Ulm.

Ebenfalls am 24. April 1945 nähern sich gleichzeitig Potsdam ein aus südwestlicher Richtung, aus der Gegend von Paretz kommender sowjetischer Spähtrupp und eine Schützenabteilung aus dem nordöstlichen Raum bei Priort. Als sie sich bei Ketzin die Hand reichen, ist der Ring um Berlin geschlossen. So treffen sich die 47. Armee (GenLt. Perchorowitsch) und die 2. Garde-Panzerarmee (GenOberst Bogdanow), die Berlin vom Norden her umfassen, mit dem von Süden vorgehenden VI. Gardemech.Korps der 4. Garde-Panzerarmee (GenOberst Ljeljuschenko).

Teile der 69. US-Division (Maj.Gen. Reinhardt) der 1. US-Armee (Lt.Gen. Hodges) treffen um 11.30 Uhr bei

April 1945, östlich der Oder: Sowjetische Panzerbrigade mit T-34-Panzern während einer Marschpause

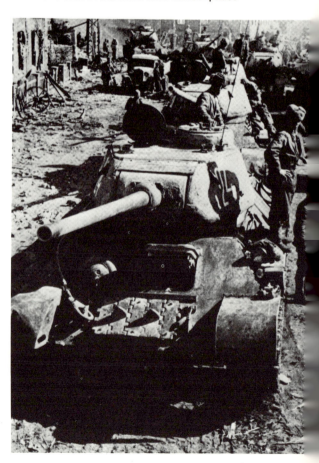

Torgau/Elbe mit der 58. Garde-Schützendivision der 5. Gardearmee (GenOberst Schadow) zusammen. So ist der noch von deutschen Truppen gehaltene Raum in zwei Teile zerschnitten. Der Händedruck zwischen zwei Infanteristen, dem US-Oberleutnant Kotzebue vom Infanterieregiment 273 der 69. Division und dem sowjetischen Oberstleutnant Gardiew vom Schützenregiment 175 der 58. Gardedivision, kann nicht darüber hinwegtäuschen, daß der europäische Krieg durch die großen Panzeroperationen entschieden worden ist: Erst zwei Wochen danach, als westalliierte und sowjetische Panzer den deutschen Widerstand endgültig gebrochen haben, geht der Krieg in Europa zu Ende.

Während am Sonnabend, dem 28. April 1945, in Berlin Straßenkämpfe toben, die von beiden Seiten mit äußerster Erbitterung geführt werden, stößt die deutsche 12. Armee (Gen.d.Pz.Tr. Wenck) von Belzig aus bis in den Raum von Ferch, südwestlich von Potsdam, durch, muß dann aber den Entsatzangriff auf Berlin aus Kräftemangel abbrechen.

Am Nachmittag, nach dem sowjetischen Durchbruch bei Prenzlau, wird Generaloberst Heinrici als Oberbefehlshaber der Heeresgruppe Weichsel abgelöst und durch Generaloberst Student ersetzt.

Am Sonntag, dem 29. April 1945, wird in Caserta nach wechselvollen, langwierigen Geheimverhandlungen die Kapitulation der deutschen Heeresgruppe C (GenOberst v. Vietinghoff) mit dem Armeeoberkommando (AOK) 10 (Gen.d.Pz.Tr. Herr) und dem Armeeoberkommando (AOK) 14 (Gen.d.Pz.Tr. Lemelsen) in Italien gegenüber den alliierten Streitkräften unter General Alexander unterzeichnet. Sie soll erst in drei Tagen, am 2. Mai 1945, bekanntgegeben werden und um 14 Uhr dieses Tages in Kraft treten.

Am Montag, dem 30. April 1945, um 5.00 Uhr morgens eröffnen in Berlin die 171. Schützendivision (Oberst Negoda) und die 150. Schützendisivion (GenMaj. Schatilow) den Sturm auf das Reichstagsgebäude. Genau um 12.25 Uhr hissen die beiden Feldwebel M.A. Jegorow und M.W. Kantarija das Rote Banner auf dem Reichstag. Währenddessen landet auf dem Feldflugplatz bei Kalau eine aus Moskau kommende Dakota mit der sog. »Gruppe Ulbricht«, die die Macht in Deutschland jetzt auf Stalins Geheiß übernehmen soll. Als auf dem Vorplatz der Reichskanzlei bereits sowjetische Panzer auftauchen, tritt darunter im Führerbunker ein anderer Diktator von der Bühne ab: Um 15.30 Uhr begeht Hitler Selbstmord. Mit in den Tod nimmt er Eva Braun, seine ihm seit 39 Stunden angetraute Frau, sowie die Schäferhündin Blondi.
Unterdessen rollen in München die ersten Panzerspitzen der 7. US-Armee (Lt.Gen. Patch) durch die mit Trümmern bedeckten Straßen.

Am Mittwoch, dem 2. Mai 1945 um 15 Uhr, stellt die Berliner Garnison mit dem Befehlshaber des Verteidigungsbereichs Berlin (Gen.d.Art. Weidling) den Widerstand ein und begibt sich in Gefangenschaft.

Am Donnerstag, dem 3. Mai 1945, rücken die Panzer des britischen XII. Korps (Lt.Gen. Ritchie) in das zur »offenen Stadt« erklärte Hamburg ein.

Am gleichen Tag besetzen die Panzer der britisch-indischen 26. Division die von den Japanern geräumte Hauptstadt von Burma, Rangun. Die 75 000 Mann starke britisch-indische Armee mit rund 250 Panzern wird nun für neue Operationen frei und beginnt mit Vorbereitungen für den Angriff auf Singapur.

Am Freitag, dem 4. Mai 1945, treffen sich am Brenner die Soldaten der 103. US-Infanteriedivision mit den von Süden durch Norditalien vorgehenden Einheiten der 88. Division der 5. US-Armee.
Ebenfalls am 4. Mai 1945 wird im Hauptquartier von Feldmarschall Montgomery in der Lüneburger Heide von Generaladmiral v. Friedeburg die Kapitulation aller deutscher Streitkräfte in Holland (GenOberst Blaskowitz), Nordwestdeutschland einschließlich der Inseln (GFM Busch) und in Dänemark (GenOberst Lindemann) unterzeichnet. Die Kapitulation tritt am 5. Mai um 8 Uhr in Kraft. Dank diesem Umstand gelingt es der Heeresgruppe Weichsel (GenOberst Student) mit den Resten der 21. Armee und der 3. Panzerarmee, sich nach Westen abzusetzen und in britische Gefangenschaft zu begeben. Feldmarschall Montgomery: »Ich bin kein Unmensch.« In Haar bei München kapituliert die Heeresgruppe G (Gen.d.Inf. Friedrich Schulz) mit den Resten der 1. Armee und der 19. Armee.

Am Sonntag, dem 6. Mai 1945, eröffnen die 1., 2. und 4. Ukrainische Front mit insgesamt drei Panzerarmeen und 17 Schützenarmeen, dazu die polnische 2. Armee, die rumänische 2. Armee und das tschechische I. Korps, unterstützt durch die sowjetische 2., 5. und 8. Luftarmee, den konzentrischen Angriff gegen die Heeresgruppe Mitte (GFM Schörner) mit der 1. und 4. Panzerarmee und der 17. Armee im Raum zwischen Prag, Gablonz und Pardubitz (Böhmen).
Am gleichen Tag kapituliert die Festung Breslau (Gen. d.Inf. Niehoff) vor der sowjetischen 6. Armee (GenLt. Gluzdowoki).
Zu gleicher Zeit befiehlt General Eisenhower der 3. US-Armee (GenLt. Patton), ihren Vormarsch in Böhmen endgültig zu stoppen.

Am Montag, dem 7. Mai 1945, um 2.41 Uhr wird die Gesamtkapitulation der deutschen Wehrmacht im Hauptquartier von General Eisenhower in Reims von Generaloberst Jodl unterzeichnet, die ab 9. Mai 1945 um 00.01 Uhr in Kraft tritt.

Am Mittwoch, dem 9. Mai 1945, wird im sowjetischen Hauptquartier in Berlin-Karlshorst durch Generalfeldmarschall Keitel, Generaloberst Stumpff und Generaladmiral v. Friedeburg die Unterzeichnung der Gesamtkapitulation der deutschen Wehrmacht wiederholt. Die Kapitulation tritt um 24 Uhr in Kraft. Nun ist der Krieg in Europa zu Ende.

Wie auch bei anderen Waffengattungen war bei der Panzertruppe der zahlenmäßige Unterschied an Kampfwagen zwischen den Achsenmächten und den Alliierten enorm: Er betrug beinahe 1:10.
So produzierten z. B.:
Großbritannien 1939 bis Juli 1944 = 25 773 Panzer
USA 1941 bis Juni 1945 = 88 446 Panzer
UdSSR 1941 bis Juni 1945 = 95 099 Panzer
Kanada 1939 bis Juni 1945 = 40 609 Panzer und Selbstfahrlafeten
insgesamt: über 212 000 Panzer
Dagegen produzierten:
Deutschland 1939 bis März 1945 = 23 487 Panzer
Japan insgesamt im 2.W.K. = 3 600 Panzer und
900 Selbstfahrlafeten
Italien 1938 bis Juli 1943 = 2 622 Panzer
Da selbst die aufopferndsten Einsätze, geschickte Strategie und Taktik oder andere Ressourcen diese Übermacht nie ausgleichen konnten, wurde der Krieg der Panzer im Endeffekt nicht auf den Schlachtfeldern des Zweiten Weltkrieges, sondern bereits in ihren Produktionsstätten entschieden.
Deutschland mußte für seine Fehleinschätzung (nach amtlichen Unterlagen) mit 6,73 Millionen Toten, davon 3,25 Millionen Soldaten und 3,48 Millionen Zivilisten, bezahlen. Alle anderen an diesem Krieg beteiligten Staaten haben über 45 Millionen Menschen verloren.

Inzwischen legen die letzten deutschen Einheiten die Waffen nieder. Am Donnerstag, dem 10. Mai 1945, erklärt auch die Heeresgruppe Kurland (GenOberst Hilpert) mit der 16. Armee (Gen.d.Geb.Tr. Volckamer v. Kirchensittenbach) und der 18. Armee (Gen.d.Inf. Boege) ihre Bereitschaft zur Kapitulation. 208 000 Mann gehen in sowjetische Gefangenschaft.
Zu gleicher Zeit besetzen die Panzerverbände der sowjetischen 3. Garde-Panzerarmee (GenOberst Rybalko) Prag.
Ebenfalls am 10. Mai 1945 nehmen in Tirol Soldaten der 7. US-Armee (Lt.Gen. Patch) eine Gruppe deutscher Offiziere gefangen. Unter ihnen ist der Schöpfer der deutschen Panzerwaffe, Generaloberst Guderian.

Am Montag, dem 14. Mai 1945 um 12.00 Uhr, kapitulieren die letzten deutschen Großverbände der Armee Ostpreußen (Gen.d.Pz.Tr. v. Saucken) auf der Halbinsel Hela und legen die Waffen vor der 2. Weißrussischen Front (Marschall Rokossowski) nieder. Rund 150 000 Mann treten die sowjetische Gefangenschaft an.

Am Sonntag, dem 24. Juni 1945, erobert mit Unterstützung von Panzern und amphibischen Fahrzeugen die australische 9. Division die Seria-Ölfelder in Nordborneo.
In diesen Tagen beginnt die Verlegung sowjetischer Panzertruppen, darunter die 6. Garde-Panzerarmee

(GenOberst Krawtschenko), aus Deutschland, der Tschechoslowakei, Österreich und Polen in den Fernen Osten.

Am Dienstag, dem 24. Juli 1945, stellen auf Okinawa die letzten noch Widerstand leistenden japanischen Einheiten den Kampf ein.

Bis Ende Juli 1945 führt die Rote Armee umfangreiche Truppenverschiebungen von Karelien, Ostpreußen und der Tschechoslowakei in den Fernen Osten durch.
Den Oberbefehl über die gesamte Operation übernimmt Marschall Wassilewski. Das sowjetische Oberkommando plant, konzentrisch von Osten, Westen und Norden her in die Mitte der Mandschurei vorzustoßen, um die Kwantung-Armee in einzelne Teile zu spalten. Die Transbaikal-Front soll vom östlichen Teil der Mongolei durch den Großen Chingan in Richtung auf Tschangtschun und Mukden vorgehen, die 1. Fernost-Front aus dem Raum nördlich Wladiwostok in westlicher Richtung nach Kirin. Die 2. Fernost-Front befindet sich auf dem Nordufer des Amur und südlich von Chabarowsk am unteren Ussuri. Sie soll nach Überquerung des Amur westlich von Chabarowsk am Sungari entlang vorgehen.
Der 1. Fernost-Front (Marschall Meretzkow), die sich im Raum Wladiwostok und am Ussuri-Fluß befindet, schließt sich die 5. Armee (GenOberst Krylow) aus Königsberg an. Zur Transbaikal-Front (Marschall Malinowski) im Ostteil der Mongolei wird die 39. Armee (GenLt. Ludnikow) aus Ostpreußen, die 53. Armee (GenOberst Managarow) und die 6. Garde-Panzerarmee (GenOberst Krautschenko) aus der Tschechoslowakei verlegt. Diese Verbände legen mit der gesamten Ausrüstung 9 000 bis 11 000 Kilometer in 136 000 Eisenbahnwaggons zurück. Zu den Kräften der Roten Armee im Fernen Osten, die sich auf eine Offensive gegen die japanische Kwantung-Armee vorbereiten, gehören: Die 1. Transbaikal-Front mit der 17., 36., 39. und 53. Armee, die 6. Garde-Panzerarmee, die 12. Luftarmee, die Transbaikal-Luftabwehr sowie die sowjetisch-mongolische mechanisierte Kavalleriegruppe mit insgesamt 1 751 Panzern; die 1. Fernost-Front mit der 1., 5., 25. und 35. Armee, der 9. Luftarmee, der Amur-Luftabwehrarmee, der Operationsgruppe Tschugujew und dem I. motorisierten Korps mit insgesamt 1 201 Panzern; die 2. Fernost-Front (Armeegen. Purkajew) mit der 2., 15. und 16. Armee, der 10. Luftarmee, dem V. Infanteriekorps und der Garnison von Kamtschatka mit insgesamt 752 Panzern. Die Mongolische Volksrepublik stellt die 5., 6., 7. und 8. Kavalleriedivision, die 7. Panzerbrigade, das Panzerregiment 3, das Artillerieregiment 3, die 1. Fliegerdivision und das Nachrichtenregiment 1 mit insgesamt ca. 25 000 Soldaten. Diese Einheiten werden der sowjetischen motorisierten Kavalleriegruppe (Gen. Plijew) unterstellt. Zu dieser Gruppe gehören auch die 43. Panzerbrigade, die 25. motorisierte Brigade, die 27. motorisierte Brigade, die 59. Kavalleriebrigade, die 35. Panzerabwehr-Artilleriebrigade, das Kradfahrerregiment 30, das Fliegerabwehr-Artillerieregiment 1914 und

1917, das Flieger-Jägerregiment 350, das Raketen-Artillerieregiment 60 und ein technisches Pionierbataillon. Diese Kräfte zählen 80 Divisionen, darunter zwei Panzerdivisionen, vier Panzerkorps und motorisierte Verbände mit insgesamt 1 557 725 Soldaten, 26 137 Geschützen und Mörsern, 3 704 Panzern, 1 852 Selbstfahrlafetten sowie 3 446 Kampfflugzeugen.

Am Mittwoch, dem 8. August 1945, erklärt die UdSSR trotz des am 13. April 1941 unterzeichneten Nichtangriffspaktes Japan den Krieg.

In der Nacht vom 8./9. August 1945, um 0.10 Uhr örtlicher Zeit, beginnen die sowjetischen Verbände der drei Fronten aus drei Richtungen ihre Offensive gegen die japanische Kwantung-Armee in der Mandschurei. Bis zum Abend stoßen die Infanterieverbände bis 50 Kilometer und die Panzerverbände sogar bis 150 Kilometer vor. Eine stärkere Abwehr trifft man lediglich auf dem linken Flügel, wo die 36. Armee (GenLt. Lutschynski) vorgeht. Die Verbände auf dem rechten Flügel drängen den Feind in das Innere der Mandschurei. Die zurückgehenden Japaner sprengen die Brücken und Telegrafenleitungen, vergiften Brunnen und Quellen. In einer schwierigen Lage befinden sich die Panzerverbände, die den Gebirgszug des Großen Chingan bewältigen sollen. Sie müssen durch wegloses, von kaum zugängigen Schluchten durchzogenes Gelände, was nach Regenfällen von Panzern nur mühsam zu passieren ist. Auch die Verbände der 2. Fernost-Front beginnen in der Nacht des 9. August ihre Offensive. Einen energischen Vorstoß führt die 15. Armee (GenLt. Mamonow) am Fluß Sungari entlang und das V. Korps (GenMaj. Paachkow) aus dem Raum Bikin am Ussuri in Richtung Rache. In der gleichen Nacht um 1 Uhr gehen die Verbände der 1. Fernost-Front ebenfalls zur Offensve über. Nach den Vorausabteilungen folgen um 8.30 Uhr die Hauptkräfte der Front. Im Abschnitt der 35. Armee (GenLt.Sachwatajew) überschreiten die Divisionen den

Ussuri und den Sungari. Der Vormarsch der motorisierten Verbände geht durch die wegelose Taiga. Für die Panzer, Artillerie und die Transportkolonnen müssen erst Wege durch die Wälder gebaut werden. Die Panzer fällen Bäume, aus denen die Pioniere eine Knüppelbahn von 5 Meter Breite herrichten. Trotz des schwierigen Geländes drängen die Panzerverbände innerhalb von zwei Tagen bis zu 75 Kilometer vor. Die japanische 5. Armee (GenOberst Shmiz) hält die Verteidigungslinie entlang der Flüsse Muling-he und Mutankiang, sowie die Stadt Mutankiang, durch die die Straße und Bahnlinie nach Charbin verläuft. Die Zugänge zum Mutankiang sind durch Befestigungen, MG-Nester und starke Artillerie geschützt. Jetzt rücken die 1. Armee (GenOberst Bieloborodow) und die 5. Armee (GenOberst Krylow) auf die Stadt vor. Das LIX. Infanteriekorps der 1. Armee und die Panzer der 75. Panzerbrigade erobern die benachbarte Stadt Linkou. Zugleich überquert das XXVI. Infanteriekorps mit den Panzern der 257. Panzerbrigade den Fluß und dringt von Norden her in Mutankiang ein, wo erbitterte Straßenkämpfe entbrennen. Japanische Soldaten, mit Sprengstoff und Granaten umgürtet, werfen sich unter die sowjetischen Panzer, und um die Brücke über den Mutankiang zu sprengen, stürzen sich 15 Soldaten mit Sprengstoff auf die Betonpfeiler.

Die japanische Kwantung-Armee hat neben der 178 000 Mann starken Mandschukuo-Armee auch Verbände aus der Inneren Mongolei und China mit insgesamt 40 Divisionen, 27 Brigaden, 5000 Geschützen, 1000 Panzerwagen und etwa 1000 Flugzeugen. Die japanische Führung, die mit dem sowjetischen Hauptstoß aus dem Raum Wladiwostok rechnet, hat zwischen dem Japanischen Meer und dem Chanka-See die 1. Front mit der 3. und 5. Armee konzentriert. In der Zentralmandschurei steht die 3. Front mit der 30. und 44. Armee, und im Nordwesten der Mandschurei befinden sich die Verbände der 4. Selbständigen Armee, während die 17. Front mit der 34. und 59. Armee Korea sichert. Und an der

Juni 1945, aus Ostpreußen in die Mongolei: Sowjetische Panzerbrigade auf dem Weg in den Fernen Osten

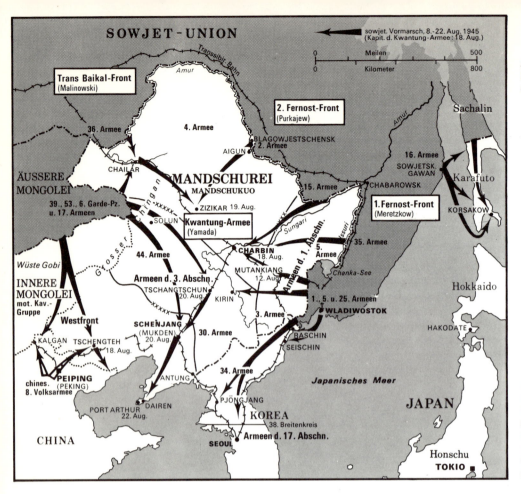

SOWJET - UNION

sowjet. Vormarsch, 8.-22. Aug. 1945
(Kapit. d. Kwantung-Armee: 18. Aug.)

Meilen
Kilometer

Trans Baikal-Front
(Malinowski)

4. Armee

2. Fernost-Front
(Purkajew)

BLAGOWJESTSCHENSK
2. Armee
AIGUN

16. Armee
SOWJETSK.
GAWAN
CHABAROWSK

Sachalin
Karafuto
KORSAKOW

36. Armee
CHAILAR

MANDSCHUREI
MANDSCHUKUO

15. Armee

ÄUSSERE
MONGOLEI

39., 53., 6. Garde-Pz.
u. 17. Armeen

ZIZIKAR 19. Aug.
SOLUN

Kwantung-Armee
(Yamada)

1. Fernost-Front
(Meretzkow)

35. Armee

Wüste Gobi

INNERE
MONGOLEI
mot. Kav.-
Gruppe

44. Armee

CHARBIN
18. Aug.

MUTANKIANG
12. Aug.

5.
Armee

Chanka-See

Hokkaido

Westfront

Armeen d. 3. Abschn.
TSCHANGTSCHUN
20. Aug.
KIRIN

1., 5. u. 25. Armeen
WLADIWOSTOK

KALGAN
TSCHENGTEH
18. Aug.

SCHENJANG
(MUKDEN)
20. Aug.

30. Armee

3. Armee

RASCHIN
SEISCHIN

chines.
8. Volksarmee

PEIPING
(PEKING)

ANTUNG

34. Armee

Japanisches Meer

JAPAN

HAKODATE

PORT ARTHUR
22. Aug.

DAIREN

PJÖNGJANG

KOREA
38. Breitenkreis
SEOUL

Armeen d. 17. Abschn.

CHINA

Honschu
TOKIO

Rechte Seite: August
1945, Mandschurei:
Panzer der sowjeti-
schen 6. Garde-
Panzerarmee auf dem
Marsch durch das
Große Chingan-
Gebirge

Grenze zur Mongolischen Republik stehen die Truppen der chinesischen Marionettenregierung.

In der Nacht vom 9./10. August 1945 setzt die Amur-Flottille (KAdm. Antonow) mit Verbänden der 2. Armee (GenLt. Tieriechin), die einen Brückenkopf auf dem Amurufer errichtet haben, südlich von Blagowjestschensk und Pojarkowo über den Fluß.

Am Sonnabend, dem 11. August 1945, marschiert die sowjetische 36. Armee in Richtung Zizikar.
Am gleichen Tag hat die 6. Garde-Panzerarmee (GenOberst Krawotschenko) bereits den Großen Chingan überquert, am Abend Lubei und Tuquan in der mandschurischen Tiefebene erobert und dabei eine Strecke von 40 Kilometern zurückgelegt. Auch die Verbände der 39. Armee (GenOberst Ludnikow), die für die Bewältigung des Großen Chingan drei Tage brauchen, treffen in der Nähe von Chalun auf einen stark befestigten, mit Bunkern verstärkten Abschnitt.
Besonders bei der Transbaikal-Front ist die Nachschub- und Kraftstoffversorgung ein schwieriges Problem: So müssen zum Beispiel die Verbände der 6. Garde-Panzerarmee, vor allem des IX. motorisierten Korps und des V. Panzerkorps, die mit ihren Panzern den Vorstoß ermöglichen, allen anderen Fahrzeugen den nötigen Treibstoff abgeben. Daraufhin kann die 46. Panzerbrigade ihren Angriff nur mit 18 Panzern, die 30. motori-

sierte Brigade sogar nur mit 7 Panzern durchführen. Für die Treibstoffversorgung werden nun Transportflugzeuge eingesetzt. Der durch den Dauerregen behinderte Vormarsch geht nur recht langsam voran: Die Panzer erreichen durchschnittlich 4 bis 5 Kilometer pro Stunde.

Am 12. und 13. August 1945 versorgen Luft-Transportstaffeln die Panzerverbände mit Munition, Brennstoff und Wasser.
Nachdem die Verbände der Transbaikal-Front die mandschurische Tiefebene erreicht haben, schließen sie sich auf dem rechten Flügel mit den Kräften der chinesischen 8. Kommunistischen Volksbefreiungsarmee (GenOberst Tschu Te) zusammen. In der gleichen Zeit führen die sowjetische 1. Armee (GenOberst Bielobrodow) und die 5. Armee (GenOberst Krylow) der 1. Fernost-Front erbitterte Kämpfe im Raum Mutankiang.

Am Dienstag, dem 14. August 1945, werden die Abteilungen des sowjetischen XXVI. Korps, die in Mutankiang kämpfen, nach starken japanischen Gegenangriffen bis auf 10 Kilometer nordöstlich der Stadt zurückgeworfen.
Am gleichen Tag erreichen die Panzer der 6. Garde-Panzerarmee nach einem Gewaltmarsch von 450 Kilometern durch die Wüste und schroffen Berghänge des Großen Chingan die Ebene der mittleren Mandschurei und befinden sich nun im Rücken der gesamten operati-

ven Kräfte der Japaner. Das durchschnittliche Marschtempo bei der Überquerung des gebirgigen Wüstengebiets hat zwischen 42 und 66 Kilometer pro Tag betragen. Die sowjetisch-mongolische berittene und mechanisierte Kampfgruppe (GenMaj. Plijew), die auf 350 Kilometer Frontbreite ausströmt, sichert von Süden her den Hauptstoß der Transbaikal-Front. Die Verbände von Generalmajor Plijew setzen ihren Vormarsch durch die Wüste Gobi in zwei parallel laufenden Kolonnen, etwa 180 bis 200 Kilometer voneinander entfernt, fort. Der Einsatz dieser berittenen und motorisierten Truppen in der Wüste Gobi ist von ausschlaggebender Bedeutung: Man verhindert dadurch nicht nur den Aufbau einer wirksamen japanischen Verteidigung, sondern schneidet auch die gegnerischen Verbindungslinien zwischen der Mandschurei und den nördlichen Provinzen Chinas ab, wo japanische Kampfgruppen für den Einsatz in der Mandschurei bereitstehen. Die Überwindung des Großen Chingan durch sowjetische Kräfte und der Vorstoß durch die Wüste Gobi kommen für die japanische Führung völlig überraschend. Nach den Erfolgen der sowjetischen 1. Fernostfront sowie Desorganisation der Verbindungen ist der Versuch der japanischen 1. Front (Gen. Yamada), sich in die südliche Mandschurei zurückzuziehen, in Frage gestellt.

Am Abend des 14. August 1945 erhalten die Verbände der Kwantung-Armee den Befehl, sofort die Fahnen, Kaiserbilder, Kaiserbefehle und wichtige Geheimunterlagen zu verbrennen. Inzwischen bereiten die Sowjets den Angriff auf Mutankiang vor.

In der Nacht vom 15./16. August 1945 überqueren die Einheiten des XXVI. Korps, verstärkt durch die 257. Panzerbrigade, den Fluß und stürmen am nächsten Tag gegen Mutankiang. Die Japaner ziehen sich, um der Einkreisung zu entgehen, aus dem Stadtgebiet zurück. Währenddessen marschiert die 5. Armee (GenOberst Krylow) nach Südwesten, um die 25. Armee zu unterstützen, deren Verbände in Richtung Korea vordringen.

Am Freitag, dem 17. August 1945, stürmen die Regimenter der 361. und 388. Infanteriedivision der 2. Fernost-Front (Armeegen. Purkajew) mit Panzerunterstützung die Stadt Kiamusse am Sungari, die von der japanischen 134. Division (GenMaj. Mitsuru) verteidigt wird. Gleichzeitig bereiten sich sowjetische Luftlandetruppen auf ihren Einsatz über den größeren Städten der Mandschurei vor, um das Vormarschtempo der Fronten zu beschleunigen.

Am Sonntag, dem 19. August 1945, landen, während gerade die Panzer der 6. Garde-Panzerarmee (GenLt. Krawtschenko) in Mukden eindringen, nahe der Stadt 225 sowjetische Fallschirmjäger. Gleichzeitig erfolgen

August 1945,
Mandschurei: Panzer
der sowjetischen
35. Armee
am Ufer des
Chanka-Sees

weitere Landungen in Kirin, Charbin und Tschang-tschun, um die Kapitulation der örtlichen Garnisonen zu beschleunigen.

Am gleichen Tag nimmt die 36. Armee (GenLt. Lu-tschynski) der Transbaikal-Front die Stadt Zizikar ein, und der rechte Flügel der Front nähert sich Peking.

Unterdessen setzt die 2. Fernost-Front ihre Operationen fort und säubert den Norden der Mandschurei von feindlichen Kräften.

Am Montag, dem 20. August 1945, erobert die 6. Garde-Panzerarmee Mukden, und die 25. Armee der 1. Fernostfront Kirin. Währenddessen besetzen sowjetische Truppen Süd-Sachalin.

Am Mittwoch, dem 22. August 1945, nehmen sowjetische Luftlandetruppen Port Arthur und Dairen auf der Halbinsel Kwantung in Besitz, andere sowjetische Verbände landen auf den Kurilen-Inseln.

Am Freitag, dem 24. August 1945, treffen bei Dairen die Vorausabteilungen der 6. Garde-Panzerarmee und die

Hauptkräfte der sowjetischen 39. Armee ein und erreichen nahe der Stadt Antung die koreanische Grenze. Während der 15 Tage dauernden schweren Kämpfe in der Mandschurei verloren die Japaner 700 000 Soldaten, darunter 83 737 Tote und 594 000 Gefangene. Die Sowjets erbeuteten 1665 Geschütze, 2139 Mörser, 600 Panzer und 861 Flugzeuge. Die sowjetischen Verluste: 8219 Tote, 22 264 Verwundete und 158 Panzer.

Am Sonntag, dem 2. September 1945 um 10.30 Uhr Ortszeit, wird in der Tokio-Bucht die bedingungslose Kapitulation Japans auf dem US-Schlachtschiff »Missouri« durch Außenminister Shigemitsu und General Umezu, den japanischen Generalstabschef, sowie General MacArthur unterzeichnet. Anwesend als Vertreter der alliierten Staaten sind: USA – Admiral Nimitz, China – Generaloberst Su Juan-czan, Großbritannien – Admiral Sir Fraser, UdSSR – Generalleutnant Die-riewienko, Frankreich – General Leclerc, Holland – Admiral Helfrich.
General MacArthur: »Beten wir, daß die Welt endlich Frieden finden und Gott ihn für immer bewahren möge. Die Zeremonie ist beendet.«

Beteiligung der Panzerwaffe an Feldzügen und Schlachten des Zweiten Weltkrieges

In den ersten Kriegsjahren enthalten offizielle Zahlenangaben neben den Panzern oft auch Panzerspähwagen, später dann Sturmgeschütze (Selbstfahrlafetten). Abgesehen von den Schwankungen durch Verluste und Ersatz weisen die Berichte aus den verschiedensten Gründen (Tarnung, Propaganda usw.) oft erhebliche Zahlenunterschiede auf.

		Panzer
olen	Sept. 1939	3195 deutsche 190 polnische
innland	Nov. '39– März '40	1500 sowjet. 60 finnische
änemark/ orwegen	April– Juni '40	50 deutsche
rankreich	Mai–Juni 1940	3379 deutsche 3500 französ. 640 britische 50 belg./holl.
yrenaika/ p. »Compass«	Juni '40– Febr. '41	580 italien. 275 britische
alkan	April– Mai 1941	1000 deutsche (incl. Verb.) 200 alliierte
yrenaika	April Mai 1941	50/130 deutsche u. italien. 260 britische
yrenaika p. »Battleaxe«	Juni 1941	170 deutsche 200 britische
stfront/ . Vormarsch	Juni– Dez. '41	3200 deutsche 20000 sowjetische
yrenaika/ p. »Crusader«	Nov.– Dez. 1941	249 deutsche 309 italien. 724 brit.
wjet. Winter- fensive	Dez. '41 Febr. '42	1450 deutsche 2000 sowjetische
ilippinen	Dez. '41– April '42	200 japanische 50 US-amerik.
rma	Dez. '41– März '42	70 japanische 120 britische
yrenaika	Jan. 1942	84 deutsche 89 italien. 150 britische

		Panzer
Ukraine/Sowj. Gegenoffens.	Jan.–Mai 1942	3000 deutsche 5000 sowjetische
Cyrenaika/ Op. »Theseus«	Mai–Juni 1942	332 deutsche 228 italien. 849 britische
Kaukasus/ Stalingrad	Juni–Nov. 1942	3000 deutsche 1250 sowjetische
Ägypten/ El Alamein	Juli–Aug. 1942	35 deutsche 30 italien. 150 britische
Ägypten/ Alam Halfa	Aug.– Sept. '42	200 deutsche 240 italien. 935 britische
Ägypten/ El Alamein	Okt.– Nov. 1942	210 deutsche 280 italien. 1029 britische
Stalingrad	Dez. '42– Jan. '43	675 deutsche 894 sowjetische
Charkow	Febr.– März '43	350 deutsche 250 sowjetische
Tunesien	Nov.– Dez. '42	40 deutsche 80 brit./US
Tunesien/ Kasserine	Februar 1943	150 deutsche 20 italien. 350 US-amerik. 100 britische
Tunesien	März– Mai 1943	130 deutsche u. ital. 2200 alliierte
Dt. Off. Kursk u. Sow. Gegenoff.	Juli–Sept. 1943	2800 deutsche 3600 sowjetische
Sizilien	Juli– August 1943	200 deutsche u. ital. 600 alliierte

		Panzer
All. Vormarsch bis Cassino	Sept.– Nov. '43	250 deutsche 800 alliierte
Dnjepr/Sowj. Offensive	Aug.– Dez. '43	2100 deutsche 2400 sowjetische
Smolensk/Sowj. Offensive	Aug.– Okt. '43	500 deutsche 1400 sowjetische
Ukraine/Sowj. Offensive	Dez. '43– Jan. '44	2200 deutsche 2000 sowjetische
All. Vormarsch bis Rom	Mai–Juni 1944	250 deutsche 1400 alliierte
Normandie/ Invasion	Juni 1944	1500 deutsche 5300 alliierte
Nordfrankr./ Op. »Goodwood«	Juli 1944	300 deutsche 1350 britische
Nordfrankr./ Op. »Cobra«	Juli 1944	110 deutsche 1500 US-amerik.
Ostfront/ Polen	Juli– Aug. '44	1800 deutsche 6000 sowjetische
Südfrankr./ Invasion	Aug.– Sept. '44	100 deutsche 700 alliierte
Italien/ Gotenlinie	Aug.– Sept. '44	200 deutsche 1200 alliierte
Dt. Ardennen- offensive	Dez. '44– Jan. '45	1750 deutsche 2800 alliierte
Sowj. Offen- sive zur Oder	Januar 1945	934 deutsche 6460 sowjetische
All. Vormarsch zum Rhein	Febr.– März '45	500 deutsche 5000 alliierte
Burma	Dez. '44– Aug. '45	80 japanische 250 britische
Mandschurei	Aug. '45	1000 japanische 5556 sowjetische

Die Panzerstreitkräfte der beteiligten Armeen

Das Verzeichnis ist nach Ländern alphabetisch geordnet. Die Angaben über Panzerverbände Deutschlands, Großbritanniens, Italiens, der USA und der Sowjetunion sind hier nicht aufgeführt, da sie im Buch mehrfach erwähnt werden.

ustralien

eiwillige Berufsarmee, allgemeine Dienstpflicht 1940. Panzerproduktion 1939–45: 57 Panzer-mpfwagen, bis 1945 zwei Panzerdivisionen. Ein-z: Nordafrika ab 1940, Griechenland 1941, Malaya, Neuguinea, Salomon-Inseln, Bismarck-archipel, Borneo.

Belgien

Die Stärke (Soll) des Kriegsheeres 700000 Mann. Im Jahr 1939 verfügen die Streitkräfte über ein mot. Kavalleriekorps mit etwa 30 Panzern und 50 Panzerspähwagen. Einsatz: Belgien 1940, danach im Exil Großbritannien (etwa 2500 Mann), 1940–41 Ostafrika (gegen Italien), 1944 Nordfrankreich, Belgien.

Brasilien

1939: eine Panzerkompanie, Einsatz: 1943–45 Italien (eine Inf.-Div. mit etwa 75 Panzern).

Bulgarien

Das bulgarische Heer ist ab 1941 mit deutscher Hilfe auf 21 Inf.-Div., 2 Kav.-Div. und eine Panzerbrigade mit 60 deutschen Panzern aufgerüstet worden. Einsatz: 1941 gegen Jugoslawien und Griechenland, dann als Besatzungsmacht dort stationiert. Nach dem Frontwechsel ab 9. 9. 1944 kämpft die bulgarische Panzerbrigade im Rahmen der sowjetischen 3. Ukrainischen Front (Armeegen. Malinowski) gegen die deutsche 2. Panzerarmee in Westungarn, im Nordwesten Jugoslawiens und in Südösterreich.

China (Kuomintang)

Die Stärke der Armee beträgt um 1941: etwa 6 Millionen Mann. Sie steht im Kampf gegen die japanische Armee; dazu sind rund 850 000 Partisanen hinter den feindlichen Linien tätig. Ab 1942 wird die Kuomintang-Armee mit leichten Panzern aus US-Beständen versorgt.

China (Mao Tsetung)

In den sog. »befreiten Gebieten« wird die Rote Armee aufgestellt. Sie zählt 1942 etwa 2 Millionen Mann und verfügt über rund 100 japanische Beute-Panzer.

Dänemark

Die Stärke (Soll) des Kriegsheeres: 150 000 Mann, darunter im Rahmen der Kavallerie- und Kraftfahrkampftruppen zwei Panzerwagen-Schwadronen. Einsatz: Nach dem deutschen Einmarsch am 8./9. 4. 1940 angesichts der Übermacht kaum Widerstand geleistet. Insgesamt 13 Gefallene und 24 Verwundete.

Finnland

Am 30. 11. 1939 beträgt die Stärke des Heeres: 175 000 Mann. Im finnisch-sowjetischen »Winterkrieg« nimmt eine Panzerkompanie und eine Panzerspähwagenkompanie an den Kämpfen teil. 1943 wird eine Panzerdivision aufgestellt, die zusammen mit der deutschen Wehrmacht an der Ostfront kämpft. Ab September 1944 wird die finnische Panzereinheit auf sowjetischer Seite gegen die sich im Norden Finnlands haltenden Deutschen eingesetzt.

Frankreich

Die Stärke des Kriegsheeres (1. 3. 1940) in Frankreich und den Kolonien (ohne Eingeborene): etwa 4,4 Millionen Mann. Am 10. 5. 1940 befinden sich in Frankreich: vier Panzerdivisionen (D.C.R.) mit 550 Panzern, drei mechanisierte Divisionen mit 580 Panzern, 27 selbständige Panzerbataillone mit 1215 Panzern, dazu (Reserve etc.) vier mechanisierte Divisionen mit 200 Panzern, zwei polnische Bataillone mit 100 Panzern sowie die für Rumänien und die Türkei gebauten 100 Panzer, daneben 600 veraltete Panzer F. T. und etwa 180 Ersatzpanzer in Reserve. In Nordafrika stehen vier Bataillo-

ne mit 200 Panzern und in Syrien ein Bataillon mit 50 Panzern. Einsatz: 1940 Frankreich, 1941–43 Nordafrika, 1943–45 Italien und Frankreich. Nach Zusammenlegung der Truppen »Freie Franzosen« mit der ehemaligen Armee Nordafrika am 1. 9. 1944 werden drei Panzerdivisionen aufgestellt, die in Italien, Frankreich und in Deutschland eingesetzt werden. Die Ausrüstung mit Panzern übernimmt die US-Armee: 651 leichte und 755 mittlere Panzer.

Griechenland

Das Feldheer zählt im Herbst 1940 vor Ausbruch des Krieges gegen Italien: etwa 430 000 Mann. Die Armee hat im Rahmen der 19. (mot.) Division drei Kompanien mit je 9–11 leichten Panzerkampfwagen vom Typ Vickers und Renault. 1940–41 werden in Albanien etwa 30 leichte italienische Panzer erbeutet, die später auch zum Einsatz kommen. Am 7. 3. 1941 beginnt die Landung des britischen Expeditionskorps, das u. a. auch über eine Panzerbrigade verfügt. 1941–42 wird in Ägypten eine griechische Brigade mit einem Panzerbataillon aufgestellt, das in Nordafrika und später in Italien kämpft.

Indien

Das Feldheer zählt 1940: etwa 325 000 Mann. Im Herbst 1940 wird die indische 31. Panzerdivision aufgestellt. Daneben haben die britischen Truppen in Indien acht Panzerkompanien. Teile der indischen 31. Panzerdivision werden im Mai 1941 in den Irak verlegt. 1942 stellt man außerdem die indische 32. Panzerdivision auf, die an den Kämpfen gegen Japan teilnimmt.

Irak

Die Streitkräfte haben eine Stärke (1941) von etwa 35 000 Mann. Sie verfügen über eine Kompanie mit Panzerwagen und eine Tanketten-Kompanie. Beide Einheiten beteiligen sich an den Kämpfen gegen britische Truppen (2. 5.–30. 5. 1941) und werden danach mit der gesamten irakischen Armee bis Kriegsende »neutralisiert«.

Japan

Die Stärke der Landstreitkräfte 1941: etwa 2 025 000 Mann. Die Panzereinheiten und kleine selbständige Panzerverbände werden als Unterstützungswaffe nach der Landung in Südostasien und auf einigen Pazifikinseln verwendet. Nirgendwo findet jedoch ein operativer Einsatz der japanischen Panzerwaffe statt. 1945 bei den Kämpfen im Iwojima kommen 23 Panzer zum Einsatz, auf Okinawa ein Panzerregiment mit 13 leichten und 14 mittleren Panzern.

Jugoslawien (Königreich)

Die Feldarmee zählt Anfang April 1941: etwa 1 Million Mann. Das Heer verfügt über zwei Panzerbataillone mit französischen (Renault) und tschechischen (Skoda) Panzern.

Jugoslawien (Befreiungsarmee)

Anfang 1945 zählt die Tito-Armee etwa 420 000 Mann und verfügt über zwei Panzerbrigaden mit

65 mittleren Panzern vom Typ T-34 sowie übe leichte italienische und deutsche Beutepanzer.

Kanada

Die Aufstellung der Feldarmee dauert bis 1944, s zählt: 653 769 Mann. Am 31. 12. 1944 befinde sich 60 Prozent der Streitkräfte außerhalb des La des, darunter zwei Panzerdivisionen und zwei selb ständige Panzerbrigaden. Die kanadischen Panze einheiten nehmen an der Landung bei Diepp (19. 8. 1942) teil, danach an der Invasion Sizilien bei den Kämpfen in Italien und an der Invasio in der Normandie (im Rahmen der kanadische 1. Armee), in Belgien, Holland und Deutschland

Niederlande

Die Stärke des Kriegsheeres (am 1. 5. 1940 435 000 Mann und 35 000 Mann Kolonialtruppe (darunter 28 000 Eingeborene). Im Mutterland be finden sich zwei Panzerspähwagen-Schwadrone 1941 wird in Großbritannien die holländisch 1. Brigade (Prinses Irene) aufgestellt. Sie land am 8. 8. 1944 in der Normandie und kämpft Nordfrankreich, Belgien, Holland.

Polen

Die Stärke (Soll) des Kriegsheeres: etwa 3 600 0 Mann. Die Panzer- und motorisierten Truppe sind in 9 Kompanien mit leichten Panzern ur 29 Kompanien mit leichten Panzerkampfwage (Spähwagen) gegliedert. Der deutsche Angri stört die Mobilisierung erheblich; so zählt die Fel armee am 1. 1. 1939 nur 540 000 Mann und nur 1 Panzer. Im Exil in Großbritannien wird 1943 d polnische 1. Panzerdivision aufgestellt und a 30. 7. 1944 in der Normandie, später in Belgie Holland und Deutschland eingesetzt.

Rumänien

Ende August 1939 beträgt die Stärke des Heere 500 000 Mann. Die deutsche Militärmission b ginnt im Winter 1940–41 mit der Aufstellung ein Panzerbrigade, die französische, polnische u tschechische Panzer bekommt. Die Panzerbriga wird ab 22. 6. 1941 an der Ostfront auf deutsch Seite eingesetzt. Danach entsteht die rumänisc 1. Panzerdivision, ausschließlich mit sowjetisch und französischen Beute-Panzern ausgerüstet. A 25. 10. 1944, nach dem Übertritt Rumäniens a die sowjetische Seite, kämpft eine Panzerdivisio gegen die Deutschen.

Ungarn

1939 hat das Heer zwei motorisierte Brigade (noch nicht voll aufgefüllt). Im Juni 1941 werd 215 000 Mann mobilisiert und u. a. drei motorisi te Brigaden an der Ostfront auf deutscher Se eingesetzt. Im September 1941 wird die Panzer gade mit deutschen Panzern ausgerüstet. Im So mer 1943 werden acht Armeekorps aufgestel jedes mit einer Panzerabteilung. Die geplar Aufstellung von zwei Panzerdivisionen wird na der Besetzung Ungarns durch deutsche Trupp im März 1944 nur teilweise realisiert. Einige Pa zereinheiten kämpfen danach im Rahmen der u garischen 1. Armee in der westlichen Ukraine.